U0653705

创新经济学手册

第二卷

【美】布朗温·H.霍尔（Bronwyn H. Hall）
内森·罗森伯格（Nathan Rosenberg）主编

上海市科学学研究所 译

上海交通大學出版社
SHANGHAI JIAO TONG UNIVERSITY PRESS

版权合同登记号：图字：09-2016-450号

图书在版编目(CIP)数据

创新经济学手册. 第二卷/(美)布朗温·H. 霍尔(Bronwyn H. Hall),(美)内森·罗森伯格(Nathan Rosenberg)主编;上海市科学学研究所译. —上海:上海交通大学出版社,2017(2023重印)
ISBN 978-7-313-17184-9

Ⅰ.①创… Ⅱ.①布…②内…③上… Ⅲ.①经济学—手册 Ⅳ.①F0-62

中国版本图书馆CIP数据核字(2017)第108046号

创新经济学手册(第二卷)

主　　编：[美]布朗温·H. 霍尔(Bronwyn H. Hall)
　　　　　内森·罗森伯格(Nathan Rosenberg)
出版发行：上海交通大学出版社
地　　址：上海市番禺路951号
邮政编码：200030
电　　话：021-64071208
印　　制：上海万卷印刷股份有限公司
经　　销：全国新华书店
开　　本：710mm×1000mm 1/16
印　　张：35.5
字　　数：660千字
版　　次：2017年6月第1版
印　　次：2023年5月第6次印刷
书　　号：ISBN 978-7-313-17184-9
定　　价：168.00元

策划统筹

骆大进

译校组成员

田　劲　贺　琳　沈　淼　巩　利
王嘉钰　朱学彦　曲　洁　张宓之
乐嘉昂　金爱民　巫　英　周小玲
张仁开

中文版序

世界各国都认识到创新是影响经济增长的关键因素之一，中国也不例外。中国正在实施创新驱动战略，其成功的“自主创新”政策有效地促进了经济增长。因此，我很高兴迎接全新的《创新经济学手册》中文版的出版。上下两卷的《创新经济学手册》是手册系列①中的一部分。手册系列旨在提供各经济学研究领域的最新成果，适合于科研人员和研究生阅读学习。我期待此中文版能让更多的读者受益。

创新活动与经济增长之间的联系是一个复杂的过程，包括了许多因素。而其中涉及的所有内容几乎都可以从经济学的视角进行研究，这些视角包括了从产业组织理论、演化理论、宏观经济增长理论到计量经济学和历史研究等各方面的内容。《创新经济学手册》（以下简称《手册》）中应用了以上所有研究视角，并涉及了大学科研的作用、公共研发、激励创新的知识产权制度、用户创新、技术市场、发明网络、创新融资、创新扩散及其在经济发展中的作用等众多研究主题。

《手册》首版后七年，在中文版序言中，有必要开始考虑一些可能适合列入手册修订版的研究主题。例如，关于信息和通信技术（不局限于电子制造业）在各类创新中的重要性，首先需要考虑的主题是如何更好地管理此类信息通信技术标准，包括标准的所有权以及政府和国际组织在界定和采用标准时发挥的作用。《手册》首版后出现的另一个新兴的研究方向是监管在创新扩散中的作用，以及如何采用新的、更有效的方式来确保监管的灵活性。与这个议题相关的是创新对收入不平等的影响，包括对技能过时的劳动力和资本的影响，尤其需要关注的是，对资本的影响是在互联网产业回报递增引发企业盈利能力不断增加的背景下产生的。最后一个重要的研究议题是发展中国家的创新，即我们应如何确保在不同发展阶段创造和传播创新。我们必须注意到发展中国家所需要的创新与发达国家所要求的创新可能存在很大的不同。

---

① “手册系列”特指《经济学手册》系列丛书，旨在为专家与学者们提供研究参考工具，帮助他们了解经济学的前沿研究成果。该系列丛书涉及经济学多个领域，创新经济学是重要组成部分。丛书的投稿者与编辑都是当今该领域研究者中的佼佼者，包括许多诺贝尔奖得主，如丛书的编辑肯尼斯·J. 阿罗(Kenneth J. Arrow)。手册系列已经发行超过110卷，其引用率超过了所有的经济学期刊，成为经济学研究不可或缺的学术资源。

《手册》于2010年首次以英文出版。肯尼斯·J.阿罗和迈克尔·英特里盖特邀请我与内森·罗森伯格于2004年着手准备这两册著作。考虑到许多作者的各种要求,《手册》经过很长时间才编撰完成。我很高兴的是内森和肯尼斯在有生之年见证了《手册》于2010年出版。我从这两位经济学家那里学到了很多关于创新经济学的知识,同时也很遗憾他们无法再与我们在一起。但我想他们可能已经通过其他方式知道了《手册》中文版出版一事,他们一定会感到无比欣喜。

布朗温·H.霍尔

2017年5月

译者序

创新驱动发展需要中国的创新经济学

中国正在重新崛起为经济大国。

改革开放以来的几十年间，中国利用“后发优势”成功地实现了快速发展，其秘诀就在于技术创新和产业升级。根据新结构经济学的阐述，经济增长的内涵是我们的平均收入水平不断提高，而平均收入水平不断提高的前提则是劳动生产率水平的提高。促使劳动生产率提高的因素主要在于两方面：一是技术创新提高产品质量和生产效率，二是劳动力、土地和资本被配置到附加值更高的产业中去。伴随着生产规模、市场范围、资本需求和风险的扩大，各种相应的硬的基础设施和软的制度环境也必须不断完善以降低交易费用、减少风险。换言之，科技创新和体制机制创新是中国经济能够持续快速发展的根本原因所在。

中国正在加快迈向创新型强国。

在新的全球化背景下，通过实施创新驱动发展战略，适应和引领经济发展新常态，促进我国现有的一些劳动力密集型产业向技术、资本比较密集的产业去创新和创业，从中低端的产业向中高端的产业升级，我国经济增长可以保持在中高速。这样，未来若干年间，我国人均 GDP 水平就可以跨越“中等收入陷阱”。按照我们人口占世界的比重，那意味着全世界高收入的人口翻了一番还多，这将是中华民族伟大复兴的重要里程碑。

这其中，“大众创业、万众创新”是能让中国经济继续腾飞的一个重要的战略措施。我国拥有世界上最大规模的、经过科学训练的科技创新人才队伍，还有一个广阔的市场和硬件产业方面的综合配套能力，将这些优势通过“双创”结合起来，可以比较快速地提升我国产业技术和劳动生产力的水平。北京、上海等城市正在加速建设科技创新中心，进一步助力我国成为世界主要科学中心和创新高地。到 2020 年，我国将迈入创新型国家行列，并为 2050 年建成世界科技强国奠定坚实基础。

创新的中国需要中国的创新经济学。

中国取得的成就，在人类发展史上都堪称奇迹，尤其是对于一个积贫积弱、从来没有过对外侵略和掠夺史的国家来说,其摆脱贫困、走向繁荣富裕的路径也是全世界发展中国家的财富。当前新一轮科技革命和产业变革与我国加快转变经济发展方式形成历史性交汇,为实施创新驱动发展战略提供了难得的重大机遇。在向市场经济体系转型的过程中,在迈向创新型国家的过程中,中国已经遇到并将继续会遇到许多特殊、复杂的问题,这需要紧密结合中国具体实际进行理论创新,不断推进当代经济学的中国化。这就需要我们树立理论自信,在充分借鉴、学习国外经验的同时,更加注重推动理论创新。

《创新经济学手册》着重探讨了创新过程、创新政策、创新测度等重要议题,对发展创新型经济、提升政府创新治理能力等都有相当的启示。为此,我们组织了一批优秀的年轻学者开展了翻译工作,期待《创新经济学手册》中文版的面世对进一步推动我国创新经济学的研究发展,推动我国创新驱动发展战略的实施,发挥出重要的作用。

上海市科学学研究所

2017 年 5 月

目　录

第四部分　扩散

第 17 章　新技术的扩散 / 003
Paul Stoneman 和 Giuliana Battisti

第 18 章　通用技术 / 034
Timothy Bresnahan

第 19 章　国际贸易、外商直接投资及技术外溢 / 067
Wolfgang Keller

第五部分　创新成果

第 20 章　创新和经济发展 / 107
Jan Fagerberg，Martin Srholec 和 Bart Verspagen

第 21 章　能源、环境和技术变革 / 151
David Popp，Richard G. Newell 和 Adam B. Jaffe

第 22 章　农业中的创新经济学和技术变革 / 222
Philip G. Pardey，Julian M. Alston 和 Vernon W. Ruttan

第六部分　创新的核算

第 23 章　增长核算 / 273
Charles R. Hulten

第 24 章　研发回报估算 / 318
Ronwyn H. Hall，Jacques Mairesse 和 Pierre Mohnen

第 25 章　专利数据作为创新指标 / 378
Sadao Nagaoka，Kazuyuki Motohashi 和 Akira Goto

第 26 章　基于创新调查的计量经济分析 / 425
Jacques Mairesse 和 Pierre Mohnen

第七部分　创新政策

第 27 章　创新体系 / 457
Luc Soete, Bart Verspagen 和 Bas Ter Weel

第 28 章　技术政策经济学 / 479
W. Edward Steinmueller

第 29 章　军事研发与创新 / 518
David C. Mowery

译后记 / 556

第四部分
扩　　散

第 17 章
新技术的扩散

Paul Stoneman[*] 和 Giuliana Battisti[†]
[*]华威大学华威商学院
英国，考文垂
[†]诺丁汉大学商学院
英国，诺丁汉

目录

摘要/003
关键词/003
1. 引言/004
2. 经验性规律/006
  2.1 新技术应用的国际模式/006
  2.2 新技术生产的国际模式/007
  2.3 国内的生产扩散/008
  2.4 国内新技术应用的模式/010
    2.4.1 公司和家庭初次应用模式/010
    2.4.2 公司/家庭间的内部扩散/011
  2.5 初步概述/011
3. 理论和分析方法/012
  3.1 需求侧建模/012
  3.2 不确定性/016
  3.3 供给侧建模/017
  3.4 后续问题/018
4. 数据的类型与估计/018
5. 实证结果/020
6. 扩散政策/023
参考文献/028

摘要

一般来说，技术扩散是指一项新技术的市场随时间变化而变化的过程，其间覆盖了新产品的生产和使用模式以及生产过程的结果。本章通过考虑技术扩散广义的和狭义的概念，从需求和供给两个角度分析其总量水平变化的过程，由宏观的国际层面过渡到微观的公司或家庭层面。除了探讨现有扩散模式及扩散过程的理论基础，还涉及计量经济模型、数据可用性和预估问题，不过就现有调查而言无法做到面面俱到。扩散政策也是本章讨论的内容之一，此外还对未来研究方向提出几点建议。

关键词

扩散政策　广义概念　创新　狭义概念　新工艺　新产品　技术扩散

1. 引言

一项成功的新产品技术或新工艺技术问世时,该技术的用户数量或持有者数量在一段时间内会随时间出现绝对或相对增长,增长速率或快或慢(某些情况下甚至近乎零增长)。增长过程可能用时极短,但通常情况下会持续相当长一段时间。我们称新技术的这一传播过程为新技术扩散。

大量调查都曾试图界定新技术扩散的经济学领域(Geroski, 2000; Hall, 2004; Stoneman, 2001),这些调查在分析技术扩散时往往局限于一个极其狭小的研究范围,即在封闭的经济环境下研究新技术在公司的初次应用或家庭对新产品的需求(后者不如前者普遍)。在我们看来,这样解释技术扩散现象未免太过狭隘。

本章中我们试图拓展所谓技术扩散分析的涵盖范围。一种行之有效且广为接受的解释是:扩散是一项新技术的市场随时间变化而变化的过程(这个过程是达到均衡状态或一系列受干扰的均衡状态的方式,又或是二者皆有),并由此形成所有权或应用模式。当新技术应用模式不再显示(相对)增长时,扩散研究方可终止。这一定义有其优势。其一,"市场"暗指剪刀的两面,即供应和需求,而且我们坚持认为扩散过程与两者均有关系。其二,使用市场这个术语不涉及任何空间边界,这对本文论述十分重要。事实上,我们对扩散的研究立足于国际、国家、行业、地区甚至是公司内部或家庭多重视角。依照这一构想,本章将重点研究后期工作而非早期工作,除非早期工作中有对该领域至关重要之处。

文中根据新技术的供应和需求做出了一些补充性定义,以便反映新技术是被生产还是被应用。大致如下:新产品技术是指由公司生产并出售的新技术;新工艺技术是指新型生产方式,可能是采用新(产品)技术的结果。两者均有可能是耐用品或非耐用品,但更常见的是对耐用品的研究。该定义还将新型管理方法和新型传送方式(如通过互联网而非实体店)归为生产者技术。对产品创新的定义既包括新型服务(例如银行服务),也包括商品。软创新(Stoneman, 2009)也被认为与此相关。一些技术已渗透到各行各业,可能包含许多不同的新产品和新工艺,例如蒸汽动力、电气化或信息技术。此类技术对经济有着巨大影响,现统称为通用技术(GPTs)。Timothy Bresnahan 所著文章将对此进行探讨。

定义中的"新"要么是相对于市场参与者(如公司)而言,要么是相对于国际范围而言,因而本地创新和国际创新在定义上也有所不同。所谓"新"是指过去从未被使用，虽然文献资料也无法解释新产品和改进后的产品有何明显区别（利用需求交叉弹性也许是一种有效方法，但据了解尚未得到使用[①]）。新技术在市场中的初次应用标志着扩散分析的开始，多数情况下视初次应用日期为外生变量（或者说创新文献视其为内生变量）。此处所指的成功的新技术即是得到扩散的技术。

有关扩散的众多经济文献已从不同角度探讨过该现象的涵盖范围，但我们认为还不够全面。仅有有限的实证文献从国际视角出发对扩散过程进行研究（例如 Comin 和 Hobijn，2004a，b），对新技术的产地、该产地（和该技术）随时间而变化的方式及原因等进行思考。或许还有一套更具影响力的宏观经济理论文献，同样从国际视角出发，研究有关生产模式、产地决定因素以及新技术收入对国际分配的影响等问题。然而由于诸多此类模型的结果同质，此类模型对新工艺的扩散才有意义而对新产品的扩散意义不大。南北贸易模型是有关该通用国际/宏观经济领域的文献范例［Grossman 和 Helpman（1993）、Barro 和 Salai Martin（1997，2004）、Eaton 和 Kortum（1999，2006）以及 Aghion 和 Howitt（1997，1998）］。

然而较生产而言，新技术在国际上的应用或随时间变化的对新技术的需求，或是各个国家组成的全世界的对新技术的需求，这些问题还没有得到充分的研究。此处的新技术可指新工艺，但通常是指新产品。由此可以发现一个国际模式，例如计算机的应用随时间的推移在国际上扩散，且该扩散模式不同于计算机的生产模式。显然，新技术在一国的应用或持有不必与其在该国的生产捆绑在一起。新技术可以进口，如此一来，研究其应用所得到的启示可能与前文提到的宏观文献中所描述的内容迥然不同。

新技术的生产和应用是否有生命周期是个有趣的问题。也许一国首先进口一项新技术供国家应用，然后开始生产该技术以供家用；接着扩大产能，向其他国家出口，甚至可能出口至原技术出口国。然而，很难看出这一模式是否与该技术在本国的应用模式密切相关。但如若真与本国的应用模式密切相关，将会为宏观文献所讨论的内容奠定基础。然而通常情况下，要理解新技术扩散的过程，必须理解供给侧在这些及其他层面上是如何随时间推移而发展的[②]。

有关国际扩散的文献往往将广义和狭义的新技术扩散混为一谈。一个扩散过程对应新技术的跨国扩散（广义的范畴），另一个对应国家内部扩散（狭义的范畴）。两者共同决定新技术在国际上的整体扩散，因而都具有研究价值。

---

① 人们可能认为新产品的（绝对）需求交叉价格弹性相对于现有产品而言更小，而改进的产品的需求交叉价格弹性会更大。

② Tellis（2009）对此表示赞同。

如果从国际层面的研究转到国家层面,可以与行业层面的研究相结合(尤其对于工艺技术来说)。此时,先前的狭义的范畴(国家)变成了广义的范畴,行业变成了狭义的范畴。对 GPTs(通用技术)而言,行业层面的研究尤其重要(Helpman,1998)。有关这些总量水平下研究新技术的需求十分普遍,但相比之下供给侧没有得到充分的研究。然而应当明确的是:供给侧可以包括进口,需求可以包括出口。

国家和行业层面之下是工艺技术的公司间(行业内)研究或新产品技术的家庭间研究。扩散过程的绝大部分都发生在这一层面。再下一级是公司内部和家庭内部研究。已有证据表明相比公司内部扩散,公司间扩散开始更早、速度更快,因此应当分别对这二者进行分析(参见 Battisti 和 Stoneman,2003;Battisti 等,2009)。

因此总体来说,有关供给侧我们已知:扩散涉及新技术生产能力的增长,可能还涉及原产地的供应量和进出口随时间推移的变化。有关应用侧,我们会看到新技术首先被扩散到越来越多的国家,然后随着更多的家庭和公司(可能还有行业)应用新技术,在这些国家的应用或普及程度将会扩大,之后该技术在这些家庭和公司里会得到更为密集的应用。因此我们认为扩散分析并非某个小范围的研究,不能仅仅考虑封闭的经济环境下新技术在公司中的初次应用,而是包含了许多关键问题,这些问题构成了国际经济的健康发展、国家增长和财富分配的基础。

本章其他部分将首先探讨经验规律,接下来对用来解释这些规律的分析模型和理论模型进行探讨。之后要讨论的是数据的可获得性和模型的实证检验,接着会讨论政策影响和未来研究计划。在可行的情况下,素材的排序始于总量水平,然后逐步深入。由于篇幅有限,虽然我们认为创新只有在广为扩散之后才能产生影响,但本章中将不会涉及扩散对于经济本身的影响。

2. 经验性规律

2.1 新技术应用的国际模式

Comin 及 Hobijn(2004a, b)和 Comin 等(2006)极大地丰富了我们有关国际技术扩散的知识,使我们获取比以前更好的数据。这项工作的核心是对跨国技术采用历史数据集(Historical Cross Country Technology Adoption Dataset, HCCTAD),Comin 和 Hobijn(2004a)做过详细阐述(详情参见 http://nber.org/hccta/hcctad),后来又进一步补充了数据(参见 Comin 等,2006,但没有相应增加网络权限)。最新形式的数据集(CHAT 数据集)涵盖 159 个国家的非平衡面板数据,数据显示在过去 200 年间每个国家平均拥有 34.2 项技术。其数据既包括新工艺技术，如在氧气高炉里冶炼钢铁或使用自动纺织机，也包括新产品技术，例如手机或电视。

然而 Comin 和 Hobijn 的数据集主要关注的是衡量新产品国际跨期的应用（例如个人电脑）或新工艺技术的国际跨期应用（例如纺织业中走锭纺纱机和纺纱锭子的应用），而不是研究新产品和技术在不同国家间的生产，除非某国的生产和应用在时间上完全一致——例如某国的电力没有显著的进口或出口，处于自给自足、自我饱和的状态。因此，Comin 和 Hobijn 所得数据对生产新技术产品行业的发展没有太大价值。

关于应用侧，Comin 等（2006）在扩散过程中发现了大规模的跨国技术扩散，例如 1960 年美国的民航旅客人均里程是中国的 400 倍，这一数字比收入差距要大得多。研究还发现，这种扩散差距普遍存在于各个行业。另一个指标是跨国技术扩散过程所用的时间，如 1910 年印度人均拥有的电话量不及美国，直到 90 年之后才赶上美国的水平。这种差异不单单存在于发达经济体和发展中经济体之间。

Comin 等（2006）列举了跨国技术扩散过程中一些典型的特征：

（1）各国采用单项技术的离散程度是各国人均收入离散程度的 3～5 倍。

（2）根据技术采用程度，可知各个国家的相对地理位置与跨国间技术的流动紧密相关。在经济合作与发展组织（Organization for Economic Cooperation and Development，OECD）中这种相关性显著下降。

（3）技术趋同的年平均速度为 4%～7%。

（4）1925 年之后的技术跨国趋同的速度大约是 1925 年之前的 3 倍。

2.2　新技术生产的国际模式

如若要了解生产模式的发展过程，Comin 和 Hobijn 的研究就不那么适用了。与创新的应用不同，并不是所有国家都参与生产。原因有很多，包括竞争优势和专业化等。然而，显然新产品的生产先是始于一个国家，随着时间推移再扩散至其他国家。这也是一个生产扩散的过程。要想生产在他国得到应用和扩散，产品必须先出口，然后才能在他国进行生产。Dicken（1992）和 Dicken（2003）都观察过汽车制造业（见表 1），从中得出生产扩散的一个典例。

表 1　部分国家汽车产量：1960 和 1989 年的全球生产份额及年均生产变化率（1960—1989 年）

	1960 年份额	1989 年份额	1960—1989 年增长（%）
世界	100.0	100.0	6.0
美国	51.4	19.2	0.1

(续表)

	1960 年份额	1989 年份额	1960—1989 年增长(%)
加拿大	2.5	2.8	7.1
西德	14.0	12.9	5.2
英国	10.4	3.7	−0.1
西班牙	0.3	4.6	128.0
日本	1.3	25.5	185.7
巴西	0.3	2.1	62.9
苏联	1.1	3.7	28.8

资料来源：Dicken(1992)。

从该例中可以看出，在调查涵盖的 30 年间，世界生产模式发生了显著的变化。随着其他国家产量越来越高，1960 年最大的生产商生产份额相应减少，此乃生产扩散过程的一部分。虽然并未收集到此类例证的大量数据，但我们认为该模式十分普遍，尽管该模式并非是必然事件。Dicken(1992，p. 316)提供的数据反映出电视机的生产也呈现类似的情况。事实上此类模式由来已久，早在 20 世纪 70 年代初，Wells(1972)就提出一个美国产品的生命周期通常包括五个阶段：①所有产品均在美国生产，再出口至其他国家；②欧洲生产起步，此时美国主要出口至欠发达国家，美国的生产份额下降；③欧洲取代美国出口至欠发达国家，美国的生产份额进一步下降；④欧洲出口至美国，欠发达国家生产起步，美国和欧洲的生产份额均下降；⑤欠发达国家出口至美国和欧洲，生产份额提高。

2.3　国内的生产扩散

虽然有关新产品在国家内部的生产模式的研究并不普遍(参见 Gort 和 Klepper，1982；Hannan 和 Carroll，1992；Jovanovic 和 Macdonald，1994；Klepper，1996、1997；Klepper 和 Graddy，1990)，但相关研究成果却比较清晰。Klepper 和 Graddy (1990)以美国 46 种新产品为样本，研究了自 1887 年产品开始上市以来不同时期生产者(厂商)数量的演变。他们从中归纳出一个普遍的模式，将其分为三个阶段：①在初始阶段，新产品的生产者数量多且不断增加；②当生产者数量达到峰值之后，进入第二阶段，市场开始衰退，生产者数量也随之减少；③步入第三阶段之后，生产者数量开始趋于稳定。尽管对于不同的产品，这三个阶段所持续的时间存在广泛差异，如第一阶段的持续时间从 2～55 年不等，而第二阶段则可从 1～23 年，但平均来讲，第一阶段与第二阶段的持续时间分别为 30 年和 10 年。在第一阶段，平均每年生产者的数量变化值为 3.8，进入第三阶段，平均值降到每年 0.2。在第二阶段，轮胎生产者数量最多达到 275 家，之后能够坚持走完第二阶段的只有 211 家；而 114 家洗发剂生产商中只有 5 家坚持了下来。

Klepper 和 Graddy(1990)进一步表明，在 5 年的时间内，这些行业的年平均产量变化率依次为 49.8%、15.5%、8.6%、3.4%、2.7%和 1.9%。这说明行业往往在开始时保持快速增长，之后增度放缓，行业走向成熟。当然，处于行业发展后期的公司不必从一开始就参与其中。新公司可以加入，继而发展壮大，最终在该行业占据主导地位。在某些情况下，新公司进入行业并淘汰其他生产率较低或创新力较弱的公司，熊彼得的创造性破坏理论可以充分阐释这种现象。这也就是说，我们可以发现生产商的演变遵循某种模式，但创造性破坏理论并未揭示这一模式的形成原因或实现过程。Geroski(2003)可以为我们进一步的研究打下基础。

当然，这些生产模式不会完全符合国内产品市场的供应理论。部分生产者会将产品出口至其他国家，而国内市场上供应的部分商品也可能来自其他国家。据了解，目前类似的研究都没有考虑贸易因素，即考虑出口的增长和发展、出口转为海外生产以及跨国公司的发展等。然而人们认为出口先于海外生产，但二者的时间间隔尚不清楚。

美国的例子不能代表所有国家。上述研究讨论的产品大多起源于美国，因此，这些模式反映的是创新型国家的情况，而其他国家的生产模式极有可能会不同。如果 J 国的生产起步时间比创新型国家 I 晚 30 年，J 国遇到的情况极有可能与 I 国在当前所处阶段更相似，而非是与 I 国在 30 年前所处阶段相似。Utterback 和 Suarez(1993)认为，随着行业渐趋成熟，其生产会得到改进，产品也发生相应改变。此时，上述观点的意义尤为重大，特别是随着标准化的持续发展，生产过程变得更为资本密集型，行业的准入门槛提高。生产起步较晚的国家往往拥有最新生产模式，紧跟行业发展。同样的，国家的产业发展也更有可能遵循创新型国家目前的发展模式，并非其早期的发展模式。

最后，值得重申的是，Klepper 和 Graddy(1990)发现的模式也并不是普遍的。专利制度是新产品开发和扩散的一个重要因素。这一制度在某些行业(如静电复印术和药品)可能极大地限制了潜在竞争者企业的进入，因而可能会出现与现有的发展模式完全不符的情况，体现在专利到期前(全世界)生产者的数量鲜有增长。

本节最后将对 Klepper 和 Graddy(1990)的观点进行评述，二人研究发现随着产品渐趋成熟或老化，产品价格往往会降低。他们发现，通常情况下，最大降幅(12.6%)出现在最初五年，之后每五年降幅都会减少。但该模式仍然存在异质性，因为在选取的 86 组对照组中，有 41 组价格在后五年的降幅比前五年大。

由于未考虑到质量调整,Klepper 和 Graddy 往往低估了实际价格的下降。随着新技术日趋成熟,产品质量也往往有所改进。一个典型的例子是:2007 年产的计算机不仅比 1950 年产的便宜许多,而且体积更小、速度更快、操作更简单、更可靠、软件更优质。考虑到质量调整的情况,Stoneman 和 Toivanen(1997)计算得出,计算机的质量调整价格指数从 1960 年的 2088 降到 1980 年的 12.8(设 1972 年为基期的质量调整价格指数为 100)。

2.4 国内新技术应用的模式

2.4.1 公司和家庭初次应用模式

新技术的应用情况由一段时间内公司/家庭应用或拥有该新技术所占的比例来衡量。据观察,国际、国内、行业和公司层面的新技术的应用模式符合 S 形曲线——先是缓慢增加,然后加速增长至一个拐点,此后继续增长但增速下降,直至达到渐近线。迄今为止大多数应用扩散的研究都是研究单个国家,但上述 S 形曲线的模式出现在许多涵盖不同国家、不同技术的研究之中。

Comin 等(2006)收集和展示的国际数据为进行更多有关应用扩散的国际比较分析提供了契机。新技术在一国的应用情况是综合衡量了该国中单项技术的用户数量和每位用户的应用强度而得出的。Comin 等人探究了能否用常见的 logistic 曲线大致估算出应用情况,从而对 S 形曲线进行检验。尽管他们发现 logistic 曲线不适用,但并不排除其他 S 形曲线或其他产生 S 形曲线的衡量方法。他们的研究还衡量了狭义的和广义的指标。

我们与同事 Anni Marie Pulkki 一起,利用 HCCTAD 数据集进一步探究跨国应用扩散过程中狭义的和广义的模式。总体而言,我们发现新技术在初次应用时,跨国应用扩散相当长一段时间之后才会出现国内扩散。也就是说,即使一个新产品在所有国家都投入使用,要在这些国家中国内实现更广泛的扩散仍需要大量时间。据了解,技术应用在某一国家中的扩散是否(及如何)影响该技术在他国的扩散尚未得到研究,虽然这个问题显而易见。

这些观察反映出有关扩散过程的一种观点,即认为仅凭不同国家在某一时点的应用情况的简单比较是无法判定一国是否比他国更先进的。有人说每个国家的技术应用扩散都遵循逻辑斯谛(logistic)曲线。该曲线可用三项参数进行反映:①初次应用的当地日期;②应用的渐近水平;③扩散本身的速度,即应用由零升至渐近值的速率。扩散曲线的对比需要对这三项参数均进行比较,而这三项参数是无法通过某个时间点的数据而得出的(Canepa 和 Stoneman,2004)。

针对单一国家的研究很少关注整体经济层面的应用扩散,但只要关注就会用到时间序列数据。有关计算机化的早期研究就是个例子。然而,更常见的是研究一个经济体内不同行业或一个行业内不同公司的单项(或多项)技术以及新产品在家庭间的扩散。

有关公司间新工艺(例如自动化或数控技术)扩散的研究在观察所得模式中(参见 Stoneman，2001)发现了大量的经验性规律：①当依照时间绘制应用情况时，扩散通常遵循一条 S 形路径；②不同技术的扩散路径不同；③早期和晚期采用者呈现不同特征；④对于例如集聚模式、管理规制、标准增长率等，市场环境发挥着重要作用。后文将会更加详细地探讨这些问题，并思考可能的影响因素及其原因。

有关新产品扩散的研究并不如经济学的研究(如在市场营销领域)那样普遍，但仍能找到相关文献。近期的例子如关于手机扩散的研究(Liikanen 等，2004)。知识密集型商品(Quah，1999)是个有趣的类别，在这一类别中，家庭对产品的理解能力会发挥作用。有关新工艺的研究也存在经验性规律。后文也将对这些问题做进一步的探究。

2.4.2　公司/家庭间的内部扩散

行业内扩散有两种范畴——广义的范畴和狭义的范畴，分别对应技术应用在公司层面的应用范围和应用强度。应用强度模式是公司内部扩散的分析对象。Battisti 和 Stoneman(2003)已经证明，公司间扩散比公司内部扩散速度更快，因为技术的公司间扩散早在技术的公司内扩散开始之前就已结束。而对于技术在公司内部的扩散而言，实证(Stoneman，2001)得出的结论与前文产品和工艺技术在公司间的扩散结果一致。然而总的来说，关于公司内部扩散的分析有限，因此可用的实证信息也是有限的。我们还观察到，公司间扩散和公司内部扩散通常作为独立的现象进行研究，虽然两者间存在明显的潜在联系。

家庭一般也不会对一项技术仅购买一次。例如人们可能先买一辆车、一台电视或电脑，随着时间推移再购买更多的汽车、电视或电脑[①]。正如前文所言，经济学家对这一问题的研究有限(市场营销学者研究更多)，但该问题确实值得思考。

2.5　初步概述

我们观察到的模式是成功的新技术都起源于一个地点。其后随着时间推移，这些技术的应用和生产逐步扩散至全世界，虽然应用和生产可能会在不同的国家呈现出不同的模式。随着新技术的应用和生产走进更多国家，其国内家庭和公司间的扩散过程也随之开始，但均落后于跨国扩散。家庭和公司内部的应

① 衡量家庭内部的应用强度，可以通过运用该创新的家庭成员数量或每位家庭成员购买的融合该技术的商品数量。前者操作难度较大。技术进步(产品的更新换代)、价格下降、收入增加或质量提高等都可能推动扩散的发展。

用随后也开始发展,但发展速度落后于国内扩散。每个阶段中,扩散的狭义的范畴都滞后于广义的范畴。

我们希望对相关问题做出解答,问题主要围绕不同总量水平以及供给和需求两侧的决定因素:①扩散速度;②国家间的扩散模式;③国家内部和行业或家庭间的扩散模式;④家庭内部和公司内部的扩散模式。要解决上述所有问题离不开整本手册,还需要查阅更多资料。然而我们注意到,我们的关注点与众多学者的贡献不谋而合,如 Kortum 和 Eaton 有关内生性增长理论的研究,Feldman 和 Kogler 有关发明的地理位置的研究,Keller(2004)有关技术、贸易和知识溢出的技术/行业研究,以及 Fagerberg、Srholec 和 Verspagen 有关技术和发展的研究。考虑到这些贡献,我们决定此处不再对增长、国际发展和新产品产地(包括外商直接投资、跨国公司、知识产权等)的决定因素进行详细讨论。同样,后文也不会涉及新增长理论(Acemoglu, 2009)。

3. 理论和分析方法

每个不同集聚水平的扩散研究都有各自的模型、理论方法和文献。本节中我们试图对各种分析方法进行概述(虽然有可能过于简化),这些方法常见于多个不同领域,也因此广受关注。将供给侧建模从需求侧建模中分离出来,并从需求侧建模入手进行研究是个有效方法。

3.1 需求侧建模

我们认为,扩散建模所用各种方法的首要区别是均衡方法和非均衡方法。在非均衡方法中,扩散过程被视为达到一个"新"的长期均衡的过程,而均衡方法则视扩散为一系列随时间变化而变化的动态均衡。

非均衡模型主要有两种,一种围绕被动学习构建,一种依据演化经济学创建。文献已对前者进行了大量讨论,Geroski(2000)及其他人也对此进行过充分研究。Metcalf(1988)曾对后者进行讨论,本手册中 Nelson 和 Dosi、Luc Soete、Bart Verpagen 和 Ter van de Weel 也会涉及相关内容。因而,我们不再做进一步的探究。然而我们的确注意到,此类模型大多视(需求)扩散为一个自我扩散过程,因为扩散一旦开始自身就具有了动力,无需更多刺激便可驱动扩散过程向前发展。这一结果是否在其他环境下也会出现是个有趣的问题。

均衡模型的类别下存在多种模型。所有这些模型的核心假设是:①市场任何时间都是出清的;②在不确定性条件下,公司和家庭会保持理性,追求利润和效用最大化。现有模型之间的主要差异在于如何确定采用新技术所带来的回报。首先来看新工艺技术。

采用新工艺技术的年收益，用 $v(t)$ 表示，是指公司（以某种强度）应用新技术和以更低强度（可能为零）应用时所得年净利润的差值。这些收益流差值的当前价值即是采用新技术的净资本化价值（$V(t)$）。新技术的年资本成本可用 $p(t)(r+\delta)+k(t)$ 表示，其中 $p(t)$ 表示 t 时购买技术的成本；r 表示利率 / 贴现率；δ 表示折旧率，可能包含技术过时的概率；$k(t)$ 代表一些附加成本，例如适应成本（可能包含在建模内），不过在此处影响不大，所以设为零。

在研究新工艺技术的需求时，常常将其作为一个公司间的过程，且研究集中围绕初次采用新技术的日期。早期研究（David，1969；Davies，1979）主张公司在不同时期采用新技术，因为它们各有各的特点（后文会详细阐述），且应用新技术的回报也不同（虽然回报的多少与自身应用情况及其他公司应用情况无关），我们称之为等级效应。因此认为在任意时间 t，技术采用者将是 $v_i(t)$ 大于等于 $p_i(t)(r+\delta)$ 的公司 i，而且采用该技术之后收益超过成本。要生成扩散需求曲线，需要对时间段内所发生的变化建模，可能是公司特征的变化（不太常见）或是技术购买成本 $p_i(t)$ 的变化，虽然 $(r+\delta)$ 的变化也会产生影响。假设 $p_i(t)$ 随时间下降[①]，则技术会扩散到有利特征越来越少的公司中去，从而形成相应的公司间扩散路径。Ireland 和 Stoneman（1986）指出如果采用该技术的成本呈下降的趋势，那么公司在决定采用时机时会考虑到这一点，将会在最盈利的时候（套利标准）采用该技术，而非初次盈利之时[②]。这种情况要求公司在 $v_i(t)=p_i(t)(r+\delta)-\mathrm{d}p_i^e(t)$ 时采用技术，其中 $\mathrm{d}p_i^e(t)$ 是指 t 时新技术成本的预期变化。此时扩散过程不仅受到公司特征和技术成本的影响，还受到该技术成本的预期变化的影响。当然，该方法预测早期采用该技术的公司会比后期采用该技术的公司更有利。

该方法假设，公司所得回报与其自身应用范围及其他公司的应用范围无关。Reinganum（1981）、Quirmbach（1986）等认为，在公司间模型中，依照熊彼得的理论，其他公司的应用会影响该公司的回报，这一论点我们称之为存量效应。如果公司在开放的市场上运作，那么其他国家的技术扩散也可能以这种形式影响国内的技术扩散或者被国内的技术扩散所影响。暂不考虑公司的异质性，有观点认为一个行业中有 M 家公司，t 时的用户数量为 $N(t)$，则 $v_i(t)$ 是 $N(t)$ 和 M 的负函数。不受套利影响的情况下，t 时新技术的均衡用户数量 $N^*(t)$ 在 $v_i(N^*(t), M)=p_i(t)(r+\delta)$ 的条件下才能得出。据了解，均衡状态是无法保证能够达到的。然而该模型的确做出了预测，即随着 $p_i(t)$ 降低，扩散会持续进行。但由于未考虑到公司的异质性，因此无法预测哪些公司将会成为早期用户，哪些

---

① 而且由于假设 $p_i(t)$ 呈下降趋势，过去投资将不可逆转。

② 只要购买成本随时间下降，无论何时，只要能达到套利标准也就能达到盈利标准（但反之则不然）。

会成为后期用户。该模式还预测技术采用者所获年利润将随着用户数量的增长而减少,且后期采用者所获利润较之早期采用者要低。

我们称该模型的后一种特性为顺序效应。顺序效应引发人们思考,如果真有此类先发优势,各公司可能会相互竞争,抢做第一或者说至少是早期采用者。Fudenberg 和 Tirole(1985)提出的方法就建立在这个基础之上,他们认为采用新技术所得回报取决于采用新技术的顺序。对于一定的购买成本,只有在某一个时间点之前采用技术才能盈利,过了该点之后,只有随着购买成本下降,扩散才会继续进行。

这三种方法是分析公司间扩散的核心。每种方法主要都是由新技术的获取成本随着时间的变化(或至少是购买技术的质量调整成本的变化)来推动扩散的。扩散似乎不太可能自我扩散,而是由新技术成本的外生性变化驱动。然而正如我们所见,此类成本可内生化,此时自我扩散可能通过供给侧实现。

公司内部扩散在扩散分析中不被重视。研究人员对此常常不予考虑,即使有这方面的研究,相关数据也寥寥无几,因此通常不对其进行实证研究。按照均衡方法,可将前文提到的类似分析应用到公司内部环境当中。一项新技术在公司的应用只会随时间推移慢慢扩散,而不是顷刻间完成。如何对这一观察结果建模,是公司内部环境面临的问题。这其中可能存在特征(或等级)效应,例如在当前的购买成本下,比起较新的资本设备,只有较旧的资产设备值得更换;可能存在存量效应(因为成本降低后,自身产量就会增加),边际收益不足以覆盖边际购买成本;可能还存在顺序效应,因为先前他人的应用已经抬高了稀缺供应品的投入成本。将公司内部扩散看作一种战略行为的工具或许更有价值。公司借此决定新技术的应用范围,将其作为一个信号或是至少意识到其应用会给竞争对手传达一种信息,影响竞争对手的决策。

竞争对手应用新技术通常会减少自身利润,这是上述方法的根本基础[①]。因此在一个不完全竞争市场中,公司利润和公司行为所获利润取决于其竞争对手如何进行应对。由此可见,双寡头垄断下如果一家公司因采用新技术而降低其产品的价格,那么降价对该公司的利润有何影响将取决于另一家公司是否降低价格和/或安装新技术。因此,采用新技术带来的预期利润取决于竞争对手的预期反应。这样一来,一家公司的采用程度就取决于另一家公司的预期反应,因此博弈的结果决定了个别公司的应用和行业的整体应用。一种解决方法是假设达成了纳什均衡[②],每家公司都假定竞争对手的行为/反应符合自身利益最大

① 虽然网络技术并非如此。

② 又称非合作博弈均衡,指的是参与人的一种策略组合,使得每个参与人的策略是对其他参与人策略的最优反应。——译者注。

化，如果其他公司也遵循同样的策略。

公司还可采用其他策略。有两种特殊的策略——捕食和抢占。假设存在一个双头垄断，其中一家公司先行采用了一项新工艺技术，且两家公司都能观察到对方的决策。假设只有两个时间段，两家公司都必须决定当前对新技术的投资额。一个可能的结果是达成纳什均衡。然而，创新公司如果采用抢占策略，有可能会过度投资（相对于纳什均衡）以阻止另一家公司进行投资。Fudenberg 和 Tirole(1985)提出的公司间模型就基于这种逻辑，但公司间的这种博弈是一次性的博弈，而非连续博弈。抢占将加速创新公司的内部扩散，阻止另一家公司的内部扩散；而且如果另一家公司决定完全不投资，抢占也极有可能阻止公司间扩散。

另一方面，如果创新公司采用捕食策略，那么非创新公司如果要进行投资，创新公司实际上会进行威胁报复。此举将延误两家公司各自的应用，可能还会妨碍公司间扩散。因此，博弈的实质至关重要。

还有第三种博弈也值得思考。长期以来，人们一直辩称技术扩散能反映信息上的扩散。显然，创新者的投资决策包含可供其他公司参考的信息。如果创新者认识到这一点，他很有可能根据其他公司的投资决策发出的信号来进行决策。因此，创新者明白如果他决定扩大新技术的应用范围，将会给其竞争对手发出一个有关该技术潜在利润率的积极信号。这样可能会导致竞争对手也进行投资，而竞争对手的投资又会减少创新者的回报。考虑到这一点，创新者可能决定不做进一步投资。这种情况下，该技术是否盈利，潜在竞争者就无从得知，因此也不太可能会进行投资。由此，这种博弈对公司间和公司内部扩散都会产生影响。

本次讨论的结论是：

(1) 博弈的实质至关重要。

(2) 博弈可能会产生多种结果。

(3) 公司间和公司内部扩散并非独立决策的结果，而像是一枚硬币的两面，相互关联。

目光从公司转向家庭，两者的分析有许多地方可以相互贯通。首先可能存在等级效应，因为相比其他家庭，一些家庭愿意花更多的钱去购买新技术（收入更高或品味使然）。也可能存在顺序效应，根据例如凡勃伦效应[①]等论据认为成为第一能带来声誉。还有可能随着用户数量的增加（通过网络效应或是某种其他效应），利益增多或减少。提高质量、降低购买成本或改变利益分配可以绘制

① 商品价格越高消费者反而越愿意购买的消费倾向。——译者注。

出家庭间扩散模式(虽然家庭不可能按博弈理论的方式行事)。

研究家庭扩散时,被扩散商品属非耐用品、需要重复购买的概率也更大。扩散理论对非耐用品这一研究领域关注甚少(有关研究参见 Stoneman 和 Battisti, 2000),主要关注的是耐用消费品。然而如果研究的是重复购买的产品,跨时套利和折现率在分析中将不再重要,从先前购买中学习、为学习而购买以及其他类似因素反而会发挥更大作用。基本而言,这一情况使得扩散研究需要对不确定性进行探讨。

3.2 不确定性

长期以来,不确定性一直被看作是创新过程所固有的特性,扩散分析与上述分析一致。不确定性领域事关新技术表现、未来持有成本、补充供给、权威标准的确立和可能过时的问题。理论文献已采用不同形式对所有这些方面进行了研究。发现的问题包括:①家庭和公司面对确定性如何决策,例如他们是风险中性还是风险厌恶(或者甚至是风险喜好)以及他们如何权衡决策中蕴含的风险和回报;②风险如何及为何随时间而变化,例如是外因诱变还是内因诱变;③公司和家庭如何转移风险?

关于决策,文献中运用了实物期权模型、期望效用模型、预期利润模型、均值—方差模型和其他模型。还有搜索模型、被动信息获取模型和战略信息模型(试图反映出信息随时间的变化)。甚至还有一些模型中,制造商会提供信息以减少不确定性。所有模型都显示不确定性的减少会鼓励更多人使用,而且从某种程度上讲不确定性的减少,无论内生性还是外生性,都能够推动扩散过程。

然而关键问题是——不确定性的减少是否能够自我延续。早期流行的模型中,应用的增多导致不确定性减少,继而推动了应用的进一步扩展。这意味着应用能带动更大范围的应用,因而扩散具有自我延续性(例如 Mansfield, 1968)[①]。

营销理论常常假设在家庭中,部分信息(以及由此带来的不确定性的减少)通过观察现有用户获得,部分通过广告商和其他来源获得(例如 Dodson 和 Muller, 1978 或 Mahajan 等)。然而有些人认为此类模型往往将不确定性的减少作为建模中的一个过程,此过程中,潜在用户只会更加确信其有关技术回报的预想是正确的,而没有随时间的推移了解技术的实际回报(Stoneman, 1981)。此外,这些模型还忽略了我们前文讨论过的信号问题。

文献综合考虑了多个需求侧的不同情况,发现扩散过程中需求侧的关键问

① 例如,Mansfield(1968)提出的流行病毒扩散模型表明,与采用者(疾病携带者)的频繁接触使得不确定性减少,扩散随之发生。随着采用者(被感染者)的数量增加,接触频率也会增加。这会推动信息采集过程的发展及不确定性的减少,而不确定性的减少又使得采用范围进一步扩大。

题包括：技术的实质（耐用品或非耐用品）、顾客的异质性、标准，网络外部性[①]、信息和不确定性、跨时套利、战略行为，以及公司（家庭）、行业、国家和国际层面、广义范畴和狭义范畴的关系。部分文献（主要是非均衡方法的相关文献）将需求增长看作一个自我传播的过程，而均衡方法则不太可能如此。

3.3　供给侧建模

供给侧与技术扩散的关联（Stoneman，2002）如下：①供给侧是质量提高和进一步技术变革的主要来源，可能推动（或阻碍）扩散过程的发展；②供给侧的投资决策将决定供给能力；③供给侧的定价决策将决定购买成本；④供给侧还有可能承担广告及其他影响扩散过程的推广活动。

我们在前文中强调过，新技术的供应商不一定位于技术扩散所在的国家内部。技术可以进口，也可以出口。我们也讨论过供应行业是如何随时间而变革和发展的。说到一国技术扩散的决定因素，以上两者都发挥作用，但这里我们不对生产地点和新技术供给行业的发展进行细节探讨。

无论是消费者技术还是生产者技术、交互扩散还是内部扩散过程，重要变量的影响因素如下：

(1) 供给行业的成本结构。首先，其他条件不变时，成本越低，价格就会越低。价格越低，某一时刻扩散的范围就会越广。其次，成本下降速度越快，价格下降也可能越快。其他条件不变，预期价格下降将减缓扩散速度。第三，成本变化可能源自扩散过程本身，例如随着扩散的进行，"干中学"使得成本降低（且顺带生成一个自我传播的扩散机制）。成本更有可能与产品或产品生产过程中的技术进步相关，取决于未来销量预期，而不是以往销量。

(2) 供给行业的市场结构。行业竞争越激烈，其价格就越可能接近边际成本，因而其利润将近乎为零。垄断行业可能会试图通过跨期价格歧视等手段来内化部分消费者盈余，但此举的实现程度取决于买家预期。对于一定的价格预期，竞争必然会促进价格的降低和应用的增加。然而随着价格趋向于生产的边际成本，生产者利润减少，因而开发新技术或做出改进的动力也有所减弱。

(3) 竞争更为激烈的行业为买家提供产品信息的动力更小。这一情况可能出现在广告业，因为广告商只有在能从活动中获得盈利时才会提供信息，而在竞争性市场中盈利的可能性更低。还有公司可能在一项产品推出的早些年以低定价来鼓励使用、推动信息扩散。同样，这种情况只有在供应商能从中获利时才会

---

① 要特别考虑标准的扩散方面，请参见 Choi(1997)，另外本卷中也有对标准的讨论。

发生,而竞争的环境下盈利的可能性更小。

(4) 供给侧是一国扩散与他国扩散相互作用的一个纽带。如果供给行业采用国际运作,那么可能会出现“干中学”、规模经济、研发激励和国际套利等现象,这些现象也许说明了一个市场中提供给买家的价格和质量取决于其他市场的扩散情况。

3.4 后续问题

本节主要回顾了均衡理论,以均衡理论及其论据为基础,对众多因素分别进行考虑。这些因素可能构成前文提到的扩散模式的基础。此外,本节还分别探讨了可能对扩散过程的推动起决定作用的因素。之后将进入实证研究,相关人员已开始对这些决定因素进行实证检验。

然而,还有两个问题有待进一步商榷。第一个问题是,扩散是自我扩散还是需要持续的外界刺激。我们知道非均衡模型可以自我扩散,那么均衡模型是否也能够自我扩散呢?大多数需求侧的均衡理论都认为扩散是均衡变化的结果,变化来自于扩散过程之外,例如企业特征的变化、进一步研发以及成本的变化等。如果通过增加一个供给侧等的方法,将这些变化转为内生性,就有可能通过供给侧实现自我扩散,虽然这不是必然事件。通过“干中学”,研究人员已经提出该方法并对其建模(参见 Peter Thompson 的贡献)。原则上“干中学”可以被并入需求侧,通过需求实现自我扩散,但我们还未听说相关研究。

第二个需要解决的问题是什么样的总量水平适合进行扩散分析。我们在分析公司(家庭)间扩散时,应将其作为一个独立现象还是在公司(家庭)内部扩散的基础上集聚的结果?同样,在分析国际扩散时,应将其作为国际力量作用的结果,还是公司间扩散结果的集聚?鉴于这些问题不仅与扩散分析相关,而且是宏观与微观经济学联系的核心,我们暂且不予回答。但我们认为所有分析层面都能提供信息,但不应像过去那样把它们分割开来。我们应认识到:外部交互、内部交互以及这种交互作用是探寻技术扩散过程的驱动因素的一个重要方面。

4. 数据的类型与估计

技术采用的广度和深度是扩散的实证研究中的关键指标。要衡量一项创新在用户中应用的范围,通常有两种方法:一是根据个人用户初次应用的时间,二是根据一段时间内的累计用户数量。前者是关于个人对创新技术的应用时机的选择,而后者描述了一段时间内创新在潜在用户中的扩散范围(也因此描述了应用路径)。这两种方法被广泛应用到公司间(或家庭)扩散研究对代理商初次采用创新的决策的探讨。

衡量个人用户的创新应用深度或强度以及公司(或家庭)内部的创新扩散程度,通常是通过创新产出的份额或与创新相关的员工数量(或类似的,应用创新的家庭成员数量或家庭购买的升级产品或相关产品数量等)计算得出,同时也和初次采用之后的创新应用强度密切相关。

早期的实证文献集中探讨公司间扩散(例如 Griliches, 1957; Mansfield, 1968),随着 Karshenas 和 Stoneman(1995)、Geroski(2000)、Stoneman(2002)和 Hall(2004)的深入调查,该领域的研究继续扩展。然而在最近的一项公司层面研究中,Battisti 和 Stoneman(2003)认为,在一个公司间扩散过程的早期阶段,相对于公司内部应用强度的变化,用户数量的变化更能推动总体应用强度的增加;然而在之后的阶段,情况会发生逆转①。因此,要想了解整个扩散过程,公司间和公司内部扩散过程都需了解。

公司内部扩散尽管重要,但相关文献仍处于起步阶段,尽管最近实证分析有了进展,具体参看 Battisti(2000)、Jensen(2001)、Battisti 和 Stoneman(2003, 2005)、Astebro(2004)、Battisti 等(2009)、Hollenstein(2004)及 Hollenstein 和 Woerter(2004)。

公司内部研究的匮乏,一个可能原因是数据可获得性。为了观察创新应用强度的内部扩散,必须自初次采用之日起对所有采用者进行长期(有时是几十年)不间断的观察,观察程度之细使得记录采用者的创新应用强度非常困难。由于实证结果有限,加之理论文献匮乏,因此公司内部扩散的研究空间十分巨大。

创新扩散无论是发生在国家、行业、公司或家庭内部还是之间,官方统计收集的有关数据都十分有限,这对该领域的研究人员来说是个众所周知的难题。独立的专项调查常常是唯一的信息来源。包含有关创新扩散的充足纵向信息的数据集颇为罕见,例如初次上市的时间以及采用者的特征等。想要获取国际间的记录采用者特征的详细记录更是不易(例如 Canepa 和 Stoneman, 2004,回顾有关公司间技术采用的国际调查数据)。一些创新在用户间的扩散可能需要几十年的时间。这就造成了一系列难题,其中之一就是保持一个充分代表参考人群的样本容量,因为拒绝、无应答、公司退出均会导致样本容量急剧减少,大大增加了扩散过程的观察难度。最后,即使纵向数据收集完毕,可获取的数据有时也极其有限。

---

① Battisti 和 Stoneman(2003)研究了 1975—1993 年间计算机数控在英国工厂中的扩散。他们发现在扩散过程的早期阶段,公司间扩散对应用总增长的贡献率是 91.4%,而公司内部扩散的贡献率是 8.6%。20 年后,扩散过程即将结束时,情况恰恰相反,公司内部扩散对增长的贡献率为 90.4%,而公司间扩散的贡献率仅为 9.6%。

创新扩散的现有调查数据中纵向维度的缺乏或有限,对可验证假说和现有的预测技术造成了诸多限制。由于缺乏截面数据中的纵向数据,内生性及缺乏对反向因果的控制仍是一个重要的问题。如果处理不当,这些问题可能会危及所有类型的经济计量分析,使其失去价值,不论横截面样本容量大小以及使用何种模型。此外由于纵向数据有限(或缺乏),如生存模型和风险模型等的经济计量技术或固定效应面板数据模型,这些旨在处理数据截断或被忽视的变量偏差的模型在实际使用中可能没有想象中那么广泛。因此按照 David(1969)和 Davies(1979)提出的路线,可以用多项式模型或多变量概率模型取而代之,这会对结果的可信度和普适性产生显著影响。

嵌套模型设定,例如 Heckman(1979)的两步法或双栏式模型,在解读创新决策的嵌套实质和发现样品选择偏差的尝试中得到越来越多的应用。例如在决定采用一项创新及初次采用之后的应用强度时便可使用该模型,前提是至少采用过一个该创新产品(示例参见 Astebro, 2004; Battisti, 2000; Battisti 和 Stoneman, 2003, 2005; Battisti 等, 2007, 2009; Hollenstein, 2004; Hollenstein 和 Woerter, 2004; Jensen, 2001)。

不幸的是,虽然扩散分析本质上是研究一段时间内的现象,但是在至今发表的著作中,进行回归分析之前花时间考察相关变量的整合程度、研究协整技术或有关伪回归等类似问题的却寥寥无几,纠错模型也很少使用。

对于面板数据[①],多种计量经济学方法和统计学方法均可供使用,并且也已经在技术扩散的实证分析中得到使用。这样的例子有风险建模(例如 Colombo 和 Mosconi, 1995)和向前进行强同步独立性(因果)检验(例如 Battisti 等, 2006)。然而,面板数据严重不足仍是个普遍存在的问题。

5. 实证结果

研究一直试图明确家庭和公司初次采用创新的影响因素并对其建模。过去几年间,相关研究已取得重大进展(参见 Geroski, 2000; Hall, 2004; Karshenas 和 Stoneman, 1995 的调查)。在对此类模型进行实证检验时发现诸多规律,尽管并非所有的结果都互相吻合。我们会集中讨论其中的一部分,希望能为未来的研究提供有趣的方法。

Mansfield(1968)、Romeo(1975)、Hannah 和 McDowell(1984)、

① 是将截面数据和时间序列数据综合起来的一种数据类型,该数据具有横截面和时间序列两个维度,当这类数据按两个维度进行排列时,数据都排在一个平面上,与排在一条线上的一维数据有着明显不同,整个表格像是一个面板,所以称为面板数据。——译者注。

Karshenas 和 Stoneman（1993）、Noteboom（1993）、Colombo 和 Mosconi（1995）、Saloner 和 Shepard(1995)等人的早期研究发现，公司规模会对采用决策产生显著的积极影响，或许是因为大公司更善于从创新活动中谋利，又或许是因为规模代表了效率。这一发现也证实了熊彼特有关大公司更善于吸纳创新的观点。然而有关碱性氧气转炉和连续浇铸的扩散，Oster(1982)得到的结论则恰恰相反。Battisti 和 Stoneman(2003)在研究微处理器的公司内部扩散时也得出相同结论。

同样，研究发现企业的存续时间对采用决策也有着积极影响。人们常常认为，与年轻公司相比老牌公司积累的经验更有助于公司创新。例如在 Noteboom(1993)的一项研究中，企业的存续时间对计算机在荷兰小型零售业中的技术采用有着积极、显著的影响。然而，在研究多项技术在美国制造业中的扩散时，却得出了截然不同的结论。Dunne(1994)研究了多项创新及数个工业部门，并未发现企业的存续时间和采用创新产品之间存在明显的关联关系，而 Little 和 Triest(1996)则发现企业采用的创新产品的数量与企业的存续时间呈负相关。后者表明，相比老牌公司，有活力的新兴企业创新能力更强（参见 Baldwin 和 Rafiquizzaman，1998）。

有关市场集中度对创新扩散的影响还存在一些争议。Fudenberg 和 Tirole（1985）及 Riordan(1992)表示，竞争会加速技术采用，符合熊彼特的创新模型。然而在竞争极为激烈的市场中，随着对手公司模仿创新，技术采用也许只能带来短期利润，因此公司可能没有动力去采用各种提高生产率的创新实践。大量研究（主要参见 Battisti，2000；Battisti 和 Pietrobelli，2000；Gotz，1999；Mansfield，1968；Quirmbach，1986；Reinganum，1981；Romeo，1975)都表明市场集中度在技术采用的影响方向和影响程度方面缺乏共识。

研究发现研发①密集型公司往往先行采用新技术，但也并非总是如此。例如，Karshenas 和 Stoneman(1993)发现，一旦考虑到研发的内生性，研发就不会对各公司的采用决策产生显著影响。Cohen 和 Levinthal(1989)认为研发具有两面性，其中之一是研发费用会使公司更容易吸收源自其他地方的技术，也正因如此人们才会认为研发强度会影响技术扩散路径。

近年来，公司的经营管理和组织特征及其变化在扩散研究中发挥的作用越

① 人们普遍认为，创新是促进行业生产率提高和竞争力的关键变量（例如，Aghion 和 Howitt，1998；Barro 和 Salai Martin，2004；Doms 等，1995；Grossman 和 Helpman，1993；Mansfield，1963a，b，1968；Rosenberg，1994；Verspagen，1991，1992)，研发是创新的代名词，常被用来衡量创新，尤其是在宏观经济学研究或跨国比较研究中。但只有创新被采用并且在用户间扩散时，创新活动的影响才有意义，才能带来明显的好处。研发涉及创新的产生过程，所以衡量的是一项创新的投入（而非产出），因此不能很好地代表技术应用。

来越大。正如 Berman 等(1994,1997)、Greenan 和 Guellec(1998)、Brynjolfsson 和 Hitt(2000,2003)、Caroli 和 Van Reenen(2001)、Brynjolfsson 等(2002)、Bresnahan 等(2002)所强调的,信息技术革命之后,想要提高竞争力,单单采用信息技术已经是不够的,还要有生产组织、新型的顾客—供应商关系以及新产品设计方面的相关创新。因此有关扩散经济学的文献已经开始了相关研究,具体包括生产体系、生产组织、工厂组织的复杂程度、决策过程的集中化、层级水平和管理实践等(参见 Bresnahan 等,2002; Carlsson, 1984; Caroli 和 Van Reenen, 2001; Colombo 和 Mosconi, 1995; Hollenstein, 2004; Hollenstein 和 Woerter, 2004; Jaikumar, 1986; Womack 等,1990)。文献表明为了深入理解价值创造的动力,从而掌握公司的创新潜力和创新能力,有必要对公司内部组织的复杂性及其运作方式有一个更好的了解。

文献中有一部分是围绕创新采用中的互补问题,这部分着重分析采用多项技术创新所产生的影响。这种互补效应若是存在,可能提高公司业绩,并创造出比采用单项技术的收益加总还要高的利润收益(虽然还存在同类技术竞争的可能性,但其带来的效果则与此相反)。这会影响采用多项创新技术的概率,从而影响创新的扩散。一些理论文献尝试将创新技术的动态互补或替代性进行概念化(参见 Battisti 等,2006; Stoneman, 2004; Stoneman 和 Kwon, 1994; Stoneman 和 Toivanen, 1997 等),但关于此类文献数量有限。一些(滞后)独立变量能表示先前是否采用过互补创新,从纯粹的实证方面来讲,这些独立变量在扩散模型设定中常常被当作解释变量。公司层面的研究几乎从未尝试过直接量化单独或共同采用创新技术给公司带来的相对收益(Stoneman 和 Kwon, 1995 除外),因此该研究的空间也十分巨大。

对互补创新主题的更深层次探讨,便是软、硬件的互补或现今所称的双边市场。对这类市场的研究开始走向标准化(Rochet 和 Tirole, 2006),而且提出了有关软、硬件供应商之间的扩散及持有模式、相对定价及未来相对预期的问题。我们认为所有这些都非常值得研究。

公司在做出投资决策时的财务状况也可能对采用决策产生影响。例如,CIS3 调查[①]显示,欧盟成员国公司认为创新融资是创新的第二大障碍(见表 2)。有趣的是,表 2 还反映出,信息不足对创新活动的抑制最为微弱,这或许表明了学习和信息传播起不了主要作用。例如需求限制(存量效应和顺序效应)、管理问题、缺乏技能和组织僵化(等级效应)等其他因素也被认为是公司创新活动的抑制因素。

---

① 群体创新调查(Community Innovation Survey, CIS)是一项泛欧调查活动,旨在追踪商业中的创新表现。CIS3 指的是第三轮数据采集。

表 2　公司评定的最为重要的创新抑制因素(占被调查者的百分数)
欧盟,1998—2000 年

经济因素	可感知的经济风险过多	15%
	直接创新成本过高	21%
	可用资金	15%
内部因素	组织僵化	6%
	缺乏合格人才	13%
	缺乏信息技术	5%
	缺乏市场信息	5%
其他因素	管理和标准的影响	9%
	缺乏顾客响应	7%

资料来源:欧洲统计局,新克洛诺斯(New Cronos)数据库(theme9/innovation/inn-cis3)。

关于是否存在财务上的限制,Mansfield(1963a)在研究 1925—1959 年间美国柴油机车的公司内部扩散时进行过检验,他发现公司的资产流动性会对采用创新决策产生显著的积极影响。然而这一研究之后,财务系统的复杂性和多样化大大增加,随之出现大量的文献探讨了公司和家庭的财务限制及获取外部资金的情况。出乎意料的是,很少或者说没有人将资金作为创新采用的限制因素进行分析。

虽然还可以继续引用文献、补充细节,但正如我们前文所述,本章并不是为了提供一个完整的文献综述。大量文献着眼于 Y 国中 X 技术的扩散问题,虽然为特定情况提供了确凿的相关实证研究,却未必会对一般研究领域产生显著影响。然而国际层面的研究在我们的综述中没有得到充分体现,因为不管是国家间比较还是真正的国际研究都十分匮乏。在本章的前一部分,我们提及了几项研究,也讨论了该领域的相关实证研究。国际数据虽然量大,但可获得的数据却有限,为进一步的分析造成了极大障碍。

6. 扩散政策

本卷会有一节专门讨论政策问题。尽管有关技术政策、科学政策和创新政策的文献浩如烟海且不断增加,但对于扩散政策的关注却凤毛麟角。因此,在这里我们要对扩散所特有的几个问题进行探讨。考虑到技术只有得到应用和传播时才会产生经济利益,扩散政策在其中的位置似乎颇为尴尬。

讨论扩散政策涉及的一个基本问题是要确定什么是最理想的结果。由于绝大多数政策都是由各国自主确定,因此确定适当的国际通行的政策标准再由各国分别落实的途径是否可行,我们暂且不议。大多数政治家都会赞成一个应用"越快越好"、生产"越多越好"的目标,这样想未免太过简单。例如:

(1) 一些技术可能更适合于资金充足的环境,而另一些则更适合资金匮乏的环境。

(2) 一些技术可能适合劳动力资源丰富的环境,而另一些则适合劳动力短缺的环境。

(3) 目前,对于潜在需要长期改进的技术来说,加大投资也许并不值得。

(4) 政策往往只能选择几个技术,一个国家不可能做所有的事情。

一个标准的政策目标是在一段(或者无限)时间跨度内以一个适当的折现达到福利最大化,但实施该标准的方法尚不明确。

例如,一个问题涉及扩散政策的涵盖范围。设置关税和贸易补贴是扩散政策的工具还是贸易政策的管辖范围?需要注意的是,由于价格是新技术应用的主要决定因素,因此贸易限制和关税会对进口技术的扩散路径产生重大影响。同样,教育和培训政策应归属扩散政策还是劳动力市场政策?员工越是训练有素,就越有能力(且越经济地)应对新技术引进。有观点认为,扩散政策应包含整个国家创新体系,该体系始于培训和教育,贯穿资本市场、税收体制和公司治理。然而,此类问题固然重要,却不在本章讨论范围之内。

由于篇幅有限,本节我们将集中关注生产者技术,消费者技术暂且不议①。虽然文献中有关公司间扩散和公司内部扩散所得结论有所不同,但两者都显示扩散过程反映出:

(1) 各公司特征不同,应用新技术或扩大新技术应用范围所得的回报也不同(等级效应)。

(2) 存在市场间的存量效应和/或顺序效应。

(3) 一家公司的应用会对其他用户产生影响,为其提供非市场间的技术溢出。

(4) 公司内部应用滞后于公司间应用,因而政策的目标可能随时间变化而变化。

等级效应的重要性表明,公司间和公司内部扩散模式反映了不同特征的公司得到的效益和利润也不同。各公司创新能力不同、规模各异、身处行业不同,采用技术的时间和频率也有所不同。其基本原理是,不同公司应用技术所得回报不同。决策者有时似乎并不明白这一研究结果蕴含的首要信息,即一项技术

① 虽然两者情况大抵相似。还应当注意到,工艺技术的采用会影响生产成本,进而影响消费者福利。

的潜在用户可能在诸多特征上存在差异，这些特征会影响其所获利润的规模。当前用户是指已经了解该技术可以盈利并因此而采用的人群，但这未必代表特征各异的非用户也能获得相同利润。有些用户之所以不采用某项技术，极有可能是因为该技术无法使其盈利。要证明政策干预的正当性并进一步推广新技术应用，仅凭既有采用者已从新技术应用中获利这一理由是不够的，因为结论本身没有表明，特征各异的潜在用户也能从中获得积极回报。要想鼓励还未从应用中获利的非用户采用新技术，就必须进一步证明，以盈利率为计算基础的价格并未反映出社会成本和社会效益。

Ireland 和 Stoneman(1986)对等级效应公司间模型进行了更为正式的研究，并在该模型中增加了一个跨期收入最大化的供应部门(参见 David 和 Olsen 于 1986 提出的类似框架中的替代方法)[①]。研究表明(不考虑"干中学")如果供给部门被垄断，那么其定价会导致：①如果买家对技术价格的预期缺乏远见，垄断会形成一条实现福利最优化的扩散路径；②如果买家能将眼光放长远，对技术价格做出精准预测，则此时的扩散路径较之福利最优化路径的速度要慢。如果该供给部门存在竞争，那么在买家预测精准的情况下，扩散将遵循福利最优化路径，但在买家缺乏远见的情况下扩散速度则会过快。

该论证似乎可以进行扩展，以涵盖公司内部扩散问题，但本章不做正式讨论。等级效应在当今世界发挥重要作用，因此，公司间和公司内部扩散对干预的需求实际上取决于供给部门的结构(可观察)和公司技术预期的实质(不可观察)。

如因等级效应影响需要进行干预，可采用的主要政策工具是为特定类别的用户发放补贴(或征税，包括关税操纵)。至少在最初，人们可能认为这些工具主要与公司的初次应用而非扩大化应用有关，但随着扩散的进行，情况可能发生变化。然而，如果供给行业被垄断，垄断者可能会通过改变跨期定价计划以占有该补贴。

在缺乏远见的情况下，供给行业越接近完全竞争，扩散路径就越偏离福利最优，因而对政府干预的需求也就越高。竞争也意味着，垄断供应公司采取的反对政府政策的行为会降到最低。另一方面，在目光长远的情况下，如果供应商拥有垄断势力，扩散路径将更加偏离福利最优(因而更加需要政府干预)。但垄断者极有可能对政策进行抵制。因此，政策的成功与否也取决于买家预期以及供给侧市场结构。

再看外部性问题，Laffont(1988)将外部性定义为：

---

① 这些模型本质上将 $p_i(t)$ 内生化为技术的单位成本。

> “一项消费活动或生产活动对消费者的消费集、效用函数或生产者的生产函数的间接影响。间接是指其影响除了涉及实施该经济活动的主体之外,还涉及代理人,且该影响不通过价格体系发挥作用。”

Laffont(1988)的定义将原本认为与外部性相关的两种效应排除在外。首先是公司内部跨期效应,例如,从当前自身经历中学习或当前应用对未来利润的影响均会左右公司的未来决策。排除该效应有其合理性,因为公司在决策时会将其考虑在内。其次,该定义排除了通过价格体系发挥作用的效应。这样一来,其他公司的应用对 i 公司收益的影响不再属于外部性。另一方面,公司间学习不以市场为媒介,属于典型的外部性,以后也将是如此。将外部性分为“货币外部性”和“技术外部性”是一种有效的区分。货币外部性(有时称分配外部性)是以市场为媒介的外部性,包括例如存量效应和顺序效应等。技术外部性(有时称实际收入外部性)是指不以市场为媒介的其他效应,包括学习效应等。

技术外部性(在市场体系外扩散的外部性)的存在清楚地表明,对公司行为的成本或效益存在不完全私人占有。如果一家公司的行为给另一家公司带来未分配收益,例如改进另一家公司的知识库,那么这些行为的真正社会效益不是由决策者获得,且新技术也将面临投资不足问题,因此扩散路径只能达到次优化。

然而有评论指出,货币外部性(通过价格体系扩散的效应)并不意味着市场失灵。Scitovsky(1954)表示,在支持完全市场的假设中添加货币外部性不会导致帕累托均衡的破坏(Pareto inferior equilibrium)。然而,Laffont(1988)表示,如果未定权益的市场是不完全的,正如人们预期的普遍情况,那么货币外部性的确有损社会效益。然而,Loong 和 Zeckhauser(1982)表示,相关决策在实施前不会显示系统性偏差,决策可能过于谨慎或是过于冒进,从而导致对新技术的投资过度或不足。

还有主张认为货币外部性为寡头垄断市场所特有。这种效应意味着,一家公司采用一项新技术会对市场价格或投入成本产生影响,从而减少(或对一些网络技术来说会增加)其他采用者的潜在回报。在完全竞争的环境中,此类货币外部性将不复存在。所有公司都是价格接受者,任何公司的行为都不足以对市场产生影响。因为寡头垄断市场将不再处于社会最优状态,因此一般情况下无法判断市场对新技术是投资过度还是投资不足。例如,人们可能认为,在寡头垄断市场中,公司产量较之社会最优状态下将会减少(且价格会提高)。这可能意味着货币外部性不存在时,投资积极性将会过低。然而如果存在正的货币外部性(甚至公司回报的一部分来自于其他公司减少的回报),可能会和减少的积极性相互抵消,福利也会有所增加。此时,外部性会带来正面效益,不需要进行调整。不过,这种情况极少出现。

如果扩散过程存在技术外部性，通常认为经济行为的实施者不能完全占有其行为的全部社会成本和效益，因此决策只能达到次优化——将存在市场失灵。一般来说，扩散会非常缓慢。这时最好有政府干预介入，介入方式是提供信息或给予用户补贴，以弥补用户产生了外部性却未获得相应回报。然而政策基于其普适性，显然应当兼顾新技术的公司间和公司内部应用。

然而，正如 Stoneman 和 Diederen(1994)所言，供应部门发挥的作用不可忽略。如果供应部门被垄断，单个供应商可能采取跨期定价策略(或广告)，将所有技术外部性内部化，即在技术初期基本维持低价(或提供信息)，以期通过内生信息扩散来增加后期需求[①]，接着在后期提高价格，获得相应回报。当然，如果供应行业内公司众多，那么任何一家供应商都不可能从其早期的降价或广告中获取未来利润，外部效应也不可能被内化。此外，如果供应部门被垄断，该部门实际上可能通过提高价格来抢占政府对扩散过程的所有补贴。这表明正如等级效应的规律，供应部门存在竞争时，对补偿技术外部性的政府干预的需求最高，政府干预的潜在有效性也最大(其他条件不变)[②]。

货币外部性也可能存在。正如前文所述，虽然相比技术外部性，货币外部性的接受度更低，但可能也需要进行干预，至于具体情况和干预方向尚不明确(由于次优理论，至少不是完全明确)。然而如要进行干预，仍须考虑供应行业的实质。如果由于占有市场份额及来自后期采用者的利润而使得早期采用者有利可图，那么垄断供应部门完全可以跨期差别定价以内化外部性，从而影响扩散路径。如果供应部门未被垄断，上述影响就不可能实现。如果供应行业能够内化这些外部性，额外利润可能会促进技术发展从而达到理想状态，但无法保证扩散路径的社会效益是否会更加理想。供应行业的结构也多少决定着该行业能在何种程度上内化政府补贴，从而决定着行业对政策的反应。然而货币外部性是否意味着需要进行干预以及需要何种干预？总体而言要确定这些是十分困难的。

经济中还可能存在其他形式的市场失灵，影响扩散路径的最优性，例如，生产要素市场可能存在垄断势力。还有一些特殊问题主要围绕新技术供应部门的经济增长和发展。对于必须考虑的种种问题，上文都进行了提炼和总结。

所有这类问题均有深入研究的空间。

---

① 也许有人辩称，信息缺失是市场失灵的表现，本身就需要政府干预，且大量文献建议政府充当信息提供者。然而，政府只应在下列情况下提供信息：①市场参与者自身无法提供最优信息流，而该信息流依靠市场获取信息；②政府供应的成本不超出收益。据了解没有任何有关扩散政策的文献采用这种方法分析问题。

② 如果再考虑国内和国外供应商，有关福利的论据会更加复杂。

参考文献

Acemoglu, D. (2009). Introduction to Modern Economic Growth. Princeton University Press, Princeton, NJ.

Aghion, P., Howitt, P. (1997). "A Schumpeterian perspective on growth and competition". In: Kreps, D. M., Wallis, K. F. (Eds.), Advances in Economics and Econometrics: Theory and Applications, vol. 2. Cambridge University Press, Cambridge, MA, pp. 279 - 317.

Aghion, P., Howitt, P. (1998). Endogenous Growth Theory. MIT Press, Cambridge, MA.

Astebro, T. (2004). "Sunk costs and the depth and probability of technology adoption". Journal of Industrial Economics 52, 381 - 399.

Baldwin, J. R., Rafiquizzaman, M. (1998). The Determinants of the Replacement of Manufacturing Technologies: The Role of Information Acquisition. Micro-Economic Policy Directorate Industry, Canada, pp. 1 - 53.

Barro, R. J., Sala i Martin, X. (1997). "Technological diffusion, convergence, and growth". Journal of Economic Growth 2(1), 1 - 26.

Barro, R. J., Sala i Martin, X. (2004). Economic Growth (second ed.). MIT Press, Cambridge, MA.

Battisti, G. (2000). "The intra-firm diffusion of new technologies". PhD thesis. Warwick University.

Battisti, G., Pietrobelli, C. (2000). "Intra-industry gaps in technology and investments in technological capabilities: New firm-level evidence". International Review of Applied Economics 14(2), 254 - 269.

Battisti, G., Stoneman, P. (2003). "Inter firm and intra firm effects in the diffusion of new process technologies". Research Policy 32, 1641 - 1655.

Battisti, G., Stoneman, P. (2005). "The intra-firm diffusion of new process technologies". International Journal of Industrial Organization 23, 1 - 22.

Battisti, G., Colombo, M., Rabbiosi, L. (2006). "Effetti di Complementary nei Processi di Diffusione Simultanea delle Innovazioni Tecnologiche ed Organizzative (complementarity effects in the simultaneous diffusion of technological and organizational innovations)". In: Mariotti, S. (Ed.), Internazionalizzazione, Innovazione e Crescita dell'Industria Italiana. Franco Angeli, Collana di Economia Applicata e Politica Industriale, Politecnico di Milano DIG Chapter 4.

Battisti, G., Hollenstein, H., Stoneman, P., Woerter, M. (2007). "Inter and intra firm diffusion of ICT in the United Kingdom (UK) and Switzerland (CH). An internationally comparative study based on firm-level data". The Economics of Innovation and New Technology 6/7, 16.

Battisti, G., Canepa, A., Stoneman, P. (2009). "Profitability, externalities and policy in the inter and intra firm adoption of new technology: The example of E-business activities in the UK". Research Policy 38(1), 133 - 143.

Berman, E., Bound, J., Griliches, Z. (1994). "Changes in the demand for skilled labor within U. S. manufacturing: Evidence from the annual survey of manufactures". Quarterly Journal of Economics 109, 367 - 397.

Berman, E., Bound, J., Machin, S. (1997). Implications of Skill-Biased Technological Change: International Evidence. Centre for Economic Performance Discussion Paper No. 24.

Bresnahan, T. F., Brynolfsson, E., Hitt, L. M. (2002). "Information technology, workplace organisation and the demand for skilled labour — Firm-level evidence". Quarterly Journal of Economics 117, 339 - 376.

Brynjolfsson, E., Hitt, L. M. (2000). "Beyond computation: Information technology organizational transformation and business performance". Journal of Economic Perspectives 14(4), 23-8.

Brynjolfsson, E., Hitt, L. M. (2003). "Computing productivity: Firm-level evidence". Review of Economics and Statistics 85(4), 793 - 808.

Brynjolfsson, E., Hitt, L. M., Yang, S. (2002). "Intangible assets: Computers and organizational capital". Brookings Papers on Economic Activity 1, 138 - 198.

Canepa, A., Stoneman, P. (2004). "Comparative international diffusion: Patterns, determinants and policies". Economics of Innovation and New Technology 13(3), 279 - 298.

Canepa, A., Stoneman, P. (2005). "Financing constraints in the inter firm diffusion of new process technologies". The Journal of Technology Transfer 30(2), 159 - 169.

Carlsson, B. (1984). "The development and use of machine tools in historical perspective". Journal of Economic Behaviour and Organization 5, 91 - 114.

Caroli, E., Van Reenen, J. (2001). "Skill biased organizational change? Evidence from a panel data of British and French establishments". Quarterly Journal of Economics 116, 1447 - 1492.

Choi, J. P. (1997). "Herd Behavior, the penguin effect and the suppression of informational diffusion: An analysis of informational externalities and payoff interdependency". Rand Journal of Economics 28(3), 407 - 425.

Cohen, W., Levinthal, D. (1989). "Innovation and learning: The two faces of R&D". Economic Journal 99, 569 - 596.

Colombo, M. G., Mosconi, R. (1995). "Complementarity and cumulative learning effects in the early diffusion of multiple technologies". The Journal of Industrial Economics 63(11), 13 - 48.

Comin, D., Hobijn, B. (2004a). "Cross-country technological adoption: Making the theories face the facts". Journal of Monetary Economics 39 - 83.

Comin, D., Hobijn, B. (2004b). "Neoclassical Growth and the Adoption of Technologies". NBER Working Paper, 10733, Cambridge, MA (August).

Comin, D., Hobijn, B., Ravito, E. (2006). "Five Facts You Need to Know About Technology Diffusion". NBER Working Paper, 11928, Cambridge, MA (January).

David, P. (1969). A Contribution to the Theory of Diffusion. Stanford Center for Research in Economic Growth, Stanford University, Stanford, CA Memorandum No. 71.

David, P., Olsen, T. (1986). "Equilibrium dynamics of diffusion when incremental technological innovations are foreseen". Ricerche Economiche 40(4), 738 - 770(Oct-Dec).

Davies, S. (1979). The Diffusion of Process Innovations. Cambridge University Press, Cambridge, MA.

Dicken, P. (1992). Global Shift, The Internationalization of Economic Activity (second ed.). Paul Chapman Publishing, London.

Dicken, P. (2003). Global Shift, the Internationalization of Economic Activity (fourth ed.). Paul Chapman Publishing, London.

Dodson, J. A., Muller, E. (1978). "Models of new product diffusion through advertising and word-of-mouth". Management Science 24, 1568 - 1578.

Doms, M., Dunne, T., Roberts, M. J. (1995). "The role of technology use in the survival and growth of manufacturing plants". International Journal of Industrial Organization 13, 523 - 542.

Dunne, T. (1994). "Plant age and technology use in the U. S. manufacturing industries". Rand Journal of Economics 25(3), 488-99.

Eaton, J., Kortum, S. (1999). "International technology diffusion: Theory and measurement". International Economic Review 40(3), 537 - 570.

Eaton, J., Kortum, S. (2006). Innovation, Diffusion, and Trade. National Bureau of Economic Research, Cambridge, MA NBER Working Papers Series No. 12385.

Fudenberg, D., Tirole, J. (1985). "Pre-emption and rent equalisation in the adoption of new technology". Review of Economics Studies 52, 383 - 401.

Geroski, P. A. (2000). "Models of technology diffusion". Research Policy 29(4 - 5), 603 - 625(April).

Geroski, P. A. (2003). The Evolution of New Markets. Oxford University Press, Oxford.

Gort, M., Klepper, S. (1982). "Time paths in the diffusion of product innovations". Economic Journal 92, 630 - 653(September).

Gotz, G. (1999). "Monopolistic competition and the diffusion of new technology". RAND Journal of Economics 30(4), 679 - 693.

Greenan, N., Guellec, D. (1998). "Firm organization, technology and performance: An empirical study". Economics of Innovation and New Technology 6(4), 313 - 347.

Griliches, Z. (1957). "'Hybrid Corn': An exploration in the economics of technological change". Econometrica XXV, 501 - 522.

Grossman, G., Helpman, E. (1993). Innovation and Growth in the Global Economy. MIT Press, New York.

Hall, B. (2004). Innovation and Diffusion. NBER, Cambridge, MA NBER Working Paper No. 10212.

Hannah, T. H., McDowell, J. M. (1984). "The determinants of technology adoption: The case of the banking firm". Rand Journal of Economics 15, 328 - 335.

Hannan, M. T., Carroll, G. R. (1992). Dynamics of Organizational Populations: Density Legitimation and Competition. Oxford University Press, Oxford.

Heckman, J. (1979). "Sample selection bias as a specification error". Econometrica 47, 153 - 161.

Helpman, E. (1998). General Purpose Technologies and Economic Growth. MIT Press, Cambridge, MA.

Hollenstein, H. (2004). "Determinants of the adoption of information and communication technologies (ICT). An empirical analysis based on firm level data for the Swiss business sector". Structural Change and Economic Dynamics 15, 315 - 342. Special Issue (Ed. K. Laursen).

Hollenstein, H., Woerter, M. (2004). "The Decision to Adopt Internet-based ECommerce. An Empirical Analysis Based on Swiss Firm-level Data". KOF Working Paper No. 89, Zurich.

Ireland, N., Stoneman, P. (1986). "Technological diffusion, expectations and welfare". Oxford Economic Papers 38, 283 - 304.

Jaikumar, R. (1986). "Post-industrial manufacturing". Harvard Business Review 69 - 76 (Nov-Dec).

Jensen, R. A. (2001). "Strategic intrafirm innovation adoption and diffusion". Southern Economic Journal 68(1), 120 - 132.

Jovanovic, B., Macdonald, G. (1994). "Competitive diffusion". Journal of Political Economy 102(1), 24 - 52.

Karshenas, M., Stoneman, P. (1993). "Rank, stock, order and epidemic effects in the diffusion of new process technologies: An empirical model". RAND Journal of Economics 24(4), 503 - 528.

Karshenas, M., Stoneman, P. (1995). "Technological diffusion". In: Stoneman, P. (Ed.), Handbookofthe Economics ofInnovation and Technological Change. Blackwell, Cambridge.

Keller, W. (2004). "International technology diffusion". Journal of Economic Literature XLII, 752 - 782.

Klepper, S. (1996). "Entry exit growth and innovation over the product life cycle". AER 86, 562 - 583.

Klepper, S. (1997). "Industry life cycles". Industrial and Corporate Change 6(1), 145 - 181.

Klepper, S., Graddy, E. (1990). "The evolution of new industries and the determinants of market structure". Rand Journal of Economics 21, 27 - 44.

Laffont, J.-J. (1988). Fundamentals of Public Economics. MIT Press, Cambridge, MA.

Liikanen, J., Toivanen, O., Stoneman, P. (2004). "Intergenerational effects in the diffusion of new technology". The International Journal of Industrial Organisation 22(8 - 9), 1137 - 1154.

Little, J. S., Triest, R. K. (1996). "Technology diffusion in U. S. manufacturing: The geographic dimension". In: Fuhrer, J. C., Little, J. S. (Eds.), Technology and Growth. Federal Reserve Bank of Boston, Boston, MA Conference Proceedings.

Loong, L. H., Zeckhauser, R. (1982). "Pecuniary externalities do matter when contingent claim markets are incomplete". Quarterly Journal of Economics 97, 171 - 179.

Mahajan, V., Muller, E., Bass, F. M. (1990). "New product diffusion models in marketing: A review and directions for research". The Journal of Marketing 54(1), 1 - 26.

Mansfield, E. (1963a). "Intrafirm rates of diffusion of an innovation". The Review of Economics and Statistics XLV, 348 - 359.

Mansfield, E. (1963b). "The speed of response of firms to new techniques". Quarterly Journal of Economics 77(2), 290 - 309.

Mansfield, E. (1968). Industrial Research and Technological Innovation. Norton, New York.

Metcalf, J. (1988). "The diffusion of innovations: An interpretive study". In: Dosi, G., Freeman, C., Nelson, R., Silverberg, G., Soete, L. (Eds.), Technical Change and Economic Theory. Pinter Publishers, London.

Noteboom, B. (1993). "Adoption, firm size and risk of implementation". The Economics of

Innovation and New Technology 2,203 - 216.

Oster, S. (1982). "The diffusion of innovation among steel firms: The basic oxygen furnace". The Bell Journal of Economics 13,45 - 56.

Quah, D. (1999). "The Weightless Economy in Economic Development". LSE Centre for Economic Performance, Discussion Paper 417, London (March).

Quirmbach, H. C. (1986). "The diffusion of new technology and the market for an Innovation". Rand Journal of Economics 17,33 - 47.

Riordan, M. H. (1992). "Regulation and preemptive technology adoption". RAND Journal of Economics 23(3),334 - 349.

Rochet, J.-C., Tirole, J. (2006). "Two-sided markets: A progress report". Rand Journal of Economics 3,37.

Romeo, A. (1975). "Interindustry and interfirm differences in the rate of diffusion of an innovation". The Review of Economics and Statistics 57,311 - 319.

Rosenberg, N. (1994). Exploring the Black Box: Technology, Economics and History. Cambridge University Press, Cambridge, MA.

Saloner, G., Shepard, A. (1995). "Adoption of technologies with network effects: An empirical examination of the adoption of automated teller machines". Rand Journal of Economics 26(3),479 - 501.

Scitovsky, T. (1954). "Two concepts of external economies". Journal of Political Economy 62,143 - 151.

Stoneman, P. (1981). "Intra firm diffusion, Bayesian learning and profitability". Economic Journal 91,375 - 388.

Stoneman, P. (2002). The Economics of Technological Diffusion. Blackwell, Oxford.

Stoneman, P. (2004). "Path dependency and reswitching in a model of multi-technology adoption". In: Guinnane, T., Sundstrom, W., Whatley, W. (Eds.), History Matters: Essays on Economic Growth, Technology and Demographic Change. Stanford University Press, Stanford, CA, pp. 36 - 62.

Stoneman, P. (2009). Soft innovation: Economics, Product Aesthetics and the Creative Industries. Oxford University Press, Oxford.

Stoneman, P., Battisti, G. (2000). "The role of regulation, fiscal incentives and changes in tastes in the diffusion of unleaded petrol in the UK". Oxford Economic Papers 52(2),326 - 356.

Stoneman, P., Diederen, P. (1994). "Technology diffusion and public policy". Economic Journal 104,918 - 930.

Stoneman, P., Kwon, M. J. (1994). "The diffusion of multiple process technologies". Economic Journal 104,420 - 431.

Stoneman, P., Kwon, M. J. (1995). "The impact of technology adoption on firm productivity". Economics of Innovation and New Technology 1 - 15.

Stoneman, P., Toivanen, O. (1997). "The diffusion of multiple technologies: An empirical study". Economics of Innovation and New Technology 5(1),1 - 18.

Tellis, G. J. (2009). "Innovation surprises: Fresh insights from new methods". Conference on Advancing the Study of Innovation and Globalization in Organizations (ASIGO),28 - 29 May, Nuremberg.

Utterback, J., Suarez, F. (1993). "Innovation, competition, and market structure".

Research Policy 22(1),1-21.

Verspagen, B. (1991). "Endogenous innovations in neo-classical growth models — A survey". Journal of Microeconomics 14(4),631-662.

Verspagen, B. (1992). "A new empirical approach to catching up or falling behind". Structural Change and Economic Dynamics 2,359-380.

Wells, L. T. (Ed.), (1972). The Product life Cycle and International Trade. Harvard Business School, Boston, MA.

Womack, J. P., Jones, D., Roos, D. (1990). The Machine that Changed the World. Rawson Associates, Macmillan Publishing Co., New York, NY.

第 18 章
通用技术

Timothy Bresnahan
斯坦福大学经济学院
美国，加利福尼亚州，斯坦福

目录

摘要/034
关键词/034
1. 引言/035
  1.1 通用技术的基本结构/035
  1.2 产业结构、组织及激励/037
  1.3 社会收益递增及相关外部性/039
2. 通用技术的实证和历史研究/042
  2.1 蒸汽动力/043
  2.2 电力/048
  2.3 其他历史研究及更多观点/051
3. 计量经济学及进一步的历史调查/053
  3.1 专利数据的使用/053
  3.2 为创造数据所做的努力/055
4. 时机与经济增长/057
  4.1 延迟和扩散/057
  4.2 总增长波动/059
5. 结论/061
致谢/063
参考文献/063

摘要

本章有选择地梳理了与通用技术相关的文献，重点关注激励机制及其对经济总增长的影响。关于传统通用技术（如蒸汽机、电力和计算机等）及重大经济转型（如工业革命、信息时代等）的文献引经据典了大量理论知识及实证文献。结论部分将探讨通用技术的分析对进一步了解 20 世纪末生产率增长史的重要意义。

关键词

通用技术　创新　技术变革

1. 引言

大约 20 年前，通用技术(General Purpose Technologies，GPTs)这一概念出现在分析技术变革和经济增长的过程中，其承载着一系列研究目标，而这些目标各不相同却又彼此关联。[①] 其中之一的目标便涉及宏观经济增长，旨在对整个时代的经济增长与通用技术(例如蒸汽机、电动机及计算机等)的创新应用之间的高度相关关系进行解释。另一研究目标是对不同类型的创新加以区分，从而从微观经济学的角度对技术变革及其收益进行剖析。例如，发明通用技术本身的激励和信息可能不同于应用发明时的相关激励和信息结构。再如，通用技术得到认可并成功应用时的相关激励和信息结构与其在研发初期也存在明显差异。第三个目标是宏微观的结合。宏观是指总体经济增长，而微观是指特定发明及其在特定领域的应用所涉及的激励和信息结构。读者是否理解这二者之间的联系?

以上每个研究目标都得到了广泛关注，相关的研究也综合运用了理论、实证及历史等多种方法并取得重大进展，但如何验证其中最富趣味、最为重要的观点仍然有待探寻。不过也有人对该方法持批判态度。[②] 本章提供了一个良好的平台，其结合最新研究来对照最初的目标。鉴于已有大量相关的文献综述，因此本章在此基础上将着眼于未来。[③]

1.1　通用技术的基本结构

专家学者在研究经济增长史的过程中萌生了创造通用技术这一概念的想法。在研究以往的关键技术(如蒸汽机，电力)时，经济史学家指出有一些技术对经济增长起着核心作用。就这样，通用技术的概念应运而生。[④] 除此之外，历史研究还指出不同“技术创新”(工程师们理解的含义)之间的互补性具有重要意义。

笔者与 Manuel Trajtenberg 对通用技术的关注也始于我们对当代经济的研

① 参见 Bresnahan 和 Trajtenberg(1995)。

② 参见 Field(2008)。

③ Jovanovic 和 Rousseau(2005)对通用技术的宏观经济增长文献进行了详细调查，而 Lipsey 等(2005)对其微观理论文献和众多历史研究进行了总结。当然，对此领域感兴趣的还应阅读 Helpman(1998)，尤其是引言部分。

④ 例如 Landes(1969)，Rosenberg(1976,1982)。

究,我们将计算机这一通用技术与其在众多领域的具体应用联系起来。Manuel Trajtenberg 负责量化 CT 扫描仪(计算机断层扫描仪,是一种基于计算机的医学诊断工具,以下统称 CT 扫描仪)产品创新所带来的收益。[①] 笔者负责量化金融服务业的计算机化所创造的收益。[②] 我们深信,计算机化创造的收益早已十分显著,且在各领域间广泛应用。[③] 我们早先就已注意到,计算机的普及实现了互补性创新,一个发生在医疗保健领域,另一个则体现为大型企业会计上的应用。产品创新的实质是对其核心部件进行新的突破,例如计算机,半导体等。考虑到这一要点,一个不言而喻的任务便是如何评估特定行业或市场中产品创新所带来的收益。换言之,这些收益中有多少源自于(就收益来源而言)CT 扫描仪的创新或是金融公司运作业务的创新,有多少归因于计算机的创新?另一个问题与此相关但性质不同,那就是通用技术的诞生方式及原因。是科学总结得出的重要的一般性原则创造了技术机会以供广泛利用,还是研究关键需求引发了具有普遍意义的技术进步,还是说催生通用技术的市场发明过程比以上两种观点还要复杂?协同和扩散缓慢的问题连同前人的历史研究促使我们一探究竟。

以上的双重动因使得我们对通用技术做出如下定义,即一项通用技术主要包含三个方面:要得到广泛运用、可以进行持续的技术改进,以及可在应用领域实现创新。[④] 第二方面和第三方面的结合被称为"创新型互补"。

更准确地说,创新型互补的含义是通用技术创新能提升各应用领域的创新收益,反之亦然。用 T_G 代表通用技术的技术水平,$\dot{T}_G$ 代表技术变革的速度。同理,用 T_a 代表一个特定应用领域 a 的技术水平,其技术变革速度也用点记法表示。因而,a 领域创新的社会回报变化速度就可以用通用技术和应用领域技术变革以及其他原因(X)的函数来表示:$\dot{V}_a(\dot{T}_G,\ \dot{T}_a,\ X)$。笔者仅专注研究社会回报,至于 a 领域内成本削减、产品质量改进或类别增多等隐含因素姑且不议。[⑤] 此外,由于($\dot{T}_G,\ \dot{T}_a$)是固定成本,如果我们按比率 μ 扩大一切生产和消费,从而扩大经济总量,则每个应用领域的社会福利增长速度会升至 $\mu\dot{V}_a(\dot{T}_G,\ \dot{T}_a,\ X)$。

---

① 参见 Trajtenberg(1990a)。

② 参见 Bresnahan(1986)。

③ 后文中笔者将继续论述计算机作为一项通用技术所发挥的作用。

④ 这一定义是精炼和改进后的版本。参见 Helpman 和 Trajtenberg(1998a)。更长的表述及有关界限的严密思考可参见 Lipsey 等(2005)。Jovanovic 和 Rousseau(2005)研究了哪一个精确的时间段是与一项通用技术相关的"时代"。二人还探讨了可供选择的其他定义。

⑤ 在论述详尽的宏观增长模型中,V 来自于整个经济中消费者总福利衡量。笔者用点记法稍作变动,对总福利中属于 a 领域的那部分进行强调,从而连接了微观与宏观。

首先要注意的是，如果函数 $\dot{V}_a$ 在($\dot{T}_G$, $\dot{T}_a$)存在增长差异，研究现有的折现总福利将会发现，对通用技术和所有应用领域的共同技术投资将会引起社会收益递增。[①] 相关领域内，如果所有($\dot{T}_G$, $\dot{T}_a$)都增加，整个通用技术集群的社会收益 $\sum_a \int (\dot{V}_a(\dot{T}_G, \dot{T}_a, X) e^{-rt} dt)$ 将会增大，而且如果所有($\dot{T}_G$, $\dot{T}_a$)能协同增加，整个通用技术集群的社会收益将比不协同增加时还要大。尤为重要的是，通用技术及应用领域的整个技术变革集群都会产生社会规模收益递增(Social Increasing Returns to Scale, SIRS)。

当通用技术集群的应用领域涉足众多经济产业时，就会形成一个相关的宏观经济增长点。此时与通用技术相关的社会规模收益递增(SIRS)就演变成遍及整体经济的收益递增。因此，通用技术模型表明应用此举能够持续促进经济增长。[②] 如果技术水平的不断提高能够持续提供与 $\dot{T}_G$, $\dot{T}_a$ 相关的技术机会，进而维持一段时间，那么通用技术便能够继续支撑经济增长。如果通用技术本身或相关的 $\dot{T}_a$ 反映到资本品中或与资本投资互为补充，那么这种技术进步将会促进经济中资本存量的持续增长。这一增长 $\dot{K}$ 是技术变革诱发的资本边际价值产量增加的结果，因此 $\dot{K}$ 本身关乎突破固定收益模型中的增长限制。

阅读后文，我们将会了解到，通用技术集群及其创新应用对经济增长的影响是一系列显著因素和非显著因素共同作用的结果。通用技术集群同众多创新模型一样，可以克服收益递减的问题，因为技术创新本身就能带来递增收益。显然，如果通用技术的辐射面遍及整体经济，那么相关递增收益对经济总体水平也有重大影响。稍显隐晦的是，由于通用技术和应用领域之间存在正向反馈，因此通用技术可以在一段时间内持续激发技术创新。

1.2 产业结构、组织及激励

通用技术的基本结构有诸多未详尽之处，诸如关于通用技术和不同应用领域的供给方式、经济特征以及各自领域交互创新的实质。

通用技术的基本结构反映到产品和市场中的形式众多。通用技术可以是无形的知识(例如工厂制度或大规模生产)，也可以体现在应用领域采购具体的产品或服务中(例如计算机)。如果通用技术体现为资本品，各应用领域可以购买该产品(例如计算机或电动机)，抑或通用技术企业将该资本品的服务销售给各应用领域(例如铁路轨道)。上述方式都关系到通用技术及应用领域发明的资金

---

① 如果无论 X 为何值，$t>t'$ 且 $u>u'$，函数 $\dot{V}_a(\dot{T}_G, \dot{T}_a, X)$ 在($\dot{T}_G$, $\dot{T}_a$)存在增长差异，则 $\dot{V}_a(t', u', X) - \dot{V}_a(t, u', X) \geq \dot{V}_a(t', u, X) - \dot{V}_a(t, u, X)$。

② 正如 Romer(1986)所言，一个经济体只有保持收益递增才能以稳定或者递增的速度增长。他强调技术变革作为收益递增来源的作用。

来源,但二者又存在显著区别。通用技术能够进入公共领域,由一家公司掌握,为其申请专利或作为商业机密;也可由数家公司共同提供,而每家公司持有不同版本。同样,上述方式也适用于应用领域,应用技术可以是无形的(或有形的),受专利或商业机密保护(或不受保护),由一家或数家专业公司提供(或不提供)。应用领域的发明创造可由该领域各企业进行研发,也可以是一家新成立的专业公司提供有技术含量的发明。

还有一个与上述同等重要的问题,那便是投资时机的问题。以铁路和蒸汽机的差异为例。铁路线路必须首先进行投资,然后才能为乘客提供服务;蒸汽机的投资则是以为顾客提供服务为前提的。更宽泛地讲,最初的投资时机与应用领域及通用技术的投资沉没成本之间可谓有着千丝万缕的联系。正如我们所见,不同的投资时机对通用技术的社会收益及通用技术在生产率增长长期波动中的作用有着重大影响。

通用技术与应用领域的发明之间也存在着诸多联系。这种联系可能是通用技术向各个应用领域的技术溢出,例如发明者将通用技术作为一种发明工具;抑或是通用技术为应用领域创造了技术机会,例如通用技术(如电力)为车间工业工程提供了机遇,尽管工业工程和电力类属不同的知识体系;或者是通用技术为众多应用领域(可能需要创新)创造了市场机会,例如互联网的广泛应用。最初的普遍认知可用于特定用途,进而可以将其加以抽象概括来满足其他用途。笔者之所以强调潜在关联之间的多样性,是为了说明一个显而易见但常被忽视的事实,那就是具体交互模型的作用不同于通用技术的基本结构的作用。

同样,通用技术的基本结构可以应用到不同垂直的市场或组织结构中。应用领域和通用技术的潜在发明者可以事先订立合约,合约无需太过正式,因为通用技术的创新者会宣传应用领域的共同发明。应用领域和通用技术也可以分离,比如通用技术源于一两个具体应用领域的发明。通用技术领域的公共研发将产生潜在外部效应,这种效应催生了通用技术专业公司,其创立目的是获得技术或市场等的独占性。除上述所述之外还可能存在其他的结构。①

从社会收益到创新再到个人收益的转变取决于诸多因素,如详尽的市场模型、支持创新者独占性的经济体制模型及创新信息散播模型。通用技术环境下存在多元市场和多类创新,因此上述转变涉及范围极其广泛。

然而,一些基本的激励措施构成了上述不同结构的基础。有些作者曾强调过相关的细节问题,但笔者将试图得出一个有关创新者所得收益的通用模型。用 λ_a 表示行业 a 中的应用领域创新者所创造的社会价值。同理,用 λ_G 表示各

① 关于此类问题存在大量相关文献。Arora 等(2001)的文献综述值得一读。

应用领域中的通用技术创新者所创造的社会价值，λ_C 表示消费者创造的社会价值。$\lambda_a+\lambda_G+\lambda_C$ 始终小于等于 1，且更常见的情况是严格不等式 $\lambda_a+\lambda_G+\lambda_C<1$。因此无论是在应用领域还是通用技术领域，使用专利、商业机密或其他独占性手段都会导致某些社会资源得不到充分利用。然而，由于决定因素 λ_a 和 λ_G 不在笔者讨论范围之内，因此这两个因素暂且不议。与固定收益假设最为相似的一个模型是，每个创新者都会获准一项固定年限的专利，并且有权依据专利有效期内的对市场影响程度收取费用。通用技术和众多应用领域的发明者与消费者之间签订复杂的经济合约，可能会导致通用技术结构变得更为复杂，而上述模型消除了这些复杂结构的影响，因此更加符合市场经济的情况。笔者认为存在一个效率边界 $E(\lambda_a+\lambda_G+\lambda_C)$，且为避免持续反复，社会的创新体系位于该边界上，因此当 λ_a 增加时，若要保持 λ_C 不变，必须减少 λ_G。

1.3　社会收益递增及相关外部性

对通用技术领域和众多应用领域发明者的个人收益的区分，优点在于突出了社会收益递增的两重性。应用领域 a 内发明创造的个人收益可用 $\int\lambda_a\dot{V}_a(\dot{T}_G,\dot{T}_a,X)\mathrm{e}^{-rt}\mathrm{d}t$ 表示。通用技术领域内技术进步的速度加快，即 $\dot{T}_G$ 增大，会同时增加 a 领域创新者的个人收益和 $\dot{T}_a$ 增大所带来的边际收益(后者是由于增长差异，即创新型互补)。这将会产生双重影响。

第一，作为实证经济学问题，任何模型都明确指出，不同领域的发明者独立行事。增长差异意味着 T_G 增加，应用领域 a 的创新者增加 $\dot{T}_a$ 的积极性也随之提高。同理，$\dot{T}_a$ 增加，通用技术创新者增加 $\dot{T}_G$ 的积极性也随之提高。由此产生的增长差异可以解决各类技术变革的投资收益递减的问题，解决方式或是通过大量的技术改良。

微观经济方法理论则突出了上述假设的其他方面。基本的理论假设是指所有行业、各行业生产过程的所有子过程极具异质性。这一假设使得通用技术分析富有趣味。例如，诊断脑肿瘤和追踪并收回应收账款就是两个截然不同的生产子过程，二者在不同的行业中都发挥关键作用。如果存在一个机制，可以实现数个不同行业和子过程间的创新成果共享，那么一个大型异质经济体的创新成本可以在总体上得到大幅度降低。前文列举的诊断和会计方面的例子——促使通用技术的概念出现的例子——表明计算机领域的技术进步与医学或金融的协同发明相结合时，是如何在众多行业间传播的。通用技术模型假设，通过持续的技术进步可以将特定中间成本大幅降低，且这些投入对众多行业和子过程具有重要价值。总的来说，观点创新的特点是观点再利用的边际成本为零。任何创新都会在短时间内迅速渗透至正边际价值产品所在的经济领域，即创新遭遇了收益递减。通用技术结构为技术创新提供了广阔的应用范围,且应用领域的协同发明避免了收益递减的问题,因此也实现了有效的社会递增收益。

然而,这一过程也会产生外部性。$\dot{T}_G$ 的提高会激励应用领域发明者加大创新力度,在此过程中,发明者会取适当的 $\dot{T}_a$ 以实现 $\lambda_c\dot{V}_a$ 最大化。若要使所有生产者均获得最大收益,应用领域发明者会选择更高水平的 $\dot{T}_a$ 以实现 $(\lambda_a+\lambda_G)\dot{V}_a$ 最大化。这种外部性大于未被发明者内部化的对消费者的溢出效应(通用技术文献认为这种发明成本不可避免)。

上述外部性具有对称性。首先,我们来了解通用技术发明者的个人收益,可由函数 $\lambda_G\sum_a\int\dot{V}_a(\dot{T}_G,\ \dot{T}_a,\ X)\mathrm{e}^{-rt}\,\mathrm{d}t$ 得出。a 领域的技术进步速率加快,即 $\dot{T}_a$ 增加,会同时增加 G 领域创新者的个人收益以及 $\dot{T}_G$ 增加所产生的边际收益(因为创新型互补)。因此就产生了对称结果:正向预测认为任何 $\dot{T}_a$ 的增加都会促使通用技术领域的创新者增加 $\dot{T}_G$。此处也会产生外部性。$\dot{T}_G$ 增加使得 $\lambda_G\sum_a\int\dot{V}_a(\dot{T}_G,\ \dot{T}_a,\ X)\mathrm{e}^{-rt}\,\mathrm{d}t$ 达到最大值,换言之,此时的 $\dot{T}_G$ 小于实现全体生产者收益最大化时的取值。

应用领域和通用技术发明者之间除了上述的“垂直”外部性,存在另一种外部性,其存在于包含多个应用领域的集群当中,我们可以称之为“间接”或者“水平”外部性。要进一步理解这种外部性,最简单的方法是将其视为应用领域发明者的一场博弈,而通用技术发明者则退居幕后。要实现这一目标,$\dot{T}_G(\dot{T}_a)$ 必须由通用技术创新者决定,并作为所有应用领域内全部创造活动的函数形式。从而,每个应用领域都会受到激励,从而取一个能够实现函数 $\int\lambda_a\dot{V}_a(\dot{T}_G(\dot{T}_A),\ \dot{T}_a,\ X)\mathrm{e}^{-rt}\,\mathrm{d}t$ 最大化的 $\dot{T}_a$。但这会导致所有 a 领域均选择更低水平的 $\dot{T}_a$,低于每个应用领域实现最大化 $\sum_a\int\lambda_a\dot{V}_a(\dot{T}_G(\dot{T}_A),\ \dot{T}_a,\ X)\mathrm{e}^{-rt}\,\mathrm{d}t$ 时的水平。

通用技术的基本结构一般包括三种结果,即整体经济的发明所产生的社会规模收益递增(SIRS)和上述两种外部性。社会收益递增是由于通用技术和应用领域的发明之间的超加性。[①] 若通用技术领域和众多应用领域技术进步可以成功实现协同发展,那么将会带来极高的社会收益率。然而,任何社会收益递增模型都存在外部性。考虑到基本通用技术模型的特殊结构,那么主要存在两种外部性:各应用领域间存在一个“水平”外部性(每个应用领域都希冀其他应用

① 大量文献已对超模博弈进行分析。在超模博弈中,每个参与者增加其策略所引起的边际效用随着对手策略的递增而增加。参见 Milgrom 和 Roberts(1990)。创新型互补是指,通用技术基本结构暗示大多数形式化导致超模博弈。相关文献与我们的研究有许多共同之处,如研究标准和兼容性的问题,均十分强调不同参与者之间的共享。该文献综述可参见 Farrell 和 Klemperer(2006)。

领域超越自身利益进行更多创造突破)以及一个“垂直”外部性(通用技术发明的边际经济收益增加意味着要么以往存在社会浪费现象,要么就是应用领域发明产生的收益减少)。

分析通用技术最初动因的研究表明,其在经济发展史、成长经济学以及技术变革经济学中有着诸多目的,且各目的之间相互联系。最初的思路是,将通用技术与某个时代联系起来:通用技术若是蒸汽机,则该通用技术创造价值的时代就叫作“蒸汽时代”。从前文探讨的模型中不难看出,这种方式在诸多方面都存在局限。需要明确的一点是,通用技术的相关外部性和社会规模收益递增(SIRS)的大小与其是否具有广泛的经济影响没有关系。如果通用技术涉及相当多的应用领域,但没有遍及整体经济,共享共同投入仍然能够带来可观的SIRS。同理,即使通用技术的应用未覆盖整体经济,但成功取得技术预测所需的动机或信息,在此过程中协同进步的相关问题依旧存在。因此,通用技术分析就出现了两极分化:一边是重视收益结构的“微观经济”分支,另一边是更侧重于经济总量的“宏观经济”分支。

微观分支中,机会抑或是问题的核心差异显然为是否实现协同进步。如果通用技术和众多应用领域间缺乏协同,则由于两种外部性的存在,两个领域中创新的个人收益均会低于社会收益。若增强协同性,则会形成一个正向反馈环路,无论是应用领域的创新还是通用技术的创新都会激发另一方进行创新的个人激励。当然,这些是所有协同博弈模型都具有的典型特征。通过观察协同在静态和动态环境中所产生的影响,可以得出一个结论:通用技术的正向反馈环路也许启动缓慢、阻力重重,但其一旦开始,产生的价值将不可小觑。

通用技术仍有一系列研究目标,由于篇幅关系暂不进行讨论。大量文献将通用技术与生产要素需求的变化,尤其是与技能偏向型或反技能偏向性的技术变革联系起来。[①] 通用技术管理方面的文献则探讨了实现通用技术商业化的重重困难,例如 Thoma(2009)。

需要指出的是,通用技术对增长发挥了关键作用,但这并不等同于通用技术的进步本身是重要发明。相反的是,通用技术和众多应用领域的协同发明才能创造经济价值。[②]

若认为成就了蒸汽时代的蒸汽动力是凭空产生的,那必然是荒谬的。同样,忽略与通用技术紧密相关的诸多观点也是错误的(某些观点的提出比通用技术

---

① 有关通用技术和技能偏向型技术变革的文献浩如烟海,可以从以下文献入手:Acemoglu(2002),Aghion 和 Howitt(2002),Bresnahan(1999)和 Bresnahan 等(2002)。

② 专利研究已对重要的专利发明(如已被多次引用的发明)做出实证定义。经济史学家也给出了重要发明的实证定义,例如那些扩大社会收益的关键发明。

的出现要早得多)。显然,通用技术的概念和技术经济范式的概念存在关联。同样,通用技术与宏观发明(Mokyr, 2002)及战略性发明(Usher, 1954)也存在关联。最后,诸多行业都运用"使能技术"这一概念,这里的"使能技术"指的便是通用技术。

不同应用领域通过共享投入以实现规模经济,但这一做法的内在双重性成为通用技术克服收益递减的另一限制因素。[①] 如果具有异质性的部门和子过程无法就预想的技术进步方向达成完全统一,那么共享这一过程就包含了妥协的因素。共享的投入若能完全符合每项异质应用的要求(甚至考虑到其对成本高昂的共同发明的承受力),此举对各项应用而言可谓锦上添花,而多样性也应运而生。单个共享投入可产生规模经济,但要求其适合众多不同应用则会造成两者之间的紧张关系。

回到基础诊断和会计示例,核磁共振仪和会计信息系统共有一项投入——计算。在对该投入的衍生需求中,二者对计算机的最优规范的规定是不同的,即便在它们进行协同发明时也是如此。计算机科学和工程应用(例如核磁共振仪)的最优规范通常仅需一台成本低廉但能进行有效数值计算的计算机。相比之下,业务数据处理应用的最佳规范则更加注重可靠性、批量数据输入或输出的操作以及数据库自动防故障装置的维护等。

计算机行业通过细分市场来满足用户的多样化需求,例如具体分为微型计算机和大型计算机,并加以优化以分别协同科学或工程应用以及业务数据处理应用。这种市场细分会对共享技术投入造成一定限制,同时也会形成数个正向反馈环路,彼此之间既相互独立又互有重叠。这一点在行业分析中十分常见,且对发明分析也有重大影响。笔者将在后文中对此展开论述。现下的关键在于,一项通用技术是如何在一个经济体各部门和子过程中实现无缝化应用的,这点仍需仔细参详。

通用技术基本结构中尚有诸多未考量的因素,对其进行探究一直是文献讨论的主题。考虑时间因素是长期增长和技术变革研究的一个基本特征。的确,无论实证研究还是历史研究,已有大量文献为基本结构添加动态因素。有关时间因素的文献丰富多样,笔者将在第 4 节中进行回顾。

2. 通用技术的实证和历史研究

虽已从基本微观和宏观经济学层面明确了通用技术集群,但如需了解其实

① 许多此类观点已在有关标准和兼容性的文献中得到清晰的阐释。参见 Gilbert(1992)。

证应用,仍需解决一些定义方面的问题,确定一些复杂问题的解决方法。由于技术应用的相关问题本就存在,因此本节中笔者将通过对蒸汽动力和电力的进行历史分析并加以考察相关问题。

2.1 蒸汽动力

蒸汽动力属于典型的通用技术,其发展历程存在一系列关键且复杂的问题尚待研究。[①] 首先是蒸汽动力经历了相当长的时间才得以在不同应用领域间进行扩散。自 18 世纪起,蒸汽动力先是在采矿业发挥重要作用,后又在纺织制造业占据主导地位。但在其首次投入生产应用的一个半世纪后,蒸汽动力仍未成为纺织制造业的主要动力来源。[②] 而蒸汽动力在其他制造行业中的扩散更为缓慢。后来,蒸汽动力在交通运输领域(尤其是船舶和铁路)得到应用,正如在制造业中一样,蒸汽动力在交通运输领域内的扩散也是一个长期缓慢的过程。蒸汽驱动的船舶迅速取代了部分帆船,尤以在风力不稳定或稳定性极低的情况为甚,但帆船的其他用途一直持续到 20 世纪。扩散速度在一般的技术经济学研究中处于核心地位,在通用技术研究中更是如此。现有的文献已对通用技术的扩散缓慢这一问题进行了详细的研究。

蒸汽动力扩散缓慢的原因之一是供给限制。早期的蒸汽动力有相当大的局限性,如无法进行持续的旋转运动,这便限制了以机械化为中心的应用发展。在经历了至少两次重大改良(来自 Newcomen 和 Watt)之后,蒸汽机终于能够提供连续的旋转运动。早期蒸汽动力的第二个局限性在于过程控制。蒸汽机在提供可预测、稳定、连续且可控的动力之前,仅适用于使用紧急制动或不稳定动力的应用。考利斯蒸汽机的发明及不断改良创造出了更具可控性的蒸汽机,彼时距蒸汽动力投入生产应用已经很长时间。通用技术的基本定义自然会强调这种持续改良的能力。

蒸汽动力的改良涉及诸多不同技术(工程学意义上的),即意味着涉及众多不同的知识体系。这些体系包括但不仅限于蒸汽动力本身的科学原理(如发现水和蒸汽是同一种物质以及温度、压强和体积之间的关系等)。改进设备材料(如使用更坚固的锅炉)、丰富机械知识和改善燃料性能等都是有效方法。通用技术本身(这里指蒸汽动力)的这些不同技术投入具有互补性,这种互补性产生的效用要高于蒸汽动力的改良与使用蒸汽动力的行业改良之间的互补作用。行业的改良方式是通过创新,且目的是充分利用蒸汽动力。就蒸汽动力而言,早在

---

① 笔者对蒸汽动力的论述大量借鉴 von Tunzelmann(1978),Lipsey 等(2005),Landes(1969),Crafts(2004),Crafts 和 Mills(2004)以及 Rosenberg 和 Trajtenberg(2004)。

② 一个半世纪是指从 17 世纪末 Savery 引进蒸汽驱动水泵到 1850 年纺织业的动力应用情况(参见 Landes,1969)。

蒸汽机还不具备适当特征以促进互补过程中的创新时,鼓励对蒸汽机互补投入和改进的经济措施就已在发挥重要作用。①

蒸汽动力与煤炭的关系十分微妙,且二者的关系可以阐明一个一般原理。毫无疑问,煤炭是蒸汽机的燃料,早期的蒸汽动力对采矿业十分重要,对煤炭的开采便尤其重要。煤炭开采离不开蒸汽动力,蒸汽机驱动也离不开煤炭,这种相辅相成的关系揭示了一般均衡分析的重要性,其中采煤和蒸汽机的技术进步及市场推进属于命运共同体。鉴于通用技术的基本思想将技术分析和社会增长需求分析联系起来,人们必定会想到一般均衡效应。正如笔者所言,研究通用技术宏观经济影响的文献已强调过规模经济的相关问题,即通过将整个经济规模内生化便可产生一般均衡效应。由此可以明确出一个相关的一般原理,这一原理涵盖国内生产总值的绝大部分甚至是全部。就煤炭和蒸汽动力而言,一般均衡效应并非来自整体经济规模,而是取决于"现代"经济的市场规模和技术现状。这个一般原理将其他一般均衡概念(如果还没有达到整体经济范围之广)归结为"工业"经济、"后工业化"经济的规模和技术水平。

改良蒸汽动力的实质是放宽供给限制,由此便可得出有关技术进步和通用技术的另一个一般原理。就现有的产品特征而言,蒸汽动力的改良不仅体现为成本降低,蒸汽机产品特征的可选择范围也大大拓宽。长期以来,重要产品特征发生了一系列变化,远不止前文提到的两个重要特征(旋转和控制)。一般而言,改进产品特征是技术进步创造价值的重要源泉(Trajtenberg, 1990b)。当改进产品特征可以为互补性创新创造机会或激励时尤其如此(Bresnahan 和 Gordon, 1997)。降低成本和改进产品特征的重要区别也适用于通用技术。在蒸汽动力中,该一般原理有另外一个显著的版本,即改进通用技术特征能够促进互补创新,从而扩大技术的应用范围。

蒸汽动力揭示的另一个一般原理探讨的是通用技术和先前技术的关系。蒸汽动力取代了水力、风力和人力,但并非一蹴而就,同时也并非处处都是如此。先前技术的动力源都历经了数百年的技术改进。风力和水力的不稳定性为蒸汽动力创造了市场机会。更宽泛地讲,原有技术相对于新型通用技术的不足决定了通用技术的早期应用范围。同样,原有技术的现有互补措施效果如何也是重要决定因素之一。其次,原有技术不会一成不变,改进原有技术会延缓新型通用技术的扩散速度。新旧技术之间相互竞争,这一过程中旧技术会向新技术借鉴经验,无论竞争还是学习都能加速原有技术的改进进程。

① 需对"后向关联"和"前向关联"的有效区分。例如,激励创造更好的蒸汽机互补组件或投入属于"后向关联",激励创造互补应用属于"前向关联"。Von Tunzelmann(1978)认为蒸汽历史上发生的后向关联早于前向关联。

蒸汽动力揭示的第二个一般原理是，原有技术可能会针对新型通用技术潜在的部分或全部应用领域创造出一些互补发明。这些互补发明可能会形成沉没投资，也可能会被移植到新型通用技术当中。蒸汽动力的原有互补投资的可移植性表明旧技术和新型通用技术之间存在动态互补的关系。以使用水力为例，制造业早先用水力供能，后来逐步使用蒸汽动力。为了利用某种机械动力源(如水)，原有技术会研究出一些互补发明。在特定的情形下可对互补发明加以改造，使之为新技术(蒸汽动力)服务。新型动力源因质优价廉而受到青睐，尤其是在原有动力源优势不在的情况下，例如水缺乏流动性时，蒸汽动力就价值愈加凸显。[①] 一言以蔽之，如果协同早先技术应用的互补创新并非原先技术所特有的且成本价格合理，那么这些互补创新也可以成为新型通用技术的补充。因此，新型通用技术和其取代的原先技术之间形成了一种动态互补的关系。由于这些互补应用在原先技术中的发展已经相当成熟，因此研发通用技术的互补应用的相关成本和延迟时间便会大大减少。

这种动态互补屡见不鲜，大多数技术进步都来自技术重组，现有的互补创新与新型通用技术的重组只是其中一种。[②] 更重要的是，重组过程中不应把某项技术误认为太过重要。不是说蒸汽动力或其他通用技术不重要，而是说真正推动经济发展的是通用技术集群及应用创新，二者共同促进了技术机会和市场潜力的互通。一方面，蒸汽动力仅为一种新型动力源，另一方面，风力、水力及人力到蒸汽动力的部分转型为持续的技术改良开辟了新路。从某些方面而言，新技术的发展前景比以往所有技术都更加广阔。

观察发现，从风力、水力及人力到蒸汽动力及后来的电力的转型促进了经济的持续增长。现在看来，这一观察结果颇具讽刺意味。因为如今许多观察者认为，只有使蒸汽动力和电力的生产逐渐摆脱所必需的碳燃料源，才能实现经济的持续增长。对比之下揭示了一个深刻的经济现象：基本经济状况决定持续经济增长。当人力、水力和蒸汽动力(鉴于当时的技术)的局限性成为制约经济发展的根本因素时，成功开采和利用化石燃料就成为保持经济长期增长的关键点。数百年之后，我们发现进一步促进经济将伴随着付出相应的代价，如大气中二氧化碳增多的气候代价，这是过去不为人知的。当今的技术知识(尤其是实际生产过程操作方面的技术知识)已今非昔比，因此笔者预计：要遏制大气中的二氧化碳浓度上升的趋势，最艰难的是制定政策而非变革技术。由于 21 世纪出现众多技术突破，大气中的碳对经济增长造成的制约力将大大减弱。

作为通用技术的蒸汽动力虽然起步阶段发展缓慢，但之后却迎来了突飞猛

---

① 这种互补性的一个极端表现是利用蒸汽动力将水从蓄水池中提出并运至水车的入水口。

② 参见 Weitzman(1998)。

进的发展。Nathan Rosenberg 和 Manuel Trajtenberg 认为,供给限制曾一度阻碍蒸汽动力向其他各应用领域扩散,但是 19 世纪中叶发明的考利斯蒸汽机放宽了供给限制,引领了维多利亚"蒸汽时代"的到来(Rosenberg 和 Trajtenberg, 2004)。考利斯的发明,尤其是对阀门系统的改良,不仅提高了蒸汽机的能效和降低了价格,而且能够通过有效控制实现持续稳定的能量输出,从而提高了产品质量。Rosenberg 和 Trajtenberg 认为这些改变,尤其是产品质量的提高,有望使产品在制造业中得到更广泛的应用。

上述二人运用计量经济学方法,细致地考察了 19 世纪末考利斯蒸汽机在美国的扩散和使用情况。需要说明的是,Rosenberg 和 Trajtenberg——以及后文提到的许多研究论文——都缺乏直接衡量共同发明的相关数据。二人在调查采用蒸汽动力的主要制造业的共同发明时,也仅限于对个别实例进行讨论。Rosenberg 和 Trajtenberg 以及早前的调研采用历史研究方法,认为制造工厂可以熟练地利用规模经济这一有利因素得益于大型固定式蒸汽机的使用。[①] 由于二人对制造业中蒸汽动力互补技术的应用缺乏系统性数据,所以将制造业搬迁至水力资源有限的地方作为共同发明的显著标志。

上述数据局限性在后文中将会多次出现。"专业"通用技术能够激发科技进步,因此有大量的与蒸汽动力相关的数据。然而关于蒸汽动力的互补应用的数据有限,例如某制造工厂为使用新的生产方法和动力源而进行重组。Rosenberg 和 Trajtenberg 别无他法,只能使用便于观察的指标,即用经济活动迁移代替难以观察的经济活动重组。因此二人参考了成功地带来了经济增长的共同发明,以及同时采用蒸汽动力和共同发明的制造业的经济模型。

研究涉及互补性的经济关系颇有难度。有些观点认为应用新技术和由其带来的经济发展程度是由应用领域和新技术本身共同决定的,Rosenberg 和 Trajtenberg 对此观点进行了批判。他们设计了一个系统预估的方程,以一个位置为基本观察单位。方程通过比较蒸汽动力和水力这两种动力源的相对优势,进而预测这些动力源的使用情况(水力在其所在之处有着绝对优势,但需求和运输可能与水力供给不在同一处)。因此,二人对蒸汽动力的使用情形进行简化预测。除此之外,他们还预估了一个本地经济增长方程,用蒸汽动力的应用来预测经济增长,但将其作为内生变量。

1870 年后考利斯蒸汽机在美国的使用促进了当地的经济增长,Rosenberg 和 Trajtenberg 以此来衡量放宽水力所处位置限制所能创造的经济价值。这样一来,他们的关注点就是将生产活动转移到可以实现其价值的地方所带来的那

① Rosenberg 和 Trajtenberg 还对几个重要行业中工厂规模与蒸汽动力间的关系进行系统性研究,确认早期案例研究得出的结果。

部分经济增长。最新采用蒸汽动力的制造工厂研发的共同发明可能会促进技术进步，但使用 Rosenberg 和 Trajtenberg 的方法忽略了这一可能性。

考利斯蒸汽机的例子也阐明了通用技术的一个重要特征，即持续的技术改良能够促进互补发明的更新。有些理论认为通用技术能够引发持续的技术进步或经济增长，而上述观点构成了这一理论的关键因素。

19 世纪末 20 世纪初出现了一系列重大的经济增长趋势，且都与动力源的转变密切相关，但至今也无法用计量经济分析进行仔细研究。对组织创新(例如工厂制度、可更换零件和大规模生产等)而言，动力源的改变也是为了协同制造业在最终产出(如新型消费品和投资品，或者现有基础上更质优价廉的版本)中所占份额的增加。拥有高效蒸汽原动力的大型工厂能与良好的运输系统和大众营销互为补充。因此，蒸汽动力是经济向"大规模工业化和城镇化"转型的重要方面，但将其视为这一转型的主要原因则是不明智的。简言之，虽然蒸汽动力作为 19 世纪相关创新集群的至关重要的一部分，但试图将这些创新逐个解析则是不智之举。

蒸汽动力是否对经济增长做出了重要贡献？答案是蒸汽动力只有在推动应用领域创新(即工厂机械化方面)的重要发明时才会显著促进经济增长。笔者认为 Nick Crafts 的一项计算清楚地表明了这一点。Crafts 在计算成本时，将采用蒸汽动力之后发明应用的实际开支与之前蒸汽动力价格昂贵时所用成本进行了比较。这种成本指数计算极为新颖，因其将价格降低且性能提高以后蒸汽动力的用量作为基准。[①] 也许这正是 Crafts 的用意所在，因为成本指数计算得出的结论是经济实现了相对温和的增长。关于蒸汽动力是何时带来非成本收益的，Crafts 与 Rosenberg 和 Trajtenberg 的观点一致，认为是在考利斯蒸汽机开始推广之后。

仔细考察蒸汽动力发展史的另一重要发现是，我们普遍理解的技术进步和通用技术集群分析之间确实存在某种关系。首先是有关机械化的问题，机械化使得各种机器实现了长足的技术进步，从而成为耐用品以供生产者使用，其与新型动力源互为补充。然而在分析技术进步是由动力所致还是机械所致时应当谨慎。另一点是 Lipsey 等所称的"通用原理"(general purpose principle)。笔者认为以上两点既得益于机械改良，也得益于蒸汽动力。Lipsey 等对"通用原理"和"通用技术"进行了区分，从而一针见血地阐述了这一问题。考利斯蒸汽机是通用技术，它运用了蒸汽机这一通用原理。有关通用技术与通用原理的联系，需要指出三点。第一，分析通用技术时着眼于某项特定且狭隘的技术，从经济学角度来看是错误的做法，着眼点应当是作为通用技术属性之一的通用原理。第二，从

① 如今，若要对计算机进行类似分析，则计算机的"成本节约"将会远超 GDP。正如笔者上一篇文章(Bresnahan，1986)中提到的，如果要对 1972 年左右出现的大型计算机进行分析，在那之后计算机的"成本节约"将远超 1972 年的通用技术。

水力向蒸汽动力或从蒸汽动力向电力的转变意味着重要中间产品的成本不断降低，此类成本降低对机械化的发展意义重大。第三，晶体管取代了电子管，之后集成电路又取代了晶体管。伴随着这一过程，另一个通用原理——数字化同样实现了大幅的成本削减。①

2.2 电力

在研究电时，我们也面临同蒸汽动力一样的问题，即我们需要考虑作为通用技术的电的哪些方面。② 广义的电包括深奥的科学知识，但这些知识起初并没有现实意义；还包括发电和输电所需的工程知识以及关于电气设备的知识(如电机或电灯泡的设计知识)。当然，与电相关的通用技术集群包括所有应用领域的各类知识。从经济增长的角度来看，最重要的集群与电在制造业中的相关应用。20世纪上半叶随着电力的扩散，制造业的自动化和机械化成为一个主要增长极。

不同于蒸汽动力，电的一些重要应用是以网络的形式进行供应和分配的，同时伴有多项不同技术的协同发明。电报发明之初是作为一种通信系统，其诞生借鉴了之前的多项发明。之后发明的电话也是如此。城市的电灯公司，连同发电系统、配电系统、电线末端连接的电灯以及其他相关技术，共同构成一个供应系统。围绕电轨和电车建立的城市公共交通系统是另一个系统。蒸汽动力和电力之间的这些行业和组织结构的差异表明，有必要对通用技术的经济组织的作用进行仔细研究，但本章中不会涉及相关研究。

历史上的这些例子至少能说明，伴随通用技术的诞生会涌现多种产业结构和信息结构。电的部分应用(如照明系统和通信系统)是以系统的形式被协同发明出的。这与蒸汽动力形成鲜明对比，蒸汽动力不同技术应用的发明是独立进行的。若对此类发明的信息结构进行建模有助于理解上述差异，但迄今为止还没有这一模型。

制造工厂和生产工艺的电气化使得应用领域发明者和通用技术发明者各自负责一部分发明。Richard Duboff(1979)分析了电力向美国制造业的扩散以及制造业应用的共同发明。他的分析尽管只是针对特定时间段和特定技术而言，且从不自认具有普适性，但却揭示一系列重要发现，有助于我们理解通用技术扩散过程。③ Duboff 的分析重点围绕使用电机为采用装备生产工艺的制造工厂带

① 这一点在 Nordhaus(1997)有关光学史的研究中得到了有力论证。

② 本节主要借鉴了 David(1990)，David 和 Wright(2003)，Duboff(1979)，Hughes(1998)，Lipsey 等(2005)以及 Nye(1998)。

③ Duboff(1979)认为，电力用 Usher(1954)的话说是一项“战略性发明”，但显然其隐含定义与通用技术的现代定义十分接近。1890 年后出现的电机、电灯和加热设备为生产中使用“全新工艺”，即共同发明提供了完备条件。尽管没有网络效应和外部效应等现代理论的帮助，Duboff 还是探讨了“连锁反应”在技术采用者间的形成过程。

来的益处。[①]

无疑，起初在许多制造工厂中，电机取代蒸汽机时并没有出现很多新的共同发明。原因在于，过去用来传送蒸汽动力（由皮带和驱动装置组成）的复杂系统也可以传输大型电机的动力。当电力的成本低于蒸汽动力时（通常因为燃料价格或运输困难），电力会分模块地取代现有工厂中的蒸汽动力。因此，我们又一次见证了旧技术和新型通用技术之间的动态互补。[②] 然而，如果电力仅仅是一种更经济的动力源，那它的重要性还远不及一项通用技术。

电力之所以属于通用技术，是因为其能够促进共同发明，正是此类共同发明在一定程度上带动了生产力劲升。电机经改造后，体积可以比蒸汽机小很多，这样就可以将动力源分布到制造工厂内的特定位置。这种分布方式我们称之为"单位驱动"，即每个应用点配备一个动力源。采用单位驱动，工业工程师就可以重新设计工厂布局，按照工艺流程进行布置。在此之前，工程师们要权衡各种工艺组织方式，以解决分布蒸汽动力机械的困难。解除蒸汽动力的分布限制促进了新型制造工艺的发明。新型发明创新会一定时间内逐渐扎根，先是在新工厂，后来推广至老工厂；还能大幅节约成本，幅度之大远远超过电力相对蒸汽动力的有限成本优势。[③]

电机帮助制造业大幅削减成本的过程可分为不同阶段。Duboff 对这些阶段逐个分析之后发现，即使通用技术本身发展迅猛，其共同发明的成本和延迟也还是会减缓扩散速度。Duboff 探究了电力促进制造业生产率提高的途径，发现应用领域和各制造行业的发明滞后于通用技术的发明，原因在于要实现电力的有效利用，各制造行业都需要生产工艺方面进行的互补发明。

电机的非成本优势（尤其是小规模应用）涉及共享和公共物品。小型工厂要进行电气化建设，仅需建立一套配电系统就可以共用发电设备。因此，即使电力应用领域的发明取得成功，其扩散水平的外部性在一段时间内仍是个问题。通过这种机制，电力这项通用技术的发明同制造业应用领域的发明之间就会不断出现正向反馈环路。

David 和 Wright（2003）指出，这些作用力连同劳动力市场的重大转变，是促使制造业生产率劲升的主要原因。如他们所言，例如 David（1990），历史研究提出了一系列引人关注的观点，可用于阐释现代经济形势。笔者将总结蒸汽时代

① 除电机之外的电力将被用于制造业的其他方面，例如作为热源。这一点表明通用技术分析的涵盖范围问题，是包含整个电力还是仅指电机？分析现代计算机技术时也面临同样的难题，是集成电路还是计算机？

② 正如蒸汽动力取代水力一样，这中间还经历了一个过渡阶段，颇具讽刺意味。在这个阶段中，制造工厂用蒸汽动力发电，电又被配送到工厂的电机里。

③ 这些优势包括例如修建单层而非多层厂房。显然，这种优势要实现全面扩散还需要较长时间。

和电气时代的经验,涉及多个领域:特定领域的研究使得通用技术集群这一概念更加准确适用(这些领域也反映出实际应用的困难);其他领域在理论上还有待进一步发展。

这些历史研究的中心思想是,除节约成本以外,通用技术还具有其他属性:从一项通用技术到另一项通用技术的过渡,或是重要的新版通用技术的诞生,蕴含除成本外其他属性的改变。例如,从水力过渡到蒸汽动力以后,生产活动不再受位置制约,无需像以往那样傍水而建。同样,而后电力取代蒸汽动力,放宽了最低规模限制,不仅能将"分散的动力"配给至车间中必要的地方,而且传输距离更短。分析许多其他形式的过渡也可得到类似结论。总体而言,改进非成本因素以扩大通用技术的应用范围可以带动新一轮的共同发明,这些共同发明可谓意义重大。

的确,现有通用技术的新型改良版本远不仅是降低成本。研究人员对下面两个例子进行了仔细研究。一个是新版蒸汽机——考利斯蒸汽机的发明,另一个是计算机行业准入门槛降低,众多新型计算机得以与 IBM 的大型机一比高下。[①] 在上述例子中,新版通用技术都能带动应用领域开启新一轮创新,且扩大通用技术的应用范围。

经过改良的新型通用技术对福利有两重影响,无论该技术是建立在全新的技术基础之上(电力相对于蒸汽)还是从属于另一项技术(考利斯蒸汽机之于早先的蒸汽机)。其一,除了降低成本,产品特征的变化还能增加产品价值。这就是人们熟知的"新产品"分析。以交通领域为例,汽车或卡车既不同于马车,也不同于铁路。汽车或卡车的成本低于马车,但并不是绝对的。若距离适中并且经常使用,则汽车或卡车的成本要低得多。虽然汽车或卡车的成本高于铁路,但就路线灵活性而言却远超铁路。这些改良后的产品特征意味着除成本降低之外,新型交通通用技术还增加了更多价值——为对汽车和卡车有需求的领域增加价值。[②] 新版通用技术对福利的第二重影响来自于应用领域的创新。Rosenberg,Trajtenberg,Bresnahan 和 Greenstein 以及 Bresnahan 和 Gordon 发现应用领域的创新在上述三个例子中创造了价值,David 和 Wright(2003)指出这种增值创新为电气化创造了价值。

之所以对通用技术的概念和分析范围感到困惑,主要是因为我们在定义"技术"时只注重狭义的技术层面。这一点与目前存在的一个问题(更准确地说是一个错误认知)不无关系,即把通用技术误认为是技术引领或科学主导型的技术进步。

---

① 蒸汽机示例参见 Rosenberg 和 Trajtenberg(2004)。计算机示例参见 Bresnahan 和 Greenstein(1996)。

② 参见 Bresnahan 和 Gordon(1997),二人搜集大量有关创新互补性的资料。

首先从经济学角度来看，技术进步是根据生产功能的位置进行定义的。如果 X 技术使得社会可以使用更少的投入获得相同的产出，或用相同的投入获得更多或更好的产出（新产品），那么 X 技术就属于技术进步。因而管理方面的改进，无论是否是“技术性”的，都属于技术进步。新工艺发明、产品创新等都是技术进步的表现。

Lipsey 等（2005）之所以认为组织形式，例如工厂制度、大规模生产以及丰田的精益生产等可以发展成通用技术，原因就在于此。上述“技术”都曾在制造业中得到广泛应用，都激发了不同行业的应用发明，并且也随着时间推移而不断改进。

实际上，如果仅查阅研究通用技术与其应用间的密切联系的论文，我们还完全不清楚在理解通用技术时，重点应放在管理方式的创新上而非狭义的技术。当然，前文所述与蒸汽动力和电力有关的论文对重组迁移和狭义上的“工程技术”给予了同等的重视。后文中我们会了解到，这也是信息与通信技术现代化应用的核心理念。

历史研究还提出了另一个有趣的问题，论及集群或相关互补应用的作用以及相关通用技术集群的作用。前文探讨的通用技术中，每一项都涵盖大量不同的互补技术（工程学意义上的）。通信技术领域的现代通用技术也是如此。现代联网计算机使用的工程技术不计其数，例如半导体、软件、通信技术等等。

从而出现了一系列的问题，其中之一便是如何确定分析范围。我们应该关注在半导体（对导弹、飞机、助听器等至关重要）或是半导体集成电路（对计算机、通信设备、汽车等至关重要）基础上进行的发明？应该关注计算机还是通信系统还是两者兼顾？至于计算机，我们是该关注进行业务数据处理的个人电脑、微型计算机还是两者兼顾？历史研究不仅提出了问题，也为如何处理这些问题提供了指导原则。要解决此类范围问题，不能仅关注技术层面，归根结底还是市场和经济组织的问题。

另外，历史研究还提出了一系列观点，除了通用技术的基本定义或准确应用，还着重研究时间问题。笔者将在后文中探讨通用技术的以下几个重要方面：延迟出现及其价值创造、缓慢扩散以及在几十年甚至近一个世纪中持续发挥效益的能力。

2.3　其他历史研究及更多观点

另一个关于微观经济学分支的富有趣味的例子是 Nathan Rosenberg（1998）对创设化工学科的研究。由于化工的应用领域主要是石油和石化产品，所以其应用范围相对较窄。然而正如 Rosenberg 所言，关于化工领域与化学处理这两个行业，其工厂设计的一般性知识是推动化工学科建立的关键性事件。

化工工厂存在高度异质性,虽然都属于化工产品,其产品也千差万别。已有的化学学科未涉足此类工厂设计的知识,现有的工厂设计团队也未掌握此类知识。Rosenberg 认为这一一般性知识意义重大,其涉及通用技术的发展和应用领域的重要进步,论证也极具说服力。但是在论证工程学科知识是通用技术时,他的核心观点是工程学科知识可以充当发明工具这一角色。例如,利用化工知识设计工厂布局,本质上就是在进行生产工艺发明。

微观经济学方法的优点之一便是强调知识创造,而不是假设知识是由研发产生的。在创造化工领域的关键知识时,要明白哪些可概括(或抽象化)成一般原理,哪些仅适用于生产特定化工产品的特殊工厂的设计。工程学科积累的工厂设计经验日益丰富,工厂生产的化工产品也渐趋多样化,在此过程中一般性知识继续得到完善。"单元操作"这一概念用来指代所有应用领域共有的工艺设计的基本操作。某个应用领域的发明有望演化为一般性发明,而且许多已经实现了这一转变。此类转变过程使得通用技术发明和各应用行业的发明之间存在持续的正向反馈,从而实现了遍及整个行业而不是整个经济的社会规模收益递增(SIRS)。

在快速浏览了其他工程学科文献后,Rosenberg 主张任何发明工具都有可能成为通用技术。只要研究某些特定的应用发明,从中提炼出可以概括为一般原理的内容,且完善一般性知识可为发明新应用创造机会,则 Rosenberg 的观点就是合理的。他还明确了高校开设通用技术学科的意义。一方面,理论工程师优先进行理论创新,并公开研究成果,使成果进入公共领域;另一方面,他们积极查阅与这些公共理论相关的合约。上述两种方式同时为理论工程师带来酬报,也为 Rosenberg 阐释的学习模型提供了恰当的激励。

从 Rosenberg 的分析中还可得出另一条重要经验。许多发明工具,例如化工,都来自发明者的实践。也就是说,工具的创造通常是靠需求拉动,而非科学推动(或其他的一般性知识推动)。一些人往往认为通用技术分析的模型就是通用技术在先,具体应用在后。上述结论可谓给他们上了重要的一课。①

通过创造发明工具的方式发明通用技术不仅限于学术界领域。计算机数据库管理系统的发明和改进即是个绝佳的例子。共同发明与信息与通信技术相关应用的,通常由各应用开发公司独立进行。公司内计算机和通信部门为此竭尽全力。技术方面的努力——不同于共同发明的"商业模式"——通过利用改良工具已得到稳步推进。数据库管理系统降低了公司大规模应用系统的构建和维护成本,因而也降低了共同发明的成本。

---

① 有关这一问题的一般重要性,参见本卷 von Hippel 所著的第 9 章内容。

另一重要理念是围绕早期为寻找通用技术市场所发挥的重要作用。我们发现蒸汽动力和电力在这一点上大相径庭。Helpman 和 Trajtenberg(1998a)对此也进行了详细研究,部分研究运用了微观经济学方法(该论文的中心模型是一个封闭式总增长模型)。二人的理论将一系列不同效应纳入考虑范围之内,其中包括应用领域的总需求(购买意愿乘以市场规模)、通用技术相对应用领域各技术的直接利益、应用领域所需的附加创新单项开发成本,以及应用领域有待创新的互补应用的数目(范围或复杂度)。在实证部分中,Helpman 和 Trajtenberg 对不同行业中半导体技术的早期采用情况进行了历史调查。二人的理论框架为通用技术取代原有(通用)技术,因此至少在一开始我们无须考虑建立新行业和新市场的问题。

Helpman 和 Trajtenberg 得出的结论是:半导体早期采用的行业模式并非为前文提到的权衡四要素之后的结果,而是取决于四要素均占优势的那些行业(例如助听器)。更有趣的是落后行业(如汽车或电信),采用新型通用技术需要互补型创新,而 Helpman 和 Trajtenberg 认为这些行业的发展主要取决于互补型创新的数量(即范围或复杂度)。第二个结论是关于通用技术的重要经验。通用技术的扩散速度主要取决于应用领域发明互补投入的需求程度。

最后,虽然 Helpman 和 Trajtenberg 建立了一个信息完备的正式模型,但在实证部分他们敢于尝试检验"预测误差",该误差使得早期观察员认为某些应用领域可能是通用技术的需求方。二人发明的预测误差主要与通用技术为应用领域带来的潜在利益相关,但对成功采用通用技术所需的共同发明的规模和复杂度重视不够。虽然美国电话电报公司对半导体加以发展并用于电信存在"预测误差",但却出乎意料地使 Bell 发明了助听器,Helpman 和 Trajtenberg 却认为这两种发明纯属"历史偶然"。起初,技术人员掌握的关于潜在通用技术应用的信息可能极其有限,且各应用领域对于某项通用技术可能带来的价值的了解也十分有限,这些在通用技术模型中尚未进行深度分析。

3. 计量经济学及进一步的历史调查

大量研究试图运用计量经济学方法探讨通用技术,但此类研究面临的核心问题是难以获取有关应用领域共同发明的系统数据。

3.1　专利数据的使用

数据有限是对技术开展系统性研究的瓶颈之一。同其他领域一样,在研究通用技术进行搜集相关数据时,学者们选择使用专利数据。大部分的数据源都更侧重于通用技术,而对应用领域关注较少,专利数据则为这一问题提供了解决思路。

专利数据的主要优势是,专利引用能够清晰地显示出不同发明之间的技术关联。Hall 和 Trajtenberg 试图从专利数据中识别出现代通用技术,专利数据的这一优势便是二人实证研究的核心。[①] 无可否认的,他们承认利用专利数据来识别通用技术也存在一系列困难,如并非所有创新都会申请专利,很多专利也同创新并无多大关系等。Hall 和 Trajtenberg(以及利用专利数据进行研究的其他学者)恰当地处理了这一问题,并且承认使用专利数据存在局限,因为某些重要创新并没有体现在专利当中。

尽管如此,相关专利数据仍内容丰富,信息量之大着实出人意料。Hall 和 Trajtenberg 查找出一系列符合条件的专利。其引用涉及众多不同的专利分类(通用),范围极广,同时还被广泛引用的专利所引用(多产),且所在的专利门类发展迅猛(所在领域具有一般重要性)。根据以上特征[②]及该专利门类某些特征的极值,可以为通用技术进步的相关专利下定义。Hall 和 Trajtenberg 使用的是计算机编程方法(尤其是面向对象编程)以及互联网电子商务的相关专利。研究表明,从某个时代的专利清单中识别具有通用技术特征的专利时,该方法更有效;若没有具体范围而宽泛地识别,该方法则不太适用。然而,这些通用、多产、发展迅猛的专利本身就是有意思的技术进步。

20 世纪 20 年代,Moser 和 Nicholas(2004)对电的相关专利进行了研究。二人的研究也使用专利数据,而且结论为同样的原理。他们发现电的相关专利与同时代的其他专利相比,其范围更广,数据更原始(他们根据数十年的引用间隔来定义“原始性”,这在专利分析中是个很有趣的思路)。然而,他们面临着一个关于数据收集的严峻挑战。正如前文所见,这个时代中电的重要共同发明通常是行业的工程进步,通常而言不能申请专利。因此,Muser 和 Nicholas 就无法考察电气化的相关共同发明。

利用专利进行研究通用技术还面临另一项挑战。理论上,专利引用可用来衡量知识溢出,但此溢出未必是创新型互补产生的溢出。从通用技术向应用领域的溢出可能表现为两项发明专利,但这两者之间可能并不存在引用关系。例如,正是因为对集成电路或步进机及其他制造工具进行了改良,这一成果可申请专利,随后才成功研制出改良型微处理器和计算机存储芯片,也进行了专利申请;假设计算机内置运行速度更快的芯片后能够促进软件的创新,这一创新也可申请专利。不管是引用半导体专利还是半导体制造设备的专利,对软件专利而

① 有关引用的具体使用参见 Hall 和 Trajtenberg(2004),Jaffe(1986)和以 Jaffe 的研究为基础的大量文献,其中心思想是引用能帮助识别更广泛的技术溢出。

② 以及其他特征,例如带有一长串引用,二人也对此进行了研究。

言都会略显奇怪。从技术知识的角度来讲，这些专利并非新发明软件的先例。相反，这些专利的互补创新来源于其在市场上的互补性。

然而，如果一项技术引发众多不同领域的互补创新，但这些领域的发明专利未引用该技术专利，也可以说该项技术具有通用性。对 Hall 和 Trajtenberg(1967—1999)以及 Moser 和 Nicholas 研究 20 世纪 20 年代电力的各历史时期而言，这种差异至关重要。其研究运用历史或经济方法，就各时期通用技术的互补创新做出了具体假设。就现代社会而言，进行业务数据处理的计算机就是一项重要的通用技术，应用领域许多相关的重要创新都是管理实践、组织结构或营销实践方面的改变，所以不易申请专利。对 20 世纪 20 年代的电力而言，重要的互补创新都是有关改善厂房布局或相关的工业工程发明，这些发明亦难以申请专利。

随着研究的深入，针对通用技术的讨论数不胜数，尤其是如何运用基本结构模型以及应用于何种现象当中。

3.2　为创造数据所做的努力

现代以来，信息与通信技术在白领工作自动化中得到广泛应用，而相关研究则遭遇了真正的数据挑战。第一个问题在前文中便已探讨过。收集公司或工厂中的计算机、电话线、数据交换机和其他“技术”创新的数据集十分完备，主要依靠商业调查(销售人员与客户的连接渠道)。① 然而，要获取有关创新应用的数据集则却并非易事。一些数据集有“应用软件”，但所谓的“应用软件”多数情况下是指编程工具，例如数据库管理系统或电子表格。但是，这些信息无法显示数据库或电子表格中正在运行的哪些具体经济应用。

历史研究和案例分析发现，在计算机广泛应用的近 50 年间，信息与通信技术在大公司中最有价值的几项应用具有一系列非技术性特征。这些应用通常涉及白领工作的重组以及新产品的推出。例如，银行发行信用卡需要新建一个复杂的营销体系(数据库营销)，为贷款延期提供经济担保，规避欺诈及收回债务。然而，研究人员却无法获取包含这些组织及产品特征的数据集。

已有文献主要采取三种策略来克服这种数据限制。第一，“众多案例加以归纳即是数据”。该方法通过分析案例，确定在多个地点同时采用的具体应用，然后利用数据集里的可观测指标间接判断其应用类别。笔者和 Shane Greenstein 就采用这一方法，根据共同发明导致的组织变革的复杂程度，对计算机在大公司

① 大多数经济学研究与 Bresnahan 和 Greenstein(1996)一样，都使用现在的哈特・汉克斯(Harte Hanks)数据。这一数据是指一项在企业间开展的大规模调查，其关注的是企业信息与通信技术的应用情况。Erik Brynjolfsson 使用这些数据建成一个公司数据库，为相关经济学研究提供了极大便利。

中的应用进行分类。第二种方法是利用或试图创建公司的组织方法。在多数情况下,组织措施均包括劳动关系实践。[①] 另外,还有一些更为普遍的组织方法,其涉及范围更广,主要用于加强有效管理、集中权力等。这些方法也得到了研究人员的广泛关注。鉴于现有的数据集不包含这些变量,学者们启用专业调查工具,并将调查结果与公司或工厂的现有数据集结合起来。[②]

研究发现,同时采用信息与通信技术实施组织变革,能为公司带来利润并且促进生产率增长。可想而知,信息及通信技术与新型组织结构之间存在互补性,这种互补性是通用技术集群的重要组成部分。大量研究关注的都是投资信息与通信技术能否带来理想收益这一问题,然而这个怪异的问题转移了经济学家的注意力。[③] 研究互补性和共同发明的意义远不止于此,仍存在一些更具价值、更为重要的经济问题,但只有少量文献对其进行研究。[④] 由此可见,业务重组是变革白领工作的基础以应用信息与通信技术的有力补充。实现白领工作的计算机化需要进行业务重组以扩大收益,这与蒸汽动力或电力这种早期通用技术的共同发明相类似。然而,研究人员尚未完全理解对各行业而言如何重组才是最优重组。[⑤] 迄今为止,关于计算机与通信技术,我们尚未发现类似"单位驱动"一样令人信服的解释。

少量文献试图研究采用信息与通信技术及共同发明的时机问题。[⑥] 显然,就存在白领工作的大公司而言,过去 60 年间信息与通信技术的扩散延迟很大程度上是因为其共同发明的成本过高。然而,通用技术的技术进步促使计算机和通信设备的价格迅速下降。这一技术进步运用了工程和自然科学知识,而且随着科学和工程进步所需成本越来越高。通信设备的市场日渐扩大,因而为更多

---

① 例如,Bresnahan 等(2002)运用一系列劳动关系管理措施,Kochen 的一项调查对其进行汇总。Ichniowski 等(1997)对这些实践和所研究工厂中的其他组织变量进行详细研究。

② 例如,Bloom 和 Van Reenen(2006)报道了一项制造企业的国际调查。他们及其他共同研究者进行一系列大规模调查,旨在解决该领域研究资源不足的问题。

③ 尽管许多组织信息系统无法带来收益,但在了解到该系统成功与否之后会进行大规模的投资,也就是说,需要为经常使用的系统提升容量、进行系统维护以确保稳定使用等。许多经济学家都假定上万家公司几十年来,在涉及数百万甚至数千万美元的决策上一直在重蹈覆辙,而且这些决策在许多行业中是生产技术最基础的选择。

④ Brynjolfsson 和 Hitt(2000)对生产率、共同发明方面的文献进行了概括综述,包含各类引用。

⑤ 文献考察了计算机化的白领工作中经营权集中化的作用。Bloom 等(2009)进行的研究表明,集权和分权或许是对信息与通信技术的补充。Athey 和 Stern(2002)的研究方向很有意思,二人关注的是信息与通信技术十分具体狭窄的一项应用,研究的不是其对生产率带来的影响,而是理论方面更突出的产品质量提升。

⑥ 有关计算机在组织中应用的分析参见 Bresnahan 和 Greenstein(1996)。正如 Goolsbee 和 Klenow(2002)所言,个人电脑得到扩散是出于不同的考虑,尤其是(在二人研究的现代时期)计算机作为交流工具所带来的网络效应。

的技术进步提供了资金支持。然而较之类似快速的技术进步，能够高效运行的计算机系统的共同发明的速度则较为缓慢。例如，营销和组织变革的共同发明比计算机和通信硬件的发明要缓慢得多。因此，创新扩散的瓶颈并非发明本身，而是共同发明。

上述结论仅适用于信息与通信技术中有关业务数据处理的通用技术集群。这里，通用技术首先是指大型计算机，之后是服务器，其应用领域笔者上文已经提过。计算机和通信设备的其他应用，例如科学和工程计算，则不存在共同发明进展缓慢这一问题。

4. 时机与经济增长

与通用技术的相关一系列理论试图解析通用技术及应用领域的协同发明中盈利的时机问题。最终的研究目标是要理解经济现象，尤其是宏观经济增长。

4.1　延迟和扩散

简单来讲，时机问题就是延迟或扩散。① 许多新技术诞生之后，不会立即被采用并在行业中广泛传播。对于发明日期和完全实现经济收益的日期之间存在的扩散间隔，研究通用技术的实证文献已做出明确阐释。② 通用技术的概念着重区分了原始的技术进步(通用技术发明)和创造使用价值(应用领域发明)所需的再创新。由此可得出，原始发明与最终生产率或产量增加之间的时间间隔，是通用技术扩散引起的。另外，至少三项被广泛分析的通用技术——电力、蒸汽动力和信息与通信技术(计算机)，起初扩散缓慢，之后速度加快。③ 同样，Griliches对杂交玉米先慢后快的扩散的研究堪称经典。杂交玉米的发明促进了众多其他发明创造，即微观通用技术。④ Griliches 的研究向呈现出同一技术在不同应用中的扩散速率是如何随行情而变化的，扩散速率的变化显然与通用技术的扩散相关。

技术扩散之所以先慢后快，可能存在多重原因，即“S”形扩散曲线的形成有着众多原因。原因可能包括供给限制，只有当成本下降到一定程度或技术具有

---

① 参见 Helpman 和 Trajtenberg(1998a)。Jovanovic 和 Rousseau 对该文献进行了研究，对电力和计算机通用技术时代的种种证据进行详细调查。

② 参见 Stoneman(1983)虽有些过时却内容广泛的调查，以及 Hall(2004)对现代文献进行的回顾。

③ 关于电力，参见 David(1990)，虽然 David 将半导体存储器和微处理器的发明视为计算机时代的开端，而这距离计算机在商业数据处理中的首次大规模应用已经过去 15 年，但 David 仍发现缓慢扩散的迹象。至于蒸汽动力，参见 Crafts(2004)。有关信息与通信技术，参见 Bresnahan 和 Greenstein(1996)。

④ 参见 Griliches(1957)，其研究围绕不同种类杂交玉米的扩散速率，且讨论了特定种类发明的经济意义。

某些特定特征之后才能具有使用价值。另外,可能包含需求限制,需求者就需求方面可能存在异质性,低价值用户(数量远远大于高价值用户数量)采用时机较晚,[①]或者采用过程中的探究存在调整成本。[②] 网络可以传播新技术的信息,传播速度因时而异。[③] 当价格按照预期出现下降时,采用新技术的用户成本(包括折旧费)却增加其实际经济成本。当出现预期的技术进步时,同样会引起的担忧,这也会造成一定的扩散延迟。用户成本理论揭示技术采用遵循先慢后快的规律,然而在一段时间过后,用户就应该不再期待技术进步,折旧费也随即消失。即使不像通用技术和应用领域那样拥有多项技术的单项技术,这些作用力也都会存在。然而,实证研究很难辨别技术扩散先慢后快究竟是哪种作用力所致。[④]

在建模之前,人们会意识到通用技术在初期阶段的扩散会尤其缓慢。首先,通用技术要在经济中的不同应用领域间缓慢扩散。其次,某个应用领域推出互补创新后,该创新还要在领域内各公司间缓慢扩散。只有经历过两个缓慢过程结束之后,扩散才会开始加速。

前两节中列出的原因都将会遵循收益递减规律。供给限制可以克服,技术也可以满足具有异质性的众多需求者。研究通用技术案例还有另一个原因,那就是通用技术和应用领域间的正向反馈可以帮助扩散克服收益递减。通用技术扩散模型(Helpman 和 Trajtenberg, 1998a)正是以这一观点为基础。Helpman 和 Trajtenberg 发现,通用技术潜在的持续改良和正向反馈环路也会进一步产生效应。在模型中,应用领域要投入时间和资源对通用技术进行互补发明,通用技术或应用领域的创造水平高低不一,通用技术创新(包括之后的改进)和应用领域共同发明(包括之后的改进)的时机作为内生因素。他们表明通用技术和应用领域之间及各应用领域之间的正向反馈会影响扩散路径。值得说明的是,Helpman 和 Trajtenberg 还论证了进行"新一轮"创新的必要性。应用领域采用通用技术之后,都要进行新一轮的共同发明,继而经历新一轮的增长。

Helpman-Trajtenberg 的模型认为,基本通用技术结构是扩散曲线为"S"形

---

① 最简单的理论包含外生性技术变革和潜在采用者使用价值的分布。高价值用户采用较早。如果用户的价值呈单峰分布(众数位于分布图中心),那么"S"形扩散曲线也将如此。当技术改良导致众数附近价值的用户大规模采用该技术时,技术采用就进入快速发展期。

② 如果学习是一项调整成本,且早期采用者会将其所学告知他人,那么无论是缓慢的初期学习还是后期的加速都是均衡现象。

③ 这也可以预测 S 形扩散,如果信息在呈对称分布的用户中传播。起初,技术创新鲜有人知,因此网络中缺乏相关信息。最后,网络中的信息不断累积,几乎所有用户都有所耳闻。中间阶段会出现大量技术采用,此时存在众多信息发送方和接收方。一般而言,人们期待的情况是信息扩散会先慢后快(取决于网络结构,只要网络是近乎对称的)。

④ 正如这些脚注所示,众多学科有着数十种其他理论,使用总体数据很难对其加以区分,用微观数据进行区分也很困难。

的重要原因之一。通用技术和应用领域创新之间存在一个反馈机制。“S”形曲线之所以会存在斜度大的部分，即快速采用时期，是因为创新反馈环路已处于高速运转之中。由于通用技术能提供创新激励，所以这种现象的发生与否取决于市场规模大小。一旦有足够多的应用领域采用或者即将采用该技术，反馈环路就会运转会加速。快速采用阶段之所以延迟出现，最重要的原因或许是扩散有时会波及整体经济。

Helpman 和 Trajtenberg 的分析揭示了通用技术的两个关键作用。由于通用技术及所有相关应用领域形成了正向反馈环路，因此新型通用技术能够催生一个全新的创新体系。但是在初期阶段，通用技术的发展水平较低，加之旧技术提供的解决方案过剩，所以通用技术的影响力有限，因此通用技术提供的创新激励不如日后强劲。随着通用技术的早期采用及部分或全部应用领域的共同发明，创新激励逐渐增强。因此，Helpman 和 Trajtenberg 不但揭示造成新技术缓慢扩散的一般作用力，且发现切换至新的创新体系会引发新一轮提速。

需要说明的是，只要创新过程的某个环节需要耗费时间，通用技术激励就会引发延迟。或许是本身发明的过程需要时间，抑或是原有发明要寻找新的技术机会，又或是发明通用技术之后再发明应用技术（反之亦然）或是造成不可避免的延迟的其他环节。假设发明者之间有一个良好的协同机制，无须进行“阶梯式”多轮创新，甚至也不存在信息不完整的问题，即便如此，扩散也仍会出现延迟。关键机制是随着通用技术的地位提升而逐渐稳固，新的正向反馈系统中的创新激励（准确预见、资讯充分的）会逐渐加强。

简言之，有诸多原因导致通用技术滞后于发现技术机会和增长限制之间的重合时机。缓慢扩散是原因之一，且由于需要进行共同发明，所以扩散速度可能会更慢。除此之外，还包括典型延迟现象，即需求方会待新技术的成本降低或性能更加优良时再采用该技术。碎片化（水平外部性）或是通用技术和应用领域之间签订合约的困难（垂直外部性）使得内化共同发明的收益难度增大，此过程也会造成延迟。我们注意到历史上许多通用技术的互补技术都意义重大且得到广泛应用，因此我们认为，造成缓慢扩散的另一个潜在原因是要等待众多互补创新中最薄弱的部分出现。运用创新经济学的一般原理可以对上述所有因素进行解析。

4.2　总增长波动

经济增长是个长期的过程，过程中不会一帆风顺。首先，不同时期环境不同，生产率增长有高有低，产量增长有快有慢。自 Paul David（1990）研究之后，经济学家不断尝试运用早期出现的“生产率增速放缓”的分析方法，解读最近出现的“生产率增速放缓”现象。David 将 20 世纪末期与第一次世界大战前增长放缓的时期进行类比研究。我们知道,在这两次增长缓慢期过后,生产率都出现加速增长(虽然这一繁荣时期能持续多久我们还无从得知)。更宽泛地来讲,产量和生产率增长的长期波动再一次成为经济学家研究的热点问题。

探讨长波理论的新热潮出现的主要原因是信息与通信技术的现代版“生产率悖论”。说到生产率悖论,Robert Solow 有一句趣话流传至今:“我们到处都看得见计算机,就是在生产率统计方面却看不见计算机。”如同 19 世纪末 20 世纪初电力的早期扩散一样,在计算机的早期扩散时期(例如 1960—1980 年),发达国家的生产率增长经测定也明显低于扩散之前。最近一段时期内,这些国家的生产率增长大幅加速,且增长显然与信息与通信技术的应用密切相关。

因此经济学家创建了大量模型,解读 Kondratieff 的长波理论的各种特征,所用的建模工具相比 20 世纪 20 年代而言要更为先进。[①] 自 Helpman 和 Trajtenberg(1998b)开始,一系列文献都对与通用技术的发明和扩散有关的大经济循环的可能性展开了研究。这些模型虽然细节有所不同,但就一点达成共识:由于发明通用技术会消耗资源,所以起初会导致增速减缓,只有在该发明带来的经济回报凸显之后,才会促进经济繁荣。相关文献浩如烟海,已有评论文章对其进行了全面总结,此处笔者就不再赘述。[②]

上述理论能否得到论证我们尚不清楚,但有关经济增长的确存在许多模型。除 Helpman 和 Trajtenberg 的模型之外,其他模型一致认为经济规模与创新激励之间存在宏观经济反馈效应。通用技术的社会规模收益递增(SIRS)在大经济体中更有价值,而开发通用技术本身也能促进经济体扩大规模,增加财富。因此通用技术周期一旦开始,就可能产生一般均衡正向反馈环路。同样,如果应用新技术可以坚固现有生产要素,那么投入市场规模的扩大和创新激励的增加也会形成正向反馈环路。然而,上述一般均衡效应的实证价值尚未定论,对未来的实证研究而言仍然将是挑战。

依据通用技术的“S”形扩散,可以预测总体经济中技术快速进步期何时出现。每当如下情况发生时,总体经济就会出现技术快速进步期:通用技术发明和多个行业的增长需要相吻合并能促进宏观经济增长,以及通用技术及其应用领域符合“S”形扩散曲线。

总体生产率增长水平在通用技术迅速发展前的一段时间内可能低于正常水平,相关文献也曾对这一现象进行解释。相关理论至少可以分为下面两大类。

---

① 参见 Kondratieff(1984)。Kondratieff 对 20 世纪初之前的历史时期进行回顾,发现这些“长波”和新动力源之间存在联系。他还告诫人们不要围绕“工艺技术”发展长波理论。

② Jovanovic 和 Rousseau(2005)梳理了众多理论贡献,贡献颇多。二人还对具有实证意义的某些理论证据进行了概括综述并表示认同。

第一类理论认为，在通用技术的应用尚未盈利之时就可以对其资本或研发进行投资。考虑到前文所讨论的多项通用技术都拥有很长的筹备期，上述投资将会产生潜在的巨大影响。对通用技术的研发或资本投资形成巨额前期成本，这种投资产生的影响举足轻重。以往（可能还有未来）通用技术的相关科学和纯研究成本相比总体经济价值而言并不高，因此长时间的前期准备无关大局。相反，对于铁路或（电缆）电信等基础设施通用技术而言，亦需进行大量的资本投资，因而更有可能产生巨大效应。对于计算机、电力及蒸汽动力等而言，要识别此类巨额成本困难丛生。数家小公司共用发电可能会产生同等效应，但笔者认为有关电气化出现之前的经济衰退的研究并未考虑到这一点。诚然，这些行业虽然都包含大量资本投资，但多半资本投资是与技术应用同时进行的。正如我们所见，所有电力、蒸汽动力及计算机技术的关键特征是其早期阶段的相关资本无需巨额投资。由此可见，上述效应不具有普遍重要性。

第二类理论认为，新型通用技术飞速发展前的时期之所以生产率增长率较低，是因为资本预支延缓通用技术的起步，从而使得经济低速增长，而不是因为成本本身。原则上，这一理论具有合理性。一般而言，大规模、大范围的协同发明较难同时出现。一旦出现预支，协同就更加难以实现。例如，旧技术的竞争会明显减缓新技术的早期扩散速度，从而为新型通用技术施加了外部成本。[①] 虽然逻辑上讲得通，但这种因果链似乎并不适用于蒸汽动力和电力的扩散情况。信息与通信技术在应用早期也不可能将 20 世纪末的白领工作自动化，原因之一为早期的白领工作自动化技术并无特别之处。

需要注意的是，从总体层面上预测技术进步的快慢，无需假设存在增长遭到压制的时期。然而总增长率必然会产生波动，因为多数技术进步在大部分时间内呈缓慢递增趋势，但间或会出现由通用技术引发的生产率激增。

5. 结论

最后，笔者将以两则故事作结尾，故事均与现代经济总增长的波动密切相关。

第一则故事可以叫作“统计”，其核心思想是每个经济体中的技术都截然不同，且技术进步的来源也大相径庭。生产率总增长是相互关联的创新集群（例如通用技术）的本地增长和渐进式增长共同作用的结果。直接影响总增长的通用技术集群不是每隔十年均会出现。若出现此类集群，总生产率会加速增长；若没

---

① 参见 Arkeson 和 Kehoe(2007)。Jovanovic 和 Rousseau(2005)对包含复杂的动态元素的一系列不同模型进行了回顾。

有此类集群,总生产率增长速度虽会放缓,但依前文回顾的理论而言也不至于过缓。如果一段时间内本地增长和渐进式增长都保持稳定,那么通用技术只是间歇性出现,则生产率的总增长率将会产生波动。同理,如果在扩散过程的不同阶段始终存在大量的微观通用技术,而仅仅遍及整个经济的通用技术间歇性出现,那么生产率总增长也将产生波动。再次强调,对通用技术周期进行解析时,不需要假设是因为某个环节出现问题而导致生产率低速增长。

第二则故事更侧重于通用技术的重要性,但却没有断言通用技术快速扩散之前的时期的增长就是非正常的缓慢增长。要实现经济总量的持续增长,就要通过创新解除一系列限制。过去很长一段时期内,人类消耗的大部分光和热都直接来自于太阳,大部分生产力都依靠风力、水力和人力。化石燃料供能和农业及制造业的机械化使得人类获取上述资源愈加便捷。技术的大幅进步持续地放宽对此类增长的限制。例如,农业的机械化和自动化放宽了主要限制,制造业中许多蓝领工作工具的机械化以及自动化亦是如此。实现机械化和自动化促进了经济的持续高速增长。然而,当工厂产量达到一定规模时,工厂工作的自动化问题便不是增长的限制因素了,相反的是,工厂制度形成初期,自动化才成了限制因素。

长远看来,一旦人类的体力工作实现自动化,其他增长限制因素就浮现出来。20 世纪时,传统白领工作的自动化程度较低,形成增长限制,其中包括生产管理,但更为重要的是生产资料购买和产品销售。只有在管理生产过程、生产资料市场及产品市场时,自动化程度才成为重要限制。同理,只有服务业蓬勃发展时,服务行业的自动化问题(主要是白领)才成为关键的增长限制。追溯到上述白领工作自动化的例子,早期经济发展有一定产出可供管理时,白领工作自动化问题才会形成增长限制。

笔者试图阐明的不是技术的出现遵循某种规律,收益递减现象便说明了这一问题。第一次和第二次工业革命出现的大规模技术集群引发显著的收益递增现象,但即便如此,仅实现部分公司职能(如蓝领工作)自动化但未实现其他公司和市场(如白领工作)自动化的技术终将遭遇收益递减。

反之,笔者认为,如果放宽增长限制使得对广泛应用的新技术(例如通用技术)产生市场需求,就不难理解生产率增长出现波动的原因。正如前文所言,我们有充分的理由相信,打破增长限制的通用技术扩散缓慢。况且,与增长限制有关的通用技术也不是在增长限制获得高影子价格之后就立刻出现。[1] 一般而

① Daron Acemoglu(2002)持反对意见。他认为,通用技术既有具体应用又有一般应用,因此比其他种类的技术更容易受到需求的诱导。虽然笔者同意应用领域创新通常是需求诱导型的创新,但延伸至任一通用技术的作用仍存在根本限制。此外,这一论据未反映出上述明显错误的观点,即认为通用技术本身产生于对其最具价值的应用的需求诱导。

言，在关键增长限制出现的较长时间之后，才会有适当的通用技术进行扩散并放宽这一限制，且二者之间的时间间隔不定。即使制定宏观经济政策、文化和商业规范、创新和增长支持政策，该间隔还是具有长期性和不确定性。

仅长期的、不定的时间间隔就足以导致生产率增长发生持续的波动。所以更加没有必要假设是某个环节出了问题才导致了 20 世纪末或者是 19 世纪末 20 世纪初出现的生产率放缓。笔者讲述的第二则故事可以进一步解读：无论是 20 世纪末，还是 19 世纪末 20 世纪初，早期放宽限制措施对增长的影响已经开始减弱，而现有放宽限制措施尚未促进生产率快速增长。例如，在 20 世纪末的增长放缓时期，蓝领工作自动化带来的收益开始逐渐减速，而与计算机化相关的白领工作自动化带来的收益还尚未显现。

上述理论的确是对 20 世纪末出现的“生产率放缓”及其日后的加速做出的最有力的解释。很多人误认为在计算机扩散的早期阶段，公司投资信息与通信技术一定是哪里出现问题，才导致生产率增长放缓。经过分析得出，“我们随处可见计算机，就是在生产率统计方面却看不见计算机”的关键并不在于生产率，而是因为我们关注的是经济领域中的计算机，而没有关注实际公司管理中的计算机。Solow 做出上述评论的时候，虽然应用计算机产生个人收益已十分可观，但信息与通信技术的资金储备不足，远不足以创造增长繁荣。[①]

致谢

谨此向 Manel Trajtenberg 表示由衷感谢，我们围绕通用技术这个话题进行了愉快又精彩的交谈。Bronwyn Hall 为本章的编辑提供了诸多建议，谨致谢意。感谢 Emily Warren 的支持和努力。

参考文献

Acemoglu, D. (2002). “Directed technical change”. The Review of Economic Studies 69, 781 - 809.

Aghion, P., Howitt, P. (2002). “Wage inequality and the new economy”. Oxford Review of Economic Policy 18, 306.

Arora, A., Fosfuri, A., Gambardella, A. (2001). Markets for Technology: The Economics of Innovation and Corporate Strategy. MIT Press, Cambridge, MA.

Athey, S., Stern, S. (2002). “The impact of information technology on emergency health care outcomes”. The RAND Journal of Economics 33, 399 - 432.

① 有关 1972 年前银行业务数据处理投资丰厚的个人回报，参见 Bresnahan(1986)。

Atkeson, A., Kehoe, P. J. (2007). "Modeling the transition to a new economy: Lessons from two technological revolutions". American Economic Review 97,64 - 88.

Bloom, N., Van Reenen, J. (2006). "Measuring and Explaining Management Practices Across Firms and Countries". NBER Working Paper.

Bloom, N., Garicano, L., Sadun, R., Van Reenen, J. (2009). "The distinct effects of Information Technology and Communication Technology on Firm Organization". NBER Working Paper.

Bresnahan, T. F. (1986). "Measuring the spillovers from technical advance: Mainframe computers in financial services". The American Economic Review 76,742 - 755.

Bresnahan, T. F. (1999). "Computerisation and wage dispersion: An analytical reinterpretation". The Economic Journal 109,F390 - F415.

Bresnahan, T. F., Gordon, R. J. (1997). "The economics of new goods: An introduction". In: The Economics of New Goods. University of Chicago Press, Chicago, pp. 1 - 25.

Bresnahan, T., Greenstein, S. (1996). "Technical progress and co-invention in computing and in the uses of computers". Brookings Papers on Economic Activity Microeconomics 1 - 83.

Bresnahan, T. F., Trajtenberg, M. (1995). "General purpose technologies: Engines of growth?" Journal of Econometrics 65,83. Bresnahan, T. F., Brynjolfsson, E., Hitt, L. M. (2002). "Information technology, workplace organization, and the demand for skilled labor: Firm-level evidence". The Quarterly Journal of Economics 117,339 - 376.

Brynjolfsson, E., Hitt, L. M. (2000). "Beyond computation: Information technology, organizational transformation and business performance". The Journal of Economic Perspectives 14,23 - 48.

Crafts, N. (2004). "Steam as a general purpose technology: A growth accounting perspective". The Economic Journal 114,338. Crafts, N., Mills, T. C. (2004). "Was 19th century British growth steam-powered?" The Climacteric Revisited 41,156.

David, P. A. (1990). "The dynamo and the computer: An historical perspective on the modern productivity paradox". The American Economic Review 80,355 - 361.

David, P., Wright, G. (2003). "General purpose technologies and surges in productivity: Historical reflections on the future of the ICT revolution". In: David, P. A. T. (Ed.), The Economic Future in Historical Perspective. Oxford University Press, Oxford.

Dosi, G. (1982). "Technological paradigms and technological trajectories: A suggested interpretation of the determinants and directions of technical change". Research Policy 11, 147 - 162.

Duboff, R. (1979). Electric Power in American Manufacturing, 1889 - 1958. Arno Press, New York.

Farrell, J., Klemperer, P. (2006). "Coordination and Lock-In: Competition with Switching Costs and Network Effects". Competition Policy Center.

Field, A. J. (2008). "Does Economic History Need GPTs?" SSRN eLibrary.

Gilbert, R. J. (1992). "Symposium on compatibility: Incentives and market structure". The Journal of Industrial Economics 40, 1 - 8. Goolsbee, A., Klenow, Peter J. (2002). "Evidence on learning and network externalities in the diffusion of home computers". The Journal of Law and Economics 45,317 - 343.

Griliches, Z. (1957). "Hybrid corn: An exploration in the economics of technological change". Econometrica 25,501 - 522.

Hall, B. (2004). "Innovation and diffusion". In: Fagerberg, J., Mowery, D., Nelson, R. R. (Eds.), Handbook of Innovation. Oxford University Press, Oxford.

Hall, B., Trajtenberg, M. (2004). "Uncovering GPTs Using Patent Data". The Journal of Economic History 64(1),61 - 99.

Helpman, E. (1998). General Purpose Technologies and Economic Growth. MIT Press, Cambridge, MA.

Helpman, E., Trajtenberg, M. (1998a). Diffusion of General Purpose Technologies. MIT Press, Cambridge, MA.

Helpman, E., Trajtenberg, M. (1998b). A Time to Sow and a Time to Reap; Growth Based on General Purpose Technologies. MIT Press, Cambridge, MA.

Hughes, T. P. (1998). Rescuing Prometheus (first ed.). Pantheon Books, New York.

Ichniowski, C., Shaw, K., Prennushi, G. (1997). "The effects of human resource management practices on productivity: A study of steel finishing lines". The American Economic Review 87,291 - 313.

Jaffe, A. B. (1986). "Technological opportunity and spillovers of R&D: Evidence from firms' patents, profits, and market value". The American Economic Review 76,984 - 1001.

Jovanovic, B., Rousseau, (2005). "General purpose technologies". In: Aghion, P., Durlauf, S. N. (Eds.), Handbook of Economic Growth, Vol. 1B. © 2005 Elsevier B. V.

Kondratieff, N. (1984). The Long Wave Cycle. Richardson and Snyder, New York.

Landes, D. S. (1969). The Unbound Prometheus: Technological Change and Industrial Development in Western Europe from 1750 to the Present. Cambridge University Press, London.

Lipsey, R. G., Carlaw, K., Bekar, C. (2005). Economic Transformations: General Purpose Technologies and Long-Term Economic Growth. Oxford University Press, Oxford; New York.

Milgrom, P., Roberts, J. (1990). "Rationalizability, learning, and equilibrium in games with strategic complementarities". Econometrica 58,1255 - 1277.

Mokyr, J. (2002). The Gifts of Athena: Historical Origins of the Knowledge Economy. Princeton University Press, Princeton, NJ. Moser, P., Nicholas, T. (2004). "Was electricity a general purpose technology? Evidence from historical patent citations". The American Economic Review 94,388.

Nordhaus, W. (1997). "Doreal output andreal wagemeasures capturereality? Thehistory oflight suggests not". In: Bresnahan, T., Gordon, R. (Eds.), The Economics of New Goods. University of Chicago Press, Chicago.

Nye, D. E. (1998). Consuming Power: A Social History of American Energies. MIT Press, Cambridge, MA.

Romer, P. M. (1986). "Increasing returns and long-run growth". The Journal of Political Economy 94,1002 - 1037.

Rosenberg, N. (1976). "Technological change in the machine tool industry". In: Rosenberg, N. (Ed.), Perspectives on Technology. Cambridge University Press, Cambridge, pp. 9 - 31.

Rosenberg, N. (1982). Inside the Black Box: Technology and Economics. Cambridge University Press, Cambridge [Cambridge-shire]; New York.

Rosenberg, N. (1998). "Chemical engineering as a general purpose technology". In: Helpman, E. (Ed.), General Purpose Technologies and Economic Growth. MIT Press, Cambridge, MA, pp. 167 - 192.

Rosenberg, N., Trajtenberg, M. (2004). "A General-Purpose Technology at Work: The Corliss Steam Engine in the Late- Nineteenth-Century United States", The Journal of Economic History, 64(1), 61 - 99.

Stoneman, P. (1983). The Economic Analysis of Technological Change. Oxford University Press, Oxford [Oxfordshire]; New York.

Thoma, G. (2009). "Striving for a large market: Evidence from a general purpose technology in action". Industrial and Corporate Change 18, 107 - 138.

Trajtenberg, M. (1990a). Economic Analysis of Product Innovation: The Case of CT Scanners. Harvard University Press, Cambridge, MA.

Trajtenberg, M. (1990b). Economic Analysis of Product Innovation: The Case of CT Scanners. Harvard University Press, Cambridge, MA.

Usher, A. P. (1954). A History of Mechanical Inventions (Rev. edn). Harvard University Press, Cambridge.

von Tunzelmann, G. N. (1978). Steam Power and British Industrialization to 1860. Clarendon Press, Oxford [Eng]; New York.

Weitzman, M. L. (1998). "Recombinant growth". The Quarterly Journal of Economics 113, 331 - 360.

第 19 章
国际贸易、外商直接投资及技术外溢

Wolfgang Keller[*†‡]
[*]科罗拉多大学
美国，科罗拉多州
[†]国家经济研究局
美国，马萨诸塞州，坎布里奇
[‡]经济政策研究中心
英国，伦敦

目录

摘要/067
关键词/067
1. 引言/068
2. 贸易、FDI 及国际技术转移模型/069
  2.1 概述/070
  2.2 模型/071
  2.3 技术复杂性及子公司成本分布/073
  2.4 技术复杂性及引力作用/074
3. 数据及其分析结果/076
  3.1 技术的测度/076
  3.2 国际技术外溢的测度/078
4. 实证基准：地理因素对技术外溢的影响/079
5. 技术外溢的渠道之一——FDI/081
  5.1 对内 FDI 技术溢出的实证研究/083
    5.1.1 水平型 FDI 技术外溢/084
    5.1.2 垂直型 FDI 技术外溢/086
    5.1.3 劳动力流动产生的 FDI 技术外溢/088
  5.2 对外 FDI 技术外溢/089
6. 国际贸易/090
  6.1 基于出口贸易的外溢存在性证明/090
  6.2 基于进口贸易的外溢存在性证明/093
7. 结论/097
致谢/099
参考文献/099

摘要

本章探讨国际技术知识流动对各国行业和公司经济表现影响的作用机制。绝大多数国际技术投资主体都是跨国公司，因此笔者重点关注国际贸易及跨国公司活动对技术外部性或技术外溢的传导作用。本章梳理了贸易和外商直接投资(Foreign Direct Investment，FDI)技术外溢的最新实证研究，对 FDI、贸易及内生性技术转移构建模型，并以该模型为指导展开讨论。研究证明国际贸易和跨国公司活动均会产生技术外溢。分析重点突出未来实证研究面临的挑战，强调今后的研究还需要更多有关技术和创新的数据。

关键词

吸收能力　出口　引力　水平型 FDI　进口　出口学习　跨国公司子公司　跨国公司母公司　专利　研发支出　隐性知识　技术扩散　技术转让　垂直型 FDI

1. 引言

研究国际技术扩散,自然应以公司的国际贸易和 FDI 活动为出发点。首先,跨国公司——业务运营遍布数个国家——是国际上最重要的技术生产商之一。例如,1999 年美国制造业研发总量中,有 83%是美国的跨国公司母公司进行的(美国国家科学基金会,2005)。跨国公司母公司普遍希望将其发明的技术转移至国外子公司。[①] 其次,相比仅服务于国内市场的公司,从事国际贸易和 FDI 的公司往往规模更大、生产率更高。因此,国内公司可与外国公司进行合作以提高自身生产率。此外,贸易和 FDI 也密切相关。例如,当今美国的贸易总量中,跨国公司占比接近 40%。

国际技术扩散的重要性体现在哪些方面?生产率差异是各国收入差异的主要原因,而技术则是决定一国生产力水平的关键。[②] 据估计,在多数国家中,外国引进技术对本国生产率增长的贡献率超过 90%。虽然印度、中国等国家的技术贡献率不断上升,但国际上大多数技术仍是少数发达国家发明的。[③] 因此,国际技术扩散是国际技术变革模式的主要决定因素。

国际技术扩散对国际收入分配和增长皆有影响。首先,各国收入最终能否持平取决于技术扩散是国际性还是地区性。[④] 因此,加深对技术扩散的理解,有助于判断欠发达国家有无可能赶超发达国家。其次,强劲的跨国技术扩散能加快国际技术前沿的发展,因此技术扩散不仅影响收入分配,还能提高效率。[⑤]

技术扩散涉及市场交易和外部性。市场交易的信息不难获取。例如,公司使用专利、许可证和版权要支付特许使用金,许多国家会将这些情况记录在服务贸易的国际收支平衡表中(如 OECD)。许多研究人员认为除市场交易外,外部性也能促进国际技术扩散,且外部性的作用或许更大。[⑥] 这些外部性被称为技

① 事实上有关跨国公司的理论基础认为,就技术知识而言市场的不完善性是导致跨国公司母公司和子公司间的某些技术转让内化于公司内部的关键原因。

② 参见 Hall 和 Jones(1999)以及 Easterly 和 Levine(2001)。

③ 例如,1995 年七大工业化国家占全世界研发支出的 84%左右,而其在全世界 GDP 中的比重仅为 64%。

④ 参见 Grossman 和 Helpman(1991)、Howitt(2000)。

⑤ 参见例如 Aghion 和 Howitt(1995,第 12 章)。

⑥ 例如,美国带给其他国家的技术外部性比美国的技术许可收益要高出一个数量级。参见美国服务贸易的收支平衡表及 McNeil 和 Fraumeni(2005)有关溢出的研究。

术溢出，原因之一是并非所有技术都可以编码，这种非编码性的直接结果是技术知识交流困难。同时，由于合约不可能涵盖一切突发事件，如果供应商提供的是专业性服务，就有可能导致要挟问题。信息的非对称性是技术市场失灵的另一原因——买方不清楚技术的真正效率，而卖方又无法保证所言一定属实。

由此可见，即使大部分技术国际转移并非经由市场交易完成，技术的国际转移仍与可观察的国际活动有关。笔者认为这种国际活动是国际技术溢出的潜在渠道。国际贸易和 FDI 是最常提到的两种渠道，笔者将在后文中加以证明。区分技术扩散溢出和影响公司生产率的其他因素溢出是至关重要的，这也是后文论证的主题。①

后文还将论证进口也是技术扩散的重要渠道。有关出口的证据相对有限，虽然最近一系列研究显示出口活动可能会传递技术知识。长期以来，FDI 对于技术外溢的重要性一直是案例分析文献强调的重点，且最近计量经济学研究的一些发现又对现有证据进行了补充。同时，尽管计算机程序已延伸至全球，但并无迹象表明存在技术的国际集聚。技术本地化表明，技术的某重要组成部分本质上是隐性的，需要面对面的交流互动。随着经济一体化程度逐渐加深，国际技术扩散似乎变得愈加重要，但这种国际扩散既不是必然事件也不是自动进行的。技术投资是必不可缺的。②

本章对上述问题进行了详细探讨。第 2 节主要介绍贸易、FDI 及技术扩散分析的概念框架。第 3 节探讨国际技术扩散的实证研究所采用的数据及方法。接下来 3 节梳理了相关实证研究：第 4 节着眼于国际技术扩散和地理距离的关系，第 5 节和第 6 节分别探讨 FDI 和国际贸易。第 7 节陈述结论。

2. 贸易、FDI 及国际技术转移模型

经济学家采用一系列不同方法研究贸易、FDI 及技术扩散之间的关系。为突出这些方法各自的优缺点，本节将引入一个模型，以说明主要问题。国际技术扩散模型要发挥实际效用，必须满足两个条件。第一，该模型须明确指出产品生产所需的技术信息或知识，因为国际技术扩散离不开人与人之间的知识传递。没有认识到这一点，就很难理解国际技术转让。第二，在该模型中，公司应当有

① 笔者所谓的国际技术扩散，是指技术知识从一国的公司转移至其他国家的公司的过程。这种扩散包含公平市场交易和外部性，或称国际技术溢出。技术扩散可以影响生产率，但并非生产率的唯一影响因素。在本章中，扩散和转让作为同义词使用，虽然相比于扩散，转让更侧重内部途经。

② 另一扩散渠道不在本章讨论范围之内，即基于国际移民和网络的技术扩散。了解最新理论进展，请参见 Agrawal 和 Oettl(2008)、Kerr(2008)及 Singh(2005)。

能力进行 FDI 及国际贸易。开展国际贸易并非难事,但 FDI 则相对较难。因此,鲜有研究将技术作为知识构建模型。[①] 为简便起见,后文的框架中所有技术转移都由公司内化。之后,笔者会运用该模型探讨哪些活动尤其容易产生外部性。以下讨论参照 Keller 和 Yeaple(2008,2009a)。首先对该框架进行概述。

2.1 概述

当今世界,每个国家都拥有大量能生产与众不同的最终产品的公司。公司对一系列中间产品进行组装得到最终产品,并将其出售给国外消费者。这些中间产品的产地既可以是国内也可以是国外。生产每一项中间产品(或任务)都需要掌握该产品的技术蓝图,即生产方法,以及一些传统的要素投入。技术转移成本体现为信息交流的成本:在跨国公司母公司将每项任务的技术知识传递到子公司的过程中,可能会出现错误,导致子公司的生产效率低于母公司。[②]

投入的技术复杂性各不相同。任务越复杂,境外(子公司)生产所需技术信息的转移成本就越高。例如,产品设计研发知识的境外转移就十分困难。原因有二:一是技术知识的非编码性,二是在缺乏完善的产权保护的情况下,企业担心其技术会被模仿。转移其他知识相对容易,因为这些知识较容易编码,或是其标准化程度较高。

这些中间产品可交由跨国公司子公司完成。另一种方法是由母公司在母国进行生产,但之后将组装好的中间产品出口至子公司会产生运费。将无实体的技术知识从母公司转移至子公司会产生交流成本,而将体现技术知识的中间产品运至子公司也会产生运费。因此,跨国公司需在这两种成本之间进行权衡。

该情形具有一系列特征。首先,技术知识有明确定义,且我们所说的技术转移成本与 Hayek(1945)、Polanyi(1958)等人的定义一致。[③] 其次,公司既可以通过对外贸易销售产品,也可以在东道国内生产并销售,因此可以研究这两项活动中哪一项的技术转移规模更大。此外该模型还表明(相关研究也已证实),即使 FDI 和出口在任务层面互为替代,但总体层面上贸易和 FDI 具有互补性。

---

① 为帮助理解,思考一下最简单的李嘉图贸易模型。各国的生产技术存在效率差异,一国往往会出口其相对其他国家具有效率优势的最终产品。进口某样产品可以使用外国的生产技术,因此某种意义上讲存在技术扩散。然而,一国的生产可能性边界不会发生改变,进口某样产品能否提高进口商用与出口商同样的效率在其国内生产类似产品的能力也无从得知。事实证明,这类问题是国际贸易如何影响国际技术扩散的核心问题。

② 分析借鉴了 Arrow(1969)、Koskinen 等(2002)的观点,探讨面对面交流相比技术知识交流的所有其他形式优势明显的原因。Teece(1977)提供了直接证据证明跨国企业的技术转让成本巨大。

③ Hayek(1945)和 Polanyi(1958)指出,信息的可编码性(与隐性相反)会影响其转让成本;参见 von Hippel(1994)。Feldman 和 Lichtenberg(1997)实证检验表明,可编码性可促进信息的转移。

国际扩散的技术知识水平由贸易成本和转移成本之间的权衡结果内生决定，后文会详细论述。对于特定的外国市场，若中间投入的技术转移成本高，则该投入将由母国生产，再出口至该国；若转移成本低，则会直接在国外进行生产。相反，交易成本随外国市场的地理距离递增，技术转让成本也随之增加。且该模型预测，子公司从母公司进口投入的技术复杂性也会越来越高。

另外，随着跨国公司的母国及其东道国之间的交易成本逐渐上升，技术转移成本也越来越高，因为这两者的边际成本相同。面对日益攀升的成本，公司不得不提高产品价格以实现收支平衡，而价格提高又会导致销量下降。其结果就是形成了子公司销量的引力模式——FDI 随地理距离递减——数据分析提供了有力的实证支撑。

下一节会对该框架进行更为详细的介绍。

2.2　模型

假设世界上共有 $K+1$ 个国家，计为 $k=\{0, 1, \cdots, K\}$。每个国家都拥有一定数量的劳动力，且劳动力是唯一的要素；每位企业家 N_{ik} 都掌握着产品 i 的生产知识。每个国家的代表性消费者对 I 种不同产品（计为 i）及自由交易的同质产品 Y 有着相同或类似的偏好，具体表示为：

$$U=\sum_{i=1}^{I}\Phi_i\ln\Big(\int_{\omega\in\Omega_i}q_i(\omega)^{(\sigma-1)/\sigma}\mathrm{d}\omega\Big)^{\sigma/(\sigma-1)}+\Big(1-\sum_{i=1}^{I}\Phi_i\Big)\ln Y, \tag{1}$$

Ω_i 表示行业 i 中现有的产品种类，$q_i(\omega)$ 表示 ω 类产品消费的产量，$\sigma>1$ 表示行业 i 的需求弹性，Y 表示同质产品的消费量。每个国家生产产品 Y 时都是使用单一劳动力单元，因此各国的工资水平相同。由此，工资就实现了规范统一。假设公司规模太小，不足以影响整个行业的需求，偏好[式(1)]暗含 k 国对 ω 类产品的等弹性需求：

$$q_k(\omega)=B_{ik}(p_k(\omega))^{-\sigma}, \tag{2}$$

B_{ik} 表示 k 国及行业 i 中产品涨价后的内生需求水平，$p_k(\omega)$ 表示 k 国 ω 类产品的价格。

在 i 行业中，每种产品都可由各公司特制的一系列中间产品（计为 z）组装而成，组装成本几乎为零，由下列生产函数表示：

$$x_i=\exp\Big[\int_0^{\infty}\beta_i(z)\ln\Big(\frac{m(z)}{\beta_i(z)}\Big)\mathrm{d}z\Big], \tag{3}$$

其中，$m(z)$ 表示组装过程中各公司特有的复杂中间产品的用量，$\beta_i(z)$ 表示 z 占在行业 i 中生产某一产品的某一公司的成本比重。z 是中间投入的技术复杂性指标,后文会进行论述。主要使用高复杂性投入的行业,其占这些投入的成本比重 $\beta_i(z)$ 也高,因此笔者称之为技术复杂行业。为简便起见,我们选用只包含单一参数的函数式表示行业技术复杂性 $\beta_i(z)$:

$$\beta_i(z) = \phi_i \exp(-\phi_i z). \tag{4}$$

该函数暗示行业 i 的中间产品平均技术复杂性为 $1/\phi_i$,因此 ϕ_i 值低的行业为技术复杂行业。此外,ϕ_i 越趋向正无穷,平均技术复杂性越趋近于零。

要生产一单位中间产品 z,须成功完成 z 派生的一系列任务。在每个任务的应用过程中会出现问题,如不及时解决,将会导致整个单位的损坏。工厂管理层必须将问题反映至公司总部,总部再与工厂沟通问题的解决方案。若就每项任务而言,沟通都是成功的,那么一单位的雇佣劳动力就可以生产一单位投入;若沟通失败,问题未得到解决,则生产出来的就没有任何价值。

公司如果选择在 k 国组装其产品,就必须向当地工厂提供中间产品。中间产品可以由母国进行生产,也可以由东道国 k 进行生产。在决定究竟是由母国还是东道国进行生产时,公司必须在开展国际业务的两种成本间权衡:运输成本和技术转移成本。首先,设想一下由母国生产中间投入 z 的情况。假设工厂和总部位于同一国时,两者间的沟通极其顺畅,且完成任务的过程中,每项中间投入都能物尽其用,因此一单位劳动力能生产一单位产出。母公司将该中间投入运往子公司的过程中,会承担所谓的冰山型运输成本,即为确保有一单位投入到达目的地,必须要运输超过一单位的投入。

其次,如果公司交由其位于 k 国的子公司生产中间产品 z,虽然可以节省运输成本,但工厂和总部间的沟通不畅会造成生产力损失。Arrow(1969)强调,教师(此处即为跨国公司母公司)和学生(此处即为跨国公司子公司)之间的沟通不畅会导致严重的效率损失。尤其是公司总部和工厂位于不同国家时,两者间成功沟通的可能性 $\bar{\lambda}$ 介于 0 到 1 之间。假设沟通成功率与任务类型无关,成功沟通的可能性用 $(\bar{\lambda})^z$ 表示,因此生产一单位中间产品 z 所需的劳动力单位数就是 $(\bar{\lambda})^z$ 的倒数:

$$\frac{1}{(\bar{\lambda})^z} = \exp(-z\ln\bar{\lambda}) = \exp(\lambda z), \tag{5}$$

其中,参数 $\lambda \equiv -\ln\tilde{\lambda} > 0$,且与沟通性成反比,因此可以衡量国际技术转移的无效率成本。因此当某项中间产品由境外子公司工厂进行生产时,z 的数量越多,生产率就越低。

现在明白为什么在我们的模型中,z 值大的中间投入具有高度的技术复杂性。生产 z 值大的中间产品,必须成功完成大批量的任务。每一项任务的技术知识传递都有难度，所以大批量的任务就相当于高度的技术复杂性。

下一节将分析运输成本的有形成本和技术转移的效率成本如何相互作用，共同确定跨国公司不同子公司的成本构成。

2.3　技术复杂性及子公司成本分布

假设公司总部设在 o 国且在 k 国有一家装配工厂。公司想要尽可能地降低向子公司供应中间产品的成本。为子公司提供中间产品 z 的边际成本 $c_k(z)$ 取决于该产品的产地：

$$c_{ik}(z) = \begin{cases} \tau_{ik} & \text{母公司进口} \\ \exp(\lambda z) & \text{子公司生产} \end{cases} \tag{6}$$

存在一个临界点 $\tilde{z}_{ik}$，所有 $z < \tilde{z}_{ik}$ 的中间产品将由子公司生产，所有 $z > \tilde{z}_{ik}$ 的中间产品将由子公司从母国 o 进口，其中：

$$\tilde{z}_{ik} = \frac{1}{\lambda}\ln(\tau_{ik}) \tag{7}$$

式(7)会对跨国公司内部贸易的技术复杂性产生直接影响：随着母公司和子公司间交易成本的不断增加，子公司从母公司进口产品的平均技术复杂性也不断升高 ($d\tilde{z}_{ik}/d\tau_{ik} > 0$)。由此可见，交易成本和技术转移成本间的权衡结果决定了跨国公司在不同地点的生产成本。式(3)表明在 k 国生产最终产品 i 的边际成本是：

$$C_{ik} = \exp\left(\int_0^{\infty} \beta_i(z)\ln c_k(z)\,dz\right). \tag{8}$$

将式(6)代入式(8)并结合式(7)，采用分部积分法，得出由 k 国的子公司生产，行业 i 最终产出的边际成本是：

$$C_{ik} = \exp\left[\frac{\lambda}{\phi_i}\left(1-(\tau_{ik})^{-\phi_i/\lambda}\right)\right]. \tag{9}$$

考虑一下 τ_{ik} 增加，即母公司和子公司间的交易成本增加，对 C_{ik} 的影响。对式(9)关于 τ_{ik} 求微分，可以得到：

$$\varepsilon_{\tau_{ik}}^{C_{ik}} \equiv \frac{\tau_{ik}}{C_{ik}}\frac{\partial C_{ik}}{\partial \tau_{ik}} = \exp\left(-\frac{\phi_i}{\lambda}\ln(\tau_{ik})\right) > 0. \tag{10}$$

根据式(10)可知，对任何技术复杂性非零(即 $1/\phi_i > 0$)的行业而言，母公司和子公司间交易成本 τ_{ik} 的增加会导致子公司边际成本上升。此外，随着行业技术复杂性 $1/\phi_i$ 的增加，该边际成本增幅严格单调递增。仅在 $1/\phi_i$ 趋近于 0 的少数行业中，交易成本的上升不会导致子公司边际成本上升。下列引理对结论进行了总结。

引理1　子公司的边际成本随其和母公司间交易成本规模(τ_{ik})递增，且在技术复杂行业(低 ϕ_i)中，子公司有关 τ_{ik} 的边际成本弹性($\varepsilon_{\tau_{ik}}^{C_{ik}}$)更大。

式(10)有两个重要的实证影响。

2.4　技术复杂性及引力作用

子公司依赖于进口的中间产品，所以其产品生产的边际成本随交易成本递增。边际成本的增速取决于公司的技术复杂性：对中间产品技术复杂性要求更高的公司，其交易成本也更容易发生变化，因为这些公司对难以在境外生产的中间产品的依赖度更高。

考虑一下子公司向东道国市场 k 的消费者销售产品所得的收益规模。等弹性需求[式(2)]表明，子公司的最优定价 $p_{ik}=\sigma C_{ik}/(\sigma_i-1)$。利用式(2)，替换成价格，可得子公司的收益为：

$$R_{ik}\equiv p_{ik}x_{ik}=\left(\frac{\sigma}{\sigma-1}\right)^{1-\sigma}B_{ik}(C_{ik})^{1-\sigma}. \tag{11}$$

对该式关于 τ_{ik} 进行微分，可得：

$$\varepsilon_{\tau_{ik}}^{R_{ik}}\equiv\frac{\tau_{ik}}{R_{ik}}\frac{\partial R_{ik}}{\partial\tau_{ik}}=-(\sigma-1)\varepsilon_{\tau_{ik}}^{C_{ik}}.$$

结合引理1，可得出下列命题。

命题1　假设需求水平 B_{ik} 不变，子公司向当地消费者销售产品所得的收益价值 R_{ik} 随交易成本 τ_{ik} 递减，且技术复杂行业(低 ϕ_i)的减速最快。

该命题指出，跨国公司销售和交易成本(由运输成本和技术复杂性的相互作用而产生)之间存在引力关系。若技术可以在国际上实现完全转移，也就是 $1/\phi_i$ 趋近于0的少数情况下，子公司的销售不受引力作用的影响。随着技术日渐复杂($1/\phi_i$ 增大)，引力作用也愈加明显。

式(10)的第二个重要实证影响是，公司内部进口总额占子公司总成本的比重可以用技术复杂性和交易成本规模的函数表示。根据 Shepard 引理，式(10)描述了子公司从其母公司进口的中间产品的成本比重。用 IM_{ik} 表示 k 国子公司的进口总价值，TC_{ik} 表示该子公司的总成本，可得：

$$\frac{\mathrm{IM}_{ik}}{\mathrm{TC}_{ik}} = \exp\left(-\frac{\phi_i}{\lambda}\ln \tau_{ik}\right). \tag{12}$$

根据该表达式,可以立即得出如下命题:

命题 2　随着运输成本(τ_{ik})的增加,从母公司进口的中间产品在总成本中所占份额($\mathrm{IM}_{ik}/\mathrm{TC}_{ik}$)严格单调递减,且复杂技术(低 ϕ_i)产业的减速更慢。

对于一定的运输成本增幅,技术复杂行业中,子公司从母公司进口的中间产品成本在子公司总成本中的比重下降更慢。因为这些行业属于中间产品密集型行业,将其生产迁至境外的难度更大。随着 $1/\phi_i$ 趋近于 0,进口比重 $\mathrm{IM}_{ik}/\mathrm{TC}_{ik}$ 也接近于 0:所有任务都可以转移到境外且转移成本为零,子公司也节省了从其母公司进口中间产品的成本。Keller 和 Yeaple(2009a)将跨国活动的其他决定因素作为控制变量,证明了以上两个命题:对于复杂产品而言,其跨国销售会受到更为强烈的引力作用,子公司的进口比重往往也会很高,因为这些产品的技术很难转移。

该模型还准确预测出随着贸易国间交易成本的上升,贸易的技术复杂性总体而言也会增加。图 1 以美国出口为例,纵轴表示技术复杂性,以出口产品的平

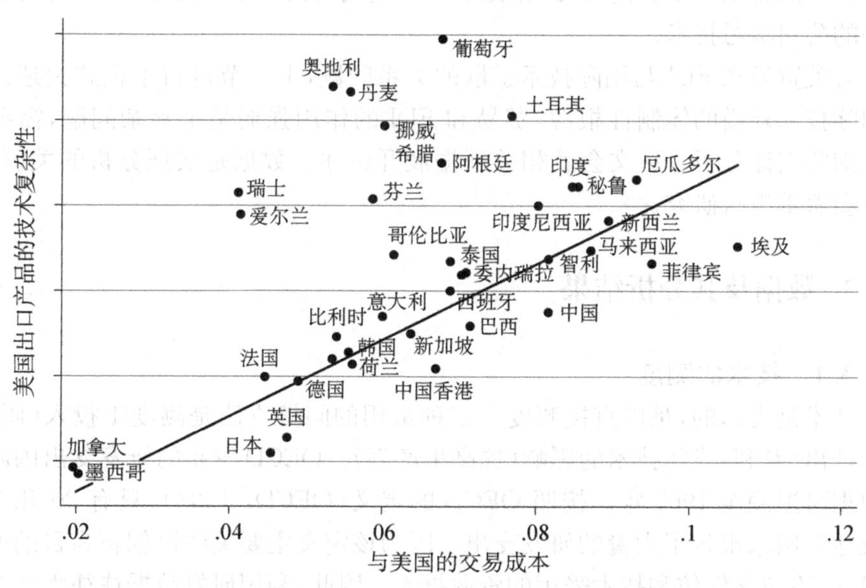

图 1　出口产品的技术复杂性随交易成本递增

均研发强度作为代理指标,横轴表示美国和其他国家间的交易成本。

贸易成本和技术复杂性明显成正相关,且在出口产品的技术复杂性差异中,交易成本差异占到近一半。Keller 和 Yeaple(2009a)证明在控制其他因素,包括出口产品的价值—重量比差异之后,这种单相关关联十分稳健。

由该模型不难得出静态比较结果。例如,技术转移成本下降($\lambda\downarrow$)得益于子公司的成本削减和 FDI 活动增多。上述研究对跨国公司的贸易、FDI 和国际技术转移决策做出预测,为本章讨论奠定基础。正如前文所言,迄今为止每家公司都实现了成本内部化并从技术转移中获利。同时可以扩展该模型,涵盖子公司的本地生产活动对东道国公司产生的学习溢出效应。这将为 FDI 技术溢出奠定新的微观基础。同样,还可以继续扩展,涵盖从跨国公司母公司出口至东道国独立公司的产品。从进口商角度来看,来自国外跨国公司母公司的中间产品本身蕴含技术知识,有可能产生技术外溢。

较之与普通国内公司合作,与国外跨国公司和出口商合作更有可能产生技术外溢。该模型对这一现象也做出解释。Keller 和 Yeaple(2009a)证明,如果扩展该模型以涵盖在生产率方面存在异质性的公司,并假设海外市场准入的成本固定,可以对粗放边际做出新的预测:在国际市场表现活跃的公司,其生产效率比单纯的国内公司要高。另外,国际贸易活动中存在优先顺序:生产率高的跨国公司在多数国外市场都表现活跃,而生产率低的跨国公司仅在一个国外市场上运营。前者生产率更高,因此相比于向普通国内公司学习技术,其更有可能向国外的公司学习技术。

有关贸易和 FDI 与国际技术扩散的关系问题,上一节进行了正式论述。作为国际技术外溢的体制性根源,贸易和 FDI 的作用强弱是个复杂问题,需要经过仔细的实证分析。后文会就相关证据展开论述。数据是实证分析的关键,下一节会着重进行研究。

3. 数据及其分析结果

3.1 技术的测度

技术是无形的,难以直接测度。三种常用的间接方法是测度①投入(研发)或②产出(专利)或③技术的影响(提高生产率)。OECD 发布的研发支出国际对比数据可追溯至 1965 年。按照 OECD 的定义(OECD, 1993),只有 20 几个相对发达的国家报告了大量的研发支出。因为该定义主要关注以创新为目的的资源投入,不包含模仿和技术采用的资源投入。因此,利用研发数据往往无法分析中低等收入国家的技术投资。[①]

利用研发数据度量技术的弊端之一是忽视了创新过程的随机性。当前的研发支出流动可度量某一时间段内的技术进步，但研发数据包含许多干扰信息。许多学者采用永续盘存法，根据研发支出的流动情况构建研发存量。排除年际干扰因素，研发支出带来的经济回报可能相差悬殊，例如公共资助的研发比私人资助的回报要低。许多研究关注的是企业的研发支出。

现在我们聚焦第二类技术数据——专利。专利赋予其持有者在特定市场中应用某项创新的暂时合法垄断权，但持有者需在专利说明书中公开披露该专利的技术信息。专利对创新的要求极高，只有极其重要的创新才能申请专利，由受过专业训练的人员（叫作专利审查员）来判断一项创新是否够格。与研发相比，专利的优点在于数据的时间跨度更长（某些国家的数据跨度超过 150 年），而且欠发达国家也拥有数目可观的专利。

利用专利数据度量技术也存在一些问题。首先，一小部分专利占据了所有专利的一大部分价值。这就意味着，简单统计专利数无法很好地度量技术产出。因此，近期研究采用了引用加权专利数据，一定程度上解决了上述问题（参见 Jaffe 和 Trajtenberg，2002）。第二，是否申请专利是公司的选择，有大量创新都未申请专利。第三，非编码技术显然无法申请专利。[②]

现在讨论技术的第三种测度方法——全要素生产率（Total Factor Productivity，TFP）。该方法自 20 世纪 50 年代起为人们所熟知，其原理是从产出中剔除要素（如劳动和资本）投入的贡献，剩余的就来自于"技术"要素。下列由资本和劳动力因素构成的柯布-道格拉斯生产函数中的 A 项就是 TFP 中的技术：

$$Y = A \times K^{\alpha} L^{1-\alpha} \Leftrightarrow A = \mathrm{TFP} = \frac{Y}{K^{\alpha} L^{1-\alpha}},$$

其中 $0 < \alpha < 1$。TFP 的其他度量方法涵盖范围更广，其具有的某些理想特性对数据的可比性十分重要（即最佳指数）。

与研发和专利不同，TFP 由投入和产出数据计算得出，因而是衍生的技术测度。由于很难获得合适的投入产出数据，因此该方法会导致测算误差或偏差。Katayama 等（2009）强调，研究时常用①实际销售收入、②折旧的资本支出和

① 随着各国收入的上升，研究可获取的研发数据也更加广泛。欠发达国家的相关信息也日益丰富，因为调查涵盖跨国公司境外子公司的研发活动；参见美国国家科学基金会（2007）有关美国公司在中国的研发支出的调查。同样值得注意的是，OECD 的研发数据主要是基于研发地点，而非研发所有权。因此外资公司子公司的研发支出是算作东道国的研发。

② 参见 Griliches（1990）对专利数据的利弊进行的探讨。

③实际投入支出，代替①产出、②资本和③中间产品的实物量(因为后三项的数据无法获取)，但这种替代方法往往会将生产率提高和价格涨幅扩大混为一谈。因此，其他因素可能会干扰 TFP 对技术效率的测算效果，久而久之会重新引发人们的质疑——怀疑 TFP 是回归残差，可能会对产出产生虚假影响。

针对 TFP 的计算困难，研究人员采取了一系列应对策略。其中之一是用 TFP 的变化代替 TFP 水平。在虚假因素不变或是虚假因素变化小于技术进步(更普遍)的情况下，该策略能够帮助识别技术变革。例如在前文 Katayama 等(2009)的研究中，如果公司改变价格面临的调整成本更高，将会缩小均衡状态下的加价空间。第二种策略是将 TFP 和研发数据结合起来(参见 Griliches，1984)。假定引起 TFP 变化的主要原因是研发支出，二者的结合会大大增加准确度量技术进步的可能。

目前的一些研究还证实了技术和创新活动的关系。部分证据甚至将不同国家的情况汇总统一。例如，最新一期的欧洲共同体创新调查(CIS－4)包含 101 项指标，涉及众多方面，包括产品和工艺创新、研发、创新效应和专利。Crespi 等(2008)和 MacGarvie(2006)的研究就利用了该调查得到的数据。一些国家在收集普查数据的同时也建立了其他项目，收集创新和训练方面更为专业的信息。例如，墨西哥的 ENESTyC(就业、薪资、技术与能力的国家调查)就包含了工厂是否通过 ISO 9000 认证这一信息；参见 Iacovone 和 Keller(2009)。作者有时还会安排访谈，为调查公司的技术应用情况收集证据(Bloom 和 van Reenen，2007)。

下面我们将探讨国际技术外溢的度量方法。

3.2 国际技术外溢的测度

正常情况下，技术外溢的数据是不存在的。尽管有测度技术外溢的方法，但这些方法只能反映部分外溢，因为没有考虑到获得(学习)成本。例如，若某专利申请书引用了早先的专利，通常表明申请人已从这项早先专利中获利，且两项专利之间发生了知识流。同时，上述收益扣除(专利申请人必须承担的)学习成本之后有多大，相关数据也寥寥无几。

度量国际技术外溢的方法众多，论文中最常使用的是国际研发溢出回归。一部分论文认为，其他条件相同，若公司 j 的研发支出与公司 i 的 TFP 成正相关，则证明存在从公司 j 到公司 i 的国际技术外溢(Keller，2002a)。对该方法稍做改变，用专利数代替 TFP(Branstetter，2001)可得一个混合方法。该方法将 i 地区的专利与其他地区的专利联系起来，后者则利用研发支出对国际技术外溢进行测度。

采用研发溢出回归的实证分析又进一步扩展，探讨研发溢出的特殊渠道。

Coe 和 Helpman(1995)分析了生产率和以从该国进口为条件的外资研发之间的关系，其他学者则研究了 FDI 的作用机制。① 另一类文献认为，技术外溢的潜在渠道与生产率有直接关系。例如，Aitken 和 Harrison(1999)研究了所谓 FDI 技术外溢回归中，国内公司生产率和 FDI 流入的相关性。

任何实证分析都需解决两个主要问题。以公司层面的分析为例。首先，如果一家公司的技术能力得到了提升，是否可以认为是由另一家外国公司的技术转移促成的？因果关系是大部分实证分析中的关键点。在这个特殊情境中，通常是因为对受让公司的技术能力(即生产率)观察不够准确，且几乎没有数据表明存在技术转移。要在这种情况下建立因果关系尤其困难。第二个关键问题是转移中的哪一部分属于技术溢出。这个问题对于判断是否需要经济政策干预至关重要。

后文会涉及贸易和 FDI 技术溢出的相关证据。届时笔者会对不同情境进行一一探讨。在此之前，下一章节将讨论地理位置对技术溢出带来的影响。

4. 实证基准：地理因素对技术外溢的影响

无论技术通过何种渠道进行扩散，国际技术溢出都会促进收入收敛，而本地溢出则往往导致收入发散。文献大多都从地理维度考察国际技术扩散，其原因就在于此(Bottazzi 和 Peri，2003；Branstetter，2001；Eaton 和 Kortum，1999；Irwin 和 Klenow，1994；Jaffe 等，1993；Keller，2002a)。这样做的好处在于，地理位置可以说是技术扩散过程的外生性决定因素。

对于技术扩散可以从很多方面开展研究，其中之一是国内技术扩散是否比国际的技术扩散更为强劲。绝大部分证据表明，国内扩散确实比国际扩散更加强劲，但也有例外情况。例如，Jaffe 等(1993)对比了专利引用的地理位置和被引美国专利的地理位置。对比发现，美国专利被本国其他专利引用的频率远高于其被国外专利引用的频率。Thompson 和 Fox Kean(2005)研究表明，Jaffe 等(1993)所采用的三位数专利分类表不够精准，无法进行强大的处理及控制分析。即使根据更细化的分类对专利进行匹配，也最好检查一下同一类别的专利在技术方面是否具有足够的同质性。

Branstetter(2001)利用美国和日本公司的研发及专利数据，计算加权研发溢出存量。研究证实，从专利引用的地理分布来看，国内溢出确实要比国际溢出更为强劲。Eaton 和 Kortum(1999)的研究提供了更多证据，同样能够证明上述

---

① 在此类研发回归中使用贸易或其他权重的方法可追溯至 Griliches(1979)。

结论。据估计,对 G-5 国家(法国、德国、日本、英国和美国)而言,国内技术扩散的速率要远高于发生在这些国家间的国际技术扩散的平均速率。①

与此相反,Irwin 和 Klenow(1994)未发现国内溢出比国际溢出强劲的证据。Irwin 和 Klenow 估计,就 1974—1992 年间问世的八个批次的半导体而言,较之美国公司和外国公司间的溢出,美国公司向另一家本国公司的溢出并不具备明显优势。之所以得出不同的结论,可能是因为 Irwin 和 Klenow 以累积产量对市场份额的影响作为识别标准,而其他研究则是通过衡量知识溢出来进行识别的。也可能是与当时半导体产业的具体情况有关。公司数量本就不多,还都主要分布在美国和日本。这就意味着识别国内与国际溢出差异的研究范围有限。

因此相关学者扩大了分析范围,不再局限于国家与国际的对比,而是以地理距离和各国相对位置为前提进行估计(Keller, 2001,2002a)。Keller(2002a)采用一个简单的距离指数衰减函数,将九个 OECD 国家的行业生产率与 G-5 国家的研发支出联系起来:

$$\ln \mathrm{TFP}_{cit} = \beta\Big[S_{cit} + \sum_{j\in G\text{-}5}\exp(-\delta D_{cj})s_{jit}\Big] + X'\gamma + \varepsilon_{cit}$$

其中,D_{cj} 表示国家 c 到国家 j 的地理距离,X 是控制变量的矢量。若 δ 大于零,则为位置较远国家的研发赋以较低权重,可以解释各国的生产率差异;若 δ 等于零,则说明地理距离和相对位置不发挥作用。Keller(2002a)发现 δ 为正,且该方程估计,技术扩散会出现大幅衰减:距离每增加 1 200 公里,技术扩散强度就会减半。将该估算方法用于与 G-5 国家相距甚远的澳大利亚,结果表明澳大利亚从 G-5 国家的技术发明中获利甚微。Bottazzi 和 Peri(2003)沿用了同样的方法,在分析欧洲各国间的技术扩散时发现了强烈的距离衰减现象。上述研究表明,从地理上看,技术集中分布在特定的国家和地区。

另一个研究问题与此相关——本地化程度在近几年是否有所减弱。人们普遍认为,运输成本降低、信息通信技术创新、跨国公司活动增多等变化导致本地化程度减弱。为检验上述观点是否正确,Keller(2002a)估算了 20 世纪 70 年代末和 90 年代初的衰减参数(前文中的 δ)。估计结果显示 δ 的绝对值随时间骤减,说明本地化程度确有减弱。图 2 是估计结果。

根据估计结果,20 世纪 70～80 年代早期这段时间内,距离技术转让方 1 000 公里处平均只能获得 20%的技术知识(见虚线),可见技术扩散的本地化程度极高。在 2 000 公里处,这一比例降到 5%左右。一旦技术转让方到受让方

① Eaton 和 Kortum 估计国内技术扩散速率约为国际技术扩散平均速率的 200%。该结果可能较实际偏高。

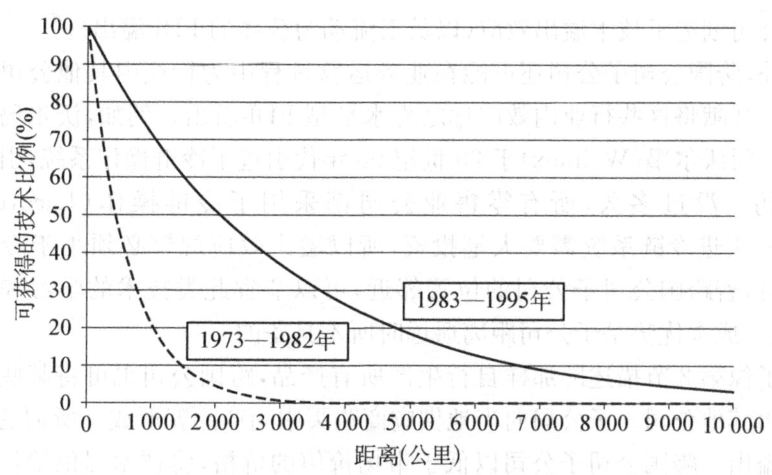

图 2　技术扩散随时间推移的地理分布

的距离超过 4 000 公里,可获得的技术知识就所剩无几了。相比之下,后一段时期(1983—1995)内,在 1 000 公里处可获得 70%的技术知识,2 000 公里处是 50%,4 000 公里处仍可获得约 25%的技术知识(见实线)。该结果证明,前文提到的信息通信技术创新促进了技术的国际扩散。

一部分人认为估算得出的地理效应是不准确的,因为不同位置之间存在无法观测的异质性。针对这一问题,不同研究给出了不同的解决方案。虽不尽完美,但总体而言,研究结果还是证明了地理位置是技术扩散的重要决定因素。关键问题是,地理效应究竟会对哪些因素产生影响,例如对交易成本有无影响?众所周知,交易额会随距离的扩大而急剧减少(Leamer 和 Levinsohn, 1995),且贸易可能与技术转移有关(参见第 6 节)。此外,较之遥远地区,FDI 更多发生在邻近地区(Brainard, 1997)。迄今为止,有关地理因素对技术国际扩散的影响,研究尚未做出全面解释。

下一节将探讨 FDI 在国际技术扩散中发挥的作用。

5. 技术外溢的渠道之一——FDI

根据第 2 节给出的模型,跨国公司子公司在东道国本地进行生产,以完成未从母公司进口的任务。为实现这一目标,公司会雇用当地的员工。如果员工掌握了跨国公司的技术(无论是通过业务活动还是正式培训),一旦他们离职,就有可能为东道国国内公司带去积极的学习效应,或者独立创办公司。假设劳动合同条款无法完全弥补这些学习效应(这一假设十分现实),则跨国公司子公司就为本国公司创造了技术溢出效应(以员工流动为载体的 FDI 溢出)。[①]

此外,跨国公司子公司还可能在业务运营过程中为行业内其他公司提供学习溢出。文献将这些行业内效应称之为水平型 FDI 溢出。例如,沃尔玛在墨西哥的分公司沃尔墨(Walmex)于 20 世纪 90 年代引进了冷链操作系统,引得对手竞相模仿。没过多久,所有零售业公司都采用了冷链操作(Lacovone 等,2009)。[②] 引进冷链系统需要大笔投资,所以溢出效应规模必须小于冷链的价值。同时,若跨国公司子公司的位置邻近,可以节省此类技术的学习和采用成本,而这一成本优势是子公司距离遥远时所不具备的。

除了像第 2 节描述的那样自行生产所有产品,跨国公司也可将某些中间产品外包给其他公司。子公司向当地供应商购买中间产品就形成了所谓的垂直逆向技术溢出。跨国公司子公司以低于市场价值的价格,将技术提供给供应商时就会产生上述效应。另外,如果跨国公司的技术从其供应商扩散至其他公司的供应商,还会产生另外的垂直技术溢出。技术从跨国企业子公司向下游企业扩散会产生垂直正向溢出效应。

FDI 溢出是国际技术扩散的较为合适的渠道。不仅如此,随着各国政府投入大量资源,吸引跨国公司的子公司入驻,FDI 溢出正发挥着重要作用。例如,1994 年美国阿拉巴马州斥资 2.3 亿美元,即每个新增工作岗位投资 15 万美元,吸引梅赛德斯奔驰的新工厂落户。[③] 这种重量级企业的子公司会被阿拉巴马州开出的条件所吸引吗?要想回答这一问题,需要准确估算出 FDI 产生的积极技术溢出效应的规模。

研究人员还应区分技术外部性和货币外部性。如果跨国企业子公司的入驻促使当地公司丰富产品种类,进而使当地的下游生产商获利,就应该属于货币外部性(Rodriguez-Clare, 1996)。[④] 这是截然不同的情况,原因是虽然国内公司的生产率得到提高,但并没有发生技术转移。要吸引国外的跨国企业入驻,可以采取多种补贴手段,如提高国内福利水平。然而,消除国内政策壁垒、允许国外公司进入国内下游市场或许是更为有效的方法。

跨国公司子公司的入驻还可能通过其他方式影响国内公司的生产率(及利润),但这些方式并不能作为技术溢出的证据。首先,假设子公司对中间产品的质量进行改进,并将改进后的新产品出售给国内的最终产品生产商。可能的情

---

① Fosfuri 等(2001)据此构建了模型。

② Alfaro 和 Rodriguez-Clare(2004)提供了更多示例。

③ 该案例出现在 Haskel 等(2007)的研究中。

④ 这是反向关联的例子。反向关联的概念由 Hirschan(1958)首次提出。Alfaro 和 Rodriguez-Clare(2004)进行了讨论。

况是，生产商提供的价格无法弥补子公司改进产品质量所花费的全部成本。即使测量显示当地公司的生产率提高，也不属于技术外溢，而是测量的问题(参见 Griliches，1995)。其次，跨国公司的入驻常常会导致竞争的加剧。竞争能促使国内公司改善效率低下的情况，从而提高生产率，但此过程中未涉及技术扩散。FDI 造成的竞争加剧还可能会压缩国内公司的市场份额，对规模经济而言会导致生产率降低。

因此，很难确定 FDI 引发的技术外溢规模。另外，分析普遍都是利用技术的代理变量——很难识别真正的扩散渠道，因此看似明显的技术溢出可能是虚假效应。如此一来应该引入控制变量，以解决遗漏变量导致的偏误。此外，建立因果关系需要对 FDI 做出合理的外生变换，可能会用到工具变量分析。

接下来笔者将探讨 FDI 流入的技术外溢证据。

5.1　对内 FDI 技术溢出的实证研究

能够证明 FDI 溢出存在的证据有哪些？观察人员以微观经济计量面板数据作为主要依据，并未发现证明 FDI 外溢大量存在的证据(Gorg 和 Greenway，2004；Rodrik，1999)。过去几年间涌现出大量研究，不少作者表示发现了证明 FDI 外溢的证据。下面我们将对这些研究结果进行探讨。

案例分析不断发现 FDI 溢出存在的证据，而这些证据往往被经济学文献所忽视。例如，分析英特尔对哥斯达黎加的直接投资可以得知，大型高科技公司对小国的直接投资能带来非常巨大的改变(Larrain 等，2000)。沃尔玛进军墨西哥市场在当地产生了巨大影响，也能证明其为国内公司创造了技术学习外部性(Javorcik 等，2008)。同时，并非所有案例分析得出的证据都指向 FDI 技术外溢。例如，针对拉丁美洲的一项研究指出，跨国公司通常不知道其供应商采用何种技术(Alfaro 和 Rodriguez-Clare，2004)。在这种情况中不太可能存在大量的逆向 FDI 溢出。

另一个问题是，跨国公司子公司是否如专利引用衡量结果所示，加快国际技术转移速率。部分学者提供了计量经济学的相关证据(Branstetter，2001；Globermann 等，2000；Singh，2003)。有两种可能性。第一，子公司既可以将其技术推广至东道国国内公司(对内 FDI 技术外溢效应)，也可以从国内公司那里学习新技术(对外 FDI 技术溢出效应；参见 5.2 节)。上述研究发现，内向技术溢出要小于外向技术溢出。然而，这一结果却反映出一系列问题。

首先是公司异质性的问题。较之东道国的普通公司，跨国公司子公司规模更大，技术密集程度更高，正因如此，跨国公司子公司更擅长获取技术。这样解释似乎印证了 Singh(2003)的发现：无论是子公司引用国内公司的专利，还是国内公司引用子公司的专利，都不如两家跨国公司子公司间的专利引用频繁。其次是内生性问题。人们发现跨国公司子公司获取的技术比其所提供的技术要多,因为母公司成立子公司的目标明确,就是要获取技术;而相比之下,东道国的普通公司目前为止还没有选址的机会。这就表明,估算结果不是完全具有可比性。由此可见,要彻底解决这一问题还有赖于未来的研究。

另外,专利价值很难估计。[①] 因此,一直以来用这种方式衡量的技术扩散的经济意义就成了专利引用研究存在的一个重要问题。为避免这一问题,大量文献尝试直接衡量 FDI 对国内公司生产率提高的贡献程度。美国经济分析局(US Bureau of Economic Analysis)收集了过去 30 年(1966—1994 年)间美国在 40 多个国家的对外直接投资的比较数据。Xu(2000)基于这些数据进行研究,发现 FDI 和国内生产率增长成正相关,且这种相关性在发达国家中更强。

然而,不同公司和行业可能存在某些不可观测的异质性,对分析造成影响。因此,学者们开始利用微观面板数据进行分析(Aitken 和 Harrison, 1999; Blalock 和 Gertler, 2008; Girma 和 Wakelin, 2001; Haskel 等,2007; Javorcik, 2004; Javorcik 和 Spatareanu, 2008; Keller 和 Yeaple, 2009b)。

为了证明 FDI 技术外溢的存在,本章对国内公司的生产率增长($\Delta\ln$ TFP)和对内 FDI 的变化(ΔFDI)之间的关系进行了估算:

$$\Delta\ln \mathrm{TFP}_{ijt} = \beta X' + \gamma\Delta \mathrm{FDI}_{jt} + u_{ijt} \tag{13}$$

其中,X 是控制变量的矢量,u 是回归误差,i、j 和 t 分别是公司(或工厂)、行业和时间的下标。如果公司所在行业的 FDI 曾出现大幅增长,且此类公司的生产率增长超过 FDI 鲜有增长的行业内公司,则参数 γ 估计为正。该方法在某些情况下能发现流向国内公司的技术溢出。这些溢出可以发生在同一行业,此时叫作水平溢出效应,如式(13)所示。如果 FDI 不是发生在同一行业,那么无论正向(跨国公司向国内公司出售中间产品)还是逆向(跨国公司向国内公司购买中间产品),都属于垂直型 FDI 效应。绝大部分研究关注的都是水平溢出,后文中笔者也会首先探讨水平溢出。

5.1.1 水平型 FDI 技术外溢

学界近期认为水平型 FDI 外溢规模有限或者根本不存在,该观点可追溯至 Aitken 和 Harrison(1999)的研究。两人对 FDI 流入和国内行业生产率的关系进行估算,结果显示二者呈负相关($\gamma < 0$)。针对罗马尼亚和印度尼西亚两国的研究也证实这一结论(Blalock 和 Gertler, 2008; Javorcik 和 Spatareanu, 2008)。技术学习的溢出效应不可能为负,因此问题的关键就是这一负相关结果是如何得出的。Aitken 和 Harrison(1999)最先提出了一个假设:对内 FDI 会

① 参见 Pakes(1986)。

导致东道国国内竞争加剧，从而对国内生产率造成负面影响；无论 FDI 外溢具有怎样的积极效应，与上述消极效应相比都显得十分微小。

分析时若只估算净效应，FDI 技术外溢的强度必然是无法确定的。因此理论上讲，这些发现都证明 FDI 外溢需要大量的政府补贴。然而根据这一论据，吸引 FDI 会产生副作用：通过竞争效应降低国内生产率。[①] 同时以 Pavcnik (2002)的研究为开端，最近涌现了许多证据，表明贸易或 FDI 自由化造成的竞争加剧会提高而非降低国内公司的生产率。因此，竞争加剧会导致公司生产率降低这一发现就令人困惑不解。如果式(13)中的 FDI 系数为负并非竞争效应所致，又会是什么原因呢？

首先，跨国公司对东道国进行直接投资的决策可能内生于其国内公司的生产率。作为一种市场进入模式，FDI 主要针对那些国内公司效率相对低下的行业；且如果生产率与技术外溢的盈利能力相关，模型中的 FDI 系数将被低估。为制约上述效应，Aitken 和 Harrison(1999)、Javorcik 和 Spatareanu(2008)以及 Blalock 和 Gertler(2008)在进行行业研究时纳入了行业和时间固定效应。然而即使对行业和时间效应进行了固定，依旧存在内生性问题。使用工具变量可能是得到无偏估计的唯一方法。

第二，研究数据常常极其有限，因此只能采取较为粗略的方法对指标进行测度。通常情况下，式(13)中的 FDI 是指外资子公司占行业就业或产出的比重，但这并不能体现流入不同行业的 FDI 所造成的技术能力差异，因此测量误差可能会使 γ 的估值偏向于零。

Haskel 等(2007)对流入英国的 FDI 进行了研究，为水平型 FDI 技术外溢收集证据。与早期研究不同，他们估计 FDI 溢出系数为正。Haskel 等(2007)将英资工厂的生产率增长与 FDI 占 22 个制造行业的就业比重变化联系起来考察。通过对行业—年份进行变换，他们确定了 FDI 系数的正负。要做到准确测度，关键是要将 FDI 效应同其他行业—年份特定冲击(例如能源价格冲击或是新信息技术的出现)加以区分，因为这些冲击也会对行业产生特定影响。就这一点而言，Blalock 和 Gertler(2008)采用的行业—年份固定效应要比 Haskel 等人的外加行业—年份模型更加有效。此外，如果特定行业—年份组合下的某一批 FDI 流入对许多工厂都造成了影响，不同观测之间就会形成依赖，也就意味着要减少样本容量。标准差取决于样本容量，所以样本容量大小也会影响最终结论。在 Haskel、Pereira 和 Slaghter 的研究中，每年有超过 3 000 家工厂，但只有 22 个行业。在不调整样本依赖性的情况下，t 统计值约等于 3(Haskel 等，2007，表

---

① 有关竞争加剧对创新的影响，理论预测存在分歧(Aghion 等，2005)。

3);一旦考虑不同观测间的依赖性,上述 FDI 估计就未必显著了。①

Keller 和 Yeaple(2009b)考察了 1987—1996 年间对内 FDI 为美国公司带来的技术溢出。与早期研究不同,二人发现了统计显著的有力证据,证明水平型 FDI 技术外溢的存在(甚至在解决了如样本依赖性和内生性等重大问题之后)。此外,Keller 和 Yeaple(2009b)的估计反映出 FDI 外溢能带来重大经济影响——FDI 溢出对美国制造业生产率增长的贡献率接近 20%。②

鉴于估计结果存在差异,一个重要问题是 Keller 和 Yeaple(2009b)的分析与早期研究的不同点在哪里。部分观察人员认为,虽然欠发达国家的 FDI 不产生水平技术溢出,但在发达国家(如美国)似乎存在 FDI 水平溢出。然而这一结论并不全面,因为即使在发达国家中,FDI 外溢的估计也存在许多差异。③ 此外,欠发达国家不存在水平型 FDI 溢出的原因是什么?是因为欠发达国家 FDI 溢出的利润率低吗?(Keller, 1996)。一方面,这样解释忽视了东道国公司的异质性;另一方面,有证据表明从 FDI 溢出中受益的主要是生产率低的小公司。④ 因此,简单地归因于技术差距,无法解释针对欠发达国家和发达国家的不同研究结果。

然而,有证据表明水平型 FDI 技术外溢主要发生在高科技行业,而低技术行业中不存在 FDI 溢出(Keller 和 Yeaple, 2009b)。大多数技术发明都出现在高科技行业。另外,该证据还表明 FDI 有着截然不同的溢出潜力:较之班加罗尔产业发展园区进行的研发密集型活动,再出口至美国产品的低技能组装活动(例如墨西哥的马奎拉多拉)的外溢规模更小。FDI 数据质量也会产生巨大影响。Keller 和 Yeaple(2009b)将跨国公司子公司的多元化纳入了 FDI 衡量方法之中,发现 FDI 能产生大量技术外溢。⑤ 二人又利用粗略测量得出的 FDI 数据进行研究,却同早期研究一样,无法证明存在水平型 FDI 技术外溢。

5.1.2 垂直型 FDI 技术外溢

近期,垂直型 FDI 技术外溢的相关研究也取得了进展(参见 Blalock 和 Gertler, 2008; Javorcik, 2004)。迄今为止研究主要关注逆向关联,因为中间产

---

① 这里,聚类标准差(Moulton, 1990)会将有效样本容量 n 从 60 000(工厂一年份)减少到 440(行业一年份)。最小二乘标准差以$\sqrt{n}$的速度降至 0,意味着调整依赖性后的标准差可能比 12 高出一倍。Haskel 等(2007)以因果关系提供了工具变量分析结果。对一半(二分之一)结果而言,不对样本依赖性进行调整时 FDI 并不显著(Haskel 等,2007,表 3)。

② Keller 和 Yeaple 得出的估计结果从 8%~19%不等,用工具变量估计法得出 19%。

③ 将 Haskel 等(2007)对英国的研究与 Keller 和 Yeaple(2009b)对美国的分析进行对比,可知二者估计的 FDI 系数相差 10 倍(前者是 0.05,后者是 0.5)。

④ 至少在美国等高收入国家是如此(Keller 和 Yeaple, 2009b)。

⑤ 这几位作者可以跟踪观察六大行业中子公司活动构成的变化;相比之下,大多数 FDI 外溢研究都假设特定工厂或公司只在一个行业中生产。

品供应商的生产得到改进能使跨国公司子公司获利，从而激励它们将技术知识转移到当地的上游行业公司中去(Javorcik 和 Spatareanu，2008)。这样一来，供应商可以向子公司出售更高质量的中间产品，但尚不清楚跨国公司是否会免费提供技术。

技术受让方越容易识别，生产率增长就越不可能来自于技术外部性。要估计外部性的规模大小，必须在计算供应商的生产率之前就从其营收中扣除为技术转让支出的费用。如果在某一年供应商从技术转移中获得了净利润，有可能是测量问题造成的假象。[①] 因此，垂直型 FDI 溢出可能会引发水平型 FDI 所没有的一系列问题。因而就技术外溢的证据而言，水平型和垂直型 FDI 研究做出的估计没有可比性。

Javorcik(2004)研究了 20 世纪 90 年代末立陶宛的数据。他发现相比其他国内公司，处在行业上游并吸引了大量 FDI 的公司生产率普遍更高。Blalock 和 Gertler(2008)在研究印度尼西亚的公司时也得出了同样结论。这些证据都证明存在垂直型 FDI 技术外溢，但同时也有一些问题值得注意。首先，由于缺少买卖双方关系的直接证据，以上两项研究都利用整个经济范围内的投入—产出表格，为国内公司与上游跨国公司子公司之间的交互合作构建模型。如果跨国公司的技术获取模式不同于国内公司，上述方法就可能产生估计偏差(参见 Alfaro 和 Rodriguez-Clare，2004)。

Javorcik(2004)还发现，当跨国公司不是外商独资而是国内外合资时，其生产率与 FDI 的相关性最强。Javorcik 和 Spatareanu(2008)以罗马尼亚公司作为研究样本，证实了上述结论。该结论也说明共同所有制会产生更多技术转让。原因也许是独资子公司采用的技术更为复杂，超出了普通国内供应商的技术水平。然而如果国内外公司的技术差距是造成独资与合资子公司差别效应的关键原因，那么相比于生产率高的国内公司，应该是生产率低的公司接受的技术溢出更多。前文也提到过，这一结论与研究水平型 FDI 时发现的一些证据相吻合。同时，Javorcik 和 Spatareanu(2008，表 4)发现生产率较高的公司，其 FDI 系数也相对较高。这表明共同所有制的明显效应与公司间的技术差距无关。由此可见，今后的研究有必要解决这一重要问题。

Blalock 和 Gertler(2008)强调，只有当跨国公司子公司直接供应商以外的其他国内公司也出现生产率增长时，生产率增长才会变成外部性，而且可能需要进行政策干预。例如，国内供应商可能与跨国公司子公司并没有直接业务往来，或是国内的下游公司也从子公司的当地供应商手中购买产品，坐享技术转移带

① Griliches(1995)认为，这种"测量"溢出在供应中间产品时最为强劲；这里的中间产品是指技术知识。

来的好处。为弄清这一问题,Blalock 和 Gertler(2008)研究了下游 FDI 和上游行业价格、产出及利润的关系。结果证明存在技术溢出——价格降低、产出增加和(边际)利润增多。Blalock 和 Gertler(2008)在解决外商直接投资地的内生性问题时没有运用工具变量估计法。[①]

5.1.3 劳动力流动产生的 FDI 技术外溢

近期的一些研究认为劳动力流动也是 FDI 溢出的渠道之一(Gorg 和 Strobl, 2005; Poole 2009)。Poole(2009)对一个匹配巴西公司与员工的大型数据集进行分析,估算出所谓的薪资溢出效应。具体来说,她发现公司中有跨国公司工作经历的员工比例越高,公司员工的薪资水平也越高,说明跨国公司会向国内公司的员工传递知识。她的估计结果显示前跨国公司员工对普通员工薪资增长的贡献率极小,仅为 0.1%。不过出于种种原因,这一结果很有可能是下限。[②]

Gorg 和 Strobl(2005)分析了 200 家加纳公司的相关数据,以探究较之于其他公司,企业家有在外资子公司受训经历的国内公司是否具有生产率优势。二人发现,若先前提供培训的跨国公司与企业家目前所在的国内公司同属一个行业,则能促进国内公司的生产率提高;若提供培训的跨国公司属于另一行业,则这种培训经历不会带来生产率提高。因此,Gorg 和 Strobl 提出的证据能够证明劳动力流动会产生水平溢出,但无法证明行业间溢出的存在。

总而言之,探讨 FDI 技术溢出的研究近期取得了很大进展。虽然运用微观面板数据进行评估时很少会得出积极的水平型溢出,但研究已经对一系列关键问题有了明确的认识。第一,必须将溢出与其他效应分离开来;第二,FDI 数据必须及时追踪公司海外活动的变化,以避免衰减偏误。一项研究提供了有力证据,证明对内 FDI 能促使同一行业的国内公司提高生产率(Keller 和 Yeaple, 2009b)。虽然研究显示 FDI 技术溢出主要集中在高科技行业,但这些溢出似乎具有重要经济意义,对公司的生产率总增长做出了巨大贡献。

目前,有多篇论文研究发现可能存在垂直型 FDI 技术溢出。今后的研究首先要对这些结论加以验证,同时选取可靠的外生 FDI 变量,运用工具变量进行估计。其次,垂直型 FDI 具有一系列外部性,例如公平技术交易、产业关联效应及测量溢出等。区分以上外部性和真正的技术外溢十分关键,因为是否需要公共政策干预取决于技术外溢,而不是其他外部性。

总体而言,目前已有研究证明水平型和垂直型 FDI 溢出都很重要。下一节

---

① Javorcik(2004)和 Javorcik 和 Spatareanu(2008)也没有利用工具变量估计方法。

② 如果能有公司雇用前跨国公司员工时的相关数据就更好了。然而,Poole(2009)并未提供此类数据,否则的话其研究会更有意义。

中，笔者将探讨对外 FDI 技术溢出。

5.2　对外 FDI 技术外溢

虽然 FDI 溢出的相关研究大多关注 FDI 流入，但也有学者关注是否存在跨国公司向国外公司学习技术知识的情况。比如，一家外国公司可能选择在美国硅谷设立子公司，为的是从当地公司手中"获得"技术。这一点之所以重要，可能有以下几个原因。首先，虽然对美国的跨国公司而言，总研发中有约 85% 是母公司进行的，但对在美投资的外国公司来说，这个比例通常还要更高。这些国家在美子公司的研发水平相对较高，意味着要想获得当地公司的技术外溢，子公司必须提高吸收能力（Cohen 和 Levinthal，1990）。

为证实这一假说，研究人员查看了这些公司的专利引用数据（Branstetter，2006），对美国半导体行业的专利引用进行了处理及控制分析。他们采用了类似 Jaffe 等（1993）的分析方法，发现较之国内类似公司的专利，外国公司更倾向于引用其所在地区其他公司的专利。Branstetter（2006）研究了 1980—1997 年间约 200 家日本公司的专利引用模式，发现在美子公司较多的日本公司引用的美国专利远超在美子公司较少的日本公司。这种差距在技术研发和产品开发工厂中最为明显。虽然 Branstetter（2006）未对日本公司的选址原因构建模型，但他将技术相似性作为控制变量，从而减少了内生性问题。

研究人员还从 FDI 对公司生产率增长影响的角度出发，证明了 FDI 有助于公司获取当地技术（见图 3）。

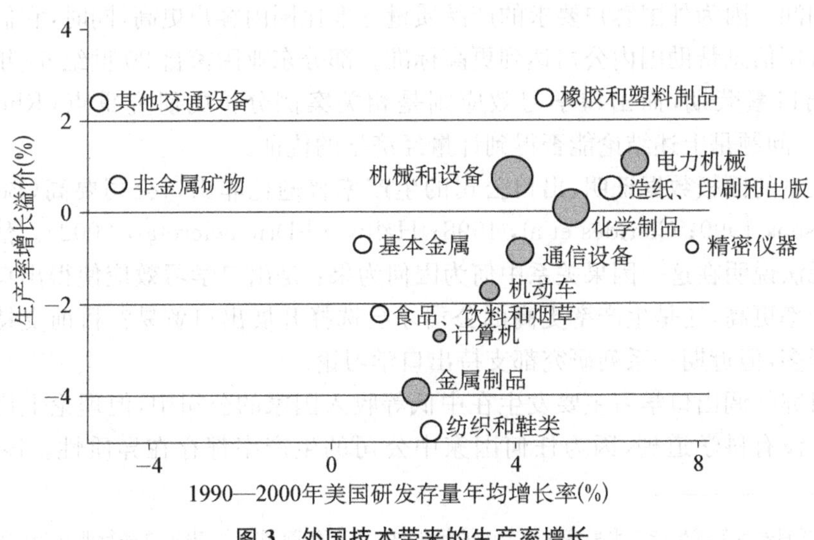

图 3　外国技术带来的生产率增长

横轴为1990—2000年间美国各行业研发增长情况。纵轴为英国公司的生产率增长溢价,表示在美国的技术影响强弱不同的英国公司的增长。从图中可以看出,在美国的研发增长较为迅猛的行业中,英国的生产率增长溢价往往更高。① 研究人员计算了每家英国公司申请的美国专利(主发明人在美国)占其专利总数的比重,作为衡量两国技术影响力的参考指标。该方法综合使用了专利数据和生产率数据,对于研究国际技术扩散十分有效。研究结果表明,对外FDI有助于引进外国技术。

下一节探讨技术外溢的另一渠道——国际贸易。

6. 国际贸易

6.1 基于出口贸易的外溢存在性证明

公司的出口业务能否为其带来技术外溢是主要问题。理想情况下,人们希望研究能够证明出口溢出的各个环节:

$$\overset{(1)}{\boxed{\text{本国生产率}}} \leftarrow \overset{(2)}{\boxed{\text{本国技术}}} \leftarrow \overset{(3)}{\boxed{\text{出口}}} \leftarrow \overset{(4)}{\boxed{\text{外国技术}}} \tag{14}$$

因此,国内公司可能通过出口业务接触到外国技术,从而提高自身技术能力;而国内公司技术能力的提高又会促进其生产率增长。然而,研究并未发现以上四种因素同时存在的证据。

尽管如此,仍有坊间证据声称与外国客户进行业务往来确实能为国内公司带来利润。因为外国客户要求的产品质量标准比国内客户更高,同时,它们又会提供有用信息帮助国内公司达到更高标准。部分东亚国家自20世纪60年代起迎来出口繁荣期,而出口学习效应则是相关案例分析的研究重点(Rhee等,1984)。问题是上述结论能否得到计量经济学的佐证。

大量的面板数据证明,出口公司的生产率普遍比非出口公司要高(Bernard和Jensen, 1999; Clerides et al, 1998; Hallward-Driemeieretal, 2002)。然而该证据无法说明在这一因果关系中何为因何为果:是出口学习效应使得出口公司的生产率更高,还是生产率更高的公司才会选择开展出口贸易?目前支持选择论的居多,但近期一系列研究都支持出口学习论。

研究强调出口学习主要发生在中低等收入国家的公司中,但理论上讲这一现象并没有科学道理,因为任何国家中公司的生产率都存在异质性。Bernard

① 灰色圆圈表示英国生产率水平落后于美国的行业,在1990年圆圈较大,表示这些行业在当时是"最急需学习"的行业。

和 Jensen(1999)利用美国公司的相关数据研究了出口学习问题。二人研究的优势在于样本容量较大，且数据采集和准备经验丰富，有助于减少测量误差。

Bernard 和 Jensen(1999)没有直接以出口市场参与度构建模型，而是分别研究了不同行业公司的情况。① 二人估计出口公司的劳动生产率增长比非出口公司高出 0.8%左右。② 这一估计结果是相当小的，在扩大时间范围后会变得更小(而且无关紧要)。然而，0.8%似乎是出口学习效应的向下偏倚估计，因为分析的前提是工厂都能存活下去。Bernard 和 Jensen 的研究表明公司存活率取决于公司规模，且出口公司的存活率比非出口公司高 10%。③ 这 10%的存活率差异能够说明出口公司的生产率增长高于非出口公司，因为生产率增长缓慢的工厂往往会倒闭。因此，出口公司和非出口公司间生产率增长的整体差异很有可能大于 0.8%。

Clerides 等(1998)分析了哥伦比亚、摩洛哥和墨西哥国内公司的微观数据，发现了出口学习外部性的相关证据。他们模拟了一个关于出口市场参与度的动态离散选择联立方程，发现选择进入出口市场的一般都是生产率已经很高的公司。出口市场参与度可由下列方程式表达：

$$y_{it}=\begin{cases}1 & \text{如果 } 0\leqslant\beta^{x}X_{it}+\beta^{e}e_{t}+\sum_{j=1}^{J}\beta_{j}\ln \mathrm{AVC}_{it-j}+\sum_{j=1}^{J}(F^{0}-F^{j})y_{ij-j}+\eta_{it}\\ 0 & \text{否则}\end{cases}\tag{15}$$

与此同时，他们还模拟了一个自回归成本函数。利用此函数可以发现出口学习效应：

$$\ln \mathrm{AVC}_{it}=\gamma_{0}+\sum_{j=1}^{J}\gamma_{j}^{k}\ln K_{it-j}+\gamma^{e}\ln e_{t}+\sum_{j=1}^{J}\gamma_{j}\ln \mathrm{AVC}_{it-j}+\sum_{j=1}^{J}\gamma_{j}^{y}y_{it-j}+v_{it}\tag{16}$$

其中，y_{it}是工厂 i 在时段 t 内的出口指标，X_{it}是外生工厂特征的矢量。e_t 表示汇率，AVC_{it} 表示平均成本，K_{it} 表示资本，F^0 和 F^J 表示参与出口市场的沉没成本。

① 要区分四类公司：出口公司、非出口公司、出口业务刚刚起步的公司以及停止出口业务的公司。

② Bernard 和 Jensen 没有根据劳动生产率进行估计，而是利用 TFP 进行估计，因而估计结果偏小。但是在这种情况下，用劳动生产率数据进行估计效果会更好。TFP 衡量是简单回归残差，出于种种原因并不可靠。Griliches 和 Mairesse(1998)对近期的相关研究进行了探讨。

③ 公司规模是近期行业均衡模型(即 Olley 和 Pakes，1996)衡量存活率的主要指标，因为仅一次经济波动就足以迫使小公司退出生产，而大公司财力雄厚，有能力经受住长期经济波动的影响。

出口方程说明,只有当出口利润大于不出口利润时,工厂才会开展出口贸易。动态成本等式探讨的问题是以过去的成本和规模(以资本作为代理变量)为条件,以往出口经历能否减少当前成本(由参数 γ_j^e 表示)。Clerides 等(1998)运用极大似然估计法和广义矩估计法,将估算结果分国家、分行业进行整理和讨论。他们发现,过去的出口经历对当前情况没有显著影响。事实上,虽然 Clerides 等人的估算意义重大,但他们的研究方向是错误的(出口会增加成本)。若真的存在消极学习效应,那将是出乎意料的;而对于上述发现不能全信的原因,作者也给出了合理解释。估算结果不显著的另一个原因是估算框架对数据的要求过高。然而,Clerides 等人估算的进入出口市场前后的平均成本也表明不存在出口学习效应。出口公司的生产率的确更高,但这是因为生产率更高的公司选择进入出口市场。

一部分上述估算利用的数据时间跨度较小,有人可能会说这一时间范围太小,重大出口学习效应来不及显现。相比之下,Hallward-Driemeier 等(2002)关注的是公司进入出口市场之前的时段。他们分析了来自 5 个东南亚国家的数据,发现就提高生产率和改进产品质量而言,最终成为出口商的公司比打算远离出口市场的公司投资更多。该结论有其合理性,但如果这些投资也包括真正的资源(很有可能),就应该从公司进入出口市场享受到的学习效应中扣除这些资源成本。[①] 此外,鉴于生产率在公司进入出口市场之前就已经得到提高,至多可以说存在间接的出口学习效应。

van Biesebroeck(2005)沿袭 Clerides 等(1998)的方法,研究了 9 个非洲国家公司生产率的动态变化,再度探讨了这一问题。与 Clerides 等不同,他估计开展出口业务能促使其样本中普通公司的生产率增长 25%左右。van Biesebroeck(2005)还认为出口公司能一直保持其相对非出口公司的生产率增长优势。van Biesebroeck 运用工具变量和半参数估计方法,避免了选择问题,因而比多数分析更为全面。总体而言,van Biesebroeck 的分析证明了出口会导致技术知识转移。在验证早期研究结果的过程中,van Biesebroeck 发现,造成出口商和非出口商生产率增长差异的部分原因是非出口商未发挥了规模经济的作用。这表明,至少一部分生产率增长差异是来自于需求限制,而非技术转让。要取得更大进步,还需要更多数据。

De Loecker(2007)使用配对取样技术,利用斯洛文尼亚国内制造公司的微观数据,考察了公司开展出口业务后生产率是否会有所提高。De Loecker 发现,参与出口市场的确能提高公司生产率,且出口公司与其国内非出口公司的生产

① 这些估计结果都不是溢出效应,而是学习效应。获得学习效应的成本高昂。Clerides 等(1998)估计了向其他工厂的溢出效应,所得证据并不一致。

率差距会随时间推移逐渐扩大。

上述论文提供的证据主要围绕式(14)中的要素(1)和(3)：作者集中关注生产率以及公司是否出口产品。若能补充要素(2)和(4)的相关信息，即外国技术提高国内公司技术能力的具体渠道，以上分析会更加完善。Utar(2009)探讨了购买外国技术服务对出口公司生产率的影响。他认为公司出口产品时会接触到外国技术，而外国技术培训援助或技术许可购买有助于公司获取并吸收这些技术。购买行为显然不能算作溢出。同时，Utar 证明了出口学习溢出与购买外国技术服务具有相关性。

总体而言，出口学习效应的计量经济学证据众说纷纭。早期证据强烈支持选择论，而近期研究公司案例得出的证据又倒向出口学习论。尽管如此，仍有一系列问题需要解决。第一，行业异质性可能掩盖了各个行业特有的强劲学习效应，尤其是关于高科技产品[①]；第二，如果能获得更多关于出口目的地和出口公司的信息，而不只是简单的指标变量(是/否出口)，分析可以得到进一步完善。例如，产品出口到了哪些国家的什么公司？有趣的是，De Loecker(2007)的研究包含这些信息，他发现向高收入国家出口产品的公司，其生产率增长比向低收入国家出口产品的公司要高。这表明出口过程中发生了技术溢出。我们还需要对这些问题进行更加深入的研究。此外，我们尚不清楚出口学习效应的产生条件。

6.2　基于进口贸易的外溢存在性证明

第 2 节的模型中，子公司从母公司进口中间产品，这些中间产品体现了跨国公司的技术。可以说在特定公司内部实现了从一国到另一国的技术知识扩散。当其他公司也学习跨国公司的技术时，就产生了技术外溢。例如，与子公司同处一个行业的东道国公司会慢慢了解其进口产品的特征，有助于它们以更低成本发明出类似技术。

正如出口外溢[参见式(14)]，理想情况下，进口贸易产生的技术外溢也应包括以下多个要素：

$$\overset{(1)}{\boxed{\text{本国生产率}}} \leftarrow \overset{(2)}{\boxed{\text{本国技术}}} \leftarrow \overset{(3)}{\boxed{\text{进口}}} \leftarrow \overset{(4)}{\boxed{\text{外国技术}}} \tag{17}$$

因此，进口贸易可以引进外国技术知识，增加国内技术存量，进而提高国内生产率。

一部分文献利用微观数据研究进口自由化对生产率的影响。Pacvnik

① 最近研究对内 FDI 的相关文献强调了行业异质性(参见 5.1)。然而 Clerides 等(1998)没有对不同行业的主要差异进行估计。

(2002)研究了20世纪70年代末和80年代初智利的进口自由化。她发现受自由化影响最大的行业,其工厂的生产率增长超过受影响较小的工厂。Pavcnik认为,工厂的生产率增长主要得益于效率低下现象的改善,或者说工厂的“瘦身”,不涉及技术外溢。Amiti和Konings(2008)利用印度尼西亚制造业的普查数据,证明促进生产率提高的是中间投入关税的降低,而非产出关税的降低。二人认为降低中间投入关税促使生产率提高的原因有很多,例如产品种类增多、质量得到改进、外国技术获取以及学习效应等。利用更多技术信息[式(17)中要素(2)和(4)]对于问题的解决至关重要。

另一部分文献运用公司数据,研究伴随进口贸易产生的垂直关联技术学习(Blalock和Veloso, 2007)。同垂直型FDI溢出(参见5.1)类似,下游行业的中间产品进口比例越高,为其提供产品的国内公司就越有可能接受技术溢出。原因或许是下游公司能为国内公司提供优质进口产品的相关信息,且成本几乎为零。Blalock和Veloso(2007)对印度尼西亚的进口贸易进行研究,也发现类似证据。要想取得更大进展,未来研究(无论是理论研究还是实证研究)应直接研究技术外溢渠道。研究证明在宏观的行业层面,既存在国际技术外溢也存在行业间技术外溢,参见Keller(2002b)。关键问题是这一结果在微观层面是否依然适用。

除此之外,还有证据表明交易中间产品或设备也能促进技术扩散。Eaton和Kortum(2001,2002)将Eaton和Kortum(1999)的技术扩散结构同李嘉图贸易模型(Dornbusch等,1977)结合起来。在Eaton和Kortum的模型中贸易能增强一国的消费可能性,因为贸易使得外国产品得以进入,或者更隐含地讲可以接触到外国产品的生产技术。各国专营其自身具有比较优势的产品并从贸易中盈利,由于各国资源的有限,开展对外贸易的利润高于只服务国内市场的利润。该模型中不存在技术外溢,因为进口商支付有竞争力的价格,进口对创新不产生影响。然而,进口能提高技术溢出发生的概率。

Eaton和Kortum(2001)认为单位运输成本随地理距离递增。这表明设备价格在偏远国家相对较高,或者说这些国家的生产率相对较低。在包含34个国家的样本(Eaton和Kortum, 2001)中,设备价格差异占到各国生产率差异的25%,可见从数量上讲上述效应十分显著。然而根据Eaton和Kortum的模型,设备商品价格在发达国家相对较低,而Summers和Heston发起的国际比较项目(International Comparison Program)公布的价格数据显示,发达国家的设备商品价格更高。[①] 这表明其他作用机制也发挥着重要作用。

① 可分别参见Eaton和Kortum(2001,图7)以及CIS(2003)。

国际研发溢出回归分析也证明了进口对于技术外溢的重要作用。Coe 和 Helpman(1995)将年份 t 的 TFP 同国内研发(S_{ct})及国外研发联系起来：

$$\ln \mathrm{TFP}_{ct} = \alpha_c + \beta_d \ln S_{ct} + \beta_f \ln S^f_{ct} + \varepsilon_{ct}$$

S^f_{ct}表示一国贸易伙伴的双边进口份额加权研发存量，$S^f_{ct} = \sum_{c'} m_{c'c} S_{ct}$。采用外国研发变量的好处是能够表明一国向高研发国家进口产品对其生产率增长的贡献大小。该研究结果证明进口是技术扩散的渠道之一，与 Grossman 和 Helpman(1991)讨论的贸易与增长模型类似。Coe 和 Helpman(1995)对 22 个 OECD 国家组成的样本进行分析，估算得出进口加权外国研发能产生显著的积极效应。高度工业化国家向 77 个欠发达国家的技术扩散中也存在类似效应(Coe 等，1997)。

对上述结论应保持怀疑态度，因为 Keller(1998)的分析表明，外国研发变量 S^f_{ct}中的进口份额对于得到 Coe 和 Helpman(1995)的结果而言并不是必备条件。具体来说，Keller(1998)用随机选取的份额 $\mu_{c'c}$代替实际双边进口份额，以建立反事实的外国知识存量 $\widetilde{S}^f_{ct} = \sum_{c'} \mu_{c'c} S_{ct}$。该方法估计的解释变量系数和水平同双边进口份额回归得出的结果相同。鉴于进口份额并非得到 Coe 和 Helpman(1995)研究结果的必备要素，其分析也无法证明进口作为扩散渠道的重要意义。①

数位作者都对国际研发溢出回归进行了更为深入的研究，并取得了长足进展。Xu 和 Wang(1999)强调，在近期的贸易与增长模型中，技术扩散与不同资本品的交易有着特殊关联。这与 Coe 和 Helpman(1995)构建进口份额(来自总贸易)时所用的贸易数据不同。Xu 和 Wang(1999)证明这种差异十分重要：较之 Coe 和 Helpman 的分析结果，资本品—外国研发变量占生产率差异的比重高出 10%左右，比 Keller(1998)采用的反事实变量也更加有效。

此外，学者们注意到外国研发变量只能涵盖当前时期的双边贸易；但如果 C 国出口至 B 国，B 国再出口至 A 国，则 A 国无需向技术源 C 国进口也能从其技术中盈利。这种情况极有可能出现。Lumenga-Neso 等(2005)采用了一个反映类似的间接研发溢出的变量，结果证明该变量比 Coe 和 Helpman(1995)以及 Keller(1998)的模型更加有效。上述结果说明进口动态效应具有重要作用，但想要进一步了解还需要利用动态框架进行更多研究。

Acharya 和 Keller(2008a)的分析从多个维度扩展了国际研发溢出文献。

① Keller(1998)将所有的 $\mu_{c'c}$都设为 1，产生了类似结果，证实了进口份额对研究结果并不重要，无论该份额是不是随机设定的(参见 Coe 和 Hoffmaister，1999；Keller，1997，2000)。

首先,二人的研究涵盖了更多国家,样本时间跨度也延长至30年。但更重要的是从中可以分离出推动近期生产率总增长的主要高科技行业(如计算机和信息通信技术等)。其次,从计量经济学意义上讲,二人运用工具变量和控制函数方法估算因果效应而不是关联效应。Acharya 和 Keller(2008a)没有使用进口份额加权变量 S^f,而是将高收入国家样本中的行业 TFP 与六大 OECD 国家[①]的研发及其与这六国的双边进口联系起来:

$$\ln \mathrm{TFP}_{cit} = Xk + \beta_d \ln S_{ct} + \sum_{s\in G-6} \beta_{cs} \ln S_{ct} + \sum_{s\in G-6} \zeta_{cs} (\tilde{m}_{csit} \ln S_{st}) + \sum_{s\in G-6} \gamma_s \tilde{m}_{csit} + \varepsilon_{cit} \tag{18}$$

其中,$\tilde{m}_{csit}$ 表示 c 国从六个 OECD 国家或 G-6 国之一,s 国的进口份额。因此式(18)分别介绍每个 G-6 国家的研发情况,考虑到了各国不同的研发弹性。另外,研究还包括研发与进口份额间的相互作用以及进口贸易,均作为独立变量,而控制变量 X 是固定效应。

结果显示国际技术扩散由两个重要部分组成,一部分与进口相关,一部分与进口无关,在式(18)中分别由 ζ 和 β 单独表示。这两个参数的相对大小揭示了伴随进口贸易的技术扩散的相对比重。例如,Acharya 和 Keller(2008a)表明在来自美国和英国的所有技术转让中,绝大部分是伴随进口产生的,而德国和日本向国外的技术转让则主要是通过非贸易渠道完成的。

这些估算也证明了国际技术扩散的异质性。例如,美国研发对英国生产率的影响是美国对德国或西班牙影响的两倍之大。Acharya 和 Keller 还发现一些国家从外国技术中的获利比其他国家要多。例如,加拿大从日本研发中的获利比一般国家多出50%左右,从法国研发中的获利多出30%。这表明加拿大的吸收能力更强,从国际技术溢出中获利更多。Coe 等(2008)研究表明在下列体制下溢出效应更强:业务运营不受限制、员工受过优质高等教育、拥有完善的知识产权保护以及法律体系。这就证明国际研发外溢存在异质性。Coe 等人还发现,金融发展、劳动市场机制、国家治理以及跨国贸易自由化对国际研发溢出强度没有影响。

Madsen(2007)没有利用研发数据,而是利用国内专利申请数据,基于双边进口份额构建权重,测算了国外知识存量。由于专利数据可追溯至19世纪末,因此该方法大大延长了样本的时间跨度,从而增强了 Madsen 协整分析框架所用检验的统计效果。其研究结果证明进口能促进外国技术的国际转移。

① 这六个国家是加拿大、法国、德国、日本、英国和美国。

学者们还利用专利引用数据，评估了进口贸易对于技术扩散的重要作用。Sjoholm(1996)研究了瑞典公司专利申请中对外国发明者持有专利的引用情况。Sjoholm 将一系列其他相关项作为控制变量，进行了极值边界分析。研究发现瑞典专利引用和双边进口贸易成正相关。MacGarvie(2006)的研究关注了法国公司的专利引用情况。研究发现，从 j 国进口产品的法国公司引用 j 国的专利多于不从 j 国进口的法国公司，且引用次数比进口前增加了 40%左右。此外，位于 j 国的外国公司也更常引用从 j 国进口产品的法国公司专利。有趣的是，出口贸易的情况则不尽相同。MacGarvie 的结果对采用回归模型和匹配估计量均是稳健的。结果证明进口贸易能促进国际技术外溢。

我们对于这些量化结果有多大把握？如果公司引用某国技术的倾向与其从该国进口产品的倾向成正相关，则一家随机选择的新进口公司引用该国技术的增速应该会较为缓慢。工具变量估计为解决这些问题提供了途经。

总而言之，研究证明了进口在国际技术扩散中的重要作用。下面进入结论部分。

7. 结论

如何运用第 2 节的理论分析上述发现？首先，研究发现国际技术扩散的分布受地理距离影响。这一结果看似难以理解——毕竟人们会问，技术知识不是没有重量的吗？——若能想到广义国际商务的交易成本，原因就一目了然了。[①] 诚然，运送实物形式的技术会产生交易成本，但传播无形的技术知识同样代价高昂，尤其是在无法面对面传播的情况下。公司欲将交易和技术转移的边际成本等同起来，因此即使技术知识是无重量的，技术转移也会随技术转让方和受让方之间的距离递减。技术扩散之所以随距离递减，是因为均衡状态下向偏远地区转移技术的成本较高，因此距离越远，技术转移越少。

此外，在前文模型中跨国公司子公司从母公司进口中间产品，同时也在当地生产其他产品。前文探讨了证明对内 FDI 技术溢出的证据，比进口贸易溢出的证据更有说服力。因此，子公司的出现似乎能增强技术学习的外部性，并通过劳动力流动实现这种效应。但事实上，近半成的全球总贸易都发生在独立的公司之间，因此(体现为中间产品的)技术获取难度更大，技术溢出也可能会更低。[②] 前文也提到过，有迹象表明对外 FDI 会产生技术外溢。虽然近期证据显示出

① 在无重经济(weightless economy)中，无形产品，尤其是知识发挥主导作用，参见 Quah(1999)。

② 当然，新型中间产品会大大促进生产率提高，但外溢效应只占其中的一小部分。

口外溢至少在特定情况下是存在的,但关于出口学习效应至今还未达成一致。[①]

如何准确测度技术外溢的问题依旧没有得到解决。首先,计算溢出效应之前必须剔除一切投资成本。其次,缺少技术指标的相关信息时很难识别技术溢出,例如在探讨生产率与FDI或进口的关系时。研究技术能力的相关数据固然可以加强分析,然而还存在另一个问题,那就是生产率通常难以衡量。正因如此,寻找技术知识转移的证据似乎更具吸引力。观察专利引用的增加是衡量方法之一,但也可通过其他方法,例如进口贸易上升能丰富国内公司的产品种类。但同时,这些方法未将上述变量与生产率联系起来,因此无法用其结果分析经济福利。

我们知道,重要发现可通过多种不同的实证方法得出。从发现相关性到建立因果效应的过程通常很难实现,但这一过程却是至关重要的。研究人员还可以制定模型,选取参数匹配某些数据矩,再进行模拟。这种反事实法有助于增进理解,其他方法是无法做到的。同时,由于技术溢出难以识别,因此,应以哪些相关数据矩为研究对象常常很难达成一致。通常情况下,建立因果关系必须使用回归分析法。

本章对诸多问题未做详细论述,主要原因是这些领域的研究仍处于起步阶段。首先,Melitz(2003)贸易模型认为,市场份额在生产效率(或生产率)固定的异质性企业中重新分配,行业总生产率也会相应改变。该框架未考虑公司内部的生产率变化,因而未考虑技术外溢,但今后的研究可能会同时分析公司内和公司间效应带来的生产率变化。早期实证结果显示公司内和公司间效应都很重要(Acharya 和 Keller, 2008b)。

其次,效率异质性企业对竞争程度变化的应对策略不同(Aghion 等,2005;lacovone 等,2009)。正如前文所述,竞争环境的变化不利于分离技术溢出。然而,如果能预测哪家公司更受影响、哪家公司不受影响,则更有助于估计技术溢出。最后一个重要的问题是:技术溢出除了影响生产效率,是否还会影响市场营销及公司的产品定位。[②]

近几年涌现了大量关于国际技术扩散的重要研究。在不久的将来,相关领域研究极有可能取得重大突破。

---

① 第2节的模型不太适合解释这些发现,主要原因是在几乎所有的跨国公司理论中,技术都是由公司总部(母公司)发明的。这一假设完全符合美国的跨国公司,因其所有研发中有85%左右都是由母公司进行的。我们对于其他国家的跨国公司了解不多。然而可以推测,在几乎所有国家跨国公司的研发中,绝大多数都是由母公司进行的。

② 参见 Foster 等(2008)关于选择生产率还是利润率的研究。

致谢

本章部分借鉴了笔者与 Stephen R. Yeaple 正在进行的研究，感谢 Stephen 的洞见。还要感谢 Ben Li 提出的意见和建议，感谢 Will Olney 为研究所做的杰出贡献。

参考文献

Acharya, R., Keller, W. (2008a). "Technology transfer through imports". Canadian Journal of Economics (forthcoming). Acharya, R., Keller, W. (2008b). "Estimating the Productivity Selection Versus the Technology Spillover Effects from Imports". NBER Working Paper # 14079.

Aghion, P., Howitt, P. (1998). Endogenous Growth Theory. MIT Press, Cambridge, MA.

Agrawal, A., Oettl, A. (2008). "International labor mobility and knowledge flow externalities". Journal of International Business Studies 39, 1242 - 1260.

Aghion, P., Bloom, N., Blundell, R., Griffith, R., Howitt, P. (2005). "Competition and innovation: An inverted-u relationship". Quarterly Journal ofEconomics 2005, 120(2), 701 - 728.

Aitken, B., Harrison, A. (1999). "Do domestic firms benefit from direct foreign investment? Evidence from Venezuela," American Economic Review, American Economic Association, 89(3), 605 - 618.

Alfaro, L., Rodriguez-Clare, A. (2004). "Multinationals and linkages: An empirical investigation". Economia 4(2), 113 - 169.

Amiti, M., Konings, J. (2008). "Trade liberalization, intermediate inputs and productivity: Evidence from Indonesia". American Economic Review (forthcoming).

Arrow, K. J. (1969) "Classificatory Notes on the Production and Transmission of Technological Knowledge". American Economic Review 59(2), 29 - 35.

Bernard, A. B., Jensen, J. B. (1999). "Exceptional exporter performance: Cause, effect, or both?" Journal of International Economics 47(1), 1 - 25.

Blalock, G., Gertler, P. (2008). "Welfare gains from foreign direct investment through technology transfer to local suppliers". Journal of International Economics.

Blalock, G., Veloso, F. (2007). "Imports, productivity growth, and supply chain learning". World Development 35, 1134 - 1151.

Blonigen, B. A. (2001) "In search of substitution between foreign production and exports". Journal of International Economics 53, 81 - 104.

Bloom, N., van Reenen, J. (2007). "Measuring and explaining management practices across firms and countries". The Quarterly Journal of Economics 122, 1351 - 1408.

Bottazzi, L., Peri, G. (2003). "Innovation and spillovers in regions: Evidence from European patent data". European Economic Review 47, 687 - 710.

Brainard, S. L. (1997) "An empirical assessment of the proximity-concentration trade-off between multinational sales and trade". American Economic Review.

Branstetter, L. (2001). "Are knowledge spillovers international or intranational in scope? Microeconometric evidence from the U. S. and Japan". Journal of International Economics 53,53 - 79.

Branstetter, L. (2006). "Is foreign direct investment a channel of knowledge spillovers? Evidence from Japan's FDI in the United States". Journal of International Economics. CIS (2003). Community Innovation Statistics, Eurostat, http://epp. eurostat. ec. europa. eu/portal/page/portal/microdata/cis.

Clerides, S. , Saul, L. , James, T. (1998). "Is learning by exporting important? Micro-dynamic evidence from Colombia, Mexico, and Morocco". Quarterly Journal of Economics 113,903 - 948.

Coe, D. , Helpman, E. (1995). "International R&D spillovers". European Economic Review 39,859 - 887.

Coe, D. , Alexander, H. (1999). "Are there International R&D Spillovers Among Randomly Matched Trade Partners? A Response to Keller". IMF Working Paper 99/18(February).

Coe, D. , Elhanan, H. , Alexander, H. (1997). "North-South spillovers". Economic Journal 107,134 - 149.

Coe, D. , Elhanan, H. , Alexander, H. (2008). "International R&D Spillovers and Institutions". CEPR Working Paper # 6882.

Cohen, W. , Levinthal, D. (1990). "Absorptive capacity: A new perspective on learning and innovation". Administrative Science Quarterly 35,128 - 152.

Crespi, G. , Criscuolo, C. , Haskel, J. , Slaughter, M. (2008). "Productivity Growth, Knowledge Flows, and Spillovers". NBER Working Paper.

De Loecker, J. (2007). "Do exports generate higher productivity? Evidence from Slovenia". Journal of International Economics.

Dornbusch, R. , Fischer, S. , Samuelson, P. A. (1977). "Comparative advantage, trade, and payments in a Ricardian model with a continuum of goods", The American Economic Review 67(5),823 - 839.

Easterly, W. , Levine, R. (2001). "It's not factor accumulation: Stylized facts and growth models". World Bank Economic Review 15(2),177 - 220.

Eaton, J. , Kortum, S. (1999). "International patenting and technology diffusion: Theory and measurement". International Economic Review 40,537 - 570.

Eaton, J. , Kortum, S. , (2001). "Trade in capital goods". European Economic Review 45 (7),1195 - 1235.

Eaton, J. , Kortum, S. (2002). "Technology, geography, and trade". Econometrica 70, 1741 - 1780.

Feldman, M. , Lichtenberg, F. (1997). "The Impact and Organization of Publicly-Funded Research and Development in the European Community". NBER Working Paper # 6040.

Fosfuri, A. , Massimo, M. , Thomas, R. (2001). "Foreign direct investment and spillovers through workers' mobility". Journal of International Economics 53,205 - 222.

Foster, L. , Haltiwanger, J. , Syverson, C. (2008). "Reallocation, firm turnover, and efficiency: Selection on productivity or profitability?" American Economic Review 98,394 - 425.

Girma, S. , Wakelin, K. (2001). "Regional underdevelopment: Is FDI the solution? A semiparametric analysis", GEP Research Paper 2001/11, University of Nottingham, U.K.

Globerman, S., Kokko, A., Sjoholm, F. (2000). "International technology diffusion: Evidence from swedish patent data", Kyklos 53,17－38.

Gorg, H., Greenaway, D. (2004). "Much ado about nothing? Do domestic firms really benefit from foreign direct investment?"World Bank Research Observer.

Gorg, H., Strobl, E. (2005). "Spillovers from foreign firms through worker mobility: an empirical investigation". Scandinavian Journal ofEconomics 107,693－709.

Griliches, Z. (1979). "Issues in assessing the contribution of research and development to productivity growth". Bell Journal of Economics 10,92－116.

Griliches, Z. (Ed.), (1984). R&D, Patents, and Productivity. University of Chicago for the NBER.

Griliches, Z. (1990). "Patent statistics as economic indicators: A survey". Journal of Economic Literature 28,1661－1707.

Griliches, Z. (1995). "R&D and productivity: Econometric results and measurement issues". In: Stoneman, P. (Ed.), Handbook of the Economics of Innovation and Technological Change. Blackwell Publishers, Oxford.

Griliches, Z., Mairesse, J. (1998). "Production functions: The search for identification". In: Strom, S. (Ed.), Econometrics and Economic Theory in the 20th Century: The Ragnar Frisch Centennial Symposium. Cambridge University Press, Cambridge, pp. 169－203.

Grossman, G., Helpman, E. (1991). Innovation and Growth in the Global Economy. MIT Press, Cambridge, MA.

Hall, R., Jones, C. (1999). "Why do some countries produce so much more output per worker than others?" Quarterly Journal of Economics.

Hallward-Driemeier, M., Giuseppe, I., Kenneth, S. (2002). "Exports and Manufacturing Productivity in East Asia: A Comparative Analysis with Firm-Level Data". Working Paper, University of California at Los Angeles (December).

Haskel, J., Sonia, P., Matthew, S. (2007). "Does inward foreign direct investment boost the productivity of domestic firms?" Review of Economics and Statistics.

Hayek, F. A. (1945) "The use of knowledge in society". American Economic Review 35, 519－530.

Hirschman, A. (1958). The Strategy of Economic Development. Yale University Press.

Howitt, P. (2000). "Endogenous growth and cross-country income differences". American Economic Review 90,829－844.

Iacovone, L., Keller, W. (2009). Import Competition and Technology Upgrading: Evidence from China's Entry in the World Trade Organization. University of Colorado (work in progress).

Iacovone, L., Javorcik, B., Keller, W., Tybout, J. (2009). Wal-Mart in Mexico: The Impact of FDI on Innovation and Industry Productivity. University of Colorado (April).

Irwin, D., Klenow, P. (1994). "Learning spillovers in the semi-conductor industry". Journal of Political Economy 102,1200－1227.

Jaffe, A., Trajtenberg, M. (2002). Patents, citations and innovations: A window on the knowledge economy. MIT Press, Cambridge, MA.

Jaffe, A., Manuel, T., Rebecca, H. (1993). "Geographic localization of knowledge spillovers as evidenced by patent citations". Quarterly Journal of Economics 108,577 - 598.

Javorcik, B. (2004). "Does foreign direct investment increase the productivity of domestic firms? In search of spillovers through backward linkages". American Economic Review 94 (3),605 - 627.

Javorcik, B. , Spatareanu, M. (2008). "To share or not to share: Does local participation matter for spillovers from foreign direct investment?"Journal of Development Economics 85, 194 - 217.

Javorcik, B. , Keller, W. , Tybout, J. (2008). "Openness and industrial responses in a Wal-Mart world: A case study of Mexican soaps, detergents and surfactant producers". World Economy (December).

Katayama, H. , Lu, S. , Tybout, J. R. (2009) "Firm-level productivity studies: Illusions and a solution". International Journal of Industrial Organization 27(3),403 - 413.

Keller, W. (1996). "Absorptive capacity: On the creation and acquisition of technology in development". Journal of Development Economics 49,199 - 227.

Keller, W. (1998). "Are international R&D spillovers trade related? Analyzing spillovers among randomly matched trade partners". European Economic Review 42,1469 - 1481.

Keller, W. (2000). "Do trade patterns and technology flows affect productivity growth?" World Bank Economic Review 14,17 - 47.

Keller, W. (2001). "Knowledge Spillovers at the World's Technology Frontier". CEPR Working Paper # 2815(May).

Keller, W. (2002a). "Geographic localization of international technology diffusion". American Economic Review 92,120 - 142.

Keller, W. (2002b). "Trade and the transmission of technology". Journal of Economic Growth 7,5 - 24.

Keller, W. , Yeaple, S. (2008). "Global Production and trade in the Knowledge Economy". NBER Working Paper (December).

Keller, W. , Yeaple, S. (2009a). Gravity in a Weightless World. University of Colorado (October).

Keller, W. , Yeaple, S. (2009b). "Multinational enterprises, international trade, and productivity growth: Firm-level evidence from the United States". Review of Economics and Statistics (forthcoming).

Kerr, W. R. (2008)"Ethnic scientific communities and international technology diffusion". Review of Economics and Statistics 90,518 - 537.

Koskinen, K. U. , Vanharanta, H. (2002). "The role of tacit knowledge in innovation processes of small technology companies", International Journal of Production Economics, 80,57 - 64.

Larrain, F. B. , Lopez Calva, L. F. ,Roduriquez-Clare, A. (2000). " A Case Study of Foreign Direct Investment in Central America". Harvard University. CID Working paper # 058 (December).

Leamer, E. , Levinsohn, A. (1995). "International Trade Theory: The Evidence," The Handbook of International Economics: Vol. III, Grossman, G. , Rogoff, K. (eds.), Elsevier Science B. V. , pp. 1339 - 1394.

Lumenga-Neso, O. , Olarreaga, M. , Schiff, M. (2005). "On 'indirect' trade-related R&D spillovers". European Economic Review 49,1785 - 1797.

MacGarvie, M. (2006). "Do firms learn from international trade?" Review of Economics and Statistics .

Madsen, J. (2007). "Technology spillovers through trade and TFP convergence: 135 years of evidence for OECD countries". Journal of International Economics 72, 464-80.

McNeil, L. , Fraumeni, B. (2005). "International Trade and Economic Growth: A Possible Methodology for Estimating Cross-Border R&D Spillovers". BEA Working Paper 2005 - 03, Washington, DC.

Melitz, M. (2003). "The impact of trade on intra-industry reallocation and aggregate industry productivity". Econometrica.

Moulton, B. R. (1990) "An Illustration of a Pitfall in Estimating the Effects of Aggregate Variables on Micro Unit," The Review of Economics and Statistics, MIT Press 72(2), 334 - 338.

NSF (2007). "Asia's rising science and technology strength: Comparative indicators for Asia, the European Union, and the United States". National Science Foundation, Arlington, VA, Report NSF 07 - 319.

NSF (2005). Research and Development Data Link Project: Final Report. NSF and Census Bureau, Bureau of Economic Analysis (June).

OECD (1993). Main definitions and conventions for the measurement of Research and Experimental Development (R&D). A summary of the Frascati Manual. OECD, Paris.

Olley, S. , Pakes, A. (1996). "The dynamics of productivity in the telecommunications equipment industry". Econometrica 64, 1263 - 1297.

Pakes, A. (1986). "Patents as Options: Some Estimates of the Value of Holding European Patent Stocks". Econometrica 54(4), 755 - 784.

Pavcnik, N. (2002). "Trade liberalization, exit, and productivity improvements: Evidence from Chilean plants". Review of Economic Studies 69, 245 - 276.

Polanyi, M. (1958). Personal Knowledge; Towards a Post-Critical Philosophy. University of Chicago Press, Chicago, IL.

Poole, J. P. (2009). "Knowledge transfers from multinational to domestic firms: Evidence from worker mobility". Working Paper, UC Santa Cruz (June).

Quah, D. (1999). "The Weightless Economy in Economic Development". Discussion Paper # 417.

Rhee, Y. , Ross-Larson, B. , Pursell, G. (1984). "Korea's competitive edge: Managing the entry into world markets". Johns Hopkins University Press for the World Bank, Baltimore, MD.

Rodriguez-Clare, A. (1996). "Multinationals, linkages, and economic development". American Economic Review 86, 852 - 873.

Rodrik, D. (1999). "The New global economy and developing countries: Making openness work. " Overseas Development Council (Baltimore, MD) Policy Essay No. 24.

Singh, J. (2003). "Knowledge Diffusion and Multinational Firms: Evidence Using Patent Citation Data". Working Paper, Graduate School of Business Administration and Department of Economics, Harvard University.

Singh, J. (2005). "Collaborative networks as determinants of knowledge diffusion patterns". Management Science 51, 756 - 770.

Sjoholm, F. (1996). "International transfer of knowledge: The role of international trade and geographic proximity". Welt- wirtschaftliches Archiv 132,97 - 115.

Teece, D. (1977). "Technology transfer by multinational firms: The resource cost of transferring technological know-how". Economic Journal 87,242 - 261.

Thompson, P., Fox Kean, M. (2005). "Patent citations and the geography of knowledge spillovers: A reassessment". American Economic Review 95,450 - 460.

Utar, H. (2009). Learning by Exporting through Access to Foreign Technical Service Markets. University of Colorado (May). van Biesebroeck, J. (2005). "Exporting raises productivity in sub-Saharan African manufacturing firms". Journal of International Economics.

von Hippel, E. (1994). "'Sticky information' and the locus of problem solving: Implications for innovation". Management Science 40,429 - 439.

Wooldridge (2008). Introductory Econometrics, 4th edition, South-Western Publishers.

Xu, B. (2000). "Multinational enterprises, technology diffusion, and host country productivity growth". Journal of Development Economics 62,477 - 493.

Xu, B., Wang, J. (1999). "Capital goods trade and R&D spillovers in the OECD". Canadian Journal of Economics 32,1258 - 1274.

第五部分

创新成果

第 20 章
创新和经济发展

Jan Fagerberg[*], Martin Srholec[*] 和 Bart Verspagen[*,†]
[*]奥斯陆大学技术创新与文化中心
挪威
[†]马斯特里赫特大学经济系，创新与技术经济研究所
荷兰，马斯特里赫特

目录

摘要/107
关键词/107
1. 引言/108
2. 创新、赶超和落后：文献归纳/109
  2.1 "旧"新古典增长理论：一派乐观景象/110
  2.2 知识和发展/111
  2.3 如何赶超：需要"新制度工具"/112
  2.4 社会能力和吸收能力/113
  2.5 技术能力/115
  2.6 国家创新系统/116
  2.7 新增长理论/117
  2.8 能力和其他因素/118
3. 国家能力的测度/118
4. 发展中国家的公司创新/124
  4.1 典型实例/125
  4.2 基于 CIS 和 PICS 数据的计量经济学研究/129
5. 发展中国家创新的国际来源/135
6. 结论/139
致谢/140
参考文献/140

摘要

人们通常认为创新主要由研发密集型企业中的高学历人员进行和实施，而这些公司正引领着世界科学中心。从这个角度而言，创新是典型的"第一世界"活动。然而，我们还可以超越这幅高科技图景，从另一个角度看待创新。基于更广阔的视角，创新——发明或改良产品、工艺或生产方式的行为——存在于大多数甚至所有经济活动当中。本章从第二种视角出发展开讨论。第 1 节讨论与世界各地相同，发展中国家与创新的密切联系。第 2 节探讨创新的现有理论和实证文献，并由此得出一个重要结论：发展中国家需发展必要能力，以利用技术并使自身获益。但这些能力包括哪些方面以及如何衡量？第 3 节对识别和衡量国家能力的相关研究进行调查。然而，有观点认为这些能力的发展主要取决于公司行为。因此，第 4 节关注发展中国家公司创新活动的相关研究，并总结经验教训。第 5 节分别探讨国内及国外技术来源对发展中国家创新的激励作用。最后一节总结主要的经验教训。

关键词

发展　创新　创新调查　测度　开放性

1. 引言

创新对经济发展而言是否非常重要?如果重要,其作用机制又是如何?我们认为,如何回答这些问题取决于对创新一词的界定。普遍认为(也是媒体常用的说法),创新是利用知识的最新进展,为经济富足的高端客户提供全新的高级解决方案。这种意义上的创新通常是由研发密集型企业的高学历员工进行。虽然这些企业规模各异,但都与科学界领先的卓越中心联系紧密。因此从这种意义而言,创新是典型的"第一世界"活动。

然而,还可以从另一个角度看待创新,不再局限于上文所描绘的高科技图景。基于这个更广阔的视角,创新——发明或改良产品、工艺或生产方式的行为——存在于大多数甚至所有经济活动当中(Bell 和 Pavitt, 1993; Kline 和 Rosenberg, 1986)。创新不仅包括采用新技术生产的新产品和新工艺,还包括物流、分配和营销等领域的进步。即使是所谓的低技术产业也可能会进行大量创新并产生巨大的经济效应(von Tunzelmann 和 Acha, 2004)。此外,创新一词也可指代本地环境出现的新变化,即使该变化对国际知识前沿的贡献微乎其微。从这个意义上讲,创新对发展中国家与对其他地方而言同样重要。虽然发展中国家的许多创新成果与高科技世界的重大突破相比略逊一筹,但其累积的社会和经济影响却不输后者(Fagerberg 等,2004)。从这个更广阔的视角来看,创新对发展中国家与其对发达国家而言同样重要。后文中公司创新活动调查得出的证据也有力地证实了这一点。

可以说,技术和创新对经济发展的作用机制一直以来都是一个备受争议的问题(Fagerberg 和 Godinho, 2004)。本章第 2 节回顾了 Torstein Veblen 对近一个世纪前德国工业化进行的探讨。Veblen 指出了技术的实质、技术赶超的条件等一系列问题,这些问题一直是文献讨论的核心内容。事实上,他对欠发达国家技术和经济赶超的前景十分乐观。近半个世纪之后,新古典主义经济学家也开始研究这些问题,他们同样持乐观态度。新古典主义经济学认为技术是所谓的"公共物品",世界各地所有人都可以免费获取。因此,新古典经济增长理论(Solow, 1956)认为只要允许市场力量发挥作用,全球经济中的赶超和收敛现象就会自动(且快速)进行。

然而其他派别的作者,例如以 Alexander Gerschenkron(1962)为代表的经济史学家,或是受 60 年代起对 Joseph Schumpeter 著作的再度研究启发的经济学家,对这一前景则并不乐观。他们认为技术赶超不会自然而然地发生,成功实现赶超需要进行大量努力以及制度的变革(Ames 和 Rosenberg, 1963)。相关文献的核心主题涉及公司、行业及国家为逃离低速发展陷阱所需的各项“能力”。按照这种观点,未能成功发展合适的技术能力及其他互补条件的国家会继续落后。文献提出了一系列概念,如“社会能力”(Abramovitz, 1986; Ohkawa 和 Rostovsky, 1974)、“技术能力”(Kim, 1980,1997)、“吸收能力”(Cohen 和 Levinthal, 1990)和“创新系统”(Edquist, 1997; Lundvall, 1992; Nelson, 1993)。同时,也涌现出大量实证文献,关注经济发展的以上方面(概述参见 Archibugi 和 Coco, 2005; Fagerberg 和 Godinho, 2004)。本章第 2 节将对不同观点进行探讨,并思考其对发展的意义。

前文主要讨论赶超和经济增长的相关文献。在随后的第 3 节中,我们将着重分析相关实证证据。探究创新、技术扩散与经济发展的关系时,由于可用数据始终有限。直到最近几十年,各国政府和国际组织开始加大投入,收集创新和扩散相关因子的统计数据,并利用这些投资提高国家(包括发展中国家)技术能力(或竞争力)。

探究国家技术能力利用的许多数据反映的都是公司活动,但有关公司创新活动的直接信息却缺失较多。然而自 20 世纪 90 年代初,一些国家(主要是欧洲国家)开始调查公司创新活动,随后发展中国家也开展了此类调查。调查基于广义的创新概念之上,不仅限于“世界首创”产品,因而有望揭示有关发展中国家创新活动的重要发现。目前调查仍在持续进行,本章第 4 节将对此展开探讨。

最后,第 5 节将探究另一个备受争议的问题,即发展中国家的技术活动对外来溢出的依赖程度。大量经济理论和应用研究(参见 Coe 和 Helpman, 1995; Grossman 和 Helpman, 1991)认为外部技术来源在除世界大国以外的所有国家中均占主导地位,并据此提出针对发展中国家的众多政策建议。批评人士主张这不仅仅是技术的获取问题,还涉及吸收技术以促进发展的能力。我们总结并检验现有的相关证据。第 6 节总结我们对创新和发展的认知现状。

2. 创新、赶超和落后:文献归纳

本节介绍了研究主题方面的主流文献派别。20 世纪 50 年代所谓“旧”新古典增长理论可作为研究的出发点。新古典主义的理论基础是作为“公共物品”的技术可由世界各地所有人免费获取,因而技术能有力地平衡全球经济。然而,相关应用研究很快就证实了该理论所描绘的乐观景象与调查证据并不相符,因此不得不另寻他法,理解技术和创新对经济发展的作用。

20 世纪八九十年代,另一派别开始广泛传播,虽然其中一些理论是建立在较为久远的研究基础上,这一派别的几位知名历史学家(及其他社会科学家)认为,能否在实践中成功利用技术以促进发展取决于一国培养必需"能力"的水平。此后涌现了大量文献,试图回答这些"能力"所包含的内容及其作用机制,后文中我们将对这些文献进行一一调查。"能力"文献研究的某些主题,如体制和政策对技术及经济发展的作用,也是 1985 年后兴起的所谓"新增长理论"的核心内容,本节最后我们将讨论新增长理论的观点主张。

2.1 "旧"新古典增长理论:一派乐观景象

大多数人直觉认为知识与经济发展关系密切,因此获取知识对发展中国家而言应当至关重要。然而,经济学家对发展却有着不同的见解。自 200 多年前所谓"古典政治经济学"诞生之日起,经济学家一直用人均资本积累来解释收入或生产率差异。他们认为经济增长差异同样能反映出资本积累的不同速度。这一观点反映了在所谓的(第一次)工业革命期间,"机械化"作为促进生产率增长的方式之一所发挥的重要作用。大量经济推理的参照系在工业革命期间得以形成。

后来,Robert Solow 在其"新古典增长理论"(Solow, 1956)中采用了这一观念。Solow 的模型建立在标准的新古典主义假设之上,例如完全竞争(和信息)、最大化行为、无外部性、积极且递减的边际产量、无规模经济等。Solow 的模型认为生产率增长得益于每位工人所占用资本量的增加。但随着人均资本量递增,资本的边际生产力递减,因而资本劳动力比率进一步增加的空间也逐渐缩小。最终,资本劳动力比趋于一个常数,生产率也停止增长。在国内生产总值保持长期均衡状态期间,资本存量和劳动力均以外生决定的相同速度增长。

然而,为了研究人均 GDP 的长期增长,Solow(1956)增加了一个外生因子并称其为"技术进步"。按照 Solow 的解释,技术或知识是"公共物品",人人都可免费获取。Solow 没有讨论其对多国世界的影响,但是在后续的新古典主义研究看来,如果技术或知识在美国可免费获取,那其在国际上也可免费获取是理所当然的事情。该领域一位知名的实证研究员的评论极具代表性:"知识是国际商品,所以知识进步……对各国的贡献率应是相同的……"(Denison, 1967,第 282 页)。新古典经济增长模型依据这一假设,预测各国人均 GDP 的长期增长将与国际技术进步等速增长,且增速均由外生因素决定。

该框架中唯一能够解释各国人均增长差异的因子是所谓的"转型动态",各国的初始条件不同,达到长期均衡过程的增长速度也各不相同。穷国的增长速度超过富国,可能是因为在劳动力充足而资本匮乏(即资本劳动力比率低)的国家中,资本回报率应当更高,资本累积速度更快,人均收入增长也更多。此外,资本会在国际范围内流动,且流向利润前景最好的国家,因而这一趋势会大大增强。由此可见,穷国和富国的收入差距应该会逐渐缩小(所谓的"收敛")并最终消失。

然而很快人们就发现事实并没有这么简单。自 20 世纪 50 年代末起，调查长期增长影响因子的实证研究持续增多。战后有关国民经济核算的研究将 GDP 分解为各组成部分。实证研究也大致遵循这一方法，试图分解 GDP 增长(所谓的“增长核算”)。Moses Abramovitz(1956)在其对美国增长的历史研究中首先进行了此类核算。结果显示美国的生产率增长中只有一小部分来自于要素增长。因此，绝大部分生产率增长仍未得到解释(残差)，只能归为所谓的全要素生产率增长。Abramovitz 表示：“这一结果令人意想不到……我们对生产率增长的原因知之甚少，而这一因素的重要性显示出我们对经济增长的原因也一无所知。”(Abramovitz，1956，第 11 页)。这一结果很快就得到了其他研究(Denison，1962；Kendrick，1961；Solow，1957)的证实，此后利用不同数据集(参见 Easterly 和 Levine，2001 对近期相关证据的概述)进行的研究都反复得出同样的结果。虽然学者为“压低残差”(引自 Nelson，1981)进行了多方尝试，[①] 但结果——仅关注要素增长的理论不可能准确解释长期增长——现已被普遍接受。

此外，研究还证明穷国和富国最终会实现收入收敛——新古典增长理论的核心预言——也不符合事实(Islam，2003)。实际上，工业革命以来呈现的长期趋势是生产率和收入的发散而非收敛。例如经济历史学家 David Landes 研究发现，世界最富和最穷国的人均收入或人均生产率的差距在过去 250 年间急剧扩大(Landes，1998)。虽然不同研究对这一增长的估计结果不同，但其定性解释大致趋同。

2.2　知识和发展

我们又回到了最开始的地方——知识对增长的作用。“知识”或“对事物的了解”有多种形式，可以是仔细审视某现象后得出的详细理论知识，也可以是通过研究证明因果关联确实存在的实践经验(虽然深层原因尚不了解)。调查或学习可以创造知识，但教育、培训或仅凭观察模仿也可以获得知识。创造(或获得)知识不需要经济动机(或效应)，虽然大多数事件的背后都存在经济动机。通常将产品和服务的生产及分配知识称为“技术”，这也是经济学家最感兴趣的话题。然而技术这一概念是仅指实体工艺(硬件)的知识，还是组织/管理这些工艺(软

① 有两种方法“压低残差”。一是为质量、组成等的改变做出调整，尽可能地将技术进步体现在要素本身当中(Denison，1962；Jorgenson 和 Griliches，1967；Madison，1987)。Denison(1962)首创第二种方法：增加其他可能的解释变量，例如结构变化、规模经济等。某些情况下，可增加的解释变量数量众多。欲知更多详细论述，请参见 Madison(1987)和 Fagerberg(1994)。

件)的知识也包含在内,目前尚无定论。但后者,即技术的广义理解,对经济分析显然更有意义。若不知道如何将实体工艺融入有序的生产和分配体系中,则实体工艺的价值也未可知。

引言部分提到,技术、创新对赶超过程的作用在一个多世纪以来一直备受争议。通常认为 Torstein Veblen 首次建立了赶超过程分析框架,不妨将这一框架作为我们讨论的出发点。Veblen(1915)分析了德国向彼时经济领先的英国发起的赶超,认为近期技术变革改变了新进经济体实现工业化的条件。早些时候技术大多掌握在员工手中,阻碍了技术扩散,因此熟练技工的迁移是技术跨界传播的必要前提。然而随着机械技术的发展,上述逻辑也发生了改变(Veblen, 1915,第 191 页)。不同于先前技术传播的必要条件,这种新知识"有着明确的形状,便于保存及传输;以这种方式转移并获取知识既不费力,也不存在不确定因素"(Veblen, 1915)。

虽然 Veblen 描述该过程时没有使用现今普遍应用的术语,但我们仍能清楚得知他的意思——先前的技术是"隐性的",由员工掌握,而后来更多的是将技术"编码化"以便于传输。因此赶超实现起来应该会相对容易,且在"其他条件合适的情况下",赶超基本上就是"这一新产业所创造的经济诱因和……机会的问题"(Veblen, 1915,第 192 页)。后来者可以直接采用"现成"新技术而无须分担其开发成本,因此他们的利润十分可观(Veblen, 1915, 第 249 页)。基于上述情况,Veblen 预言其他欧洲国家(如法国、意大利和俄罗斯)很快便会纷纷效仿(他还提到了日本)。

技术的这种解读方法后来被标准新古典主义经济学全套采用。该方法将知识视为信息的集合,向一切感兴趣的人免费开放,而且可以重复利用(不会枯竭)。若果真如此,显然知识会给予世界各国同等益处,也就无法解释各国的增长和发展差异。由此可以得知,最早尝试用知识解释经济发展差异的并非严格意义上的经济学家,而是经济史学家(许多经济史学家研究知识或技术的方法不同于经济学的普遍观点)。技术知识(无论是来自学习还是有组织的研发)并非公共领域物品,不是任何人随时随地都可以免费利用的。归根结底,技术知识有赖于私人企业的特定相关能力及其网络/环境,因此知识的转移并非易事。就技术和经济赶超前景而言,这些作者远没有新古典增长理论乐观,他们认为赶超绝不会自动进行,落后国家需要进行大量的投入和能力建设。

2.3 如何赶超:需要"新制度工具"

经济史学家 Alexander Gerschenkron 为后续文献奠定了基础(Gerschenkron, 1962)。他指出,一些国家处于技术前沿,其他国家的技术则相对落后。虽然两者的技术差距意味着落后国家"大有希望",可以通过模仿前沿技术实现高速增长，但同时也存在着诸多问题，阻碍落后国家获得最大利润。Gerschenkron最喜欢举一个多世纪前德国赶超英国的例子。英国实现工业化时，技术还主要是劳动密集型且规模较小。但随着时间推移，技术的资本和规模密集度提高，因此当德国开展工业化时，准入条件已发生巨大改变。因此，Gerschenkron主张德国发明新体制工具以克服这些障碍，尤其是发明金融领域"老牌工业化国家中绝无仅有的工具"(Gerschenkron，1992，第7页)。他认为这些经验对其他技术落后国家同样适用。

通常认为Gerschenkron的研究离不开其对投资银行的关注，他认为投资银行对调动发展资源起着关键作用。然而Shin(1996)指出，Gerschenkron关注的是赶超所需的工具或(用最近的说法)能力，以及公共和私人领域参与者对发展这些能力的作用，因此其研究试图更全面地理解赶超所需条件。Shin还强调赶超所需的能力具有历史偶然性。例如，制约19世纪末德国赶超的因素和制约战后初期日本或近期其他亚洲国家的不尽相同。因此，虽然各国都需要发展这些能力，但其确切性质在不同历史时期、行业/领域及发展水平却各不相同。

2.4　社会能力和吸收能力

和Gerschenkron一样，Moses Abramovitz也强调了后来者的赶超潜力[①]。他提出借助两个概念——技术一致性和社会能力来解释各国发展潜力的差异。[②] 第一个概念是指领先国家和追随国家在市场规模、要素供给等领域的一致程度。例如，19世纪末美国出现的技术体系高度依赖国内大型的同质市场，而这种市场规模在当时的欧洲基本不存在。这也能够说明为何美国的技术体系在欧洲扩散缓慢。第二个概念是指发展中国家成功赶超的必备能力，例如发展教育(尤其是技术教育)、改善商业基础设施(包括金融体系)。Abramovitz认为西欧在第二次世界大战后之所以能够成功赶超美国，是技术一致性增强和社会能力提高双重作用的结果。他列举欧洲经济一体化的例子说明技术一致性的提高，即欧洲经济一体化催生了更大更同质的欧洲市场，促进了原本适合美国环境的规模密集型技术的转让。社会能力的影响因素众多，他列举了教育水平普遍提高和金融体系对变革资源的有效调动等因素。

"社会能力"的概念很快就得到了广泛的应用研究。但Abramovitz本人也承认概念的界定十分"模糊"(Abramovitz，1994a，第25页)，因此对这一概念的解读众说纷纭。虽然Abramovitz发现社会能力很难衡量，但他对这一概念的涵

① 他的定义如下："后来者向生产率更高的经济体学习并采用其最佳技术和组织方法，因此有更大机会获得发展"(Abramovitz，1994b，第87页)。

② "社会能力"这一术语来自于Ohkawa和Rostovsky(1974)。

盖范围仍然有着清楚的把握。他认为以下几个方面对社会能力尤其重要(Abramovitz, 1986, 1994a, b):

- 技术能力(教育水平)。
- 大型企业的组织管理经验。
- 能够大规模调动资金的金融机构和市场。
- 诚实和信任。
- 稳定的政府及其在制定(执行)规则、维持经济增长方面发挥的效用。

增长和发展的应用文献还研究了与社会能力相关的一个概念——吸收能力。"吸收能力"并非新术语。早在很久以前,发展经济学就用其指代发展中国家对新进投资的吸收能力(Adler, 1965; Eckaus, 1973)。然而,越来越多的人认识到知识对增长和发展的作用,于是开始用这一术语指代吸收知识的能力。Rostow(1980,第267—277页)对这一新内涵做出如下概括:"经济增长取决于对已有和正在发展的相关知识的吸收速度;吸收速度取决于熟练技工和资本的利用情况;中等收入国家之所以能够加速增长,是因为积累了大量操作熟练的人力资本(包括企业家),从而加快了对现有知识的吸收速度。"

Wesley Cohen 和 Daniel Levinthal 合著了一部颇具影响力的著作(Cohen 和 Levinthal, 1990)。其中,二人将"吸收能力"的概念运用到公司层面,将其界定为"公司对外部新信息的价值认知、同化及商业应用的能力"(Cohen 和 Levinthal, 1990,第128页)。学者在分析国际技术外溢时普遍使用"吸收能力"的这一新解,后文(第5节)将会进行讨论。Cohen 和 Levinthal 认为吸收能力取决于公司早先的相关知识,而早先知识又反映出公司的累计研发。但二人也注意到,累计学习具有路径依赖性,不利于公司获取其专业领域外的新知识。因此对公司而言,与外部知识持有者建立联系以维护公司知识库的多样性,这一点至关重要。

虽然 Cohen 和 Levinthal 关注的是公司层面,但二人的推导也适用于更宏观的层面,例如地区或国家(Eaton 和 Kortum, 1999; Griffith 等, 2004; Keller, 1996),地区和国家层面的研究也继续使用"吸收能力"这一术语。然而需要注意的是,Cohen 和 Levinthal 所使用的概念包括三个不同过程,即搜寻、同化(或吸收)发现结果和商业应用。因此,除了常见的"吸收"之意,该术语还包含利用和创造知识的能力。二人参考了相关心理学文献,认为同化现有知识的能力和创造新知识的能力极其相似,没有必要进行区分(Cohen 和 Levinthal, 1990,第130页)。Zahra 和 George(2002)的观点则恰恰相反,二人主张创造和管理知识所需技能不同于利用知识的技能,因此应分别对二者进行研究和衡量。他们将利用知识的能力称作"转换能力"。同样,Fagerberg(1988)和 Fagerberg 等(2007)在分析国家能力时,也区分了国家凭技术进行竞争的能力(他们称之为

“技术竞争力”)和实现技术商业应用的能力(所谓的“能力竞争力”),无论技术最早是在何处发明的。

2.5 技术能力

Gerschenkron 和 Abramovitz 将研究重点放在欧洲和美国,但 20 世纪 70 年代后涌现了对世界其他地区赶超(或缺乏赶超)的研究。例如众多文献表明,不仅是日本(Johnson, 1982),亚洲其他所谓的“新型工业化国家”(Amsden, 1989; Hobday, 1995; Kim, 1997; Kim 和 Nelson, 2000; Nelson 和 Pack, 1999; Wade, 1990)都有意识地进行能力建设。韩国仅用 30 年时间就从世界最贫穷的国家跃升至世界技术强国之列,其发展历程受到了极大关注。Linsu Kim 对其的研究最具权威性,使用“技术能力”这一概念(Kim, 1980)分析并解释了韩国发展奇迹。他将“技术能力”定义为“有效利用技术知识同化、使用、调整并变革现有技术的能力。技术能力还包括发明新技术,研发新产品和工艺……的能力”(Kim, 1997,第 4 页)。因此,这一概念不仅包括有组织的研发(许多发展中国家只进行小规模的研发),还包括实现技术商业化应用所需的其他能力。[①]

韩国的电子公司(例如三星)起初只是被动地实施进口技术,后来逐渐转型升级,更为积极地引进渐进式创新,最终进入行业创新型竞争前列(所谓的实施—同化—改进序列)。Kim 从中总结了经验,并在此基础上展开分析。他认为,各国在向前发展的过程中应该对创新能力提出更为严格的要求。因此就实施赶超的公司或国家而言,适宜的技术能力水平并非一成不变,需要持续改进(Bell 和 Pavitt, 1993)。

文献(参见 Dahlman 等,1987; Kim, 1997; Romijn, 1999)普遍从三个方面考虑技术能力:生产能力、投资能力和创新能力。维持生产设备的高效运转、根据不断变化的市场环境调整生产需要生产能力。建造生产工厂、调整项目设计以吸引投资需要投资能力。最后,发明新技术(例如研发新产品或服务)、进一步满足市场需求需要创新能力。

技术能力这一概念可追溯至一个名为“技术能力获得”的项目。该项目诞生于 20 世纪 70 年代末,由世界银行的 Larry Westphal 组织,成员还包括 Alice Amsden, Jorge Katz, Linsu Kim 和 Sanjaya Lall 等。此后,面向不同集聚水平的大量研究都使用这一概念。最初有关技术能力的研究大多聚焦东亚的高速技术赶超(Amsden, 1989; Fransman, 1982; Hobday, 1995; Kim, 1980,1997)及未发生高速技术赶超的国家和地区,例如拉丁美洲(Fransman 和 King, 1984, Katz, 1984; Teitel, 1981)、印度(Lall, 1987)或曾经的中央计划经济体

① 事实上,Kim 对技术能力的界定同 Cohen 和 Levinthal(1990)定义的吸收能力极其相似,Kim(1997)交替使用这两个概念。

(Hanson 和 Pavitt, 1987)。该项目还提出了一些类似概念,包括"技术掌握"(Dahlman 和 Westphal, 1981; Fransman, 1982)和"技术活动"(Dahlman 和 Westphal, 1982)等,但接受程度都远不如"技术能力"。①

虽然概念发明之初是服务于公司层面的分析,但后来全行业或国家层面的分析也开始使用这一概念。Sanjaya Lall 在一项调查(Lall, 1992)中强调了"国家技术能力"的三个方面:掌握并高效利用必备(财政)资源的能力;技能,不仅包括普通教育,还包括专业的管理和技术知识;"国家技术活动",与研发、专利和技术人员等度量标准相关。他指出,国家技术能力不仅取决于本国技术投入,还依赖通过机械设备进口或 FDI 获取的外国技术。Lall 还区分了严格意义上的技术能力及其经济效应。他认为这些效应还取决于经济主体所面临的激励性因素,无论这一激励是来自于政治决策(即政府政策)还是蕴含在长期体制当中(即法律框架)。可以看出,Lall 的论证与 Abramovitz 十分相似。因此,技术能力和社会能力这两个概念可能有着相当多的重合:两者均包含技能养成和资金方面的相关内容。下一节会详细讨论其影响。

20 世纪七八十年代,多个新型工业化国家成功实现赶超。经济学家受到启发,采用全新方法看待全球经济的动态变化。该研究方法将开展合适的技术活动(或能力)作为分析核心(Dosi 等,1990; Fagerberg, 1987,1988; Verspagen, 1991;参见 Fagerberg 和 Godinho, 2004 的概述)。Fagerberg(1987,1988)以 Schumpeter 理论为基础构建了实证模型,包含创新、模仿及其他与技术商业化应用有关的活动,将其看作经济增长的推动力。该研究表明赶超或收敛绝非必然事件,而是取决于创新和模仿的平衡、二者的难易程度及各国的必备能力。Verspagen(1991)将类似观点应用到非线性设定中,同时包含赶超和"低速增长陷阱"。研究表明,"社会能力"较低的穷国有可能"跌入陷阱"。此外,Fagerberg 和 Verspagen(2002)提供的证据表明创新对发展的重要性与日俱增,提醒发展中国家的决策者当务之急是进行创新。

2.6 国家创新系统

研究发现技术和社会因素在经济发展过程中相互作用,表明需要一个更宽泛、更系统的研究方法,将这种相互作用纳入研究范围。② 因此 20 世纪八九十

① 文献综述参见 Dahlman 和 Westphal (1982)、Dutrenit (2000)、Evenson 和 Westphal (1995)、Figueiredo (2001)、Fransman 和 King (1984)以及 Romijn (1999)。早期文献还可参见《世界发展》特刊(第 5—6 期,1984)及《发展经济学》(第 1—2 期,1984)、《牛津发展研究》(第 3 期,2004)及《国际技术管理》(第 1/2/3 期,2006)。

② Edquist(2004,第 182 页)在一项调查中表示,国家创新系统应包含"一切重要的经济、社会、政治、组织、制度及影响创新的发展、扩散及应用的其他因素"。

年代，一种研究各国的技术发明及盈利能力的新方法应运而生，即所谓的“国家创新系统”法。Christopher Freeman 分析日本（Freeman，1987）时首次公开使用这一概念，随后研究人员在分析作为国家技术和经济发展基础的互动过程时也普遍使用了这一概念（Lundvall，1992；Nelson，1993；概述参见 Edquist，2004）。OECD、欧盟和联合国等组织加强了数据统计工作，对各国创新体系现状进行评估。但直到最近，文献才开始运用创新系统方法研究发展中国家（Lundvall 等，2006；Muchie 等，2003；Viotti，2002），相关研究仍处于起步阶段。

此外，关于创新系统的定义及实证研究方法，文献尚无定论。一些研究人员强调，有必要根据该系统的功能和活动发明统一方法，指导实证研究（Edquist，2004；Johnson 和 Jacobsson，2003；Liu 和 White，2001）；其他人则主张采用灵活开放的研究方法（Lundvall，2007）。

2.7　新增长理论

20 世纪八九十年代，经济学家对知识（技术）在增长和发展中的作用愈发感兴趣。理论方面的重要发展是所谓“新增长理论”的诞生（Aghion 和 Howitt，1992，1998；Romer，1986，1990）。该理论认为，各国的经济发展差异是由境内（大多是国内）内生知识积累差异所致。

虽然新技术知识可能从一国溢出至另一国，但该理论认为外溢过程（像知识产权一样采取法律方式，或是采取非正式形式）面临重重阻碍，因为只有这样才能确保创新者在大多数情况下都能获得最大利润。因此，这一理论认为长期经济增长主要取决于知识产权的占有条件及执行情况。发达国家和发展中国家对知识产权的日益重视及两者的相互关系（即 TRIPS 协定，参见 Granstrand，2004）一定程度上反映出经济理论的研究重点正在转移。此外，该理论预测大国的创新能力较小国更强，创新盈利更多。小国若奉行自由贸易，对国际资金流动采取自由立场，则可一定程度上克服规模弊端。因此该理论认为想要实现赶超，国家必须开放对外贸易和外商投资（Coe 和 Helpman，1995；Coe 等，1997；Grossman 和 Helpman，1991）。

人们普遍认为开放贸易能够促进增长，但相关证据却十分薄弱（Fagerberg 和 Srholec，2008；Rodriguez 和 Rodrik，1999；Rodrik 等，2004）。事实上，在对比研究了脱离低速发展陷阱的国家和持续贫困的国家之后，文献发现两者在国际贸易的开放程度（由进口贸易、内向 FDI 和国外许可费衡量）上并不存在明显区别。然而，这并不意味着知识跨国流动对增长和发展而言无关紧要。本章第 5 节将进行更加详细的探讨。

2.8 能力和其他因素

从调查中可以看出,研究能力对发展的作用的理论及应用文献浩如烟海。然而从讨论中明显能够看到相关学者也提出过类似概念,这些概念多多少少都存在重叠且操作性较低。应如何定义或构建技术和社会能力等概念的衡量方法?实证研究应如何看待严格意义上的技术能力与广义的社会、体制及政治框架(如“社会能力”)间的紧密关系?这些问题的重要性毋庸置疑。Abramovitz 领跑该领域的研究,正如前文所述,他认为这些问题无法得到精确的实证检验。但后文会提到近几年可用指标大幅增加,尤其是发展的“非经济”方面,且近期研究在处理这些重要又棘手的问题上也取得了实质性进展。

3. 国家能力的测度

前文提到在过去几十年间,有关“能力”和“创新系统”对发展的作用的概念研究蓬勃发展。但这些概念的实证操作性如何?正如 Archibugi 和 Coco(2005)所言,定量的测度这些概念实属不易。尽管如此,仍有学者做出了一些尝试,本节会更加详细地讨论定量测度这些概念的可能性。例如,Furman 等(2002)以及 Furman 和 Hayes(2004)建议利用专利数衡量一国的创新系统(或他们所称的“创新能力”),发现收入水平相当的国家其专利数却大不相同。然而,专利指的是发明而非创新,且一些行业的专利使用要比其他行业更加频繁。国际上对专利新颖性的要求使得构成全球创新活动主体的小型创新/调整不会被计算在内,因为这些小型创新/调整根本不能申请专利。此外,专利涉及各项成本(包括财政成本和机会成本),发展中国家的知识产权系统可能难以发挥作用,这些也会导致其发明者的专利使用率低。因此若用专利数衡量创新系统,则落后于技术前沿国家(尤其是发展中国家)的大部分创新活动都会被遗漏。正因如此,衡量发展中国家技术能力或创新系统的研究大多会进行更全面的考量。

此举值得推荐,文献也建议综合考量,但同时也会为数据的获取和研究方法带来挑战。在此类研究中,通常是大多数发达市场经济体居于显著地位,而发展中国家和前社会主义经济体在许多可能有用的指标上常常信息不足,从而给研究造成困难。表 1 改编自 Fagerberg 和 Srholec(2008),概述了文献认为对技术和社会能力度量至关重要的各项因素,并列举了可能的实证指标。

表 1　能力的度量

维　度	度 量 指 标
科学、研究和创新	科学论文发表、专利数、研发支出(总/商业)、创新数量
开放性	贸易、外商直接投资、研究型合作/与国外商业伙伴联合、技术许可、外来移民
生产质量/生产标准	国际(ISO)标准、全面质量管理、精益生产、准时制生产
通信技术基本设施	远程通信、互联网、计算机
财政	获取银行信贷、股票市场、风险投资
技能	初等、中等及高等教育、管理和技术技能
政府治理质量	腐败、法律与秩序、法院独立、财产权、利于商业发展的规章制度
社会价值观念	社会活动、信任、宽容、宗教伦理、对科技的态度

前文提到过,技术能力的概念指的是创造、寻找、吸收知识并实现其商业化应用的能力。实现技术能力的一个重要因素是 Kim(1997)所称的"创新能力"。不同数据来源反映了这一能力的不同方面。例如,一国的发明和创新活动一定程度上取决于该国科学基础的质量,而科学基础的质量可以通过科技期刊上发表的文章反映出来。研发支出衡量的是开发新产品或新工艺的部分(而非全部)资源,而专利对应的是开发过程中创造的(可申请专利的)发明。然而,许多发展中国家没有研发数据。所有国家都有专利数据,但许多甚至大多数创新都未申请专利。因此该方法同其他指标一样,仅仅反映了创新能力的一部分而已。企业创新性(创新数量)的自我判断是另一可能的信息来源,但只有少数国家能提供这类数据,且数据的时间跨度有限(参见第 4 节和本卷 Mairesse 和 Mohnen 所著章节)。

各国的相互开放(或互动)能够促进技术转移(外溢),激发创新。前文提到过,受"新增长理论"启发的研究特别强调了这一问题。相关应用文献大多关注跨国技术转移的四种渠道:贸易、FDI、移民和许可(概述参见 Cincera 和 van Fottelsberghe, 2001; Keller, 2004 和本卷)。发展中国家的部分渠道数据匮乏,尤其是后两种渠道的相关数据,因而相关研究结果可想而知。本章第 5 节会做详细探讨。

Kim(1997)认为"生产能力"是技术能力另一方面的重要体现,可以通过质量标准(ISO 9000)的采用情况进行衡量。ISO 认证实质上是程序性的,但其逐渐成为对供应高质量市场的企业提出的要求,因此可能反映出对生产质量的高度重视。此外,Lall(1992)等的早期研究没有过多关注信息与通信技术,但如今想要实现赶超的国家必须重视发展信息与通信技术基础设施。这不仅对生产能力至关重要,也是一国创新能力的关键。私人电脑数量、网民数量及固定/移动电话用户数量是反映信息与通信技术应用情况的可能指标。大多数国家都能提供这些指标的相关数据。

Gerschenkron, Abramovitz 和 Lall 均指出,一国的财政系统对调动资源以实现赶超具有重要作用。Kim 在定义"投资能力"时也提到了这一点。一系列研究(参见 King 和 Levine, 1993; Levine, 1997; Levine 和 Zervos, 1998)也强调了财政系统的作用。能力文献的作者采用定性维度进行研究,而这一维度仅凭现有数据很难度量。但我们可以通过(对私人部门的)贷款数额或国内资本市场上市公司的资本总额,度量一国财政部门的(定量)发展。

Abramovitz 和 Lall 等人强调的另一类因素涉及教育和技能,文献也出具了有力证据(Barro, 1991; Benhabib 和 Spiegel, 1994; Nelson 和 Phelps, 1966, Verspagen, 1991;概述参见 Krueger 和 Lindahl, 2001)。Abramovitz 和 Lall 都重点关注了专门的管理和技术技能,但这些信息同样难以获取,尤其是在样本容量较大且各国发展水平不同的情况下。大多数国家都能提供更为基础的教育数据,例如识字率、小学的教师学生比以及中高等教育入学率。

政府部门和各项制度都会奖励经济主体创造和传播知识的行为,文献也普遍认识到其对国家技术能力具有重要作用。虽然无法对其进行"硬"计量,尤其是在大规模的跨国比较研究当中,但国际组织经常会进行一些调查,为治理和政策的测度带来启发。例如,现有调查数据涉及建立并运行公司的难度、法律及秩序的普及率、法院独立性、对(知识)产权的重视程度、政治稳定性或腐败程度(Botero 等, 2004; Djankov, 2009; Djankov 等, 2002, 2003; Kaufmann 等, 2003; La Porta 等, 2004; Park, 2008;世界银行, 2009)。这些因素对创新都有潜在的重要影响,且不同政治制度都有相关的调查数据。[①]

然而 Abramovitz 指出,政府行为对创新活动和发展结果的影响还取决于社会主流价值观,例如宽容、诚实、信任和公民参与。这些价值观有助于开展对社会有益的合作性活动,研究认为其属于所谓的"社会资本"(Putnam, 1993;概述参见 Woolcock 和 Narayan, 2000)。普遍认为社会资本相关文献研究的这类因素对经济发展有着重要作用。例如 30 多年前,Kenneth Arrow 就指出"世界经济落后的主要原因是缺乏相互信任"(Arrow, 1972,第 357 页)。但问题是如何度量信任程度。"世界价值观调查"为相关研究提供了信息来源。Knack 和 Keefer(1997)收集了 29 个(多数是发达)国家的此类数据,分析信任、公民行为

① 因此我们发现区分创新和广义经济生活方面的"治理质量"以及政治制度的特性是个有效办法。此处我们讨论的衡量方法主要是指前者(治理质量)。

范式和群体成员与经济发展之间的关系。然而此类数据的时间跨度较小，国家覆盖率有限，至少近期还无法涵盖大量发展中国家。

潜在的有用指标相对较多，因此以这类数据衡量文献中提到的各项能力时，可供利用的信息也十分充足。关键问题是如何整合众多信息，将其归纳成不同维度(即各项能力)，并做出清晰的经济阐述。建立组合变量最常用的方法是选取几项相关指标，用预先确定的(通常是相同的)权重综合加权(Archibugi 和 Coco，2005)。该方法存在的问题是权重往往是随意选定的。Adelman 和 Morris(1965，1967)发明了一种替代方法，即用所谓的“要素分析”(Basilevsky，1994)考察上述问题。要素分析的理论基础十分简单：同一维度的指标之间可能有很强的关联，由此可将(包含多项指标的)复杂大型数据集简化为少数组合变量，每个变量均反映出特定的数据变化范围。

Fagerberg 和 Srholec(2008)对 1992—2004 年间 115 个国家和 25 个指标的数据进行了要素分析。经过分析，他们选出了四个首要要素，总体解释了指标总变异量的四分之三。第一个要素(也是就定量而言最重要的)主要围绕“技术能力”的相关指标，例如专利、科技论文、信息与通信技术基础设施、ISO 9000 认证以及融资渠道。然而，该要素也与教育密切相关，因此其跨越了文献中对技术能力(Kim，1997)和社会能力(Abramovitz，1986)的区分。Edquist(2004)对创新体系的定义是“影响创新的发展、扩散及应用的能力”(或“要素”)。Fagerberg 和 Srholec 提出将该要素作为上述能力的综合衡量指标，并命名为“创新系统”。图 1 展示了其研究发现，横轴为创新系统要素得分，纵轴为所调查国家的人均 GDP。

可以看出，“创新系统变量”和人均 GDP 所反映的经济发展密切相关。回归线之所以存在偏差，主要是因为资源丰富经济体(例如 OECD 国家)的人均 GDP 水平较其创新体系质量显示的水平稍高，而部分前中央计划经济体的人均 GDP 则比估计值稍低。Fagerberg 和 Srholec 研究表明，较小的国家(就人口而言)反而拥有最高级的创新系统，例如澳大利亚、丹麦和挪威。[①] 按照国际标准，这三个国家不仅专利数少，研发支出也低，但仍处在经济发展前列。Fagerberg 和 Srholec(2008)认为原因可能是这些国家善于利用知识。

表 2 对不同组合变量进行对比，以度量(国家)技术和/或社会能力(活动)。Archibugi 和 Coco(2004)分析了 20 世纪 80 年代末和 90 年代 162 个国家的数据，二人发明的 ArCo 衡量方法即是取反映技术能力各个方面(专利、论文发表、信息与通信技术、用电量和教育)的八个不同指标的平均值。由此可见，这是一

① 该结果与 Furman 等(2002)以及 Furman 和 Hayes(2004)的结果不同。根据专利统计得出的证据，后者强调美国、日本和德国等大型经济体全球领导的作用。

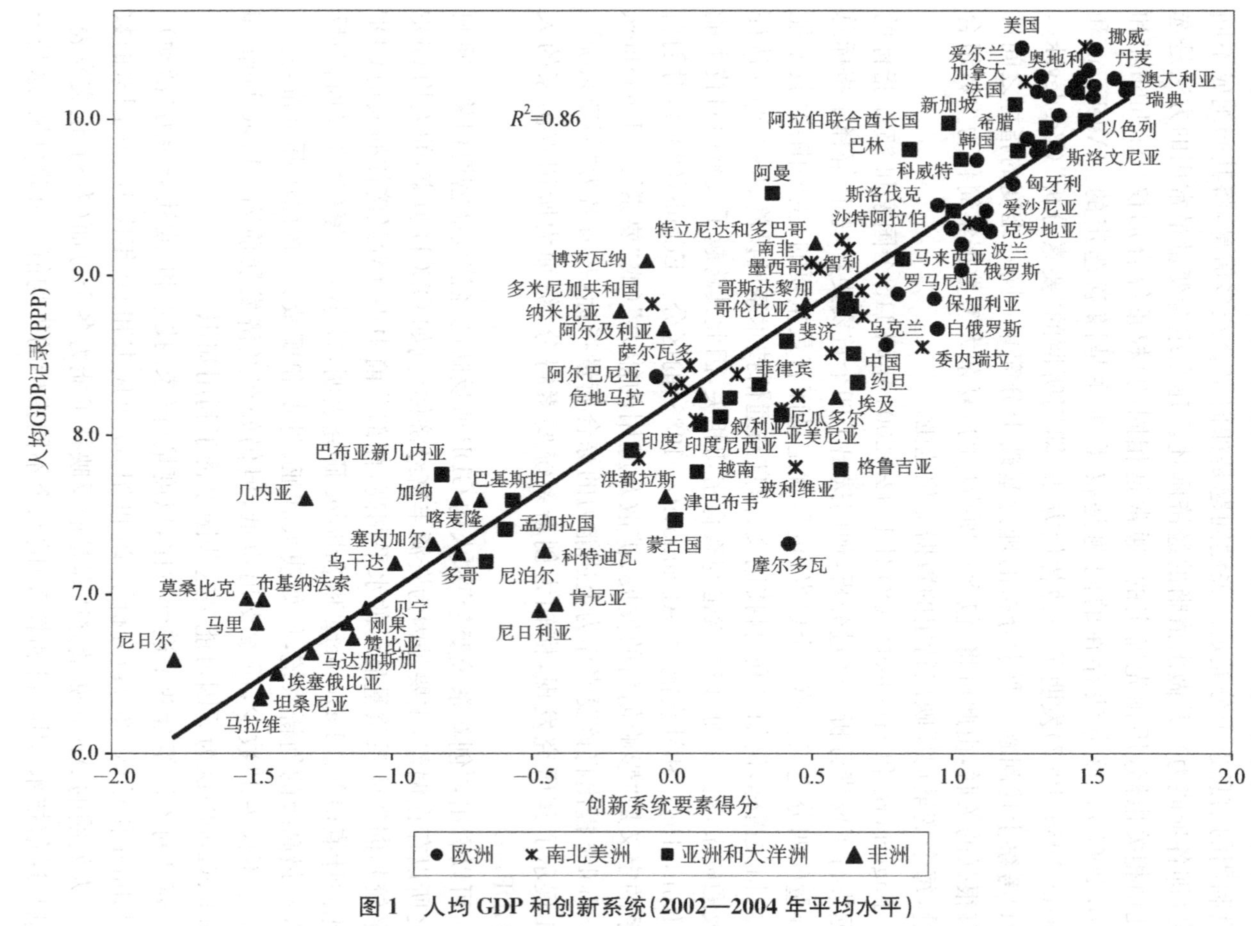

图 1　人均 GDP 和创新系统(2002—2004 年平均水平)

资料来源：Fagerberg 和 Srholec(2008)。

个相对广泛的衡量方法。Fagerberg 等(2007)也试图发明一种广泛的衡量方法,其设计的技术和产量竞争力指标分别反映了研发和利用技术的必备能力。社会研发变量由 Adelman 和 Morris(1965)首创,后经 Temple 和 Johnson(1998)改进。该变量结合了结构指标(农业、城市化等的比重)、社会经济特征(中产阶级、社会流动、读写能力等的作用)以及大众传媒的发展(以新闻广播在人群间的传播为衡量标准)。Temple 和 Johnson(1998)提议用该方法衡量社会能力或社会资本。最后,根据健康和教育统计数据(UNDP, 2004)得出的人类发展指标反映了社会发展(即福利)水平。

表 2 国家能力不同度量方法间的相关性

	指标	参考文献	参照期	(1)	(2)	(3)	(4)	(5)	(6)
(1)	ArCo	Archibugi 和 Coco (2004)	2000		0.90	0.93	0.92	0.85	0.89
(2)	创新体系	Fagerberg 和 Srholec (2008)	2000—2004	115		0.74	0.85	0.89	0.96
(3)	技术竞争力	Fagerberg 等 (2007)	2002	90	79		0.84	0.53	0.72
(4)	产量竞争力	Fagerberg 等 (2007)	2002	90	79	90		0.69	0.87
(5)	社会研发变量	Temple 和 Johnson (1998)	1957—1962	73	57	53	53		0.88
(6)	人类发展指标	UNDP(2004)	2004	154	114	89	89	68	

注:对角线上方是各对衡量方法的相关系数,对角线下方是各对(共同)观察项的数量。

表 2 主要说明上述衡量方法之间存在密切关联。例如 ArCo 和创新体系指标的相关系数为 0.90。由此可见,上述衡量方法反映出的要素排序具有稳健性。第二,上述方法和人类发展指标密切相关,因为二者在本质上有重叠的部分。这也符合文献的发现,证明技术能力和社会能力存在密切联系(Fagerberg 和 Srholec, 2008)。

由此可以联想到,经济发展和能力建设是同步进行的,但相关性本身无法证明因果关系。Fagerberg 和 Srholec(2008)的证据(计量经济测试的形式)表明能力建设能够促进经济发展。然而,衡量能力建设的许多相关数据来源的时间跨度仅有几年(某些情况下只有一年),因而因果关系的测试范围有限,所以不排除经济发展也能促进能力建设的可能性。随着相关数据来源时间跨度的加大,我们将更加深入地了解二者间的关系。这也是今后研究的重点。

一国的能力建设还受到长期因素影响,如历史(Acemoglu 等,2001,2002)、地理或自然环境(Alesina 等,2003; Bloom 等,2003; Gallup 等,1999; Masters 和 McMillan, 2001; Sachs 等,2004)。不对这些因素加以考虑会导致推论出现偏误。Fagerberg 和 Srholec(2008)发现,历史、地理和自然方面的不利因素的确会阻碍创新系统的发展。两人均认为,该结果证实了由于当今人类(或各国政客)无法控制的某些原因,一些国家落后于另一些国家,因此需为这些落后国家提供发展援助。

4. 发展中国家的公司创新

本节将从宏观层面进入微观层面,从国家技术能力转向公司创新活动。人们习惯认为发展中国家的本土企业只会被动采用外国技术。然而自 20 世纪 70 年代末起,人们清楚了公司的运作方式,也渐渐认识到仅凭进口资本品是无法实现技术赶超的。研究表明在发展中国家,即使是基本的生产能力也不是从天而降,而是创造出来的(Dahlman 和 Westphal, 1982; Fransman, 1982; Kim, 1980; Katz, 1984; Teitel, 1981 等)。事实证明,发展中国家的情况与技术发明国的情况截然不同。因此,要实现技术的充分利用,本土企业需要根据投入、喜好、习惯和文化差异改造外国技术(Evenson 和 Westphal, 1995)。改造的过程中可能会创造新知识并实现创新。

在发展中国家的环境下不需要严格区分创新和扩散(或模仿)(Bell 和 Pavitt, 1993)。在扩散阶段通常会继续进行创新,发展中国家和发达国家都是如此(Metcalfe, 1988; Rosenberg, 1972)。因此,即使发展中国家的公司确实高度依赖别国技术的扩散,但在改造进口技术的过程中仍有实现创新和增长的巨大空间(Fransman, 1982; Hobday, 1995; Kim, 1997; Voss, 1988)。这类小型创新包括根据具体环境对现行技术轨道做出的改进。虽然这些改进从技术上讲是次要的,但却具有重大的经济意义(Hall, 2004)。

还有一点需要强调,发展中国家公司的技术能力不仅限于研发方面。Bell 和 Pavitt(1993)指出,发展中国家大多数公司的创新能力体现在各个方面。他们认为,这些能力通常集中在维护、工程或质量控制部门(而不仅仅是研发部门)。然而,这不意味着研发不重要。例如,Kim(1980)就强调研发对公司吸收外来技术(尤其是在更高发展阶段)的重要作用。同时 Kim(1980)认为,与当地其他公司或组织保持密切互动——Lall(1992)称之为"关联"能力——同样重要。发展中国家的公司自身技术能力不足,其创新活动受到内部限制的阻碍,常以失败告终。而保持密切互动有利于公司破除创新的内部限制。近期文献(参见第 2 节)强调从系统的角度看待企业创新活动,与上述观点不谋而合。

Figueiredo(2006)在最近的一项调查中指出，有关发展中国家企业创新的现有证据绝大多数都是定性的，使得我们在这方面的了解十分有限。相关研究通常只包括少数案例分析，分析对象主要是单一行业或国家的大公司。研究采用的定义、类型以及指标测度方法往往各不相同，因此很难进行比较研究，也很难将研究发现概括为一般规律。文献已针对发展中国家的创新活动提出诸多假设，但由于上述差异的存在，很难对各种假设进行统计检验。

不过值得注意的是发达国家也存在这一情况。但自 20 世纪 90 年代初起，有关各方根据所谓的《奥斯陆手册》(Oslo Manuel)(Smith, 2004)展开调查，收集更多有关公司创新活动的信息。起初，发起者主要是欧盟成员国，因此得名“欧盟创新调查(CIS)”。但后来许多非欧洲国家，包括一些发展中国家也开始收集这类信息(Blankley 等，2006; Jaramillo 等，2001; UNU-INTECH, 2004)。在各方努力下，一部关于发展中国家创新调查的手册(所谓的《波哥大手册》(Bogota Manual)，参见 Jaramillo 等，2001)诞生了。《波哥大手册》的作者认为早先奥斯陆调查创新的方法过于狭隘，要准确考察组织变革、员工培训、信息与通信技术应用等因素，需对该方法加以扩展。后来，相关人员根据《波哥大手册》对《奥斯陆手册》进行了多次修订，第三版含有一份发展中国家创新衡量的单独附录(OECD, 2005)。

根据《奥斯陆手册》第三版(OECD, 2005，第 46 页)，“创新是商业惯例、场地组织或外部关系方面的新型或经过重大改良的产品(物品或服务)、工艺、营销手段或组织方法。”这种广义的创新类似于 Schumpeter(1934)最初所下的定义。然而在 CIS 调查中，创新的“新”仅针对公司而言，不需要考虑市场或国际层面。因此《奥斯陆手册》第三版对创新的定义也包括了被 Schumpeter 归为模仿的活动。[①] Schumpeter 明确区分了创新和模仿，因而二者在这一点上存在分歧。但《奥斯陆手册》的定义适用于渐进式创新及近期文献强调的创新与扩散的密切关联。然而从比较观点来看，该定义的完全主观性也会带来问题，因为在一国被认定为创新的事物在另一国不一定属于创新。

4.1 典型实例

20 世纪 90 年代初以来，欧洲已进行了多次创新调查。结果显示，创新活动与发展水平存在密切关联——人均 GDP 水平越高，参与创新活动的企业比重就越高。然而，虽然发达经济体往往会更加频繁地进行创新(尤其是产品创新)，但上述结果也表明创新的分布极其广泛，不仅限于最发达的欧盟国家。

① 有关 Schumpeter 的理论和创新不同定义的延伸讨论，参见 Fagerberg(2003,2004)。

表3列举了各国创新调查的主要结果。其中一些国家在几十年前发展十分落后,但后来都成功缩小了与发达国家之间的差距,因此得名"赶超经济体"。某些国家进行了多次调查,此时我们会选择最近的一次(往往质量更高)。① 然而,处理数据时应小心谨慎,因为问题设置、参考时段以及抽样方法不尽相同(UNI-INTECH, 2004)。例如一些调查仅限于制造业,而该行业的创新频率要高于其他行业。但结果显示发展中国家也频繁创新,且该结论也得到了证实。约四分之一的中国公司表示参与了创新活动,且该国调查依照高质量标准进行,巴西或土耳其的调查结果也没有太大不同。而在其他国家,例如泰国和俄罗斯,调查结果明显偏低。原因可能是参考时段仅为一年,对创新型公司造成了一定限制。然而,俄罗斯进行的多次创新调查都显示同样结果,表明该国创新活动的水平可能确实较低。

表3　赶超经济体的创新调查

	人均 GDP (PPP)	反馈率(%)	受访者数量	参考时段	拥有新研发或重大改进的公司的比重(%)	
					产品	工艺
斯洛文尼亚	18 405	88	2 960	2002—2004	20	22
韩国*	18 271	61	—	2002—2004	36	23
中国台湾	18 247	34	3 356	1998—2000	28	33
捷克共和国	17 634	74	6 188	2003—2005	27	30
匈牙利	14 836	77	3 950	2002—2004	14	13
斯洛伐克	12 803	73	2 195	2002—2004	15	17
爱沙尼亚	11 892	79	2 201	2002—2004	37	33
克罗地亚	11 639	77	3 094	2004—2006	17	24
波兰	11 608	87	—	2002—2004	15	19
阿根廷*	11 421	76	1 627	2002—2004	39	37
立陶宛	11 042	94	1 639	2002—2004	17	20
拉脱维亚	10 101	—	2 990	2002—2004	9	10
南非	9 290	37	979	2002—2004	42	35
智利*	9 103	15	706	1999—2001	43	40

① 一些其他的发展中国家,包括哥伦比亚、古巴、厄瓜多尔、巴拿马、秘鲁、新加坡、特立尼达和多巴哥以及委内瑞拉,也收集了类似数据。出于可比性考量,我们决定这些国家的调查不计算在内。

（续表）

	人均 GDP（PPP）	反馈率（%）	受访者数量	参考时段	拥有新研发或重大改进的公司的比重（%）	
					产品	工艺
俄罗斯	9 101	—	—	2004	<10	
墨西哥*	9 038	69	1 515	1999—2000	27	24
马来西亚*	8 496	19	749	2000—2001	32	27
乌拉圭*	7 981	98	814	2001—2003	23	26
土耳其	7 460	—	—	2004—2006	22	23
保加利亚	7 212	80	13 710	2002—2004	14	8
巴西	7 196	—	10 600	2001—2003	20	27
罗马尼亚	7 193	78	9 180	2002—2004	15	18
泰国	7 091	43	2 582	2003	6	5
突尼斯	6 812	79	586	2002—2004	51	49
中国*	6 043	82	31 436	2004—2006	25	25

注：* 仅制造业。
资料来源：国家统计局及其他来源。

同样值得一提的是世界银行开展的生产力与投资环境调查（Productivity and Investment Climate Survey，PICS），也提供了发展中国家创新活动的相关信息。该调查涵盖了 100 多个（主要是）发展中国家的约 50 000 家企业，涉及企业商业活动的各个方面，包括创新和学习（世界银行，2003）。表 4 总结了创新与发展（按购买力平价计算的人均 GDP，以 2000 年为基期，美元为单位的不变价格）的相关结果。出于对数据代表性的考量，我们仅收录了包含 1 000 个（及以上）观察项的数据集，筛选出 20 多项调查。此外，这些调查虽由世界银行统筹，但不同年份的问卷对创新问题的表述不同，可能会影响调查结果。为了控制这些差异，我们按问卷相似度对国家进行分组。①

① 例如，在中国（表中第一个条目），公司被问及是否“开展了新业务”和“改进了新工艺”。巴西和其他第二组国家的公司被问及是否“（成功）开发了新的重要产品线”及“获得了改变主要产品生产方式或生产新产品的新技术”。最近一波调查（表格底端）采用了更加广泛的定义，指“任何新开发的或经过重大改进的产品”和“任何新开发的或经过重大改进的生产工艺，包括供应方法和运送方式”。

表 4　世界银行组织的生产率和投资环境调查提供的创新证据

国家	人均 GDP (PPP)	受访者数量	参考时段	参与创新的公司所占的比例(%)	
				产品	工艺
问卷 A					
中国	2 496	1 498	1998—2000	21	30
中国	2 787	2 375	1999—2002	24	33
问卷 B					
波兰	12 488	968	2002—2004	35	34
土耳其*	9 302	1 323	2003—2004	36	42
巴西*	7 883	1 640	1997—2002	68	68
泰国*	7 224	1 042	2005—2006	48	46
泰国*	5 933	1 385	2001—2002	50	52
埃及*	4 332	977	2002—2003	15	11
埃及*	4 687	995	2004—2005	19	—
摩洛哥*	3 107	831	2000—2002	25	35
印度*	2 004	2 240	2003—2004	40	16
越南*	1 942	1 149	2003—2004	44	45
问卷 C					
墨西哥*	11 142	1 119	2003—2005	35	34
乌克兰	6 048	848	2005—2007	57	—
尼日利亚*	1 736	945	2004—2006	54	53
孟加拉国*	1 071	1 201	2004—2006	33	45
土耳其	10 870	1 148	2005—2007	45	—

注：* 仅制造业。
资料来源：世界银行(2003,2008)。

上述数据得出的整体结论是发展中国家也频繁创新。① 同 CIS 调查一样，PICS 调查的创新也仅对公司而言，而非市场或国际层面的“新”。然而发展中国

① 一个有趣的发现是除了中国，PICS 调查的创新结果远高于 CIS 调查。二者采用的创新定义并无太大不同，但调查结果却出现较大差异。据我们所知，没有研究对这一结果进行解释。二者的主要区别是 CIS 的调查问卷更详细，且使用了“创新”一词。

家的公司可以模仿发达国家的现有技术并从中盈利，因此相比欧洲或其他国家的公司，发展中国家的公司——其他条件相同——引进创新的概率更高。主要原因可能是国外先进技术的扩散，Kim(1997)称之为“模仿中创新”——而非“世界级”重大技术突破。但正如前文所言，创新的经济意义仍然不容置疑。

4.2　基于 CIS 和 PICS 数据的计量经济学研究

公司创新的典型事实蕴含丰富的信息，但无法说明公司创新的原因及创新对公司绩效的影响。研究人员构建计量经济学模型以深入研究这些问题，我们将对这些研究的各个方面进行探讨。表 5 和表 6 概述了相关研究。[①]

要构建模型进行研究，首先应寻找变量解释创新。本节讨论的第一类论文(见表 5)就旨在解决这一问题。表格右侧列举了研究考察的关键解释变量。虽然模型、样本和方法各不相同，但结果似乎十分稳健。首先，同发达国家的情况一样，大公司的创新概率比小公司要大，但小公司的创新产品销售份额往往更高。另一方面，公司年龄对创新不起促进作用。广义的(即不仅是内部研发，还包括设计、施工、质量标准、信息与通信技术应用、营销、管理和技能方面的能力)技术能力发展完备的公司显然更富创新性。同样，经常利用外部知识并与顾客、供应商和创新系统其他环节积极互动的公司也更擅长创新。衡量外资所有权时未发现其对创新有积极效应，在近半数的被分析案例中外资所有权与创新不存在明显关联，且出口贸易和创新亦无显著关联。[②]

创新对公司绩效的影响(见表 6)是文献研究的另一个重要问题，评估该效应常用的计量经济学方法是所谓的 CDM(Crepon-Duguet-Mairesse)结构模型(Crepon 等，1998)。该模型利用 CIS 类型数据，相继考察了研发、创新和劳动生产率的相互关联。研究人员已利用该模型对至少 8 个发展中国家进行了评估。大多数国家的估计结果都证实其中一个创新变量统计显著。Lee 和 Kang (2007)运用不同方法，发现流程创新对生产率具有积极效应，而产品创新对生产率则没有影响。相反，Goedhuys 和同事利用 PICS 数据进行研究时，并未发现创新对生产率具有任何显著影响(Goedhuys，2007a，b；Goedhuys 等，2008a，b)。

---

① 应该指出列表不可能详尽无遗，因为还有许多相关研究正在进行当中。此外，根据创新以外的其他数据来源展开的调查，例如传统的研发调查(或研究项目组织的其他调查)也不包含在内。

② 出乎意料的是这些研究几乎没有考虑(开放)进口贸易的效应。进口开放常常起促进作用且统计显著，与外资所有权和出口贸易形成鲜明对比。另外几项研究未包含在表格中，因其将出口贸易作为独立变量，认为有可能是创新导致了出口。Chudnovsky 等(2007)，Correa 等(2007)，Damijan 等(2008b)以及 Ozcelik 和 Taymaz(2004)在研究阿根廷、巴西、斯洛文尼亚和土耳其时发现创新与出口之间存在积极且统计显著的关联，但研究厄瓜多尔时未发现同样关联。

表 5　根据赶超经济体 CIS/PICS 调查的微观数据对企业创新倾向的估计

作者	调查	国家	样本容量	方法	因变量	关键结果														
						规模	年龄	研发	广泛能力	教育	购买	关联	外资所有	出口	进口	人均产量	利润	行业	地区	国家
Pamukcu (2003)	CIS	土耳其	1 108[①]	2probit	创新	+				+	0		0	0	+		0	Y		
Lee (2004)	CIS	马来西亚	501[①]	Logit	创新	+	−						0	−				Y		
Oerlemans 和 Pretorius (2006)	CIS	南非	189[②]	OLS	创新产品占销售额的比重	−		0	+	+	+	0	0	0				Y		
Crespi 和 Peirano (2007)	CIS	智利	1 048[①]	Hprobit	新上市的产品创新	+		+				+				+		Y		
Goedhuys (2007a)	PICS	坦桑尼亚	257	Probit	产品创新	0	0	+	+	+	+	+	0					Y		
Goncalves 等(2007)	CIS	阿根廷	1 256[①]	Proit	新上市的产品创新	+			+	+		+		−	+	+	+		Y	
					流程创新	+			+	+		+		0	0	+	+		Y	
		巴西	6 626[①]		新上市的产品创新	+			+	+		+		+	0	+	+		Y	
					流程创新	+			+	+		+		+	+	+	0		Y	

（续表）

作者	调查	国家	样本容量	方法	因变量	关键结果														
						规模	年龄	研发	广泛能力	教育	购买	关联	外资所有	出口	进口	人均产量	利润	行业	地区	国家
Hegde 和 Shaqira (2007)	CIS	马来西亚	1 819	Logit	产品创新	+	−	+	+	+		+	0	0				Y		
					流程创新	+	0	+	+	+		+	0	0				Y		
					组织创新	+	0	+	+	+		+	0	0				Y		
Sung 和 Carlsson (2007)	CIS	韩国	1 124①②	Lofit	产品创新	0	0	+				+	0	0			0	Y		
					流程创新	+	0	0				+	+	0			+	Y		
Srholec (2007)	CIS	捷克共和国	3 801	Mlogit	创新	+	−						+					Y	Y	
Almeida 和 Fernandes (2008)	PICS	43 国	15 522①	Probit	流程创新	+	−	+		+	+		±	+	+			Y		Y
Falk (2008)	CIS	6 个新欧盟成员国	10 018	Probit	新上市的产品创新	+	0							+	+				Y	
					产品创新	+	0							+	+				Y	
					流程创新	+	0							+	+				Y	
				Flogit②	创新产品占销售额的比重	−	−	+	+			+	+	+	+				Y	

(续表)

作者	调查	国家	样本容量	方法	因变量	关键结果														
						规模	年龄	研发	广泛能力	教育	购买	关联	外资所有	出口	进口	人均产量	利润	行业	地区	国家
Jaklic 等(2008)	CIS	斯洛文尼亚	1972②	Probit	创新	+		+		0		+	0	0		0		Y		
Karray 和 Kriaa (2008)	CIS	突尼斯	300①	Probit	产品创新	0		+		+			−					Y		
Srholec (2008)	PICS	28 国	15 818	Mlogit	产品创新	+	−	+	+	+								Y		Y
Srholec (2009)	CIS	7 个新欧盟成员国	28 846	Probit	创新	+	−						+	+				Y		Y

注：① 仅制造(行业)公司。
② 仅创新型公司。
变量——人均产量：每位员工的产量。利润：由销售利润代表的盈利率。创新：代指产品或流程创新。规模：公司规模。年龄：公司年龄。研发：占销售额比重或虚拟的内部研发。广泛能力：广泛的非研发能力，例如设计、施工、ISO 范式、信息与通信技术、营销、知识管理等。教育：劳动力的技能或培训。购买：外部实体(机械)或无实体(外部研发、许可等)技术。关联：与其他公司的联系(合作、获取信息等)。出口：占销售额的比重或虚拟的出口。进口：占销售额/投入的比重或虚拟的进口。行业：行业差异。地区：地区差异。国家：国家差异。
方法——2probit：二阶段 probit。Hprobit：Heckm an Probit。Flogit：fractional logit。Mlogit：多级 logit。OLS：最小二乘法。
符号——“+”：最低为 10%水平的显著为正。“−”：最低为 10%的显著为负。“0”：10%水平时与近乎为 0。“Y”：是。

表 6 根据赶超经济体 CIS/PICS 调查的微观数据对创新与生产率关联的估计

作者	调查	国家	样本容量	方法	因变量	关键结果															
						规模	年龄	人均资本	创新产品占销售额的比重	创新	产品创新	流程创新	组织创新	研发	广泛能力	教育	外资所有	出口	行业	地区	国家
Benavente (2006)	CIS	智利	438①	CDM	人均产量④	+		+	0							+			Y		
Chudnovsky 等 (2006)	CIS	阿根廷	1 410①	CDM	人均产量③	−				+	0	+				+	0	0	Y		
Jefferson 等 (2006)	CIS	中国	5 451①	CDM	人均产量④ 利润			+ +	+ +								+ +		Y Y		
Goedhuys (2007b)	PICS	巴西	1 061①	2LS	产量③	−	+				0	0		+	+	+	+	+	Y	Y	
Goedhuys 等(2008a)	PICS	坦桑尼亚	187①	OLS	人均产量④	0		+			0	0		0	+	+	+		Y		
Goedhuyss 等 (2008b)	PICS	5 国	389② 365② 956②	OLS	人均产量④ 人均产量④ 人均产量④	0 0 0		+ + +			0 0 0	0 0 0		0 + +	+ 0 +	+ 0 0		Y Y Y		Y Y Y	
Lee 和 Kang (2007)	CIS	韩国	2 539①	WLS	人均产量③	+	−				0	+		+	0			+	Y		
De Negri 等 (2007)	CIS	巴西	1 860①	CDM	人均资本 资本	+ −	 −			+ 	 +	 +				+	+	+	Y Y	Y Y	

(续表)

作者	调查	国家	样本容量	方法	因变量	关键结果															
						规模	年龄	人均资本	创新产品占销售额的比重	创新	产品创新	流程创新	组织创新	研发	广泛能力	教育	外资所有	出口	行业	地区	国家
Roud (2007)	CIS	俄罗斯	497①	CDM	人均产量③	—		+	+			0				+		0	Y		
Masso 和 Vahter (2008)	CIS	爱沙尼亚	1 142①	CDM	人均产量③④ 人均产量③④	— —		+ +			+ 0	+ 0	+ +					+ 0	Y Y		
Raffo 等 (2008)	CIS	阿根廷 巴西 墨西哥	1 308① 9 452① 1 515①	CDM	人均产量③ 人均产量③ 人均产量③	0 + +		+ +			0 + +	0 + +	0 + 0			+ + 0	+ + +		Y Y Y		
Damijan 等 (2008a)	CIS	斯洛文尼亚	4 947 4 171	CDM	人均产量④ 人均产量④	—		+ +		+ +	 +	 +					+ +	 0	Y Y		
Goedhuys 和 Srholec (2009)	PICS	42 国	19 147	Mlinear	人均产量④	+		+						+	+	+	+	+	Y		Y

注：① 仅制造(行业)公司。

② 389 家食品行业公司，365 家纺织行业公司，956 家服装和皮革行业公司。

③ 销售额代表产量。

④ 附加价值代表产量。

变量——人均产量、人均资本：每位员工的产量或资本。利润：由销售利润代表的盈利率。创新：代指产品创新或流程创新。规模：公司规模。年龄：公司年龄。研发：占销售额比重或虚拟的内部研发。广泛能力：广泛的非研发能力，例如设计、施工、ISO 范式、信息与通信技术、营销、知识管理等。教育：劳动力的技能或培训。出口：占销售额的比重或虚拟的出口。行业：行业差异。地区：地区差异。国家：国家差异。

方法——2LS：二阶段最小二乘法。CDM：Crépon-Duguet-Mairesse model。Mlinear：多层线性模型。OLS：最小二乘法。WLS：加权最小二乘法。

符号——“＋”：最低为 10%水平的显著为正。“—”：最低为 10%的显著为负。“0”：10%水平时与近乎为 0。“Y”：是。

最后，我们检验了现有文献对公司所处环境差异的考察方式。表 5 和表 6 中“关键结果”下的最后三个分栏记录了相关信息。可以看出所有研究都以某种方式控制了行业差异，但只有部分研究考虑了地域差异。Goncalves 等(2007)和 Raffo 等(2008)利用众多国家的数据进行估计，得出了同样模型，并发现了深层的结构和体制差异。Almeida 和 Fernandes(2008)，Falk(2008)，Goedhuys 等(2008b)和 Srholec(2009)收集了不同国家的微观数据，虚拟潜在的国家效应，许多估计结果都十分显著。Goedhuys(2007b)和 de Negri 等(2007)在一项相关研究中发现地域差异是显著的预测变量。

因此，虽然不同国家、地区和行业存在重要差异，但常用研究方法(利用虚拟变量)无法解释这些差异出现的原因。情境效应由一系列深层“框架条件”所致，为这些条件单独指定变量更有助于解释差异原因。标准回归分析通常假设观察结果之间相互独立。然而，若同一组(如某个行业、地区或国家)的观察结果受到特定情境因素影响，则该假设可能就不成立。在这种情况下，所谓的等级线性模型(Goldstein，2003)——也叫等级随机系数或方差分量模型——放宽独立假定，不失为一种更高效的分析工具。

Srholec(2007)利用捷克共和国的 CIS 数据构建等级线性模型，发现地区创新系统质量等多项地区因素会影响公司的创新活动，但这些效应的强弱取决于公司特征。Srholec(2008)根据 28 个国家(多数是发展中国家)的 PICS 数据构建了多层分类线性模型，表明除了包括一系列能力指标在内的公司特征，代表国家框架条件的多个变量也是公司创新能力的影响因素。同样，Goedhuys 和 Srholec(2009)利用 42 个国家的 PICS 证据进行跟踪调查时发现，国家因素会影响公司从其技术能力中的盈利。例如，研发强度更高的国家，其公司从研发支出中获得的好处要远多于低研发环境中其他条件相同的公司。因此，在一国发展过程中国家和公司能力是相互作用的。

本节所调查文献的不足之处是多数国家都缺乏面板数据，不利于考察因果关系的指向问题。理论上讲，工具方法有助于该问题的解决，但很难发现合适的工具。Griffith 等(2006)运用 CDM 建模时指出，尽管研究人员已尽了最大努力，但目前研究的重点还是相关性而非因果性。本节讨论的许多研究可能都存在这个问题。

5. 发展中国家创新的国际来源

虽然国家能力建设是赶超过程中受国内政策影响最为直接的一环，但赶超过程还有赖于外部知识和技术。外国知识有多种流入渠道，例如移民、许可、贸易和 FDI。[①] 部分知识流动不以市场为媒介,例如与外国政府的科技合作(发展援助的一部分)。然而,市场交易也会带来知识流入,例如专利许可。其他市场相关的形式包括贸易和投资或劳动力转移带来的知识流动(虽然劳动力通常是从发展中国家流向发达国家)。Arora 等(2004)认为现已出现明确的知识市场,例如工程服务,但主要存在于发达国家。

前文总结的"能力"文献大多关注各个国家的赶超经历(Lall 和 Urata, 2003)。研究各国历史可以发现,什么是获取外国知识最重要的渠道这一问题并没有统一答案。日本是最早实现成功赶超的亚洲国家。日本的工业化始于 19 世纪后半叶,但第二次世界大战见证了工业化进程的重大突破。Goto 和 Odagiri(2003)论述了战后日本人为学习外国技术,进口资本品、从西方企业获得技术许可(及其他形式的联盟)、逆向工程、派遣贸易代表团及利用其他形式的情报。总而言之,日本利用了除内向 FDI 以外的一切渠道获取先进外国技术(Goto 和 Odagiri, 2003,第 89 页)。

继日本之后,其他一些亚洲国家和地区也陆续实施赶超,例如韩国(Kim, 1997,2003)和中国台湾(Aw, 2003)。这些国家和地区也未利用 FDI 这一渠道进行知识转移。同日本一样,这些国家往往与外国公司保持距离,同时加强国内公司的能力建设,制定有利于技术学习的国内政策(即教育、行业政策和贸易政策)。过去,国内政策明确遏制外国公司参与本国经济,至少在赶超的初期阶段(20 世纪 70 年代末和 80 年代这一现象出现了改变,尤其是在韩国)。然而在亚洲其他一些国家,最有名的当属新加坡,FDI 从赶超过程之初起就是知识转移的重要渠道(Wong, 2003)。

上述国家和地区之所以对实现赶超的手段之一——FDI 重视不足,部分原因是其国内或地区内公司实力雄厚。Amsden(1989)认为韩国拥有大型的本土企业集团,对国内经济发展起到决定性作用。同样,日本和中国台湾的大企业集团在积极的官方政策扶持下,吸收外国知识以加强自身的技术能力建设。企业在该过程中逐渐学习,最终具备通过研发实现产品创新的能力。然而,所谓的原始设备制造(OEM)是能力建设的重要一环。亚洲企业按外国企业(日本以及西方企业)的具体要求为其制造产品(Hobday, 2000)。

因此,跨国公司在知识的跨国转移中发挥着重要的作用,且作用渠道不仅仅是 FDI。跨国公司是发达国家[②]私人部门的研发主体,视知识为关键财富及竞争

---

① 概述参见 Cincera 和 van Pottelsberghe(2001)和 Keller(2004)。

② 根据 2007 年英国贸易与工业部发布的"创新研发积分榜",微软的企业研发支出居世界首位,研发总预算约 82 亿美元。根据国际货币基金组织数据库,这一数字相当于莫桑比克的 GDP 总额(81 亿美元)。国际货币基金组织数据库的 GDP 中值为 207 亿美元,即微软研发预算的 2.5 倍。根据研发积分榜,2007 年共有 29(69)家企业的研发支出超过 20(10)亿美元。

优势的源泉。要在国外市场利用此类知识财富，主要有三种机制(Blomstrom 和 Kokko，1998)：为外国参与者颁发技术许可、向外国投资或开展出口贸易。

技术许可和其他形式的“保持距离型”知识贸易是知识转移的决定性渠道。直到近期，相关数据才得到广泛普及。发展中国家的技术付费是知识转移的重要渠道，尤其是在追赶早期阶段。但针对发展中国家技术付费的影响却鲜有(计量经济)研究。技术付费可以衡量技术流入，在 21 世纪初技术流入一般相当于 GDP 的 0～0.5%，发达国家(包括东南亚)技术流入创造的价值最大。FDI 流动可达 GDP 的 5%，因此技术流入相比 FDI 流动要低一个数量级。

显然，FDI 受到学界的大量关注，虽然相关文献十分匮乏。[①] FDI 带来的知识转让形式多样，可以是国内公司和跨国公司的合资企业，还可以是其他合作形式，例如战略联盟、关联效应(即接触当地供应商或顾客)、劳动力流动、跨国公司与当地公司的非正式接触以及示范效应(即跨国公司向当地公司展示某项技术可以减少不确定性)。文献发现 FDI 对东道国的溢出效应还表现为竞争的加剧——为与外国公司竞争，国内公司不得不提高自身效率。

外国公司在发展中国家的发展策略一定程度上决定了 FDI 的影响大小。例如，虽然大多数外国子公司只是被动地采用外国技术，但部分子公司会积极参与发展中国家的知识创造活动。这样一来，技术外溢的概率就会大大增加。Bell 和 Marin(2004)及 Marin 和 Bell(2006)利用阿根廷的创新调查数据，考察了外国子公司的知识创造活动对知识溢出的作用。他们发现，在东道国技术表现活跃的外国子公司会产生溢出效应，而表现不活跃的公司则没有明显的溢出效应。

除非运用案例分析方法[②]，否则 FDI 外溢的作用渠道大多难以直接观察。因此，大多数实证文献都运用生产函数方法，模拟国内公司或行业的生产率方程，并将跨国公司作为独立变量。早期文献(Blomstrom 和 Persson，1983 对墨西哥的研究)在解释行业生产率差异时将外资所有份额纳入回归分析之中，将其作为行业层面的变量。该方法无法区分不同的溢出渠道，但由于其增加了与吸收能力相关的公司层面变量，因而考虑到了溢出对(本地)受让公司的异质性影响。Blomstrom 和 Kokko(1998)认为上述早期研究没有得出统一结论，跨国公司是否会对国内公司产生溢出效应取决于国内和行业环境的诸多方面。由于缺

① 有关 FDI、跨国公司及其知识创造活动溢出效应的文献既考察发达国家，又考察发展中国家。早期调查参见 Blomstrom 和 Kokko(1998)，近期调查参见 Gorg 和 Greenaway(2004)。

② 亚洲的电子工业就是一个例子。一系列案例分析(Ernst 和 Kim，2002；Hobday 和 Rush，2007；Kim，1997)表明亚洲的电子企业是如何利用外国企业的知识一步步实现过渡的：从起初的纯装配到加工工程，再到最后的产品研发。FDI 在这一技术升级过程中发挥了重要作用。

乏详细数据,许多研究未能对这些因素做出准确衡量。此外,几乎所有分析都仅涉及一个国家(目前仍是如此)。

近期,FDI 外溢的计量经济学文献使用了更加精准的指标和方法。指标方面的发展趋势是区分水平(行业内)和垂直(行业间)外溢效应。Wooster 和 Diebel(2006)概述了关于发展中国家 FDI 影响的 32 项计量经济学研究(包括东欧转轨国家),时间跨度为 1983—2004 年。[①] 他们在近半数观察结果(即回归结果,两人分析的每篇论文普遍包含多个观察结果)中发现了积极溢出效应,且得出的系数中近半成具有统计显著性。该研究发现:用就业人数衡量外企影响力并将其作为独立变量更容易得到积极溢出;分析公司层面数据时发现的显著溢出大大减少;随着时间推移,发现积极溢出的可能性增大;亚洲出现积极溢出的可能性更高;将研发和时段固定效应作为控制变量十分重要。

就方法论而言,运用面板数据是近期计量经济研究的一个重要方面。但 Wooster 和 Diebel 认为,专利数据的使用不会使结果发生显著改变。相反,Gorg 和 Strobl(2001)对一个既包含发达国家又包含发展中国家的样本进行了类似的元分析。两人发现运用面板数据常常会得出消极或不显著的溢出。然而,需要注意的是文献使用的面板通常时间跨度较短,而 FDI 溢出本质上是一个长期过程;FDI 溢出的影响还取决于面板回归固定效应涵盖的多个不可观测因素,例如吸收能力。

发展中国家还可通过开展贸易以获得知识流动带来的好处(全面概述参见本卷 Keller 所著章节)。贸易外溢可能是 Griliches(1979)所称的"租金外溢"的形式。"租金外溢"是指由于竞争的存在,贸易产品价格的上涨未完全反映产品质量的改进。贸易可以使企业接触到新产品说明,进而引发企业的模仿。有关贸易带来的知识流动的研究大多关注行业或宏观数据,主要原因是公司贸易数据暂缺。Coe 等(1997)认为,伴随贸易的知识流动能为发展中国家带来积极影响。他们模拟了一个生产函数,将"进口研发"作为独立变量。"进口研发"是指在出口国进行的研发,但该研发体现在出口品中,可能会影响进口国的经济增长。[②] 他们估计 1990 年发达国家向发展中国家的研发溢出高达 220 亿美元,相当于同期全球发展援助总额的一半。Jacob 和 Meister(2005)研究印度尼西亚的数据时采用了同样的方法,还增加了行业关联以及市场结构两个因素。他们也认为,贸易带来的知识流动对一国的生产率增长发挥着重要作用。

总而言之,现有研究指出,流向发展中国家的外部知识来源众多且性质各

① 他们未涉及有关垂直溢出的研究,例如 Damijan 和 Knell(2005)以及 Smarzynska Javorcik(2004)。

② Coe, Helpman 和 Hoffmaister 的研究方法遭到批判。批评人士认为贸易相关的权重计算方式可能是虚假的。本卷 Keller 所著章节对其进行了充分探讨。

异。跨国公司是全球经济中的"流动"实体，对知识流动发挥着重要作用。然而FDI 和其他国际知识来源对发展中国家公司有无促进作用，取决于当地环境和受让公司的各项能力(Criscuolo 和 Narula, 2008)。研究还表明，国际知识转移众多渠道的贡献率会随时间推移而发生变化。全球经济治理方式的变革使得韩国、日本等国的赶超路径不复存在，因为当时的贸易政策构成了上述国家赶超过程的重要一环，而在现行的世贸组织规则下，这种贸易政策是不合时宜的(Chang, 2002)；或者是因为某些知识转移渠道在过去对技术和经济赶超至关重要，而现如今知识产权的相关规定变得更加严格，因而应用上述渠道的难度加大、成本上升(Kim, 2003)。

6. 结论

本章主要关注创新和发展的相关文献。此前大多数人习惯性地认为发展中国家并不重视创新，至今大部分人仍秉承这一观点，觉得创新主要是发达国家高科技公司关心的问题。因此，新技术都是由发达经济体发明的。然而，该观点认为技术属于公共物品，会逐渐扩散至发展中国家。[①] 因此，发达国家创造的新技术向外扩散能有效地平衡全球经济，使欠发达国家有机会快速提高其生活水平。

将技术和创新视为"公共物品"这一方法起初看似正确，但研究逐渐发现事实并非如此。两项证据的发现导致该方法逐渐被否定。首先，该方法预言技术和生产率会实现收敛，但显然这种收敛并没有发生。长期而言，各国的差异是逐渐扩大的，而非逐渐缩小。原因何在？第二，许多国家已成功逃离低速发展陷阱并提高其国内生活水平，向发达国家看齐，但其中最著名的几个国家和地区原本就不是一味地采用发达国家的新技术。韩国、中国台湾和新加坡等国家和地区当属成功典范，它们都极其重视"技术能力"的培养。公共和私人部门参与者通力合作，为技术能力建设贡献力量，同时也获得了丰厚的回报。这种发展策略较为激进，违背基本常识，但似乎比权威人士和主要机构(例如国际货币基金组织和世界银行)倡导的放任策略(常称为"华盛顿共识")更为成功。原因何在？

从 20 世纪末到 21 世纪初，这些问题逐渐成为政治家、发展专家和经济学家的关注热点，也相应出现了许多新理论、新方法和新证据。实际上，相关研究可追溯至 20 世纪 50 年代，此时经济历史学家开始了对实际赶超过程的分析。分

① 该观点认为，唯一担心的问题是技术带来的好处经扩散会变得十分微弱(和广泛)，因此发达国家发明新技术的动机就大大减弱。避免这一结果出现需要采取法律手段阻止技术被轻易免费传播。因此，支持该观点的人重视知识产权的作用，认为知识产权能为确保发达国家的持续技术进步及全球经济的稳定发展提供动机。

析结果显示,赶超过程的实现策略远非经济学家所认可的自由"放任"法。因此,一些倾向于使用非正统方法的经济历史学家和经济学家开展了一系列研究,聚焦发展过程中不可或缺的各项"能力建设"。随着亚洲四小龙(及此前的日本)知名度越来越高,更多学者开始对其进行研究,因而上述方法在八九十年代获得较快发展。"技术能力"这一术语起初是为了分析韩国而发明,后来被研究发展过程的学者广泛采用;同时,大量研究开始利用上述方法,考察发展中国家及其公司、行业的发展情况。

然而,许多经济学家仍不赞同"能力"方法,认为这属于中观或宏观研究方法,缺乏适合的微观理论和实证基础。然而此方面的研究增长却极为迅猛,发展中国家就其创新活动开展了大规模数据采集工作,根据这些新的数据来源进行分析研究。20 世纪 90 年代起发达国家(尤其是欧洲)也开展过类似活动。随后在发展中国家取得的新进展说明过去的思维方式和政策建议都是从"高科技"角度看待创新,但在探讨创新和发展的关系时,这种方法就大错特错了。事实上,相关证据表明发展中国家的公司普遍进行创新;创新能提高生产率(即发展水平);与在发达国家一样,创新有赖于与其他私人和公共领域参与者的积极互动。这并不意味着发达国家和发展中国家的创新活动完全相同,而是说从定性角度而言,创新能有力推动发达国家和发展中国家的经济增长。由此可见,当务之急是从理论及实证方面更好地理解创新问题。

致谢

感谢 Adam Szirmai, Bronwyn Hall, Nathan Rosenberg 和 Ezequiel Tacsir 为早期书稿建言献策。本章适用于一般的免责声明。

参考文献

Abramovitz, M. (1956). "Resource and output trends in the United States since 1870". American Economic Review 46(2), 5 - 23.

Abramovitz, M. (1986). "Catching up, forging ahead, and falling behind". Journal of Economic History 46, 386 - 406.

Abramovitz, M. (1994a). "The origins of the post-war catch-up and convergence boom". In: Fagerberg, J., Verspagen, B., von Tunzelman, N. (Eds.), The Dynamics of Technology, Trade and Growth. Edward Elgar, Aldershot.

Abramovitz, M. (1994b). "Catch-up and convergence in the postwar growth boom and after". In: Baumol, W. J., Nelson, R. R., Wolf, E. N. (Eds.), Convergence of Productivity-Cross-national studies and historical evidence. Oxford University Press, Oxford, pp. 86 - 125.

Acemoglu, D. , Johnson, S. , Robinson, A. (2001). "The colonial origins of comparative development: An empirical investigation". American Economic Review 91,1369 - 1401.

Acemoglu, D. , Johnson, S. , Robinson, A. (2002). "Reversal of fortune: Geography and institutions in the making of the modern world income distribution". Quarterly Journal of Economic 117,1231 - 1294.

Adelman, I. , Morris, C. T. (1965). "A factor analysis of the interrelationship between social and political variables and per capita gross national product". Quarterly Journal of Economics 79(4),555 - 578.

Adelman, I. , Morris, C. T. (1967) Society, Politics and Economic Development. The Johns Hopkins Press, Baltimore.

Adler, J. (1965). Absorptive Capacity and Its Determinants. Brookings Institution, Washington, DC.

Aghion, P. , Howitt, P. (1992). "A model of growth through creative destruction". Econometrica 60,323 - 351.

Aghion, P. , Howitt, P. (1998). Endogenous Growth Theory. MIT Press, Cambridge, MA.

Alesina, A. , Devleeschauwer, A. , Easterly, W. , Kurlat, S. , Wacziarg, R. (2003). "Fractionalization". Journal of Economic Growth 8,155 - 194.

Almeida, R. , Fernandes, A. M. (2008). "Openness and technological innovations in developing countries: Evidence from firm-level surveys". Journal of Development Studies 44,701 - 727.

Ames, E. , Rosenberg, N. (1963). "Changing technological leadership and industrial growth". Economic Journal 73,13 - 31.

Amsden, A. H. (1989) Asia's Next Giant: South Korea and Late Industrialization. Oxford University Press, New York.

Archibugi, D. , Coco, A. (2004). "A new indicator of technological capabilities for developed and developing countries (ArCo)". World Development 32,629 - 654.

Archibugi, D. , Coco, A. (2005). "Measuring technological capabilities at the country level: A survey and a menu for choice". Research Policy 34,175 - 194.

Arora, A. , Fosfuri, A. , Gambardella, A. (2004). Markets for Technology: The Economics of Innovation and Corporate Strategy. The MIT Press, Boston, MA.

Arrow, K. (1972). "Gifts and exchanges". Philosophy and Public Affairs 343 - 362.

Aw, B.-Y. (2003). "Technology acquisition and development in Taiwan". In: Lall, S. , Urata, S. (Eds.), Competitiveness, FDI and Technological Activity in East Asia. Edward Elgar, Cheltenham, pp. 168 - 190.

Barro, R. J. (1991) "Economic growth in a cross section of countries". Quarterly Journal of Economics 106,407 - 443.

Basilevsky, A. (1994). Statistical Factor Analysis and Related Methods: Theory and Applications. John Wiley & Sons Inc. , London.

Bell, M. , Marin, A. (2004). "Where do foreign direct investment-related technology spillovers come from in emerging economies? An exploration in Argentina in the 1990s". European Journal of Development Research 16,653 - 686.

Bell, M. , Pavitt, K. (1993). "Technological accumulation and industrial growth: Contrasts between developed and developing countries". Industrial Corporate Change 2,157 - 210.

Benavente, J. M. (2006) "The role of research and innovation in promoting productivity in

Chile". Economics of Innovation and New Technology 15,301 - 315.

Benhabib, J. , Spiegel, M. M. (1994) "The role ofhuman capital in economic development: Evidence from aggregate cross-country data". Journal of Monetary Economics 34,143 - 173.

Blankley, W. , Scerri, M. , Molotja, N. , Saloojee, I. (2006). Measuring Innovation in OECD and Non-OECD Countries. HSRC Press, Cape Town.

Blomstrom, M. , Kokko, A. (1998). "Multinational corporations and spillovers". Journal of Economic Surveys 12,247 - 277.

Blomstrom, M. , Persson, H. (1983). "Foreign investment and spillover efficiency in an underdeveloped economy: Evidence from the Mexican manufacturing industry". World Development 493 - 501.

Bloom, D. E. , Canning, D. , Sevilla, J. (2003). "Geography and poverty traps". Journal of Economic Growth 8,355 - 378.

Botero, J. C. , Djankov, S. , La Porta, R. , Lopez-de-Silanes, F. , Shleifer, A. (2004). "The regulation of labor". Quarterly Journal of Economics 119,1339 - 1382.

Chang, Ha-Joon (2002). Kicking Away the Ladder, Development Strategy in Historical Perspective. Anthem Press, London.

Chudnovsky, D. , Lopez, A. , Pupato, G. (2006). "Innovation and productivity in developing countries: A study of Argentine manufactuirng firms's behaviour (1992 - 2001)". Research Policy 35,266 - 288.

Chudnovsky, D. , Lopez, A. , Orlicki, E. (2007). "Innovation and the export performance of Argentine manufacturing firms". In: De Negri, J. A. , Turchi, L. M. (Eds.), Technological Innovation in Brazilian and Argentine Firms. Institute for Applied Economic Research (IPEA), Brasilia, pp. 281 - 308.

Cincera, M. , van Pottelsberghe, B. (2001). "International R&D spillovers: A survey". Cahiers Economiques de Bruxelles 169,3 - 32.

Coe, D. , Helpman, E. (1995). "International R&D spillovers". European Economic Review 39,859 - 887.

Coe, David T. , Helpman, Elhanan, Hoffmaister, Alexander W. (1997). "North-south R&D spillovers". Economic Journal 107,134 - 149.

Cohen, W. M. , Levinthal, D. A. (1990) "Absorptive capacity: A new perspective on learning and innovation". Administrative Science Quarterly 35(1),128 - 152.

Correa, P. , Dayoub, M. , Francisco, M. (2007). Indentifying Supply-Side Constraints to Export Peformance in Ecuador: An Exercise with Investment Climate Survey Data. World Bank, New York (World Bank policy research working paper 4179).

Crepon, B. , Duguet, E. , Mairesse, J. (1998). "Research and development, innovation and productivity: An econometric analysis at the firm level". Economics of Innovation and New Technology 7,115 - 158.

Crespi, G. , Peirano, F. (2007). "Measuring innovation in Latin America: What we did, where we are and what we want to do". In: Proceeding from the Conference on Micro Evidence on Innovation in Developing Countries (MEIDE), UNU-MERIT, Maastricht, The Netherlands.

Criscuolo, P. , Narula, R. (2008). "A novel approach to national technological accumulation and absorptive capacity: Aggregating Cohen and Levinthal". European Journal of

Development Research 20，56－73.

Dahlman，C. J.，Westphal，L. E.（1981）"Themeaning of technologicalmastery in relationtotransfer oftechnology". TheAnnals of American of Academy Political and Social Science 458，12－26.

Dahlman，C. J.，Westphal，L.（1982）. "Technological effort in industrial development — An interpretative survey of recent research". In：Stewart，F.，James，J.（Eds.），The Economics of New Technology in Developing Countries. Pinter，London，pp. 105－137.

Dahlman，C. J.，Ross-Larson，B.，Westphal，L.（1987）. "Managing technological development. Lessons from the newly industrialized countries". World Development 15，759－775.

Damijan，J. P.，Knell，M.（2005）. "How important is trade and foreign ownership in closing the technology gap? Evidence from Estonia and Slovenia". Review of World Economics（Weltwirtschaftliches Archiv）141，271－295.

Damijan，J. P.，Kostevc，C.，Rojec，M.（2008a）. "Innovation and firm's productivity growth in Slovenia：Sensitivity of results to sectoral heterogeneity and to estimation method?" Evidence from Slovenia. LICOS discussion paper 203/2008.

Damijan，J. P.，Kostevc，C.，Polanec，S.（2008b）. "From innovation to exporting or vice versa? Causal link between innovation activity and exporting in Slovenian microdata". LICOS discussion paper 204/2008.

De Arau jo，B. C.（2007）"The export potential of Brazilian and Argentine industrial firms and bilateral trade". In：De Negri，J. A.，Turchi，L. M.（Eds.），Technological Innovation in Brazilian and Argentine Firms. Institute for Applied Economic Research（IPEA），Brasilia，pp. 245－280.

De Negri，J. A.，Esteves，L.，Freitas，F.（2007）. "Knowledge production and firm growth in Brazil". Universidade Federal do Parana，Department of Economics，Working papers 0020.

Denison，E. F.（1962）The Sources of Economic Growth in the United States and the Alternatives Before Us. Committee for Economic Development，New York.

Denison，E. F.（1967）Why Growth Rates Differ. Brookings Institution，Washington，DC.

Djankov，S.（2009）. "The regulation of entry：A survey". The World Bank Observer 24，183－203.

Djankov，S.，La Porta，R.，Lopez-de-Silanes，F.，Shleifer，A.（2002）. "The regulation of entry". Quarterly Journal of Economics 117，1－37.

Djankov，S.，La Porta，R.，Lopez-de-Silanes，F.，Shleifer，A.（2003）. "Courts". Quarterly Journal of Economics 118，453－517.

Dosi，G.，Pavitt，K.，Soete，L. G.（1990）The Economics of Technical Change and International Trade. Harvester Whetsheaf，London.

Dutreenit，G.（2000）. Learning and Knowledge Management in the Firm：From Knowledge Accumulation to Strategic Capabilities. Edward Elgar，Cheltenham，UK and Northampton，MA，USA.

Easterly，W.，Levine，R.（2001）. "It's not factor accumulation：Stylized facts and growth models". World Bank Economic Review 15，177－219.

Eaton，J.，Kortum，S.（1999）. "International technology diffusion：Theory and measurement". International Economic Review 40，537－570.

Eckaus, R. S. (1973) "Absorptive capacity as a constraint due to maturation processes". In: Bhagwati, J., Eckaus, R. S. (Eds.), Development and Planning: Essays in Honour of Paul Rosenstein-Rodan. Allen & Unwin, London, pp. 79 - 108.

Edquist, C. (1997). Systems of Innovation: Technologies, Institutions and Organizations. Pinter, London.

Edquist, C. (2004). "Systems of innovation: Perspectives and challenges". In: Fagerberg, J., Mowery, D., Nelson, R. (Eds.), The Oxford Handbook of Innovation. Oxford University Press, Oxford, pp. 181 - 208.

Ernst, D., Kim, L. (2002). "Global production networks, knowledge diffusion, and local capability formation". Research Policy 31, 1417 - 1429.

Evenson, R. E., Westphal, L. E. (2002) "Technological change and technology strategy". In: Behrman, J., Srinivason, T. N. (Eds.), Handbook of Development Economics. North Holland, vol. III, pp. 2209 - 2299.

Fagerberg, J. (1987). "A technology gap approach to why growth rates differ". Research Policy 16, 87 - 99.

Fagerberg, J. (1988). "International competitiveness". Economic Journal 98, 355 - 374.

Fagerberg, J. (1994). "Technology and international differences in growth rates". Journal of Economic Literature 32(3), 1147 - 1175.

Fagerberg, J. (2003). "Schumpeter and the revival of evolutionary economics: An appraisal of the literature". Journal of Evolutionary Economics 13, 125 - 159.

Fagerberg, J. (2004). "Innovation: A guide to the literature". In: Fagerberg, J., Mowery, D., Nelson, R. (Eds.), The Oxford Handbook of Innovation. Oxford University Press, Oxford, pp. 1 - 26.

Fagerberg, J., Godinho, M. M. (2004) "Innovation and catching-up". In: Fagerberg, J., Mowery, D., Nelson, R. (Eds.), The Oxford Handbook of Innovation. Oxford University Press, Oxford, pp. 514 - 544.

Fagerberg, J., Srholec, M. (2008). "National innovation systems, capabilities and economic development". Research Policy 37, 1417 - 1435.

Fagerberg, J., Verspagen, B. (2002). "Technology-gaps, innovation-diffusion and transformation: An evolutionary interpretation". Research Policy 31, 1291 - 1304.

Fagerberg, J., Mowery, D., Nelson, R. (2004). The Oxford Handbook of Innovation. Oxford University Press, Oxford.

Fagerberg, J., Srholec, M., Knell, M. (2007). "The competitiveness of nations: Why some countries prosper while others fall behind". World Development 35, 1595 - 1620.

Falk, M. (2008). "Effects of foreign ownership on innovation activities: Empirical evidence for twelve European countries". National Institute Economic Review 204, 85 - 97.

Figueiredo, P. N. (2001) Technological Learning and Competitive Performance. Edward Elgar, Cheltenham, UK and Northampton, MA, USA.

Figueiredo, P. N. (2006) "Introduction (to special issue)". International Journal of Technology Management 36, 1 - 13.

Fransman, M. (1982). "Learning and the capital goods sector under free trade: The case of Hong Kong". World Development 10, 991 - 1014.

Fransman, M., King, K. (Eds.), (1984). Technological Capability in the Third World. MacMillan, London.

Freeman, C. (1987). Technology Policy and Economic Performance: Lessons from Japan. Pinter, London.

Furman, J. L., Hayes, R. (2004). "Catching up or standing still? National innovative productivity among 'follower' countries". Research Policy 33,1329 - 1354.

Furman, J. L., Porter, M. E., Stern, S. (2002). "The determinants of national innovative capacity". Research Policy 31,899 - 933.

Gallup, J. L., Jeffrey, D., Sachs, J. D., Mellinger, A. (1999). "Geography and economic development". Harvard University, CID working paper no. 1/1999.

Gerschenkron, A. (1962). Economic Backwardness in Historical Perspective. The Belknap Press, Cambridge, MA.

Goedhuys, M. (2007a). "Learning, product innovation, and firm heterogeneity in developing countries: Evidence from Tanzania". Industrial and Corporate Change 16,269 - 292.

Goedhuys, M. (2007b). "The impact of innovation activities on productivity and firm growth: Evidence from Brazil". UNU- MERIT working paper 2007 - 002.

Goedhuys, M., Srholec, M. (2009). "Understanding multilevel interactions in economic development". In: Proceeding from the 7th Globelics Conference, Dakar, Senegal.

Goedhuys, M., Janz, N., Mohnen, P. (2008a). "What drives productivity in Tanzanian manufacturing firms: Technology or business environment?" European Journal of Development Research 20,199 - 218.

Goedhuys, M., Janz, N., Mohnen, P. (2008b). "Knowledge-based productivity in low-tech industries: Evidence from firms in developing countries". UNU-MERIT working paper 2008 - 007.

Goldstein, H. (2003). Multilevel Statistical Models. Arnold, London.

Goncalves, E., Lemos, M. B., De Negri, J. A. (2007) "Drivers of technological innovation in Argentina and Brazil". In: De Negri, J. A., Turchi, L. M. (Eds.), Technological Innovation in Brazilian and Argentine Firms. Institute for Applied Economic Research (IPEA), Brasilia, pp. 177 - 202.

Gorg, H., Greenaway, D. (2004). "Much ado about nothing? Do domestic firms really benefit from foreign direct investment?" The World Bank research Observer 19,171 - 197.

Gorg, H., Strobl, E. (2001). "Multinational companies and productivity spillovers: A meta-analysis". Economic Journal 111,F723-F739.

Goto, A., Odagiri, H. (2003). "Building technological capabilities with or without inward direct investment: The case of Japan". In: Lall, S., Urata, S. (Eds.), Competitiveness, FDI and technological Activity in East Asia. Edward Elgar, Cheltenham, pp. 83 - 102.

Granstrand, O. (2004). "Innovation and intellectual property rights". In: Fagerberg, J., Mowery, D., Nelson, R. (Eds.), The Oxford Handbook of Innovation. Oxford University Press, Oxford, pp. 266 - 290.

Griffith, R., Redding, S. And, Van Reenen, J. (2004). "Mapping the two faces of R&D: Productivity growth in a panel of OECD industries". Review of Economics and Statistics 86,883 - 895.

Griffith, R., Huergo, E., Mairesse, J., Peters, B. (2006). "Innovation and productivity across four European countries". Oxford Review of Economic Policy 22,483 - 498.

Griliches, Z. (1979). "Issues in assessing the contribution of research and development to productivity growth". Bell Journal of Economics 10,92 - 116.

Grossman, G. M., Helpman, E. (1991). Innovation and Growth in the Global Economy. MIT Press, Cambridge (MA).

Hall, B. (2004). "Innovation and diffusion". In: Fagerberg, J., Mowery, D., Nelson, R. (Eds.), The Oxford Handbook of Innovation. Oxford University Press, Oxford, pp. 459 - 484.

Hanson, P., Pavitt, K. (1987). The Comparative Economics of Research, Development and Innovation in East and West: A Survey. Harwood Academic Publishers, Chur.

Hegde, D., Shapira, P. (2007). "Knowledge, technology trajectories, and innovation in a developing country context: Evidence from a survey of Malaysian firms". International Journal of Technology Management 40, 349 - 370.

Hobday, M. (1995). "East Asian latecomer firms". World Development 23, 1171 - 1193.

Hobday, M. (2000). "East versus Southeast Asian innovation systems: Comparing OEM and TNC-led growth in electronics". In: Kim, L., Nelson, R. R. (Eds.), Technology, Learning and Innovation: Experiences of Newly Industrializing Economies. Cambridge University Press, Cambridge, pp. 129 - 169.

Hobday, M., Rush, H. (2007). "Upgrading the technological capabilities of foreign transnational subsidiaries in developing countries: The case of electronics in Thailand". Research Policy 1335 - 1356.

Islam, N. (2003). "What have we learnt from the convergence debate?" Journal of Economic Surveys 17, 309 - 362.

Jacob, J., Meister, C. (2005). "Productivity gains technology spillovers and trade: Indonesian manufacturing, 1980 - 96". Bulletin of Indonesian Economic Studies 41, 37 - 56.

Jaklic, A., Damijan, J. P., Rojec, M. (2008). "Innovation cooperation and innovation activity of Slovenian enterprises". LICOS discussion paper 201/2008.

Jaramillo, H., Lugones, G., Salazar, M. (2001). Bogota Manual. RICYT/OAS/CYTED/COLCIENCIAS/OCYT, Latin America.

Jefferson, G. H., Huamao, B., Xiaojing, G., Xiaoyun, Y. (2006). "R&D performance in Chinese industry". Economics of Innovation and New Technology 15, 345 - 366.

Johnson, C. A. (1982) MITI and the Japanese miracle: The growth of industrial policy, 1925 - 1975. Stanford University Press, Stanford.

Johnson, A., Jacobsson, S. (2003). "The emergence of a growth industry: A comparative analysis of the German, Dutch and Swedish wind turbine industries". In: Metcalfe, S., Cantner, U. (Eds.), Transformations and Development: Schumpeterian Perspectives. Physical/Springer, Heidelberg.

Jorgenson, D. W., Griliches, Z. (1967). "The explanation of productivity change". Review of Economic Studies 34, 249 - 283.

Karray, Z., Kriaa, M. (2008). Innovation and R&D investment of Tunisian firms: A two regimes model with selectivity correction. In: ERF 15th Annual Conference — Equity and Economic Development, Cairo, Egypt.

Katz, J. M. (1984) "Domestic technological innovations and dynamic comparative advantage". Journal of Development Economics 16, 13 - 37.

Kaufmann, D., Kraay, A., Mastruzzi M. (2003). Governance Matters III: Governance Indicators for 1996 - 2002, New York, World Bank, Policy Research Working Paper No. 3106.

Keller, W. (1996). "Absorptive capacity: On the creation and acquisition of technology in development". Journal of Development Economics 49, 199 - 227.

Keller, W. (2004). "International technology diffusion". Journal of Economic Literature 42, 752 - 782.

Kendrick, J. W. (1961) Productivity trends in the United States. NBER, New York.

Kim, L. (1980). "Stages of development of industrial technology in a developing country: A model". Research Policy 9, 254 - 277.

Kim, L. (1997). Imitation to Innovation: The Dynamics of Kerea's Technological Learning. Harvard Business School Press, Harvard.

Kim, L. (2003). "The dynamics of technology development: Lessons from the Korean experience". In: Lall, S., Urata, S. (Eds.), Competitiveness, FDI and Technological Activity in East Asia. Edward Elgar, Cheltenham, pp. 143 - 167.

Kim, L., Nelson, R. R. (2000) Technology, Learning, and Innovation: Experiences of Newly Industrializing Economies. Cambridge University Press, Cambridge.

King, R. G., Levine, R. (1993). "Finance and growth: Schumpeter might be right". Quarterly Journal of Economics 108, 717 - 737.

Kline, S. J., Rosenberg, N. (1986). "An overview of innovation". In: Landau, R., Rosenberg, N. (Eds.), The Positive Sum Strategy: Harnessing Technology for Economic Growth. National Academy Press, Washington D. C., pp. 275 - 304.

Knack, S., Keefer, P. (1997). "Does social capital have an economic payoff? A cross-country investigation". The Quarterly Journal of Economics 112(4), 1251 - 1288.

Krueger, A., Lindahl, M. (2001). "Education for growth: Why and for whom?" Journal of Economic Literature 39, 1101 - 1136.

Lall, S. (1987). Learning to Industrialize: The Acquisition of Technological Capability by India. Macmillan Press, London.

Lall, S. (1992). "Technological capabilities and industrialization". World Development 20, 165 - 186.

Lall, S., Urata, S. (2003). Competitiveness, FDI and technological Activity in East Asia. Edward Elgar, Cheltenham.

Landes, D. (1998). The Wealth and Poverty of Nations. Abacus, London.

La Porta, R., Lopez-de-Silanes, F., Pop-Eleches, C., Schleifer, A. (2004). "Judicial checks and balances". Journal of Political Economy 112, 445 - 70.

Lee, C. (2004). "The determinants of innovation in the Malaysian manufacturing sector: An econometric analysis at the firm level". ASEAN Economic Bulletin 21, 319 - 329.

Lee, K., Kang, S.-M. (2007). "Innovation types and productivity growth: Evidence from Korean manufacturing firms". Global Economic Review 36, 343 - 359.

Levine, R. (1997). "Financial development and economic growth: Views and agenda". Journal of Economic Literature 35, 688 - 726.

Levine, R., Zervos, S. (1998). "Stock markets, banks, and economic growth". American Economic Review 88, 537 - 558.

Liu, X., White, S. (2001). "Comparing innovation systems: A framework and application to China's transitional context". Research Policy 30, 1091 - 1114.

Lundvall, B. A. (Ed.), (1992). National Systems of Innovation: Towards a Theory of Innovation and Interactive Learning. Pinter Publishers, London.

Lundvall, B. A. (2007)"Innovation system research and policy". Where it came from and where it might go. Paper presented at CAS Seminar, Oslo, December 4,2007, www.cas.uio.no/research/0708innovation/Lundvall_041207.pdf.

Lundvall, B. A., Intarakumnerd, P., Vang, J. (2006). Asia's Innovation Systems in Transition. Edward Elgar, Cheltenham.

Madison, A. (1987). "Growth and slowdown in advanced capitalist economies". Journal of Economic Literature 25,649 - 698.

Marin, A., Bell, M. (2006). "Technology spillovers from foreign direct investment (FDI): The active role of MNC subsidiaries in Argentina in the 1990s". Journal of Development Studies 42,678 - 697.

Masso, J., Vahter, P. (2008). "Technological innovation and productivity in late-transition Estonia: Econometric evidence from innovation surveys". European Journal of Development Research 20,240 - 261.

Masters, W. A., McMillan, M. S. (2001) "Climate and scale in economic growth". Journal of Economic Growth 6,167 - 186.

Metcalfe, S. (1988). "The diffusion of innovations: An interpretative survey". In: Dosi, G., Freeman, C., Nelson, R., Silverberg, G., Soete, L. (Eds.), Technical Change and Economic Theory. London, Pinter, pp. 560 - 589.

Muchie, M., Gammeltoft, P., Lundvall, B.-A. (2003). Putting Africa first: The making of African innovation systems. Aalborg University Press, Aalborg.

Nelson, R. R. (1981)"Research on productivity growth and productivity differences: Dead ends and new departures". Journal of Economic Literature 19,1029 - 1064.

Nelson, R. (1993). National Innovation Systems: A Comparative Analysis. Oxford University Press, New York.

Nelson, R. R., Pack, H. (1999). "The Asian miracle and modern growth theory". Economic Journal 109,416 - 36.

Nelson, R., Phelps, E. S. (1966)"Investment in humans, technological diffusion, and economic growth". American Economic Review 56,69 - 75.

OECD. (2005) Oslo Manual (3rd edition). OECD, Paris.

Oerlemans, L. A. G., Pretorius, M. W. (2006) "Some views on determinants of innovative outcomes of South African firms: An exploratory analysis using firm-level data". South African Journal of Science 102,589 - 593.

Ohkawa, K., Rostovsky, H. (1974). Japanese Economic Growth. Stanford University Press, Stanford.

Ozcelik, E., Taymaz, E. (2004). "Does innovativeness matter for international competitiveness in developing countries? The case of Turkish manufacturing industries". Research Policy 33,409 - 424.

Pamukcu, T. (2003). "Trade liberalization and innovation decisions of firms: Lessons from post-1980 Turkey". World Development 31,1443 - 1458.

Park, W. G. (2008). "International patent protection: 1960 - 2005". Research Policy 37, 761 - 766.

Putnam, R. (1993). Making Democracy Work. Princeton University Press, Princeton.

Raffo, J., Lhuillery, S., Miotti, L. (2008). "Northern and southern innovativity: A comparison across European and Latin American countries". European Journal of

Development Research 20,219 - 239.

Rodriguez, F., Rodrik, D. (1999). Trade Policy and Economic Growth: A Sceptic's Guide to the Cross-National Evidence. CEPR, Discussion Paper 2143.

Rodrik, D., Subramanian, A., Trebbi, F. (2004). "Institutions rule: The primacy of institutions over geography and intergration in economic development". Journal of Economic Growth 9,131 - 165.

Romer, P. M. (1986). "Increasing returns and long-run growth". Journal of Political Economy 94,1002 - 1037.

Romer, P. M. (1990). "Endogenous technological change". Journal of Political Economy 98 (5),71 - 102.

Romijn, H. (1999). Acquisition of Technological Capabilities in Small Firms in Developing Countries. Macmillan Press, Basingstoke.

Rosenberg, N. (1972). "Factors affecting the diffusion of technology". Explorations in Economic History 10,3 - 33.

Rostow, W. W. (1980) Why the Poor Get Richer, and the Rich Slow Down. Essays in the Marshallian Long Period. MacMillan, New York, London.

Roud, V. (2007). "Firm-level research on innovation and productivity: Russian experience". In: Proceeding from the Conference on Micro Evidence on Innovation in Developing Countries (MEIDE), UNU-MERIT, Maastricht, The Netherlands.

Sachs, J. D., McArthur, J. W., Schmidt-Traub, G., Kruk, M., Bahadur, C., Faye, M., McCord, G. (2004). "Ending Africa's poverty trap". Brookings Papers on Economic Activity 117 - 240.

Schumpeter, J. (1934). The Theory of Economic Development. University Press, Harvard.

Shin, J.-S. (1996). The Economics of the Latecomers: Catching-Up, Technology Transfer and Institutions in Germany. Routledge, London, Japan and South Korea.

Smarzynska Javorcik, B. (2004). "Does foreign direct investment increase the productivity of domestic firms? In search of spillovers through backward linkages". American Economic Review 94,605 - 627.

Smith, K. (2004). "Measuring innovation". In: Fagerberg, J., Mowery, D., Nelson, R. R. (Eds.), The Oxford Handbook of Innovation. Oxford University Press, Oxford.

Solow, R. M. (1956) "A contribution to the theory of economic growth". Quarterly Journal of Economics 70(1),65 - 94.

Solow, R. M. (1957) "Technical change and the aggregate production function". Review of Economics and Statistics 39,312 - 320.

Srholec, M. (2007). "A multilevel approach to geography of innovation". University of Oslo, TIK working paper on innovation studies 20071010, http://ideas.repec.org/s/tik/inowpp.html.

Srholec, M. (2008). "A multilevel analysis of innovation in developing countries". University of Oslo, TIK working paper on innovation studies 20080812, http://ideas.repec.org/s/tik/inowpp.html.

Srholec, M. (2009). "Does foreign ownership facilitate cooperation on innovation? Firm-level evidence from the enlarged European Union". European Journal of Development Research 21,47 - 62.

Sung, T.-K., Carlsson, B. (2007). "Network effects, technological opportunity, and innovation: Evidence from the Korean manufacturing firms". Asian Journal of Technology Innovation 15, 91 - 108.

Teitel, S. (1981). "Towards an understanding of technical change in semi-industrialized countries". Research Policy 10, 127 - 147.

Temple, J., Johnson, P. A. (1998) "Social capability and economic growth". Quarterly Journal of Economics 113(3), 965 - 990.

UNDP. (2004) Human Development Report. UNDP, New York.

UNU-INTECH. (2004) Designing a Policy-Relevant Innovation Survey for NEPAD. UNU-INTECH, Maastricht.

Veblen, T. (1915). Imperial Germany and the Industrial Revolution. Macmillan, New York.

Verspagen, B. (1991). "A new empirical approach to catching up or falling behind". Structural Change and Economic Dynamics 359 - 380.

Viotti, E. B. (2002) "National learning systems a new approach on technological change in late industrializing economies and evidences from the cases of Brazil and South Korea". Technological Forecasting & Social Change 69, 653 - 680.

von Tunzelmann, N., Acha, V. (2004). "Innovation in "low-tech" industries". In: Fagerberg, J., Mowery, D., Nelson, R. (Eds.), The Oxford Handbook of Innovation. Oxford University Press, Oxford, pp. 407 - 432.

Voss, C. A. (1988) "Implementation: A key issue in manufacturing technology — The need for a field of study". Research Policy 17, 55 - 63.

Wade, R. (1990). Governing the Market: Economic Theory and the Role of Government in East Asian Industrialization. Princeton, Princeton University Press.

Wong, P. K. (2003) "From using to creating technology: The evolution of Singapore's national innovation system and the changing role of public policy". In: Lall, S., Urata, S. (Eds.), Competitiveness, FDI and technological Activity in East Asia. Edward Elgar, Cheltenham, pp. 191 - 238.

Woolcock, M., Narayan, D. (2000). "Social capital: Implications for development theory, research, and policy". World Bank Research Observer 15, 225 - 250.

Wooster, R. B., Diebel, D. S. (2006). "Productivity spillovers from foreign direct investment in developing countries: A metaregression analysis". Working paper available at SSRN, http://ssrn.com/abstract=898400.

World Bank. (2003) Productivity and Investment Climate Survey (PICS): Implementation Manual. World Bank, New York.

World Bank. (2008) World Development Indicators 2007. World Bank, New York.

World Bank. (2009) Doing Business Indicators. World Bank, New York.

Zahra, S., George, G. (2002). "Absorptive capacity: A review — Reconceptualization and extension". Academy of Management Review 27, 185 - 203.

第 21 章
能源、环境和技术变革

David Popp[*,†], Richard G. Newell[†,‡,§] 和 Adam B. Jaffe[†,¶]
[*] 雪城大学麦克斯韦尔公民与公共事务学院公共行政系政策研究中心
美国，纽约州，雪城市
[†]美国国家经济研究局
美国，马萨诸塞州，剑桥市
[‡]杜克大学尼古拉斯环境学院金德尔工程、能源与环境研究中心
美国，北卡罗来纳州，杜罕市
[§]未来资源储备组织
美国，哥伦比亚特区，华盛顿
[¶]布兰迪斯大学文理学院 Fred C. Hecht 经济学教授
美国，马萨诸塞州，沃尔瑟姆市

目录

摘要/152
关键词/152
1. 引言/153
2. 重点概念/154
  2.1 环境经济学的基本原理/154
  2.2 技术经济学/155
  2.3 环境及技术政策的含义/156
3. 微观经济学：创新/158
  3.1 诱发性创新/158
    3.1.1 污染治理与能源节约中的诱发性创新实证研究/159
    3.1.2 创新与政策工具的选择/163
    3.1.3 技术经济学家可以做什么/171
  3.2 技术变革的影响/171
    3.2.1 实证研究/172
    3.2.2 使用 LBD 方法估算技术影响/173
    3.2.3 政府研究与开发/175
    3.2.4 技术经济学家可以做什么/176
4. 微观经济学：扩散/177
  4.1 国内扩散/178
    4.1.1 理论分析/178
    4.1.2 实证研究/180
    4.1.3 技术经济学家可以做什么/189
  4.2 国际扩散/189
    4.2.1 技术经济学家可以做什么/194
5. 能源—环境综合模型中的技术变革/194
  5.1 外生技术变革/195
  5.2 内生技术变革/196
    5.2.1 直接由价格诱导的技术变革/199

5.2.2　研发诱导型技术变革/199
5.2.3　学习诱导型技术变革/204
5.3　技术经济学家可以做什么/205
6. 结论/206
致谢/208
参考文献/208

摘要

技术变革在环境经济学领域中的作用备受关注。由于很多环境问题都具有长期性的特点(比如气候变化),所以在预估未来可能产生的影响时,深入了解技术的变化显得尤为重要。另外,很多环境问题无法用现有技术解决,即使可以解决也需要耗费高额的成本,因此环保技术的发展便成为环境政策的重中之重。本文将回顾技术变革与环境方面的相关文献,并且致力于向技术经济学家介绍技术经济学在环境经济学中的应用方式,以及向研究技术变革方面的学者提供建议,以帮助其在环境经济学领域中做出贡献。

关键词

气候变化　扩散　能源效率　诱发性创新　污染

1. 引言

技术变革在环境经济学领域中的作用备受关注(Jaffe 等,2003)。由于很多环境问题都具有长期性的特点(比如气候变化),所以在预估未来可能产生的影响时,深入了解技术的演变显得尤为重要。环境技术既包括污染的末端治理技术,比如用于处理工业废气的洗涤塔或用于处理汽车废气的催化转换器,也包括生产流程的变革,比如提高能源效率从而降低对环境的影响。因为环境技术影响广泛,所以仅凭市场力量无法为其提供足够的发展的动力。相反,环境规制或针对研发的公共资助是新兴环境技术发展的首要推动力。环境政策对技术的诱发性影响也许会对政策决策的规范分析产生重大影响。很多环境问题确实无法用现有技术解决,即使可以解决也需要耗费高额的成本。因此,在对此类政策进行成本效益分析或成本效能分析时,理解环境政策和技术如何相互影响或许能帮助我们得出一些结论。

理解整体技术变革对环境的影响对预估经济增长的长期可持续性也有重要意义。经济活动对环境的冲击很大程度上受技术变革的速度和方向影响,长久看来,成本会降低,质量会提高,可用的技术种类也会越来越多。新兴技术可能会产生和增加已有的污染,也可能会减少和替代现有的污染活动。因为很多环境问题和政策产生的效果需要数十年甚至几个世纪的时间来进行评估,因此技术变革很有可能带来巨大的累积效果。未来技术变革的速度和方向也无法确定,这种不确定性在预估环境问题的严重程度时通常会成为一个重要的敏感问题。

气候变化也能够充分说明这一点。对潜在技术变革的不同设想会导致人们对可能实现的碳减排量有不同看法,对其最优速率有不同预测。比如,联合国政府间气候变化专门委员会(Intergovernmental Panel on Climate Change, IPCC)在其最近公布的一项有关气候变化的报告中,根据不同的气候模型对稳定全球碳浓度的成本进行了预测。从2050年GDP损失的角度来看,如果要将碳浓度稳定在550 ppm左右,与增长基线相比,一些学者认为成本预测结果为GDP将缩减4%,有的却显示GDP反而略有增长(IPCC, 2007)。对未来技术变革的不同设想是此类差异产生的重要原因。这些设想不仅影响减排成本的预测结果,还会影响气候政策成型以前对排放量的预测。

本文将回顾技术变革与环境方面的相关文献。然而由于工作量巨大,所以很遗憾不能一一列举。具体说来,我们主要关注的是技术和环境污染之间的关系。农业和自然资源等更广泛范围的技术变革不在我们的研究范围内。考虑到化石燃料燃烧对环境产生的严重影响,我们将会涉及一些关于技术变革与能源使用的相关文献,重点关注能源使用对环境的影响。本文旨在向技术变革经济学家们介绍技术变革经济学在环境经济学领域中的应用方式,以及向技术变革方面的学者们提供建议,以帮助其在环境经济学领域中做出贡献。

2. 重点概念①

2.1 环境经济学的基本原理

经济活动对环境产生的潜在不良影响具有"外部性",即当某一方的外部性生产活动所造成的后果(或部分后果)由其他一方或多方承担时,就产生了外部性,这个观点是环境政策经济分析的基础。例如造成空气、水资源和土地污染的是工厂,而代价却由整个社会来承担。考虑到这家工厂面临的成本,该工厂会尽可能多地投入劳动力或钢材来进行生产。对社会来说,由于该企业必须为这些消耗的劳动力和钢材买单,所以其成本已经被该企业内部消化。然而,因为减少污染并不会给该工厂带来经济上的利益,所以该工厂没有理由将污染这一外部性成本降到最低。

为此,环境政策的目的就是鼓励企业减少外部性,以消除这种不平衡的现象。实现这一目标的方法大致分为两类:其一,让污染者自己承担破坏环境的经济成本,通过这种方式刺激环保方面的投入;其二,限制污染排放。

实施环境政策也会有代价,即产品的产量会下降(例如,由于燃料数量不变,安装洗涤塔后发电厂的发电量会下降),而其他可变因素的投入量会增长(例如,若想消除烟囱废气中的特定气体,需要燃烧更多燃料,还需要更多人力来维护相关设备),需要购买控制污染的专用仪器(例如,汽车上的催化转换器),甚至需要改用次等或更昂贵的产品或生产方式来避免造成污染(例如,双对氯苯基三氯乙烷(DDT)被禁后,人们使用的杀虫剂效果远不如从前)。

从短期看,制定一条有效的环境政策需要比较减少污染的边际成本和拥有清洁环境的边际收益。当所有其他条件都相同时,有害污染物的排放应当被严格限制,否则这些污染物会给社会造成巨大的边际社会成本。但是,在所有其他条件都相同的情况下,如果该污染物的处理成本过高,那么此时减排的边际成本很高,就应该适当放宽对排放量的限制。

当技术因素加入其中时,控制污染的边际成本和社会边际收益之间的关系

① 本节内容大量借鉴 Jaffe 等人(2005)的相关文献。

则会发生变化。具体说来，新型污染控制设备、更加清洁的生产方式和替换对环境有害的产品等技术创新通常会以更低的边际成本达到既定的减排目标。创新还会改变边际成本的曲线形状与斜率。在大多数情况下，技术变革能够以较低的社会成本达到特定的环境清理标准。如果创新技术能降低清洁成本，其降低总体污染水平的效率可能会更高。

技术降低了环境清理的成本，也因此影响了环境经济学领域的多项研究。因为他们研究的首要是要强调环境政策对技术变革方向的引导作用，如果没有相关环境政策，企业便会缺乏动力，从而放弃使用或开发更加环保的技术。[①] 如此一来，在政策颁布前，对环境规制的净收益会比早期的预测低，而一旦开发的新技术降低了合规成本之后，预估收益值会上升（Harrington 等，2000）。最近，环境经济学家们日益重视技术发展的速度以及技术政策对环境政策的促进作用。

2.2　技术经济学

关于技术变革的环境经济研究日益增多，从传统的环境外部性与知识的角度研究市场失灵也变得日益重要。正是因为需要克服市场失灵现象，所以政府需要增加相关的投入来支持环保项目的研发。由于研究技术变革的相关学者对此的了解甚多，此处我们不再赘述，只强调市场失灵的教训对我们建立环境模型而言十分重要。

创新过程中知识的正外部性与污染带来的负外部性形成鲜明对比。因为知识属于公共财产，所以投资新技术或采用新技术的企业通常会为他人创造利益，而自己承担所有成本，因此企业缺乏投资技术以创造公共利益的动力。污染会带来负外部性，而市场的无形之手对其并没有任何制约作用。技术会带来正外部性，而市场的无形之手却对其没有任何促进作用。同样，即使政策能够修正对环境产生的外部性，与环境问题相关的研发水准依旧不足。因为企业忽略了研发带来的积极效应，所以对研究活动的投资不足。

不确定性也是阻碍创新的一大问题。所有的投资都具有不确定性，尤其是与创新投资回报相关的不确定性。与其他投资项目相比，创新投资的预期回报分布差异巨大，而且大部分的价值实现概率低但产出高（Scherer 等，2000）。不

---

① 此处的假设即指所产生的任何环保效益都是纯粹的公共财产，此假设在很多关于环境创新的文献中也都有所提及。当技术采用者享有部分利益时，虽然他们并未霸占全部利益，但此时这些效益已不再是纯粹的公共财产，例外就此产生。例如，即使缺乏直接相关的环境政策，能源定价也为提高能效提供了发展动力。然而，随着能耗降低，污染减少，环境改善，除非相关的环境外部性已经被全部消化，否则能源价格本身将无法继续刺激使用效率的提高或节能技术的发展。

确定性对环境政策来说也许尤其棘手,因为技术需要与试行条例保持一致,而当该条例落实后技术可能会朝着预料之外的方向发展,这就使得规定制定者难以准确预计守法成本。

最近,经济学家们开始注意到在新技术的采用和扩散过程中出现的市场失灵。出于某些原因,一项新技术对某单一用户的成本或价值取决于采用该技术的用户数量,而总体而言,使用同项技术的人数越多,对用户越有利。此类由技术使用规模带来的利益有时被称为“动态收益递增”,其来源可能是“用中学”“干中学”或网络外部性,因此,就像技术创新一样,有关该项技术效果的信息也有了“公共财产”的性质。

最后,委托与代理问题会对新技术的运用造成困难。比如,建造商或房主会决定某建筑物的能效投资,但实际成本还是由买家或房客承担。如果买家对能源的节省程度没有全面了解,建造商或房主也许无法收回相关投资的成本,也就可能不会进行投资。这些与新技术相关的市场失灵现象大概可以解释节能技术领域投资不足的“悖论”,也就是为何节能技术成本效益如此高却没有得到广泛利用的原因(Gillingham 等,2009; Jaffe 和 Stavins, 1994; Newell 等,2004)。

2.3 环境及技术政策的含义

环境外部性与知识市场失灵对政策制定者而言是阻碍环境领域创新的两大因素,但同时也指出了两种鼓励发展环保技术的方法:修正环境外部性和/或修正知识市场失灵。若想制定长期有效的环境政策这两者必不可少。由于知识市场失灵与技术广泛相关,对应的政策也会较为宽泛,主要应对整体经济问题,例如专利问题、针对研发的税收抵免以及通用基础研究资金。此类政策的重点在于总体创新率,即现有创新活动的数量。然而,针对环境问题的政策关注的则是创新的发展方向,其中包括控制外部性的政策,如碳税或碳排放总量管制和交易体系,还包括运用总体研发政策机制和针对环境问题的环境及能源政策。能源技术相关的政策包括为采用新能源的单位提供政府补助,并且为有针对性的基础研究及应用研究提供资金。

对各种政策进行效力评估后我们发现,环境政策与技术政策相结合的效果最佳。尽管技术政策能够刺激环保新技术的产生,但是它对技术应用的推动力极小。Fischer(2008)建立的理论模型显示,鼓励技术应用的稳健政策生效之后,针对限排研发项目的政府支持措施才会有效。Schneider 和 Goulder(1997)通过可计算的一般均衡模型来研究能源研发对气候变化可能产生的减缓效果,结果表明如果应对知识外溢的政策不仅能解决新能源研发的知识外溢现象,还能解决所有此类现象,其效果将大大增强,因而直接处理环境外部性的政策自然比单纯的技术补助政策有效。

Popp(2006a)认为,合理制定的碳税(应使得减少碳排放的边际效益与其边际成本相等)和合理制定的研发补助相结合才会实现长期的福利收益。Popp 发现将两者结合起来能达到最佳效果。在他的模型中,仅靠碳税达到的效果是两者结合后的 95%,而仅靠研发补贴只能达到 11%。此项研究表明由于相关部门只对能源领域发放研发补助,所以研发政策的有效性与 Schneider 和 Goulder 的研究结果相比明显减弱。

考虑到排放政策对于鼓励研发的重要作用,近期两篇发表的论文提出了一个问题——是否应该为了在诱发性创新爆发初期降低成本而制定强有力的初期减排政策。Hart(2008)通过增长模型发现,总体看来,排放税能够应对环境外部性即可,不宜过高。但如果碳排放概念股的影子价格持续上涨且节能减排的认知水平较低,情况便会发生变化,在这种情况下,节能减排知识会比其他创新项目产生更有价值的外溢效应,应暂时提高排放税的理想设定值,以处理不同技术的外溢效应所产生的社会效益差异。有针对性的研发补助理应具有同等功能,甚至更为高效。Greaker 和 Pade(2008)为在弱势专利政策条件下提高排放税提供了更多理由——一旦知识市场外溢没有得到有效处理,那么高额排放税则是次优的选择。

以上研究均采用宏观视角,且假定所有技术诞生后均得到最优利用。Fischer 和 Newell(2008)对鼓励技术应用等政策内容进行了微观研究,进而评价其在二氧化碳(CO_2)减排、促进创新及新能源扩散领域的作用。他们根据减排效果对相关政策进行评估,并且进一步研究技术发展的性质(即学习与研发的相对关系)与知识外溢对不同政策的影响。虽然单项减排政策的相对成本取决于各种参数值和排放目标,但是结合美国电力行业的数值应用来看,其排序大致如下:①排放价格;②排放绩效标准;③化石能源税;④可再生能源所占份额的标准;⑤可再生能源补助;以及⑥研发补助。然而,包括排放价格与研发在内的相关政策以最优形式组合在一起能够比任何单一政策更高效地达到减排目标。

Gerlagh 和 van der Zwaan(2006)在一次类似的研究中发现,为了实现各种稳定碳浓度的目标,排放绩效标准其实是成本最为低廉的政策。他们注意到,以碳税为例,排放绩效标准能够直接有效地应对环境外部性。再例如可再生能源补助,能够刺激外溢效应明显的产业发展创新。Gerlagh 和 van der Zwaan 在比较两篇文章后发现,可再生能源技术带来的预期规模收益决定了政策的排名。Fischer 和 Newell 认为由于新型可再生能源的来源匮乏,其收益会经历更大幅度的下滑。由此,Gerlagh 和 van der Zwaan 提出了一个尤为重要的问题,即考虑到新的太阳能、风能设备安装空间有限,可再生能源的规模收益递减是否可由创新节约下来的成本抵消。

气候变化等长期环境问题还将导致未来政策的不确定性。以一家研发汽车燃料电池的企业为例,此类技术目前尚无法与传统燃料竞争,而且应对成本差异的政策支持仍有不足,那么对该企业而言现今碳排放的有效价格并不重要,重要的是经过未来十年或更长时间,当这类汽车真正进入市场后,碳排放的预计价格。研究气候问题往往就会遇到此类时间跨度较长的问题,这些问题也会让人们思考实现以下目标是否需要额外的政策支持:①使政府有能力操控未来价格的预期值,②通过进行必要的初步研究将开创性技术引进市场,从而降低未来环境政策的成本(并且提升未来环境政策能获得的政治支持)。换言之,问题在于环境政策应该优于技术政策并且以鼓励长期创新为目标,还是反过来,技术政策先于环境政策或与环境政策并行,以降低清理环境的成本。与此相关的一个问题便是政府的可信度。政府承诺未来提高的碳排放价格并以此促进当下的创新发展,因为一旦清理环境的成本降低也许便不再需要如此高的碳排放价格(Kennedy 和 Laplante, 1999; Montgomery 和 Smith, 2007)。

通用技术可能会放大两种市场失灵之间的相互影响。通用技术指在很多不同经济产业中能够通用的技术,比如电动机、蒸汽机、内燃机、半导体和互联网(Bresnahan 和 Trajtenberg, 1995)。研究与开发的目的就是将此类技术融入不同的应用领域,技术的发展将增加研发的效益,而这些应用领域的发展也反过来增加了改进通用技术的效益。正是这些动态反馈使通用技术在经济增长中发挥了重要作用(Helpman, 1998)。通用技术与其应用领域之间的动态反馈还形成了"路径依赖理论"的重要例证。在环境领域,不论引领该时代的通用技术会加剧还是减轻污染,它们都对环境状况的长远预测具有深刻含义。不管是为了理解现有技术体系、预测演变方向还是预估某政策及事件的潜在影响,这些现象都具有重要意义。

3. 微观经济学:创新

我们多数时候都是在微观层面研究环境经济学领域的技术变革。在技术变革领域,这些研究通常分为两类——以发明创造为重点的研究和以技术扩散为重点的研究。正如第 2 节中所说,环境经济学中的外部性问题使得环保技术的变革过程日趋复杂,因为如果没有相关环境政策的支持,市场力量就无法鼓励人们发明或采用这些技术。因此,环境政策如何促进技术的发明及运用便成为重点研究对象。本节将回顾有关环境政策与创新的文献。我们将在第 4 节讨论环境技术的扩散问题。

3.1 诱发性创新

环境经济学领域的一大重要研究领域就是环境政策与技术变革之间的联

系。许多相关文献都是从诱发性创新的概念切入，即承认研发是一种由利益驱动的投资行为，并且创新的发展方向极可能与增长的相对价格保持一致。由于环境政策或明或暗地抬高了环境投入的成本，因此“诱发性创新”这一假说为环境政策与技术的互相影响指出了一条重要道路，同时使技术变革受到的影响成为评估政策工具有效性的标准。此说法由 Hicks(1932)首次提出，更多诱发性创新的相关理论和依据请查阅 Jaffe 等人(2003)、Binswanger 和 Ruttan(1978)以及 Thirtle 和 Ruttan(1987)的文献资料。若需要回顾技术变革中其他政策工具的近期实证文献，请查阅 Vollebergh(2007)的文献资料。

有关环境的文献主要从两大角度探究创新与政策的关系。早期研究重视理论模型，以此来比较不同环境政策机制对环保创新产生的效果(这些政策包括统一标准、排放税或排污权交易)。此类文章预言，税收或排污权交易等基于市场的政策会比强制管控的政策更加有效地刺激环保创新的发展，不过近期有文章表明具体排名在理论上较为模糊且受一系列因素制约(请查看 Fischer 等人于2003 年发表的文献以及第 3 节中的 3.1.2)。起初，关于环境政策与创新之间联系的实证研究因缺乏数据而有局限性。然而最近随着专利等创新活动手段的涌现，实证经济学家们已经开始预测价格与环境政策对环保创新带来的影响。我们将在下文中逐一进行讨论。

3.1.1 污染治理与能源节约中的诱发性创新实证研究

因为专利数量以及研发支出等创新相关数据日益增多，所以诱发性环境创新的研究也日趋便利。测试环境技术相关的诱发性创新假说还面临着一大难题，即测量不同企业或产业受到的诱导程度或强度仍然十分困难(Jaffe 等，1995)。在理想条件下，我们应该关注污染或环境投入的影子价格与创新之间的联系。然而在现实条件下，观察影子价格并非易事。因此，我们必须找到影子价格的替代品，比如环境规制特点、污染治理开支或是污染投入价格(如能源价格)。表 1 总结了这方面的重点文献。

表 1 环境领域诱发性创新的实证研究

文章	诱导结果	创新来源	数据	重点结论
Lanjouw 和 Mody(1996)	环保专利	污染治理成本以及开支(PACE)	美国、日本、德国及 14 个其他国家	PACE 导致环保领域创新项目增加
Jaffe 和 Palmer (1997)	研发活动整体支出及专利	PACE	1974—1991 年美国工业	PACE 影响了研发活动的支出，但并不影响专利申请活动

(续表)

文章	诱导结果	创新来源	数据	重点结论
Newell 等人(1999)	能效技术	管制标准、能源价格变动	1958—1993 年设备特点及能源价格	能源价格和管制标准均对能效创新产生影响
Popp(2002)	能源和能效技术	化石燃料价格、现有知识存量	1970—1994 年美国能源专利	能源价格和现有知识存量对研发活动都具有诱导效果
Brunneimer 和 Cohen(2003)	环境专利	PACE	美国工业	PACE 对专利影响甚微(0.04%/100 万美元)
Hamamoto(2006)	研发活动整体支出	PACE	1966—1976 年日本工业	PACE 导致研发活动支出上升
Popp(2006b)	SO_2 和 NO_x 减排专利	环境规制	1970—2000 年美国、日本、德国的专利	环境规制促使 SO_2 和 No_x 减排专利数量大幅增长
Hascic 等人(2008)	五种环境技术专利:空气污染、水污染、废物处理、噪声防护以及环境监控	PACE 与环境政策的严格程度	1985—2004 年 PACE 以及世界经济论坛调查	私人企业的 PACE 会促进环境创新发展,但是政府的 PACE 并不具有此等效果。然而,政府主导的研发活动能刺激环境领域的专利数量增长

最早的实证研究利用污染治理支出(Pollution Abatement Control Expenditures, PACE)来代替环境规制的严格程度。Jaffe 和 Palmer(1997)对不同产业 PACE 与广义上各类创新指标之间进行了研究,他们发现随着时间的推移,各产业中的 PACE 所占比例和研发支出水平之间存在紧密的联系,然而并没有找到证据证明污染治理的开支水平对整个专利问题存在影响。Hamamoto(2006)发现了日本的研发开支也存在类似的现象。Brunneimer 和 Cohen(2003)对美国不同产业的 PACE 和环境专利之间的关系进行了粗略计算,他们发现 PACE 每增加 100 万美元,专利数量才增长 0.04%。

这些论文的缺陷在于没有利用专利数据独立分散的特点。每项专利都从具体的产业出发，从不同的角度看待创新。Jaffe 和 Palmer 的研究涵盖某一产业内的所有专利项目，包括环境技术类和非环境技术类，而 Hamamoto 的研究范围包括所有研发活动，而不局限于环境这一单一领域。Brunnermeier 和 Cohen 特别关注环境技术，但是并未将这些技术按照不同产业领域进行分类，因此，其他技术的停滞不前可能会掩盖掉某些特定技术创新的效果。如果针对特定技术进行研究就会观察到明显效果。比如，Lanjouw 和 Mody（1996）利用国际专利分类（International Patent Classification, IPC）选择了数个主要的环境领域的专利类型。他们搜集美国、日本、德国以及 14 个中低收入国家的专利数据，最后发现国家在污染治理方面的开支越多，其环保相关的创新项目就越多。Hascic 等人（2008）以五种不同类型的环境技术为样本，研究严苛的环境政策对专利申请活动的影响。这五种技术分别与空气污染、水污染、废物处理、噪声防护以及环境监控有关。他们放弃了严格的环境政策，转而利用 PACE，并且通过世界经济论坛以顶级主管为对象进行调查，发现能带来更多环境创新的不是政府在污染管制中的投入而是私人企业的开支。然而，政府主导的高层次环境研发活动确实会导致更多环境领域的专利出现。Popp（2006b）发现自从美国、日本和德国通过环境规制后，有关减少二氧化硫和氮氧化合物排放量的专利数量有所增加。

通过观察对能源价格变动的反应，我们可以看出其中是否存在诱导效应。与 Lanjouw 和 Mody 一样，Popp（2002）也运用专利分类选择了 11 种不同的清洁高效的能源技术。Popp 利用分布滞后模型从能源价格的角度评估了相关专利申请的弹性系数。这一分布滞后模型与适应性预期价格模型一致，在适应性预期价格模型中，过去价格的加权平均数决定了未来的预期价格。回归现象决定发明者所能接触到的知识的质量，同时也决定影响研发的其他因素，比如政府对能源研究的支持以及导致需求变动的技术因素。[①] 在这一框架下，Popp 发现能源专利申请量与能源价格的弹性系数长期维持在 0.354。依据分布滞后模型，Popp 得出平均滞后值为 3.71 年，中位滞后值为 4.86 年。也就是说，一次能源价格增长对专利申请产生的全面效应在短短五年内就能展现 1/4 以上。因此，价格（或其他提高化石燃料使用成本的规定）应该会快速刺激新研究的发展。

Popp 认为诱发性创新随时间推移而逐渐减少的趋势是由收益递减造成的。此外，Popp（2002）还表示控制某领域研究的收益递减现象会影响对诱发性创新的预估。为了确认现有知识存量对创新活动的重要性，Popp 根据已有专利知识

① 例如，对将废置产品转化为能源的专利来说，价格效用会为购买废置产品买单，因为燃料也包含在回归现象中。由于 20 世纪 80 年代人们担心垃圾填埋空间越来越少，所以废物转化的能源开始变得和燃料产生的能源一样普遍，该数值反映了此类废物的供应增长。

的引用数据将这些专利集中起来,并且将其引用率作为加权标准。他发现这些知识存量会对能源专利申请产生积极作用。另外,Popp(2002,2006c)还发现新能源专利的引用率随时间而减少,也就是说对发明者有用的高质量知识也越来越少。[①] 从此我们意识到发现得越多,想创新且改善现有技术就越难。由于知识存量的质量很大程度上决定了创新活动的水平,其质量随着时间而降低意味着研发活动收益递减会导致诱发性创新研发水平下降。不仅如此,因为过去的研究会影响未来发明者成功的可能性,所以研发活动的收益应该随着现有研究质量的变化而变化,不应该单纯随着时间推移而变化。

为了确认利用专利引文数据来衡量研究带来的收益是否有价值,Popp(2002)用时间趋势变量代替了知识存量变量进行回归分析。如果随着时间的推移收益只会不断递减,那么负的时间趋势应该和加权知识存量的回归结果一样,然而事实并非如此,若以时间趋势变量取代了知识存量变量,则回归的结果是能源研发与能源价格的弹性系数为负。因此当能源研发处于最高水平时,收益递减是个更为严重的问题,若不加以控制,其负面影响会抵消能源研发价格带来的正面影响。这也解释了 Brunneimer 和 Cohen(2003)的研究中环境政策对专利申请活动的微弱影响。

环境经济学家还将能效领域的变革分为出于价格考虑的变化和创新带来的变化,并借此研究诱发性创新。Newell 等人(1999)将一个诱发性创新的计量经济模型作为生产资料的变化特征,研究了 1958—1993 年间在能源价格的影响下,市面上销售的家用电器经历了什么样程度的能效变化。Hicks 从生产要素价格的角度创立了诱发性创新假说。Newell 等人(1999)将此概念扩大化,加入了监管标准的诱导效应,比如借引起顾客注意的标签提高某产品特性的价值。一般来说非价格形式的监管约束只要能改变企业排放污染物时的影子价格或隐性价格,便能成为具有诱导效应的因素。在这个框架中,在某一个时间点用现有技术制造一台特定仪器都经过了可行性向量的鉴定(其中包括制造成本)。发明的过程使从前不可能制造的"模型"(特征向量)变为可能,创新意味着从前不能被用于商业销售的模型现在变得可能。于是诱发性创新被视为处在可用模型前沿的行为,能够在其他属性层面减少能效成本。

他们通过建立一系列动态模拟来研究一段时间内能源价格的变化以及效率标准对各产品平均效率的影响,结果表明大部分为自发性改进(即与时间的推移相关),但很大一部分创新也与能源价格及能效标准的变化相关。他们还发现空调领域的技术变革其实并不利于 20 世纪 60 年代的能效问题(那时真正的能源

---

① 需要注意的是,由于专利引用率不仅取决于该专利的质量,还取决于衍生专利的数量,所以关注点在于引用率而不是引用数量。

价格正在下滑)，不过70年代的两次能源危机过后情况得到了反转。他们发现如果能源价格没有按照历史轨迹发展而是保持在1973年的水准，1993年空调和燃气热水器的能源效率会比所给模型的平均效率低四分之一到二分之一。能源价格变动后五年内就会看到相应的结果。他们发现产品标示要求生效后能源价格上升对模型替代的影响达到顶峰，从而强调了信息的重要性。

3.1.2 创新与政策工具的选择

诱发性创新的实证研究为环境创新提供了一些思考。然而，这些创新的性质也同样重要。环境创新的早期理论研究关注不同环境政策的激励效果。环境政策可分为"指挥控制型"政策或基于市场的政策。基于市场的政策是通过市场信号来鼓励特定行为，而不是直接明确规定污染管制标准，此类规定使企业能够灵活选择最节约成本的方法来改善环境。与此相反，传统的环境管制方法通常被称为"指挥控制型"规定，因为此类政策所容许的灵活度较低。此类规定不顾成本，要求各企业承担一样的污染管制成本。指挥控制型规定为所有企业设定统一标准，其中最常用的是从效果和技术角度出发设定标准。效果标准即为企业设定统一管制目标(比如限制每一单位产出的排放量)，然而对达到目标的手段没有过多限制。技术标准则会明确其手段，有时甚至会指定相关仪器，并且强制企业遵守规定。

为所有企业设定统一目标的成本是非常昂贵的，而且有时会产生相反的效果。设定标准也许可以有效限制污染物排放，但是由于这一手段会强制某些企业使用经济上无法承担的限排措施，所以通常会在过程中产生高额成本。因为不同企业的限排成本不一，甚至同一企业内部都会存在差异，所以在某一情况下成本效益高的技术并不一定适合其他情况。

通过诱导或要求企业采取措施，所有干预形式都可能诱发或强制实现部分技术变革。效果标准与技术标准的出发点便是"技术要求"，要求达到目前技术水平无法达到的效果或强制使用并不成熟的技术。然而，其中存在一大问题，规定制定者虽然相信现有技术永远都有改进空间，但是他们不可能知道能改进到何种程度。标准制定者必须保证其可实现性，否则可能引起政治和经济的动荡(Freeman 和 Haveman，1972)。

技术标准存在的问题尤其明显，因为此类标准可能使某些技术暂停发展，而这些技术本可以提高控制水平。针对技术的规定和针对排放标准的规定不同，无法给企业提供进一步限排的经济动力，因此企业也就缺乏采用新技术的动力。不过降低设备成本的动力仍然存在。在"最佳可用控制技术"(Best Available Control Technology，BACT)标准下，一家采用新减排手段的企业可能只会得到更高要求的效果标准，而不是经济回报，唯一潜在的经济回报就是其竞争者们为了达到新标准会面临更多困难(Hahn 和 Stavis，1991)。另一方面，如果有第三方发明更好的设备并且获得专利,理论上市场状况会变得相对成熟,在该条件下,BACT 标准会为技术创新提供积极动力。

与指挥控制型规定相比,基于市场的手段所提供的动力更强劲,有效激励企业采用更低廉更好的污染控制技术。这是因为依据市场手段原理,如果企业能够找到一种成本足够低廉的环保措施(技术或加工方法),那么该企业每多做出一份努力就能多获得一份利益,市场政策的优势体现为创新者拥有一定自由度,能够自己决定达标的最佳方式。比如,设定碳税能够使创新者选择减少碳排放的最佳方式,而针对风能使用的税收抵免政策会使创新者仅重视风能技术,而忽视其他清洁能源技术。

多数论文从理论层面研究各种环境政策工具对创新的影响。另外,这些论文重点关注供应方,探讨如何让企业在结果未知的情况下决定承担研发活动的成本。表 2 总结了相关文献信息。我们将在本章的第 4 节探讨技术运用及扩散政策的效果并介绍相关文献。

表 2　关于创新与环境政策工具的重点理论文献

文章	政策	重点结论
Magat(1978)	排污税、统一标准	排名结果并不明朗
Magat(1979)	税收、补助、许可、污染标准和技术标准	除了技术标准以外,所有其他政策均会对创新产生诱导效果。税收、许可以及污染标准政策也都具有类似效果
Carraro 和 Siniscalaco (1994)	环境政策工具、工业政策工具	除了污染税能促进减排以外,创新补助与环境政策工具具有相同效果
Laffont 和 Tirole(1994)	排污权交易体系	未来的排污权交易市场能够促进创新发展
Cadot 和 Sinclair-Desgagne(1996)	激励计划	政府发布规则可以作为信息不对称问题的一个解决方案
Carraro 和 Soubeyran (1996)	排放税和研发补助	如果税收引起规模较小的产出下降或者政府认为产出下降是一种不良现象,那么研发补助就能发挥作用
Katsoulacos 和 Xepapadeas (1996)	税收和环境研发补助	税收与补助相结合能够克服市场失灵现象

（续表）

文章	政策	重点结论
Ulph(1998)	污染税、统一标准	更加严格的标准和税收对研发水平没有明显效果，且存在两种互相矛盾的效果：政策使成本上升（促进研发），同时使产出降低（扼制研发）
Montero(2002)	非竞争环境下的不同政策工具	市场类型会影响标准及税收对研发活动产生的激励效果。古诺竞争市场的鼓励效果强，而伯川德竞争市场的鼓励效果差
Innes 和 Bial (2002)	环境规制、企业行为	技术领域的强者希望环境规制更加严格，因为此类规定会提高竞争企业的成本
Fischer 等人 (2003)	基于市场的政策、统一标准	排名模糊且取决于技术扩散的能力、成本以及排放污染的企业数量
Requate(2005)	事后政策、过渡政策、事前政策（税率不同）、事前政策（税率单一）	税率不同的事前政策效果突出，税收政策总是优于许可政策
Baker 和 Adu-Bonnah(2008)	不排放碳的新能源、提高效率后的传统能源	严苛的政策有一定效果，但结论并不确定。如果环境政策较弱，提高传统能源的效率可行。但如果政策要求严苛，则需要不排放碳的新能源
Bauman 等人 (2008)	基于市场的政策、统一标准	如果指挥控制型政策引导下的创新能够改变减排边际成本曲线的斜率，此类政策也许会比基于市场的政策更能有效地刺激创新发展。

理论　Magat(1978)最早进行了与此直接相关的研究，使用诱发性创新可能性边界模型对排污税和指挥控制型标准进行了比较，在此模型中研究在标准生产函数中增加资本或劳动力。他比较了产出率、产出与污染的比例、排污率以及相关偏差（以促进技术变革的劳动力或资本为对象），但是研究结果却并不明朗。随后，Magat(1979)又比较了税收、补助、许可、污染标准和技术标准，结果表明除了技术标准以外的所有因素均引导创新以减排为目标发展。在 Magat 的模型中，如果税收和许可任何时候达到的减排效果都和排污标准一致，那么这三项都能产生相同的创新动力。

Carraro 和 Siniscalaco(1994)从更广泛的角度出发提出把环境政策工具和传统产业政策工具结合起来，以寻求实现减排要求的最佳方法。他们表示，创新补助所能实现的环境目标与其他政策工具一样，但并不像污染税一样能带来减产效果。Laffont 和 Tirole(1996)研究了理论上排污权交易体系如何能够对技术变革产生预期的刺激效果。研究表明虽然现货市场无法带来社会最优创新水平,但期货市场可改善现状。

Cadot 和 Sinclair-Desgagne(1996)对一个潜在的规范化产业进行思考,该产业自身掌握着污染管理技术进步的成本信息。很多时候事实就是如此。考虑到该产业有理由声称这些技术过于昂贵(即使这并不是真的),政府方面能否设计出避免信息不对称的激励机制呢?两位作者提供了一个解决这场博弈的方案,即由政府用强制手段向相关企业施加压力(当该企业完成相应的技术发展后这种压力将逐渐减弱)。

继 Magat20 世纪 70 年代所做的尝试之后,直到现在才出现为政策工具排名的相关理论,其依据则是不同政策工具对创新产生的刺激效果。Fischer 等人(2003)发现根本无法实现政策工具的具体排名。他们所研究出的排名实际上是基于创新者在企业之间分配新技术溢出效益的能力、创新成本、环境效益以及排放污染的企业数量。

其基本模型分为三个阶段,第一阶段:一家创新企业将创新的边际成本设定为等于预期边际收益,并以此决定在研发活动中投资的金额;第二阶段:排放污染物的企业决定是采用新技术,或采用次等的相似技术,还是无动于衷;第三阶段:企业使其边际成本与污染价格相等,从而实现污染控制成本最小化。政策工具对创新活动的刺激效果主要分为三种:①减排成本效应,表现为创新为污染控制节省多少成本;②模仿效应,表现为专属权不足导致创新动力减弱;③排放费效应,其表现则是,如果企业为剩余排放所支付的费用因创新而减少,那么该企业也会逐渐缺乏创新动力。这些效应的相对力量视政策工具与具体应用的不同而变化,任何工具都不可能在所有应用环境中明显展现出最强的效果。

Ulph(1998)进行过一次分析研究,与 Fischer 等人(2003)的研究结果极为相似。他比较了污染税和指挥控制型标准的效果,而后发现越来越严苛的标准或税收制度对研发水平具有微妙的影响,因为环境规制具有两大互相矛盾的效应:其一是直接导致成本增高,因为研发能够节约减污措施的成本,所以为研发投资提供了动力;其二是间接导致产品产出下降,这会削减相关单位对研发活动的热情。Carraro 和 Soubeyran(1996)对排放税和研发补助进行了比较,结果发现如果税收引起的产出下降规模较小或者政府出于其他原因认为产出下降是一种不良现象,那么研发补助就能发挥作用。Katsoulacos 和 Xepapadeas(1996)对同一问题进行研究发现,同时进行污染排放税收措施和环境研发补助措施也许是克服双重市场失灵的好办法(双重市场失灵指污染产生的负外部性以及研发产生的正外部性或溢出效应同时存在)。

Montero(2002)比较了非竞争环境下的各种政策工具,最后发现其结果远不如竞争环境下清晰。他以两家企业的寡头垄断为模型，这两家企业要面对各种形式的环境规制，其中包括排放标准、自由分配得到的排放许可、拍卖得到的排放许可以及税收。企业可以通过投资研发活动来降低自己的减排边际成本，同时他们还能通过其他企业研发产生的溢出效应获益。一家公司在选择是否通过投资研发活动来实现利润最大化以及考虑投资金额时，必须考虑这一投资抉择带来的两个后果：①减排成本降低带来的利润增长(减去研发成本)以及②首先进行研发的企业一旦产生溢出效应，其他企业的产出量发生变化，势必会导致利润下降。其结果就是当市场呈现古诺竞争的特点时，标准和税收将对研发活动产生更高的刺激效果，而当市场呈现伯川德竞争的特点时，效果则正好相反。

Innes 和 Bial(2002)发现企业往往会过度遵守环境方面的规定，并且以此为出发点开始研究政策制定者在环境规制水平方面的决策。他们利用伯川德竞争模型来解释企业的这种行为。在该模型中，一位成功的创新者也许会倾向于更为严格的环境标准，以此提高竞争对手的成本。如果企业都希望率先发明新型环境技术，对相关规定的内容造成影响并且提升其他企业的成本，那么依据过往经济发展形势看来(比如在某创新技术出现之前)十分有效的环境税还会导致研发领域出现投资过剩的现象。Innes 和 Bial 证明了对技术“赢家”和“输家”制定不同标准能避免投资过剩，例如，规定制定者可以为不具有创新能力的企业设定较低的减排目标，或给予该企业更多时间来应对新的规定。如果政策实现最优化，技术领域的强者会仍然保有遵守环境规制的热情，甚至超额完成相关的规定内容，那是因为他们的利润与自主创新带来的社会效益完全对等。

Requate(2005)注意到新的减排技术出现后，最优政策的严格程度有可能发生改变，于是他开始探究政策调整的最佳时机。此模型中有为了应对环境规制进行研发活动的垄断环境技术提供者，以及一批出于法律要求而购买相关设备的竞争企业。论文主要探讨了四种可选择的政策：在新技术被采用后制定事后政策，在研发成功后但采用新技术之前制定过渡政策，根据研发情况设定不同税率的事前政策，以及不管研发是否成功都设定同一税率的事前政策。在该模型中，假设不同税率的事前政策比其他政策更有效，并且税收政策往往优于许可政策。

Bauman 等人(2008)近期发表的一篇论文强调了指挥控制型政策可能在某些特定情景下诱发更多创新行为。他们发现若创新能降低减排的边际成本曲线，上述模型得到的结果便会出现。然而，这些论文一直采取末端治理的方法来降低污染，比如在烟囱上安装洗涤塔。对于末端治理方法而言，不减排的边际成本为零，因此减排边际成本的曲线是从原点出发。在此类情况下，创新会一直降低减排边际成本。然而，人们也可以通过改进生产流程来减少污染，比如使用清洁燃料或更高效的锅炉。在此类情况下，创新也许能使减排边际成本曲线的斜率增大。例如,如果一家工厂计划通过暂停运营来减少污染排放,那么当该工厂使用高效锅炉时,其产出(和利润)会减少。在此类情况下,创新后的减排边际成本曲线不一定下移。如果事实果真如此,指挥控制型标准会比基于市场的政策更能刺激创新发展。不过需要注意的是,他们的分析虽然真实有效但并不规范,因为传统观点认为市场政策总体来说比指挥控制型政策有效,但分析过程中并未直接提及这一点。

最后,Baker 和 Adu-Bonnah(2008)的研究表明技术变革对减排边际成本曲线造成的影响同样适用于不确定条件下的研发情况。他们的模型主要考虑了未来气候破坏程度的不确定性(因此需要理想的减排水平)以及各能源研究项目成功的可能性对研发投资活动的影响。他们将两种能源研发项目纳入考虑范围:研究不产生碳排放的新能源以及提高传统化石燃料的能源效率。对于研究新能源的项目而言,技术进步无疑会降低减少碳排放量的成本(比如降低减排边际成本)。此时,项目风险越大,理想的社会技术投资额越高。然而,对传统能源技术研究而言,情况正好相反,技术变革会旋转减排边际成本曲线。当减排标准较低时,燃料效率提升等传统技术的进步会降低减排成本。但是,如果减排标准较高,仅仅提高能源效率并不能达到要求,那么就需要新能源来替代传统化石燃料。这样一来,传统技术效率的提高会带来更高的减排边际成本,因为他们提高了淘汰化石燃料的机会成本。此时,研发项目风险越小,理想的研发投资额越高。

以上项目的成功率很高,但效率收益偏低。然而,由于化石燃料的使用率极广,即使较低的效率收益也会产生较大经济冲击。相较而言,效率收益高的高风险研发项目并不会产生如此高的收益。在气候破坏程度较低时效率收益最为重要。如果气候破坏程度较高,那么由于化石燃料不再投入使用,效率收益也就不再重要。因此,新能源研究领域的突破比能源效率领域的突破更符合需求。

实证 很少有研究从实证观察的角度比较不同政策下的创新发展。表 3 总结了相关文献。

表 3 有关创新与环境政策工具的重点实证文献

文章	政策	数据	重点结论
Newell 等人(1999)	基于能源价格的政策、能效标准、标示要求	1958—1993 年装置模型的特征与能源价格	能源价格变动导致市场上出现新技术,淘汰旧模型,而规定的作用仅限于淘汰旧模型
Popp (2003)	二氧化硫排放许可、直接管制	1985—1997 年美国燃煤电厂	指挥控制型创新会节省成本,而排污权交易既节省了成本也减少了排放

（续表）

文章	政策	数据	重点结论
Lange 和 Bellas (2005)	清洁空气法	1985—2002 年美国燃煤电厂	排污权交易体系会降低资本和运行成本。仅靠强制规定无法促进成本的变化
Lanoie 等人(2007)	环境政策工具、环境研发	七个 OECD 成员国的企业调查	在诱发环境研发方面，政策的严苛程度比政策种类更重要
Johnstone 等人(2008)	环境政策工具、环境研发	1978—2004 年 OECD 成员国 EPO* 污染控制专利	灵活的政策下会诞生更高质量的创新（以专利族大小作为衡量标准）
Taylor (2008)	二氧化硫排放许可、直接管制	1975—2004 年美国专利	未来排污权价格的不确定性减弱了第三方生产商的创新动力
Johnstone 等人(2010)	基于价格的政策、基于数量的政策	1978—2003 年 25 个 OECD 成员国的 EPO 可再生能源技术专利	基于价格的政策会使太阳能以及废物再生能源技术得以发展，而基于数量的政策会促进风能的发展（因为风能最接近目前的能源市场）

注：* 欧洲专利局(European Patent Office，EPO)。

Popp(2003)的研究是一个例外，他比较了美国允许二氧化硫排污权交易前后的创新情况。文章结合了专利数据和烟气脱硫(flue gas desulfurization, FGD)装置或洗涤塔方面的厂级数据，比较 1990 年《清洁空气法》(Clean Air Act, CAA)通过前后的创新情况。Popp 发现如果用每年成功申请专利的数量来计算，那么 1990 年 CAA 提出二氧化硫排放权交易之前 FGD 装置的创新水平更高。然而，CAA 通过之后创新的性质发生了变化。1990 年 CAA 出台以前，多数新建燃煤电厂必须安装脱硫效率高达 90%的 FGD 装置。由于 FGD 装置的安装是强制性的，所以减少该装置的运行成本是创新的重点。但是，由于企业并没有动力研发脱硫效率高于 90%的装置，所以创新对于 FGD 装置的脱硫效率并没有任何效果。相较而言，由于 1990 年的 CAA 提出了更高的二氧化硫减排要求并且允许企业自己选择达标手段，之后的创新对提高洗涤塔的脱硫效率产生了一定积极作用。Taylor 等人(2003)也注意到类似的现象，对洗涤塔的要求导致用于减少二氧化硫排放的预燃技术专利数量下降，清洁煤就是其中的一个例子。然而 Taylor(2008)发现，由于多数污染控制领域的创新者均为第三方设备供应商，而不是被监管的企业本身，并且这些企业对待排放权的反应仍未可知(最终的排放权价格也是一项未知数),所以面对其他政策工具,这种不确定性会减弱排放权交易对创新产生的刺激效果。

与此相反,Bellas(1998)认为洗涤塔相关技术并没有任何进展,不过他的研究对象仅限于1970—1991年的工厂,因此其分析只针对指挥控制型政策体制下的工厂。Lange和Bellas(2005)在近年来的研究中更新了这项研究,研究1990年CAA通过前后洗涤塔特点对已有洗涤塔的运行成本以及资金的影响。1990年CAA提出的排放权交易体系首次为老旧工厂提供了安装洗涤塔的动力。洗涤塔市场由此扩大,他们认为这会进一步刺激技术变革。Lange和Bellas发现1990年CAA生效后,已有洗涤塔的资金和运行成本确实有所下降。但是,他们发现此效应并非长期可持续——1990年CAA通过之后成本有所下降但是成本的变动率并没有变。他们并未发现有相关证据证明1970年CAA和1977年CAA(该法案规定从1978年开始建造的工厂都必须安装洗涤塔)影响下安装的洗涤塔有何成本差异,同时也没有明确指出这段时间的成本变化。

Lanoie等人(2007)着眼于灵活标准的重要性,通过一份针对OECD七个成员国企业的调查,研究不同环境政策工具对环境相关研发活动的影响。调查对象须描述自己面临哪些环境政策以及这些政策的严格程度。结果表明更加严格的政策确实能诱导企业进行更多环境研发项目。较为灵活的效果标准会设定一项可接受的环保效果标准,但不会规定实现标准的手段,而技术标准会对特定技术的使用进行设置强制标准。较灵活的标准比技术标准更能吸引环境研发活动。令人惊讶的是,基于市场的环境政策并未表现出类似的刺激效果,这也许是因为基于市场的政策不如其他环境标准严格。Johnstone和Hascic(2008)在相关研究中发现灵活的环境规制会导致创新的质量更高。世界经济论坛对企业主管进行调查,结果显示如果专利发明者所在国家的企业主管认为,为了遵守环境规制而做出不同选择是更自由的表现,那么环境相关专利族的规模会更大。

还有很多论文研究能效创新和新能源技术的其他政策工具。可以说创新过程使市场上的产品得到改进,也可以说该过程使这些产品间的利弊权衡越来越不明显。如果一条轴表示产品成本,另一条轴表示与此产品相关的能源消耗,即能耗强度,那么曲线内移则表示创新的作用——成本保持不变的情况下能效提高或者能效保持不变的情况下成本降低。Newell等人(1999)使用该方法评估了能源价格变动以及能效标准变动对创新的刺激作用,结果表示:能源价格变动同时引发了新模型的商业化以及旧模型的淘汰,然而制度规定在能效低的模型被淘汰后才会呈现出效果,因为这就是能效标准的目的(低于特定能效标准的模型将不再被销售)。

最后,Johnstone等人(2010)搜集了25个OECD成员国的可再生能源技术专利数据,用以研究不同政策工具对创新产生的影响。他们对基于价格的政策

(例如税收抵免和回购电价[①])以及基于数量的政策(例如可再生能源任务)进行比较,发现技术之间存在非常重要的差异。基于数量的政策有利于风能的发展,因为在各种新能源技术中,风能的成本最低,并且最具有与传统能源竞争的能力。同样的,如果公司必须使用新能源,则会集中创新力量钻研最接近市场的技术。对比之下,直接投资对太阳能技术和废物再生能源技术具有比较有效的支持作用,但这些技术与传统能源技术竞争的能力仍有所不足。对于政策制定者们来说,这些结果意味着挑战,因为他们希望为市场竞争力不足的技术提供长足的创新动力。

3.1.3　技术经济学家可以做什么

环境政策与创新的联系是环境经济学领域最有活力的研究方向之一。然而其中仍然存在许多未解的难题等待技术经济学家进行研究。具体说来,以上很多实证研究均利用综合数据,通常着眼于某一产业或某项技术的层面。然而关注企业行为的微观研究将大有用处。此类研究中可能涉及的问题包括促进环境研发发展的因素(例如环境政策是否有能力引导企业研发新项目或将其他领域的研究力量转移到环境问题上)以及最具环境创新能力的企业类型。比如,技术经济学家们尤为关注企业规模和/或市场结构对创新的影响,而这类研究尚未真正成为环境经济学的一部分。由于市场力量与放松管制对能源领域而言同样重要,该研究方向便显得更为意义重大。例如,Sanyal(2007)发现对电力市场放松管制后,该产业的研发活动便不再活跃。如果更多研究能够关注不同企业间的差异并且深入理解这些差异,政策制定者们便可为该产业设计合适有效的激励措施。

环境技术变革方面的文献还忽视了期望值的作用。只有当人们相信创新会带来收益时才会有动力进行创新。对环境问题而言,未来的收益取决于即将生效的政策内容。政策制定者一方面要为眼下的创新提供动力,另一方面要让发明者意识到污染的代价,他们究竟能做到何种程度呢?现有的政策工具是否足以应对环境问题的不确定性和长期效应呢?人们对未来能源与排放的价格以及政策内容的预期受到政策操控,一旦理解政策的操控原理就能为未来的研究找到一条光明的道路。

3.2　技术变革的影响

3.1节中提及的文献主要研究激励措施(市场价格或政策)以及技术变革的发展方向与水平。除此之外,还有一个重要的问题,即这些技术对环境的影响。

---

① 不少欧洲国家均采用回购电价的形式,保障可再生能源生产商所生产电力的最低价格。

经济学家们通过广泛研究,在技术变革方面的文献中不断发现同一现象,即知识外溢会导致研发的个人收益率与社会收益率分离。此类文献包括 Mansfield(1977,1996)、Pakes(1985)、Jaffe(1986)、Hall(1996)和 Williams(1998)。他们得出结论,边际社会收益率通常为 30%~50%。

在环境相关的文献中也能找到类似结论。然而在计算环境研发的社会收益时,有两大问题可能会使这一过程复杂化。其一是第 2 节中讨论的双重市场失灵。多数技术变革文献中出现的高社会收益率都源于知识市场的不足,例如溢出效应。这些市场失灵现象仍未解决,环境经济学中常见的外部性还加剧了其影响。这使得环境创新的影响愈加难以估量,因为环境质量的提升很难用数字来表达。例如,如果要研究创新如何使企业获益,可以降低其合规成本(见3.1.2 节引用的 Bellas 和 Lange 的论文),如果涉及能效问题,则可以降低企业或消费者的能源成本。运用此手段进行研究得出的结论应该与众多技术变革文献类似。虽然大量文献聚焦于计算环境质量提升的益处(如 Maler 和 Vincent 于 2005 年发表的论文),但是研究往往采用间接手段,并未体现出环境创新的收益。

3.2.1 实证研究

由于缺乏可用数据,实证分析极少以创新对污染治理成本的影响为对象。Carlson 等人(2000)关注发电厂边际减排成本的变化,发现 1985—1995 年间此变化中的 20%(或 50 美元)是由技术变革导致的。Popp(2003)利用专利数据将燃煤发电厂洗涤塔的低工作成本与创新活动联系起来。Popp 搜集了有关洗涤塔创新的专利信息并整理成知识存量,然后设单个洗涤塔的工作成本为因变量,洗涤塔及发电厂本身的特征为自变量,其中包括安装该洗涤塔时的知识存量。一项专利能为该产业节省现值 600 万美元的成本。若假设每项专利获批约 150 万美元的研发经费,其收益与上述提到的总体研究结果相差无几。然而,结论中提及的成本节省仅针对遵从环境规制成本较低的电力产业,因为二氧化硫减排带来的社会效益并不在计算范围内。

与此相反,有关能效创新影响的研究范围更广。除 3.1.2 节中讨论的研究以外,Pakes 等人(1993)还研究了汽油价格会如何影响市面上机动车辆的燃料经济性。他们发现自 1977 年以后机动车每燃烧一加仑汽油能行驶的英里数持续增长,这很大程度上是因为市面上出现了不同的机动车辆,每加仑英里数低的车辆在市场上逐渐减少,而每加仑英里数高的车辆越来越多。随后,Berry 等人(1996)结合汽车产业的厂级数据与每家工厂生产的汽车型号特征,计算出一个享乐成本函数——从供给的角度得出享乐价格函数——最后发现 1972—1982 年期间质量调整成本整体呈上升趋势,与上升的汽油价格以及排放标准吻合。

对比不同时期的实证研究便可发现间接研究技术影响的困难所在。很多研究用时间趋势代表技术变革，其结果被解释为某一时期一切技术变革的净效应。例如，Jorgenson 和 Fraumeni(1981)研究了美国 1958—1974 年的工业能源消耗，发现技术变革就等于能源消耗——单位产出的能源消耗量随时间持续上升。当然，其数据所覆盖的时间范围不涉及 20 世纪 70 年代能源危机后出现的节能创新项目。与之相反，近期研究从时间趋势角度观察技术变革发现，技术实际上能节约能源，Berndt 等人(1993)、Mountain 等人(1989)以及 Sterner(1990)均得出了该结论。

Popp(2001)未利用时间趋势研究技术，而是利用专利来计算新技术对能源消耗的影响。Popp 先是运用耶鲁技术对照表(Evenson 等人，1991；Kortum 和 Putnam，1989，1997)将能源专利与采用该专利技术的产业一一对应。随后 Popp 将这些专利整合进能源知识存量，在 13 个能源密集型产业的成本函数系统中将其作为解释变量。该知识存量被定义为各产业过去能源专利数量的累积函数，据变量的逐步衰减和扩散而变化。Popp 在能耗成本函数中运用这些知识，发现作为专利数量的中位数所对应的长远节能价值达 1 450 万美元。相比之下，各产业对每项专利的平均投资额为 225 万美元。另外，专利申请的弹性系数与该专利技术所涉及的能源价格相关，Popp 运用该弹性的预计值计算了诱发性创新的影响，此处的影响指能源价格每增长 1%所带来的所有新专利项目的综合影响。有趣的是，因为研究仅考虑要素替代效应，所以对技术变革进行相对独立的控制时，受价格影响的能耗弹性系数较低。相比之下，仅用时间趋势来代表技术变革并重新通过回归模型进行计算，会得到与其他研究一致的能源价格弹性系数。

Sue Wing(2008)也进行了类似的尝试。美国能源密集度正逐渐下降，在此情况下的能源价格造成产业结构变化、技术变革的无实体化、要素替代以及诱发性创新等现象，Sue Wing 在一系列产业层面的回归模型中利用专利库来确认这些要素的影响。Popp 的研究重点在能源密集型产业，而 Sue Wing 的数据来源于 1958—2000 年间 35 个不同产业。他发现结构变化和技术变革的无实体化是其中最为关键的要素。诱发性创新虽然确实具有节能效果但是在所有被研究的要素中处于最弱的地位。

最后，Linn(2008)研究了美国制造业中能源价格对节能技术采用率的影响。他利用制造业普查数据比较了较新的现有设备的能源消耗，结果表明能源价格每上升 10%，技术采用率才会使这些新设备的能源需求减少 1%。由此，Linn 认为 20 世纪 70 年代和 80 年代能源需求的变化与技术采用率并无紧密联系。

3.2.2　使用 LBD 方法估算技术影响

虽然很少有研究将研发与环境影响或能源影响直接联系起来，但是大量文献利用经验曲线对能源技术的成本下降率进行了估算。技术学习是一项长久以来被广泛认可的概念，Wright(1936)在飞机制造工业中最早对其进行量化。在经济学中，该概念常被称为“干中学”(Learning by Doing，LBD)，通常作为累积产出的函数表示制造商的成本减少量，也作为技术应用的函数表示消费者的成本减少量(以及/或利益增长量)(Arrow，1962；Rosenberg，1982)。[①] 通常来说，LBD 由学习或经验曲线来表现，以表示其作为一个经验或生产函数所带来的单位成本减少量。能源分析家们经常根据计算结果来调整能源经济模型。这些模型被用来模拟气候政策的影响，并且尤其关注其对新能源的影响。[②] 一般来说，学习曲线会以对数形式作为累积生产能力的函数(或有时作为累积产出的函数)，其计算结果会影响不同时间节点的生产成本。这些模型中累积生产能力的弹性系数(α)通常被称为所谓的“学习速率”($1-2^{-\alpha}$)，显示累积生产能力翻倍后的成本变化率。有关新能源技术的研究一般会发现技术越新，学习过程越快，风能和太阳能等新能源的学习速率集中在 15%～20%(McDonald 和 Schrattenholzer，2000)。

学习速率的估值存在一大问题，即关注能源技术的使用和成本，而忽视其中的因果关系。Klaassen 等人、Soderholm 和 Sundqvist(2007)以及 Soderholm 和 Klaassen(2007)在近期所著的论文中试图通过估算环境技术的双因素学习曲线来分别理解研发和经验的作用。该双因素曲线作为累积生产能力(LBD)和研发(即研究中学，learning-by-searching，LBS)的函数来模拟成本的降低。为了和累积生产能力的概念进行比较，研究人员通常将模型中的研发融合进研发资本库。我们可以预见两类生产能力投资会是关于历史研发支出与生产能力影响下的研发支出的函数，该函数能帮助我们确定研发需求，然而其中存在内生性问题。Soderholm 和 Sundqvist 在论文中涉及内生性，发现 LBD 率约为 5%，LBS 率约为 15%，这意味着在减少成本方面研发比 LBD 更为有效。然而模型设定对研究结果的影响极大，所以对不同降低成本方法进行分类整理极为困难。

为了进一步研究有关估算和解释学习曲线的问题，Nemet 利用模拟技术将光伏电池的成本下降分解为七大类。大部分成本缩减均可归因于工厂规模(如规模收益)、效率提升以及硅成本下降。值得注意的是，大多数重要的效率提升技术均来自大学的研究成果，而在大学环境中从生产经验中学习的传统方式并不适用。从经验中学习(例如光伏电池能量输出的提高)的作用要小得多，根据 Nemet 的样本，仅占成本缩减量的 10%。

虽然研究成本降低原因的项目有限，但项目研究结果对学习估值和环境政

① 需要注意的是，文献也曾用到“研究中学”(以累积研发开支为基础)，但其实质上是研发诱导型技术变革(见 Bahn 和 Kypreos，2003)。

② Kohler 等人(2006)曾回顾这些研究。

策模型的结合具有指导作用。更重要的是，这些结果表明，在调整包含“干中学”以及研发的模型时，必须考虑这两者的相对重要性，最重要的是要避免重复计算。Soderholm 和 Sundqvist 在研究中发现 LBD 率仅为 5%，低于多数 LBD 相关文献中的数值，这些文献中的学习速率一般在 15%～20%之间。一条简单的单因素 LBD 曲线能够显示生产能力与成本间的联系，但无法显示其中的因果关系。而双因素曲线通过加入一项重要的遗漏变量使这个问题逐步得以解决。这样，双因素模型中 LBD 和 LBS 的混合效应与单因素模型中的学习速率也许能保持相当，但独立成分更小。Fischer 和 Newell(2008)向人们展示了如何将基于研发和学习的技术变革整合进一个分析数值模型，且在现有实证的基础上实现模型参数化。

3.2.3　*政府研究与开发*

截至目前，我们所讨论的主要是私人企业的激励措施和相关活动。然而，政府在能源研发中也扮演着举足轻重的角色。2007 年美国能源部在能源研发领域投入了约 40 亿美元(Newell, 2008a)。①

政府投资发挥的作用不尽相同，每一种作用对于环境创新领域的经济学家而言都意味着不同的挑战。

首先，政府研发能为私人企业补充投资，解决其投资不足的问题。政府与企业不同，政府在做出投资决定时必须考虑社会收益。另外，政府研发活动的目的与私人企业也不同。政府支持对基础研发活动尤为重要，因为回报的长期性、高不确定性以及产品的低完成度使私人企业难以通过基础研发活动得到收益。因此，政府研发的性质很重要。例如，Popp(2002)发现 20 世纪 70 年代政府曾替代私人企业进行能源研发活动，但是后来开始辅助私人企业进行能源研发活动。这种变化可能是由能源研发的性质变化引起的。70 年代期间，政府投入大量研发基金发展应用项目，比如合成燃料的生产。从 Reagan 执政以来，政府研发的重心转向了更为基础的应用领域。

美国联邦政府主导进行了一系列有关能源与环境的研究与分析，得出的结论各异。Cohen 和 Noll(1991)记录了 20 世纪 70 年代增殖反应堆和合成燃料项目造成的浪费，但是 Pegram(1991)在同一卷书里发表了不同的结论，他发现同一时期的太阳能光伏研究项目效益显著。美国国家科学研究委员会对美国能源部过去 20 年间的化石能源及能效研究进行了相当全面的概述(国家科学研究委

① 需要注意的是，这并不是美国能源部的研发总预算，总预算的大部分会用于国防相关的项目。相反，这是能源部针对能源供应、能效和基础能源科学的预算。目前美国工业能源研发的投资水平约为每年 20 亿美元(2004 年)。然而，与能源技术相关的私人研发投资难以估算，其实际投资量极有可能被低估(Newell, 2008a)。

员会,2001),他们通过估算总体回报和进行案例研究得出的结论与预期结果一致,即只有少数项目具有较高价值。然而,根据他们对回报的估算结果,这些成功项目的效益解释了总体间接投资的缘由。

除解决私人企业投资不足的问题外,很多政府主导的研发项目还促进了新技术的商业化(也被称为从基础研究向应用研究的“转移”)。此类项目通常结合基础研究和应用研究,往往通过政府与相关产业合作的形式完成(国家科学委员会,2006)。例如,20 世纪 80 年代美国政府通过了数条政策,促进更多由政府与大学实验室完成的基础研发项目向产业进行的应用研发项目转移,以创造可供销售的产品。① 如此,技术转移可被视为从发明到创新的过渡。

少量论文研究了政府研究对能源技术转移的促进作用。Jaffe 和 Lerner (2001)对联邦政府支持下的美国能源部研发中心(federally funded R&D centers, FFRDCs)进行了研究。各专利项目或是直接被分配至实验室或是被分配给私人承包商,由该承包商与能源部实验室合作研究,Jaffe 和 Lerner 在详细的专利引文分析基础上补充了一些案例研究,这些案例来源于 80 年代和 90 年代大技术转移投入研究的两家能源部实验室。② 他们发现自从 80 年代政策发生变化之后,不仅美国能源部实验室的专利数量上升,而且每项专利的引用量也得以上升。1980 年之后政策变化使得专利引用量增长,然而学术专利研究者发现学术专利项目的数量增长反而引起了专利质量的下滑。他们还发现实验室的研究类型会影响技术的转移,如果实验室进行的是基础研究或研究内容涉及国家安全,那么技术转移过程会偏慢。有趣的是,有着较高营业额的 FFRDCs 承包商在新技术的商业化方面较成功。

Popp(2006c)仔细研究了 11 种能源技术的专利引文,其中包括风能和太阳能相关的专利。结果表明其他能源专利的引用量不及政府研发产生的能源专利的引用量,这也进一步说明政府研发产生的能源专利更为基础。更重要的是,80 年代初技术转移法通过以后,自此类专利中衍生出的专利项目(如引用政府专利的私人单位专利)引用量最高,这说明政府研究结果转移至私人企业后能产生有价值的研究成果。

3.2.4 技术经济学家可以做什么

技术经济学家在衡量技术变革的影响方面非常重要。环境及能源技术领域的一大挑战是衡量研究的投入与产生的影响,考虑到环境问题的长期性和不确定性,此领域离不开政府对研发活动的资助,而公私研究资金一旦混合会对研发

① 例如,1980 年的《史蒂文森—怀勒技术创新法》、1980 年的《拜杜法》和 1986 年的《联邦技术转移法》。

② 这两家实验室分别为劳伦斯利福摩尔国家实验室(Lawrence Livermore National Laboratory)和爱达荷国家工程和环境实验室(Idaho National Engineering and Environmental Laboratory)。

影响的评估造成困难。总体上看，由于政府研发活动与产品向商品转化的过程不直接相关，所以需要较长时间才能显现出成果。与此同时，公私两种研发活动都受到来自需求侧的相同影响，例如能源价格和环境政策，这使得两者的影响难以分割。然而，环境政策建模需要衡量政府研发的影响。经济理论认为研发活动的社会总收益和私人总收益相互分离。政府研发的目标是至少在一定程度上缩减其间的差距。但是，与政府研发收益相关的实证比较匮乏，现有的例证也无法证明政府研发能有效消除差距。这一定程度上是因为政府项目本身较为基础且耗时长，难以估算收益。说明能源研发开支之后，私人企业收益率和社会收益率之间会存在一定差距，未来研究的重点就在于估算此差异。

估算能源技术的学习曲线也需要经济学家的贡献。在经济学文献中，这类模型关注的是单一生产过程的经验，例如第二次世界大战期间自由轮生产成本的下降（Rapping，1965）或不断更新换代的硅芯片（Irwin 和 Klenow，1994）。相较之下，研究学习曲线所使用的能源数据大多属于产业层面的集合数据。随着该产业累积越来越多的经验，新设备所节省的能源成本即是以上数据关注的对象。然而，用户不一定直接从自身经验进行学习。虽然学习曲线的研究结果表明能源技术成本确实逐步下降，但是仅有 3.2.2 节中引用的部分研究提及成本节省的原因。理解该原因才能更好掌握政策实施的时机。如果经验本身具有一定重要性，并且会对其他企业产生溢出效应，那么环境政策应该鼓励尽早采用该技术以利用其学习效应。如果研发及其他具有明确目的的研究活动能节省成本，那么相关政策应该首先尝试鼓励此类活动以降低环境政策的最终成本。另外，学习不仅能用于估算节省成本，还能影响技术的采用，因为累积使用量能降低采用成本。未来研究的主要方向之一就在于理清经验、研发和其他促使成本下降的因素之间的因果关系，这必会产生丰富的成果。

4. 微观经济学：扩散

创新成果必须通过技术扩散才能最终在社会上得到运用，使新技术渗透进相关市场，否则技术进步便没有意义。有的新技术在性能及成本方面优于同领域的其他技术，但这类技术往往无法立刻替代现有技术。问题在于，面对激励措施的变化与低效的市场，理性行为者是否会导致扩散过程放缓。本节将简要回顾环境技术扩散方面的文献。[①] 我们主要关注两个关键问题，其一为发明与采用之间的时滞，主要针对单一市场内的技术采用情况，其二为地区间的知识

---

① Stoneman and Battisti (2010)从更广泛的角度研究扩散经济学。

流动。

4.1 国内扩散

新技术扩散是一个逐步且动态的过程。新技术不可能成批同时被采用,最初往往只有一些单位采用新技术,随后该技术才得以快速扩散,最终当多数潜在用户均已采用该技术后其采用率将不再增加。著名的技术扩散 S 曲线便产生于此:采用率起初缓慢爬升,随后加速,然后当市场接近饱和时开始趋于平稳。早期研究对此过程的解释主要着眼于信息的扩散(传染模型,如 Griliches, 1957)与企业间的差异(概率比回归模型,如 David, 1997)。最近,研究者们将两者结合起来,还将企业可能做出的战略决策也纳入考虑范围。研究发现企业的个体差异是采用率不同的主要原因,即逐步扩散是个体行为者面对激励措施变化所采取的理性行为过程。

然而,环境技术与此不同。末端治理技术的目标仅限于减排,且我们必须通过环境规制鼓励各方采用此类技术。因此,有关环境技术采用的研究通常会发现,在所有企业具体因素中占主导地位的是相关规定。相较而言,能效技术和燃料节约技术的采用过程较为缓慢,因为企业重视节约成本,而不是某项直接的规定条款。提高能源价格的政策能大大影响其采用过程。但是,当燃料价格无法充分体现能耗的外部成本(例如碳排放),仅靠能源价格将无法使能效技术的采用率达到社会最优水平。

有关国内环境技术扩散的研究主要针对两个问题。第一,较低端排放技术的"诱导扩散"具有怎样的理论和实证潜力?具体说来,环境政策工具能够直接或间接地增加经济措施以刺激减排,然而这些政策对此类技术的扩散率又有何影响?第二,能源市场失灵和设备市场对能效技术的历史扩散率有何种程度的限制?就现在的价格水平而言,具有成本效益的能效技术自 20 世纪 70 年代以来就扩散缓慢,这一现象早在 Shama(1983)的研究中就已被称为一个"悖论"。考虑到市场失灵对扩散的限制作用,相关政策手段不能仅仅鼓励环保技术的使用。另外,制定政策应直接以修正应用市场的失灵为目标。

4.1.1 理论分析

"离散技术选择"模型是扩散效应分析的主要理论框架:有些技术能降低污染治理的边际成本,有些技术具有已知的固定成本,企业会对是否采用这些技术考虑再三。虽然部分作者将此方法看作"创新"模型,但是称其为"采用"模型更为恰当。

数项理论研究通过此类模型发现,市场手段比直接监管更能促进新技术的运用(Downing 和 White, 1986; Jung 等人,1996; Milliman 和 Prince, 1989; Zerbe, 1970)。除 Downing 和 White(1986)外,其余所有研究均关注其他政策工具对技术采用量的总体影响。

从理论角度比较各市场手段就会发现其共同点十分有限。Millian 和 Prince(1989)的文章常被引用，文章主要研究企业层面对技术扩散的激励措施，其中包括五种手段：指挥控制、排放税、环境治理补助、自由分配排放权以及拍卖排放权。在代表性企业模型中，鼓励新技术采用的企业级措施被描述为生产者剩余带来的变化。他们发现拍卖排放权产生的刺激效果最为明显，排放税和相关补助其次，自由分配的排放权以及直接监管措施效果最弱。Marin(1991)对 Milliman 和 Prince(1989)的研究提出批评，认为该结果成立的基础是假设各企业完全相同。然而随后的研究证明，即使污染治理成本存在异质性，其结果仍然大致不变。

Milliman 和 Prince 对可选政策工具的效果进行比较了研究，随后 Jung 等人(1996)以此为基础框架，不再关注生产者剩余中的企业层面变化，而是以异构企业为考虑对象，利用不同手段创建"市场级激励"模型。他们得出的结果与 Milliman 和 Prince(1989)一致：拍卖排放权产生的刺激效果最为明显，税收、补助与自由分配排放权其次，设置监管标准效果最弱。

后续理论分析(Denicolo，1999；Fischer 等人，2003；Parry，1998)对排序结果进行了多方面阐释。第一个问题是，当污染价格(排污权价格或税收水平)存在内生性时，企业层面的相关鼓励措施如何促使企业采用节省成本的新技术。Milliman 和 Prince(1989)以及 Jung 等人(1996)均认为，与自由分配排放权相比，拍卖排放权能更为有效地促进技术扩散，因为技术扩散会降低排放权的均衡价格。在该体制中，排放权买家为一切的源头(即拍卖)，因而采用新技术的总效益会上升。但是当可交易排放权的市场价格因为技术扩散而下降时，所有企业不管是否采用该技术都会从中获利。因此，如果相关企业在排放权市场中为价格接受者，那么在促进新技术采用方面，被拍卖的排放权与自由分配的排放权相比并不存在明显优势。

总之，两种排放权对技术扩散的促进效果均不如排放税(但优于指挥控制类手段)。由于允许排放权交易，所以技术扩散会降低排放权的均衡价格，并因此降低参与企业采用该技术的积极性。若我们假设排放权和税收在技术扩散前对新技术采用的促进作用相同，那么技术扩散后排放权系统的作用会弱于税收(Denicolo，1999)。然而在 3.1.2 节中 Fischer 等人(2003)发现根本无法依据创新激励作用对政策工具进行明确排序。

从广义角度来说，仅靠理论基础似乎不可能完成一份明确且全面的排名。Parry(1998)发现，面对主要创新项目，排放税带来的福利收益远远高于排放权交易带来的福利收益。同样的，Requate(1998)的研究包含最终产出市场的显式模型，研究发现，(被拍卖的)排放权或税收是否对先进技术的采用具有促进作用取决于相关参数的实证价值。

此外,如果要从理论角度全面研究可选政策工具对技术变革速率的影响,研究必须模拟政府对技术变革做出的反应,因为技术会引起治理成本的变化,而监管者如何应对该变化会影响可选政策工具对技术采用的刺激效果。由于技术扩散很有可能使边际治理总成本函数降低,所以控制的有效标准会发生变化。因此,技术扩散之后,各机构的最优选择即设立更高的目标。Milliman 和 Prince (1989)的研究内容是,在可选政策工具的作用下,私人企业反对此类政策变化的动力,他们发现,除税收以外的一切手段都会使企业反对机构对相关政策做出较理想的调整。在排放税的作用下,当相关机构面对能够降低成本的技术变革时,其理想反应是降低税率(假设存在凸损失);在补助的作用下,理想反应是减少补助;在排放权交易系统的作用下,理想反应则是减少可交易的排放权数量并以此抬高排放权的价格。所以,只有排放税体制才能使企业真正有动力支持机构的理想反应。

Biglaiser 等人(1995)对排放权交易与排放税进行对比,研究这些手段在动态环境中达成最佳效果的能力。他们发现排放税能表现出最佳效果,而排放权交易不能。在排放税的作用下,理想的税率极可能由边际损失决定(作者们认为边际损失持续存在),使得该政策与时间保持一致性。不论企业是否采用节省成本的技术,政府都没有改变税率的动机。然而如此看来,可排放权交易与时间并无一致性,因为每个时期排放权的理想数量都取决于企业成本和边际损失,而企业成本又取决于所有的前期投资。在边际损失恒定的情况下,边际治理成本随时间减少,排放权的理想数量也应该随时间而减少。企业也许会进行内部处理,从而使排放控制技术领域的投资低于理想水平。

但是 Biglaiser 等人(1995)研究结果的前提是假设边际损失恒定。如果边际损失不恒定,那么理想政策则取决于税收和排放权两者,看其边际损失与边际治理成本如何相互作用。该结果与 Weitzman(1974)提出的规则类似:如果边际损失曲线相对平稳,而边际成本因企业的创新潜能而无法确定(从监管者角度看)时,价格手段理应更为有效。

4.1.2 实证研究

多数有关环境技术采用的实证研究都针对以下两大问题之一。第一类问题研究环境政策与技术采用之间的关系。其中多数关注的是污染控制技术的采用。此类文献有一个共同发现,即为促进相关方面采用污染控制技术,环境规制十分必要。第二类问题研究技术采用量最终是否会达到社会有效水平,或市场失灵是否会阻碍环保技术的采用。此类研究主要关注能效技术的采用。

环境政策与采用 表 4 已归纳总结与环境技术采用有关的实证研究。Kerr

和 Newell(2003)截取加铅汽油逐渐衰退的时期，研究炼油厂有关技术采用的决策，分析工厂特征以及管制严苛程度与形式对其产生的影响。他们发现管制越严苛，减铅技术的采用量越大。他们还发现，规模大且经验丰富的炼油厂采用新技术的成本低，因而更愿意使用新技术。从政策工具选择的角度看，Kerr 和 Newell 发现排放权交易能促进炼油厂就技术采用问题做出更为有效的决策，因为各炼油厂的合规成本不同，在技术采用方面的行为也存在极大分歧。也就是说，若铅管制制度基于市场，那么潜在排放权卖家(即低成本炼油厂)采用技术的意愿比潜在排放权买家(即高成本炼油厂)高出许多，若相关制度仅仅为各炼油厂设定具有约束性的标准，其差别则较小。

表 4　影响环境技术采用的因素

文章	技术	数据	重点结论
Kerr 和 Newell (2003)	减铅炼油技术	美国炼油厂，1971—1995 年	严格的政策能促进技术的采用。规模大且经验丰富的炼油厂率先采用新技术
Keohane (2007)	二氧化硫洗涤塔	美国燃煤发电厂，1995—1999 年	在排污权交易体系下，技术采用的决定与成本差异更为相关
Kemp (1998)	水污染治理设施	荷兰食品饮料工厂，1974—1991 年	排污费能促进技术采用
Purvis 和 Outlaw (1995)	美国畜牧生产领域中的水污染控制技术	无	由于“经过时间检验”的技术更容易获得环境保护局的许可，所以相关管制制度会促进有关单位使用此类技术而不是创新技术
Snyder 等人(2003)	氯气生产中的膜电池技术	美国氯气制造商，1976—2001 年	相关制度能鼓励技术的采用，使用旧技术的工厂也会因此停业
Popp (2006d)	燃煤发电厂中改变燃烧过程的技术和燃烧后控制氮氧化物排放的技术	美国燃煤发电厂，1990—2003 年	管制制度作用最明显。技术改进会使更多发电厂采用改变燃烧过程的技术，而不是昂贵的控制排放技术，该技术只有在制度压力下才会得以采用
Frondel 等人(2007)	末端治理与过程治理	OECD 成员国企业调查	制度促进末端治理，市场力量促进清洁的生产过程

(续表)

文章	技术	数据	重点结论
Wolfram 和 Bushnell (2008)	燃煤发电厂的改进	美国发电厂，1998—2004 年	新源审查对资本投资效果甚微
Fowlie (2007)	氮氧化物污染控制技术	氮氧化物预算计划所涵盖的 702 家美国燃煤发电厂，2000—2004 年	重组市场中的发电厂安装昂贵减排设备的可能性较小
Blackman 和 Bannister (1998)	清洁燃料	墨西哥传统砖窑	社区压力和地方非政府机构作用重大
Popp 等人 (2008)	纸浆和纸制品的低氯生产技术	美国、加拿大、瑞典、芬兰、挪威和日本的纸浆厂，1990—2005 年	消费者压力促进技术采用

1990 年美国《清洁空气法》修正案通过后诞生的《二氧化硫限额交易计划》是排放权交易体系的又一次突出应用。通过该计划，专家们可以利用实证分析来研究政策工具对技术扩散的影响。Keohane(2007)在一次计量经济学研究中证明市场手段的高灵活性可以促进技术的采用。他发现，在排放权交易体系中，决定使用洗涤塔去除二氧化硫(而不是购买成本更高的低硫煤)与成本差异(即使用洗涤塔与替换燃料的成本差异)相关度较高，而之前设定排放率标准时，其相关度并不高。

Kemp(1998)观察可选政策手段在减少需氧污染物方面的作用发现，可以通过排污费推测相关设施中生物处理手段的采用情况。Purvis 和 Outlaw(1995)在早期研究中对环境保护局进行案例分析，分析美国畜牧生产领域中可被接受的水污染控制技术通过环境保护局许可的过程。他们得出结论，相关管制制度会促进有关单位使用“经过时间检验”的技术而不是创新技术，但此类技术的环保水平较低，原因很简单：生产者们知道已有的成熟方案更容易得到环境保护局的许可。

Snyder 等人(2003)研究膜电池技术在氯制造业的扩散情况。电解产生氯气，其过程中有三种电池可用，但膜电池对环境的影响最小。以下三个不同环节使得膜电池的使用量越来越大：现有工厂采用相关技术、在新设施中使用膜技术，以及淘汰使用旧电池技术的工厂。Snyder 等人利用风险模型研究氯气工厂的决定，即采用或放弃该技术。他们发现使用膜技术的工厂比例上升主要是因为旧工厂停业，真正采用该技术的工厂并不多。从统计数据上看，环境规制对膜技术采用并无明显效果。然而，实施更多严苛的管制措施确实会促使旧设施关闭，使用膜技术的工厂所占比例因而上升。

Popp(2006d)在一项氮氧化物污染控制技术研究中将创新和采用技术的作用联系起来。单一技术的进步(以及预期进步)会影响其采用率和替代技术的采用情况。Popp为研究这一联系，将美国燃煤发电厂的厂级数据与氮氧化物污染控制技术的专利数据结合起来。需要降低氮氧化物排放的工厂面临着两个选择。他们可以选择改变燃烧过程，以此减少氮氧化物的排放，或者他们也可以选择事后处理，燃烧过后去除废气中的氮氧化物。改变燃烧过程成本较低，而事后处理能大大降低氮氧化物的排放量。在有关环境技术的其他研究中，环境规制的影响主导其他解释变量的作用，说明仅靠环境技术并不足以促进使用量的增长。若要促进工厂采用改变现有燃烧过程的技术，技术进步十分重要。然而论重要性，过程的技术进步并不如较新的事后控制技术，工厂只有在排放限制最严格时才会采用此类技术。另外，由于事后控制技术的资金成本更高，所以其总公司的经济实力也会大大影响技术采用的情况。

总而言之，企业面对环境规制有两类策略可选：一是末端治理，能通过使用附加技术减少排放，从而清理工厂排放的废气；二是更清洁的生产方式，通过减少生产过程中的污染来减少排放。Frondel等人(2007)研究战略选择的影响因素，发现很多OECD成员国的工厂都采用更清洁的生产方式。然而，环境规制能够更好地促进末端治理技术的采用。相反，节省成本或环境审核等市场力量能促使工厂使用更加清洁的生产过程。

另一项研究关注的则是指挥控制型环境标准和差别环境规制结合对技术扩散产生的影响。一旦指挥控制型标准被投入使用，所设定的污染治理标准往往对新能源十分苛刻，而对现有能源要求相对较低。实证证明差别环境规制会延长工厂的停业过程(Maloney和Brady，1988；Nelson等人，1993)。而且这样的双重系统鼓励企业继续运营老旧且污染严重的工厂，因而会加重污染问题(Gollop和Roberts，1983；McCubbins等人，1989；Stewart，1981)。

差别环境规制还存在另一问题，就是现存的工厂可能会放弃投资，因为投资会带来更为严苛的管制要求。然而，Wolfram和Bushnell在近期研究中分析新源审查的环境规制对燃煤发电厂的影响，结果发现其实上述影响的效果甚微。1970年的《清洁空气法》规定新发电厂必须安装昂贵的污染控制设备，所以已有的工厂不受新规定的限制，如果这些工厂进行改变，则会失去自己的特殊待遇。Wolfram和Bushnell的研究证明，实施新源审查的风险减少了工厂的资本支出，然而在运营成本、燃料效率或工厂排放等方面并没有发现明显影响。

市场的管制结构也许同样会对技术采用产生影响。Fowlie(2007)研究了美国东部氮氧化物排放权交易通过后,美国发电厂采用氮氧化物污染控制技术的情况。Fowlie 注意到电厂面临的不同激励措施来源于该产业的管制结构,由此她开始考虑一个产业中不同的管制结构如何影响工厂对排放权交易做出的反应。各州监管者通常会允许企业收回污染控制和购买排放权的平均成本。然而,使用或持有排放权的机会成本在管制中并无体现,这使得受到管制的企业有动力投资购买更多资本密集型的治理设备。相反,重组市场上的企业面临更大的不确定性,污染治理的长期投资风险也更大。Fowlie 搜集了厂级数据,研究安装不同氮氧化物治理技术的成本,发现重组电力市场中的工厂遵守规则且安装资金密集型设备的可能性更小。而且,由于各州相关企业所面对的管制框架不同,所以州企业管制和排放权交易市场之间的交互作用会对环境产生重要影响。由于被解除管制的企业采用技术的动力不同,所以在空气污染越严重的州,氮氧化物排放权所允许的排放量越多。

除了经济刺激措施、直接管制和信息保障以外,一些研究还强调"非正式管制"或社区压力的作用,这些手段同样会促进工厂采用环保清洁技术。例如,Blackman 和 Bannister(1998)对墨西哥传统砖窑的燃料选择进行分析,发现即使清洁燃料的可变成本相对较高,竞争企业和地方非政府机构所拥有的社区压力也能增加清洁燃料的使用。Popp 等人(2008)发现纸浆制造商的废水引起消费者对二恶英的担忧。于是,在相关规定要求采用低氯和无氯的漂白技术之前,纸浆工厂就已经自觉增加该技术的使用。此例中的技术选择有一个重要的不同点,那就是氯的使用不仅是生产地附近的环境污染源,还影响最终产品的质量。当环境选择会影响产品质量时,消费者的关注更有可能得到重视,例如纸产品中的氯或儿童玩具中的含铅涂料。

价格自然也是技术采用的一大影响因素。对于提高能效的技术来说,这点尤为重要,因为即使不存在其他监管方面的激励措施,个体用户仍可以通过较低的能源成本享有该技术带来的部分利益。Rose 和 Joskow(1990)对美国发电领域进行的研究发现,燃料价格上升对节省燃料的新技术的采用具有积极影响,其影响的具体统计数据取决于当年的燃料价格。Boyd 和 Karlson(1993)对炼钢厂采用的不同熔炉技术进行样本选择分析(即 Tobit 分析)发现,燃料价格的上升能明显推动节省燃料技术的采用,不过该效果的级别适中。Pizer 等人(2001)以四大污染严重产业(即炼油、塑料、纸浆与纸制品以及钢铁)的工厂为样本,研究发现能源价格和财务健康均与节能技术的采用有明显关系。

最后,20 世纪 70 年代的能源危机使得不少研究开始关注汽车能效问题。与我们的研究目的最为相关的是 Greene(1990)的研究。他利用 1978—1989 年间燃油价格和汽车燃油经济的相关数据,测试企业平均燃料经济性(Corporate

Average Fuel Economy standards，CAFE）标准和汽油价格对提高燃油经济性的相对效果。他发现三大美国公司面临着 CAFE 标准的约束，因为就这些公司而言，遵守 CAFE 标准对燃油经济性产生的影响是燃油价格的两倍。然而日本企业没有 CAFE 标准的约束，燃油价格的影响也较小。欧洲高端汽车制造商的燃油效率似乎很大程度上基于市场需求，因此常常会超出 CAFE 的要求。对这些企业来说，标准或价格都并无明显影响。同样的，Goldberg（1998）将汽车离散选择和使用的需求侧模型与寡头垄断和产品分化的供应测模型结合起来，估算 CAFE 标准对新型汽车的燃油经济性的影响。她发现汽车燃油的使用成本作用非常大，不过若要征收汽油税，只有在税率极高的情况下，其对燃油经济性的影响才能与 CAFE 标准不相上下。

技术采用市场会出现失灵现象吗？　虽然环境政策可以说是采用污染控制技术的前提，但采用能效技术能带来更为低廉的能源成本等私人收益。尽管如此，据大量文献记载，即使前期资本成本会在几年后收回，此类技术的采用率似乎仍然偏低。此领域研究的主要问题之一即扩散过程缓慢的原因，另一主题则是评估以增加能效为目的的政策。Gillingham 等人（2006）回顾美国过去的能效项目，发现这些项目为美国能耗带来的累积节省量最高可达 4%，且节省了 12% 的建筑能耗。这些项目的成本效率引发了激烈的讨论。表 5 总结了此领域中的各项研究。

表 5　采用环保技术的障碍

文章	技术	障碍	数据	重点结论
Jaffe 和 Stavins（1995）	隔热技术	先期成本更重要	美国住房建设，1979—1988 年	低采用成本对技术采用的促进作用是高能源成本的三倍
Hassett 和 Metcalf（1995）	住房节能	先期成本更重要	美国家庭，1979—1981 年	通过税收抵免节省安装成本能促进技术的采用
Kemp（1997）	住房隔热技术	信息不充分	荷兰家庭	政府补助并不会直接促进技术采用。相比理性选择模型，传播模型与数据更为一致
Metcalf 和 Hassett（1999）	阁楼隔热	信息不充分	美国住宅能源消费调查，1984 年，1987—1990 年	实际能源节省量低于承诺标准

(续表)

文章	技术	障碍	数据	重点结论
Reppelin-Hill(1999)	洁净钢生产技术	进口壁垒	30个国家中电弧炉的运用情况，1970—1994年	进口壁垒限制外国产品的采用
Howarth 等人(2000)	节能技术（高效照明设备）	代理决策问题与信息不充分	“绿色照明”计划和“能源之星”计划	自愿性计划促进私人企业采用技术。信息的不充分性限制其采用
Nijkamp 等人(2001)	能效技术	经济阻碍：其他投资选项 低能源成本 资本替换	荷兰企业调查	经济阻碍对技术采用的影响大于财务障碍和不确定性对技术采用的影响
Mulder 等人(2003)	能效技术	技术间的互补性	无	互补性和实践中学的过程阻碍技术采用
Anderson 和 Newell (2004)	能源审查作用下的企业节能项目	技术初期成本和采用技术的回报年限等相关信息不充分	美国能源部工业评估中心（Industrial Assessment Centers，IAC）数据库，1981—2000年	企业会采用信息改善后的额外项目。前期成本的效果比能源成本高出40%

Jaffe 和 Stavins(1995)以1979—1988年美国新建造的住宅区为目标范围，关注其中隔热技术的运用，对影响因素进行经济计量分析。他们以能源价格和技术采用成本为研究对象，观察它们对新房中普通住宅能效技术有何动态影响。结果表明，不论是从统计角度还是经济角度出发，平均能源效率对能源价格变化的反应是积极、显著的。有趣的是，他们还发现在促进技术采用方面，如果保持变化的百分比相等，则采用成本变化的效果是能源价格变化的三倍。传统观点认为先期投入更容易影响技术采用的决定，长期运行开支对该决定的影响较小，他们的发现恰恰证实了这一点。这项发现的其中一种解释认为，能源价格变化并不会持续存在，所以以现在的能源价格为基准的特定变化率对投资年限内能源价格的预期“平均值”影响较小。通过修改有效政策来鼓励创新具有一定挑战性，因为创新的收益取决于未来价格，而上述可能性对这一挑战会产生影响。Jaffe 和 Stavins(1995)同样研究了各州的建筑规范这一传统管制手段对技术扩

散产生的影响，但并未发现明显的影响。各州的规范有效性之差别难以测量，且很多情况下规范与通常的实际做法相对分离，但这些原因对结果的影响程度尚不明确。但这确实提醒我们，虽然基于价格的政策总会产生些许影响，但如果设定的标准低于现有的实践标准，那么该政策几乎没有意义。

在 Hassett 和 Mecalf(1995)的研究中，安装成本变化(此处变化由税收抵免造成)和能源价格变化的效果差异更大。Anderson 和 Newell(2004)在研究产业能效审查(以下会进行讨论)时也发现存在的差异较小。其中成本的影响力比未来节省的能源高出 40%。有三种互相联系的方式可以解释这些结果，其一，购买者可能存在行为偏差，对先期投入更为关注，反而不太重视整个投资周期中的运营成本。如上述讨论，还有另外一种看法(可能并不明显)认为购买者对两者的关注程度相同，但由于未来能源价格不可知，所以他们更为重视已知的资金成本而不是当下的能源价格(当下价格是推断未来价格的唯一线索)。最后一种解释认为，消费者其实对未来能源价格有合理且准确的预期，他们的决定会反映其预期，但是我们用来替代消费者预期的实证并不正确。

Kemp(1997)通过分析荷兰住房隔热技术发现，家庭模式的扩散(以理性选择为基础)无法解释已被观察到的扩散方式。相反，传播模型与数据更为一致。Kemp 还发现政府补助对家庭隔热技术的采用并无明显效果。

自愿性环境计划对能效技术扩散的效果也已吸引不少关注。Howarth 等人(2000)研究了美国国家环境保护局的两个自愿性项目——“绿色照明”计划和“能源之星”计划，这两个计划均旨在鼓励私人企业使用节能技术。此处自然会产生一个经济学疑问：企业为何愿意参加自愿性协议，进行额外的技术投资？对此，作者认为某些技术的采用从经济角度看十分明智，但一系列代理问题会对其造成了阻碍。例如，多数节能投资规模较小，而小规模项目难以进行全面监控，因此高管出于理智可能会选择限制小规模项目的资金。据称，“绿色照明”计划试图向企业决策层提供信息，帮助他们节省成本，通过这种方式来应对此类代理问题。

对家庭和小型企业而言，不恰当的融资方式会限制高成本新技术的采用。在某些国家，进口壁垒会阻碍国外产品技术的采用(Reppelin-Hill, 1999)。另一方面，Nijkamp 等人(2001)发布了一家荷兰企业调查的定性结果，调查内容为能效技术的投资额。他们发现，标准的经济“壁垒”会阻碍能效技术的采用，比如其他投资选项和低能源成本。另外，人们总是在资本提足折旧后才会想进行替换，因此相比金融障碍以及未来技术、价格的不确定性，经济障碍要重要得多。

在技术扩散过程中信息至关重要。信息的重要性可能会导致市场失灵，原因有二：首先，信息属于公共财产，且人们普遍认为市场提供的信息不足。其次，对其他各方来说，部分用户采用该技术的行为本身就是一种重要的信息传递模式,技术采用即创造一种正外部性,其发展速率可能因此无法达到社会理想水平。Howarth 等人(2000)对信息的不充分性进行了研究,发现其对高效照明设备的扩散具有抑制作用。Metcalf 和 Hassett(1999)搜集了新设备的预计能源节省量和现有设备的实际能源节省量,比较两者发现,现有设备的节能效果虽然明显,但达不到工程师和产品制造商当初声称的效果。根据他们的估算,实际回报率的中位数大约为 12%,与资本资产定价模型分析得出的投资贴现率相近。

Anderson 和 Newell(2004)询问各企业如何应对 IAC 进行的能源审查,以此研究信息的作用。该项目自 1976 年起,向中小型制造商免费提供能源评估服务。IAC 保留两年间的评估数据,其中包括建议项目和实际实施的项目。Anderson 和 Newell 通过这些数据注意到,虽然建议项目的平均回收期只有 1.29 年,但是企业只采纳了其中的 53%。他们使用固定效应的逻辑回归模型进行估算发现,采用率较高的项目具有回收期短、成本低、年节省量大、能源价格高和节能效果好的特点。综上所述,工厂对初期成本的关注度比年节能效果高出 40%。他们通过已知企业的多项决策估算出通常情况下一家企业的"回收阈值",以该值为界限,低于该值的项目均会被采用,而高于该值的项目均会被否决。他们发现超过 98%的企业的回收阈值都低于 5 年,且回收阈值的中位数仅为 1.2 年。如前期研究所述,这些企业需要在采用项目后获得快速投资回收,时间为 1~2 年(暗示最低预期回报率为 50%~100%)。其研究结果与中小型企业通常设定的投资标准一致。

信息不充分也与各类代理问题有关,代理问题会阻碍高端技术的采用。对不同组织机构而言这可能是外部问题,也可能是内部问题。房东与租户的关系就是一个外部性代理问题的例子,租户为屋内设施的使用买单,但家电的选择权在房东手上。当组织中负责设备采购和维护的个人或部门并不是负责设施成本费用的个人或部门,内部性代理问题就会出现。DeCanio(1998)关注企业安装高能效照明设备所获得的回报,并研究其中组织因素的作用。

不确定性也可能限制新技术的采用(Geroski, 2000)。技术本身就可能具有不确定性,因为用户无法事先确定新技术的效果如何(Mansfield, 1968)。节约资源的技术还存在额外的不确定性,即这种节约的经济价值取决于未知的未来能源价格。这种与未来回报相关的不确定性意味着推迟采用新技术会带来"期权价值"(Hassett 和 Metcalf, 1995,1996; Pindyck, 1991)。

与不确定性紧密相关的还有贴现率或最低预期回报率,购买者会通过它们评估是否值得采用新技术,尤其是节约资源的技术。大量研究表明购买者会使用较高的贴现率来评估能效投资(Hausman, 1979; Ross, 1990; Ruderman 等人,1987)。在节能上直接或间接使用高贴现率并不会直接造成市场失灵,然而整个决策过程中出现的一些深层次因素则可能引发这一结果,这些因素包括上述讨论所涉及的各个方面。贴现率的溢价至少与不确定性有一定关系，但是不确定性与期权价值究竟对这种溢价有多大影响仍然值得商榷(Hassett 和 Metcalf，1995，1996；Sanstad 等人，1995)。资本市场失灵会导致外部筹资难以得到保障，因此同样会造成一定的影响。

最后，学习效应、网络外部性或技术采用的其他正外部性会带来回报增长，具有这些特点的技术在市场上可能显得效率低下，其中包括会对环境造成影响的相关技术。例如，有一个观点在讨论气候变化政策和其他与能源相关的环境政策时往往被重复提及，即我们被困在一个以化石燃料为基础的能源系统中。总体上看，大量讨论的重点在于，发展中国家是否应该采取比工业化国家更为环保的方式来进行发展，例如减少对化石燃料的依赖。Mulder 等人在一项理论研究中从技术新旧的角度研究能效技术的采用。他们假定技术间存在互补性，那么使用不同新旧程度的技术就能产生收益。互补性使旧技术得以留存，这也许能解释能效悖论的产生。随着互补性增强，技术的采用量会下降。最后，他们将 LBD 引入该模型，新技术的采用水平被进一步降低，企业在选择新技术时也失去了原有的专业水平。

虽然相关实证文献匮乏，但是部分研究已经探讨过能源与环境领域的收益增长问题以及对竞争技术的封锁，其中包括分析可再生能源与化石燃料(Cowan 和 Kline，1996)、内燃机与使用其他燃料的汽车(Cowan 和 Hulten，1996)、杀虫剂与病虫害综合治理(Cowan 和 Gunby，1996)、发电技术(Islas，1997)、核反应堆设计(Cowan，1990)以及碳氢燃料的转变(Kemp，1997)等。

4.1.3　技术经济学家可以做什么

很多关于能源悖论的讨论都重点关注一个问题，即是否存在降低采用速度的市场失灵现象。然而技术经济学家们大可放宽眼界，不必仅仅关注市场失灵。例如，技术经济学和新“行为经济学”的结合就有助于从微观和行为角度理解技术的采用过程。这些都可以帮助我们理解能效技术的采用过程为何如此缓慢，也可以帮助政策制定者促进能效技术的采用。

4.2　国际扩散

大量经济学文献关注国际技术转移，但是极少涉及环境技术的具体应用。[①] 目前，几乎所有被引用的论文都十分关注发达经济体。这些国家最早运用法律手段保护环境并且承担了大多数的研发支出，因此受到关注也不足为奇。2006 年，全球研发支出大约为 9 600 亿美元，其中 85%属 OECD 成员国，仅美国和日

① 国际技术转移文献的总体回顾，见 Keller(2004)。

本就占了一半(Newell, 2008a; OECD, 2008)。

然而,环境技术的扩散是目前最为迫切的环境问题之一,尤其是发展中国家的技术扩散问题,这一问题的根源在于经济可持续发展与应对气候变化之间的矛盾。中国和印度等国的经济增长迅速,不仅碳排放量上升,排放量的增长速度也越来越快。1990 年,中国和印度的二氧化碳排放量占世界的 13%。到 2004 年,这一数字上升至 22%,专家预测到 2030 年,该数字会上升至 31%(美国能源信息署,2007)。正是考虑到该问题,气候谈判中一大重要议题就是如何设计政策,鼓励清洁技术向发展中国家转移。目前,《京都议定书》中包含清洁发展机制(Clean Development Mechanism, CDM),该机制允许受排放约束的工业化国家通过融资项目帮助发展中国家进行减排,作为本国达到减排指标的一部分,而发展中国家不必面对《京都议定书》设定的减排指标。① 由于碳排放涉及全球公众利益,CDM 允许发达国家的企业用发展中国家低廉的减排成本替换本国昂贵的减排成本,从而帮助发达国家以较低成本达到减排指标,对发展中国家而言,技术转移和清洁技术扩散也许是 CDM 带来的额外福利。

Dechezlepretre 等人(2008)针对这一问题,研究有多少 CDM 项目转移过设备或机器等"硬件",与"硬件"相对的是"软件",即知识、技术或技巧。此问题的核心在于,被 CDM 项目转移的知识和技巧除了使发达国家投资者实现减排指标,是否还能使作为接受者的发展中国家持续改善自身的减排水平。Dechezlepretre 等人关注了 644 个在《联合国气候变化框架公约》执行委员会注册的 CDM 项目。他们发现有 279 个项目涉及技术转移,占总数的 43%,②其中 57 项涉及设备转移,101 项涉及知识转移,121 项涉及以上两种转移。当项目规模大、其开发商是发达国家企业下属的子公司并且涉及一个或多个碳信用买家时,该项目包括技术转移的可能性会更大。在有关项目的减排信用交易之前必须设定明确的减排指标。正因为想得到减排信用额度,减排信用买方才会为这一过程提供帮助。

多数环境技术转移在经济领域的应用更为宽泛。从最广泛的角度出发,提及环境技术变革的是有关贸易与环境的文献。此类文献中,经济学家研究发展中国家的环境质量,并将国际贸易对其的影响分为三个部分。第一,国际贸易带来财富增长与经济活跃,从而加重污染水平,规模效应可以解释此现象。第二,国家富裕起来,得以开发清洁的产品,国民也更加青睐这些产品,复合效应指的就是污染因此减轻。第三,贸易使获得绿色技术更为容易,技术效应指的就是由此发生的减排。为确认这一技术效应而做出的尝试可被视为技术转移的例子。

---

① Lecocq 和 Ambrosi(2007)对清洁发展机制进行了描述。

② 然而,这些项目属 CDM 中最重要的项目,在 CDM 注册项目的预期减排量中,这些项目占比达 84%。

Fisher-Vanden 和 Ho(2006)模拟中国不断增长的科学技术能力与能源消耗,并研究其中规模效应与技术效应的相互作用。他们发现提高科学技术能力会产生两大抵消效应。虽然技术发展促进绿色技术的使用(技术效应),但科学技术能力的提升也使能源密集型产业得以发展(规模效应)。他们在论文中模拟中国科学技术能力的增长,结果正如中国的长期政策目标所示,到2020年其研发强度将达到2.5%。他们发现中国的研发强度已经从1996年的0.6%上升至2003年的1.3%。他们的模型基于1 500家工业企业的计量经济学研究结果,经过调整发现,科学技术的迅猛发展会促进节能的发展,降低能源的价格。然而,这也会促进经济进一步增长,增加家庭能耗,那么科学技术迅猛发展的净效应则表现为能源使用量和碳排放量的上升。Fisher-Vanden 和 Sue Wing(2008)的分析模型且得到类似的研究结果。

Khanna 和 Zilberman(2001)研究了印度发电厂采用高能效技术的情况,阐明贸易对技术扩散的重要性。各种不同的工厂之间的差异导致这些技术的采用存在变化,这点在采用模型中十分常见。使用高质量煤炭可以减少排放。然而,这种煤炭需要依靠进口。所以印度政府为了保护国内的煤炭工业基本禁止此类进口。Khanna 和 Zilberman 发现虽然排放税是达到理想减排目标的必要手段,但是消除对国内贸易政策的扭曲就可以增加能效技术的采用量,从而降低碳排放量。

Lanjouw 和 Mody(1996)直接研究环境技术的发明和扩散,利用美国、日本、德国和14个中低收入国家的专利数据来研究不同环保技术的变革。他们发现当国家治理污染的成本开支上升,环保创新的数量也随之增多。对美国、日本和德国来说,大多数专利往往是国内专利,而对发展中国家来说,大多数专利来自别国,扩散的重要性在此得以凸显,尤其在复杂的空气污染控制技术方面。相比之下,发展中国家的空气污染控制技术的专利主要来自发达国家,而水污染控制技术更多来自本地创新,因为本地条件会对此类技术的潜在利益产生影响。然而,这些创新不太可能在其他地方获得专利。Lanjouw 和 Mody 还发现,一个国家的政策可能会影响另一个国家的技术创新。例如,他们发现虽然美国是首个设定严格排放标准的国家,但其汽车废气排放专利大多来自其他国家。

Popp(2006b)利用专利数据研究美国、日本和德国燃煤发电厂的空气污染控制技术创新,发现了国家间制度与创新的联系。他发现发明者主要会对国内的制度型激励措施做出反应,每个国家在通过有关发电厂的规章制度后都会迎来国内专利申请的增加。另外,Popp 还发现证据证明,制定规定较晚的国家也会进行创新活动,说明这些国家不是仅仅利用他国开发的现成技术,而是适应性研发,即让技术迎合本地市场,因为这些较新的专利更有可能引用先前的国外发明,而不是国内发明。因此国外的知识为国内未来发展建构计划蓝图,而不是充当技术的直接来源。

国外市场对创新的影响甚微,其原因之一是电力并非商品,并且这些国家所使用的排放控制设备由国内供应商大量提供。例如,我们会注意到这一结果与Lanjouw和Mody(1996)的发现形成对比,他们发现20世纪70年代美国对于汽车排放的规定推动了日本和德国企业的创新活动。Popp等人(2008)对纸浆和纸制品制造商进行类似研究发现,当制造商采用更清洁的漂白技术时会对主要出口市场的消费者需求做出反应。最后,Medhi(2008)发现韩国汽车制造商最早在其生产的汽车中加入先进的排放控制技术就是为了达到美国和日本市场相应的制度要求。在其汽车配备此类技术之后,韩国政府才通过本国的制度规定,要求使用先进的排放控制技术。

因为多数污染控制技术首先在工业化国家得到开发,环境规制又是鼓励技术采用的必要手段,所以Lovely和Popp(2008)将研究重点放在环境规制的方面,将其视为环境技术在国际扩散中的第一步。他们以39个国家为对象,研究燃煤发电厂二氧化硫以及氮氧化合物排放的限制制度。他们的样本包括发达国家和发展中国家,研究发现,虽然单个国家内部的污染控制技术采用对环境规制反应十分迅速,但是制度本身的采用呈现出典型的S形模式,这在技术扩散研究中十分常见。他们在研究中主要关注技术的可及性,将其作为影响制度采用的重要因素。随着污染控制技术的改善与发展,治理成本和合规成本均会下降。他们发现,随着时间的推移,人均收入水平较低的国家更会采用环境规制。另外,他们还发现开放国际贸易非常重要,因为国际贸易为技术获得提供了渠道,也为前文所说的技术效应提供了支持。

Hilton(2001)发现较晚采用规制的一方会向先采用规制的一方学习。他利用48个国家的数据观察每个国家从燃油中去除铅所花费的时间。从逐步去除燃油中的铅开始,直到该国将每加仑燃油的含铅量控制在0.5克或以下为止,这期间所花费的时间即为研究结果。平均看来,1979年之后开始采取措施的国家完成整个过程所花费的时间比1979年之前开始的国家少5年。并且,在所有没有完成该过程的国家中,较早开始采取措施的国家能达到较好的减铅效果。Hilton结合证据得出结论,较晚的采用者行动更快是因为他们从早期采用的经验教训中获益。

最后,发展中国家采用环保技术的诱导因素与发达国家可能有所不同。Blackman和Kildegaard(2003)研究了墨西哥三种皮革鞣制的绿色技术,关注其采用情况。他们调查瓜纳华托莱昂的中小型制革厂,通过原始调查数据发现,在发展中国家中小型企业往往是污染密集型产业的主力军。为了解释每种鞣制技术的采用情况,他们对一系列多元概率比回归模型进行估算。结果发现一家企业的人力资本和技术信息存量会影响其技术采用水平。他们还发现,就绿色技术而言，私营行业贸易协会和投入品供应商是技术信息的重要来源。与发达国家常见的研究结果相反，企业规模和制度压力均与技术采用无关。

由于能效技术能为使用者创造节省成本的机会，所以与污染控制技术不同，能效技术即使缺乏相关环境政策也会得以扩散。Fisher-Vanden 等人（2006）对22 000 家中大型中国企业进行了研究，关注其在能效方面做出的改进。1997—1999 年间，总能耗下降了 17%。下降量中的 54%可以归结于价格变动。他们通过企业级研发活动测量技术变革，发现能耗下降量的 17%归因于技术变革，且所有权变化占 12%。他们进一步观察技术变革的作用，发现进口技术能节省劳动力和能源，而中国企业内部的研发活动能节省资本和能源。他们注意到若供应该技术的国家资源匮乏则会对技术变革产生明显影响，从而解释了上述差异。他们还发现，一家企业内部的技术活动对创造吸收能力十分重要，而吸收能力又是成功传播进口技术的必要一环。

Fisher-Vanden（2003）以 75 家中国钢铁企业为对象，研究钢生产中连续浇铸技术的扩散情况。使用连续浇铸技术对能源意义重大，因为此技术与铸锭技术相比能节省 70%的能耗。Fisher-Vanden 发现中央管理的企业最先获得新技术，而本地管理的企业能最快完成全公司的技术整合。

最后，数篇论文均对政治和技术转移的交互作用开展过研究。Fredriksson 和 Wollscheid（2008）研究钢生产的国际绿色技术，用电弧炉生产钢的百分比来衡量该技术。他们惊奇地发现，虽然环境政策确实能鼓励工厂采用更为清洁的技术，但是在贪污腐败情况严重的国家其采用率更高。他们认为，在较为廉洁的国家，企业会限制技术领域的投资，从而让监管者保持宽松的环境标准。而在腐败国家，企业对更优技术进行投资，通过贿赂降低环境规制标准。

Rosendahl（2004）研究了学习对国际最优环境税的作用。当学习的益处超出企业范围之外，环境税的最优值应该提高，以此促进学习的正外部性。他认为，由于工业化国家最先开发环境技术，所以在理想情况下，发达国家的环境税应该高于发展中国家，这样才能在发达国家创造学习的动力，从而造福发展中国家的技术采用者。

Barrett（2006）提出一个问题，即关注新技术开发与采用的气候变化协议是否比关注减排的协议更为有效。从总体上看，答案是否定的。然而，如果研发活动带来技术领域的突破且导致规模收益增长，则会出现例外情况。在该情况下，采用新技术的益处足以使协议实现自我执行。Coninck 等人（2008）进行了类似的研究，关注以技术为导向的气候协议，其目的包括知识分享与协调、研究与开发、展示与示范以及调度与部署，他们的研究重点在于此类协议的概念论证和具体措施。他们发现以技术为导向的气候协议会从整体上促进国际气候合作的效率和效果，但是仍然无法完全替代以减排为基础的政策，只能作为辅助。

Golombek 和 Hoel(2004)提出了一种可能性,即诱发性技术变革有助于气候协议的全面参与和实施。据推测,如果只有部分国家承诺减少碳排放,高碳产业会迁移至不参与该承诺的国家,进而导致碳泄露的现象。Golombek 和 Hoel 注意到,在那些承诺减少碳排放的国家,诱发性技术变革会使治理成本下降。在某些情况下,成本会下降至一定程度,足以鼓励其他国家也开始着手减排。在 Golombek 和 Hoel 的模型中,研发活动由中央规划者选择。Di Maria 和 van der Werf(2008)进行过一项类似的分析,但差别在于他们允许技术变革存在内生性,追求利益最大化的企业也正是如此。虽然其研究结果基于一系列关于主要弹性系数的假设,尤其是能源供给弹性系数,但是研究显示诱发性技术变革总能降低碳排放率。其他人也对全球环境问题的性质、技术扩散以及国际贸易进行过研究,从这些角度出发论证了一个问题:如果将各国联系起来而不是区别对待,会有更多国家参与并遵循有关环境政策和技术政策的国际协议(见 Carraro 和 Egenhofer, 2002; Folmer 和 van Mouche, 1993; Kemfert, 2004)。

最后,Newell(2008b)研究了国际气候技术开发与转移,分析其经过改进与扩张后的机会。他先指出,通过国内温室气体定价、国际贸易以及国际开发来刺激技术市场需求十分重要,继而转向研究上游领域的创新策略,包括气候技术研发的国际协调与资金,以及通过知识产权实现的知识转移。Newell 得出结论,国际社会若想成功加快并维持温室气体治理技术的开发与转移,就不能局限于气候相关的市场与机构,必须利用能源、贸易、发展和知识产权等一系列相关市场与机构。

4.2.1 技术经济学家可以做什么?

环境技术的国际扩散尚未得到充分研究。虽然不乏从整体角度研究国际技术扩散的文献,但是极少有文献涉及环境领域的具体应用。然而,此类文献中的经验已经开始逐渐渗入环境经济学,例如有关贸易与扩散之间的联系的文献。吸收能力的作用正是有待研究的问题之一。要使发展中国家有能力采用前沿环境技术,我们需要做何种准备?发展中国家需要做出何种程度的调整,才能够使这些创新适应当地市场?正如 Fisher-Vanden 等人(2006)的研究,理清具体或抽象技术变革的作用十分重要。与本土发展的创新相反,发展中国家为实现技术进步对先进技术进口依赖到何种程度?国际技术转移应当以何种速度进行?不少经济学家欲建模研究可持续发展中技术变革的作用,上述问题的答案对他们而言大有裨益。

5. 能源—环境综合模型中的技术变革

正如引言所述,技术变革的潜在环境影响对经济增长的长期可持续性具有重要作用。在环境政策领域尤为如此，因为多数影响在未来数年后才会显现，且以政治角度可接受的成本为标准，现有技术无法达成对应的排放指标。经济学家们为评估技术变革对环境与经济长期健康发展的作用，已开发融合经济增长、技术变革以及环境影响的综合经济模型。经济增长会影响环境，这些模型不仅说明新技术对此影响的潜在限制作用，还表明了准确预测技术长远发展趋势的困难与挑战。

确实，建立能源—经济综合模型最为困难的问题之一是妥善对待技术变革，在分析长期环境及资源问题时尤为如此。研究人员普遍认为建立技术变革模型的方法是气候政策分析中最重要的决定因素之一，因为它直接影响分析结果，即在成本固定的条件之下可达到的减排水平。然而，前两节中详细的微观经济分析显示，这些过程背后复杂的运行机制才更为重要。这些机制在模型框架中难以捕捉，政策必定与能源供求技术领域的变革相互交织，因而建模者若想要确认政策的效果难上加难。本节将大量引用 Gillingham 等人(2008)的研究，他们在此问题上提供了深入的见解。[①] 我们关注的焦点是在模型中融入技术变革的方法以及这些建模选择的意义。

环境政策建模中处理技术变革的最常见方法是将其视为外生变量——关于时间的自治函数。外生技术变革和内生技术变革的基本区别在于，在外生技术变革中生产可能性仅取决于时间，而在内生技术变革中过去、现在以及/或者未来的预期价格和政策等因素会以各种方式影响这些可能性。因此，在内生技术变革中，过去的活动决定目前产出的技术可能性，包括资本、劳动力和排放限制等组合；同理，现在的行为也会决定未来的技术可能性。

气候建模中已应用大量有关内生建模的文献，我们精选其中部分论文，关注其阐述的重点概念以及其在建模方法的理论基础方面提出的见解。虽然存在少数例外情况，但是大多数研究均发现，内生技术变革一体化所带来的后果及思考极具分量。

5.1　外生技术变革

即使一体化技术变革只是一个关于时间的函数，气候政策建模者也有数种不同方法对其进行操作。其中最简单的方法即假设希克斯中性技术进步的劳动生产率增长会主导经济的整体进程。然而，这一方法无法显示技术变革在能源(和碳)—节约(或能耗)方式中的发展潜力。不论针对整体经济还是单个产业，

① 相关文献调查及其他建模方法回顾，见 Gillingham 等(2008)的参考文献，其中包括 Loschel(2002)、Clarke 和 Weyant(2002)、Grubb 等(2002)、Goulder(2004)、Smulders(2005)、Vollebergh 和 Kemfert(2007)、Edenhofer 等(2006)、Köhler 等(2006)、Sue Wing(2006)及 Edmonds 等(2000)。

若加入所谓的自主节能改善(Autonomous Energy-Efficiency Improvement, AEEI)参数,便可轻松指出提高劳动生产率的节能方向,这一参数能提高经济能效,每年带来外生数量增长。使用 AEEI 参数在综合模型中尤为常见(例如, MacCracken 等人,1999; Nordhaus, 1994)。

在较分散的模型中,希克斯中性技术进步的劳动生产率增长也能在高能效产业或技术领域实现节能的整体进展,于特定时间点在已有技术中添加新节能技术也能达到这一目标。AEEI 具有简单透明的突出优势,另外还能降低模型非线性及复平衡的风险,甚至有助于使用不同 AEEI 值进行敏感性分析。

顺着这一思路,将"支撑技术"纳入模型也能被视为一种外生技术变革的形式。支撑技术通常指已知却尚未广泛商业化的无碳能源。相关人士普遍认为,此类支撑技术可以得到无限供应,其边际成本相对较高且保持恒定(例如,先进的太阳能、核聚变)。如果包括碳政策在内的能源价格爬升至一定水平,支撑技术将渗入市场,阻止能源价格进一步攀升。建模者通常假设支撑技术的成本会以自身的自主速率下降,即表示如果支撑生效,则技术将仅作为关于时间的函数继续发展。

最后,在某些弹性函数形式的计量经济模式中,也许存在决定技术变革总体水平和走向的多种趋势。例如,Jorgenson 和 Wilcoxen(1993)的研究包括五种描述技术变革的参数——两种描述总体水平,三种描述走向(即因素偏差矢量)。

5.2 内生技术变革

从外生角度为技术变革建模简化了建模过程,大量文献也承认技术变革不仅取决于时间的推移,而是一个复杂的过程。这意味着成本函数不仅仅取决于时间和现行价格,还取决于价格及活动的历史指标。这一观点促使相关人员进行大量建模工作,研究历史价格(和政策)对如今生产可能性的影响。① 具体而言,其中部分研究对使用 AEEI 持批评态度,认为其忽视了影响技术演变的因素,歪曲模型结果,使其无法使用。② 表 6 为数量快速增长的相关文献中的重点论文。

---

① 有关内生技术变革的文献广泛,包括一部编撰成书的作品(Grübler 等人,2002)和四本专刊(Resource and Energy Economics, 2003, vol. 25; Energy Economics, 2004, vol. 26; Ecological Economics, 2005, vol. 54; and The Energy Journal, Special issue 2006)。

② 这与 Lucas(1976)提出的批评有关,因为 AEEI 并非"深度"结构参数,并且当政策制定者改变行为时, AEEI 难以保持稳定。

表 6　气候变化模型中的技术

文章	模型类型①	技术变革②	重点结论
Jakeman 等人(2004)	CGE	PI	PI 技术变革会导致治理成本下降
Popp (2004)	IAM	R&D	诱发性创新使福利上升 9%。假定会对其他研发活动产生部分挤出效应
Buonanno 等人(2003)	IAM	R&D	诱发性创新的作用更大。气候研发不会排挤其他研发活动
Gerlagh (2008)	ME	R&D	对清洁研发活动、污染研发活动和中性研发活动分别建模。政策诱导型清洁研发活动会排挤污染研发活动，提高诱发性研发活动的利益
Smulders 和 de Nooij (2003)	CGE	R&D	内生技术变革会降低节能政策的成本，但是会排挤非能源研发活动，导致总体研发量停滞不前。节能政策会降低人均净收益水平
van Zon 和 Yetkiner (2003)	ME	R&D	能源税以研发补助的形式循环，从长期看会促进诱导型技术变革的增长
Sue Wing (2006)	CGE	R&D	研发的影响取决于清洁投入和污染投入之间的可替代性。环境税的严苛程度会影响污染研发活动。当税率较低时，污染研发活动可能会增加。税率越高，研发活动越清洁
Goulder 和 Schneider (1999)	CGE	R&D	内生技术变革会降低达成特定目标的成本，但是同时会增加碳税总成本
Nordhaus (2002)	IAM	R&D	替代比创新更重要。假定气候研发活动会排挤其他研发活动
Sue Wing (2003)	CGE	R&D	碳税会使技术变革速度放缓，从而降低总体增长

① CGE(computable general-equilibrium model)，可计算的一般均衡模型；ME(macroeconometric model)，宏观计量经济模型；IAM(integrated assessment model)，综合评估模型；ES(disaggregated energy technology and system model)，非集计能源技术与系统模型；CF(cost-function model)，成本函数模型。

② PI(price-induced)，价格诱导型；LBD(learning-by-doing)，干中学；R&D(research and development)，研究与开发。

(续表)

文章	模型类型	技术变革	重点结论
Grübler 和 Messner (1998)	ES	LBD	前期大量治理,后期少量治理,治理活动得到最优化
Manne 和 Richels (2004)	CGE/IAM	LBD	最优治理活动包括早期少量治理和后期大量治理
Goulder 和 Mathai (2000)	CF	LBD/R&D	LBD 对治理状况最优化并无明显作用

实际上,主导技术变革总体水平和走向(即投入偏差)的是一个未被注意的"知识存量",而有一种办法就是根据该知识存量总结历史价格及活动的影响。研究难点在于确定该知识存量如何积累并影响未来能源消耗及排放。第 3 节中的实证证据表明,价格、研发以及从过去经验中学习均在该存量的积累过程中发挥作用,然而目前尚无任何结构理论对其发生过程及对未来生产可能性的具体影响进行研究。

综合内生技术变革的一项重要因素即相关人员是否假定基础情况下的技术变革行为(即没有气候政策)近乎理想化。一种观点认为外生技术变革代表一种约束,当其放松时,减排成本较低。创新市场不足可能导致技术变革供给不足,数项研究将这一可能性与内生技术变革结合起来发现了上述结果(Grubb 等人,2002)。相较而言,其他研究直接或间接地假定基础情况下的技术变革是(大致)理想化的;因此即使允许技术变革应对政策变化做出改变,也可能对减排成本无明显影响(例如,Goulder 和 Mathai,2000;Goulder 和 Schneider,1999;Nordhaus,2002;Smulders 和 de Nooij,2003;Sue Wing,2003)。这些对基础技术变革最佳性的隐形假设通常会造成混乱,混淆不同技术变革内生化方法的意义比较。影响各模型结果的另一因素是其他技术变革参数,即一旦加入内生技术变革,相关参数是否会调整至接受公平对比的状态(Fischer 和 Newell,2008;Gerlagh,2007)。

虽然难以对内生技术变革的建模方式进行清晰分类,但是最常用的方式为以下三种:直接由价格诱导、研发诱导以及学习诱导。直接由价格诱导的技术变革意味着相对价格的变化会刺激创新,减少昂贵投入(例如能源)的使用量,这与希克斯诱致性技术创新假说一致。研发诱导型技术变革允许研发投资影响技术变革的速率和方向,其中往往包含明确具体的知识资本库。最后,学习诱导型技术变革允许特定技术的单价呈现为与该技术经验相关的递减函数。LBD 是此方法中最常用的途径，技术单价通常表现为与积累产出相关的递减函数（见 5.2.3）。

5.2.1　直接由价格诱导的技术变革

直接由价格诱导的技术变革是较为直接的技术变革内生化方法，其概念起源于 Hicks(1932)。在气候政策建模过程中如果能源价格上升，价格诱导型技术变革会带来更高的能源效率，该效率通常表现为依靠历史价格的劳动生产率参数（或依靠现行价格产生变化的劳动生产率参数）或能效技术的早期扩散。模型结构很大程度上决定其发生的确切途径。由于具体说明价格与技术变革的关系具有专门性和简化性，所以在气候政策模型中，直接由价格诱导的技术变革案例较少。特别是，目前尚未对可能包含研发投资（见 5.2.2）的变革成本做出解释。对使用价格诱导型技术变革的模型而言，使用 AEEI 参数或 LBD 方法最为常见。

也许 Jakeman 等人(2004)对价格诱导型技术变革的阐述最为准确可靠，他假定每个地区每个时期的技术变革数量固定，根据投入的相对价格被分配至所有产业。这种情况下，价格诱导型技术变革能降低达到碳减排目标所需的成本。能源—经济建模的其他例子包括 Dowlatabadi(1998)和美国能源信息管理局的国家能源模型系统（NEMS 模型）（能源信息管理局，2003）。3.1 中展示的实证证据显示，技术变革的价格诱导形式可对此做出部分解释；较高的能源价格与能效领域的飞速进展明显相关。然而，由于研发诱导型或学习诱导型技术变革等方法论的出现，此简化型方法很大程度上已经被替代。

5.2.2　研发诱导型技术变革

在内生技术变革中，研发诱导型技术变革是最常见的方法之一，并已衍生出各种各样的模型。以研发为基础的技术变革拥有历史悠久的理论基础，这可追溯至 Kennedy(1964)、Kamien 和 Schwartz(1968)以及 Binswanger 和 Ruttan (1978)的早期研究，他们的研究内容主要是创新可能性边界（Innovation Possibility Frontier, IPF）和诱导型技术变革背后的理论。Acemoglu(2002)的近期研究涉及 IPF 中固有创新方向间的权衡交易，关注一家企业的动态最优化究竟如何带来这一内生性结果。有关内生增长的文献（例如，Acemoglu, 1998; Aghion 和 Howitt, 1998; Grossman 和 Helpman, 1994; Kily, 1999; Kortum 和 Eaton, 2008; Lucas, 1988; Romer, 1990）在经济增长建模中加入"知识资本"库，此做法与上述方法一致。最近，在 Acemoglu 有关定向技术变革的研究影响下，诱发性创新的概念在经济学领域重新兴起。

气候政策建模者已经利用多种方式引入知识存量。虽然由相对价格诱导的技术变革在特定方向具有坚实的理论基础，但是相关文献并未充分探讨知识存量究竟如何积累并影响生产可能性。某些模型使用 IPF 控制研发投资对知识存量增长的作用,从而使知识存量的概念具体化。Popp(2004)开发了一个类似模型,探讨实证证据的使用,实现 IPF 的参数化。并非所有模型都允许在知识存量的永续盘存框架中嵌入 IPF,该差异使模型结构各不相同,这与股本的盘存制度类似。

在与研发模型相关的文献中,几大主题十分重要。此处存在两个要点:其一,研发诱导型技术变革是否与溢出效应导致的创新市场缺陷相关;其二,减碳相关的研发活动是否会排挤其他领域的研发活动。很显然,溢出效应和挤出效应之间存在紧张关系,前者在内生技术变革的情景下节省更多成本,而后者会抑制此效果,甚至带来相反效果。在很多模型中,溢出效应和挤出效应是不同假设之间产生复杂交互作用的结果,其内容与扭曲的研发市场及模型结构相关。然而,这些假设对气候政策的总成本而言具有重要的衍生意义,在外生技术假设的基础上出现估算结果偏差时,这些假设具有同样意义。少有实证及概念文献能指导与挤出效应程度相关的假设,有关提升研发动力的科学及工程的劳动力弹性是文献的主要内容(David 和 Hall, 2000; Goolsbee, 1998; Wolff, 2008)。

第三点即产出生成(即传统生产)和新知识生成(即创新)之间是否如多数论文所说存在可替代性或互补性。多数方法均具有某种机制,使产出生成替代知识生成,这意味着挤出效应的作用更大,内生技术变革获利的机会更小。与供应弹性或额外研发活动的机会成本相关的模型之间存在重要差异,这一差异与此处讨论的问题紧密相关。如果研发的供应相对缺乏弹性(例如,有能力的工程师和科学家),为缓解气候变化所进行的研发越多,其他企业或产业进行研发的能力越弱,进而将其研发活动挤出。这意味着随着内生技术变革的加入,碳约束成本或多或少有所增加(与其降低成本的假定相反)。

研发诱导型技术变革的理论模型 在生产函数中加入知识存量,其本身并不意味着诱导减碳技术变革发生。知识存量的存在对于有关内生增长的文献而言尤其明显,在其简单的形成过程中,知识存量会为所有投入的生产力带来均衡增长。例如,Buonanno 等人(2003)拓展 Nordhaus 和 Yang(1996)的气候与经济的区域综合模型(Regional Integrated Model of Climate and the Economy, RICE 模型),在内生技术变革—RICE 数值模型中应用此类知识存量。这种将技术变革内生化的简单方法有助于充分体现综合动态性,这点十分重要,但是该方法并未给相对价格创造途径以影响节能或减碳的创新项目。

Smulders 和 de Nooij(2003)以及 van Zon 和 Yetkiner(2003)的研究均基于包含一系列中间产品的内生增长文献,以不同形式将此种建模方法应用到把能源作为生产投入的经济体制中。在 Smulders 和 de Nooij 的研究中,研发投资会提升一系列中间产品的质量,从而产生内生技术变革,而 van Zon 和 Yetkiner 通过利用研发投资增加中间产品的多样性实现内生技术变革。两篇论文均展示了同一重要的埋论重点，即创新中间产品生产商的利润最大化能促进技术变革转变方向，转为以递增能源价格或限制能源数量为基础的节能型技术变革。

Smulders和de Nooij的模型框架允许政策分析以节能的短期和长期增长意义为对象，但并未提及经济福利的问题。他们发现由于政策的直接成本超过诱发性创新的抵消作用，节能政策会导致人均净收益水平下降。另外，虽然非能源研发活动也许会遭到排挤，研发总量也不会上升，但是内生技术变革框架确实能降低政策成本。事实上基于此模型结构可以得出一条理论结论，即诱发性创新所得无法抵消政策最初造成的人均收益水平的下滑，双赢局面不可能出现。有人提出一个较宽泛的观点，认为只有当碳减排创新领域和其他可能进行研发的领域相比，其溢出效应相对明显时，内生技术变革才会诱发较高的长期产出。在Smulders和de Nooij的模型中似乎并非如此。Goulder和Schneider(1999)以及Gerlagh(2008)的研究也显示相同信息。

相反，van Zon和Yetkiner则利用蓝图框架发现，以研发补助形式循环利用的能源税可能通过研发诱导型技术变革实现企业的长期增长。这一结果源于研发市场的两点缺陷：①企业不会考虑现有研发对未来研发投资生产率的促进作用，因为这点在蓝图中无法得到充分的体现；②企业也不会考虑市场在中间产品供应方面的缺陷，这会导致对这些中间产品的需求与社会最佳情况相比过低。实际上，这些市场缺陷暗示每家企业均面对跨时期的溢出效应，而不是某一家企业的研究对其他企业造成的溢出效应；挤出效应在van Zon和Yetkiner模型中的作用也弱于其在Smulders和de Nooij模型中的作用。

Sue Wing(2006)在气候变化政策的背景下开发了一套理论，在Acemoglu(2002)模型的基础上添加了外部性和环境税。Sue Wing的研究显示，在环境税的影响下生产的重点会从污染环境的产品转向绿色产品。然而，这并不意味着环境税也能使创新的重点偏向绿色产品研究。相反，这取决于绿色投入和环境污染投入之间的可替代性。如果绿色投入无法轻易替代较为昂贵的环境污染投入，环境污染研发活动的绝对数量也会呈现出驼峰形，这样环境税较低时研发活动数量上升，环境税较高时则下降。换言之，低环境税会促进有关环境污染投入的研究，提升其生产力，以此每一单元的环境污染投入可以获取更多的产出。

研发诱导型技术变革的数值模型 不幸的是，虽然多数数值模型均试图利用可测量的实际变量或技术来表现技术变革，但是包含连续中间产品并且抽象展现蓝图的理论模型无法做到这一点。然而，对于包含总体经济生产函数的数值模型而言，上述内容中Buonanno等人(2003)的希克斯中性技术进步知识存量以及Smulders和de Nooij(2003)的要素增广知识存量都是常见的选择。

Popp(2004)在一个总体经济生产函数中举出了此方法的优秀例证。Gerlagh 和 Lise(2005),Hart(2008)以及 Gerlagh(2008)也运用简化的研发校正模型来评估气候政策诱导性创新。

气候与经济的动态综合模型(Dynamic Integrated model of Climate and the Economy, DICE 模型)(Nordhaus, 1994)是气候政策领域最知名的模型之一。在此模型中,资本和劳动力取代碳能源从而对碳强度(即每单位 GDP 的碳排放量)产生影响。Nordhaus(2002)的 R&DICE 模型对此做出修改,使 IPF 成为碳强度的决定因素,而 IPF 是关于碳能源产业研发投入的函数。和常规投资类似,DICE 模型产出平衡方程式产生的消耗不包括通过研发投资知识而产生的成本。然而在研发投资中,为了反映出创新市场的普遍缺陷,研究成本变为原来的四倍;换言之,在挤出效应的作用下,研发活动的社会机会成本超过其私人成本。

Nordhaus(2002)将此内生技术变革的具体要求与 DICE 模型进行比较(在 DICE 模型中,减缓行动是唯一影响碳强度的因素,它会替代削减消耗这一做法)。他的主要结论是诱发性创新在减排方面的效果有可能远不如其在替代方面的效果。这一结果与校正过程直接相关,假定研发收益等于机会成本,使挤出效应发挥极大的效果。Buonanno 等人(2003)在 Nordhaus 方法的基础上进行改进,使用关于知识存量的函数表示排放强度,该知识存量在积累过程中与研发投资保持一一对应的关系,并且知识存量以一个外生性的速率在减少;然而,他们无法找到有潜力与其他研发竞争甚至挤出其他研发的环保研发活动。正因为如此,他们发现诱发性创新有另一大作用。Popp(2004)利用考虑内生技术变革的 DICE 模型(Endogenous Technological Change in the DICE Model, ENTICE 模型)更加仔细地研究研发挤出效应的重要性。ENTICE 的基础是假设新能源研发活动的 1/4 会挤出其他研发活动,这时,诱发性创新使福利增长了 9%。假设不存在挤出效应,诱发性创新创造的福利收益会达到 45%。假设研发活动的挤出效应得到充分发挥,福利收益则会低至 2%。最后,Gerlagh(2008)对碳能源生产的研发活动、碳能源节约的研发活动以及中性的研发活动分别建模,扩展自己的研究,得到诱发性碳能源节约的研发活动对碳能源生产的研发活动产生排挤效应,而中性研发活动没有产生这样的效果。结果说明,诱导型技术变革效果更为明显,碳税理想值降至原来的二分之一。

多产业一般均衡模型与上述方法不同,因为该模型将经济分解为不同产业,对各产业内部或产业之间的经济活动进行建模。① 此方法的好处在于能从多角度观察产业间的交互作用,如研发产生的溢出效应或挤出效应。其代价则是一

① 其他模型采用宏观计量经济学角度(例如,Carraro 和 Galeotti, 1997)。

般均衡模型通常属数据密集型模型，计算难度较大。正如以上讨论的模型一样，某些一般均衡模型明显在生产函数中加入知识资本从而将技术变革内生化，然而其做法仅存在于产业层面，并未扩展至整体经济范围内。

Goulder 和 Schneider（1999）的研究是一个著名的例子。Goulder 和 Schneider 建立了局部均衡分析框架，借鉴内生化技术变革的一般均衡数值模型，并且着重强调溢出效应的作用。Goulder 和 Schneider 在他们的一般均衡模型中将知识存量明确划分为相关知识和非排他性知识，非排他性知识代表每个产业中所有企业享有的溢出知识（不考虑跨产业的情况）。在替代弹性为常数（Constant Elasticity of Substitution）的生产函数（以下统称 CES 生产函数）中，每个产业的代表性企业所受到的产出溢出效应由一个比例系数来决定。因此，研发活动产出会受到两个方面的影响：企业的相关知识投入和产业中非排他性知识的溢出效应。Goulder 和 Schneider 发现其模型中的内生技术变革会降低特定减排指标的成本，但特定碳税的总成本会上升（即获取气候福利净收益前的成本）。实际上，由于减碳措施覆盖范围广，特定碳税的成本和利益会高于仅包含外生技术变革的模型，因为面对政策产生的价格波动，经济弹性更强。Goulder 和 Schneider 在模型中加入环境利益后发现，当存在内生技术变革时，特定碳税的高减排标准具有更大的净收益。如果研发市场中事先存在扭曲现象，这一结果可能因不同类型的扭曲现象被加强或被削减。

这些结论背后存在一个重要的问题：若某产业产生的知识发生扩散，由于生产知识的资源有限（即某产业中研发活动的机会成本呈现出上升的趋势），其他产业会因挤出效应付出代价。碳税政策旨在刺激新能源产业的研发活动，但由于非能源或传统能源产业的产出增长缓慢、知识生产资源有限，该政策会抑制这些产业的发展。另一方面，政策诱导型研发活动的社会收益大于私人收益，因此除环境效益以外，气候政策引发的知识溢出效应还会带来其他领域的效益。然而，除非溢出效应大于挤出效应，否则具有溢出效应的内生技术变革并不意味着减碳成本可能为零，这很大程度上是一个实证问题。

Sue Wing（2003）在 Goulder 和 Schneider（1999）以及其他人的研究基础上，将内生技术变革并入一个具体的一般均衡模型。Sue Wing 模型的核心是递归的动态一般均衡模型，其中代表性代理人将实现福利最大化。Sue Wing 的模型与上述模型最大的不同点在于进一步区分了影响创新的因素，从而得以观察某一产业诱发创新的一般均衡效果以及对碳政策成本产生的影响。Sue Wing 从概念上用两种商品对他的方法进行描述：“绿色”商品和“污染”商品。Sue Wing（2003）发现，碳税会降低研发活动总量，降低技术变革速率，减缓产出增长。考虑到该模型已规定节省量且不存在知识溢出效应，所以是碳税减小了经济规模，从而引发这一现象。然而，碳税的相对价格影响会导致知识型服务经历大规模再分配,使经济以更为弹性的方式对碳税做出调整,从而减少碳税的总成本。

5.2.3 学习诱导型技术变革

学习诱导型技术变革与研发诱导型差异较大。这些模型通常使用3.2.2节中描述的LBD概念,作为累积产出的函数表示制造商成本的减少量,或者使用“用中学”,作为技术应用的函数表示消费者成本的减少量(以及/或利益的增长量)(Arrow, 1962; Rosenberg, 1982)。把学习诱导型技术变革加入到经济总量中进行建模的主要弊端在于其简化式的特征,很多模型均可机械插入LBD,但LBD背后的机制却难以确定,甚至无法确定其中的因果关系。估算学习曲线虽然十分容易,但研发或其他技术开发领域的资源却并非如此,而人们往往容易在这一点上产生错觉(Clarke和Weyant, 2002)。例如,也许学习曲线背后的动力源自研发活动,而研发大致与销售额成正比。其实,已有相关人员利用学习曲线的估算结果校正基于研发的模型(Gerlagh和Lise, 2005)。

虽然学习曲线存在不足,但是其易于处理的特点使得学习诱导型技术变革在文献中得到广泛的运用,尤其是在非总量模型中或所谓的“由下至上”模型中。由于非总量模型具有丰富的技术特殊性,适应各种技术的学习曲线,所以非常适用于综合型学习。一些总量模型也使用学习曲线,但其应用并不广泛。

通过在LBD中引入内生技术变革,通常造成碳税的变化,碳税的目的是为二氧化碳浓度设定特定的目标,而相关模型使用LBD会使这一目标值下降。这一结果非常直观。若如上所述对LBD进行建模,则不再需要研发支出,无碳能源技术的任何附加能力都会使未来技术成本降低,每一美元投资带来的减排效应也会增强。在气候政策模型中结合LBD还有另一常见的结果,即为了达到特定浓度目标,增强短期内的减排效果才是理想的减排措施,然而长远来看减排效果则较弱(Griibler和Messner, 1998)。这一结果出现是因为短期内减排量增加会刺激低碳技术的早期LBD,从而降低减排的长期成本。Van der Zwaan等人(2002)还发现LBD对治理时机具有重要影响,包含LBD的气候模型表明早期治理具有可取性,并且由于LBD节省了成本,为达到这些减排目标而设定的碳税水平也会降低。

其他一些研究表明这其中存在两种竞争效应。一方面,正如文中所说,LBD带来的短期技术投资会获得附加值。另一方面,LBD还会降低未来的减排成本,意味着减排措施会被延迟实施。从理论上看,这两种互相对立的效应最终会产生怎样的结果尚不明确,但Manne和Richels(2004)通过数值模拟发现,在LBD作用下减排曲线的斜率会随着时间变化越来越大。这一发现与Grubler和Messner(1998)等的研究恰恰相反。

Goulder和Mathai(2000)在动态环境中研究碳减排的理想政策,将减排总量和治理时机均纳入到考虑范围。他们对研发和LBD两种创新产生的方式分别进行研究，在研发模型中，诱发性创新对最优减排具有两种影响：降低边际减排成本，从而增加理想减排量；但同时，因为未来减排成本更低，所以目前的减排成本与未来相比会增加。这些效果结合起来意味着在研发诱导型创新的作用下，最优减排在前几年下降，而后上升，若不存在研发诱导型创新，情况则会相反。而 LBD 模型会存在第三种效果：现在的减排措施会降低未来的减排成本。在诱发性创新的作用下，最优减排的积累量呈上升趋势，而这一效果会进一步加强其趋势，但是也会模糊短期最优减排的效果。Bramoulle 和 Olson(2005)将学习与政策的关系形式化，他们注意到如果通过 LBD 的方式改进技术，从时间角度对减排进行分配应该使每一时间段的边际减排成本相等，现在的减排措施为未来成本带来的累积边际节省量也应得到相应调整。

5.3　技术经济学家可以做什么

为了分析气候政策，在经济模型中加入内生技术变革的方法十分多样，因此无法在文献中找到公认的最佳方法。所有方法均有不足之处，均遗漏了技术变革复杂性背后的重要现象，这些会对气候政策模型的结果产生重要影响。先天缺乏实证数据也许是更重要的一点，模型参数的校正也缺乏说服力。因此，虽然前景无限，但是我们为技术变革建模的概念已经超出进行实证验证的能力，使其成为高价值研究才能涉足的领域，政策制定者以及其他规范使用者也必须倍加小心。

展望未来，能源—经济模型中诱导型技术变革建模的相关持续研究仍然在多方面具有广阔前景。多数模型模拟政策的方法均为直接设定排放限制或征收碳税以向排放行为强加成本。与之相反，现实中的气候政策往往利用多种多样的政策细则，例如技术采用补助、研发经费与税收鼓励、信息项目、可再生能源组合标准以及能效标准。若气候政策模型能更好地评估价格与非价格技术政策产生的影响，即能为该领域做出极富价值的贡献。这需要以一个假设为基础：只存在与气候外部性相关的市场失灵现象。目前，为研究扩散而构建的模型仍不够深入，其结论仅限于发现不合理的污染价格将不利于绿色技术的采用。然而，正如 4.1.2 节中所述，实证证据显示有其他原因导致扩散过程缓慢。就这一点而言，相关研究人员需要更加关注知识溢出效应，成本调整以及信息市场失灵。例如，Schwoon 和 Tol(2006)利用成本调整创建气候模型，同时降低新技术的渗入速度。关于能效技术未得到充分使用的原因，目前尚无统一结论，因此逐渐扩散的过程是否存在某种“正确”的表现形式也尚未可知。关于扩散过程为何呈现出逐步形成的特点存在多种假设，如果相关人员在研究逐渐扩散过程时能开发出其他建模方式，例如为潜在采用者设定较高的贴现率，那么即可在这些假设之间比较各种扩散的形式。

虽然已有实证文献对能源技术中的学习曲线进行研究，但技术经济学家们仍可对其展开关键评估,综合并扩展这些文献,以此发挥自己的潜在作用。他们可以提高评估模型的能力,使其以符合经济学规律的方式融合学习效应,并且开展新的实证研究,避开历史研究中存在的缺陷,甚至与计算模型相结合。如果技术溢出效应和减碳技术的研发机会成本可以得到更好地处理,那么评估模型也能从中获利。最后,考虑到气候问题具有长期性的特点,对评估模型中的长期贴现及其对技术变革的影响进行实证分析和数值化的研究将会带来不小的收获。

6. 结论

技术变革对环境政策而言意义重大。虽然新技术能清洁生产过程并且尽可能提高资源利用效率,但是如果没有公共政策,市场不太可能为清洁技术的发展提供合适的动力。与技术变革的其他领域一样,知识溢出效应会导致私人企业对研发活动的投资不足。然而,即使知识市场失灵现象得到适当处理,环境研发仍然会面临企业投资不足的问题,因为提供清洁环保技术所获的利益大多具有外部性。环境政策会通过解决外部性问题促进环境研发活动的发展。

本章中描述的大量研究对环境政策与创新的联系进行了分析。虽然任何环境政策都应该对环境研发产生一定的额外刺激作用,但是环境经济学家们的研究重点在于如何制定恰当的政策以促进创新发展。灵活的政策工具能为持续改善环境、降低成本的行为提供奖励,与规定具体行为的政策相比具有更佳的动态效率。

测量环境技术变革的影响带来的挑战不亚于上述所说的问题。其挑战主要有三。因为促进环境技术的采用需要政策发挥作用,所以相关人员需要分别确定环境政策和创新的效果,以确定环境技术变革产生的收益。另外,虽然近年来新能源创新量有所上升,但是其扩散速度仍然较慢,因为在没有政策干预的情况下,这些技术与化石燃料相比不具有成本竞争力。因此,虽然传统能源已深入市场,研究人员已获取大量成本数据,但仍然缺乏早期新能源研究产生的优质数据以显示节省的成本,因为此类技术尚未在市场立足。正如我们在 3.2.2 节中讨论学习曲线时所言,已有数据通常较为集中,使研发、经验和政策的不同效果难以得到确认。

估算环境技术变革的影响的第三个挑战是政府研发的作用,尤其是与环保能源相关的政府研发。政府研发对能源而言尤其重要,因为很多技术需要数年时间才能具有商业利益。回报的长期性以及高不确定性使得政府研发成为一项受欢迎的政策选择。然而,鲜有研究对这些项目的有效性进行评价,对于希望研究环境话题的学者而言,这便成为技术变革领域一个富有成效的课题。

与环境创新一样，针对环境技术扩散的研究也发现扩散需要制度发挥必要的作用。环境技术（例如污染控制）和能效技术之间存在明显差异。若无环境规制，污染控制能创造的私人利益极少。正如所料，制度对扩散而言十分必要，技术采用者能通过较低的能源成本进行获利，同理个体消费者或企业能通过选择能效技术而获利。然而，能效技术采用领域的研究显示企业和消费者共同做出的决定可能受限于市场及行为失灵（Gillingham 等人，2009）。在过去数十年间，环境和技术变革领域的研究因为从微观转向宏观、从纯理论转向实证测量而大受裨益。如果相关研究想涉及“能源悖论”等问题，大概需要拓宽其微观实证分析的范围，大量引入影响人们决策的因素——环境技术创新及扩散中的行为经济学。

近年来，环境经济学家们已经开始调查国际技术扩散对环境技术产生的作用。国际扩散对气候变化等问题而言尤为重要，因为发展中国家的碳排放增长显然快于发达国家。近期研究指出，发展中国家可利用高收入国家开发的清洁技术，但环境和贸易政策均会对国际技术扩散的速度及质量产生影响。与国际技术转移领域的一般文献相比，环境相关的应用较为稀少，这也使其成为另一个让技术变革学者可以大有作为的领域。

经济总量模型结合了经济增长、技术变革和环境政策，展示环保技术变革可带来的重要长期利益。由于缺乏环境政策的制约，经济增长极可能带来更大的环境冲击。虽然减缓冲击的成本会降低未来的增长，但是技术变革创造的影响将抵消不断上涨的环境合规成本。由于宏观经济学领域的技术变革建模本身尚处在发展过程中，环境技术变革的总体经济表现仍需要大量研究。另外，在技术变革和环境政策两大领域中，对竞争市场效率的推测往往相反，这一推测常常关于市场失灵。然而选择合适的政策仍取决于实证规模，这点虽然重要但通常未能得到恰当的测量。

估算技术变革的基准是关键问题之一。即使没有政策变化，某些环境技术仍会得到发展。对于气候变化而言尤为如此，因为历史证明时间越长，能效会得到越多的改进，未来技术变革的速度会对未来碳排放规划产生巨大影响。随着政策演变，未来碳排放量降低，基准规划有助于决定气候政策的严苛程度，从而达到特定的环境指标，同时也有助于决定这些限制措施的经济成本。将技术变革的微观经济学基础融合进气候政策的宏观经济学也同等重要。仍然有很多模型忽略知识溢出效应的作用等知识市场的基本特征。如第 5 节所述，这些模型中有关技术变革的假设会大大影响研究人员对未来政策成本的预测。

我们通过对环境技术变革特有的挑战进行研究得出结论，其中一个问题是环境外部性带来的双重市场失灵与知识溢出效应之间的交互作用，那么直接将针对外部效应的环境政策和针对溢出效应的整体技术政策结合起来是否足以解决问题?或者,在这两种市场失灵的交互作用下,环境是否会离不开特定技术政策?

不确定性也许会产生某种交互作用,进而导致初级政策效果不明显。在"纯粹"环境问题中,不确定性是指自然系统的行为。在技术变革中,这种"自然"不确定性会被人类及社会系统的行为不确定性放大、加剧。例如,气候变化对未来产生的影响、政策应对的规模以及研发投资可能产生的回报都具有很强的不确定性,这一点似乎也会加剧私人环境投资所面临的挑战。当下的技术变革速度和走向将很大程度上决定着未来。投资会决定其速度和走向,而当下的投资状况取决于人们对未来的设想。例如,政策制定者需要使用环境政策鼓励环境创新,那么他们既要创造眼下的创新动力,还要让发明者知晓污染的未来成本。现有的政策工具是否足以应对环境问题的不确定性和长期效应呢?这对环境政策制定者们而言是一大挑战,也许是最大的挑战。我们希望,能建立有关这些问题的研究框架,造福未来有关政策与环境技术变革的研究。

致谢

在撰写本章时,笔者大量借鉴先前与 Robert Stavins、William Pizer 和 Kenneth Gillingham 进行的合作研究。我们非常感谢他们为此做出的贡献,感谢他们让我们获益颇多。同时感谢 Jung Eun Kim 和 Kelly Bogart 为本章内容提供的帮助。最后,我们想要感谢 Bronwyn Hall, Reyer Gerlagh 和 Nick Johnstone 为本章提供建设性修改意见。

参考文献

Acemoglu, D. (1998). "Why do new technologies complement skills? Directed technical change and wage inequality". Quarterly Journal of Economics 113,1055 - 1089.

Acemoglu, D. (2002). "Directed technical change". Review of Economic Studies 69,781 - 809.

Aghion, P., Howitt, P. (1998). Endogenous Growth Theory. MIT Press, Cambridge, MA.

Anderson, S. T., Newell, R. G. (2004). "Information programs for technology adoption: The case of energy-efficiency audits". Resource and Energy Economics 26(1),27 - 50.

Arrow, K. J. (1962). "The economic implications of learning by doing". Review of Economic Studies 29,155 - 173.

Bahn, O., Kypreos, S. (2003). "Incorporating different endogenous learning formulations in MERGE". International Journal of Global Energy Issues 19(4),333 - 358.

Baker, E., Adu-Bonnah, K. (2008). "Investment in risky R&D programs in the face of climate uncertainty". Energy Economics (2),465 - 486.

Barrett, S. (2006). "Climate treaties and 'breakthrough' technologies". American Economic Review 96(2), 22 - 25.

Bauman, Y., Lee, M., Seeley, K. (2008). "Does technological innovation really reduce marginal abatement costs? Some theory, algebraic evidence, and policy implications". Environmental and Resource Economics 40, 507 - 527.

Bellas, A. S. (1998). "Empirical evidence of advances in scrubber technology". Resource and Energy Economics 20, 327 - 343.

Berndt, E. R., Kolstad, C. D., Lee, J. (1993). "Measuring the energy efficiency and productivity impacts of embodied technical change". The Energy Journal 14, 33 - 55.

Berry, S., Kortum, S., Pakes, A. (1996). "Environmental change and hedonic cost functions for automobiles". Proceedings of the National Academy of Sciences United States of America 93, 12731 - 12738.

Biglaiser, G., Horowitz, J. K., Quiggin, J. (1995). "Dynamic pollution regulation". Journal of Regulatory Economics 8, 33 - 44.

Binswanger, H., Ruttan, V. (1978). Induced Innovation: Technology Institutions and Development. Johns Hopkins University Press, Baltimore, MD.

Blackman, A., Bannister, G. J. (1998). "Community pressure and clean technology in the informal sector: An econometric analysis of the adoption of propane by traditional Mexican brickmakers". Journal of Environmental Economics and Management 35(1), 1 - 21.

Blackman, A., Kildegaard, A. (2003). "Clean Technological Change in Developing-Country Industrial Clusters: Mexican Leather Tanning". Resources for the Future Discussion Paper 03 - 12.

Boyd, G. A., Karlson, S. H. (1993). "The impact of energy prices on technology choice in the United States steel industry". The Energy Journal 14(2), 47 - 56.

Bramoulle, Y., Olson, L. J. (2005). "Allocation of pollution abatement under learning by doing". Journal of Public Economics 89, 1935 - 1960.

Bresnahan, T. J., Trajtenberg, M. (1995). "General purpose technologies: 'Engines of growth'?" Journal of Econometrics 95, 83 - 108.

Brunneimer, S., Cohen, M. (2003). "Determinants of environmental innovation in US manufacturing industries". Journal of Environmental Economics and Management 45, 278 - 293.

Buonanno, P., Carraro, C., Galeotti, M. (2003). "Endogenous induced technical change and the costs of Kyoto". Resource and Energy Economics 25(1), 11 - 34.

Cadot, O., Sinclair-Desgagne, B. (1996). "Innovation under the threat of stricter environmental standards". In: Carraro, C. et al. (Ed.), Environmental Policy and Market Structure. Kluwer Academic Publishers, Dordrecht, pp. 131 - 141.

Carlson, C., Burtraw, D., Cropper, M., Palmer, K. (2000). "Sulfur dioxide control by electric utilities: What are the gains from trade?" Journal of Political Economy 108, 1292 - 1326.

Carraro, C., Egenhofer, C. (2002). Firms, Governments, and Climate Policy: Incentive-Based Policies for Long-Term Climate Change. Edward Elgar, Cheltenham.

Carraro, C., Galeotti, M. (1997). "Economic growth, international competitiveness and environmental protection: R&D and innovation strategies with the WARM model". Energy Economics 19(1), 2 - 28.

Carraro, C., Siniscalaco, D. (1994). "Environmental policy reconsidered: The role of technology innovation". European Economic Review 38,545 - 555.

Carraro, C., Soubeyran, A. (1996). "Environmental policy and the choice of production technology". In: Carraro, C. et al. (Ed.), Environmental Policy and Market Structure. Kluwer Academic Publishers, Dordrecht, pp. 151 - 180.

Clarke, L., Weyant, J. (2002). "Modeling induced technological change: An overview". In: Griibler, A., Nakicenovic, N., Nordhaus, W. (Eds.), Technological Change and the Environment. Resources for the Future Press, Washington, DC.

Cohen, L. R., Noll, R. G. (1991). The Technology Pork Barrel. Brookings, Washington, DC.

Copeland, B. R., Taylor, M. S. (2003). Trade and the Environment: Theory and Evidence. Princeton University Press, Princeton, NJ.

Cowan, R. (1990). "Nuclear power reactors: A study in technological lock-in". Journal of Economic History 50,541 - 567.

Cowan, R., Gunby, P. (1996). "Sprayed to death: Path dependence, lock-in and pest control strategies". Economic Journal 106,521 - 542.

Cowan, R., Hulten, S. (1996). "Escaping lock-in: The case of the electric vehicle". Technological Forecasting and Social Change 53,61 - 79.

Cowan, R., Kline, D. (1996). The Implications Of Potential 'Lock-In' in Markets for Renewable Energy. National Renewable Energy Laboratory, Golden, CO.

David, P. (1997). "A contribution to the theory of diffusion". In: David, P. (Ed.), Behind the Diffusion Curve. Westview Press, Boulder, CO.

David, P. A., Hall, B. H. (2000). "Heart of darkness: Modeling public-private funding interactions inside the R&D black box". Research Policy 29,1165 - 1183.

de Coninck, H., Fisher, C., Newell, R. G., Ueno, T. (2008). "International technology-oriented agreements to address climate change". Energy Policy 36,335 - 356.

DeCanio, S. J. (1998). "The efficiency paradox: Bureaucratic and organizational barriers to profitable energy-saving investments". Energy Policy 26,441 - 454.

Dechezlepretre, A., Glachant, M., Meniere, Y. (2008). "The clean development mechanism and the international diffusion of technologies: An empirical study". Energy Policy 36,1273 - 1283.

Denicolo, V. (1999). "Pollution-reducing innovations under taxes or permits". Oxford Economic Papers 51,184 - 199.

Di Maria, C., van der Werf, E. (2008). "Carbon leakage revisited: Unilateral climate policy with directed technological change". Environmental and Resource Economics 39(1),55 - 74.

Dowlatabadi, H. (1998). "Sensitivity of climate change mitigation estimates to assumptions about technical change". Energy Economics 20(5 - 6),473 - 493.

Downing, P. B., White, L. J. (1986). "Innovation in pollution control". Journal of Environmental Economics and Management 13,18 - 29.

Edenhofer, O., Lessmann, K., Kemfert, K. C., Grubb, M., Kohler, J. (2006). "Induced technological change: Exploring its implications for the economics of atmospheric stabilization: Synthesis report from the innovation modelling comparison project". The Energy Journal Endogenous Technological Change and the Economics of Atmospheric

Stabilisation (special issue).

Edmonds, J., Roop, J., Scott, M. (2000). Technology and the Economics of Climate Change Policy. Pew Center on Global Climate Change, Arlington, VA.

Energy Information Administration. (2003). National Energy Modeling System: An Overview 2003. U. S. Department of Energy, Washington, DC, DOE/EIA-0581.

Energy Information Administration. (2007). International Energy Outlook: 2007. U. S. Department of Energy, Washington, DC.

Esty, D. C. (2001). "Bridging the trade-environment divide". Journal of Economic Perspectives 15(3), 113-130.

Evenson, R., Putnam, E., Kortum, J. (1991). "Estimating patent counts by industry using the Yale-Canada concordance". Final Report to the National Science Foundation.

Fischer, C. (2008). "Emissions pricing, spillovers, and public investment in environmentally friendly technologies". Energy Economics 30(2), 487-502.

Fischer, C., Newell, R. (2008). "Environmental and technology policies for climate mitigation". Journal of Environmental Economics and Management 55(2), 142-162.

Fischer, C., Parry, I. W. H., Pizer, W. A. (2003). "Instrument choice for environmental protection when technological innovation is endogenous". Journal of Environmental Economics and Management 45(3), 523-545.

Fisher-Vanden, K. (2003). "Management structure and technology diffusion in Chinese state-owned enterprises". Energy Policy (3), 247-257.

Fisher-Vanden, Karen, Ho, M. S. (2006). "Technology, development, and the environment". Working Paper, Dartmouth College.

Fisher-Vanden, K., Sue Wing, I. (2008). "Accounting for quality: Issues with modeling the impact of R&D on economic growth and carbon emissions in developing countries". Energy Economics 30(6), 2771-2784.

Fisher-Vanden, K., Jefferson, G., Ma, J., Xu, J. (2006). "Technology development and energy productivity in China". Energy Economics 28(5/6), 690-705.

Folmer, H., van Mouche, P. (1993). "Interconnected games and international environmental problems". Environmental and Resource Economics 3, 313-335.

Fowlie, M. (2007). "Emissions Trading, Electricity Industry Restructuring, and Investment in Pollution Abatement". Working Paper, University of Michigan, forthcoming in American Economic Review.

Fredriksson, P. G., Wollscheid, J. R. (2008). "The political economy of investment: The case of pollution control technology". European Journal of Political Economy 24(1), 53-72.

Freeman, A. M., Haveman, R. H. (1972). "Clean rhetoric and dirty water". Public Interest 28, 51-65.

Frondel, M., Horbach, J., Rennings, K. (2007). "End-of-pipe or cleaner production? An empirical comparison of environmental innovation decisions across OECD countries". Business Strategy and the Environment 16, 571-584.

Gerlagh, R. (2007). "Measuring the value of induced technical change". Energy Policy 35, 5287-5297.

Gerlagh, R. (2008). "A climate-change policy induced shift from innovations in carbon-energy production to carbon-energy savings". Energy Economics 30, 425-448.

Gerlagh, R., Lise, W. (2005). "Carbon taxes: a drop in the ocean, or a drop that erodes the stone? The effect of carbon taxes on technological change". Ecological Economics 54, 241 - 260.

Gerlagh, R., van der Zwaan, R. (2006). "Options and instruments for a deep cut in CO_2 emissions: Carbon dioxide capture or renewables, taxes or subsidies?" The Energy Journal 27(3), 25 - 48.

Geroski, P. A. (2000). "Models of technology diffusion". Research Policy 29, 603 - 626.

Gillingham, K., Newell, R. G., Palmer, K. (2006). "Energy efficiency policies: A retrospective examination". Annual Review of Environment and Resources 31, 162 - 192.

Gillingham, K., Newell, R. G., Pizer, W. A. (2008). "Modeling endogenous technological change for climate policy analysis". Energy Economics 30(6), 2734 - 2753.

Gillingham, K., Newell, R. G., Palmer, K. (2009). "Energy efficiency economics and policy". Annual Review of Resource Economics (in preparation).

Goldberg, P. K. (1998). "The effects of the corporate average fuel efficiency standards in the US". Journal of Industrial Economics 46, 1 - 33.

Gollop, F. M., Roberts, M. J. (1983). "Environmental regulations and productivity growth: The case of fossil-fueled electric power generation". Journal of Political Economy 91, 654 - 674.

Golombek, R., Hoel, M. (2004). "Unilateral emission reductions and cross-country technology spillovers". Advances in Economic Analysis and Policy 4(2), Article 3. http://www.bepress.com/bejeap/advances/vol4/iss2/art3 Available at: .

Goolsbee, A. (1998). "Does government R&D policy mainly benefit scientists and engineers?". American Economic Review Papers and Proceedings 88(2), 298 - 302.

Goulder, L. H. (2004). Induced Technological Change and Climate Policy. Pew Center on Global Climate Change, Washington, DC.

Goulder, L. H., Mathai, K. (2000). "Optimal CO2 abatement in the presence of induced technological change". Journal of Environmental Economics and Management 39, 1 - 38.

Goulder, L. H., Schneider, S. (1999). "Induced technological change and the attractiveness of CO2 abatement policies". Resource and Energy Economics 21, 211 - 253.

Greaker, M., Pade, L. (2008). Optimal CO2 Abatement and Technological Change: Should Emission Taxes Start High in Order to Spur R&D?. Discussion Papers No. 548, Statistics Norway, Research Department.

Greene, D. L. (1990). "CAFE or price? An analysis of the effects of federal fuel economy regulations and gasoline price on new car MPG, 1978 - 89". The Energy Journal 11(3), 37 - 57.

Griliches, Z. (1957). "Hybrid corn: An exploration in the economics of technical change". Econometrica 48, 501 - 522.

Grossman, G., Helpman, E. (1994). "Endogenous innovation in the theory of growth". Journal of Economic Perspectives 8, 23-4.

Grubb, M., Kohler, J., Anderson, D. (2002). "Induced technical change in energy and environmental modeling". Annual Review of Energy and the Environment 27, 271 - 308.

Grubler, A., Messner, S. (1998). "Technological change and the timing of mitigation measures". Energy Economics 20, 495 - 512.

Grubler, A., Nakicenovic, N., Nordhaus, W. (Eds.), (2002). Technological Change and the Environment. Resources for the Future Press, Washington, DC.

Hahn, R. W., Stavins, R. N. (1991). "Incentive-based environmental regulation: A new era from an old idea?" Ecology Law Quarterly 18, 1 - 42.

Hall, B. H. (1996). "The private and social returns to research and development". In: Smith, B. H., Barfield, B. H. (Eds.), Technology, R&D and the Economy. The Brookings Institution and American Enterprise Institute, Washington, DC, pp. 140 - 162.

Hamamoto, M. (2006). "Environmental regulation and the productivity of Japanese manufacturing industries". Resource and Energy Economics 28, 299 - 312.

Harrington, W., Morgenstern, R. D., Nelson, P. (2000). "On the accuracy of regulatory cost estimates". Journal of Policy Analysis and Management 19(2), 297 - 322.

Hart, R. (2008). "The timing of taxes on CO2 emissions when technological change is endogenous". Journal of Environmental Economics and Management 55(2), 194 - 212.

Hascic, I., Johnstone, N., Michel, C. (2008). "Environmental policy stringency and technological innovation: Evidence from patent counts". Paper presented at the European Association of Environmental and Resource Economists 16th Annual Conference, Gothenburg, Sweden, June 26.

Hassett, K. A., Metcalf, G. E. (1995). "Energy tax credits and residential conservation investment: Evidence form panel data". Journal of Public Economics 57, 201 - 217.

Hassett, K. A., Metcalf, G. E. (1996). "Can irreversibility explain the slow diffusion of energy saving technologies?" Energy Policy 24, 7 - 8.

Hausman, J. A. (1979). "Individual discount rates and the purchase and utilization of energy-using durables". Bell Journal of Economics 10, 33.

Helpman, E. (Ed.), (1998). General Purpose Technologies and Economic Growth. MIT Press, Cambridge, MA.

Hicks, J. (1932). The Theory of Wages. Macmillan, London.

Hilton, F. H. (2001). "Later abatement, faster abatement: Evidence and explanations from the global phaseout ofleaded gasoline". Journal of Environment and Development 10(3), 246 - 265.

Howarth, R. B., Haddad, B. M., Paton, B. (2000). "The economics of energy efficiency: Insights from voluntary participation programs". Energy Policy 28, 477 - 486.

Innes, R., Bial, J. J. (2002). "Inducing innovation in the environmental technology of oligopolistic firms". Journal of Industrial Economics 50(3), 265 - 287.

IPCC. (2007). "Climate change 2007: Mitigation". In: Metz, B., Davidson, O. R., Bosch, P. R., Dave, R., Meyer, L. A. (Eds.), Contribution of Working Group III to the Fourth Assessment Report of the Intergovernmental Panel on Climate Change. Cambridge University Press, Cambridge, UK and New York, NY.

Irwin, D. A., Klenow, P. W. (1994). "Learning-by-doing spillovers in the semiconductor industry". Journal of Political Economy 102, 1200 - 1227.

Islas, J. (1997). "Getting round the lock-in in electricity generating systems: The example of the gas turbine". Research Policy 26, 49 - 66.

Jaffe, A. B. (1986). "Technological opportunity and spillovers of R&D: Evidence from firms' patents, profits and market value". American Economic Review 76, 984 - 1001.

Jaffe, A. B., Lerner, J. (2001). "Reinventing public R&D: Patent policy and the commercialization of national laboratory technologies". RAND Journal of Economics 32(1),

167 - 198.

Jaffe, A. B. , Palmer, K. (1997). "Environmental regulation and innovation: A panel data study". Review of Economics and Statistics 79,610 - 619.

Jaffe, A. B. , Stavins, R. N. (1994). "The energy paradox and the diffusion of conservation technology". Resource and Energy Economics 16,91 - 122.

Jaffe, A. B. , Stavins, R. N. (1995). "Dynamic incentives of environmental regulations: The effects of alternative policy instruments on technology diffusion". Journal of Environmental Economics and Management 29,S43 - S63.

Jaffe, A. B. , Peterson, S. , Portney, P. , Stavins, R. N. (1995). "Environmental regulation and the competitiveness of U. S. manufacturing: What does the evidence tell us?" Journal of Economic Literature 33,132 - 163.

Jaffe, A. B. , Newell, R. G. , Stavins, R. N. (2003). "Technological change and the environment". In: Maler, K.-G. , Vincent, J. (Eds.), Handbook of Environmental Economics. Handbooks in Economics Series (Arrow, K. J. , Intriligator, M. D. , Series Eds.), vol. 1. North-Holland/Elsevier, Amsterdam, pp. 461 - 516.

Jakeman, G. , Hanslow, K. , Hinchy, M. , Fisher, B. , Woffenden, K. (2004). "Induced innovations and climate change policy". Energy Economics 26(6),937 - 960.

Jaffe, A. B. , Newell, R. G. , Stavins, R. N. (2005). "A tale of two market failures: Technology and environmental policy". Ecological Economics 54,164 - 174.

Johnstone, N. , Hascic, I. (2008). "Environmental policy design and the fragmentation of markets for innovation". Paper presented at the Venice Summer Institute 2008 Workshop on "Reforming Rules and Regulations—Laws, Institutions and Implementation" Venice, Italy, July 19,2008.

Johnstone, N. , Hascic, I. , Popp, D. (2010). "Renewable energy policies and technological innovation: Evidence based on patent counts". Environmental and Resource Economics 45 (1),133 - 155.

Jones, C. , Williams, J. (1998). "Measuring the social return to R&D". Quarterly Journal of Economics 113,1119 - 1135.

Jorgenson, D. W. , Fraumeni, B. M. (1981). "Relative prices on technical change". In: Field, B. C. , Berndt, E. R. (Eds.), Modeling and Measuring Natural Resource Substitution. MIT Press, Cambridge, MA, pp. 17 - 47.

Jorgenson, D. , Wilcoxen, P. (1993). "Reducing US carbon emissions: An econometric general equilibrium assessment". Resource and Energy Economics 15,7 - 25.

Jung, C. H. , Krutilla, K. , Boyd, R. (1996). "Incentives for advanced pollution abatement technology at the industry level: An evaluation of policy alternatives". Journal of Environmental Economics and Management 30,95 - 111.

Kamien, M. I. , Schwartz, N. L. (1968). "Optimal induced technical change". Econometrica 36,1 - 17.

Katsoulacos, Y. , Xepapadeas, A. (1996). "Environmental innovation, spillovers and optimal policy rules". In: Carraro, C. , et al. (Ed.), Environmental Policy and Market Structure. Kluwer Academic Publishers, Dordrecht, pp. 143 - 150.

Keller, W. (2004). "International technology diffusion". Journal of Economic Literature 42, 752 - 782.

Kemfert, C. (2004). "International climate coalitions and trade: Assessment of cooperation incentives by issue linkage". Energy Policy 32,455 - 465.

Kemp, R. (1997). Environmental Policy and Technical Change. Edward Elgar, Cheltenham.

Kemp, R. (1998). "The diffusion of biological waste-water treatment plants in the Dutch food and beverage industry". Environmental and Resource Economics 12,113 - 136.

Kennedy, C. (1964). "Induced bias in innovation and the theory of distribution". Economic Journal 74(295),541 - 547.

Kennedy, P. W., Laplante, B. (1999). "Environmental policy and time consistency: Emissions taxes and emissions trading". In: Petrakis, E., Sarzetakis, E., Xepapadeas, A. (Eds.), Environmental Regulation and Market Power: Competition, Time Consistency and International. Trade Edward Elgar Publishing, Northampton, MA.

Keohane, N. O. (2007). "Cost savings from allowance trading in the 1990 Clean Air Act: Estimates from a choice-based model". In: Kolstad, Charles E., Freeman, Jody (Eds.), Moving to Markets in Environmental Regulation: Lessons from Twenty Years of Experience. Oxford University Press, New York.

Kerr, S., Newell, R. G. (2003). "Policy-induced technology adoption: Evidence from the U. S. lead phasedown". Journal of Industrial Economics 51(3),317 - 343.

Khanna, M., Zilberman, D. (2001). "Adoption of energy efficient technologies and carbon abatement: The electricity generating sector in India". Energy Economics 23,637 - 658.

Kily, M. T. (1999). "The supply of skilled labor and skill-biased technological progress". Economic Journal 109,708 - 724.

Klaassen, G., Miketa, S., Larsen, K., Sundqvist, T. (2005). "The impact of R&D on innovation for wind energy in Denmark, Germany and the United Kingdom". Ecological Economics 54,227 - 240.

Kohler, J., Grubb, M., Popp, D., Edenhoffer, O. (2006). "The transition to endogenous technical change in climate-energy models: A technical overview to the innovation modeling comparison project". The Energy Journal 17 - 55, Endogenous Technological Change and the Economics of Atmospheric Stabilization (special issue).

Kortum, S., Eaton, J. (2008). "Endogenous innovation and growth theory". In: Hall, B. H., Rosenberg, N. (Eds.), Handbook of Economics of Technological Change. (this volume).

Kortum, S., Putnam, J. (1989). "Estimating Patents by Industry: Part I and II". Unpublished manuscript, Yale University.

Kortum, S., Putnam, J. (1997). "Assigning patents by industry: Tests of the Yale Technology Concordance". Economic Systems Research 9,161 - 175.

Laffont, J., Tirole, J. (1996). "Pollution permits and compliance strategies". Journal of Public Economics 62,85 - 125.

Lange, I., Bellas, A. (2005). "Technological change for sulfur dioxide scrubbers under market-based regulation". Land Economics 81(4),546 - 556.

Lanjouw, J. O., Mody, A. (1996). "Innovation and the international diffusion of environmentally responsive technology". Research Policy 25,549 - 571.

Lanoie, P., Laurent-Lucchetti, J., Johnstone, N., Ambec, S. (2007). Environmental Policy, Innovation and Performance: New insights. Working Paper 2007 - 07, GAEL.

Lecocq, F., Ambrosi, P. (2007). "The clean development mechanism: History, status, and prospects". Review of Environmental Economics and Policy 1(1),134 - 151.

Lefley, F. (1996). "The payback method of investment appraisal: A review and synthesis". Journal of Production Economics 44, 207 - 224.

Linn, J. (2008). "Energy prices and the adoption of energy-saving technology". Economic Journal 118(533), 1986 - 2012.

Loschel, A. (2002). "Technological change in economic models of environmental policy: A survey". Ecological Economics 43(2 - 3), 105 - 126.

Lovely, M., Popp, D. (2008). Trade, Technology and the Environment: Why Do Poorer Countries Regulate Sooner? NBER, Cambridge, MA, Working Paper No. 14286.

Lucas, R. (1976). "Econometric policy evaluation: A critique". Carnegie-Rochester Conference Series on Public Policy 1, 19 - 46.

Lucas, R. (1988). "On the mechanics of economic development". Journal of Monetary Economics 100, 223 - 251.

MacCracken, C., Edmonds, J., Kim, S., Sands, R. (1999). "The economics of the Kyoto Protocol". The Energy Journal 25 - 72(special issue).

Magat, W. A. (1978). "Pollution control and technological advance: A dynamic model of the firm". Journal of Environmental Economics and Management 5, 1 - 25.

Magat, W. A. (1979). "The effects of environmental regulation on innovation". Law and Contemporary Problems 43, 3 - 25.

Maler, K., Vincent, J., Arrow, K. J., Intriligator, M. D. (Eds.), (2005). Handbook of Environmental Economics: Valuing Environmental Changes. Elsevier, North-Holland, Amsterdam.

Maloney, M. T., Brady, G. L. (1988). "Capital turnover and marketable Pollution rights". Journal of Law and Economics 31, 203 - 226.

Manne, A., Richels, R. (2004). "The impact of learning-by-doing on the timing and costs of CO_2 abatement". Energy Economics 26, 603 - 619.

Mansfield, E. (1968). Industrial Research and Technological Innovation. Norton, New York.

Mansfield, E. (1977). "Social and private rates of return from industrial innovations". Quarterly Journal of Economics 91, 221 - 240.

Mansfield, E. (1996). Estimating Social and Private Returns from Innovations Based on the Advanced Technology Program: Problems and Opportunities. National Institute of Standards and Technology, Gaithersburg, MD, NIST GCR 99 - 780.

Marin, A. (1991). "Firm incentives to promote technological change in pollution control: Comment". Journal of Environmental Economics and Management 21, 297 - 300.

McCubbins, M. D., Noll, R. G., Weingast, B. R. (1989). "Structure and process, politics and policy: Administrative arrangements and the political control of agencies". Virginia Law Review 75, 431 - 482.

McDonald, A., Schrattenholzer, L. (2000). "Learning rates for energy technologies". Energy Policy 29, 255 - 261.

Medhi, N. (2008). "Regulatory Matters: What Factors Matter in Regulating the Environment?" Working Paper, Syracuse University.

Metcalf, G. E., Hassett, K. A. (1999). "Measuring the energy savings from home improvement investments: Evidence from monthly billing data". The Review of Economics and Statistics 81, 516 - 528.

Milliman, S. R. , Prince, R. (1989). "Firm incentives to promote technological change in pollution control". Journal of Environmental Economics and Management 17,247 - 265.

Milliman, S. R. , Prince, R. (1992). "Firm incentives to promote technological change in pollution control: Reply". Journal of Environmental Economics and Management 22,292 - 296.

Montero, J. P. (2002). "Market structure and environmental innovation,". Journal of Applied Economics 5(2),293 - 325.

Montgomery, W. D. , Smith, A. E. (2007). "Price, quantity and technology strategies for climate change policy". Human-Induced Climate Change: An Interdisciplinary Assessment. Cambridge University Press, Cambridge.

Mountain, D. C. , Stipdonk, B. P. , Warren, C. J. (1989). "Technological innovation and a changing energy mix—A parametric and flexible approach to modeling Ontario manufacturing". The Energy Journal 10,139 - 158.

Mulder, P. , de Groot, H. L. F. , Hofkes, M. W. (2003). "Explaining slow diffusion of energy-saving technologies; a vintage model with returns to diversity and learning-by-using". Resource and Energy Economics 25(1),105 - 126.

National Research Council. (2001). Energy Research at DOE: Was it Worth It? National Academy Press, Washington, DC.

National Science Board. (2006). Science and Engineering Indicators 2006. National Science Foundation, Arlington, VA Chapter4: Research and Development: Funds and Technology Linkages.

Nelson, R. , Tietenberg, T. , Donihue, M. (1993). "Differential environmental regulation: Effects on electric utility capital turnover and emissions". Review of Economics and Statistics 75,368 - 373.

Nemet, G. F. (2006). "Beyond the learning curve: Factors influencing cost reductions in photovoltaics". Energy Policy 34(17),3218 - 3232.

Newell, R. G. (2008a). A U. S. Innovation Strategy for Climate Change Mitigation. Brookings Institution, Washington, DC Hamilton Project Discussion Paper 2008 - 15.

"International climate technology strategies". Discussion Paper 08 - 12, Harvard Project on International Climate Agreements, Cambridge, MA.

Newell, R. , Jaffe, A. , Stavins, R. (1999). "The induced innovation hypothesis and energy-saving technological change". The Quarterly Journal of Economics 114(3),941 - 975.

Newell, R. G. , Jaffe, A. B. , Stavins, R. N. (2004). "The economics of energy efficiency". In: Cleveland, C. (Ed.), Encyclopedia of Energy, vol. 2. Elsevier, Amsterdam, pp. 79 - 90.

Nijkamp, P. , Rodenburg, C. A. , Verhoef, E. T. (2001). "The adoption and diffusion of environmentally friendly technologies among firms". International Journal of Environmental Technology and Management 1(1/2),87 - 103.

Nordhaus, W. D. (1994). Managing the Global Commons: The Economics of Climate Change. MIT Press, Cambridge, MA.

Nordhaus, W. D. (2002). "Modeling induced innovation in climate change policy". In: Grubler, A. , Nakicenovic, N. , Nordhaus, W. (Eds.), Technological Change and the Environment. Resources for the Future Press, Washington, DC.

Nordhaus, W. D. , Yang, Z. (1996). "A regional dynamic general-equilibrium model of alternative climate-change strategies". American Economic Review 86(4), 741 - 765.

Organisation of Economic Co-operation and Development (OECD). (2008). Main Science and Technology Indicators, Volume 2008/1. OECD, Paris.

Pakes, A. (1985). "On patents, R&D, and the stock market rate of return". Journal of Political Economy 93(2), 390-09.

Pakes, A., Berry, S., Levinsohn, J. A. (1993). "Applications and limitations of some recent advances in empirical industrial organization: Prices indexes and the analysis of environmental change". American Economic Review 83, 240 - 246.

Parry, I. W. H. (1998). "Pollution regulation and the efficiency gains from technological innovation". Journal of Regulatory Economics 14, 229 - 254.

Pegram, W. M. (1991). "The photovoltaics commercialization program". In: Cohen, L., Noll, R. (Eds.), The Technology Pork Barrel. Brookings Institution, Washington, DC.

Pindyck, R. (1991). "Irreversibility, uncertainty, and investment". Journal of Economic Literature 29, 1110 - 1152.

Pizer, W. A., Harrington, W., Kopp, R. J., Morgenstern, R. D., Shih, J. (2001). Technology Adoption and Aggregate Energy Efficiency. Resources for the Future, Washington, DC Discussion Paper 01 - 21.

Popp, D. (2001). "The effect of new technology on energy consumption". Resource and Energy Economics 23(3), 215 - 239.

Popp, D. (2002). "Induced innovation and energy prices". American Economic Review 92 (1), 160 - 180.

Popp, D. (2003). "Pollution control innovations and the clean air act of 1990". Journal of Policy Analysis and Management 22, 641 - 660.

Popp, D. (2004). "ENTICE: Endogenous technological change in the DICE model of global warming". Journal of Environmental Economics and Management 48, 742 - 768.

Popp, D. (2006a). "R&D subsidies and climate policy: Is there a 'free lunch'?" Climatic Change 77(3-), 311 - 341.

Popp, D. (2006b). "International innovation and diffusion of air pollution control technologies: The effects of NOX and SO_2 regulation in the U. S., Japan, and Germany". Journal of Environmental Economics and Management 51(1), 46 - 71.

Popp, D. (2006c). "They don't invent them like they used to: An examination of energy patent citations over time". Economics of Innovation and New Technology 15(8), 753 - 776.

Popp, D. (2006d). Exploring the Links Between Innovation and Diffusion: Adoption of NOX Control Technologies at U. S. Coal- Fired Power Plants. NBER, Cambridge, MA Working Paper No. 12119, forthcoming in Environmental and Resource Economics.

Popp, D., Hafner, T., Johnstone, N. (2008). Policy vs. Consumer Pressure: Innovation and Diffusion of Alternative Bleaching Technologies in the Pulp Industry. NBER, Cambridge, MA Working Paper No. 13439.

Purvis, A., Outlaw, J. (1995). "What we know about technological innovation to achieve environmental compliance: Policy issues for an industrializing animal agriculture sector". American Journal of Agricultural Economics 77, 1237 - 1243.

Rapping, L. (1965). "Learning and World War II production functions". Review of Economics and Statistics 47(1), 81 - 86.

Reppelin-Hill, V. (1999). "Trade and environment: An empirical analysis of the technology effect in the steel industry". Journal of Environmental Economics and Management 38,283 - 301.

Requate, T. (1998). "Incentives to innovate under emission taxes and tradeable permits". European Journal of Political Economy 14,139 - 165.

Requate, T. (2005). "Timing and commitment of environmental policy, adoption of new technology, and repercussions on R&D". Environmental and Resource Economics 31,175 - 199.

Romer, P. (1990). "Endogenous technological change". Journal of Political Economy 98(5), S71 - S102.

Rose, N., Joskow, P. (1990). "The diffusion of new technologies: Evidence from the electric utility industry". Rand Journal of Economics 21,354 - 373.

Rosenberg, N. (1982). Inside the Black Box: Technology and Economics. Cambridge University Press, Cambridge, UK.

Rosendahl, K. E. (2004). "Cost-effective environmental policy: Implications of induced technological change". Journal of Environmental Economics and Management 48(3),1099 - 1121.

Ross, M. (1990). "Capital budgeting practices of twelve large manufacturers". In: Cooley, P. (Ed.), Advances in Business Financial Management. Dryden Press, Chicago, pp. 157 - 170.

Ruderman, H., Levine, M. D., McMahon, J. E. (1987). "The behavior of the market for energy efficiency in residential appliances including heating and cooling equipment". The Energy Journal 8,101 - 123.

Sanstad, A., Blumstein, C., Stoft, S. (1995). "How high are option values in energy-efficiency investments". Energy Policy 23,739 - 743.

Sanyal, P. (2007). "The effect of deregulation on environmental research by electric utilities". Journal of Regulatory Economics 31,335 - 353.

Scherer, F., Harhoff, D., Kukies, J. (2000). "Uncertainty and the size distribution of rewards from technological innovation". Journal of Evolutionary Economics 10,175 - 200.

Schneider, S., Goulder, L. (1997). "Commentary: Achieving low-cost emissions targets". Nature 389,13 - 14(September).

Schwoon, M., Tol, R. (2006). "Optimal CO2-abatement with socio-economic inertia and induced technological change". The Energy Journal 27(4),25 - 59.

Shama, A. (1983). "Energy conservation in U. S. buildings, solving the high potential/low adoption paradox from a behavioral perspective". Energy Policy 11,148 - 168.

Smulders, S. (2005). "Endogenous technological change, natural resources, and growth". In: Simpson, R. D., Toman, M. A., Ayres, R. U. (Eds.), Scarcity and Growth Revisited. Resources for the Future, Washington, DC.

Smulders, S., de Nooij, M. (2003). "The impact of energy conservation on technology and economic growth". Resource and Energy Economics 25(1),59 - 79.

Snyder, L. D., Miller, N. H., Stavins, R. N. (2003). "The effects of environmental regulation on technology diffusion: The case of chlorine manufacturing". American Economic Review 93(2),431-35.

Soderholm, P., Klaassen, G. (2007). "Wind power in Europe: A simultaneous innovation-diffusion model". Environmental and Resource Economics 36,163 - 190.

Soderholm, P., Sundqvist, T. (2007). "Empirical challenges in the use of learning curves for assessing the economic prospects of renewable energy technologies". Renewable Energy 32, 2559 - 2578.

Sterner, T. (1990). "Energy efficiency and capital embodied technical change: The case of Mexican cement manufacturing". The Energy Journal 11,155 - 167.

Stewart, R. B. (1981). "Regulation, innovation, and administrative law: A conceptual framework". California Law Review 69,1256 - 1270.

Stoneman, P., Battisti, G. (2010). "Modeling diffusion". In: Hall, B. H., Rosenberg, N. (Eds.), Handbook of Economics of Technological Change. (this volume).

Sue Wing, I. (2003). Induced Technical Change and the Cost of Climate Policy. Massachusetts Institute of Technology, Cambridge, MA Joint Program on the Science and Policy of Global Change Report no. 112.

Sue Wing, I. (2006). Induced Technological Change: Firm Innovatory Responses to Environmental Regulation. Boston University, Boston, MA, Working Paper.

Sue Wing, I. (2008). "Explaining the declining energy intensity of the U. S. economy". Resource and Energy Economics 30(1),21 - 49.

Taylor, M. R. (2008). Cap-and-Trade Programs and Innovation for Climate Safety. University of California, Berkeley, CA, Working Paper.

Taylor, M. R., Rubin, E. S., Hounshell, D. H. (2003). "Effect of government actions on technological innovation for SO2 control".

Environmental Science and Technology 37,4527 - 4534.

Thirtle, C. G., Ruttan, V. W. (1987). "The role of demand and supply in the generation and diffusion of technical change".

Fundamentals of Pure and Applied Economics. vol 21. Harwood Academic Publishers, New York.

Ulph, D. (1998). "Environmental policy and technological innovation". In: Carraro, C., Siniscalaco, D. (Eds.), Frontiers of Environmental Economics. Edward Elgar, Cheltenhsam. van Zon, A., Yetkiner, I. H. (2003). "An endogenous growth model with embodied energy-saving technical change". Resource and Energy Economics 25(1), 81 - 103.

Van der Zwaan, B. C. C., Gerlagh, R., Klaassen, G., Schrattenholzer, L. (2002). "Endogenous technological change in climate change modelling". Energy Economics 24, 1 - 19.

Vollebergh, H. (2007). "Differential Impact of Environmental Policy Instruments on Technological Change: A Review of the Empirical Literature". Tinbergen Institute Discussion Paper TI 2007 - 042/3.

Weitzman, M. L. (1974). "Prices vs. quantities". Review of Economic Studies 41,477 - 491.

Wolfram, C., Bushnell, J. B. (2008). Enforcement of Vintage Differentiated Regulations: The Case of New Source Review.

University of California, California Working Paper.

Wolff, G. B. (2008). "The effectiveness of subsidies revisited: Accounting for wage and employment effects in business R&D".

Research Policy 37,1403 - 1412.

Wright, T. P. (1936). "Factors affecting the costs of airplanes". Journal of Aeronautical Sciences 3,122 - 128.

Zerbe, R. O. (1970). "Theoretical efficiency in pollution control". Western Economic Journal 8,364 - 376.

第 22 章
农业中的创新经济学和技术变革

Phlip G. Pardey[*] [†],Julian M. Alston[‡] [§] 和 Vernon W. Ruttan[*] [+]
[*] 明尼苏达大学应用经济学系
美国,明尼苏达州,圣保罗
[†] 国际科技实践与政策(InSTePP)中心
美国,明尼苏达州,圣保罗
[‡] 加州大学戴维斯分校农业和资源经济系
美国,加利福尼亚州
[§] 加州大学戴维斯分校吉安尼尼农业经济基金会
美国,加利福尼亚州
[+] 已逝

目录

摘要/223
关键词/223
1. 引言/224
2. 非正式创新和技术发现/226
3. 创新机构、激励措施和诱因/227
 3.1 投资机构/228
 3.2 创新激励措施——知识产权/229
 3.3 除知识产权外的其他激励措施/229
 3.4 创新诱因/230
4. 全球农业研究和发展投资/232
 4.1 公共农业研究和发展开支/232
 4.2 私人农业研发投资/234
 4.3 国际农业研发/236
5. 美国农业研究机构和投资/236
 5.1 生产力导向/238
6. 农业研究、发明、创新和采用过程/239
 6.1 从时间角度看研发归因问题/239
 6.2 农业研究滞后关系的直接证据/241
  6.2.1 小麦创新/241
  6.2.2 杂交玉米技术/243
  6.2.3 转基因玉米创新/245
  6.2.4 其他创新的采用/247
 6.3 从空间角度看研发归因问题/249
7. 创新结果/251
 7.1 成本推动或需求拉动的创新影响因素/252
 7.2 要素节约型创新/252
 7.3 Cochrane 的踏车理论和其他分配理论/254
 7.4 非市场研究效应/255
 7.5 文献中的收益率/256
 7.6 美国农业研发的近期证据/258
8. 结论/259
致谢/260
参考文献/260

摘要

农业领域的创新与其他经济领域的创新有所不同，其差异体现在多个重要方面。本章着重强调以下几个方面产生的不同：①农业生产的原子性(atomistic nature)；②农业技术的空间特异性、空间溢出效应的影响与适应性研发的需求；③以下因素：共同进化的病虫害、导致维护研究需求的气候变化，以及其他减少农业生产对不可控因素敏感性的创新。农业的这些特征表明，就市场失灵的特点与程度而言，农业研究与创新和其他经济领域相比大有不同。因此政府政策也应有所不同，其中包括不同的知识产权保护措施以及政府在资助和进行研究方面的不同作用。约一万年前农业起源之时，其创新和技术发现的过程已具有非正式的特点，为有组织的科学创新活动奠定了基础，这些活动在过去一两个世纪已经变得越来越重要。本章回顾近期农业领域的创新与技术变革，重点关注研究机构、投资以及知识产权。我们也将倍加关注研发属性、研究投入与其对生产力产生影响的滞后性及滞后间隔，还有包括农业研究收益率和利益分配在内的多元创新结果等。

关键词

农业　因素偏差　创新　知识产权　市场失灵　生产力　研究滞后　溢出效应

1. 引言

农业创新历史悠久。它与广泛意义上的创新有很多共同点,但同时也有一些重要差异。虽然研究包含农业创新在内的广义创新也会有所得,但正是由于这些差异存在并有漫长的历史,农业创新这一话题才值得我们单独去研究。①

就各方面而言,创新研究即研究市场失灵现象以及应对市场失灵的个人和集体行为。农业和经济的其他领域一样以市场失灵现象为特点,而市场失灵与发明创造的不完全产权息息相关。农业很大程度上将其原子结构保存至今,这意味着由于其他产业已形成更加集中的产业结构,农业创新动机的衰减比其他产业更为明显。② 另一方面,农业技术与制造业、食品加工业或交通领域的创新有所不同。由于农业生产具有生物性,具体技术需要适应不同气候变化、土壤类型、地势地形、经度纬度和市场距离,因此农业技术具有区域特性。

农业生产还需占用大量空间——全世界40%的土地被用于农业活动——并且空间的不同特征与技术选择以及创新收益相关,正如上述所言,这些因素又往往具有区域特性。虽然农业规模小、竞争性强且具有原子式产业结构,会加剧知识溢出以及市场失灵的潜在可能性,但区域特性会对其产生限制作用。

由于农业生产具有生物性,所以资源分配后的生产过程会花费一定时间,其间天气和虫害等不可控因素会严重影响其结果。虫害与天气对农业生产力产生的影响虽不尽相同,但往往难以控制或预测,或者控制预测的成本昂贵。不仅在同一季节内如此,在各时期各地点均会如此。气候变化导致创新需求上升。因为病虫害会共同进化且适应力强,所以需要研究维护措施以防止产量下降。虽然某些随机因素或内生性技术陈旧是农业的典型特征,但总体上它们对工业技术并无明显影响。③ 农业的这些特点能刺激创新需求,因为此类创新能够减少不可控因素对生产的影响,并且在病虫害和其他环境因素共同进化的情况下调整技术,使其维持生产可能性。

---

① Griliches 发现"目前公共单位或私人单位为生产力增长进行的研究都扎根于农业经济学的早期研究。首次估算微观生产函数(Tintner, 1944)、首次计算全要素生产率(TFP)(Barton 和 Cooper, 1948)、首次估算公共研究与发展开支的收益(Griliches, 1958; Schultz, 1953),以及首次加入研发变量估算生产函数(Griliches, 1964)均起源于农业经济学(2001, p. 23)。"

② 虽然农业初级生产呈现原子结构,但是农业综合经营(原料供应和食品加工)领域的结构与其他经济领域相似。

③ 某些针对人体健康的研究具有同样的特点,尤其是有关疾病预防或症状缓解的研究。

农业创新历史中的很大一部分与人类活动诱发的动植物空间迁移有关。今天大多数农业生产所用的遗传物质均来自于数百英里甚至数千英里之外，但这是近期才开始出现的现象。几千年来动植物一直经历着缓慢的发展和进化过程，逐步进行空间迁移，但过去 500 年间在人类活动的影响下，该变化速率猛然提高。历史上的"哥伦布大交换"意义重大，它起源于哥伦布在"新世界"与美洲土著人的首次接触(Crosby，1987；Diamond，1999)。虽然美国的商业性农业生产中包含大量美国本土品种(例如，玉米、辣椒、土豆、烟草、番茄和火鸡)，这些品种也在世界范围内广泛传播，但是大部分仍以从欧亚引进的农畜品种为主(例如，小麦、大麦、水稻、大豆、葡萄、苹果、柑橘、牛、羊、猪和鸡)。这些重要农畜品种在全球扩散，它们携带的病虫害也同时扩散到全世界，这一点是农业创新的关键。

农业还具有另一系列的相关特点。每个国家都进行农业活动；世界上的每一个人都是农业产品的消费者，因此每一个人都会受农业创新的影响。对世界上的很多人而言，农业创新关乎他们的生存。[①] 2005 年世界总人口为 64 亿，贫困人口约 14 亿(以 2005 年价格为基准，日薪少于 1.25 美元即为贫困人口)，其中很多为仅能糊口的农民(Chen 和 Ravallion，2008；世界银行，2007)。在很多国家，尤其是世界最贫困的国家，农民是其人口构成的重要部分，农业活动在国民经济活动中占相当大的份额，但个体经营的农场是规模极小的企业。与此同时，在美国等世界富裕国家，农业只是国民经济活动中极小的部分，不到 1%的总人口从事农业相关的工作，虽然美国农场的经济规模小于典型的现代工业企业，但已属于规模较大的企业(资产达数百万美元)。[②] 全球农场与农民存在巨大的异质性，因此对农业技术与创新的需求也不尽相同。

美国农业创新与世界其他地区的农业创新相互影响。正如其在整体科学领域的表现一样，美国在世界农业科学领域的成就极高。我们不仅需要关注 20 世纪的美国农业，还需要关注其他国家在其他时期的农业创新。农业产生之时便

---

① 2000 年，在人均收入少于 765 美元的国家(世界银行 2003 年设定的低收入国家门槛)，农业(包括林业和渔业)平均占国内生产总值的 24%。约 26 亿人靠农业为生，他们或是积极参与农业工作，或是接受农产品救济(联合国粮农组织统计数据库，2004)。2000 年，全球农村人口超过半数(52%)。据估算，其中 25 亿人的家庭依赖农业活动(世界银行，2003)。全球农业劳动力约 13 亿人，占世界人口的四分之一(22%)，占世界总劳动力的一半(46%)(Deen，2000)。

② 1900 年，面积小于 100 英亩的农场占美国农场总面积的 17.5%；到 2002 年，这一比例仅为 4.3%(Alston 等人，2010)。另一方面，大农场(即面积不少于 1 000 英亩的农场)所占面积的比例从 1900 年的四分之一(将近 24%)增长到 2002 年的三分之二以上(近 67%)。近期农业产出经历了快速增长，其活动规模扩大，每个农场每年销售额至少 50 万美元(以 2003 年价格为基准)。1989 年它们占美国农业产出的 32%，到 2003 年已增长至 45%(MacDonald 等人，2006)。相应的，较小农场(每个农场每年的销售额为 1 万～25 万美元)的生产份额从 40%下降至 26%。

已有农业创新。我们将通过一段农业变革的简史为读者提供时间和范围跨度较大的背景信息,以便理解我们对20世纪美国农业创新经济学的回顾。

2. 非正式创新和技术发现

一万年前农业开始出现,引领人类社会从狩猎采集式游牧生活转变为耕种、畜牧和纺织等更具管理性的生活和生产方式。起初农民们会收藏本季的种子,来年再播种,农作物的驯化就此开始。然后农民们开始有意识地挑选农作物品种,在实践中进行匹配,经过多年反复挑选,该农作物的基因便能适应其生长环境。自农业出现以来,增加基因与环境的交互作用就成为其固有特征。

然而,多年来人类活动改变了农业中的基因部分,同时也改变了环境。起初农民们清理出平坦的田地,除草并且实施各种形式的灌溉措施,从而开始改变当地环境。然后随着人们的迁徙,农作物也随之传播,新品种不断被发现,最终人们开始远征海外,在全世界范围内搜寻新的种植品种。纵观其历史,农业的地理足迹一直在变化。特定农作物在国内外传播范围之广更显示其足迹的千变万化。

科学培育的作物品种(和畜牧品种)及相关农业管理实践的历史仅有百年。19世纪中期,特别是20世纪初发生了一系列重要变化。Darwin的进化论、Johannson的纯系学说、de Vries的突变理论以及Mendel的遗传定律均对于20世纪初兴起的植物育种有所贡献。① 19世纪中期von Leibig等有机化学家的研究大大增进了人们对土壤肥力的理解,了解其对植物生长的作用。② Pasteur的疾病细菌学说以及其他细菌学、病毒学和相关微生物科学领域的重要发现促进了动物疫苗的发展,推广了大量方法以应对或缓解农作物及家畜疾病带来的生产损失。不断发展的科学知识和基因创新引发了大量病虫害管理、畜牧及类似领域的其他创新,随之发展的还有"节省人力"的创新,即使用风和水车以及畜力替代人类劳动,而现今已被拖拉机和其他机器取代。

就人类的大部分历史而言,机械创新和遗传改良与农业等领域的其他创新

---

① 1900年,荷兰植物学家Hugo de Vries、德国植物学家Correns与奥地利农学家Tscher同时分别发表了有关遗传定律的研究,而早在1866年奥地利僧人Gregor Mendel就已在论文中提出这一定律。Mendel的论文在《布隆自然史学会会刊》上发表之时影响极小,在随后35年间也鲜少被引用。

② Von Leibig的《有机化学在农业和生理学中的应用》于1840年出版,在德国和英国影响广泛,激起人们对农业科学应用的兴趣。von Liebig的这本书在出版后8年内已有17种不同版本、译本和修订本,虽然其中多数在德国、英国、法国和美国,但也曾在丹麦、意大利、荷兰、波兰以及俄罗斯出版(Rossite, 1975; Russell, 1966; Salmon和Hanson, 1964)。和其他学者一样,Ruttan(1982)将von Liebig的著作视为现代农业科学发展过程中一条关键的分界线。

一样是个人在非正式实验中不断摸索的结果，此类实验少有记录，即使有也多以口头形式进行非正式传播。组织有序的研究本身便是一项较新的创新结果，其作为公共政策中的一部分还不足 200 年(Ruttan 和 Pray, 1987)。知识产权也存在类似情况。虽然这一概念已以某种形式存在数个世纪，但多数国家近期才正式颁布法律以保障有效专利权及类似权利(例如，美国于 1790 年通过第一部专利法)。之后知识产权保护的范围才开始扩大，涵盖农业领域使用的生物创新。

因此很多创新成果未被记载，也未与任何个人或特定研究投资联系起来。但是农业历史上一些里程碑式的事件，包括科学发现、创新以及与创新有关的政策，都得以记载。考古学家、古生物学家和其他历史研究者已发现更为久远的农业创新历史。

本地技术代表着农业发展中的一类源头。使用其他地区开发的技术(尤其是已经具有农业研发优势的富裕国家)也是全球农业发展的特征之一，可追溯至人类历史的开端。[①] 人类出于食物和纺织需求推动动植物的迁移和转化，其中多数均为逐步且自然的过程，而非有意的行为。近代以来，此类活动已成为公共部门和私人部门有意进行的农业创新过程。政府和私人投资者花费大量资源在世界范围内勘探既有的基因资源，以应对特定的环境或经济挑战，并且为达到特定目的对动植物进行改良。[②] 目前已经建立相关机构以鼓励此类投资，其中不仅包括农业方面的基因资源还包括机械、化学和信息技术等方面的创新。即使在今天，空间角度的技术研究以及国际技术外溢的可能还在继续限制对投资的激励作用。

3. 创新机构、激励措施和诱因

农业创新投资的数量、方向和机构详细信息由经济激励措施和诱因决定。本节主要研究上述因素对国际农业研究与开发的影响，重点关注美国的发展情

① 从空间角度研究农业创新过程，并且研究物种、气候及其他资源的初始空间分布与这一过程的关系对塑造那段历史具有重要作用(例如，见 Jared Diamond 的《枪炮、病菌与钢铁》以及 Tim Flannery 的《永恒疆土》)。Flannery(2001)。

② Fowler(1994)发现："那时走私会被判死刑，但(Thomas)Jefferson 将山上的大米缝在自己的大衣内衬里，偷运出意大利，带到南卡罗来纳州进行培育(p. 14)。"美国政府至少从 19 世纪早期便开始直接介入植物的引进。例如，Ryerson(1933)写道："1827 年 9 月 6 日，在 John Quincy Adams 总统的直接鼓动下，所有领事均收到了另一份通知单，其中阐述了植物引进的重要性，命令相关人员将种子和植物送往美国，列出每个品种所需提供的信息，并且附上了一份长达五页的附录下达完整指令，包括植物材料的包装和船运，甚至考虑到海水中盐沫对植物的破坏作用，'当海浪上呈现卷曲状白色泡沫时需要特别注意'。美国海军部长命令所有海军司令部为任何运输植物的港口提供一切帮助(pp. 113—114)。"

况。上述内容为下文的背景介绍,以下两节将对比私人与公共农业研发项目,同时分析该研究中不断变化的空间与实质结构。

3.1 投资机构

过去50年间,农业科学的进展突飞猛进。自1961年以来,世界人口增长了一倍多,到2006年已经从31亿上升至65亿。同一时期,粮食产量的空前增长很大程度上导致谷类作物总产量的增速超过了人口增速(从1961年的8.78亿吨增至2006年的22.21亿吨以上)(联合国粮农组织统计数据库,2008; Pardey等人,2007)。过去50年间并未出现马尔萨斯人口论[①]中的噩梦,这很大程度上正是因为农业研发投资使得技术变革提高了农业生产率。

虽然农业研究已取得累累硕果,但世界各国对其的投资仍然极少——从此意义而言,私人投资与公共投资的社会收益远远大于资金的机会成本。长期投资不足是市场失灵与政府失灵共同作用的结果——市场失灵导致广义社会上的私人部门投资不足,而政府并未修正这一问题。国界并不会限制市场失灵的影响;全球的共同投资极少,能够提高世界农业生产力的科学知识存量过少,农业生产率增长过慢——而且即使各国政府马上采取行动解决问题,该情况仍会持续一段时间(James 等,2009)。

19世纪之前,农业研究通常由富有创新精神的农民、庄园主或种植园主等个人开展。[②] 在19世纪初,对农业改进感兴趣的人们视英国为"农业学校";但是到该世纪末,德国开始领导农业领域的科学应用,在19世纪后半期,对于所有对农业科学感兴趣的德国人而言,应用研究几乎已成为他们的义务。德国公共农业研究与教育组织中的创新为美国公共农业研究体系树立了榜样,包括19世纪后半期建立的州立农业试验站(State Agricultural Experiment Stations, SAESs)和美国农业部(United States Department of Agriculture, USDA)。美国20世纪进行的研究及相关扩展研究刺激了农业生产率的增长,其中多数在联邦及各州的农业研究系统下完成,农作物与动物物种的改进研究尤为如此。

在大多数国家,公共农业研发的主要资金来源仍然是总税收,这一资金来源也许代价昂贵(例如Fox, 1985)。各国政府为增加国家对农业研发的投资已经建立一系列相关机构。其中部分机构采用激励机制以鼓励个人投资,包括知识产权、税收优惠、研发服务及外包费用、奖励机制、捐款基金(通过基金会)等;其他一些机构利用商品税发展集体行动项目(有时被称为征税体制或验讫体制)。

---

① 马尔萨斯人口论认为人类必须控制人口的增长。否则,贫穷是人类不可改变的命运——译者注。

② 详情见 Olmstead 和 Rhode(2000,2001,2008)以及 Ruttan(1982, pp. 65—90)。

3.2　创新激励措施——知识产权

在促进发明创造和传播扩散的公共政策中较为突出的是诸如专利、商标、植物育种者的权利以及版权等知识产权政策。[①] 近年来，很多国家采取包括加强专利制度在内的一系列国内措施以升级国家创新体系(Mowery，1998)，或已达到相关国际协定的要求，甚至还开发了动植物领域的知识产权创新。

获得和运用排他性知识产权(例如专利或植物育种者的权利)的代价十分昂贵。值得注意的是，很多发展中国家的农业大部分属于自给耕作制度或半自给耕作制度，买卖种子的商业机会有限，因此即使存在相应的法律选项，人们也缺乏追求品种权的动力。基于现实的上述特点，植物品种权仍然严重偏向富裕国家管辖，并倾向集中于高价值的水果、蔬菜和观赏植物。在某些发展中国家的司法系统中，有关植物的知识产权正在逐步规范化，尤其是巴西、中国和印度，但是多数发展中国家的多数农作物仍未享有法律形式的知识产权保护，即使受到有效的法律保护，其效果也十分微弱(见 Koo 等人，2004；Louwaars 等人，2005；Srinivasan，2005)。

3.3　除知识产权外的其他激励措施

一直以来人们都知道，在整个专利垄断期间限制专利产品或专利过程的使用将付出一定代价，同样为人所知的还有专利所具有的激励效果。研究合同和奖励等机制也许同样能在特定情况下有效刺激新创新成果的诞生(Wright 等人，2007)。虽然为了增加消费者的利益，此类创新过程尽量避免垄断定价的行为，但是根据创新价值决定合适的奖励或合同支持的问题仍然是尚未解决。[②]

与其将多种农业研发视为公共财产，不如将其视为集体财产，相关受益人则是特定地区特定商品的生产者(以及消费者)。通过最大限度地使成本与收益成比例，基金科研项目极可能会提高经济效率(以及某些涉及公平的概念)。[③] 如此一来，不同农业研发计划和项目也许会需要不同的筹资机制，该机制需要反映研究的地理重心和商品导向，不同研究机构所受的司法管辖会有重叠，从而会产生

---

① Perrin 等人(1983)、Butler 和 Marion(1985)、Knudson 和 Pray(1991)以及 Alston 和 Venner(2002)对美国植物品种保护的经济效应进行研究。相关人员也对其他国家展开过相关研究，其中包括 Godden(1998，澳大利亚)、加拿大食品检验局(2002，加拿大)、Diez(2002，西班牙)和 Koo 等人(2006，中国)。

② 近期，开发软件产品(例如 Apache 和 Linux)所用的“开源”法作为一种发展创新的合作式方法已经引起广泛关注。农业公共知识产权资源(PIPRA)组织就是非营利公共研究人员所做的一项尝试，在双方同意的基础上以互利的方式提供他们的专利技术，同时也向发展中国家的研究人员提供此类技术并且保证不会影响发展中国家私人部门的许可选项和使用费收入(Atkinson 等人，2003；Delmer 等人，2003；Graff 等人，2003)。

③ Alston 等人(2003，2004)和生产力委员会(2007)在研究中提到，澳大利亚广泛使用商品税为特定商品的农业研发提供经费。

交易成本,同时还存在各种政治成本和行政成本,幅员经济、规模经济和范围经济对研究的作用也有所不同,这一切都应纳入考虑范围(Alston 和 Pardey, 1996)。

很多研究类型会显示出重要的幅员经济、规模经济或范围经济,因此组建相对大型的研究机构便不足为奇。但是很多农业技术呈现出与农业生态条件相关的区域特性,其定义市场规模的方式在其他产业的研发中较为少见(Alston 和 Pardey, 1999)。[①] 将本地研究结果应用到其他地区(比如通过适应性研究)所产生的单位成本是理解这一问题的角度之一,这一点必须加入本地研究成本中。这类成本会随市场规模增长。因此,虽然研究中的幅员经济、规模经济和范围经济意味着单位成本随着研发企业规模的扩大而下降,但是这些必须抵消距离和适应区域特性(将研究结果"运输"至经济上"更遥远"地区所产生的成本)产生的规模不经济[②]。因此,企业规模增长的同时,单位成本可能会先下降(因为幅员经济相对较为重要),但最终会上升(因为经济距离的成本会变为最重要的因素)。

3.4 创新诱因

公共研究投资和知识产权带来的影响主要体现在创新和技术变革的整体投资率上,但是其他政府政策也对变革的方向产生了一定影响。仅凭市场力量或政府政策都有可能导致农场投入与产出的相对价格产生浮动,但不论如何这一浮动都会影响产出导向和技术变革的要素偏向。

Hicks(1932)指出"节约劳动力的创新的优势显然在于相关生产要素的变动本身就能刺激创新,尤其是旨在降低较贵要素的使用成本的特定类型创新(pp. 124—125)"。正是这一观点引导现代研究开始关注相关要素禀赋和要素价格的变动(和差异)对技术变革速率及方向的影响。直到 20 世纪 60 年代初 Hicks 的看法才被重视,在实证和理论领域得到运用并发挥作用。

Hayami 和 Ruttan(1970,1971)与同事们一起开展研究,搜集一系列诱发性技术变革假说的时间序列和横截面数据,并将其与发达国家和发展中国家农业技术变革经验进行对比。他们的初始测试以日本和美国农业的长期经验为基础。美国和日本的要素禀赋和生产要素价格比率存在巨大差异。而且随着时间的推移,这一差异愈发明显。尽管如此,至少目前为止日本和美国的农业产出和生产率增速均稳定保持在较高水平。Hayami 和 Ruttan(1970,1971)假定农业产出和生产率的飞速增长都是农业技术适应两国要素比例变化和显著差异的结果。在此适应过程中,生成一串农业创新的连续序列十分重要,且该创新应偏向于节约限制因素。在日本,生物化学技术进步被认为是提升土地生产力的要素,

① 有关农业研发中的范围与规模,见 Pardey 等人(1991)、Byerlee 和 Traxler(2001)以及 Jin 等人(2005)。

② 规模不经济指随着企业生产规模扩大,而边际效益却逐渐下降,甚至跌破零,成为负值。——译者注。

而在美国，人们则认为机械进步对于提升劳动生产力具有重要作用。[①] Hayami 和 Ruttan(1970,1971)认识到并非所有机械创新都是为了节约劳动力，并非所有生物创新都是为了节约土地。日本鼓励套马耕田以深入利用土地，增加单位土地的产量，而美国开发番茄和苹果等作物的新品种以便于机械采收。机械创新能节省土地，生物创新能节省劳动，但这一切不仅取决于要素供给和要素价格的情况，还取决于相关的科学或技术限制。

诱发性创新的概念符合直觉但颇具争议。在 20 世纪 70 年代的实证调查之前就已有关于诱导机制理论的激烈讨论，随后两者便一直同时存在。Salter (1960)注意到“竞争平衡中的每个要素都需要付出边际价值产品；因此所有要素对于企业而言都一样昂贵”(p. 16)。“企业家希望减少总成本，而不是特定部分的成本……当劳动成本上升时，任何可减少总成本的创新进步都大受欢迎，这与是否节省劳动或资本无关”(Salter, 1960, pp. 43—44)。然而，如果我们认为技术互相排斥，那么这一观点便会被弱化。不同要素的相对价格发生变化会改变不同研究的相对收益(导致出现各种增加产出或节省要素的创新)，采用各种互相排斥的创新所得到的相关经济利益也会发生变化。特定种类的研究投资或采用决定具有互相排斥的特性，这也就意味着相对价格也许会影响创新途径。

此领域的分析面临着严峻的实证挑战，这一定程度上是由于难以区分传统的生产要素替代效应(考虑到技术情况)和技术变革中的相关要素使用变化。当我们意识到该动态是其中的固有状态时尤为如此。一部分问题就在于利用静态比较分析方法表现一个实为动态的过程。为了解决替代与技术变革的难题，Ahmad(1966,1967)提出了一个创新可能性曲线，用于表示特定研发开支引发的一系列潜在生产过程。[②] Binswanger(1974a, b, c)在一个双重框架结构中重组诱发性创新模型这一微观经济构想，考虑到相对(要素)价格变动可能会影响技术变革的要素偏向，他开发了另外的实证方法以评估实证数据的一致性。[③] 近期，Olmstead 和 Rhode(1993,1998)对 Hayami 和 Ruttan(1970,1971)的研究提出异议，就其美国实证证据中的特定部分提出批评。我们得出结论，诱发性创新这一概念看似诱人，从根本上貌似可信，并且与历史事实广泛吻合。然而，由于目前为止相关概念和实证的难题尚未得到全面解决，我们还需要进一步研究才能有力证明诱发性创新在农业技术变革中的重要性。

---

① 最近几十年来，随着两国相对价格的差异缩小，其农业技术变革模式也逐渐趋同。

② 其他加入该讨论的学者包括 Fellner(1961,1967)、Nordhaus(1973)、Kennedy(1964,1967,1973)以及 Rosenberg(1969)。Binswanger(1978)以及 Thirtle 和 Ruttan(1987)的研究提供了有关这一段思想历史的实用摘要。

③ 对农业中诱发性创新概念进行检验的当代研究者包括 Kawagoe 等人(1986,日本)、Karagiannis 和 Furtan(1990,1993,加拿大)、Khatri 等人(1998,英国)以及 Thirtle 等人(2002,美国)。

4. 全球农业研究和发展投资

2006 年,以 2000 年的物价水平为标准,全球的科研支出约达 8 872 亿美元(Pardey 和 Dehmer, 2010)。[①] 这一支出占全球 GDP 的 1.7%,而 1981 年的科研支出扣除通胀因素后为 3 742 亿美元,不足 2006 年的一半。高收入国家为这笔开支做出的贡献最多(2000 年占 80.6%);很多基础生物、健康、(生物)信息学和其他学科的研究也都与农业相关,但是针对农业的研发在 2000 年研发总开支中仅占 4%,在公共部门份额中仅占 7.3%。[②] 发展中国家的研发总量大部分集中在三个国家——中国、印度和巴西(在 2000 年这一比例达 41.8%)。而 1980 年这些国家仅占发展中国家的 25.9%。富裕国家的农业研发在总体研发中的份额呈现下降趋势,与此类似,发展中国家公共农业研发在公共科研开支中所占的平均份额从 1981 年的 22.5%下降至 2000 年的 15.4%。然而,中国、印度和巴西这三个最大的发展中国家在农业研发领域的公共投资强度经历了更明显的下滑,从 20.3%下滑至 8.6%,表明技术更先进的发展中国家会持续将更多研发资源投入农业以外的领域。

4.1 公共农业研究和发展开支

扣除通货膨胀的影响,全球投入农业研究的公共投资在 1981—2000 年间增长了 35%,以 2000 年物价水平为标准,约从 142 亿美元涨至 203 亿美元(见图 1)。欠发达国家的增速更快,目前这些国家已占全球公共部门开支的一半,而 1980 年时所占份额仅为 41%。[③] 然而,如果加入私人投资,发展中国家在全球农业研发总支出中的占比则为三分之一。

---

① 这一数据包含公共和私人主体在各科学领域的总开支(即包括农业、医学、工程研发、信息技术和社会科学,等等)。

② 食品与健康领域的产出会因为营养学而不可避免地联系在一起,但是在某些重要情况下农业与人类健康之间的关联更加直接。

③ Pardey 等人(1992)曾指出,这些国家和地区对总开支、份额以及变动率的估计极容易受国家开支的影响,同时国家开支估值常常以当地货币单位进行汇编,而将其换算为报告中的通用货币单位(即 2000 年国际元)所经的过程同样会对总开支、份额及变动率的估计造成重大影响。除日本公共部门的系列数据经过修订以外,此处提及的系列数据均与 Pardey 等人(2006b)所报道的一致,只是有关货币的部分引用了 Martin(2008)经过修订的购买力平价(PPP)系列数据(此数据可通过世界银行的网站获得,http://web.worldbank.org/WBSITE/EXTERNAL/DATASTATISTICS /ICPEXT/0,,menuPK:1973757?pagePK:62002243?piPK:62002387?theSitePK:270065,00.html)正是由于这些修订,OECD 在全球农业研发支出中所占的份额估计值明显上升,从 Pardey 等人(2006b)报告所称的 44.3%升至此处显示的 50.6%。

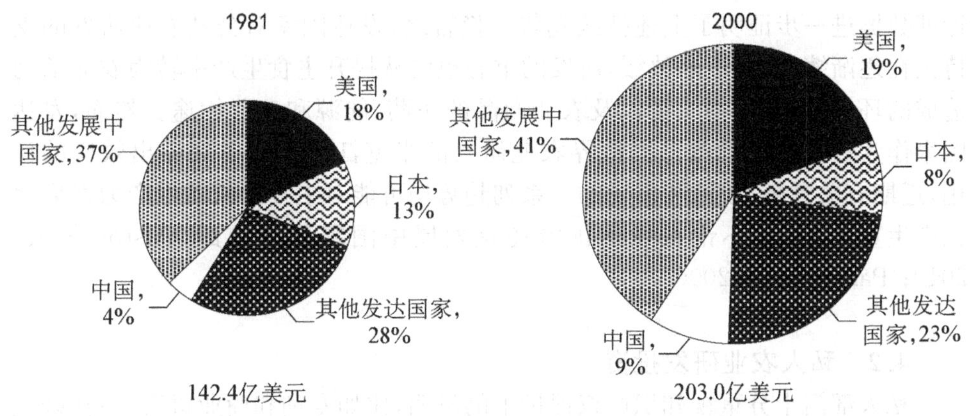

图 1　1981 年和 2000 年全球公共农业研发支出趋势

资料来源：pardey 等人(2006b)最初引用农业科学和技术指标(ASTI)数据并重新进行校准，James 等人(2009)以此为基础得到图中数据。货币单位则根据 Martin(2008)引用并修订的购买力平价系数(世界银行)而形成。

注：图中数值不包括东欧和苏联国家。为了得到这些地区总额的数据，我们按比例放大了部分国家的开支估计值，这些国家占报道中撒合拉以南非洲地区总额的 79%、亚太地区总额的 89%、拉美和加勒比海地区总额的 86%、西亚地区和北美地区总额的 57%以及高收入地区总额的 84%。

即便如此，发展中国家的农业研究强度(即农业研发开支占农业 GDP 的比例)仍然保持静态，且远低于发达国家。①

自 1981 年起，亚太地区在发展中国家公共农业研发支出方面所占的比例越来越高(1981 年占世界总支出的 15.7%，2000 年上升至 25.1%)。2000 年该地区两个国家(中国和印度)的公共农业研发开支就占所有发展中国家的 29.1%，与两国 1981 年的总份额(15.6%)相比经历了大幅增长。恰恰相反，撒哈拉以南的非洲却持续失去其市场份额——1981 年该地区在公共农业研发方面的投资占发展中国家的 17.9%，到 2000 年该比例下降至 9%(Pardey 和 Dehmer，2010；Pardey 等人，2006b)。②

其中另一个引人注目的趋势则是发达国家对公共农业研发的支持逐步减弱。虽然美国在 20 世纪 90 年代后半期的开支有所增长，但增速明显放缓；日本的公共农业研发支出大规模缩减，该现象一直持续到 90 年代末(许多欧洲国家也进行了缩减，但规模不如日本)，导致这十年间发达国家的整体增长率下滑。

---

① 对所有发达国家而言，2000 年农业产出平均每多 100 元，公共农业研发的投入就多 2.36 元：而 20 年前 100 元产出代表的投入仅为 1.62 元，2000 年的数值在此基础上已有客观的进步，但与 1991 年(2.33 元)相比无明显差别。相较而言，2000 年发展中国家的农业产出每多 100 元，农业研发的投入仅为 0.53 元。

② 20 世纪 90 年代撒哈拉以南非洲在农业研发领域的总投资年增长不足 1%，此前很长一段时间已呈现出减缓趋势(Beintema 和 Stads，2004)。

近期数据进一步证明了上述持续趋势。换言之,发达国家对公共农业研发的支持正在逐渐缩减,或逐渐放缓,研发的重心也已从提升主食生产率转为农业活动造成的环境影响、食物质量以及农业商品的医药、能源和工业用途。然而,发达国家作为一个整体仍然占据世界农业研发的半壁江山。考虑到溢出效应的作用,近期有关资金、政策和市场的一系列趋势均可能对主食的长期生产力发展途径产生重大影响,不论在发达国家还是发展中国家都是如此(Alston 等人,2010; Pardey 等人,2006a)。

4.2 私人农业研发投资

私人部门十分重视知识产权保护下的发明,比如专利和商业机密(包括杂交作物相关的机密),近期还出现了植物育种者权利和其他知识产权保护形式。私人部门在农业研发中占有重要的地位,但各国情况差异明显。

2000 年,全球农业研发(包括耕作前、耕作中和耕作后各环节相关的研发)总投资约 337 亿美元。其中约 40%来自私人企业的投资,剩余 60%来自公共机构。值得注意的是,95%的私人研发均发生在发达国家,在这些国家私人农业研发比例已从 1981 年的 44%大幅增长至 55%。如果农业科学和整体科学发展的相似度越来越高,发达国家的私人农业研发开支极有可能会继续呈上升趋势。以美国为例,2000 年美国私人部门开展了全国近 55%的农业研发活动,同年美国私人部门的研发开支占全国研发开支的 72%(国家科学基金会,2005)。私人份额的上升意味着农业投入供应业及食品加工业带动产业研发不断增长。在这一总趋势下,各国的具体开支模式不尽相同。据 Pardey 等人(2006b)的研究数据,日本私人部门在农业研发中的份额略高于美国,而由于澳大利亚和加拿大较依赖于进口技术密集型的私人研发产品,比如农业机械、化学品以及其他农业投入和食品加工产品,所以 2000 年这两个国家的私人部门为农业研发开支做出的贡献不足 35%。

在发展中国家,私人农业研发仅占 6.4%,且不同地区研发开支中的私人份额存在巨大差异。在亚太地区,农业研发中的 9%为私人研发,而在撒哈拉以南非洲这一比例仅为 1.7%。而且整个撒哈拉以南非洲的私人研发中近一半都在南非进行。

如果把私人研究也纳入考虑范围,那么上述贫富国家之间的农业研究强度差异会被进一步放大(见图 2)。对所有发展中国家而言,2000 年农业研发总支出在农业 GDP 中的占比达到 0.54%(换言之,每 100 美元农业 GDP 中仅有 54 美分被用于农业研发)。发达国家的这一比例达到 5.28%,是发展中国家的近 10 倍。

一方面,政府提供的产权和资金奖励能促进私人投资活动,但另一方面,由

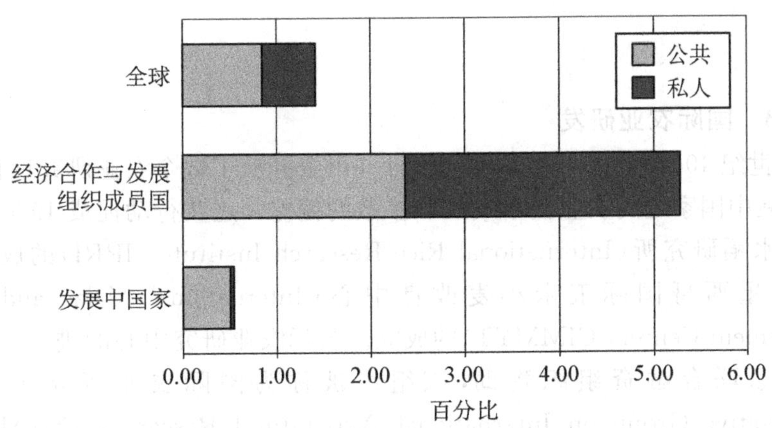

图 2　2000 年左右公共、私人以及总体农业研发的强度

资料来源：James 等人(2009)。

注：图中所示强度比即指公共和私人农业研发开支在农业产出(即农业 GDP)中的占比。

于政府会管制用于农业生产的技术，并且管控新技术的批准过程，所以这些管控措施又对私人投资活动产生约束作用。农业生产的方方面面均受到一定制度的管制——这些制度至少在表面上是为了保障工人的健康和安全、食品安全、动物福利、环境状况，有时也为了保护自身的既得利益。有的制度适用于相关产品，而有的制度适用于生产这些产品的程序。例如，在包括美国在内的很多国家，牛奶必须经过巴氏法灭菌，且处理后的细菌剩残留量不得超过规定值(见 Balagtas 等人，2007)；双对氯苯基三氯乙烷(DDT)不再被允许用作杀虫剂，溴甲烷也正在被逐步淘汰；20 世纪以来，加利福尼亚州的相关法律规定只允许种植单一品种的棉花(即 Acala 棉花)(Constantine 等人，1994)。

如今，如果一种生物技术新作物想在美国获准进入商业市场，批准程序需要花费十年时间，成本在 500 万～1 500 万美元之间(Kalaitzandonakes 等人，2006)；新型杀虫剂的批准成本相对较低，但仍然是一笔大数目。包括上述内容在内的所有制度障碍已对创新的速率和途径产生影响，得到大规模应用的技术更受青睐(例如与主要作物相关的技术)，因此在研究成本的基础上再预先支出一大笔费用用于克服制度障碍便不足为奇。如此一来，特定化学杀虫剂逐渐被禁，批准新杀虫剂或抗虫害的转基因作物品种又需要支付高额成本，很多次要作物已变成“技术孤儿”。农业商品补助引起的投入与产出价格扭曲也可能诱发创新途径和速率的政策性偏差(例如，见 Alston 等人，1988；Hayami 和 Ruttan，1970；Mellor 和 Johnston，1984；Schultz，1978)。发达国家政府对于私人部门创新动机的扭曲，影响到了所有国家(不论贫富)投资创新和农民可用技术的动力。

4.3 国际农业研发

20世纪40年代中期,各国共同设计并出资开展了数个农业研究项目,试图克服发展中国家之间农业技术发展和扩散的偏差。这些行动促成1960年菲律宾国际水稻研究所(International Rice Research Institute, IRRI)的成立以及1967年墨西哥国际玉米小麦改良中心(International Maize and Wheat Improvement Center, CIMMYT)的成立。国际农业研究中心的进一步发展大多由一家联合融资组织赞助,该组织被称为国际农业研究磋商组织(Consultative Group on International Agricultural Research, CGIAR,简称CG),于1971年在双边及多边捐赠者加入后建立。成立后的几十年间,CG体系不断扩大,到2006年已有15个中心,年度总开支达到4.5亿美元。① 虽然CG体系通过其科学成就和在环保革命中的突出作用为国际农业研发领域做出贡献,引起该领域的关注,但是CG的开支只是全球农业研发投资中的一小部分。2000年,全球公共部门在农业研发领域的投资达203亿美元(以2000年价格为标准),CG体系占其中的1.5%,在所有农业研发领域的公私开支中仅占0.9%。

5. 美国农业研究机构和投资

地方州和联邦政府、公共部门和私人部门共同影响了美国农业研发的历史。② 公共部门的作用主要在过去百年间得以发展。③《哈奇法案》(Hatch Act)

① 有关CGIAR历史的更多细节请参见Baum(1986)和Alston等人(2006)以及这方面的其他文献。Alston等人(2006, p. 324)对CGIAR活动的资金来源评论称"一开始(依照1972年数据)私人基金会提供了总资金的49%。欧洲国家整体提供了15%;美国18%;世界银行6%。现在情况大不一样……(私人基金会的资金)……按名义价值计算已大大减少,现在已经不到总资金的3%。2004年,欧洲国家整体(包括欧洲委员会提供的多边支持)提供了1.81亿美元,即总资金的41.4%。同年,世界银行提供了5 000万美元(11.4%),美国提供了5 420万美元(12.4%)以及日本提供了1 440万美元(总资金的3%)。"

② 此处讨论的和图3中显示的研究开支与生产率测量数据均记录在Alston等人(2010)的研究中,其中还有关于机构的讨论内容。Kerr(1987)、Huffman和Evenson(1993)以及Alston和Pardey(1996)为机构历史提供了更多细节;见Schultz(1953)。

③ 1862年USDA建立,第一份研究公告于同年出版,描述了数个葡萄种类的含糖量和酿酒适合度(Wetherill, 1862),随后USDA的内部研究立即活跃起来。然而,虽然USDA的早期内部科学活动发展缓慢而平稳,但是该部门的工作主要集中在"服务"而不是发现、发展新知识。直到进步时代来临(指1890—1920年期间,美国的社会行动主义和政治改良纷纷涌现的一个时代——译者注),1897—1913年间在James "Tama Jim" Wilson的领导下,USDA的预算才大幅增长(在Wilson任职期间增长了700%),到1904年,USDA雇用的科学家人数超过了SAESs所拥有的科学家总人数。

通过后不久，1889 年联邦和各州开支的总拨款额达到 112 万美元。一个多世纪后，2006 年公共农业研发企业已增长至 46.2 亿美元，按名义价值计算其年增长率为 7.1%，扣除物价因素其年增长率实为 3.8%（即扣除通胀因素）（见图 3）。[①] 直到 20 世纪 30 年代末，USDA 和 SAESs 的内部研究在公共研究开支中所占的份额一直大致相当，到 2006 年 SAESs 的份额增至公共农业研发总开支的 69%（见图 4）。1915 年联邦基金首次放开 USDA 与其他州立推广机构的合作，并提供 150 万美元支持，加上各州和当地政府提供的 210 万美元，总资金达到 360 万美元。这一总额平均每年增长 6.8%（扣除通胀因素后实为 2.8%），到 2006 年总额达到 17.6 亿美元。

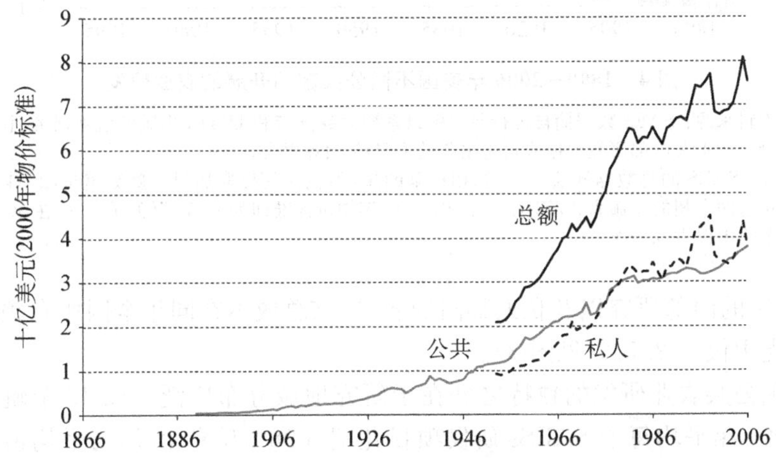

图 3　1890—2006 年美国公共、私人农业研发开支和全国农业研发总开支的趋势

资料来源：Alston 等人（2010）、Pardey 等人（2010）以及 Dehmer 和 Pardey（2010）。
注：按名义计算的研发开支数据已根据 Pardey 等人（2010）研究中的美国农业研发价格指数进行缩减。公共数据覆盖全面，仅不包括 SAESs 和 USDA 进行的林业研发。私人数据指美国私人部门开展的食品及农业研发。

自 1956 年起，公共农业研究总开支年均增长 7.05%（扣除通胀因素实为 2.23%），私人农业研究的名义支出则每年上升 7.54%（扣除通胀因素实为 2.72%），略高于公共研究开支（见图 3）。这意味着数十年来公共部门在农业研发中的份额略有下降，但下降幅度相对较小，1953 年后公私份额分布总体较为均衡。2006 年美国食品和农业研发的总成本约为 92 亿美元，其中包括 USDA

① 为了将研究开支从名义价值转为扣除物价因素后的实际值以反映该开支的购买力，须将名义开支除以农业研究的单位成本指数（即农业研发的价格指数）。为了反映该开支的机会成本，则可能需要除以一个通用的价格指数，例如 GDP 平减物价指数。

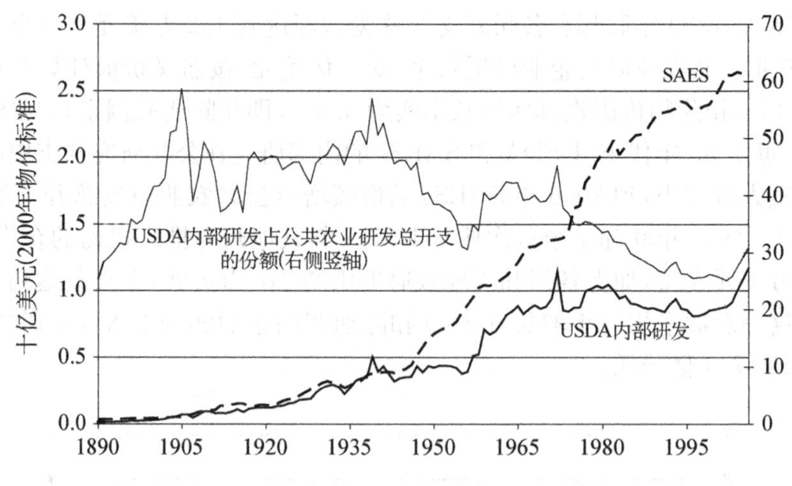

图 4　1890—2006 年美国不同公共部门开展的农业研发

资料来源：SAES 数据摘自现行研究资讯系统的数据带和 USDA 出版的农业研究目录。USDA 内部研发数据取自未出版的 USDA 预算报告。

注：SAES 的总数据涵盖 48 个互相接壤的州，不包括阿拉斯加州和夏威夷州，2004 年这两个州的总额为 2 736 万美元(以 2000 年物价标准即为 2 450 万美元)——在 50 个州中仅占 0.85%。

和 SAESs 的内部研究以及私人部门的研发，该总成本在同年全国所有领域的研发总开支中仅占 2.7%(见图 3)。

美国公共农业研发的独特之处在于研究地域分布广泛。以 48 个毗邻州为对象，2006 年平均每个 SAESs 研发项目花费 6 980 万美元，但与平均值相比实际数值浮动较大。加利福尼亚州的研发开支达 3.32 亿美元，居全美第一(研发项目遍布全州，但主要试验站位于加州大学戴维斯分校、加州大学伯克利分校以及加州大学河滨分校)。罗得岛州居末位，其 SAESs 的研究投入仅为 430 万美元。

5.1　生产力导向

农业研发能提高生产力意味着消费者能购买到更丰富、廉价、安全、优质、多样和便利的食品供应，其生产过程也更加节省自然资源，更加环保。保持生产力的提高于公于私均有益处。如果研发活动全部终止，作物产量和成本将无法维持现状，农业生产力或粮食产量极有可能下降，成本会上升。用于维持研究的大规模投资，尤其是植物育种、植物病理学和昆虫学领域的投资，其目的是保持以往生产力的增长趋势。数据显示 35%～70%的美国农业研究是为了维护以往的研究所得(Adusei 和 Norton, 1990；Heim 和 Blakeselee, 1986)。

将每个 SAESs 的研究项目按照研究—问题—范围(research-problem-area,

RPA)导向进行分类，则可以估算出所有以维护或提高农业生产力为目的的SAESs研究数量。1975年大约有67%的SAESs研究项目以此为目的。随后数年，这一比例经历了小幅下降，然后于1986年达到同时期最高值(69%)。然而接下来的20年间，SAESs研究的生产力导向占比持续大幅减少。到2006年只有57%的SAESs研究以提高或保持过去农业生产力为目的。各州SAESs研究的生产力导向差异明显。2006年，罗得岛州的SAESs研究中仅有37%与生产力有关。而另一方面，北达科他州近70%的研究将农业生产力作为研究目标。

6. 农业研究、发明、创新和采用过程

研发活动对生产力的最终效果难以建模测量。把生产力与研发联系起来的难点在于将特定阶段的生产力提升归因于某位研究者在特定时期开展的某项研究(Alston 和 Pardey，2001)。换言之，在建模测量研究对农业生产力的效果时，最主要的两大困难即确定研究的滞后结构(即归因难题中的时间问题)和应对知识溢出效应(即归因难题中的主体问题)。主体问题包含数项因素，与其相关的可能是某一产业中不同企业的知识溢出效应，可能是某一国家中不同产业的知识溢出效应，也可能是其他地缘政治实体或不同国家之间的知识溢出效应。

6.1 从时间角度看研发归因问题

研究对生产的影响需要经过很长时间才得以显现，但是该影响持续时间较长。创新和知识一旦产生便需要一定时间进行扩散并影响生产力的发展，所以研发开支和生产力增长之间的滞后效应反映的是知识创造及其运用中各种滞后的集合效应。那么归因难题中的因素之一即确定研究开支、知识存量和生产力之间的动态结构。

大量以往的研究使用回归分析，通过代表农业研发与推广的变量测量农业生产或生产力，从而估算研究的收益率。[①] 农业研究建模往往会使用特定滞后模型，但仅有少量研究为其提供了大量正式的理论支撑。Alston 等人(1995a)创建了一个概念框架，其基础观点即农业生产使用的服务源自知识存量。研究活动能扩大知识存量，过去的研究投资和现有知识存量的增长由一项有限的滞后分布连接。[②] 然而，即使知识会随时间推移以某种方式贬值，但是从知识贬值的性质、速率和形式等理性视角出发，研究的某些效应会永久发挥作用。在实践中，我们通常使用有限分布滞后表示知识创造过程和知识存量贬值的动态，从而

① Alston 等人(2000)全面报告并评估了该文献；参见 Evenson(2002)和 Alston 等人(2010)。

② 科学是一个积累的过程，新观点源自过去观点的积累，这一事实同样会影响研究与生产力的关系。这就是知识创造与其他生产过程的不同之处。

反映上述效应。在此情况下,(在研究产生任何效应之前)会产生"酝酿"滞后或"发明"滞后以及"采用"滞后,期间滞后权数达到最高值,最终由于过去的研究投资对目前生产力的影响逐渐消退,权数逐渐下降。除此以外,研究投资与生产力间实证滞后关系的性质(其整体长度和框架)很难有精准的观点。

OECD 成员国的农业生产力研究中所运用的研究滞后分布模型具有某些关键特征,表 1 对其进行了归纳总结。本表由 Alston 等人(2000)的表 5 修订而成。相关研究直到近期才开始放松对滞后长度的限制,之前滞后长度通常被限制在 20 年以内。最早期的研究可获取的时间序列较短,滞后长度非常短,但是近期研究已经开始使用更长的滞后长度。大多数研究使用少量参数表示滞后分布以对其进行限制,一是因为数据集的时间跨度通常不会远远超过假定的滞后长度最大值,二是因为考虑到多个系列的滞后研究支出之间存在高度共线性,单个滞后参数的估计值会不稳定且不精确。①

表 1 农业生产力研究中的研究滞后结构

特征	估计值	1958—1969	1970—1979	1980—1989	1990—1998	1958—1998
研究滞后长度(效益)	计数	百分比(%)				
0~10 年	253	9.7	6.2	17.9	12.7	13.4
11~20 年	537	41.9	22.0	38.8	22.8	28.5
21~30 年	376	0.0	20.7	12.0	25.9	19.9
31~40 年	178	0.0	4.3	5.6	14.3	9.4
40~∞年	141	0.0	9.5	6.6	7.6	7.5
∞年	102	35.5	7.5	2.9	5.4	5.4
不明①	109	12.9	13.1	3.2	4.9	5.8
未知②	190	0.0	16.7	12.7	6.3	10.1
总计	1886	100.0	100.0	100.0	100.0	100.0

注:本表内容基于 292 部出版物中所有的 1886 年观察值。
①不明估计值指并未明确指出研究滞后长度。
② 滞后长度未知。
资料来源:改编自 Alston 等人(2000)。

① 建立研究库所用的滞后结构类型主要包括 de Leeuw 滞后或倒 V 滞后(例如,Evenson, 1967)、多项式滞后(例如,Davis, 1980; Leiby 和 Adams, 1991; Thirtle 和 Bottomley, 1988)和梯形滞后(例如,Alston 等人,1994; Evenson, 1996; Huffman 和 Evenson, 1989,1992,1993,2006a,b)。少数研究使用的是自由形式滞后(例如,Chavas 和 Cox, 1992; Pardey 和 Craig, 1989; Ravenscraft 和 Scherer, 1982)。

Alston 等人(2010)研究美国农业长期范围内的州级数据,发现无论从理论或实证角度出发,伽马滞后分布模型的研究滞后都长于多数以往的研究。[①] 他们的实证研究支持美国农业研究的研究滞后在 35～50 年之间,且滞后分布最高峰位于第 24 年。若从计量经济角度估计研究对生产力产生的效应,其结果会受此较长滞后影响,与此同时隐含的研究收益率也会受到影响。

6.2　农业研究滞后关系的直接证据

有人认为美国农业的生物创新主要集中在 20 世纪,Olmstead 和 Rhode (2008)挑战了这一看法并且提供了强有力的证据支持。显然美国农业在发展早期主要从别国引进并改造食物和纤维品种,并改造本地和进口品种以适应不同农业生态条件以及应对共同进化的病虫害。若研究者仅关注各时期平均产量的模式,而不考虑反事实条件下的产量情况,将忽视很多创新的益处。构建合适的方法研究相反的情况充满挑战,当开发采用新技术的动力具有多个内生性相关决定因素时尤其如此。[②]

本节中我们将简要概括这一复杂问题并着手分析主要作物品种创新研究和采用过程的特点,以理解研究和发展投资与农民实践所得创新的拓展、吸收和利用之间的时滞。我们借鉴 Chan-Kang 和 Pardey(2010)的研究从小麦品种发展开始讨论,重点关注特定品种的使用时长,或直接观察该特定品种,或将其作为亲本杂交出替代品种。[③] 接下来,我们会呈现出杂交玉米(20 世纪中期)、转基因玉米(20 世纪 90 年代)和数项机械技术的采用曲线。[④]

6.2.1　小麦创新

在经历了一系列重大进步后,尤其是 20 世纪 40 年代,小麦育种已成为科学应用于农业经济的成功典范。其中最著名的是鉴定并应用半矮生特征增加收获

---

① 详细论述见 Alston 等人(1995a)、Alston 等人(2008)以及 Pardey 和 Craig(1989)还有 Alston 等人(1998)的早期证据。请参见 Huffman 和 Evenson(1989)。Alston 等人(1998)借鉴以往文献并讨论了知识贬值的问题。Boulding(1966)指出知识本身并不会退化,而 Griliches(1979)以及 Pakes 和 Shankerman(1987)认为对于一家拥有专利的企业而言,知识确实会贬值,因为新的创新和愈发严峻的专属权问题可能会取代知识的地位。关于私人研发对知识存量造成的创造性破坏,请参见 Caballero 和 Jaffe(1993)。

② Olmstead 和 Rhode(2001)在研究中提及马匹和骡子被拖拉机取代的例子,在此过程中马匹、骡子以及其饲料的价格均取决于从时间和空间角度向机械力量转变的速率。大量其他领域的创新也存在同样问题——例如杂交玉米,后来的转基因玉米和最近出现的玉米乙醇,这些创新都会使投入和产出的相对价格发生巨大变化,而这些价格又会影响创新的采用情况。

③ 参见 Olmstead 和 Rhode(2002)。

④ 目前的研究正在将这些分析扩展至其他涉及机械创新的创新领域(如联合收割机和灌溉)以及其他作物品种(包括水稻和小麦),以解释水稻和小麦领域的品种创新作为亲本被间接采用的过程,并解释美国国外的采用现象。

指数或提高粮食产量。① 然而,系统育种以抵抗锈菌,开发生长环境广泛的品种(例如,经改良的抗旱、耐盐品种),为特殊目的进行育种(比如蛋白质含量和碾磨特性)以及开发新育种技术(比如穿梭育种法)都具有重要意义。②

从1900—2003年美国共有1 051个新小麦品种获得商业推广。各个时期推广和采用新品种的速度不尽相同。1960年以前,平均每年引入3.46个新商业品种;其中1900—1919年平均每年1.55个,而1920—1959年该数字增至每年4.43个。从那以后到2003年,品种推广的速度提升至平均每年19.4个。

如图5所示,考虑到每个品种被推广后的年龄和种植面积,品种推广速率增

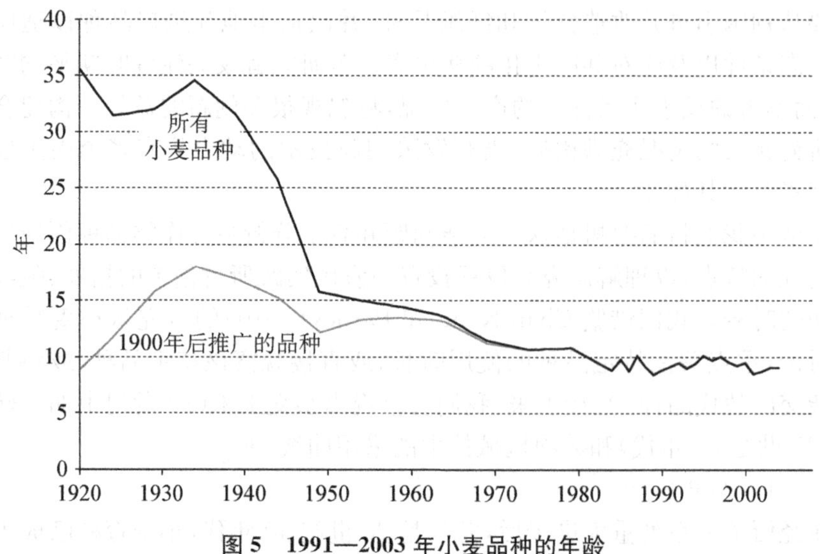

图5　1991—2003年小麦品种的年龄

资料来源:Chan-Kang和Pardey(2010)。

注:任何所给小麦品种的年龄已从推广年中除去种植年。为了估算平均年龄,每一品种的年龄由每年各自领域的份额确定权重。

---

① 矮生是小麦(和其他粮食作物)的一种特征,指秸秆生长受限。植物的能量会更多流向可食用的麦粒而非不可食用的秸秆,不仅如此,植物本身从物理结构看也会更加牢固。因此,由于使用化肥(和灌溉技术)而成长肥硕的麦穗不再会压弯甚至压倒植物本身,收割也变得更加容易,减少了粮食损失,增加了作物产量。

② Norman Borlaug在墨西哥的早期研究(CIMMYT建立以前)目标就是培育抵抗锈病的作物品种。然而,每个生长期只能进行一次杂交,育种进展缓慢。Borlaug(1982, p. 69)回忆道,为了加快速度"……我们决定每年进行两个育种周期。位于墨西哥西北角的索诺拉州灌溉条件好且海拔与海平面基本一致,而托卢卡的高原海拔2 650米,气温凉爽,雨水充足,我们根据育种周期连续在这两个地点之间穿梭往返。11月在索诺拉种下的作物次年5月初成熟收割,然后立即运往托卢卡进行种植。在托卢卡经过挑选的成熟作物于11月再次立即运回索诺拉进行种植"。

长必然导致小麦品种的平均年龄下降。对所有种植的小麦品种而言，20 世纪 20 年代其(面积加权)平均年龄为 32.7 年，到 20 世纪 60 年代其年龄已降至 13.2 年。如果仅考虑 1900 年之后开发或发现的品种，到 2003 年其平均年龄为 12.3 年。考虑到新品种培育需要花费 5～10 年时间，这些年龄数据(即品种从推广之日起到投入生产的时间)强调了投资作物品种研究后需要经过数十年才能真正提高生产力。

值得注意的是，这些年龄数据并未体现其中的滞后长度，因为带来新品种的品种改良研究具有积累性质，且本身存在时间密集型特征，而上述数据正取自这样的研究。美国培育的大部分小麦品种系统中已有的品种年龄较老，其历史保存完好。例如，土耳其红麦(Turkey Red，一种直接引自土耳其的硬红冬麦)和马奎斯小麦(Marquis，由加拿大(1911)培育)，印度地方作物加尔各答小麦(Calcutta)和 1842 年引进的德国地方作物红快富小麦(Red Fife)杂交而成的硬红春麦，两者的种植面积在 20 世纪初的美国小麦种植总面积中占到四分之一。[①]

20 世纪 90 年代中期以前最受欢迎的品种是卡尔小麦(Karl，一种由完全成熟的平原矮小品种杂交而成的经典品种)，其次是先锋 2375(Pioneer 2375，一种由先锋国际基因公司于 1989 年推广的硬红春麦品种)。先锋 2375 标志着春麦育种革命的时代高潮，其系谱反映了多年来密集的育种活动。先锋 2375 的系谱极其复杂，其中近四分之一(即 133 个被记录的品种中的 31 个)在 1920 年之前已被开发或发现，比该品种的推广早 60 年以上。被记录的品种中将近一半早于 1960 年。该品种结合了不同地方品种中的遗传物质。被记录的品种中仅有 5.3%来自明尼苏达州，而一半以上的遗传物质来源于美国以外的地区。

考虑到使用中的小麦品种平均年龄已稳定在 10 年左右，如果开发新品种需要 5～10 年，那么品种研究投资与其对农民产量的影响之间的滞后平均在 15～25 年之间。然而，该影响明显已超出平均滞后范围，在新品种产生较慢的过去可能更是如此。但是考虑到现有的品种会作为亲本发展出新品种并且被取代，创造了亲本品种的研究会产生持续影响(对后代产生影响)，我们需要使研究拥有更持久的效果(并且相反的，其中研究滞后也必须持续更久)。正如先锋 2375 的例子所示，一项品种创新的持续效应在该品种不再被使用之后仍然可以延续数十年。

6.2.2　杂交玉米技术

Griliches(1957)分析了全美范围内杂交玉米技术的产生和扩散，该分析是

① “地方作物”指农民育种的品种。

扩散经济学和农业技术空间溢出效应领域的开创性研究。在此,我们对该分析的某些方面进行回顾和更新,重点关注其对研发滞后产生的影响。相关历史可追溯到数千年前农业开端之时。即使我们仅关注当今科学时代以及针对杂交玉米的相关应用研究,这段历史的开端比杂交玉米商业种植的盛行至少早 20 年,比采用程序的完成(即杂交玉米百分比达到稳定的最高值)至少早 40 年。①

图 6 中的 A 部分为更新并扩展后的杂交玉米采用曲线,最初由 Griliches(1958)提出,而后由 Dixon(1980)修改。② 截至 1950 年,美国种植的玉米中有 80%为杂交玉米,而到 1960 年几乎所有均为杂交玉米。所有各州之间的技术扩散过程延续了 30 年,而任何单个州内的采用过程要迅速得多。

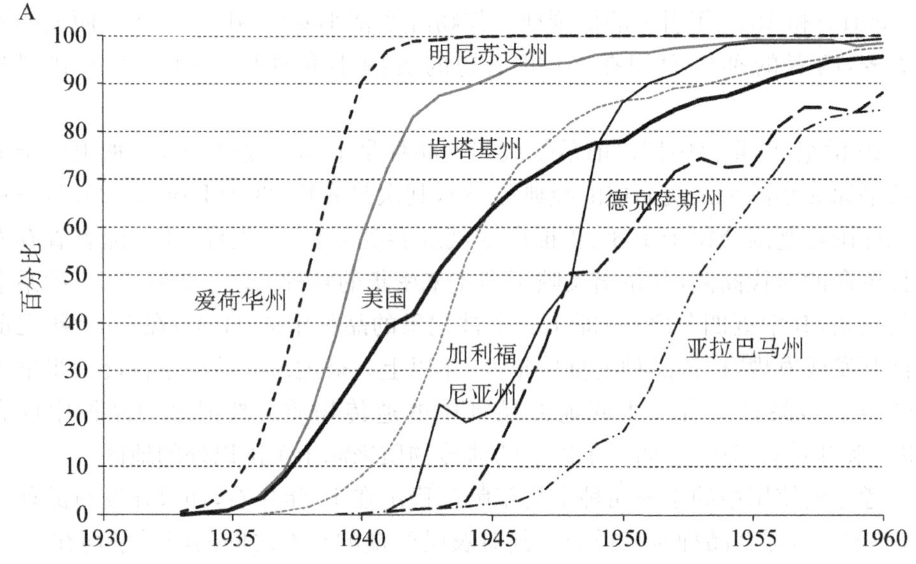

① 1918 年,虽然 George H. Shull 和其他人早在十年前已经开始试图运用单杂交实现玉米的杂交优势,但在康涅狄格州农业实验站工作的 Donald F. Jones 提出了使用双杂交以实际有效地实现玉米的杂交优势。各州立试验站开展了大量自交项目,USDA 的植物产业局也开展了相关研究,因此用这项技术培育的种子渐渐用于不同的地方农业生态环境,从 20 世纪 30 年代初的爱荷华州开始逐渐遍布各州。如此,研发或创新滞后至少达到 10 年,也许达到 20~30 年。

② 除 Griliches(1957)提及的数据外,Dixon(1980)还使用了其他有关杂交玉米采用的数据,以重新估算杂交玉米的接受率和最高采用率。Dixon 的研究结果"……证明了 Griliches 的发现,即各州之间的扩散率变化性与每个农场的面积和每英亩的产量之间存在紧密联系(1980, p. 1460)。"Griliches 反驳了 Dixon 的论文,指出"……我回顾发现我的模型(指 1955—1957)明显存在错误,一是因为假设最高采用率恒定不变,二是因为基础过程并未准确遵循一条固定的逻辑斯蒂曲线……我会改正我的模型,使最高采用率本身成为一个关于经济变量的函数,而经济变量是会随时间变化的(1980, p. 1463)。"

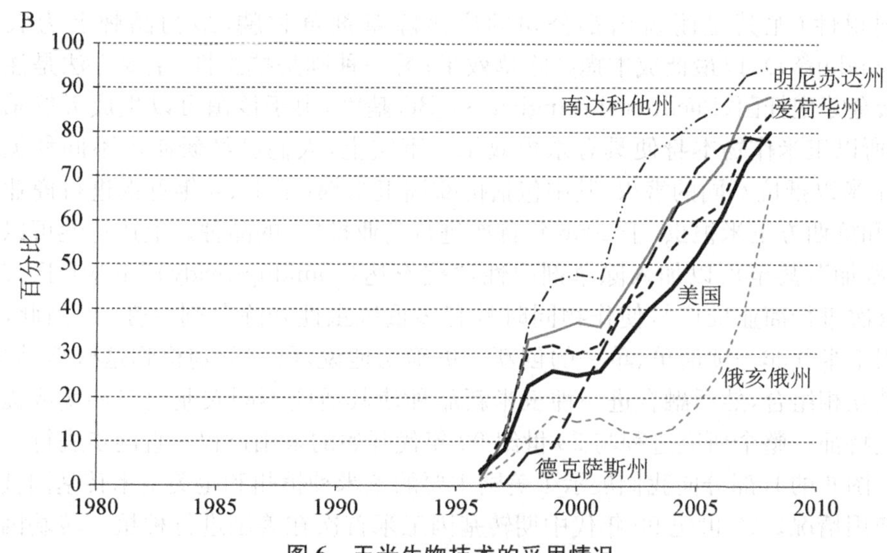

图 6　玉米生物技术的采用情况

资料来源：Alston 等人(2010)。A 图所示为 USDA 农业数据(不同年份)显示的杂交玉米种植面积比例。B 图所示为基因改造品种数据，其中涉及 2000 年以前美国多恩咨询服务分司的保密数据以及 1999 年以后 USDA 经济研究局的转基因作物数据(http://www.ers.usda.gov/Data/BiotechCrops/)，与 USDA 农业数据(不同年份)显示的作物收成面积数据相结合后由 Pardey 计算得到图中数据。

注：B 图中 2000 年以前各州面积比例的变化率被用来回测 USDA 经济研究局分开的该州数据。

如果我们认为杂交玉米的整个研究、开发和采用过程在 1918 年才刚刚开始(假设不是在 Shull 和其他人的带领下于 20 世纪初开始)，那么 1960 年以前就已广泛采用的杂交玉米则会至少花费 40 年实现采用过程。另外，最初针对杂交玉米的研究奠定了一系列创新研究的方向，自那时起已有百年，而今天杂交玉米仍然被广泛种植。可以想象，为了分析杂交玉米研究投资及其对农业总生产力产生的影响之间的联系，我们需要较长的整体研发滞后以及明显的酝酿滞后，不过此类滞后的长度和滞后分布形式尚未确定。

6.2.3　转基因玉米创新

杂交玉米革命发生半个世纪之后，有关玉米种子的最新技术革命开始在农田发挥作用。现代生物技术包含一系列创新，其中包括转基因改造作物。玉米、大豆、棉花和芥花是最重要的转基因作物。[①] 玉米是最早获得商业成功的转基因作物之一。玉米和其他主要转基因作物的创新主要可分为两类，一种具有除

① 改造水稻和小麦等主要粮食作物的基因遭到市场的抵抗(消费者或政治组织的抵抗)，该领域的发展和应用被约束，同时饲料作物、油籽和纤维作物等转基因品种的发展和应用也放缓。Pardey 等人(2007)和其他相关文献就国际转基因作物的使用提供了更多细节。

草剂耐性(尤其是耐孟山都公司的广谱除草剂草甘膦,最初品牌名为农达(Roundup®)),以最低成本提高除草效果;另一种则是抗虫性,主要方法是注入苏云金芽孢杆菌(Bacillus thuringiensis, Bt)基因,由于该菌可以生成天然杀虫剂,所以玉米作物本身便具有杀虫效果。事实上,人们已经研制出不同种类的Bt 玉米以抵抗不同的害虫,其中包括抗欧洲玉米螟(于 1996 年首次进行商业推广)和抗西方玉米根虫(于 2006 年首次进行商业推广)的品种。上述特性可以互相“叠加”,甚至可以加入除草剂耐性(“抗农达(roundup-ready)”玉米(于 1996 年首次进行商业推广),使作物同时具有多重抗虫性和除草剂耐性。[①] 因此,转基因玉米并非一项简单、单一的创新。更确切地说,研究分别得到这些新结论,将其互相组合,然后融合进一种玉米新品种使其适应不同农业生态环境或提高某些特征。整个研究过程与 20 世纪 90 年代开始的采用过程一直同步进行。

图 6 的 B 部分向我们展示了美国主要的玉米种植州和全美玉米转基因技术的使用情况。20 世纪 90 年代中期转基因玉米首次在美国进行种植。转基因作物的采用与传播过程尚不完全,技术本身还在进化过程中,采用率尚未达到最高值,但是截至 2008 年,80%的美国玉米地里种植的均为转基因品种。和杂交玉米一样,转基因玉米在各州的采用速率不尽相同,其中的原因也各式各样。[②] 这个尚未完成的过程不足 15 年,仅仅是相关时滞中的一部分。我们还必须加上开发和评估技术的基础研究和应用研究所用的时间,以及技术开发完成后为获得各政府机构批准所耗费的时间(和金钱)(Kalaitzandonakes 等人,2006)。

与美国杂交玉米(见图 6 的 A 部分)相比,转基因玉米的采用与传播过程稍快(见图 6 的 B 部分)。各州同时开始采用转基因玉米,而杂交玉米在各州之间的空间扩散过程较慢,产生此主要区别的原因可能在于沟通改善、农民教育提升以及种子生产和分销产业的结构变化。因此,转基因玉米在该技术首次进行商业推广后 13 年内就实现了 80%的采用率,而杂交玉米花费了 19 年时间。然而,在此过程中推广前的步骤可能耗时更长。比如,监管部门的审批过程就可能为研发滞后额外增加 5～10 年(转基因作物的审批滞后似乎越来越长)。如果开发转基因作物技术的研发耗时 10～20 年,再加上开发首个转基因品种并且改良

---

① 首批耐除草剂和抗虫的玉米品种于 1995 年中期被批准使用。此后,监管部门又批准了 14 种不同的基因改造玉米,这些品种具有不同的耐除草剂、抗虫功能或相关组合功能。自这些品种得到批准开始就被广泛投入使用。Nicholas Kalaitzandonakes(Personal Communication, September 2008)和 Eric Sachs(Personal Communication, November 2008)提供了相关细节。

② 不同地区对转基因作物品种的需求不一样,这取决于当地的杂草和虫害情况、技术供应商的收费标准以及市场折扣或其他使用转基因作物的制裁手段。因此,某些地区的部分农民永远不会接受转基因作物品种,因为考虑到本土适应能力和市场折扣或其他副作用的风险,杂交玉米品种整体而言是个更好的选择。

该品种的过程，转基因玉米创新的整个过程也许已经耗时 20～30 年。① 其中的研发滞后也许和杂交玉米革命在同一范围内，杂交玉米革命同时也是此项最新革命的基础。②

6.2.4　其他创新的采用

除了以作物基因改良为主的生物创新，农业还采用了很多其他类型的创新。20 世纪早期，机械技术（尤其是用于辅助耕作收割等工作的机器）为农业带来了翻天覆地的变化；燃料、合成肥料、杀虫剂和生长剂中包含的化学技术于 20 世纪后半期产生空前的影响；虽然电话和电报出现较早，但包括计算机、电子学、机器人学、遥感和地理信息系统（GIS）在内的信息技术则是最近产生的新兴技术。③ 每一大类创新，如生物创新，均包含大量不同种类的具体创新，我们掌握的研究和采用过程信息也并不完全。某些重要创新结果的采用数据相对优质且易收集，这些创新可用作说明性例证。图 7 所示为三种创新在美国农场的采用情

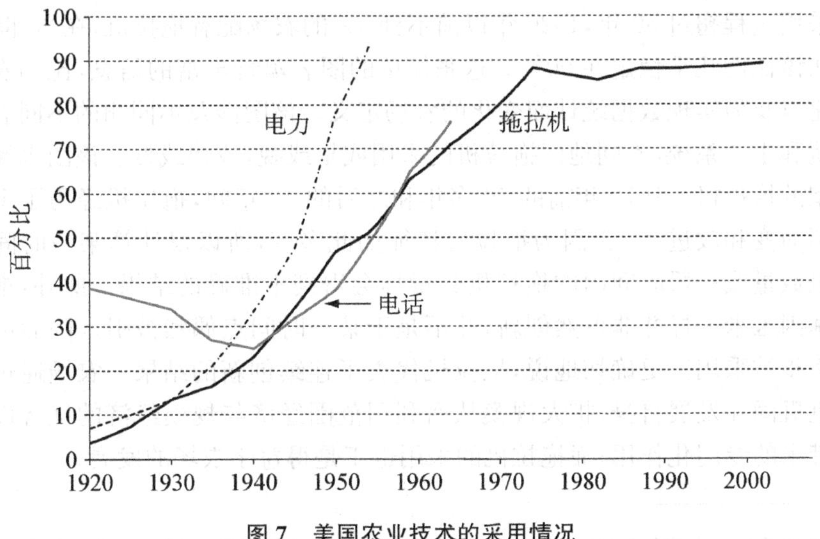

图 7　美国农业技术的采用情况

资料来源：Alston 等人（2010）以美国农业普查数据（不同年份）为基础统计得到。

注：图中使用线性插值法补充农业普查年之间的数据。图中百分比由配备拖拉机、电力或电话的农场数量除以农场总数量得到。

---

① 完整分析还包括该技术的国际采用情况及其产生的价格效应对美国的影响。

② 玉米的例子很好地展现了作物改良是一个积累的过程。除草剂耐性或抗虫性等基因工程创新发生在 20 世纪末，而杂交玉米则是 20 世纪初的创新成果，但两者之间存在紧密的联系。

③ Olmstead 和 Rhode（2000，2008）广泛研究了 1910—1990 年间美国农业的变革。他们重点强调技术创新的作用，但也指出技术创新并不是唯一的重点。他们在研究中涵盖机械化、交通与通信以及经济学家的相关研究，由于我们有意对材料进行了筛选，因此他们的涉及面更广。

况——拖拉机、电气化和电话。[①]

1920年,7%的美国农场实现电气化。在接下来的30年间这一比例上升至90%以上,曲线呈现出典型的S型,而电话的采用过程则大有不同。配备电话的农场比例从1920年的40%降至1940年的25%,这一现象也许反映了大萧条时期和第二次世界大战的影响。[②] 1940—1960年配有电话的农场数量从四分之一左右增长至三分之二,其增长趋势与配备拖拉机的农场数量变化大致吻合。所有上述变化均可反映出技术使用量和农场数量的变化,因为农场数量变化迅速,20世纪后半期尤为如此,从1920年的640万降至1940年的600万,然后进一步降至1960年的360万。另外,因为歇业的正是经济上不够成功的小型农场,所以剩余的农场规模越来越大,各方面不断变化,这与新技术的采用密不可分。

由于我们有更多关于农场拖拉机使用的优质数据,并且拖拉机取代马匹和骡子为农业带来了巨大的变革,所以拖拉机研究应该得到重点关注。[③] 图7显示其采用过程超过50年,1920年以前不到5%的农场配有拖拉机,在20世纪70年代初该比例几乎稳定在90%。这张简单的图表蕴含丰富的信息,比如农场数量变化以及为实现数据统计而变化的农场定义。该图涉及不同州的不同农业生态环境和生产系统,不同地区拖拉机的采用或早或晚,或快或慢。该图也涵盖不同类型的拖拉机。1970年前的50多年和之后的40年间,拖拉机经历了多方面的不断演变和改进。[④] 正因为拖拉机特征如此多变,所以仅计算某一时间点的拖拉机数量或一段时间内的拖拉机数量均会得到不准确的结果。此外,拖拉机和转基因玉米一样并非偶然创新,并不是于某一时间点偶然被引入随后以初始形态逐步被采用。更确切地说,拖拉机代表了连续创新的结果。农场通过采用拖拉机巩固和发展自身,扩大规模从而利用范围经济与规模经济的优势以及机械化带来的专门化作用;而拖拉机的采用也正是得益于农场的发展。

---

① 此处数据为全国范围的百分比。我们也有州级数据和其他作为持续研究对象的创新数据(例如联合收割机的采用数据)。

② 电话和电力均需要基础设施投资。公共政策,尤其是包括农村电气化管理局(REA)和田纳西河谷管理局(TVA)在内的罗斯福新政,大大推动了电力供应发展及其在郊区的推广(见 Emmons, 1993)。此类技术的可及性和农民个体的采用情况同样受制于其他经济因素。Goldin(1947)在研究中描述过20世纪30年代美国电话产业停滞不前的状态。请参见 Olmstead 和 Rhode(2000)引用的研究内容。

③ Olmstead 和 Rhode(2001)对美国农业中拖拉机的使用进行了深刻分析,得出不同时间空间中马匹和骡子的价格变化以及它们生产和消耗的饲料所产生的作用;价格变化对农民个体而言具有外生性,是他们决定是否采用该技术的决定因素,而就整体产业而言价格变化则是内生性因素。参见 David(1996)。

④ 改进之处包括气压轮胎、悬架系统、液压系统、动力输出装置、燃油效率、马力、驾驶安全及舒适度(包括软席座椅、空调、音响系统)、四轮驱动和计算机驾驶系统。

通过比较图 6 中玉米品种的采用曲线和图 7 中拖拉机、电力和电话的采用曲线可以得出一个共同点。农业创新的采用过程需要时间——广义品种创新(例如全国杂交玉米或转基因玉米,而地方作物品种则称为个体作物品种)的过程需要 15～30 年,主要的机械创新(例如拖拉机和联合收割机)和其他重要技术创新(例如电话和电力)则需要 30～50 年。上述事实清晰表明,推动技术开发的研究投资与最终回报间存在较长时滞。采用引发的滞后必须被计入研发滞后当中,虽然后者难以准确估算,但其长度不可小觑。

6.3　从空间角度看研发归因问题

农业研发文献较为关注研发滞后结构而较少关注空间属性,这一点有别于工业研发文献的研究。然而近期文献越来越注意到特定地缘政治实体创造的知识会影响其他地方的技术,这对溢出效应的创造方和接收方而言都具有重要意义。农业应用领域的研究最早开始关注上述问题。

Griliches(1957)分析了全美范围内杂交玉米技术的产生和扩散,是扩散经济学和农业技术空间溢出效应领域的开创性研究。[①] 1920 年,康涅狄格州最早开始销售杂交玉米种子,四年后爱荷华州开始销售,但是直到 20 世纪 30 年代初这种取得商业成功的种子才开始大量广泛供应,技术迅猛发展,这一现象起于盛产玉米的"玉米带"各州,随后扩散至各地。1936 年,爱荷华州只有 10%的玉米地种植杂交玉米(短短四年后这一比例就上升至 90%),而在农业生态特征与"玉米带"各州大不相同的阿拉巴马州,直到 1948 年种植杂交玉米的面积比例才达到 10%。这意味着适宜某个州(或适宜该州主要农业生态条件)的杂交种子在可及性方面存在滞后,并且在种子被推广后此项技术被采用或"接受"也同样存在滞后。

杂交玉米技术以及 Griliches 的相关研究生动地展示了一项重要生物创新的空间溢出效应,还展示了该技术扩散过程中私人企业、联邦实验室以及州立公共实验室的作用。虽然研究特定技术的溢出效应能得到许多收获,但是他们仅阐述了部分研发的溢出效应。[②] 其他研究以整体农业研究为对象,使用研发的集合数据(特定地区或特定州以及全国范围的数据)通过回归方法评估其对生产

① 与创新采用相关的经济学文献大量涌现,其中很多研究关注农业新创新的采用。例如,Lindner 等人(1979)、Feder 和 O'Mara (1982)以及 Johnson 和 Ruttan (1997)。Feder 等人(1985)以及 Sunding 和 Zilberman(2001)回顾了该领域的大量文献。

② 例如,Evenson 和 Kislev(1973,1975)分析了小麦和玉米研究的溢出效应,Araji 等人(1995)关注马铃薯研究中的溢出效应,而 Mareida 等人(1996)以及 Byerlee 和 Traxler(2001)分析了小麦研究的溢出效应。

力的影响。[①] 例如,Huffman 和 Evenson(1993)发现美国 SAESs 的研究收益中很大一部分(45%以上)由州际溢出效应创造得到。

不论是否与溢出效应有关,过去的研究都已或明或暗地提出假设,即农业研究会带来以地缘政治范围为边界的空间溢出效应。例如,以往针对美国农业研究对生产力影响的分析大多已假设农业研究具有可替代性,比如美国全国农业产出取决于全国公共农业研发的总开支,与开支目的或开支承担者无关(Alston 等人,1998; Chavas 和 Cox, 1992; Evenson, 1967; Griliches, 1964; White 和 Havlicek, 1982)。

相较而言,各州开展的部分研究提出各州研究只在同一地缘政治区域的不同州之间产生溢出效应,该地缘政治区域以外的研究并不会影响其农业生产力。[②] 这些研究中各州的分区以及溢入变量的细节都不尽相同。例如,Khanna 等人(1994)依据 USDA 经济研究局修订的分类方案将各州划分为六个区域。对每个区域的每个州而言,一个溢出变量包括同一区域其他州的研究,即此区域以外的州所开展的研究不影响该区域所有州。Yee 和 Huffman(2001)在研究中为 48 个毗邻州分别建立了公共知识溢入库,作为相关区域所有州的公共研究总存量,但其中除去该州自身的研究存量。自 Huffman 和 Evenson(1989)开始,不少其他研究都仍然将技术溢出效应限制在毗邻的地缘政治区域内的邻州之间,此外还融入了地理气候信息。[③]

然而,很多研究直接忽略了其他州或联邦政府研究的影响力(例如,Alston 等人,1994; Leiby 和 Adams, 1991; Norton 和 Ortiz, 1992),并且除特别强调国际溢出效应的研究外,几乎所有针对农业研发的回归研究都忽略了这一可能性。Bouchet 等人(1989)以及 Schimmelpfennig 和 Thirtle(1999)的研究是两个例外。[④] 广泛阅览相关文献即可发现,不论国家研究使用何种方法,都极少考虑到溢入或溢出——Alston 等人(2000)在他们的实证统计分析中发现不足 20%的研究考虑到了任何溢出效应。

---

① Alston(2002)回顾了农业技术溢出的相关文献,其中重点关注美国的技术应用情况。请参见 Pardey 等人(1996)的研究,他们详细分析了菲律宾和墨西哥国际研究中心开发的水稻和小麦品种所产生且溢出至美国的经济效应。另请参见 Pardey(2006a)的研究,他们从经济角度评估了国际作物品种对巴西产生的大规模溢出效应。

② 专利申请书和专业出版文献中的引用模式显示空间溢出效应几乎无处不在。

③ 随后 Huffman 和 Evenson(1992, 1993, 2001, 2006a, b)、Huffman 和 Just(1994)以及 McCunn 和 Huffman(2000)在研究中均运用了同一套溢出权重标准。

④ 另一方面,部分研究并未使用回归方法分析 CGIAR 中心对采用国农业生产力的影响,而是强调技术的溢入(例如,Brennan, 2007; Brennan 和 Bantilan, 1999; Brennan 和 Fox, 1995; Brennan 等人, 1997; Pardey 等人,1996)。Alston(2002)回顾了上述研究。Brennan(2007)阐述了小麦从 CIMMYT 到澳大利亚的溢出效应及其近期应用。

无论是忽略溢出效应还是测量最接近的因素以代表溢出效应——这一建模决定至少在一定程度上取决于可获取的数据限制以及简洁模型的要求。即使我们深知州际或国际溢出效应的潜在作用(并且没有被数据限制完全束缚住),我们仍然不清楚应该如何做。不过显而易见的是,我们无法避免限制性假设。

7. 创新结果

农业创新在人类发展进程中发挥了重要作用,在某些情况下是经济发展过程中至关重要的一环。但是正如任何经济领域的重要变革一样,农业创新会产生多方面影响,其中部分方面并不为所有被影响方接受。

纵观有文字可考的农业历史,有关食品安全、农业从业者安全以及环境的问题不断出现,还有人提出需要制度来监管农民或食品加工者可能采用的技术类型。某些创新可能会带来风险,而农民或相关人员未必能意识到这点,其后果也未必会在市场上得到充分体现。例如,某些地区的土地开垦和灌溉活动已经导致土地盐渍化以及土地退化问题,农民和其他处于下游或远离水源的人都必须面对这一问题;有些情况下土地或地下水中累积的杀虫剂和化肥等化学物质会对有益物种或人类健康带来意外伤害;现代畜牧生产体系所使用的集约养殖结构已被质疑不利于动物本身的良好发展。经证实,部分后果确实存在并且受到相关制度约束(例如 DDT 对鸟类,尤其是猛禽的影响,并且美国禁止将其作为杀虫剂使用),但在很多情况下反对农业创新的声音并无科学支撑(例如,当今社会有人反对转基因作物品种,但是这些品种已被证明至少与传统技术一样安全;另外,20 世纪初有人反对使用巴氏灭菌法的牛奶,20 世纪末又有人反对食品辐照技术)。历史证明,由于农业创新具有多方面难以预料和测算的影响,所以即使缺乏科学证据,一些重要的创新项目也可能会遭到强烈反对,相关人员在决定是否允许使用特定创新技术时也并不知道所有可能产生的后果。从以往经历可知,出于非市场原因反对特定技术有时是合理的,但与之相反的情况更为多见。

除外部效应或异地效应以外,农业创新的分配效应也十分重要,该效应会通过农业创新对不同农场产出供应、土地需求、劳动力需求、农民对其他投入要素的需求及其价格的影响表现出来。农业创新的一大主要影响即解放劳动力和其他资源从而实现其他目的,很多经济学家认为这是农业创新的一项优点。但是由于该领域的从业人员感到处于不利地位并且因此而失业,所以部分节省劳动力的农业创新引起了政治行动或法律诉讼。[①]

节省劳动力的创新为农场和农业的性质带来了显著变化,使其规模增大、更专业化,农村社区对基础设施与服务的需求量也同时增加。很多评论员感叹农场数量的下降、家庭农场的损失、农村社区数量的减少和小城镇的损失,感叹伴随全球农业现代化出现的种种改变。其他创新因其他理由面临着不同的质疑,其中有些与感性的农场概念以及非现实的农耕生活方式有关。

我们将在本节中总结农业创新的总体模式,关注其对土地、劳力以及其他资源使用的影响,研究其对农业整体生产力的影响以及对投入配置(技术变革的要素偏向)和产出组合的影响,然后我们将着手计算其中的收益。

7.1 成本推动或需求拉动的创新影响因素

从技术变革的角度出发,新技术往往通过大学研究和政府研究机构提供的资金通过社会其他领域进入农业领域。因此,对农业而言技术变革具有外生性,是机器引入的结果,并且政府资助的研发项目将劳动力由农业转移至其他领域。另一种观点认为制造业的技术变革带动了农业领域的技术变革,制造业的技术变革吸引劳动力脱离农业领域,抬高工资水平,刺激节省劳动力的创新需求。我们几乎可以肯定这两种力量同时存在,只是因时间地点的不同、两者间的力量强弱也有所不同。Kislev 和 Peterson(1981, p. 564)总结道:

> “农民需要又新又好的机器,因为相比机器服务的价格,农业劳动力成本(包括家庭劳动的机会成本和雇用劳动力的工资成本)有所上升。面对上升的需求量,机器制造商通过投资研发和车间设备扩大自身的生产力……因此,正如证据所示,几乎所有带动农场机械化的技术变革都发生在制造业领域。”

7.2 要素节约型创新

有关农业生产力增长的速度和方向的比较研究经历了三个阶段(Ruttan, 2002, pp. 165—167)。起初,相关研究重点测度部分生产力指数,例如每人每英亩(或每公顷)的产出。Colin Clark 在其开创性著作《经济进步的条件》(*The Conditions of Economic Progress*, 1940)中首次集中了每单位土地和劳动力的

---

① 加利福尼亚州的西红柿收割机就是一个典型的例子。Schmitz 和 Seckler(1970)认为取代人力劳动的社会代价会抵消技术带来的收益。Martin 和 Olmstead(1985)以及其他研究人员指出①随着布拉塞洛计划的终止,劳动力开始减少,正是这一点刺激了创新的发展,而不是创新导致了劳动力的下降;②在一定的反事实情境下,加利福尼亚州开发、采用西红柿收割机其实提升了加利福尼亚西红柿产业的就业总量。

产出数据并比较国与国之间的时间序列。20 世纪 60 年代末，Yujiro Hayami 及其同事（Hayami，1969；Hayami 等人，1971）更新了 Clark 的国际比较结果。这些针对部分生产力的早期研究表明各国和世界主要地区之间的土地和劳动生产力差距极大。近期土地和劳动生产力的发展仍遵循以往发展趋势（Hayami 和 Ruttan，1971；1985 年再版，pp. 118—133；Pardey 等人，2007）。

图 8 中横轴表示劳动生产力（人均产出），纵轴表示土地生产力（每公顷农业用地的产出）。斜线表示土地—劳动力比例（人均农业土地公顷数）。国家和地区的线条表示特定国家或地区的土地—劳动力轨迹。各国与地区的增长模式可大致分为三类：①土地有限模式，即每公顷产出的增速快于人均产出；②土地充裕模式，即人均产出增速快于每公顷产出；以及③折中模式，即人均产出和每公顷产出的增速大概一致。Hayami 和 Ruttan（1971）提出垂直轨迹体现的是“生物技术”，而水平轨迹体现的是“机械技术”。发展后期阶段劳动力价格与土地价格相比会有所增长，该增长模式呈现出节省劳动力的趋势。

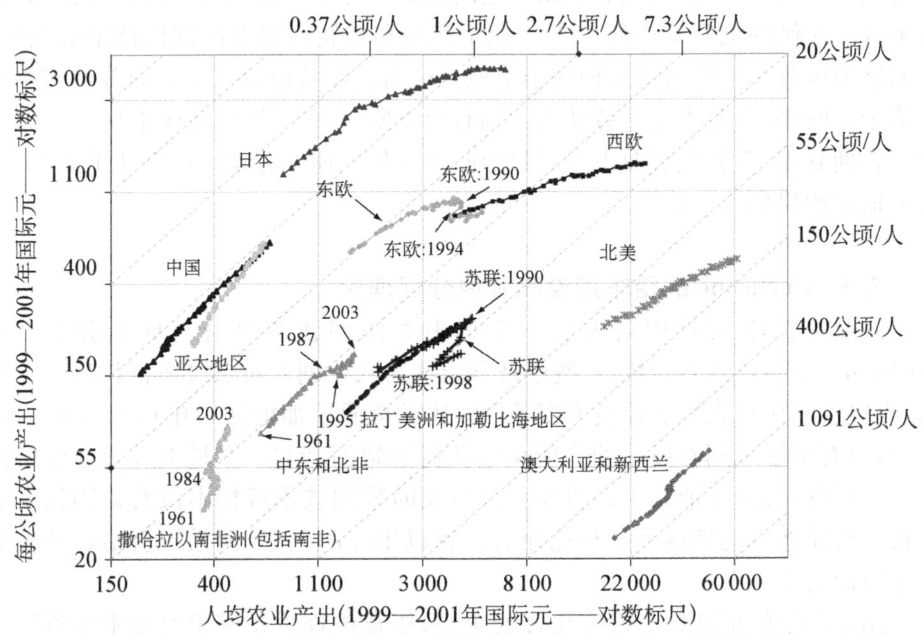

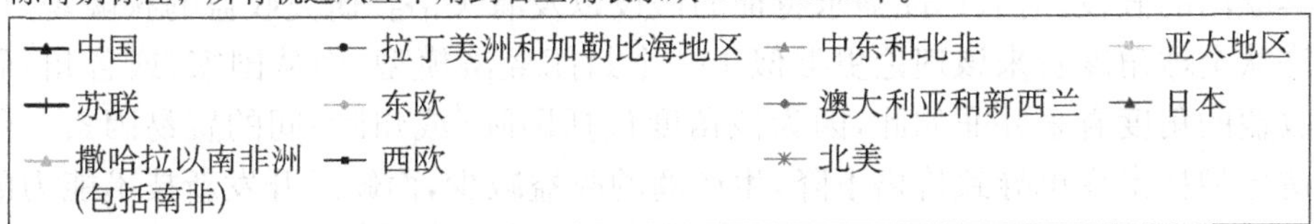

图 8　全球农业技术变革速率及要素偏向

资料来源：Pardey 等人（2007）更新图 4 所得。

Hayami 和 Ruttan(1970,1971)在首次测试他们的诱发性技术变革假说时使用了如图 8 所示的部分生产力比例。图 8 中的数据呈现了一个重要的现象,即仅凭技术演变或技术转移无法解释生产力变化和地区间的差异。图 8 中每公顷农业产出(土地生产力)的对数比例由横轴表示,人均农业产出(劳动生产力)由纵轴表示,整幅图涵盖了全球九个地区 1961—2003 年每年的数据,包括苏联和日本(共涵盖 231 个国家)。1961—2003 年所有生产力轨迹均朝右上角发展,意味着生产力都在不断提升。生产力轨迹越长说明变化率越大。中国和亚太地区的土地生产力增速最快(年均增速分别为 3.4%和 2.8%),苏联增速最慢(0.08%)。随着大批劳动力离开农业领域,日本的劳动生产力增长最快(年均增长率为 5.15%),撒哈拉以南非洲(包括南非)增长最慢(0.35%)。

图中所示的斜线表示常量比例(特别是土地与劳动力的比例)。当一个国家的生产力轨迹斜率比斜线小(例如近几十年的日本),则表示该国人均农业土地面积有所增长。以日本为例,1961 年人均土地面积为 0.59 公顷,2003 年该数字上升至 1.57 公顷。澳大利亚和新西兰的土地—劳动力比例几乎没有变化,而在北美这一比例的上升率达到 73%。拉丁美洲和加勒比海地区的比例增长较缓,表明该地区劳动生产力增速稍快于土地生产力。撒哈拉以南非洲的劳动密集型趋势十分明显,因此土地—劳动力比例有所下降。1961 年该地区平均每位农业生产者拥有 10.5 公顷农业土地,但是到 2003 年土地—劳动力比例几乎减半,人均土地面积仅剩 5.4 公顷。

7.3 Cochrane 的踏车理论和其他分配理论

农业经济学文献中的大量论文集中关注创新的收益与成本分布。从 Cochrane(1958,1993)开始,一些经济学家认为农业创新对农民而言就是一个踏车,直接或间接地表明农业技术变革使农民的境遇更加糟糕。在 Cochrane 的分析中,只有最早采用新技术的人能从中获得短暂的利益。产量上升导致价格被下压,最终损失会抵消其中的收益。没有及时采用技术或根本没有采用技术的人将一败涂地。他把这个过程比作农民赖以生存的踏车,但最终会给农业发展带来负面后果。

踏车理论的描述并非没有质疑的余地,毕竟该理论是基于对技术变革形式及其原因的假设、对农产品需求特征的假设以及有关潜在研究收益的狭隘观点。也许从全球角度看来该理论更类似于一个封闭经济模型,而从国家(或各州)研究收益的角度看来并非如此,因为该角度包括国际(或州际)间的贸易因素。研发诱导型技术变革导致价格下降,生产商的收益减少,而缺乏开发新技术能力的生产商则会成为彻头彻尾的失败者。但是只要需求具有弹性,生产商作为一个整体就不会遭受损失;而对于多数美国可交易的农产品而言,其需求并不会丧失弹性。在某些情况下，美国确实根本无法影响世界价格，所以生产商不会蒙受损失。大多数其他美国农业商品的需求弹性较高，不会达到让生产商蒙受损失的地步（Gardner，1988），虽然不是所有农业经济学家都如此认为，但此观点是该领域的主流看法。即使在相关需求缺乏弹性这类极端情况下，生产商也不太可能出现整体损失。

但这并不意味着所有生产商都能获利。可以肯定的是，当其他人都采用某项创新成果，产品价格也因此下降，那么不采用该创新的农民就会失利；而那些开展创新的农民必须不断坚持创新，因为集体创新会导致价格下降，只有不断创新才能避开价格下降带来的不良影响。但在这个动态情形下，创新过程仍可能为农民创造收益，这表明在多数情况下，农民们作为一个整体共享农业创新的收益（例如，见 Alston 和 Pardey，1996）。

问题的关键不在于研究是否产生净收益，而在于生产商和其他人之间的收益分配状况。在使用传统的比较静态分析方法研究采用流程创新对整个市场的影响时，如果农民平均成本的降速比价格降速快，那么他们就会获益。该情况是否会发生取决于该产品需求和该创新的性质——具体而言，当需求弹性较低时，农民从创新中获益的可能性较低。毫无疑问，消费者能从中获益，但是剩余的创新利益在农民和其他人（包括其他农业综合企业、土地所有者以及农民所需投入的供应方，比如农场劳动力和农业技术供应商）之间的分配状况仍然不明。例如，Herdt 和 Cochrane（1966）曾提出农场因技术变革所得的利益并不等于农民的利益："……我们可以得出结论，能从技术进步中获益的不是农场主或农场经营者，而是农场的土地所有者（p. 243）。"实证文献尚未对此问题得出明确结论，主要因为文献中估算利益所用到的假设已经提前决定了这一结果。农民是否能从农业创新中获利？目前相关人员尚未设计出能明确回答该问题的试验，而农民到底能获利多少更无从知晓。

7.4　非市场研究效应

公共研究者和农业研究者都十分关注环境和自然资源的问题。此类问题包含自然和物种保护、杀虫剂和氮对地下水的污染、杀虫剂及除草剂残留对农民、其他农业活动从业者和消费者身体健康的危害（例如，Antle 和 Pingali，1994）。农业和农业技术变革对环境的影响并不总是与此类政策相关。[①] 因此，收益率研究或生产力增长数据中均未适当考虑农业技术带来的环境影响和保护资源或环境设施带来的益处。结果经济学家易于高估生产力的整体增长，而夸大某些

---

① 一直以来，某些环境和自然资源保护的问题并未被忽视。比如，美国多年前就已成立土壤保护局。

研发对传统生产力测量结果的刺激作用。Alston 等人(1995b)讨论了其中部分问题。商品市场中的供需分析往往无法体现环境效应,因此该影响属于研发的非市场利益。以传统方法衡量农业研究难以捕捉环境和其他非市场效应。进一步而言,即使环境或资源问题的研究以类似传统研究的方式影响农业市场,其所产生的利益仍可能难以评估。

资源或环境研究也许能提高农业生产力并且降低生产成本。然而,上述后果往往难以计算,因为环境退化过程很难被量化,而且虽然生产力的变化具有深远的潜在影响,但毕竟是一个逐步发生的过程。另外,生产力计算可能会遗漏一些重要的研究结果,例如,去除土壤中的硒会对农业生产力产生复杂的多面影响,但同时也会对野生动植物带来好处。部分利益能通过生产力增速变化的形式表现出来。防止生产力下降通常更为重要,且此类影响在普通收益率计算方式中并不能得到充分体现。于是,我们需要比较此类研究影响下的生产力发展趋势和没有此类研究影响下的生产力发展趋势,而评估上述趋势并非易事。这一问题虽然与评估“维护”研究的效果相似(在上文中已讨论),但难度更甚,因为环境或制度因素的动态影响十分复杂且难以理解。

针对环境和资源的农业研究日益倾向于帮助农业有效应对新增制度。公众对环境制度的需求不断增加,农业需要制定新的措施以帮助农民应对不断变化的严格制度,维持农民生产力。面对新的制度规定,不断持续研究才能保持生产力的增长趋势,保持过去的生产力增长成果。此类制度对于现代农业经济环境而言是个巨大的挑战,该环境有助于农业研究为生产力的长期发展和其他社会目标做出贡献。农业研究还直接有助于改善环境和休闲设施。此类效益同样难以计算,并且难以转化为可计量的经济所得。因此,环境改善能造福公众,但往往不会体现在经济状况评价中,更不会体现在农业研究的收益率中。

7.5 文献中的收益率

农业经济学家们已为量化农业研发成果投入了大量精力,但是这些研究基本是以相关社会的整体利益为对象,而非社会中的特定群体。Alston 等人(2000)对 292 项估算农业研发收益的研究开展了统计学分析,结果表明所涉及的 1 852 个样本中内部平均收益率约为 81.3%,众数为 40%,中位数为 44.3%(见表 2)。在去掉异常值和不完全统计观测结果后,他们使用剩余 1 128 个样本进行回归分析,得到平均值为 64.6%,众数为 28%,中位数为 42.0%。虽然他们的分析结果基本符合预期,但是收益率估值受到的影响与被评估研究的性质、应用产业或评估方法有关,而由于信噪比太低,他们往往无法区分上述不同情况的统计数据。然而,所有研究都有一项重要的共同发现,即收益率十分可观。文献中内部收益率主要分布在年均 20%~80%之间。

表 2　滞后结构和农业研发的收益率

特征	估计值		收益率				
	数量	总份额	平均值	众数	中位数	最小值	最大值
	计数				百分比(%)		
研究滞后长度							
0～10	370	20.9	90.7	58.0	56.0	−56.6	1 219.0
11～20	490	27.7	58.5	49.0	43.7	−100.0	677.0
21～30	358	20.2	152.4	57.0	53.9	0.0	5 645.0
31～40	152	8.6	64.0	40.0	41.1	0.0	384.4
40～∞年	113	6.4	29.3	20.0	19.0	0.3	301.0
∞年	57	3.2	49.9	20.0	35.0	−14.9	260.0
不明	205	11.6	48.7	25.0	34.5	1.1	337.0
未知	27	1.5	43.1	27 和 60	38.0	9.0	125.0
研究酝酿滞后							
包含	468	59.2	65.5	46.0	47.1	−14.9	526.0
省略	314	39.7	96.7	95.0	58.8	0.0	1 219.0
不明或未知	8	1.0	25.1		24.1	6.9	55.0
总量	790	100.0	77.5	46 和 58	50.2	−14.9	1 219.0
溢出效应							
溢入	291	16.7	94.5	95.0	68.0	0.0	729.7
溢出	70	4.0	73.7	95.0	46.4	8.9	384.4
没有溢出效应	1 428	81.7	78.8	49 和 57	40.0	−100.0	5 645.0

注：本表内容基于 292 部出版物中所有 1886 年的观察值。就所有特征而言，样本已排除两个极端异常值，仅包含研究的收益，并且与研究和推广相结合，使样本规模最大化，达到 1 772。而就研究酝酿滞后而言，该样本仅包括呈现明确滞后形态的观测结果，此时样本规模仅为 790。就溢出效应而言，由于信息不完整导致 25 项观测结果不可用，所以样本规模为 1 747。部分估算结果具有两种方向的溢出效应。
资料来源：以 Alston 等人(2000)的报告数据为基础。

Alston 等人(2000)依据相关证据得出结论，整个社会从农业研发得到的收益相当可观，但是农业研发也会引起不少问题，例如研究所用的方法有可能导致估计值产生向上偏差。他们尤其强调研究可能受到以下几种偏差的影响：①研究滞后分布太短导致的偏差(如理论所述,结果显示不断增加的研究滞后长度导致收益率降低);②"采樱桃谬误"产生的偏差,即只有最成功的研究投资被纳入评估范围;③归因偏差,即没有考虑到其他州或国家的其他私人和公共研究机构对计算收益的溢出作用;或者④评估方法的其他方面引起的偏差。

7.6 美国农业研发的近期证据

最近,Alston 等人(2010)利用 1949—2002 年的州级数据研究了美国公共农业研究和生产力。他们在研究过程中特别关注研究滞后分布模型和研究影响的州际溢出效应,以及 Alston 等人(2000)提出的其他方法论问题。他们发现研究滞后较长(整体滞后长度为 50 年,第 24 年时影响最为明显,但大多数影响会在 40 年内消失),且一个州生产力的增长很大程度上归功于其他州或联邦政府开展的研究。这些结论表明一个州的研究投资对国家产生的利益远大于自身利益,由于政府出于理性可能希望忽略对其他州产生的溢出收益,所以该现象会成为农业研发市场失灵的原因之一。

表 3 总结了研究者优选的模型结果,通过收益—成本比例和内部收益率的形式展示了美国农业研究和推广通过各州和联邦投资产生的本州及国家收益分布。[①] 结果显示,美国 48 个毗邻州的农业研究和推广的边际投资中每一美元代表 2～58 美元的本州收益,各州平均值为 21 美元(在农业规模小且不断萎缩的州,收益—成本比例总体较低,尤其是新英格兰)。考虑到其他州的溢出收益,各州农业研究和投资产生的国家收益达到 10～70 美元(每美元边际投资),平均值为 32 美元。USDA 内部研究的边际收益—成本比例达 18 美元(每美元边际投资)。

表 3 美国农业研发的收益—成本比例和内部收益率

各州研究和推广收益	收益—成本比例(3%的实际贴现率)		内部收益率	
	本州	国家	本州	国家
	比例(%)		百分比(%)/年	
48 个州				
平均值	21.0	32.1	18.9	22.7
最小值	2.4	9.9	7.4	15.3
最大值	57.8	69.2	27.6	29.1

① 正如 Alston 等人(2010)所述,出于多重原因,我们更倾向于使用收益—成本比例而不是内部收益率。我们使用内部收益率是为了与其他研究进行比较。

（续表）

各州研究和推广收益	收益—成本比例（3%的实际贴现率）		内部收益率	
	本州	国家	本州	国家
部分州				
加利福尼亚州	33.3	43.4	24.1	26.1
明尼苏达州	40.6	55.4	24.7	27.3
怀俄明州	12.7	23.6	16.8	20.9
地区				
太平洋	21.8	32.9	20.2	23.5
山区	20.0	31.6	19.0	22.7
北部平原	42.4	54.5	24.9	27.0
南部平原	20.2	31.0	19.5	22.7
中部地区	33.7	46.8	23.1	25.9
东南地区	15.1	26.7	17.6	22.0
东北地区	9.4	18.4	14.0	19.0
USDA 研究		17.5		18.7

资料来源：Alston 等人（2010）。

表 3 中的收益—成本比例总体偏高，对某些读者而言可能难以置信。然而事实上，与文献整体结果以及表 2 数据相比，这些比例与该范围中数据较小一侧的内部收益率一致，这一点在其他人的研究中有所提及（例如，Evenson，2002；Fuglie 和 Heisey，2007）。本州"私人"收益率约为 7.4%～27.6%，各州平均值为每年 18.9%，而国家"社会"收益率约为 15.3%～29.1%，各州平均值为每年 29.1%，USDA 内部研究收益率为每年 18.7%。

8. 结论

农业创新在悠久的世界历史中占有重要地位，在原始捕猎社会转变为当代工业经济的过程中，农业创新必不可少。即使在今天，全世界仍有五分之二的农业人口，每个需要食物的人都深受农业创新的影响。经济学家开始研究产业创新经济学后，农业自然是最初的研究对象之一，其在经济中的重要性更加凸显。因此，农业创新经济学一开始便是创新经济学的重要元素之一，有时甚至占据学科前沿。

农业创新经济学文献已经从涵盖范围更广的产业创新经济学文献中逐步分离,这一趋势在过去20年间尤其明显。这一定程度上反映了农业与众不同的产业结构以及政府的特殊作用,而这些可能意味着不同类型的经济问题。我们在自己的农业研究中强调过,并且在本章再次重点强调研究开支及其生产力影响之间的滞后性质与长度。几乎所有产业的研发文献都会使用几何滞后分布模型,且折旧率偏高(通常为15%),但是这种做法并不适合表现农业研发的滞后情况。

农业创新与其他创新有很多相似之处,但也有所不同,我们着重强调以下几个方面的不同:①农业生产的原子性;②农业技术的空间特异性、空间溢出效应与适应性研发需求的影响;以及③以下因素的作用:共同进化的病虫害、提高维护研究需求的气候变化,以及其他减少农业生产对不可控因素敏感性的创新。这些特征表明,农业研究及创新中市场失灵的特点及程度与其他经济领域相比大有不同。因此政府政策也应有所不同,其中包括不同的知识产权保护措施以及政府在资金支持和开展研究方面的不同作用。

尽管政府进行广泛干预,但是证据显示全世界在农业研发领域的投资仍然不足,尽管收益率却很高。另外,虽然我们拥有收益证据,但是针对农业研究的公共支持增长明显减缓,发达国家的这一趋势尤其明显,研究资源也从提升农场生产力转移至其他更具政治意义的方面,例如食品安全、环境、人体健康(例如肥胖症)、粮食保障,等等。

致谢

我们十分感谢 Connie Chan-Kang、Steve Dehmer 和 Sue Pohlod 对本研究提供的帮助,同时还要感谢 Matt Andersen、Jennifer James、Alan Olmstead 和 Daniel Sumner 提供的建设性意见与评论。感谢加利福尼亚大学、明尼苏达大学、USDA 经济研究局、农业研究局、州际研究、教育和推广合作局国家发展计划项目以及吉安尼尼农业经济基金会对本研究项目的支持。

参考文献

Adusei, E. O., Norton, G. W. (1990). "The magnitude of agricultural maintenance research in the USA". Journal of Production Agriculture 3(1), 1 - 6(January-March).

Ahmad, S. (1966). "On the theory of induced invention". Economic Journal 76(302), 344 - 357.

Ahmad, S. (1967). "A rejoinder to professor Kennedy". Economic Journal 77(308), 960 - 963.

Alston, J. M. (2002). "Spillovers". Australian Journal of Agricultural and Resource Economics 48(3), 315 - 346.

Alston, J. M., Pardey, P. G. (1996). Making Science Pay: The Economics of Agricultural R&D Policy. American Enterprise Institute Press, Washington, DC.

Alston, J. M., Pardey, P. G. (1999). "The economics of agricultural R&D policy". In: Alston, J. M., Pardey, P. G., Smith, V. H. (Eds.), Paying for Agricultural Productivity. Johns Hopkins University Press, Baltimore, MD (Chapter 2).

Alston, J. M., Pardey, P. G. (2001). "Attribution and related problems in assessing the returns to agricultural R&D". Agricultural Economics 25(2/3), 141 - 152.

Alston, J. M., Venner, R. J. (2002). "The effects of the US plant variety protection act on wheat genetic improvement". Research Policy 31(4), 527 - 542.

Alston, J. M., Edwards, G. W., Freebairn, J. W. (1988). "Market distortions and the benefits from research". American Journal of Agricultural Economics 70(2), 281 - 288.

Alston, J. M., Pardey, P. G., Carter, H. O. (Eds.), (1994). Valuing UC Agricultural Research and Extension. University of California, Agricultural Issues Center, Davis, CA (March).

Alston, J. M., Anderson, J. R., Pardey, P. G. (1995a). "Perceived productivity, forgone future farm fruitfulness, and rural research resource rationalization". In: Peters, G. H., Hedley, D. D. (Eds.), Agricultural Competitiveness: Market Forces and Policy Choice. Proceedings of the twenty-second international conference of agricultural economists Ashgate Publishing, Aldershot, UK.

Alston, J. M., Norton, G. W., Pardey, P. G. (1995b). Science Under Scarcity: Principles and Practice for Agricultural Research Evaluation and Priority Setting. Cornell University Press, Ithaca, NY (Reprinted in soft cover by CAB International 1998).

Alston, J. M., Craig, B. J., Pardey, P. G. (1998). Dynamics in the creation and depreciation ofknowledge, and the returns to research. EPTD Discussion Paper No. 35 International Food Policy Research Institute, Washington, DC (August).

Alston, J. M., Marra, M. C., Pardey, P. G., Wyatt, T. J. (2000). A Meta Analysis of Rates of Return to Agricultural R&D: Ex Pede Herculem? Research Report No. 113. IFPRI, Washington, DC.

Alston, J. M., Freebairn, J. W., James, J. S. (2003). "Distributional issues in check-off funded programs". Agribusiness: An International Journal 19(3), 277 - 288.

Alston, J. M., Freebairn, J. W., James, J. S. (2004). "Levy-funded research choices by producers and society". Australian Journal of Agricultural and Resource Economics 48(1), 34 - 64(March).

Alston, J. M., Dehmer, S., Pardey, P. G. (2006). "International initiatives in agricultural R&D: The changing fortunes of the CGIAR". In: Pardey, P. G., Alston, J. M., Piggott, R. R. (Eds.), Agricultural R&D in the Developing World: Too Little, Too Late? International Food Policy Research Institute, Washington, DC (Chapter 12).

Alston, J. M., Pardey, P. G., Ruttan, V. W. (2008). "Research Lags Revisited: Concepts and Evidence from U. S. Agriculture". In Department of Applied Economics Staff Paper No. P08 - 14. University of Minnesota, St. Paul, MN
(December).

Alston, J. M., Beddow, J. M., Pardey, P. G. (2009). Mendel versus Malthus: Research

Productivity and Food Prices in the Long Run. Department of Applied Economics Staff Paper No. P09 – 01. University of Minnesota, St. Paul, MN (January 2009, revised September 2009).

Alston, J. M. , Andersen, M. A. , James, J. S. , Pardey, P. G. (2010). Persistence Pays: U. S. Agricultural Productivity Growth and the Benefits from Public R&D Spending. Springer, New York.

Antle, J. M. , Pingali, P. L. (1994). "Pesticides, productivity, and farmer health: A Philippines case study". American Journal of Agricultural Economics 76, 418 – 430 (August).

Araji, A. A. , White, F. C. , Guenthner, J. F. (1995). "Spillovers and the returns to agricultural research for potatoes". Journal of Agricultural and Resource Economics 20(2), 263 – 276(December).

Atkinson, R. C. , Beachy, R. N. , Conway, G. , Cordova, F. A. , Fox, M. A. , Holbrook, K. A. , Klessig, D. F. , McCormick, R. L. , McPherson, P. M. , Rawlings, H. R. , III, Rapson, R. , Vanderhoef, L. N. , Wiley, J. D. , Young, C. E. (2003). "Public sector collaboration for agricultural IP management". Science 301,174 – 175(July).

Balagtas, J. V. , Smith, A. , Sumner, D. A. (2007). "Effects of milk marketing order regulations on the share of fluid-grade milk in the United States". American Journal of Agricultural Economics 89(4),839 – 851.

Barton, G. T. , Cooper, M. R. (1948). "Relation of agricultural production to inputs". Review of Economics and Statistics 30(2),117 – 126.

Baum, W. C. (1986). Partners Against Hunger: Consultative Group on International Agricultural Research. World Bank, Washington, DC.

Beintema, N. M. , Stads, G. (2004). "Investing in Sub-Saharan African Agricultural Research: Recent Trends". In: International Food Policy Research Institute, Washington, DC (2020 Africa Conference Brief No. 8).

Benkler, Y. (2004). "Commons-based strategies and the problems of patents". Science 305, 1110 – 1111(August).

Binswanger, H. P. (1974a). "A microeconomic approach to induced innovation". Economic Journal 84(336),940 – 958.

Binswanger, H. P. (1974b). "The measurement of technical change biases with many factors of production". American Economic Review 64(6),964 – 976.

Binswanger, H. P. (1974c). "A cost function approach to the measurement of elasticities of factor demand and elasticities of substitution". American Journal of Agricultural Economics 56(2),377 – 386.

Binswanger, H. P. (1978). "Induced technical change: Evolution of thought". In: Binswanger, H. P. , Ruttan, V. W. (Eds.), Induced Innovation: Technology, Institutions and Development. Johns Hopkins University Press, Baltimore, MD (Chapter 3).

Borlaug, N. (1982). "Feeding mankind in the 1980s: The role of international agricultural research". In Davis, T. J. (Ed.), Increasing Agricultural Productivity. Proceedings of the Third Annual Agricultural Sector Symposium World Bank, Washington, DC (World Bank Technical Paper No. 1).

Bouchet, F. , Orden, D. , Norton, G. W. (1989). "Sources of growth in French agriculture". American Journal of Agricultural Economics 71(2),280 – 293.

Boulding, K. E. (1966). "The economics of knowledge and the knowledge of economics". American Economic Review56(2),1 - 13.

Brennan, J. P. (2007). "Beyond semi-dwarf wheat yield increases: Impacts on the Australian wheat industry of on-going spillovers from the international maize and wheat improvement center". Australian Journal of Agricultural and Resource Economics 51(4),385 - 401.

Brennan, J. P., Bantilan, M. C. S. (1999). "Impact of ICRISAT Research on Australian Agriculture". In: NSW Agriculture, Wagga Wagga, Australia (Report prepared for Australian Centre for International Agricultural Research. Economic Research Report No. 1).

Brennan, J. P., Fox, P. N. (1995). "Impact of CIMMYT Wheats in Australia: Evidence of International Research Spillovers". New South Wales Department of Agriculture, Wagga Wagga, Australia (Economics Research Report No. 1/95).

Brennan, J. P., Singh, I. P., Lewin, L. G. (1997). "Identifying international rice research spillovers in New South Wales". Agricultural Economics 17(1),35 - 44.

Butler, L. J., Marion, B. W. (1985). "The Impacts of Patent Protection on the US Seed Industry and Private Breeding". In: North Central Research Publication 304, North Central Project No. 117, Monograph 16. University of Wisconsin, Madison, WI.

Byerlee, D., Traxler, G. (2001). "The role of technology spillovers and economies of size in the efficient design of agricultural research systems". In: Alston, J. M., Pardey, P. G., Taylor, M. J. (Eds.), Agricultural Science Policy: Changing Global Agendas. Johns Hopkins University Press, Baltimore, MD (Chapter 9).

Caballero, R. J., Jaffe, A. B. (1993). How High are the Giants' Shoulders: An Empirical Assessment of Knowledge Spillovers and Creative Destruction in a Model of Economic Growth. Working Paper No. 4370. National Bureau of Economic Research, Cambridge, MA.

CFIA (Canadian Food Inspection Agency). (2002). 10-Year Review of Canada's Plant Breeders' Rights Act. Canadian Food Inspection Agency, http://www.inspection.gc.ca/english/plaveg/pbrpov/10yrenglish.pdf.

Chan-Kang, C., Pardey, P. G. (2010). A Century of Wheat Varietal Innovation—An Empirical Assessment. InSTePP Working Paper University of Minnesota, St Paul, MN (in preparation).

Chavas, J.-P., Cox, T. L. (1992). "A nonparametric analysis of the influence of research on agricultural productivity". American Journal of Agricultural Economics 74(3),583 - 591 (August).

Chen, S., Ravallion, M. (2008). The developing world is poorer than we thought, but no less successful in the fight against poverty. Policy Research Working Paper No. 4703 World Bank, Washington, DC.

Cochrane, W. W. (1958). Farm Prices: Myth and Reality. University of Minnesota Press, Minneapolis, MN.

Cochrane, W. W. (1993). The Development of American Agriculture: A Historical Analysis (2nd edition). University of Minnesota Press, Minneapolis, MN.

Constantine, J. H., Alston, J. M., Smith, V. H. (1994). "Economic impacts of California's one variety cotton law". Journal of Political Economy 102(5),66 - 89(October).

Crosby, A. W. (1987). The Columbian Voyages, the Columbian Exchange, and Their Historians (Essays on Global and Comparative History). American Historical Association,

Washington, DC.

David, P. A. (1996). "The mechanization of reaping in the ante-bellum Midwest". In: Rosovsky, H. (Ed.), Industrialization in Two Systems: Essays in Honor of Alexander Gerschenkron. Wiley and Sons, New York.

Davis, J. S. (1980). "A note on the use of alternative lag structures for research expenditure in aggregate production function models". Canadian Journal of Agricultural Economics 28(2), 72-276.

Deen, T. (2000). Development: Agriculture Workers Too Poor to Buy Food. UN IPS, New York.

Dehmer, S., Pardey, P. G. (2010). Private agricultural R&D in the United States, 1950-2006. International Science and Technology Practice and Policy (InSTePP) Center Working Paper. University of Minnesota, St. Paul, MN (in preparation).

Delmer, D. P., Nottenburg, C., Graff, G. D., Bennett, A. B. (2003). "Intellectual property resources for international development in agriculture". Plant Physiology 133, 1666-1670.

Diamond, J. (1999). Guns, Germs and Steel: The Fates of Human Societies. Norton, New York.

Diez, M. C. F. (2002). "The impact of plant varieties rights on research: The case of Spain". Food Policy 27(2), 171-183.

Dixon, R. (1980). "Hybrid corn revisited". Econometrica 48(6), 1451-1461.

Emmons, W. M. III, (1993). "Franklin D. Roosevelt, electric utilities, and the power of competition". Journal of Economic History (4), 880-907.

Evenson, R. E. (1967). "The contribution of agricultural research to production". Journal of Farm Economics 49(5), 1415-1425(December).

Evenson, R. E. (1996). "Two blades of grass: Research for U. S. agriculture". In: Antle, J. M., Sumner, D. A. (Eds.), The Economics of Agriculture Volume 2, Papers in Honor of D. Gale Johnson. University of Chicago Press, Chicago, IL.

Evenson, R. E. (2002). "Economic impacts of agricultural research and extension". In: Gardner, B. L., Rausser, G. C. (Eds.), Handbook of Agricultural Economics Volume 1A: Agricultural Production. Elsevier, New York.

Evenson, R. E., Kislev, Y. (1973). "Research and productivity in wheat and maize". Journal of Political Economy 81(6), 1309-1329.

Evenson, R. E., Kislev, Y. (1975). Agricultural Research and Productivity. Yale University Press, New Haven, CT.

FAO (Food and Agriculture Organization of the United Nations). "FAOSTAT database" http://www.faostat.fao.org. Accessed July 2004.

FAO (Food and Agriculture Organization of the United Nations). FAOSTAT database. http://www.faostat.fao.org. Accessed October 2008.

Feder, G., O'Mara, G. T. (1982). "On information and innovation diffusion: A Bayesian approach". American Journal of Agricultural Economics 64(1), 145-147.

Feder, G., Just, R., Zilberman, D. (1985). "Adoption of agricultural innovations in developing countries: A survey". Economic Development and Cultural Change 33(2), 255-298.

Fellner, W. (1961). "Two propositions in the theory of induced innovations". Economic

Journal 71(282),305 - 308.

Fellner, W. (1967). "Comment on the induced bias". Economic Journal 77(307),662 - 664.

Flannery, T. (2001). The Eternal Frontier: An Ecological History of North America and its Peoples. Grove Press, New York.

Fowler, C. (1994). Unnatural Selection: Technology, Politics, and Plant Evolution. Gordon and Breach, Yverdon, Switzerland.

Fox, G. C. (1985). "Is the United States really underinvesting in agricultural research?" American Journal of Agricultural Economics 67(4),806 - 812(November).

Fuglie, K. O., Heisey, P. W. (2007). Economic returns to public agricultural research. Economic Brief No. 10. USDA, Washington, DC (September).

Gardner, B. L. (1988). Price Supports and Optimal Spending on Agricultural Research. Working Paper No. 88 - 1 Department of Agricultural and Resource Economics, University of Maryland, Maryland (January, revised June 1988).

Godden, D. (1998). "Growing plants, evolving rights: Plant variety rights in Australia". Australasian Agribusiness Review 6,1 - 54.

Goldin, H. H. (1947). "Governmental policy and the domestic telegraph industry". Journal of Economic History 7(1),53 - 68.

Graff, G. D., Cullen, S. E., Bradford, K. J., Zilberman, D., Bennett, A. B. (2003). "The public-private structure of intellectual property ownership in agricultural biotechnology". Nature Biotechnology 21(9),989 - 995.

Griliches, Z. (1957). "Hybrid corn: An exploration in the economics of technological change". Econometrica 25(4),501 - 522.

Griliches, Z. (1958). "Research costs and social returns: Hybrid corn and related innovations". Journal of Political Economy 66(5),419 - 431.

Griliches, Z. (1964). "Research expenditures, education and the aggregate agricultural production function". American Economic Review 54(6),961 - 974.

Griliches, Z. (1979). "Issues in assessing the contribution of R&D to productivity growth". Bell Journal of Economics 10(1),92 - 116.

Griliches, Z. (2001). "Issues in Agricultural Productivity Measurement. "In: Alston, J. M., Pardey, P. G., Taylor, M. J. (Eds.), Agricultural Science Policy: Changing Global Agendas. Johns Hopkins University Press, Baltimore (Chapter 3).

Hayami, Y. (1969). "Resource endowments and technological change in agriculture: U. S. and Japanese experiences in international perspective". American Journal of Agricultural Economics 51(5),1293 - 1303.

Hayami, Y., Ruttan, V. W. (1970). "Factor prices and technical change in agricultural development—The United States and Japan: 1880 - 1960". Journal of Political Economy 78 (5),1115 - 1141 September/October.

Hayami, Y., Ruttan, V. W. (1971). Agricultural Development: An International Perspective. Johns Hopkins University Press, Baltimore, MD (Reprinted 1985).

Hayami, Y., Miller, B. B., Wade, W. W., Yamashita, S. (1971). An International Comparison of Agricultural Production and Productivities. University of Minnesota, St Paul, MN (Agricultural Experiment Station Technical Bulletin No. 277).

Heim, M. N., Blakeselee, L. L. (1986). "Biological Adaptation and Research Impacts on Wheat Yields in Washington". In: Paper presented at the Annual Meeting of the American

Agricultural Economics Association, Reno.

Herdt, R. W. , Cochrane, W. W. (1966). "Farm land prices and farm technological advance". Journal of Farm Economics 48(2),243 - 263.

Hicks, J. (1932). Theory of Wages. Macmillan, London.

Huffman, W. E. , Evenson, R. E. (1989). "Supply and demand functions for multiproduct U. S. cash grain farms: Biases caused by research and other policies". American Journal of Agricultural Economics 71(3),761 - 773(August).

Huffman, W. E. , Evenson, R. E. (1992). "Contributions of public and private science and technology to U. S. agricultural productivity". American Journal of Agricultural Economics 74(3),752 - 756(August).

Huffman, W. E. , Evenson, R. E. (1993). Science for Agriculture: A Long-Term Perspective. Iowa State University Press, Ames, IA.

Huffman, W. E. , Evenson, R. E. (2006a). Science for Agriculture: A Long-Term Perspective (2nd edition). Iowa State University Press, Ames, IA.

Huffman, W. E. , Evenson, R. E. (2006b). "Do formula or competitive grant funds have greater impacts on state agricultural productivity". American Journal of Agricultural Economics 88(4),783 - 798.

Huffman, W. E. , Just, R. E. (1994). "Funding, structure, and management of public agricultural research in the United States". American Journal of Agricultural Economics 76 (4),744 - 759.

James, J. S. , Pardey, P. G. , Alston, J. M. (2008). Agricultural R&D Policy: A Tragedy of the International Commons. University of Minnesota, St Paul, MN (Department of Applied Economics Staff Paper P08 - 08/InSTePP Paper 08 - 01).

Jin, S. , Rozelle, S. , Alston, J. M. , Huang, J. (2005). "Economies of scale and scope and the economic efficiency of China's agricultural research system". International Economic Review 46(3),1033 - 1057(August).

Johnson, N. L. , Ruttan, V. W. (1997). "The diffusion of livestock breeding technology in the U. S. : Observations on the relationship between technical change and industry structure". Journal of Agribusiness 15(1),19 - 35.

Just, R. E. , Alston, J. M. , Zilberman, D. (Eds.), (2006). Regulating Agricultural Biotechnology: Economics and Policy. Springer, New York.

Kalaitzandonakes, N. , Alston, J. M. , Bradford, K. J. (2006). "Compliance costs for regulatory approval of new biotech crops". In: Just, R. E. , Alston, J. M. , Zilberman, D. (Eds.), Regulating Agricultural Biotechnology: Economics and Policy. Springer, New York (Chapter 3).

Karagiannis, G. , Furtan, W. H. (1990). "Induced innovation in Canadian agriculture: 1926 - 87". Canadian Journal of Agricultural Economics 38,1 - 21.

Karagiannis, G. , Furtan, W. H. (1993). "Production structure and decomposition of biased technical change: An example from Canadian agriculture". Review of Agricultural Economics 15(1),21 - 37.

Kawagoe, T. , Otsuka, K. , Hayami, Y. (1986). "Induced bias of technical change in agriculture: The United States and Japan, 1880? 1980". Journal of Political Economy 94 (3),523 - 544.

Kennedy, C. (1964). "Induced bias in innovation and the theory of distribution". Economic

Journal 74(295),541 - 547.

Kennedy, C. (1967). "On the theory of induced invention—A reply". Economic Journal 77 (308),958 - 960.

Kennedy, C. (1973). "A Generalisation of the theory of induced bias in technical progress". Economic Journal 83(329),48 - 57.

Kerr, N. A. (1987). The Legacy: A Centennial History of the State Agricultural Experiment Stations, 1887 - 1987. Missouri Agricultural Experiment Station, Columbia.

Khanna, J., Huffman, W. E., Sandler, T. (1994). "Agricultural research expenditures in the United States: A public goods perspective". Review of Economics and Statistics 76(2), 267 - 277.

Khatri, Y., Thirtle, C., Townsend, R. (1998). "Testing the Induced Innovation Hypothesis: An Application to U. K. Agriculture, 1953 - 1990". Economics of Innovation and New Technology 6(1),1 - 28.

Kislev, Y., Peterson, W. (1981). "Induced innovation and farm mechanization". American Journal of Agricultural Economics 63(3),562 - 565.

Knudson, M., Pray, C. E. (1991). "Plant variety protection, private funding, and public sector research priorities". American Journal of Agricultural Economics 73(3),882 - 886.

Koo, B., Nottenburg, C., Pardey, P. G. (2004). "Plants and intellectual property: An international appraisal". Science 306,1295 - 1297(November).

Koo, B., Pardey, P. G., Qian, K., Zhang, Y. (2006). "An option perspective on generating and maintaining plant variety rights in China". Agricultural Economics 35(1),35 - 48.

Leiby, J. D., Adams, G. D. (1991). "The returns to agricultural research in Maine: The case of a small northeastern experiment station". Northeastern Journal of Agricultural and Resource Economics 20(1),1 - 14.

Lindner, R. K., Fisher, A., Pardey, P. G. (1979). "The Time to Early Adoption". Economics Letters 2(2),187 - 190.

Louwaars, N. P., Tripp, R., Eaton, D., Henson-Apollonio, V., Hu, R., Mendoza, M., Muhhuku, F., Pal, S., Wekundah, J. (2005). Impact of Strengthened Intellectual property Rights Regimes on the Plant Breeding Industry in Developing Countries. Wageningen UR, Wageningen, The Netherlands.

MacDonald, J., Hoppe, R., Banker, D. (2006). Growing farm size and the distribution of farm payments. Economic brief No. 6 USDA-Economic Research Service, Washington, DC (March).

Maredia, M. K., Ward, R., Byerlee, D. (1996). "Econometric estimation of a global spillover matrix for wheat varietal technology". Agricultural Economics 14(3),159 - 173.

Martin, W. J. (2008). World Bank, Washington, DC, July 2008(Personal communication).

Martin, P. L., Olmstead, A. L. (1985). "The agricultural mechanization controversy". Science 227(8),601 - 606.

McCunn, A., Huffman, W. E. (2000). "Convergence in Productivity Growth for Agriculture: Implications of Interstate Research Spillovers for Funding Agricultural Research". American Journal of Agricultural Economics 82(3),370 - 388(May).

Mellor, J. W., Johnston, B. F. (1984). "The World Food Equation: Interrelations among Development, Employment and Food Consumption". Journal of Economic Literature 22 (2),531 - 574.

Mowery, D. C. (1998). "The Changing Structure of the US National Innovation System: Implications for International Conflict and Cooperation in R&D Policy". Research Policy 27 (6),639 - 654.

Nordhaus, W. D. (1973). "Some Skeptical Thoughts on the Theory of Induced Innovation". Quarterly Journal of Economics 87(2),209 - 219.

Norton, G. W., Ortiz, J. (1992). "Reaping Returns to Research". Journal of Production Agriculture 5(2),203 - 209.

NSF. (2005). National Patterns of Research and Development Resources: 2003. National Science Foundation, Division of Science Resources Statistics, Arlington, VA (NSF 05 - 308).

Olmstead, A. L., Rhode, P. W. (1993). "Induced Innovation in American Agriculture: A Reconsideration". Journal of Political Economy 101(1),100 - 118.

Olmstead, A. L., Rhode, P. W. (1998). "Induced Innovation in American Agriculture: An Econometric Analysis". Research in Economic History 18,103 - 119.

Olmstead, A. L., Rhode, P. W. (2000). "The transformation of northern agriculture from 1910 to 1990". In: Engerman, S. L., Gallman, R. E. (Eds.), Cambridge Economic History of the United States, Volume III, The Twentieth Century. Cambridge University Press, New York, pp. 693 - 742.

Olmstead, A. L., Rhode, P. W. (2001). "Reshaping the landscape: The impact and diffusion of the tractor in American agriculture, 1910 - 1960". Journal of Economic History 61(3), 663 - 698.

Olmstead, A. L., Rhode, P. W. (2002). "The red queen and the hard reads: Productivity growth in American wheat, 1800 - 1940". Journal of Economic History 62(4),929 - 966.

Olmstead, A. L., Rhode, P. W. (2008). Creating Abundance: Biological Innovation and American Agricultural Development. Cambridge University Press, New York.

Pakes, A., Shankerman, M. (1987). "The rate of obsolescence of patents, research gestation lags, and the private rate of return to research resources". In: Griliches, Z. (Ed.), R&D, Patents, and Productivity. University of Chicago Press, Chicago, IL (A Report of the National Bureau of Economic Research).

Pardey, P. G., Craig, B. J. (1989). "Causal relationships between public sector agricultural research expenditures and output". American Journal of Agricultural Economics 71(1),9 - 19(February).

Pardey, P. G., Dehmer, S. (2010). Science Spending-A Changing World Order?. University of Minnesota, St Paul, MN (International Science and Technology Practice and Policy (InSTePP) Center) (in preparation).

Pardey, P. G., Roseboom, J., Anderson, J. R. (1991). "Topical perspectives on national agricultural research". In: Pardey, P. G., Roseboom, J. R., Andersen, J. R. (Eds.), Agricultural Research Policy: International Quantitative Perspectives. Cambridge University Press, Cambridge (Chapter 8).

Pardey, P. G., Roseboom, J., Craig, B. J. (1992). "A Yardstick for International Comparisons: An Application to National Agricultural Research Expenditures". Economic Development and Cultural Change 40(2),333 - 349.

Pardey, P. G., Alston, J. M., Christian, J. E., Fan, S. (1996). Hidden harvest: U. S. benefits from international research aid. Food Policy Report International Food Policy

Research Institute, Washington, DC (September).

Pardey, P. G., Alston, J. M., Piggott, R. R. (Eds.), (2006). Agricultural R&D in the Developing World: Too Little, Too Late? International Food Policy Research Institute, Washington, DC.

Pardey, P. G., Beintema, N. M., Dehmer, S., Wood, S. (2006b). Agricultural Research: A Growing Global Divide? International Food Policy Research Institute, Washington, DC (IFPRI Food Policy Report).

Pardey, P. G., James, J., Alston, J., Wood, S., Koo, B., Binenbaum, E., Hurley, T., Glewwe, P. (2007). Science, Technology and Skills. University of Minnesota, CGIAR Science Council and World Bank, St. Paul, Rome/Washington, DC (Background Paper for the World Bank's World Development Report 2008).

Pardey, P. G., Andersen, M. A., Alston, J. M. (2010). A Long-Run Price Index and the Real Cost of U. S. Agricultural Research. University of Minnesota, St Paul, MN (mimeo).

Perrin, R. K., Kunnings, K. A., Ihnen, L. A. (1983). Some Effects of the US Plant Variety Act of 1970. North Carolina State University, Raleigh, NC (Economics Research Report No. 46).

Productivity Commission. (2007). Public Support for Science and Innovation. Research Report Australian Government Productivity Commission, Canberra, Australia (March).

Ravenscraft, D., Scherer, F. M. (1982). "The lag structure of returns to research and development". Applied Economics 14(6), 603 - 620.

Rosenberg, N. (1969). "The direction of technological change: inducement mechanisms and focusing devices". Economic Development and Cultural Change 18(1), 1 - 24.

Rossiter, M. A. (1975). The Emergence of Agricultural Science: Justus Liebig and the Americans, 1840 - 1880. Yale University Press, New Haven, CT.

Russell, E. J. (1966). A History of Agricultural Science in Great Britain 1620 - 1954. Geroge Allen & Unwin Ltd, London.

Ruttan, V. W. (1982). Agricultural Research Policy. University of Minnesota Press, Minneapolis, MN.

Ruttan, V. W. (2002). "Productivity growth in world agriculture: Sources and constraints". Journal of Economic Perspectives 16(4), 161 - 184.

Ruttan, V. W., Pray, C. E. (1987). Policy for Agricultural Research. Westview Press, Boulder, CO.

Ryerson, K. A. (1933). "History and significance of the foreign plant introduction work of the United States department of agriculture". Agricultural History 7(3), 110 - 128.

Salmon, S. C., Hanson, A. A. (1964). The Principles and Practice of Agricultural Research. Leonard Hill, London.

Salter, W. E. G. (1960). Productivity and Technical Change. Cambridge University Press, Cambridge.

Schimmelpfennig, D., Thirtle, C. (1999). "The internationalization of agricultural technology: Patents, R&D spillovers and their effects on productivity in the European Union and the United States". Contemporary Economic Policy 17(4), 457 - 468.

Schmitz, A., Seckler, D. (1970). "Mechanized agriculture and social welfare: The case of the tomato harvester". American Journal of Agricultural Economics 52(4), 569 - 577.

Schultz, T. W. (1953). The Economic Organization of Agriculture. McGraw-Hill, New York.

Schultz, T. W. (1978). "On economics and politics of agriculture". In: Schultz, T. W. (Ed.), Distortions in Agricultural Incentives. Indiana University Press, Bloomington, IN.

Srinivasan, C. S. (2005). "The International Trends in Plant Variety Protection". e-Journal of Development Economics 2(2), 182 - 220.

Sunding, D., Zilberman, D. (2001). "The agricultural innovation process: Research and technology adoption in a changing agricultural sector". In: Gardner, B. L., Rausser, G. C. (Eds.), Handbook of Agricultural Economics. Volume 1a. Elsevier, Amsterdam, The Netherlands (Chapter 4).

Thirtle, C. G., Bottomley, P. (1988). "Is publicly funded agricultural research excessive?" Journal of Agricultural Economics 39(1), 99 - 111.

Thirtle, C. G., Ruttan, V. W. (1987). "The role of demand and supply in the generation and diffusion of technical change". In: Scherer, F. M. (Ed.), Economics and Technical Change. Hardwood Academic Publishers, Chur, Switzerland.

Thirtle, C. T., Schimmelpfennig, D. E., Townsend, R. F. (2002). "Induced innovation in united states agriculture, 1880 - 1990: Time series tests and an error correction model". American Journal of Agricultural Economics 84(3), 598 - 614.

Tintner, G. (1944). "A note on the derivation of production functions from farm records". Econometrica 12(1), 26 - 34.

Wetherill, C. M. (1862). Chemical Analysis of Grapes. Government Printing Office, Washington, DC (USDA Report).

White, F. C., Havlicek, J. Jr, (1982). "Optimal expenditures for agricultural research and extension: Implications of underfunding". American Journal of Agricultural Economics 64 (1), 47 - 55.

World Bank. (2003). World Development Indicators [CD-ROM]. World Bank, Washington, DC.

World Bank. (2007). World Development Report 2008: Agriculture for Development. World Bank, Washington, DC.

Wright, B. D., Pardey, P. G., Nottenburg, C., Koo, B. (2007). "Agricultural Innovation: Economic Incentives and Institutions". In: Evenson, R. E., Pingali, P. (Eds.), Handbook of Agricultural Economics: Volume 3. Elsevier, Amsterdam, The Netherlands.

Yee, J., Huffman, W. E. (2001). "Rates of Return to Public Agricultural Research in the Presence of Research Spillovers". Paper presented at the annual meetings of the American Agricultural Economics Association, Chicago, August.

第六部分

创新的核算

第 23 章
增长核算*

Charles R. Hulten
马里兰大学帕克分校经济学系
美国，马里兰州

目录

摘要/274
关键词/274
1. 引言/275
2. 增长核算模型/276
  2.1 基本总量模型/276
    2.1.1 起源/276
    2.1.2 索洛残差/277
    2.1.3 势函数定理/279
    2.1.4 放宽部分假设/280
    2.1.5 离散时间分析/281
    2.1.6 水平比较/282
    2.1.7 价格双重性/283
    2.1.8 产品质量/284
  2.2 工业增长核算/285
    2.2.1 自上而下的分解/286
    2.2.2 自下而上的分解/289
    2.2.3 公司—机构问题/290
3. 个体增长源/291
  3.1 产出/292
    3.1.1 产出异质性和测量单位/292
    3.1.2 边界问题/293
    3.1.3 研发和其他无形商业资产/294
  3.2 劳动投入/294

* 这篇综述是在笔者 2001 年调查的基础上进行的拓展。对任何调查而言，空间考虑可能会限制调查资料，所涉及的决定也可能遭受他人的异议。增长核算领域的调查尤其困难，因为其目标在于总结经济增长的决定因素，所以该领域与众多其他研究领域非常相关。例如，产能分析中的计量经济学部分往往被遗漏，只有在影响增长核算时才会被触及。增长理论同样如此，读者可以通过 Barro 和 Sala-i-Martin(1995)以及《经济增长手册》(Aghion 和 Durlauf, 2005)中的多篇论文了解该主题的一般方法。长论文理应充分重视服务业产出测量、信息技术革命以及 20 世纪七八十年代生产力下滑的决定因素，然而经济学中研究研发等其他领域并未对此给予足够的关注。笔者将重点放在无国际贸易活动的经济增长核算，这一决定也许忽略了太多其他因素。但笔者这样做是因为贸易使该问题更加复杂，这并不意味着国际收入流动不重要。其根本问题在于我们需要用不同的国家收入核算结构替代现有结构并妥善处理贸易流动问题(有关其复杂性请参见 Reinsdorf 和 Slaughter, 2006)。感兴趣的读者还可以参阅 Diewert 和 Morrison(1986)的论文。本调查和 2001 年的调查一样，是有关该领域的个人看法，强调关键技术演变而非具体应用或数值估计(不同理论会得出不同数值)。读者可以查看 Barro (1999)，Griliches(1996，2000)，Jorgenson(2005)的调查和 OECD 有关生产力和资本计量的出版物以了解其他该主题的近期动向。如果读者有意钻研该领域的历史，则可以参见 Solow(1988)，Maddison (1987)，Jorgenson 等(1987)，Brown(1966)和 Nadiri(1970)。

3.2.1 劳动服务/294
3.2.2 劳动组合/295
3.3 资本投入/295
3.3.1 用户使用的资金/295
3.3.2 永续盘存法/296
3.3.3 资本服务的价格/297
3.3.4 资本利用/299
3.3.5 关于资本的最后说明/299
4. 增长核算模型的评论/300
4.1 资本 vs. 技术：明确的分工？/300
4.1.1 研发及其共同投入/301
4.1.2 研发溢出和内生增长/301
4.1.3 联立性偏差和因果问题/302
4.1.4 体现资本的技术变革/302
4.2 生产和以福利为基础的增长核算/304
4.3 非竞争性市场/306
5. 结论/307
致谢/308
参考文献/309

摘要

过去两个世纪以来人均收入增长惊人,但收入增长的时期和空间分布并不均匀。增长核算是理解这一现象的主要量化工具,同时能评估未来生活水平的提升前景。本文主要陈述一般增长核算模型及其方法和假设,追溯该模型的演变,即从简单地技术、资本的累加和生产力逐渐转变成一个复杂的增长模型。在较复杂的增长模型中,资本和生产力互相影响,两者均为内生性,且投入与产出的效率变化也会产生影响。本文回顾内容中也包含微观生产力分析领域的新进展,并且将回答一个存在已久的问题,即净产量和总产量究竟哪一个最能表现经济增长。

关键词

增长核算　索洛余值　增长源　技术变革　全要素生产率

1. 引言

Maddison(1995)的估算数据显示世界人均收入已从 1820 年的 651 美元增长至 1992 年的 5 145 美元，而前三个世纪的增长率微乎其微，仅为 15%。八倍增长虽然十分惊人但并不均衡。西欧及其辐射地区的人均收入增长了 15 倍，而世界其他地区的人均收入仅为原来的六倍。时至今日仍是如此，但亚洲部分国家则是例外。在某些国家，增长的不均衡性也体现在时间跨度上。1948—1973 年，美国私人企业每小时产出的年增长率高达 3. 3%，1973—1995 年间放缓至 1. 6%，而 1995—2007 年又回升至 2. 6%(BLS，多要素生产率项目(1983)及其更新数据)。

人均收入以及与其紧密相关的人均产出是国民生活水平的决定性因素，增长核算则演变为解释这些历史规律的工具。增长核算起初是国民收入核算和增长理论的集合，以最简单的国民收入形式呈现，直接将实际人均国内生产总值(GDP)的增长率分解为资本和生产力影响。[①] 时期和地域增长率不均衡的现象可归于两大原因，这让我们深刻理解增长过程的本质。

这只是有关增长分析的简单论述。随着数据和计算能力提升，论述也越来越复杂，经济理论得以演变。在此过程中，增长核算本身也发生了变化，这一变化过程就是本章的主要内容。本文主要分为三个部分：第 2 节主要介绍增长核算的基本框架；第 3 节主要介绍关键变量的测度方法；第 4 节则对增长核算方法进行评论。这些部分中有数个主题反复交叉出现：经济理论对增长核算形式的决定作用、相关指数问题以及“路径无关性”的问题。其他问题也会在多种情境下出现：是否能将资本形成和创新视为互相分离的现象；产品创新和流程创新的区别以及投入产出效率变化的相关问题；增长核算应该测度消费者福利变化还是经济体中的供给侧限制变化。考虑到相关技术的现状，我们可能无法完美回答上述问题，但我们所做的尝试有利于明确增长核算的特征和界线，也有利于理解相关结果。

① 和经济学领域的很多思想一样，二分法最初在 Adam Smith 的理论中以原始形态出现。在 Smith 以下言论的影响下，Kendrick 开始研究美国的生产力增长，深刻影响了后期研究：“任何国家如果想提高土地和劳动力年产量的价值，只能选择提高参与生产劳动的人数或提高已有劳工的生产能力……”(摘自 Kendrick，1961，p. 3)。

2. 增长核算模型

2.1 基本总量模型

2.1.1 起源

增长核算是国家基本核算恒等式自然产生的副产品，将一个国家生产的最终产品和服务的总价值(GDP)与投入生产的劳动和资本的总价值(国内收入总值，以下统称 GDI)联系起来。使用标准符号表示产出、劳动、资本以及对应的价格，核算恒等式如下：

$$p_t Q_t = w_t L_t + c_t K_t \tag{1}$$

该公式形式简单，但包含测量、协调 GDP 与 GDI 的复杂过程以及研究人员投入的精力，估算此类数值是经济学领域最伟大的进步之一。虽然 17 世纪末已开始计算国民收入，但全面的国民经济核算近期才开始发展，其中主要反映 Simon Kuznets, Richard Stone, Richard Ruggles 以及很多其他学者提出的相关概念(Kendrick, 1995)。[①] 美国的国民收入核算可追溯至 1947 年，而其国民经济核算体系于 1953 年才正式发布(见联合国，1993)。

研究经济增长必须计算控制物价膨胀的 GDP 和 GDI。因此多数核算会在物价恒定的条件下计算 GDP，但只有在所有价格均被归一的基准(比较)年，实际 GDP 和实际 GDI 之间的加法恒等式才可能成立。如果生产投入的使用效率有变，GDP 恒等式则不可能继续成立(如果投入量不变，而产出增多，用固定价格衡量产出价值就会破坏该恒等式)。解释该可能性需要增加一个附加项，在最简单的情况下该附加项形式如下：

$$p_0 Q_t = T_t = [w_0 L_t + c_0 L_t + c_0 K_t] \tag{2}$$

将该表达重组后可以发现变量 T_t 为标量指数，可表示单位总投入的实际产出量。由于实际产出被分解为实际投入效应$[w_0 L_t + c_0 K_t]$和生产效率 T_t，所以该方程式同时也是增长核算的基本形式。如此计算得到的 T_t 指数是一项影响广泛的残差，正因为这一特征，Abramovitz(1956)认为其作用是“测度我们的

① 值得注意的是，20 世纪 30 年代末一群经济学家、统计学家和国家会计师聚集起来组建了收入与财富研究大会(Conference on Research in Income and Wealth, CRIW)，Simon Kuznets 任首位主席，Milton Friedman 出任秘书。CRIW 举办论坛，讨论国民经济核算领域中的概念问题。大会记录收录在《收入与财富研究系列丛书》中并得以出版，为实施国民经济核算的复杂性提供了极具价值的深刻见解(虽然形式也许有所变化，但是很多当时的问题现在仍然存在)。CRIW 仍在继续运转，其大会记录已达近 70 册。

无知”。

该等式是增长核算模型的原型，以简单的线性指数为基础，非常接近真实数据。虽然统计学家测量时所运用的假设暗示了少量理论信息，但是该表达式大体与理论无关。Fisher(1927)及其追随者们所推崇的规则与“测试”追求一套公理化指数理论，就该角度而言，上述非理论方法合乎情理。

但是追求经济结构最简化会付出巨大的代价。为何线性指数公式具有可取性？指数 T_t 需要考虑哪些种类的技术变革？增长核算中包含哪些相关变量，以何种形式表示？如果没有一定的理论基础，任何类型的增长核算都无法建立严格标准。在这一方面，除一系列“合理”(虽然有些随意)的“测试”与规则以外，公理化指数作用不大。Robert Solow 于 1957 年发表的论文意义重大，上文所述均产生于这一背景下。

2.1.2　索洛残差

Solow(1957)的论文之所以影响深远，是因为他提出了公理化方法所不具备的经济结构(Griliches, 1996)。他的模型并不提倡使用生产的隐函数表示指数 T_t，而是使用显函数并且得到相关指数。其中涉及数种假设：假设整个经济集合体层面的投入与产出存在稳定运转的关系；假设该函数具有新古典式的平滑度和曲率属性；假设投入被赋予其边际产品的价值；假设该函数显示恒定不变的规模收益；且假设技术变革以希克斯中性形式表现：

$$Q_t = A_t F(K_t, L_t) \tag{3}$$

变量 A_t 和指数 T_t 具有同样的作用，即测算单位投入的产出，但是现在该变量还能清晰表示生产函数中的变化。沿着函数 $F(K_t, L_t)$ 进行的移动能反映出投入增长导致的产出变化。

T_t 为指数，而 A_t 为生产函数的参数。Solow 展示了指数 A_t 的测量方法，即仅使用可观测的价格和数量，排除计量经济学分析所需假设的影响。[①] 此推导过程的第一步即以增长率形式表达生产函数：

$$\frac{\dot{Q}_t}{Q_t} = \frac{\partial Q}{\partial K}\frac{K_t}{Q_t}\frac{\dot{K}_t}{K_t} + \frac{\partial Q}{\partial L}\frac{L_t}{Q_t}\frac{\dot{L}_t}{L_t} + \frac{\dot{A}_t}{A_t} \tag{4}$$

点表示时间导数，因此对应比率表示变动率。这一形式表明产出增长率等于资本和劳动力的增长率加上希克斯变化参数的增长率，其中资本和劳动力的增长率由其产出弹性系数确定权重。这些弹性系数等于收益份额 s_t^K 和 s_t^L，此时

① Solow 并非首位建议使用时间指数计算生产函数的学者。这一进步往往归功于 Tinbergen(1942)的研究(见 Griliches, 1996, 2000)。Solow 的伟大之处在于向人们展示了如何用国民收入和产品账户中的价格和数量数据直接计算时间效应。

投入已被赋予其边际产品价值 ($\partial Q/\partial K = c/p$; $\partial Q/\partial L = w/p$)，且已知，

$$R_t = \frac{\dot{Q}_t}{Q_t} - s_t^K \frac{\dot{K}_t}{K_t} - s_t^L \frac{\dot{L}_t}{L_t} = \frac{\dot{A}_t}{A_t} \tag{5}$$

方程式左边将残差 R_t 定义为投入加权增长率无法解释的产出增长率(该残差也被称为"全要素生产率",即 TFP 和"多要素生产率",即 MFP)。[①] 第二个等式显示残差等于希克斯效率参数的增长率 A_t。因此,残差可被视为基本生产函数的变化,资金和劳动力的加权增长率可被视为沿着该函数产生的移动。[②]

虽然残差与基本生产函数相关,但本身为纯粹的指数,因为其基础仅为价格和数量[其实式(5)是迪维西亚指数的一种形式,Divisia(1925—1926)]。函数变化可以在确切形式不明的情况下被间接测量,关键在于运用实际价格因素测量生产函数沿经济增长路径的斜率 ($\partial Q/\partial K = c/p$; $\partial Q/\partial L = w/p$)。如此笼统的做法存在不足之处,即估计值"局限于"经济的实际发展路径,因此也许会依赖于该路径。我们在下节内容中会看到这一点。[③]

增长核算和总生产函数之间隐含的关系还具有另一层含义:约束分析中的变量。[④] 该含义由 Jorgenson 和 Griliches(1967)提出,他们建立了增长核算的现代形式(这一形式巩固了 BLS 以及欧盟资金、劳动力、能源、原料和购买服务(Capital, Labor, Energy, Material and purchased services, KLEMS)生产力项目的实证估算,同时也巩固了近期有关生产力分析的 OECD 手册)。在有关生产函数的严格解释中,实际产出基于实际生产的单位数量,并且暗示应该通过损

① BLS生产率项目将索洛残差称为多要素生产率(MFP),替代早期文献中使用的"全要素生产率"(TFP),而两种说法均沿用至今(通常可互换)。两种说法中的"F"指要素投入 K 和 L,"M"和"T"将 MFP/TFP 与单个生产指数 Q/L 和 Q/K(劳动力和资金生产率)区别开来。"M"可能比"T"更可取,因为后者意味着所有相关的 K 和 L 都被纳入计算范围,然而事实往往并非如此。由于能源投入、原料投入以及所购服务投入也用于生产产出,所以产业层面的分析同样存在问题。这种情况下 MIP 更为准确,但是为了避免混淆,我们会在本文中继续使用 MFP。

② 在规模收益恒定的情况下,残差值[式(5)]可被写作劳动生产率的增长率(Q/L)减去资金/劳动力比的增长率(K/L),由资金收益份额确定权重,因为此时份额之和为 1。

③ 希克斯生产函数中参数 A 的变化也可用计量经济技术进行估算。得出的结果应具有"通用性",即被估算的参数能显示整个生产空间的生产结构,而不仅仅是增长的空间路径。指数和计量经济学方法之间作何选择取决于相关人员的偏向。幸运的是,这一选择并不必要,因为两种方法适用于同样的数据(其中很多以指数形式呈现)。

④ 生产函数[式(3)]是 Solow-Jorgenson-Griliches 残差的基础,并且在模型的保留假设、恒定不变的规模收益和完全竞争影响下,基础核算恒等式(式(1))可利用 Euler 的齐次函数定理从式(3)推导得出。因此事实表明,生产函数中的变量会出现在核算恒等式中。Christensen 和 Jorgenson(1969,1970)顺着这一思路建立起一个详细的收入和财富核算框架,Jorgenson 和 Landefeld(2006)又将其发展成为"美国扩展综合型核算蓝图"(Blueprint for Expanded and Integrated US Accounts)。

耗总额测量实际产出。[①] 然而，资金储备量应通过净有形损耗进行测量，资金服务的价格应该包含损耗成本。Jorgenson 和 Griliches 还在增长分析中融入劳动投入中的学历因素。上述进步定义了现代增长核算，但需要强调的是，这些观点当初饱受争议——见 Denison(1972)以及 Jorgenson 和 Griliches(1972)之间的探讨。

2.1.3　势函数定理

Solow-Jorgenson-Griliches 模型对于多数学习经济增长的学生而言并不陌生。正是该模型创造条件，从生产函数(3)推导出迪维西亚指数[式(5)]。而必要条件的问题却稍显陌生：如果你从式(5)中 Solow 的迪维西亚指数开始思考，则会遇到以下问题，是否存在与其对应的基本生产函数？该解是否必然具有唯一性？

答案是否定的(Hulten, 1973)。因为残差是个包含两点之间连续增长率的微分方程，所以其解一定涉及线积分。反过来，这也就要求存在一个梯度为 $\phi=\nabla\Phi$ 的向量值"势"函数作为 $\Phi(X)$ 积分因子。依据矢量 X 在时间区间 $[0, T]$ 内的路径 Γ，由线积分 ϕ 可以得到 Φ。[②] 在增长核算中，ϕ 对应式(4)中的微分方程，Γ 对应投入与产出的时间发展路径。解 Φ 与生产函数相关，梯度 $\nabla\Phi$ 与投入的边际产品有关。直观上看，生产函数(或生产函数中的零碎部分)相当于整合索洛残差和原始生产函数的势函数。[③]

增长核算涉及指数(其界定性征)，唯一性极为重要。如果经济从点 X_0 开始，到点 X_T 结束，唯一性则要求 X 在此期间的路径 Γ 不会影响到终值。这种情况下，指数与路径无关。仅靠势函数 Φ 无法保障路径无关性，因此还必须根据具体应用具有相似性或线性同质性(Hulten, 1973; Samuelson 和 Swamy, 1974)。[④]

---

① 总产出和净产出之争涉及增长核算目的这一概念性问题(即生产或福利)，因此该问题已超出经济测量的技术范畴。第 4 节将就这一问题进行细致的讨论。

② 完整解释请参见 Hulten(1973,2007)。有关迪维西亚指数的不变性，请参见 Richter(1966)。

③ 必须强调势函数理论在增长核算中的应用不仅限于生产函数。在不同的相关问题中，合适的势函数也可以是要素价格边界或成本函数。另外，效用函数作为可能的积分因子也不应该被排除在外(Hulten, 2001)。在部分增长理论中，效用函数和生产函数确实是增长路径的切线，这意味着索洛残差可以从产出和福利两种角度进行说明(该观点由 Basu 和 Fernald, 2002 提出)。

④ 指数是深层现象的一维指标。虽然研究人员可以通过数据计算指数，但是如果多项可能值与同一深层变量联系起来，那么该指数的有效性会大打折扣。将指数视为可靠指标的先验假设间接假定了唯一性以及与路径无关的特征。由于很多情况下路径依赖是基本生产函数固有的特征(例如，非希克斯技术变革，资金或劳动力子集的生产不可分离性)，所以该条件未必成立。在哈罗德中性技术变革等部分情况下，如果分析者事先了解问题性质便可做出改正。而在其他情况下，分析者必须使用更加复杂的计量经济技术或干脆忍耐对非唯一性的怀疑。

上述结果显示,总生产函数、竞争价格以及恒定收益等索洛条件对于增长核算而言是充分必要条件。上述条件综合起来意味着我们需要一个基本经济结构以“解决”增长核算方程式(5),并且生产函数中的一切均属于增长核算,反之亦然。这为索洛式增长核算设立了边界,对建立指数具有一般性意义:将一系列任意变量以指数形式串联在一起,且没有基本概念原理支撑,并不一定能得到有效的经济指数。[①] 这就是经济指数和公理指数之间的基本差别。

2.1.4 放宽部分假设

势函数分析还会对测量产生其他影响。首先,我们不能事先假定生产函数的变化会呈现为希克斯中性形式。Solow(1956)和 Cass(1965)的研究以及 Koopmans(1965)的永恒增长模型中,技术变革被假定是以哈罗德中性形式呈现,即 $Q_t = F(a_tL_t, K_t)$,其中 a_t 为变化参数。这种形式的生产函数不再为式(5)中的索洛 MFP 残差提供必要的势函数。然而它确实能作为 MFP 残差变量的势函数,其中 R_t 的原始值被除以劳动力收入份额:R_t/s_t^L。纯粹资本增强型技术变革会产生类似的结果,但是一般性要素增强模型 $Q_t = F(a_tL_t, b_tK_t)$ 并不会,柯布-道格拉斯生产函数除外。

关于恒定规模收益的假设也会被弱化。若我们假设式(3)$Q_t = A_tF(L_t, K_t)$ 中的生产函数不仅限于规模收益恒定的情况,还存在收益增减的可能性;同时假设我们能够独立估算使用者成本 c_t^*,且该值等于资本的边际产品价值,那么,GDI 为 $w_tL_t + c_t^*K_t$,且不等于 GDP。如果计算一组新的成本份额 $s_t^{K*} = c_t^*K_t/[w_tL_t + c_t^*K_t]$和 $s_t^{L*} = w_t^*L_t/[w_tL_t + c_t^*K_t]$应用于残差方程(5),得到的残差 R_t^* 是增长率为 A_t 的迪维西亚指数,且与路径无关。换言之,式(5)的恒等式在规模收益非恒定的情况下仍然成立,但是会破坏 GDP/GDI 一致性。

势函数理论同样有利于以恰当的方式集聚不同类型的劳动力和资本。生产函数中的劳动力变量 L_t 以一项假设作为基础,即劳动力是一项同质投入,其工资水平反映边际劳动率的值。如果劳动者可分为 N 类,则原始的 $\dot{L}_t/L_t$ 必须得到扩展,以包容异质性。扩展迪维西亚指数的方法之一即分别考虑每种类型的工作时间($H_{i,t}$),由总工资中的相对份额确定权重:

$$\frac{\dot{L}_t}{L_t} = \sum_{i=1}^{N} \frac{w_{i,t}H_{i,t}}{\Sigma_i w_{i,t}H_{i,t}} \frac{\dot{H}_{i,t}}{H_{i,t}} \tag{6}$$

---

① 有时相关人员会倾向于收集一系列互不相干的变量以处理一些有趣的问题。建立技术创新指数就是其中一个例子。专利发放量、受雇或受训的工程师数量、科学研究的引用列表以及研发实际开支等因素对该指数而言都是合理因素。上述因素可通过算数方法融合为单一数值,但是如果缺乏引导指数建立的势函数,分析者如何知道以何种形式和权重加入哪些变量?解决该问题的直观方法有可能会产生重复计算,并且可能混淆投入与产出。强加一个势函数至少能迫使分析者仔细考虑创新过程的性质(及其决定因素),从而使得到的指数具有一定意义。

为了使该指数与路径无关，生产函数必须具有弱可分割性，分为仅关于 N 种劳动力的子函数，即函数 $Q_t = A_t F(H_{1,t}, \cdots, H_{n,t} K_t)$ 必须可被表达为 $Q_t = A_t F[L(H_{1,t}, \cdots, H_{N,t}), K_t]$。可分割性则要求 $L(H_{1,t}, \cdots, H_{N,t})$ 中每一对元素的边际替代比率都不应受子函数外任何变量的影响（在此公式中即 K_t）。这一条件十分严苛，但是如果成立，$L(H_{1,t}, \cdots, H_{N,t})$ 就会作为劳动力指数的势函数[式(6)]。不同类型的资本（或任何其他异质性投入）与单一指数结合则会得到类似的结果（Hulten，1973）。

生产函数的可分割性还有利于解决产出测量之争。经济活动整体的净产出和总产出之争，以及实际增值何时可被用于测量产业层面的产出。每个问题都与必要的势函数的存在有关，下节会展开探讨该话题。

2.1.5　离散时间分析

上述章节回顾的增长核算理论均采用连续时间路径的角度。此举便于数学分析，但与现实中的国民经济核算和金融核算数据并无直接关系，上述数据往往通过离散时间增量（年、季度等）被收集并显现。然而离散逼近可用于实施连续时间模型（Trivedi，1981）。托恩奎斯特指数（1936）也许是一个突出的例子：

$$\ln\left[\frac{A_t}{A_{t-1}}\right] = \ln\left[\frac{Q_t}{Q_{t-1}}\right] - \left[\frac{s_t^K + s_{t-1}^K}{2}\right]\ln\left[\frac{K_t}{K_{t-1}}\right] - \left[\frac{s_t^L + s_{t-1}^L}{2}\right]\ln\left[\frac{L_t}{L_{t-1}}\right] \tag{7}$$

此处，式(5)中变量的连续时间增长率已被替代为各个时期离散时间变量的自然对数之差，以及对应平均收益份额的连续份额。

此选择无关特定经济基本原理或任何数学近似算法。Diewert(1976)迈出了关键的一步，他在其开创性论文中提出了准确和超越指数理论，为离散时间形式的方程式(7)奠定了经济基础。Diewert 指出当存在如 Christensen 等(1973)所述超越对数形式的基本生产函数时，托恩奎斯特指数是一项精确指数。通过与连续时间理论的类比，超越对数函数对于离散时间的托恩奎斯特指数而言作用等同于势函数[托恩奎斯特指数类似残差方程式(5)的连续时间形式]。在离散时间中，生产函数提供潜在经济结构，以判断竞争指数的准确度以及解读该指数。另外，由于超越对数的形式是一般性生产函数的二阶近似形式，所以托恩奎斯特指数[式(7)]被认为是“超越”且精确的。

然而，Diewert 有关准确和超越指数的理论对迪维西亚公式而言不仅是托恩奎斯特/超越对数离散时间近似法的基本原理。此理论提供了另一种处理增长核算的方法，该方法更注重指数而不是生产的基本结构。Diewert 和

Morrison(1986)用可行集 S^t 表示基本结构,该集合内包含产出向量 y,可以由初期投入向量 x 结合各时间阶段的技术情况得出。[①] GDP 和以往一样指产出的市场价值 p,或 $p \cdot y$,等于 GDI, $w \cdot x$,此处 w 为投入价格的矢量。GDP 的最大值函数被定义为 $g^t(p, x) \equiv \max_y\{p \cdot y: (y, x) \in S^t\}$,是技术集合 S^t 的切线(支撑超平面)。投入恒定不变的情况下,技术集合的变化则意味着 GDP 最大值函数的变化:

$$\tau(p, x, t) \equiv g^t(p, x)/g^{t-1}(p, x) \tag{7a}$$

指数 $\tau(p, x, t)$及其变量可测量 MFP,并且与 Solow-Jorgenson-Griliches-BLS 式(5)联系紧密。然而,该方法将重点从生产结构转移至测量 $g^t(p, x)$和 $\tau(p, x, t)$的指数问题。现在强调的是具有灵活性的近似值,这一点与恢复 S^t 的技术参数恰恰相反。指数方法可以解决可分割性等一系列问题,但是描述基础技术特征的唯一性问题仍待解决。从操作角度出发,虽然对 MFP 估计值的解读可能会受到一定影响,但是其计算过程并未遭受过多影响(两种方法均使用托恩奎斯特超越对数方法)。更多此方面的文献请参阅 Diewert(1976),Diewert 和 Morrison(1986),Kohli(1990)以及 Morrison 和 Diewert(1990);见 Balk(2007)。

2.1.6　水平比较

传统增长核算基本旨在解释某国不同时期增长率的形式发展和演变。这一分析也能用于解释国与国之间增长率不同的原因,但是如果仅关注增长率则会误入歧途。生产率增长较快的国家与世界上最富裕的国家相比也许仍然相形见绌(例如近期的中国和印度)。高增长率确实可能和低起点有关,这一过程被称为“趋同”或“赶超”。

增长分析者不必在水平比较和增长率之间做出选择,因为两者均可用同一组数据计算。然而,估算不同国家的生产力相对水平面临着其他困难。对任何一个国家而言,MFP 水平是一个纯粹的指数,分析过程中基准年的指数价值为一(基准年的价格指数也化为一)。如果将其应用到一组独立国家中,每一国家基准年的 MFP 水平都会相同。这会产生十分严重的限制效果,因为任何基准年内 MFP 水平的国际差别都可能导致引言中所说的收入差距。

Jorgensen 和 Nishimizu(1978)构建了一个比较生产力水平的国际迪维西亚/托恩奎斯特指数,以此解决了上述问题。然而,该解决方法严重依赖于被选为比较基准的国家,Caves 等(1982)推广其结果以在国家不变的条件下开展比较。在此公式中,每个国家投入与产出的水平表现为各国平均对数偏差值,相关

① Erwin Diewert 对本节的贡献使笔者获益良多。

投入由平均收入份额确定权重：

$$\ln\left[\frac{A_i}{A^D}\right]=\ln\left[\frac{Q_i}{Q^D}\right]-\left[\frac{s_i^K+\bar{s}^K}{2}\right]\ln\left[\frac{K_i}{K^D}\right]-\left[\frac{s_i^L+\bar{s}^L}{2}\right]\ln\left[\frac{L_i}{L^D}\right] \tag{8}$$

为了阐述清晰，时间脚标已被省略，上标 D 指国际间迪维西亚指数，份额上方的短横指所有国家的总平均值。

直观上看，该等式表明单个国家的 MFP 和 N 个国家平均值之间的差距取决于对应产出和份额加权投入之间的差距。重新排列各项之后即可计算每个国家劳动者的人均产出 Q_i/L_i 以及平均水平 Q^D/L^D。

跨国生产力比较也会遭遇测量单位的问题。国民核算数据通常使用各国的货币单位，在与其他国家进行比较时必须转化为通用价格。官方汇率并不适用此转化过程，因为汇率反映的是非市场性质的行政或政治影响。国际比较项目法（International Comparison Program, ICP）旨在修正这一潜在偏误，该比较体系会直接比较各国相似物品的价格。其结果是一组适用于比较收入和生产力的购买力平价（Purchasing Power Parity, PPP）指数。① 转而使用 PPP 会得出重要结果：Deaton 和 Heston（2008）所给数据表明，据 2005 年 ICP 的最新估值，该年全球 GDP 为 549 750 亿美元，而如果使用官方汇率统一转换为美元，全球 GDP 总量则为 443 060 亿美元。②

2.1.7　价格双重性

传统增长核算通过总生产将产出量与投入量联系起来。强调投入与产出的量十分合理，因为决定生活水平的就是（目前和未来的）消费量。然而增长核算也可以利用 Solow-Jorgenson-Griliches 模型假设中的价格。Jorgenson-Griliches 模型显示基础 GDP/GDI 恒等式［式（1）］可分化为以下等式：

$$\frac{\dot{Q}_t}{Q_t}-s_t^K\frac{\dot{K}_t}{K_t}-s_t^L\frac{\dot{L}_t}{L_t}=-\frac{\dot{p}_t}{p_t}+s_t^K\frac{\dot{c}_t}{c_t}+s_t^L\frac{\dot{w}_t}{w_t}=\frac{\dot{A}_t}{A_t} \tag{9}$$

该结果表示相关参数的残差估值 $\dot{A}/A$ 同样可以取自价格或数量的增长率。换言之，以数量为基础的增长核算意味着存在以价格为基础的增长核算与其平行且相等。

① 有关 PPP 的本观点并未被广泛接受。Bosworth 和 Collins（2003）认为全国价格更适合测量资本货物的相对价值。

② Deaton 和 Heston 还针对 ICP 价格数据发出了“健康”警告。依据以往的计算方法全球 GDP 应为 597 120 亿美元，而 2005 年引入的变化导致全球 GDP 经历了巨幅的向下修正（新估值为 549 750 亿美元，远低于 597 120 亿美元）。对中国和印度这两大高速增长的经济体而言，向下修正的效果尤其突出，两国 GDP（以美元计算）均下调了约 40%。如此大幅度的变化凸显了国际比较不断进步的特点，虽然 ICP 是经济数据搜集领域的最高成就之一，但是即使是被称为“黄金标准”的 ICP 也仍在不断变化。

基于数量的残差估值被视为生产函数中的变化,但是基于价格的增长估值又作何解释呢?直观答案如下,在生产函数 $Q_t = A_t F(L_t, K_t)$ 作为势函数(恒定的规模收益、严格拟凹性、希克斯中性以及边际生产力价格)的条件下,存在一个形式为 $p_t = (A_t)^{-1}\psi(w_t, c_t)$ 的关联“要素价格边界”。[①]这就是生产函数的价格双重性,可作为势函数整合式(9)中基于价格的残差形式。

Hsieh(2002)的研究展示了双重法的实践结果。在某些情况下,以发展中国家为例,价格数据可能比公布的数量估值更为可靠,因此价格也许会使增长核算结果更加准确。Hsieh在批评 Young(1992,1995)时提出了上述观点。[②]

增长分析中的价格还是一个“突破口”,能为增长核算中的产品质量带来变化。Hall(1968)的资本货物质量改进模型就是最佳例证。这篇意义重大的论文阐述了体现资本的技术进展如何能融入价格双重性,又如何能通过特征价格法实现测量。这本身是一项重要议题,后文(包括下节)将对其展开讨论。

2.1.8　产品质量

一直以来生产率残差与生产函数变化相互联系,导致人们认为其原因在于生产过程效率的提高。以生产流程为导向的技术变革无疑是重要的增长源,但绝非唯一增长源。技术变革还带来大量新式或改良过的消费商品和生产物资,在很多产业中这与流程创新一样重要(可能比流程创新更重要)。Mandel(2006)强调了这一点并评论道:“小发明诞生之地与其受欢迎程度无关。正是精妙的设计、技术的创新以及对市场的理解帮助苹果公司卖出了 4 000 万台 iPod。”换言之,重要的是产品开发而不是生产本身。

将产品质量算入增长源实际上并不简单。因为质量差别难以探查,Adam Smith 在工业革命早期注意到:“关于质量……争议很大,在我看来所有这类信息都具有不确定性(Smith, 1963, p,195)。”所有解决方式都极有可能涉及假设和近似值,增长核算中最常用的解决方式会假定一款高级产品进入市场等同于存在更多较低级的前代产品。这种“越好越多”的方式需要测量低级与高级品种之间的价格差异以推断新产品对应的“数量”差别。

测量价格差距有几种可行方案。当新旧产品价格存在稳定的重叠状况时,

---

① 该生产效率项以逆形式加入价格双重性,因为生产效率提升会降低特定投入价格的产出成本,且产出价格等于边际(平均)成本。考虑到线性同质特征,价格双重性亦可表达为 MFP 水平和实际要素价格的关系:$A_t = \psi[(w_t/p_t), (c_t/p_t)]$。该形式强调生产效率对实际要素投入收益的增长作用。

② 此处应该强调的是,只要使用同组数据,用价格总结出的增长源表格和用数量法总结的表格别无二致。其中不同之处在于使用可能更为准确的不同价格集合,这同时也意味着不同的数量估值集合。

可以直接测量其间的差距，但当情况相反时，可以使用特征价格法预测差距。① 一旦价格按质量变化做出调整，即 P_t 转变为基于质量的价格 P_t^e，由于 $Q_t^e = V_t/P_t^e$，基于效率调整的数量 Q_t^e 则被方程式 $V_t = P_tQ_t = P_t^eQ_t^e$ 间接定义。由于质量变化往往与技术变革引发的产品改良有关，基于质量的 P_t^e 会小于 P_t，基于质量的数量 Q_t^e 会大于 Q_t，即出现"越好越多"。

在这种情况下，基于质量的 Q_t^e 的增速会大于 Q_t，因此会带来不同的产出增长模式，待增长核算分解对此做出解释。这对索洛残差而言到底意味着什么呢？现在，有两种计算残差的方法：调整产出质量或不调整产出质量，简单的代数即可表示相关残差之间的关系：

$$\frac{\dot{A}_t^e}{A_t^e} = \frac{\dot{A}_t}{A_t} + \left[\frac{\dot{P}_t}{P_t} - \frac{\dot{P}_t^e}{P_t^e}\right] \tag{10}$$

式(10)中的单一价格项按对应的产出份额加权即可调整多项产出。② 该公式为生产率变动中质量修正率的分解，等式左边为生产流程所驱动的生产力增长(特定投入下提升产量的能力)，等式右边为质量所驱动的生产力增长(质量变化导致的价格修正)。不幸的是后者的作用极少体现在增长核算数据中，因此该公式至今仍停留在概念阶段。

2.2 工业增长核算

宏观经济 GDP 反映的是部分产业的经济活动以及组成整体经济的各个企业。因此我们应该关注这些组成部分如何演变，及其增长与整体经济的增长有何关系。应对该问题的方法大致分为两种，一是自上而下，另一种是自下而上。很多近期开展的微观生产力数据研究便选用自下而上的方法。

---

① 针对增长核算的调查难以详细阐述特征价格法，因为该内容范围极广。然而，此处提供了几则一般性评论。在特种价格模型中，一款产品被视为一系列基础"特征"，例如卫生间数量和一间房子的建筑面积，或处理器速度和计算机存储容量。一款产品的质量变化被视为一种或多种特征的提升，而高级和低级品种之间的差别则由部分特征的差别定义。回归分析为每种特征建立隐性价格，这些价格可用于给质量差距定价(质量变化以及物价膨胀分别导致价格上涨到何种程度)。美国经济分析局(Bureau of Economic Analysis，BEA)曾使用该方法调整所观察到的计算机价格波动(Cartwright，1986；Cole 等，1986)。Triplett(1987)就特征法及其他方法开展了详尽的讨论。

② 式(10)方括号中的项反映"越好"已通过价格差异转化为"越多"。因为根据质量修正的产品数量以较快速度增长，快于未修正的产品数量，所以修正的产品价格上升速度低于未修正的产品价格。于是括号中的项有利于整体生产率增长(即反映出"越多")。然而，质量变化的影响不一定是正面的。公司为了降低成本，可能会降低产品质量、使用廉价原材料、使用较低端"工艺"或减少附加特色。此时，质量因素会阻碍生产力发展。

2.2.1 自上而下的分解

(1) 总 GDP 的概念即依据进出口调整后各产业的贡献之和。因此,自上而下的方法之一是将总额分解到作为组成部分的各个产业中去,并且(原则上)一直分解至工作场所。这就是所谓的“剥洋葱”式方法。该过程中的各阶段均可计算出一个单独的索洛残差,这些值又与总额有所关联。如果实际增值是测量分解各阶段产出的唯一因素,那么该方法从概念上看是一种直截了当的过程。然而,事实并非如此,因为部分企业所制造的产品或提供的服务对其他公司而言是生产函数中的投入。这些中间产品既是经济投入也是经济产出,这使得产业或企业级残差与整体经济生产力测量之间的关系更加复杂。

在分析不同集合水平中 GDP 和 GDI 的关系时,该问题尤为突出。在总量核算恒等式中,GDP 总产出是满足各产业需求的总量 $D_{i,t}$,而 GDI 总产出是各产业增值的总和。扩展基础国民核算恒等式(1)可体现该细节:

$$\mathrm{GDP}_t = \Sigma_i p_{i,t} D_{i,t} = \Sigma_i w_{i,t} L_{i,t} + \Sigma_i c_{i,t} K_{i,t} = \mathrm{GDL}_t \tag{1a}$$

中间投入与产出不会出现在总 GDP/GDI 中,因为其总和互相抵消。然而,较低水平的集合中,某一组产业购买的中间投入不一定正好匹配另一组产业获得的中间产出价值,因此情况有所不同。这在产业(或公司)核算恒等式中有所体现:

$$\begin{aligned} P_{i,t} Q_{i,t} &= p_{i,t} D_{i,t} + \Sigma_j p_{i,t} M_{i,j,t} \\ &= w_{i,t} L_{i,t} + c_{i,t} K_{i,t} + \Sigma_j p_{j,t} M_{j,i,t} \end{aligned} \tag{11}$$

产业产出总价值超过 GDP,总投入成本则超过 GDI。另外,由于式(11)中与中间产品有关的项并不一定互相抵消,所以满足最终需求的量($p_{i,t}$, $D_{i,t}$)大体上不等于产业增值($w_{i,t}L_{i,t}+c_{i,t}K_{i,t}$)——有时用实际增值测量产业产出会遗漏这一点。

上述核算恒等式之间的差别反映了深层生产结构的不同。与产业核算恒等式对应的恒定收益技术意味着依据 Euler 的定理,生产函数中的产出是由一系列包含中间产品的投入产生的。该函数的希克斯中性形式如下:

$$Q_{i,t} = A_{i,t} F^i (L_{i,t} K_{i,t}, M_1, i, t, \cdots, M_{N,i,t}) \tag{12}$$

用之前的方法处理总量模型,则产业索洛残差如下:

$$R_{i,t} = \frac{\dot{Q}_{i,t}}{Q_{i,t}} - s_{i,t}^K \frac{\dot{K}_{i,t}}{K_{i,t}} - s_{i,t}^L \frac{\dot{L}_{i,t}}{L_{i,t}} - \Sigma_j s_{j,i,t}^M \frac{\dot{M}_{j,i,t}}{M_{j,i,t}} = \frac{\dot{A}_{i,t}}{A_{i,t}} \tag{13}$$

式(12)为其必需的势函数。式(13)中使用的份额权重以产业产出总价值为基础而非增值,因此其分母大于总索洛残差[式(5)]中的份额权重。所谓的

KLEMS 模型是式(13)的最常见形式,其中中间产品包括能源、原料以及所购服务,还有资本和劳动力。

(2) 产出范围及其份额权重不同的情况下,总 MFP 残差如何体现产业 MFP 残差 $R_{i,t}$? Domar(1961)用以下方法解决这一问题。假设存在两个产业,其一生产中间产品,$M_t = A_{M,t}F^M(L_{M,t}, K_{M,t})$,其二生产最终产品,将劳动力、资本和重点产品作为其投入,$D_t = A_{D,t}F^D(L_{D,t}, K_{D,t}, M_t)$。如果两个函数均具有积性柯布-道格拉斯函数的形式,那么前者可被代入后者以消除最终需求函数中的中间产品因素,最终需求函数变为准总量生产函数。在这一变化后的形式中,索洛 MFP 残差(5)可通过计算得到,但其由两部分组成:$A_{D,t}$的增长率和 $A_{M,t}$的增长率,由 D 生产中 M 的产出弹性确定权重。该结果表明,虽然中间产品并不算入总量,但是生产中间产品带来的效率提升会影响整个 MFP 水平。

当不止一个产业满足最终需求时,当多个产业都既生产中间产品又生产最终产品时,又会发生什么呢? Domar 提出一种加权方案,总 MFP 是单个产业残差的加权和,产业产出总价值除以产业间满足最终需求的总价值得到其权重。这些权重的总量大于 1[参考式(11)],允许中间投入对 MFP 施加影响。

Domar 的 MFP 指数中每一个因素都可按 Solow 常用的解释方法被解释为产业生产函数中的变化。但是 Solow 的总生产函数在此情况中并不存在,那么产业变化的加权平均数又该作何解释呢? 何为与综合指数相关的势函数呢? 生产可能性边界(Production Possibility Frontier,PPF)便是一个合理选择,因为在每个产业都拥有各自生产函数(11)的经济体中,PPF 是其供己侧的基础约束。PPF 被定义为:

$$\Omega(D_{1,t}, \cdots, D_{N,t};\ K_t, L_t: A_{1,t}, \cdots, A_{N,t}) \tag{14}$$

实际最终需求矢量的增长可被分解为总投入增长和产业技术指数的增长。Hulten(1978)以后者为基础建立了一项 MFP 总指数 R_t^{PPF},表明 PPF 的变化等于产业 MFP 变化率的加权和,其中权重由 Domar 提出:

$$R_t^{\mathrm{PPF}} = \sum_{i=1}^{N} \frac{p_{i,t}Q_{i,t}}{\Sigma_i P_{i,t}D_{i,t}} \frac{\dot{A}_{i,t}}{A_{i,t}} \neq \frac{\dot{A}_{i,t}}{A_t} \tag{15}$$

在这个多产业 MFP 问题的公式中,PPF(式(14))被视为式(15)的势函数,但是无法保证路径无关性。总体而言,PPF 不等于各产业总生产函数[如式(5)]得出的总索洛残差。

(3) 总产出方法的问题在于增长结果并非以纵向结合的形式保持不变。如果一家公司与一家供应商合并,之前算作中间过程的部分便会成为内部过程从而消失。在各产业中间过程的价格和数量方面,少有可靠且及时的投入产出数据,问题由此而生。测量中间产品的问题同时也意味着产业最终需求的问题。

一种普遍的解决方式是放弃总产出方法,转而使用增值数据。产业增值已排除中间过程,因此不会因纵向结合程度而变化。产业增值确实会被计入GDP/ GPI(Genuine Progress Indicator,真实发展指数)。另一方面,现行价格或固定价格下的产业增值主要用于测量初期投入(该产业产生的 GDI),而正如核算恒等式(式(11))所示,初期投入并不一定等于产业的最终需求。尽管如此,考虑到测量问题,增长核算人员也许仍会选择使用实际增值表示产业产出。该做法的第一步便是获得降低名义增值的价格指数。此时人们通常使用“双缩减”技术,从现行价格或固定价格下的产出总价值中减去中间投入的价值,以此获得其中差距(即增值)的平均物价指数。以式(13)为基础的迪维西亚过程同样适用,而且效果更好,因为下一步需要修正式(13)得到产业增值残差:

$$R^{v}_{i,t} = \frac{\dot{V}_{i,t}}{V_{i,t}} - v^{K}_{i,t}\frac{\dot{K}_{i,t}}{K_{i,t}} - v^{L}_{i,t}\frac{\dot{L}_{i,t}}{L_{i,t}} \tag{16}$$

$V_{i,t}$是产业实际增值,$v^{K}_{i,t}$和$v^{L}_{i,t}$是中资本和劳动力的相对份额。虽然其计算基础与总产出残差[式(15)]不一样,但是增值残差$R^{v}_{i,t}$等于该残差除以总产出价值的增值份额:$R_{i,t}/(s^{K}_{i,t}+s^{L}_{i,t})$。①

产业增值的加权平均数$R^{v}_{i,t}$被计入R^{PPF}_{t},意味着两种方法殊途同归,均得到相同的总体结果。然而,这只是假象。问题出在产业层面,势函数理论表明产业残差$R_{i,t}$和$R^{v}_{i,t}$一般不能同时成为产业生产函数[式(12)]的明确变化指数$A_{i,t}$。那么何为正确?当技术变革增加中间投入和劳动力以及资本时,即效率$A_{i,t}$乘以式(12)中的所有投入项,那么$R_{i,t}$则是正确选项。此时测量的是什么呢?该指数恰恰适用于式(12)的限制形式,生产函数可分割为增值子集,并且技术变革仅增加资本和劳动力:

$$Q_{i,t} = F^{i}[a_{i,t}V(L_{i,t},\ K_{i,t}), M_{1,i,t},\ M_{N,i,t}] \tag{12a}$$

如果这就是正确的技术规范,那么$R^{v}_{i,t}$则是 MFP 残差的合理形式,因为据其可得出目标变量,即$a_{i,t}$。因此从理论角度出发,产业增长核算选用增值还是总产出归根结底是哪种技术变革规范更令人信服。增值法大概已经被排除,因为该方法(未必)意味着提高效率的技术改良会排除原料和能源。

① 此处应该注意总生产函数中希克斯中性与哈罗德中性的细节类比。前者中技术变革同时提高资本和劳动力,但是后者仅增加劳动力。在总产出方法中技术变革会增加资本、劳动力和中间投入,而增值法中技术变革只会增加资本和劳动力。两种情况下的残差均由包含投入份额的代数表达连接起来。

2.2.2　自下而上的分解

近期生产力分析领域的大量进展都源于美国统计局的纵向研究数据库(Longitudinal Research Database, LRD)等面板数据集的发展(Bartelsman 和 Doms, 2007; Foster 等,2001)。LRD 数据集涵盖高度分解的产业细节中投入与产出的机构数据。这些数据使我们能够近距离观察生产单位的增长动态,其用处远远不止于增长核算(例如,创业和就业研究)。面板数据的属性会引导分析方向转向生产力分析中的计量经济学部分,但是研究机构进出的影响也大大丰富了增长核算的内容。

在自下而上的方法中,产业 MFP 变化的原因有多种：机构内部的技术或组织变化、现有机构的份额变化以及进出产业带来的间断式份额变化。产业增长核算的目标之一便是将丰富的细节融入分析之中,Baily 等(1992)建立了一项指数,至少能捕捉上述影响中的一部分。该指数形式多样,但是从本文的目的出发,我们会重点关注其中一种。在这种形式中,式(15)里自上而下的残差 R_t^{PPF} 包括与份额变化相关的项,从而实现一般化。①

如果资源从低生产力单位转移至高生产力单位,那么这些转移份额项允许总生产力在产业(机构)生产力不变的情况下增长。然而,Petrin 和 Levinsohn(2005,2008)认为,式(15)中用于获得 R_t^{PPF} 的假设(恒定收益、完全竞争以及零代价且即时生效的调整)意味着转移份额项应为 0。出现该现象的直观原因在于产出价格等于该产业内所有企业相同的边际成本,而且竞争性定价使产业间的资源转移无法提高边际效率。在这种情况下,R_b^{HCT} 和 R_t^{PPF} 并无区别。然而,有文献发现再分配效应具有实证意义,意味着两个公式互相分离。

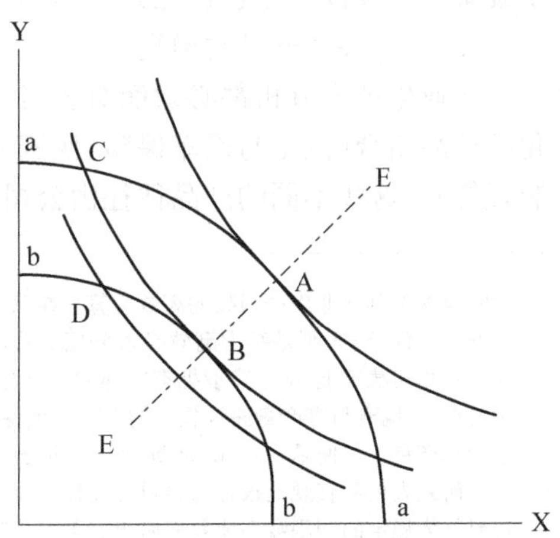

图 1　再分配效应与生产可能性边界

图 1 基于 Basu 和 Fernald(2002)的研究描述了自上而下和自下而上两种方式的分离。该图显示 PPF 在一个两种商品的经济环境中的演变过程。经济初始起点为 PPF bb 上的点 B,表示效用最大值,随着时间发展 PPF 沿

① 这是 BHC 指数的形式之一。Foster 等(2001)广泛讨论了 BHC 指数及其他方法,提供了更为详尽的解释。另外请参阅 Petrin 和 Levinsohn(2005,2008)。

着路径 EE 向外扩展至 PPF aa 以及最佳点 A。沿路径 EE 移动的原因有二：总资本和劳动力增长以及商品 X 和 Y 的产业生产函数中 MFP 上升。

式(15)中的综合测量值 R_t^{PPF} 是后者的加权和，沿着射线 EE 进行测量。其中并无再分配效应。因此，经济增长路径必须避开 EE，再分配效应才能发挥作用。

Foster 等(2001)发现了该现象的多重原因：技术转移中的调整成本和扩散滞后、垄断定价以及导致资源配置扭曲的政策(例如税收和监管制度)。Foster 等(2008)强调价格差别和产品差异在再分配中的源头作用。这些扭曲效应推动经济偏离最优扩展路径 EE，形成穿过点 C 或点 D 的其他路径。经过点 C 时，产出价格会发生扭曲，导致商品 Y 过多，商品 X 过少，但是这样能使经济保持在 PPF 最大值。投入使用的扭曲也能推动 PPF 向内移动，回到 PPF bb，过点 D。经济增长则可以在扭曲(再分配)变化中实现，原因即发生了有效的边界移动。这为总体生产率和总体技术之间的 Basu-Fernald 差别提供了基础。①

再分配问题对于原始的 Solow-Jorgenson-Griliches 范式而言十分重要。然而，其本质可能是一致性问题。单一产业或机构的 MFP 估值构成了分解中直接增长的部分，通常在索洛残差假设下(即假设市场无扭曲以及分配有效)计算得到。另一方面，再分配模型建立的基础即产业间的扭曲和摩擦。产业的集聚水平有些随意(往往由可用数据决定)，扭曲资源配置的因素为何应该在某一特定集聚水平发挥作用也往往并不明确。

2.2.3　公司—机构问题

产业生产力分析都必须面对公司—机构的问题。许多大型公司都拥有多样化的产品组合(汽车与汽车保险、医药制品与家庭护理产品、喷射发动机与冷凝装置等)。这些不同的产品往往由公司内部不同机构生产，因此从生产函数的角

---

① PPF 反映部分产业生产函数的高效运算。在双产业模型中，劳动力和资本总量不变，那么只要埃奇沃斯框图无误，PPF 则是其中高效投入分配的轨迹。这样得出的产出组合使两种技术的等产量曲线相切。在相切轨迹上，两个产业拥有同样的相对要素价格。该要素价格扭曲则会导致某一点(例如图 1 中的点 D)偏离与等产量曲线相切的 PPF。消除所有投入价格扭曲会将经济重建至 PPF 最大值，从而增加总产量。这便是 Jorgenson 等(2007)再分配效应背后的思路。

研究人员从直观上很容易将再分配作为边界上内部扭曲 PPF 所发生的位移从而进行建模，但是边界作为稳定的凹函数需要我们做出有关可分割性的假设，尤其是在其他产业生产出中间投入的情况下(Basu 和 Fernald, 2002)。另外，产业技术本身的低效率也可能导致次优 PPF 出现[生产函数 $Q=AF(L,K)$ 中希克斯变化项"A"的次优值]。例如，Bloom 和 Van Reenen(2007)发现公司和国家之间的管理效率存在较大差异。大量有关各国经济增长差异的文献同样关注这类低效现象的源头。新兴市场和 OECD 成员国的人均产出存在巨大差异，主要是因为文化、制度和环境因素阻碍了最佳实践技术边界(见 Bosworth 和 Collins, 2003；Hulten 和 Isaksson, 2007)，同时也可能破坏了基建资金的整体性。通过比较增长核算可以发现，很多低收入国家的有效 PPF 与最佳实践 PPF 之间的比例可能仅有 1∶5。边界估算也能应对此类问题，但是并不在本文的讨论范围内(见 Färe 等，1994)。

度出发，在定义某产业时将各公司的类似机构组合起来是合理的做法。

然而，上述方法有所遗漏。整个公司是一家合法的组织单位，管理着各种各样的生产机构，还有研发、市场营销和金融融资等非生产活动。会计视后者为间接成本，而经济学家视其为固定成本，但不论如何，一家公司若想获得成功就必须重视非生产活动。不幸的是，很多上述成本无法有效地与公司内部的个体生产机构逐一对应——这些机构属于整个公司，就像联合产品一样不能被单独分割开来。[①] 另一方面，将各生产机构视作独立机构会忽视其在公司整体商业模式和行政管理中发挥的定义作用(Coase-Penrose 企业不仅仅是各部分叠加之和)。完全排除企业的产品开发和管理活动等于无视决定整个公司活力的协同作用以及机构层面的变化。[②]

技术变革加剧了产业分类问题。如果依据产品相似度对机构进行分组，产品创新则可能导致再分类，以计算设备为例，它们曾被归为机械产品并以此分类，但现在却已成为电子产品。和金融服务行业一样，新的管理、生产流程同样可能导致公司的结构发生变化。因此，当我们在分析长期范围内产业级别的增长核算估值时，必须谨慎小心。[③]

3. 个体增长源

Koopmans(1947)反对脱离理论指导的测量行为，此举影响 Solow，Jorgenson 和 Griliches 等人推行国民核算的进展，进而深刻影响增长核算理论的演变。虽然已有坚实的理论基础，但是现存的问题恰好相反：理论研究缺乏合理的测度。Zvi Griliches 在其 1994 年的美国经济学会会长演说中指出，学术经济学家往往以后者为代价发展前者。

> “我们(经济学家)自身并没有足够重视研究生培养以及专业奖励结构中的数据价值和收集。对于一位大厨而言，吸引专业人士眼球的应该是其

---

① 公司内部的大型机构有可能需要承担“间接”中的一部分。但是机构内部还有机构，所以这种向下转移的过程到一定程度便会停止。

② 此处值得注意的是，虽然问题仍然存在，但是欧洲将公司作为产业分类的基础，并且会计实务以此为导向。这样能够减轻间接成本的问题，不过将运营单位与不同产品技术结合起来会付出一定代价。不幸的是，目前仍没有任何方法能正确处理与数据相关的问题。

③ 北美产业分类体系(North American Industrial Classification System，NAICS)于近期替代老旧的标准产业分类体系(Standard Industrial Classification System，SIC)投入使用，阐明了产业分类的阶段性变化。一旦新体系被采用，将新重组的数据往前延伸 10～20 年会非常困难(且昂贵)。低水平产业集聚中的机构更易于被再分类，因此该问题更为突出。

准备技巧,而不是菜肴中的食材质量或是获取食材的过程(第 14 页)。”

增长核算中的各组成部分十分重要,和理论缺陷相比,数据的缺乏对结果影响更大。Nordhaus(1997,pp. 54—55)认为“官方价格和产出数据可能会错过历史上最为重要的革命”,因为它们错过了巨大的(颠覆性的)技术进步。部分原因可以归咎于历史,因为正如 Griliches 所说“……某些地区概念混乱,专业人士对测量对象与方法也存有争议,对于这些地区我们不应该期待政府会给出相关统计数据(p. 14)”。本节将阐述增长核算的主要组成部分:产出、劳动力和资本。

3.1 产出

3.1.1 产出异质性和测量单位

作为标准生产函数中的“Q”,产出的概念看似十分简单。产出通常被称为“组件”(widgets),指能以明确物理单位测量的产品。然而现实中有形无形的“组件”种类繁多,甚至在相对同质的产品种类中,质量、种类和地点的差异都具有一定重要性。现代经济体中的产品如此多样,统计学家几乎不可能捕捉一切细节。在公开估值之前有必要进行一定程度的抽样检查和集中合计,对于增长核算通常使用的数据而言该程度相对较高。在此过程中,实际产出的增长不再指向具体产品而是指向较为广泛的综合概念,例如汽车、医药制品、机床、房屋等,这些对象的测量单位较为模糊。

从价格侧出发可以解决异质性问题。此策略旨在应对产品质量的变化,同时也是一个应对组内多样性的变量。对于拥有活跃市场的产品而言,该产品组别的总销量或总收益数据比较容易获得(例如汽车销售额),通过平均价格指数降低该产品价值即可测量实际产出的平均值。该方法间接假定综合产品 Q_t 的存在,其假定价格为 P_t,价值为 $V_t = P_tQ_t = \Sigma_i P_{i,t}Q_{i,t}$。此时隐性数量指标为 $Q_t = V_t/P_t$。在美国国民经济核算中,消费者和生产者价格指数充当这一角色。①Q_t 的测量单位为经价格调整的货币单位,而非组件数量。对于大多数制成品或农业商品而言,不变价格数量指数和基本物理单位之间的关系较为直观,因此模棱两可的问题并不严重,但是若增长核算人员转向精确测量边界以外的产品种类和产业,该问题的严重性便会上升。

---

① 一价定律推进了该情况下平均平减物价指数的使用。特定商品在各销售点的价格趋同,而销售数量大相径庭。在美国居民消费价格指数项目中,相关人员到商店和其他销售点观察产品组别中代表性商品的价格。他们通过“货架”或者菜单等途径获取商品价格信息,无须估算相关产品的销售额。依赖价格指数而放弃估算实际产出有一个弊端,即价格估值的数据来源和途径往往与 GDP 及其组成的名义价值估值不同。

3.1.2　边界问题[①]

产出统计背后的数据(例如国民核算和普查数据)主要以市场化的交易为基础。这导致核算范围的界线较为宽泛。考虑到增长核算结果易受核算内容的影响,我们仅可确定以下几点:

(1) 政府部门通常会被算入国民核算数据中,因为政府部门大量吸收国家资源,而公共部门与私人部门之间的界线往往不够清晰。主要测量问题在于,公共部门产出中有很大一部分并非通过市场进行分配(或其价格不能反映其全部成本),所以缺乏可靠的计算数据。另外,即使已有公共 P_tQ_t,也仍然缺乏用于估算实际产出的产出价格指数。因此,实际产出的增长率通常由投入增长率推断得出,且假设生产率变动为0。所以部分增长分析会忽略公共部门,仅关注经济中的市场部分。

(2) 家庭部门会为增长核算带来更大的麻烦。该部门大部分的产出并未在市场上进行交易,不仅如此,可显示其投入价值的可靠数据也微乎其微(近期开展的"美国人时间使用"调查就试图帮助美国解决该问题)。因此国民核算数据中基本不包括家庭部门数据。Landefeld 和 McCulla(2000)的计算结果显示,美国国民经济核算中家庭生产的消费品在GDP中的占比有所下降,从1946年的43%降至1997年的24%。

大部分家庭产出不仅会影响被测GDP的水平,还会导致增长变化。以女性劳动力离开家庭部门进入市场以及政府部门为例,这一变化成为后者劳动力投入测量中的重要增长源,但是大多数再分配效应在GDP统计数据中均以净增量呈现。另外,家庭部门中大量人力资本投资通过时间机会成本实现(Jorgenson 和 Fraumeni, 1989,1992)。增长核算如果仅关注市场或经济中的准市场部分,则可能扭曲真正的经济增长源。在经济组成中包括大量非市场成分的国家和"非正式"市场突出的国家存在另一种类似的问题。

(3) 服务部门。虽然已有上述部门交易商品的价值数据,但是众所周知,服务部门商品价值的测量难度极大(Griliches, 1994 将该部分经济称为"无法测量的部门")。问题核心在于服务产出单位的概念模糊。一项服务应该作为供应方生产的单位,还是作为接收方获得的"结果"进行测量? 医生售出的是其专业知识而不是健康结果,因为后者取决于病人的初始状态以及治疗意见的完成程度。教育面临着相似的情况,因为人力资本生产包括学生和家庭投入以及正规学校教育。大量甚至大部分服务都涉及某些不确定的结果,分离服务的资源成本和

---

① 国民核算运动之初,其包含的内容范围就饱受争议。目前,环境问题越来越受到关注,健康和教育问题也重新获得重视,从而激发了人们对该话题的兴趣。Nordhaus(2006)以及 Abraham 和 Mackie(2006)的论文总结了许多核心问题的近期调查。

消费者最终获得的价值。如果 Q 的单位不明确,则难以理清 P 和 Q。[①]

3.1.3 研发和其他无形商业资产

直到最近,研发等无形支出才开始被视作中间产品,而非 GDP 或 GDI 的一部分。这从一定程度上是因为商业领域无形的部分主要在企业内部生产和使用,与市场交易无关,对产量没有贡献,也没有任何可见的实际产品可供测量。然而正如前文所述,研发、市场营销和员工培训产生的开支有利于产品和流程创新,从而提升公司未来利润的生产力。这些开支往往会产生滞后(且滞后通常较长),收益溢出持续数年,因此更应被视为资本投资而非中间产品。

近年来研究人员对该疏忽的各方面给予了大量关注。[②] Nakamura(1999,2001)首次进行了全面开支估算,Corrado 等(2005,2009)首次将无形资产计入增长核算框架(Sichel, 2008)。这一系列研究发现美国公司的无形投资在过去几十年间快速增长,现在其规模已超过工厂和设备投资(如果计算完全的话,对 GDP 的贡献约为 10%,甚至以上),而且美国增长源核算有所不同,非农商业部门的投入与产出中均包含无形资产。BEA 开展项目将科学研发投资作为主要国民经济核算的卫星账户计入美国 GDP(Robbins 和 Moylan, 2007),BLS 计划在生产率估算中加入该估值。

3.2 劳动投入

3.2.1 劳动服务

劳动服务流总体被视为增长核算生产函数框架中的劳动投入,以劳动小时数对该服务流进行合理测量。然而,付薪时数或就业情况往往是唯一可行的测量方式。[③] 部分劳动投入和报酬可能会被误认为独资经营者的资本收入,未得到报酬的家庭劳动者以及其他未记录的劳动者可能会被遗漏,这些因素都会导致问题复杂化。核算额外福利和股权投资(例如股票期权)也会提升测量难度。

---

① Baumol(1967)提出假说,指该部门的劳动强度使生产率本身极难提升,该假说引出了大量有关测量服务部门的文献。20 世纪 70 年代和 80 年代美国生产力下滑的主要原因便在于上述可能性和测量服务部门产出的难度(Griliches, 1994)。然而,随着信息技术革命的发生,服务部门近期生产力急速发展,让我们开始以不同的观点看待上述解释(Triplett 和 Bosworth, 2004)。

② Lev(2001), Blair 和 Wallman(2001)以及 Sichel(2008)简要阐述了无形资产资本化所涉及的经济和核算问题。有关技术的研究,尤其是信息技术的相关研究,请参见 Basu 等(2004)以及 Brynjolfsson 和 Hitt(2005)。

③ 获得付薪时数(H)和就业情况(L)的数据后,可实现增长核算的另一种形式。这种情况下,产出(Q)的增长率可被分解为劳动者人均产出增长率(Q/L)和劳动者人均时数增长率(如果有工作时数数据则可以进一步分解)。此类分解通常出现在国际比较中,例如比较欧盟国家和美国近期增长经历的研究(Van Ark 等,2008)。

最后，部分劳动者(如管理者)本质上属准固定投入，其对生产造成的直接影响不会随着产出流的变化而变化。

3.2.2　劳动组合

在生产函数方法中，不同种类的劳动投入应该根据其边际产品差别进行分组。从分析角度出发，如果存在 N 种(组)劳动力，则每一种都会在生产函数中存在对应的变量：$Q_t = A_t F(K_t, H_{1,t}, \cdots, H_{N,t})$，$H_{i,t}$ 为第 i 组的工作时数。在 Jorgenson 和 Griliches(1967)引导下，依据总劳动收入份额为 $H_{i,t}$ 增长率加权即可计算得到劳动投入的迪维西亚指数。该指数可被分解为两个部分，第一部分等于全组的总时数增长率，$H_{i,t} = \Sigma_i H_{i,t}$，第二部分为合成项，测量各组时数对总时数增长的加权贡献：

$$\frac{\dot{L}_t}{L_t} = \frac{\dot{H}_t}{H_t} + \sum_{i=1}^{N} \frac{w_{i,t} H_{i,t}}{\Sigma_i w_{i,t} H_{i,t}} \left[\frac{\dot{H}_{i,t}}{H_{i,t}} - \frac{\dot{H}_t}{H_t} \right] \tag{17}$$

式(17)的合成部分有时被称为“劳动质量”效应，因为当劳动力构成倾向于高薪组别时该部分显示为正，而薪资又被认为与边际产品的对应价值相等(此假设经常遭到异议)。当薪资相等或劳动力组成没有相对变化时，该复合效应为 0。

当生产函数可分割时，即 $Q_t = A_t F[K_t, L(H_{1,t}, \cdots, H_{N,t})]$，则该指数[式(17)]具有路径无关性，此时存在一个形式为 $L(H_{1,t}, \cdots, H_{N,t})$ 的定义明确的劳动集合作为势函数。该假设为强假设，因为它要求不同种类劳动力之间(例如技能熟练的与技能不熟练的)的边际技术替代率与可用资本数量无关。一项平行公式适用于一个资本子集。

劳动组通常以教育、年龄、性别和工龄(或经验)等特征为基础构建。由于维度多样，且组别数量庞大，大量组别数据只能通过双比例矩阵等技术进行估算。该填补过程又为增长核算带来了一个潜在的测量误差源，但是该公式的优势也不容忽视，因为使用本方法的实证研究显示教育程度提高会对经济增长产生积极影响。

3.3　资本投入

3.3.1　用户使用的资金

源自资本的投入服务流在活跃的出租市场中被定价，因此资本集合中的迪维西亚指数构成几乎与劳动力迪维西亚指数一样简单直接[式(17)]。对于统计学家而言不幸的是，大多数资本由持有人操作，其中一部分(无形资产)同时由持有人生产，这大大提升了测量问题的复杂程度。结果，该类资本将不存在市场交易，资本服务价格则必须通过间接方式计算。缺乏市场数据同时意味着必须计算资本服务数量。下文将详细讨论常用的填补过程,因为该过程对增长核算实践意义重大,并且仍存有争议。[①]

3.3.2　永续盘存法

在生产过程中,资本既是投入也是产出。资本同时还是耐用品(按照定义),任何时间点投入使用的过去投资商品都可能具有不同的库存年数。上述特征综合起来显示出一个生产函数集合,$Q_t = C_t + I_t = A_t F(L_t I_t, \cdots, I_{t-T})$,$T$ 为库存年数最大商品停止服务时的年龄,C_t 为被消费的产出数量。这是前文中 Solow 生产函数的延伸形式,以存量资本 K_t 为基础,而非其分向量$(I_t, \cdots, I_t - T)$。增长核算的问题在于连接两者。其中一种可能性即直接处理向量形态并且在存量情况中解释其结果。然而此处仍然存在一个问题:虽然新投资商品的价格和数量易于观察得到,但是库存时间较长的商品价格与数量并不容易获得。另一种方法则是将向量$(I_t, \cdots, I_{t-T})$转化为存量 K_t。这就是永续盘存法的基本原理。[②]

资本的永续盘存即现在与过去投资商品的总和,并且由投资生产效率加权:

$$K_t = \Phi_0 I_{t-0} + \Phi_1 I_{t-1} + \cdots + \Phi_T I_{t-T} \tag{18}$$

权重指数 Φ_s 指使用年限为 s 的资产相对于新资产的效率,被定义为 s 的资产边际产品和新资产边际产品之比。因此 $\Phi_s I_{t-s}$ 是前 s 年使用的投资数量,以生产效率单位进行测量。在此公式中,K_t 为用新资本单位表达的有效资本总量,即替代库存年数不同的实际资本存量所需的等量新资本。

Φ_s 一般被视作永续盘存法中的固定参数。此为强假设,因为边际产品之比可能根据经济状况发生变化,并且一项资产的使用年限—效率路径一般取决于使用强度和维护状况。[③] 由于它们并非直接观察得到,所以获得 Φ_s 需要使用间

① Diewert(1980),Hulten(1990)以及近期的 OECD 手册均对资本测量问题的一般处理方法进行了阐述。

② 资本存量也可通过历史核算账面价值数据直接进行估算,但是该做法会产生问题,因为价格水平变化难以调整,并且降低资本价值的方法往往较为武断。另外,账面价值数据通常表现为高度集中的资产细节,增长核算人员还会关注资本构成的变化。

③ 边际产品问题的常用解决方法为假设生产函数具有较强的可分割性,此时资本集合之外的变量不会影响该比例。第二个问题的处理方法往往是假设 Φ 能反映理想的使用和维护程序,该程序在各资产之间的分配相对稳定且平均。上述假设均出于需要,而非个人看法,因为很多资产无法获得改进所需的数据。Diewert 和 Lawrence(2000)的模型提出了一种更为灵活的方法,不同库存年数的投资不再被假定为完美的替代品,不过在贬值呈现出几何形式时,该方法得出的结果与永续盘存法一样。

该外生性 Φ 方法还具有另一个重要影响,即不允许出现特殊报废情况。自然灾害、飓风或地震、战争或技术问题都可能导致特殊报废情况。Y2K 问题就是后者的例证。随着 2000 年的到来,人们开始担心已有软件无法应对“99”到“00”的转变,这促使人们大批购买信息技术产品以替代旧系统。这就意味着存在一批固定寿命的永续盘存法无法捕捉到的退休情况。Bartelsman 和 Beaulieu(2000)估计遗漏这些 Y2K 退休情况会对非农业私人部门的 MFP 测量产生微弱但重要的影响。

接手段。相关人员曾提出多种方法，但所有方法都在事实的基础上添加了较高比例的假设。Hulten 和 Wykoff(1981)以价格为基础研究折旧率，将特征价格过程应用至多种资产的投资商品价格样本中，发现折旧模式（与折旧率）大约呈几何形式。其他方法涉及估算平均使用寿命，即式(18)中的 T，并结合有关效率衰减适宜模式的假设（单架马车、双曲线和直线为常用选择）。

合成谬误使困难加剧。一组相似资产中的每一个资产都具有自身的模式 Φ，以自身可用寿命 T_i 为基础，但是当 T_i 在该组资产之间发生变化（通常事实便是如此，除非所有资产于同一时刻停止使用），Φ 组平均值的模式可以变得完全不同。当资产分类较宽泛时（例如，机床、工厂建筑），该谬误更加明显，因为各资产必须分类有序以保持统计测量的可控性。但是，随着资产异质性上升，Φ 组开始逐渐呈现凸面模式，通常由简单的几何形状即可粗略展现。

永续盘存模型同样适应新资产生产力（质量）随时间不断提升的情况。该情境下，一项新资产的加权指数 Φ_0 能随时间向上移动，以反映由设计和技术提升导致的新资产边际生产力上升。在资本核算符号中，一项新资产 t 年的指数 $\Phi_{t,0}$ 超过一项新资产前一年的指数 $\Phi_{t-1,0}$。现在相对效率指数有两个下标，一个表示年数，另一个表示资产年龄，一般为 $\Phi t, s$。任何单一资产库存年数的效率情况则为 $[\Phi_{t,0}, \Phi_{t+1,1}, \Phi_{t+2,s+2}, \cdots, \Phi_{t+T,s+T}]$，$t$ 年的资本存量由过去库存年数的投资组成。因此：

$$K_t = \Phi_{t,0} I_{t-0} + \Phi_{t,1} I_{t-1} + \cdots + \Phi_{t,T} I_{t-T} \tag{18a}$$

式(18)的上述形式以相对边际产品为基础由效率单位测量。资本积累等式经修改得到的上述形式与 4.1.4 节中 Solow 的混合资本存量紧密相关。该公式的双面性将新资产效率的上升 $\Phi_{t,0}$ 与过去资本库存年数价值的诱发性下降联系起来，该过程被称为“报废”。

3.3.3　资本服务的价格

一旦估算得出资本存量，即可填补无法观察的资本服务价格。对于单一种类的资本和劳动力而言，基础 GDP/GDI 恒等式可通过重组得到资本服务价格的估值：$c_t = (p_t Q_t - w_t L_t)/K_t$。这与常用的程序恰好相反，常用程序会利用平减物价指数的独立估值计算数量。该解决方法的难点在于建筑等使用寿命较长的资产与汽车等使用寿命较短的资产混合在一起。由于资本和劳动投入的构成变化都可能对经济增长造成重要影响，理想情况下分析中的资本商品数量需要大于一。[①]

① 大量有关增长核算的近期文献确实注重信息和通信设备飞速增长相对其他种类资本的作用（例如，参阅 Oliner 和 Sichel，2000 的调查，以及 Baily 和 Gordon，1988 的早期研究）。

Jorgenson 和 Griliches(1967)以 Jorgenson(1963)有关资本服务价格(或被称为"用户成本"或"租赁价格")的开创性研究为基础,提出了一种解决合成问题的方法。假定资本商品的投资价格(p_t^I)等于资产寿命产生的年均服务价格/用户成本/租赁价格(c_t)的预期现值。Jorgenson(1963)指出,将 c_t 的限制等式作为关于每美元投资回报率(r_t)、资产价格(p_t^I)、资产价格重估 $\rho_t=(dp_t^I/p_t^I)$ 和折旧率(δ) 的函数,解开后即可得到关于服务价格的显式公式:

$$c_t=(r_t-\rho_t+\delta)p_t^I \tag{19}$$

Hall 和 Jorgenson(1967)在模型中加入税收。右边单一组成的估值用于估算用户成本,且假定用户成本等于竞争平衡条件下资本边际产品的价值。

估算用户成本的每一个组成部分都有各自的难点,同时也都有相关文献可以参阅。然而,考虑到收益率的历史及其对增长核算的影响,该部分值得我们特别关注。主要选项包括采用 Jorgenson 和 Griliches(1967)开发的内生性事后方法,或采用以投资背后的金融决策为基础的外生性事前收益率。前者往往用于实证增长核算,因为该方法保留了基础 GDP/GDI 的叠加特征。依据该方法,GDP/GDI 恒等式的叠加特征得以扩大,涵盖多种资本和劳动力,并且解开该等式可得到归于资本的总收入:

$$\Pi_t=p_tQ_t-\Sigma_j w_{j,t}L_{j,t}=\Sigma_i c_{i,t}K_{i,t} \tag{20}$$

资本服务价格公式可被代入此等式并且解出 r_t,但此时假设所有资产的收益率都相同,不论风险。该公式中 r_t 的仅为保证 GDP 等于 GDI 的残余平均收益率。

为式(19)和(20)中的收益率使用独立的事前估算方法也能进行相关阐述(例如,Schreyer 2009a)。在不确定性条件下,投资决定取决于投资时的预期(事前)收益率,而不是事后实现的收益。另外,投资者们往往依据每笔投资的风险程度而采用不同的事前比率。因此,事前方法带来的用户成本大概与新古典主义理论设想的价格/边际产品关系更相近,这也是 Jorgenson 资本定价模型的基础。同时值得注意的是,事前过程估算的服务价格并未假设 GDP/GDI 存在叠加,所以规模收益非恒定的增长核算能够成立(以 GDP/GDI 恒等式为代价)。在使用具有价格双重性的增长核算模型时,事前方法也十分重要。Hsieh 和 Young 的辩论提醒我们在增长核算中做出正确选择意义重大。①

① 服务价格公式(19)中的其他因素同样存在某些重要问题。例如,式(19)暗示着完美预测的假设,当资产价格膨胀时,在该假设下填补的服务价格可能为负(对于代表资本边际产品的变量而言这是不可能的结果)。排除有关完美预测的假设能改善该问题,但是会引发另一个问题:预期是如何形成的,并且预期(以及风险)应该如何在模型中得到体现?

3.3.4 资本利用

永续盘存法测量的是资本存量，不是资本服务。后者将取决于前者的使用强度，而其使用强度在商业周期中不断变化，甚至会随着管理方式的变化呈现出长期变化趋势。在该存量—流量问题被忽略的情况下，两者之间的差异会集中体现在 MFP 残差中。Field(2003)指出，资本利用问题会对已观察到的增长模式带来巨大的冲击。

修正存量—流量问题的正确方法之一即在生产函数中引入明确代表利用的项。然而，和未利用的生产能力相关的定价问题会与其产生冲突。该方法还忽视了一个事实，即部分资本一直在使用中，正如挡雨和防盗的建筑物，或需求随机的资本(电话)。

Berndt 和 Fuss(1986)提出了另一个解决方法。他们指出，其实存量方法(即没有明确调整利用的方法)至少能够在资本商品单一的情况下修正资本利用中的变化。① 在此框架下，资本为马歇尔式准固定投入，且利用程度取决于存量中可变投入的数量。在使用式(20)中 Jorgenson-Griliches 过程计算事后服务价格时即可捕捉该利用形式的修正方法。但是，除此间接修正以外，增长核算中使用的存量永续盘存法并未针对服务流的波动进行调整，这会使 MFP 估算产生顺周期偏差。② 此顺周期模式增加了解读 MFP 运用规模和时机的难度，同时也是美国 20 世纪 70 年代和 80 年代经历的生产力下滑至今未解的原因。

3.3.5 关于资本的最后说明

输入资本投入价格和数量的方法具有鲜明的新古典主义特点。资本被视为一种可塑的同质实体存在，不同年份生产(不同库存年数)的投资商品根据效率进行不同调整，这些商品一般被认为是完美替代品，市场运转会十分顺利且具有竞争性。上述假设于 20 世纪 50 年代引发了大量争议，虽然相关争议已经大大减弱，但是“特征各异的资本商品可能混入同一实体中且由劳动力自由替代”必须被视为一个强假设(例如，该假设认为很多用算盘的劳动者与一名使用个人电脑的劳动者相等)。Fisher(1965，1969)指出这些假设实际上十分受限。

另一方面，Jorgenson(1966)表明测量误差会在稳定的黄金增长路径上被抵消，因为资本总体上既是经济投入也是经济产出。将产出增长率 Q_t 替换为其组成部分的份额加权增长率、消费 C_t 以及投资 I_t，即可修改式(5)中的基础索洛残差，各项重组后得出：

---

① 当资本商品种类不止一种时，分别进行 Berndt 和 Fuss 式的利用修正并不适用于各个种类。然而，该修正适用于资本商品这个整体，并且当生产函数可被分割为资本子集时，Berndt 和 Fuss 的修正则可以应用于该子集。

② Basu 和 Fernald(2001)曾探讨顺周期生产力经济学问题。

$$R_t = s_t^C \frac{\dot{C}_t}{C_t} + \left[s_t^I \frac{\dot{I}_t}{I_t} - s_t^K \frac{\dot{K}_t}{K_t} \right] - s_t^L \frac{\dot{L}_t}{L_t} = \frac{\dot{A}_t}{A_t} \tag{21}$$

括号中为涉及资本商品的各项,在理想的稳定增长中它们会完全抵消,因为投资和资本存量以相同的速率增长,且对应的份额也保持相等。正是投资的特性使得该结果“有效”。投资源于储蓄行为,该行为试图将现在的消费转移至未来,而今日的最佳投资即动用明日的储蓄。然而,在非理想增长情况下的测量误差确实会带来严重后果。

4. 增长核算模型的评论

对于特定创新的解释表达了新技术的诞生并不仅仅意味着生产函数的简单变化。Rosenberg 和 Trajtenberg(2004)针对考利斯蒸汽机的研究以及 Bartel 等(2007)针对计算机数控机床的研究均为此提供了证据。文化与制度也会决定一个经济体(或公司)的创新能力(有关该观点的分析请参阅 Landes, 1998 等)。没有总体模型能捕捉到创新过程的所有复杂因素,但是增长核算模型确实能展示出一些具体研究无法展示的内容:在经济整体增长过程中度量创新重要性的底线。

一般化带来益处的同时也损失了准确度。增长核算模型的部门不足与限制已经显现出来。其中三个问题较为突出:是否将资本积累的贡献从技术变革的贡献中分离出来;是否应该修正 MFP 模型以反映消费者福利的变化;不完全竞争如何影响标准结果的诠释。

4.1 资本 vs. 技术:明确的分工?

增长核算方法的典型特征之一即将产出增长率(或劳动者人均产出)分解为基础来源、投入和 MFP。在不同过程中有两大来源较为突出:劳动者人均资本的积累与储蓄倾向有关,而 MFP 与知识积累还有创新倾向有关。根据人们通常针对生产函数做出的假设,前者也许会受制于不断减少的边际收益,而后者则并无此类限制(虽然知识进步往往较零散并且成批集中发生),所以分别整理各类贡献对持续增长而言十分重要。

不幸的是,两种效应之间的二分法在现实中并不容易。首先,研发开支是一种资本形成,同时又是很多技术变革的来源。其次,在双向反馈效应的影响下,MFP 残差上升会增加资本数量,而资本增加会提升 MFP 的溢出效应。最后,技术进步通常在新资本商品的设计中得以体现。每种效应都对增长核算具有一定影响,下文会对其进行概述。

4.1.1　研发及其共同投入

研发开支的收益率可以确定为正，并且研发开支是很多产品和流程创新的来源（参阅 Griliches，2000 的调查），也是公司估值的来源（Hall，1993a，b）。由于研发的边际产量为正，所以我们很容易得出结论称研发应该被视为一种生产投入，关于这一点，Griliches（1973）指出研发资本可以从投入侧被纳入增长核算模型。而 Corrado 等（2009）（Corrado、Hulten 和 Sichel，CHS）将研发作为模型中的产出进行研究。产出的定义被扩展后包含研发投资以及其他无形资产 H_t，使 $Q_t = C_t + I_t + H_t = A_t F(L_t, K_t, R_t)$，$R_t$ 为研发投入的存量。对应的 GDP 核算恒等式同样被扩展，可包含研发产出的价值：$p_t^C C_t + p_t^I I_t + p_t^H H_t$。[1]

扩展后生产框架下的增长核算模型是式（12）中残差的一个变量。在理想稳定的增长情况下，研发项会互相抵消，并且可能被 MFP 计算忽略[式（21）中 Jorgenson（1966）得到的结果]，之后所有其他资本项都会如此。然而，虽然稳定增长是一个有用的理论比喻，但是无法在现实世界的数据中被观测到，因为现实中的资本项基本不会抵消。例如在 CHS 的研究中，在 1995—2003 年美国非农商业部门的增长核算中加入无形资产会使 MFP 测量值从 1.42%降至 1.08%。换言之，式（21）扩展后的无形资本项并不会互相抵消，忽略它们会得到不同的增长动力状况。

4.1.2　研发溢出和内生增长

如此构建的增长核算仍会分裂资本形成和生产力增长，但是二分法的性质发生了变化。这不再关于技术和资本形成，而是关于零成本的技术进步和不同种类的资本形成，包括推动技术变革的资本形成种类。发起人将开发成本转移至其他用户，其意外发现、灵感或技术知识的扩散则是零成本 MFP 增长的来源。[2]

零成本的知识扩散带来的反馈效应对于 Romer（1986）和 Lucas（1988）的内生增长模型而言十分关键。该模型对增长核算意义重大，因为增长核算中的扩散表现为存量 K_t（包括研发和人力资本）到 MFP 水平的溢出效应，因此表现为索洛残差的一部分（Barro，1999；Hulten，2001）。生产函数 $Q_t = Ae^{\lambda t} L_t^{\alpha} K_t^{\beta} K_t^{\gamma} \mu_t$ 展示了研发溢出效应，其中 γ 为与 K 相关的外部性，α 和 β 是劳动力和资本的直接产出弹性系数，参数 λ 是生产力的自主变化率，μ 是总结其他生产影响因素

---

① 根据 CHS 的估值，广泛加入一系列无形资产（$p_t^H H_t$）能将美国 GDP 提升约 10%（与 2003 年的 GDP 相比）。加入的系列资产中除了研发还包括品牌价值和组织资本。

② Kendrick（1980）指出："非正式的发明和创新活动，包括工厂管理者和劳动者发明的无数小规模技术进步，是 19 世纪技术进展的主要动力，至今仍然发挥着重大作用（p. 25）。"在发明正式研发项目之前（例如上文提到的考利斯蒸汽机），也就是在研发溢出效应之前，MFP 残差是增长因素之一。

(误差和疏忽)的"Abramovitz"项。直接投入存在恒定的规模收益 $\alpha+\beta=1$,因此生产函数整体的收益呈上升趋势。然而,生产者不会获得外部性,并且在 K 和 L 方面达到恒定收益与完全竞争之间的平衡,于是 GDP/GDI 恒等式成立。在这些条件下,标准索洛残差的计算条件为每项式(5)都等于:

$$R_t=\lambda+\gamma\frac{\dot{K}_t}{K_t}+\frac{\dot{\mu}_t}{\mu_t} \tag{5a}$$

这是索洛残差成为资本的内生函数,并且在原始索洛模型(5)中加入了相关结构。然而,式(5a)中存在普通的"Solow"λ 和"Abramovtiz"μ 意味着内生增长不会使增长核算失效或替代增长核算,相反它会起到积极作用。理清各效应的相对重要性则是另一回事,因为增长核算产生的只是残差 R_t。

4.1.3 联立性偏差和因果问题

Lucas-Romer 的增长模型将残差变为资本增长的内生函数。新古典主义增长理论的观点恰好相反:投资是关于收入的函数,因此资本增长率具有内生性,且取决于技术变革的速率(同时存在其他影响因素)。后者的自主增长(例如通过式(5a)中的 λ)会导致资本产生诱发性积累效应,而该资本可能被视为 MFP 的一部分,影响作为增长源的技术重要性评估(Hulten, 1975)。

针对其中的资本内生性问题,解决方法之一即使用哈罗德 MFP 残差而不是传统的 Solow-Hicks 模型(前者从代数上等于后者除以劳动者收入份额)(见 Hulten, 1975,1979; Rymes, 1971)。处理资本内生性的能力确实是哈罗德式方法的基本原理,同时也是在新古典稳定增长模型中使用该方法的原因。在增长核算中,哈罗德方法将诱发性积累效应归因于哈罗德 MFP 残差。①

4.1.4 体现资本的技术变革

当资本商品中发生以产品为导向的技术变革时,便会出现第三个有关分隔技术和资本形成的问题。这种情况下,新技术引入的速度取决于投资率,并且两者不可能被完全分割为独立的增长源。然而,在资本和技术二分法无效的其他情况下,增长核算可以适应体现资本的技术变革。

资本体现模型的势函数以生产的具体细节为基础,其中资本商品的每个库存年数 v 都有其自身的技术:$Q^v=F^v(K^v, L^v)$。该公式允许产出与劳动力和资本一样具体体现库存年数(例如计算机数控机床)。不幸的是,其数据要

① 也许值得注意的是,计算哈罗德残差不需要针对该问题采用哈罗德中性形式,但是此时路径无关性可能会成为一个难题。Hulten 和 Isaksson(2007)更加细致地讨论了该问题,同时比较了一系列高收入和低收入国家的哈罗德和希克斯残差。请参阅 Hall 和 Jones(1999)以及 Klenow 和 Rodriguez-Clare(1997)的研究结果。

求往往导致该通用模型在实证方面不可行，因为除个别情况以外，库存年数并未收集投入与产出数据。这导致通用体现模型出现三种易于实证处理的变化。

第一，Salter(1960)直接比较了不同库存年数的工厂，试图通过工厂生产力差异发现其中所体现的技术变革。发电厂本身对库存年数的依赖性较强，因此在发电等领域该实验最为干净明了，但是 Gort 和 Boddy(1967)指出，技术体现一般只应用于工厂总资本存量中的一部分资本，因此多数产业中基于工厂的研究可能无法发现体现效应的真实规模。

Johannsen(1959)的软泥框架提供了另一种方法。将不同的库存年数作为软泥模式中的不同技术，但是所有的软泥模型在实践中都难以操作，其原因与 Salter 模型一样。另外还因为受困于各选项范围内的技术要求对模型中必须包含的未来技术和价格进行预判。

Solow(1960)的资本嵌入模型最接近此调查中的增长核算框架。Solow 从个体 $Q^v = f^v(K^v, L^v)$ 中推导出总生产函数 $Q = AF(J, L)$，其中假设每一个个体均具有柯布-道格拉斯形式，且定义混合资本存量 J 为 K^v 的加权和。资本商品质量变化中测量资本存量的永续盘存公式本质与上述混合存量公式一样，正如式(18a)所示，“越好”的资本就等于更多单位的资本。

Hulten(1992b)利用产品质量文献与其中技术变革之间的关联以估算增长核算中的资本体现效应。① 此处关键的概念问题在于有两种可用的体现模型：纯粹的 Solow 模型，其中体现效应仅影响资本存量而非投资商品产出(资本商品的无代价质量变化)，以及 Jorgenson(1966)模型，其中需要一定资源以获得体现资本的技术变革(即研发开支)。Hulten(1992b)在 Solow 模型和 Jorgenson 模型中值为零的项里分别引入一个额外参数，从而调整式(21)中的残差，以适应这两种特殊情况，同时使两种情况均可从实证角度进行整理。

有的技术变化通过资本体现影响投资(生产“更好”的投资商品)，而投资商品生产部门的无实体技术变革会导致同等质量的投资商品价格下降，我们必须注意到这两者之间的差异。现代经济中两种现象同时存在且均具有一定重要性，但是我们必须将其分隔开。Greenwood 等(1997)发表题为“特定投资的技术

① Gordon(1990)得到的估值与式(21)中的 MFP 残差变量结合，用以研究美国制造业资本设备中的库存年数质量效应。结果发现 1949—1983 年间，质量调整下的设备库存迅猛增长，增速快于未经调整的设备库存(分别为 7.28%和 4.37%)，体现效应对 MFP 残差的贡献大约为 20%。Wolff(1996)在报告中运用不同技术，得出的美国整体经济的数值较大，但是最终总结发现其估值在同等基础上仍然是与前者相当的。

变革"的论文,Oulton(2007)对其展开了评论,两人使该情形变得模糊不清。①

4.2 生产和以福利为基础的增长核算

(1) 第2节中的模型建立在一个假设的基础之上,即产出折旧总额以及对应的生产函数是增长核算的适当基础。然而,Denison(1962)等早期研究人员将产品的福利概念作为估算基础,测量产出的净折旧额。Denison说道:"社会和政策的正确目标显然是去除重复(即资本折旧),实现净生产额的最大化,而非总生产额的最大化(1962,p. 24)。"Weitzman(1976)将年国民收入(非净产出)与未来消费的时间贴现现金流联系起来,推动了净产出的发展。净产出概念仍被视为传统GDP概念的有力竞争者(例如,Diewert和Fox, 2005; Sefton和Weale, 2006)。

由于净收入同时反映未来消费流动以及消费者福利,产出净折旧额的概念(净生产额)对于增长核算而言是个合理的选项。但是这究竟是怎样的模型呢?它如何比较Solow-Jorgenson-Griliches总产出模型或如何与其共存?将Jorgenson的用户成本项(式(19))插入GDP/GDI核算恒等式即可探索该问题:

$$p_t^C C_t + p_t^I I_t = w_t L_t + [(r_t - \rho_t) p_t^I K_t + \delta p_t^I K_t] \tag{22}$$

式(22)右边各项表示总增值的各组成部分——劳动力收入、资本收益以及资本折旧。减去方程式两边的折旧项即得到左边的净生产额(Hulten, 1992a; Hulten和Schreyer, 2009)。在几何折旧下,式(18)的永续盘存可表示为$\Delta K_t = I_t - \delta K_t$,式(22)则变为:

$$p_t^C [C_t + (p_t^I / p_t^C) \Delta K_t] = w_t L_t + (r_t - \rho_t) p_t^I K_t \tag{22a}$$

式(22a)的右边为净折旧额的增值或净收入。方括号中的项$N_t = C_t + (p_t^I / p_t^C) \Delta K_t$则被定义为用消费单位测量的实际净产出。这也是为基于式(22a)和福利的MFP残差所提出的概念。但是根据迪维西亚增长率的规律,此处还

① 很多其他有关体现的重要文献都值得我们用更多篇幅进行介绍。其中有Nelson(1964)的平均年龄模型,将产出、劳动力和技术视为集合,但是资本在集合生产函数中作为独立库存年数而非混合集合。在此公式中,由测量存量平均年龄的变量表现出体现效应。该模型的变体接踵而来(Wolff, 1996),但是它们倾向于依赖计量经济估算而非纯粹的增长核算技术。Solow等(1966)独创了一个库存年数模型,并未使用资本与劳动力之间的替换(见Solow, 1988),允许存在独立的固定比例函数$Q^v = f^v(K^v, L^v)$以及独立的资本商品,并且达到了与总体解决方案相似的平衡。更新、更高产的资本商品淘汰老旧、低产的资本种类便是技术变革的运行机制。而该公式处理了针对新古典主义模型的常见批评(不合理的替代和总体假设),并且与计算机等高科技资本影响增长的机制产生共鸣。同时我们还可以得出结论,即使高级的新资本商品以稳定速率出现,资本库存的平衡年龄结构也不会发生变化。请参阅Harper(2007)和Diewert(2009)的论文。

需要一个势函数，以获得以福利为基础的 MFP 指数 A_t^N。某些形式的效用函数是一种选择，但是净生产函数 $N_t = A_t^N G(L_t, K_t)$ 似乎更符合 Denison 和其他人的设想。该公式表示劳动力和资本会得出净产量，而指数 A_t^N 为其他投入得出的剩余净产出。

净产出方法存在的问题与产业中间产品总产出和产业总(折旧)增值之间的抉择问题相似。[①] 该类比引出了另一个解释难题：A_t^N 的解释从直观上看合理吗？肯定其答案即意味着技术变革和研发溢出仅增加净折旧额产出。考虑到技术的性质，该解释似乎不太合理。

与净收入对立且作为经济实体的净产出究竟是什么？总产出 Q_t 的价格和数量可通过市场交易观察得到，但是考虑到交易的结构，这对净产出 N_t 及其价格则行不通。[②] 另外，由于资本和中间产品产自经济系统内部，他们也会被视为净产出以及生产净投入吗？净投入与产出能如何列表表示？

如果折旧率不以几何速度 δ 保持恒定(例如，当折旧表现为“单架马车”形式)，则同样会产生问题。几何形式并不适合此分析，因为 δ 同时是现有资本价值的折旧率和该资本的产能损失率。在几何形式中，这两种过程展现出不同的时间路径(Jorgenson, 1973)，结果显示 $\Delta K_t \neq I_t - \delta K_t$ 以及式(22)右边的 $\delta p_t^I K_t$ 并未抵消左边的对应项(Hulten 和 Schreyer, 2009)。在这种情况下，净生产额与净收入有所不同，从而引发解释和详述的难题。

如果净产出是在增长核算中考虑福利因素的唯一办法，也许还能默许相关问题(毕竟传统总产出残差也并非完美)。然而，还有另一种方法可以在增长核算中加入经济的消费侧因素，该方法能完善现有的 Solow-Jorgenson-Griliches 总产出残差。在与 Weitzman(1976)相似的分析中可以将资本视为跨时期的中间产品从而获得基于消费的残差(Hulten, 1979)。在此方法中，Domar 产业集聚的结果可应用于跨时期福利问题，以获得跨时期残差，从而测量跨时期 PPF 的变化，该变化需要沿着经济效用最大化路径进行测量，因此可以捕捉到与零成

① 根据有关净产出的解释之一，折旧实际上是一种中间产品，应该和其他中间产品一样从总生产中排除。该观点认为，资本被视为一组生产服务，随着资本商品在生产过程中被逐渐消耗，该生产服务也逐渐消耗。而其问题在于资本投入表现为服务，而非实体资本存量。资本服务也许会随着资产寿命而减弱，但这只会损失资产的价值而不一定会损耗其数量。“单架马车”(或“电灯泡”)资产就是一个有力的例子。单架马车直到退出使用为止一直保持其全部产能以提供服务，其中没有任何实体资产被“消耗殆尽”，因此在研究净生产额时也就不需要扣除“中间产品”。另一方面，单架马车资产确实会随着其使用寿命的临近而损失价值。贬值是一项收入支出而非资本实体数量的支出，将两者等同起来则会犯 Triplett(1996)的谬误(Hulten 和 Schreyer, 2009)。

② 比如，汽车产业的产量可通过观察特定时间段装配线上出现的汽车总量得到(或是它们的不变价格价值)。在展示厅中，汽车的某些部分并不明显(即折旧扣除后剩下的部分)，其净价格和数量也是如此。从汽车价值中减去折旧可以测量得出与汽车生产相关的净收入，而不是汽车生产量。

本技术变革相关的消费财富变化以及福利。[①] 因为此新残差是标准 MFP 总产出残差的加权和,其中权重等于 Domar 跨产业分析的权重,所以两种残差具有互补性,而不是互相取代(如果技术变革呈哈罗德中性形式,且保持恒定不变,两种概念确实会合二为一)。其实没有必要为了捕捉福利效应而用基于净产出的残差取代传统总产出 MFP 残差。

(2) 产品创新有时会生产出市场上从未出现过的全新产品(互联网就是一个极佳的例子),这使得经济增长供己侧和消费者福利之间的分界线更为模糊不清。特征价格和价格重叠法可针对质量变化调整产出,但并不适用于新产品,因为这些方法仅适用于现有型号的改进和提升。一旦一款新产品诞生,它通常伴随着消费者盈余的上升(例如,Hausman, 1997)。忽视消费者盈余(常见情况)也许会低估经效率调整的产出增长规模,从而低估技术变革在创新高速发展时期作为增长源的作用。

4.3 非竞争性市场

假设竞争市场中价格等于边际成本能使增长核算具有非参数性(非计量经济性)。这种情况下,成本份额等于对应的产出弹性系数。这一等式在非竞争性市场中并不成立,因为该环境下价格会偏离边际成本。Hall(1988)提出的边际成本加成即与 Basu 和 Fernald(2002)一样在垄断竞争情况下研究该问题。垄断定价某种程度上也是 Barro(1999)所述的产品种类和质量阶梯模型、Aghion 和 Howitt(1992,2007)的 Schumpeter 框架以及 Greenwood 和 Jovanovic(2001)所述模型中的固有部分。上述模型(包括其他模型)超出了简单的竞争市场框架,一定程度上引入了复杂性和现实性。

然而,添加现实因素会付出一定代价。为了解决其中的复杂性问题,这些模型需要寻求计量经济学解决方案(这在式(5a)中十分明显,该方程捕捉到了内生增长效应)。计量经济学方法也许可以修正非参数索洛 MFP 残差中的偏差,但是与此同时其自身也可能产生估算偏差与设定偏差(例如,Nadiri 和 Prucha, 2001)。[②] 另外,添加现实因素与现实本身并不一样。长期以来人们已经认识到

① Basu 和 Fernald(2002)在跨产业情形中提出类似观点,他们指出,生产可能性边界从图 1 的曲线 bb 变化为 aa 可以被解读为效用变化,因为经济整体从一个平衡点转移到了另一个平衡点。

② "我们发现任何企业中的技术设定偏差往往会导致技术变革估值与投资决策的决定因素前后矛盾。设定偏差的例子包括真实的技术呈现超越对数形式,但是假定模型却是柯布-道格拉斯模型,或者忽略投入调整中大量的时间滞后,抑或是没有考虑和合理制定预期过程。"(Nadiri 和 Prucha, 2001, p. 104)。经济增长的宏观经济模型广泛使用柯布-道格拉斯函数(但该模型往往并未用于增长核算)。

集合资本和技术函数极为不现实(请再次参阅 Fisher, 1965,1969)。[①] 同时会存在被忽略、错误测量或不可量化的变量对增长产生一定影响,但是现有模型却无法捕捉它们,或者测试模型所需的数据并不能体现出它们。现实世界的情况十分复杂,基础的技术创新往往具有特殊性和偶然性(Weinberg, 2006)。在这种环境中,不同的实证和理论增长模型(包括简单的增长核算模型)是为增长过程提供新研究视角,而不是与现实描述互相竞争。

5. 结论

索洛余值的发现已有约 50 年。这期间它已经演化成为实证增长分析的主力。正如 Solow(2001)所说:"它就像我的孩子一样,成长得很顺利,并且已经催生了很多伟大的研究论文(p. 173)。"通过美国 BLS 的生产力项目、新建立的欧盟 KLEMS 生产力数据库以及 OECD 项目,索罗余值现在已是很多国家官方统计体系的一部分。虽然存在一些不足之处,但是它的成果确实丰硕。

由于索罗研究的重要贡献,我们引用 Robert Solow 的另一句评论总结本调查,这句话出自 Solow1987 年的诺贝尔演讲:

> "我想提醒我的同行及读者们,实证经济学的每一部分都取决于模型的构架和背景假设,而这些假设往往与真实情况不符。例如,全要素生产率计算不仅需要用市场价格粗略估计边际产品,还需要保证集合不会扭曲这些关系。在这种条件下,稳健性检验应该是计量经济学的最佳选择,而过度阐释是计量经济学特有的缺点。因此,我很希望看到你们能接受(增长核算结果的)定性事实并且为未来研究提供一些引导(Solow, 1998, p. xxii)。"

增长核算究竟展示了哪些定性事实?这无疑取决于分析所针对的具体国家、产业和时间段。对于美国而言,BLS 对美国私人部门进行估算发现,1948—2007 年每单位劳动的产出增速保持在年均 2.5%。在这一速率下,劳动者的人均产出水平增长至四倍以上,考虑到时间长度以及劳动者人均产出在生活水平方面的决定作用,这一增长令人惊叹。何为这一成功的源头?BLS 的估值显示一半以上(58%)的增长源于 MFP 增长以及投入增长平衡。后者中信息与通信

① 在 Solow 于 1957 年发表的文章中,第一句话便表达了他对这一点的肯定:"……要严肃看待总体生产函数仅靠'有意识地怀疑'是不够的。"这一言论同样适用于非参数增长核算和生产函数的估算。引申开来,我们仍然很难相信在总体生产函数中添加这些理论上的附加细节能大大增加该分析的现实性。生产函数的作用即整理数据使其实现内部统一,并作为解释结果的框架。

技术设备的资本组成发生了变化。

增长核算还显示近年来,欧洲的增长率仅为美国的一半。该结果由 van Ark 等(2008)取自 1995—2005 年的欧盟 KLEMS 数据集,表明 15 个欧盟国家的市场经济中每工作时数的产出的年平均增长率为 1.5%,而美国的该增速为 3.0%。另外,增长动力也完全不同:美国增长率中大约一半可用 MFP 解释,但是该比例在欧盟仅为五分之一。欧盟的增长严重依赖于每工作时数的资本增长,尤其是其中的非信息与通信技术资本。

BLS 和欧盟/美国之间的两组比较都基于一个资本概念,排除了研发、品牌价值和组织资本等无形资产。如第 3 节所述,在美国的增长核算中加入这些无形资产会大大改变形势。Corrado 等(2009)报告称加入无形资产会将 1995—2003 年间美国非农商业部门每小时产出的增长率提升 10%。虽然这一增长的整体效果较弱,但是 MFP 作为增长动力的作用会大大改变,从没有无形资产时的 50%变为加入无形资产后的 35%。信息与通信技术资本的作用同样会减弱,而无形资本在增长中的占比达到四分之一以上。同时期英国的情况也大致相同,但是不论是否加入无形资产,其中 MFP 的贡献都相对较少(Marrano 等,2009)。Fukao 等(2009)发现,虽然有形资本是目前最重要的增长源,且 MFP 增长的贡献较低,但是引入无形资产也会影响日本的增长核算。正如欧盟和美国之间的比较一样,不同国家会表现出不同的增长模式。

范围更广的跨国研究(包括发展中经济体)也一样,不过数据质量和可及性问题会使定性比较更为棘手。Hulten 和 Isaksson(2007)研究发现,MFP 和资本形成的二分法很大程度上依赖于有关收入中劳动力份额的假设:若使用数据显示的劳动力份额,中低收入国家 MFP 的增长率则为负(不包括快速增长的亚洲四小龙);若分析中的劳动力份额为三分之二,各国的 MFP 增长率均有所提升(从年均 0.80%提升至 1.05%),只有低收入经济体显示出 MFP 负增长。增长核算在这种情况下的主要贡献在于能够发现我们急需的质量更好的相关数据。总之,增长核算是一项诊断技术,主要依赖于高质量的数据而不是高深的理论。

致谢

感谢以下各位对本文的撰写提出评论意见:Susanto Basu,Erwin Diewert,John Haltiwanger,Janet Hao,Michael Harper,Jonathan Haskell,Anders Isaksson,Dale Jorgenson 以及 Paul Schreyer。笔者本人将为文中所有错误和解释负责。

参考文献

Abraham, K. G. , Mackie, C. (2006). "A framework of nonmarket accounting". In: Jorgenson, D. W. , Landefeld, J. S. , Nordhaus, W. D. (Eds.), A New Architecture for the U. S. National Accounts. Studies in Income and Wealth Number 66 Chicago University Press for the NBER, Chicago, pp. 161 – 192.

Abramovitz, M. (1956). "Resource and output trends in the United States since 1870". American Economic Review 46(2),5 – 23(May).

Aghion, P. , Durlauf, S. N. (Eds.), (2005). Handbook of Economic Growth, Volumes 1A and 1B. Handbooks in Economics 22, Elsevier/North Holland, Amsterdam.

Aghion, P. , Howitt, P. (1992). "A model of growth through creative destruction". Econometrica 60,323 – 351.

Aghion, P. , Howitt, P. (2007). "Capital, innovation, and growth accounting". Oxford Review of Economic Policy 23(1),79 – 93.

Baily, M. N. , Gordon, R. J. (1988). "Measurement issues, the slowdown, and the explosion of computer power". Brookings Papers on Economic Activity 2,347 – 420.

Baily, M. N. , Hulten, C. R. , Campbell, D. (1992). "Productivity dynamics in manufacturing plants". Brookings Papers on Economic Activity, Microeconomics 187 – 249.

Balk, B. M. (2007). "Measuring productivity change without neoclassical assumptions: A conceptual analysis". Discussion Paper 09023(Statistics Netherlands, www. cbs. nl).

Barro, R. J. (1999). "Notes on growth accounting". Journal of Economic Growth 4,119 – 137 (June).

Barro, R. J. , Sala-i-Martin, X. (1995). Economic Growth. McGraw-Hill, New York.

Bartel, A. P. , Ichniowski, C. , Shaw, K. L. (2007). "How does information technology affect productivity? Plant-level comparisons of product innovation, process improvement, and worker skills". Quarterly Journal of Economics 122(4),1721 – 1758(November).

Bartelsman, E. J. , Beaulieu, J. (2000). "A consistent accounting of U. S. productivity growth". Journal of Economic Literature 37,569 – 594(September).

Bartelsman, E. J. , Doms, M. (2007). "Understanding productivity: Lessons from longitudinal microdata". In: Berndt, E. R. , Hulten, C. R. (Eds.), Hard-to-Measure Goods and Services, Essays in Honor of Zvi Griliches. Studies in Income and Wealth, vol. 67. The University of Chicago Press for the National Bureau of Economic Research, Chicago, pp. 449~82.

Basu, S. , Fernald, J. G. (2001). "Why is productivity procyclical? Why do we care?" In: Hulten, C. R. , Dean, E. R. , Harper, M. J. (Eds.), New Developments in Productivity Analysis. Studies in Income and Wealth, vol. 63. The University of Chicago Press for the National Bureau of Economic Research, Chicago, pp. 225 – 296.

Basu, S. , Fernald, J. G. (2002). "Aggregate productivity and aggregate technology". European Economic Review 46,963 – 991.

Basu, S. , Fernald, J. G. , Oulton, N. , Srinivasan, S. (2004). "The case of the missing productivity growth: Or, does information technology explain why productivity accelerated in the United States but not in the United Kingdom?" In: Gertler, M. , Rogoff, K. (Eds.),

NBER Macroeconomics Annual 2003. MIT Press, Cambridge, MA.

Baumol, W. J. (1967). "Macroeconomics of unbalanced growth: The anatomy of urban crisis". Journal of Political Economy 57,415 - 426.

Berndt, E. R. , Fuss, M. A. (1986). "Productivity measurement with adjustments for variations in capacity utilization, and other forms of temporary equilibrium". Journal of Econometrics 33,7 - 29.

Blair, M. M. , Wallman, S. M. H. (2001). Unseen Wealth: Report of the Brookings Task Force on Intangibles. Brookings Institution Press, Washington, DC.

Bloom, N. , Van Reenen, J. (2007). "Measuring and explaining management practices across firms and nations". Quarterly Journal of Economics 122(4),1351 - 1408.

Bosworth, B. P. , Collins, S. M. (2003). "The empirics of growth: An update". Brookings Papers on Economic Activity 2,113 - 206.

Brown, M. (1966). On the Theory and Measurement of Technical Change. Cambridge University Press, Cambridge, MA.

Brynjolfsson, E. , Hitt, L. M. (2005). "Remarks". In: Corrado, C. , Haltiwanger, J. , Sichel, D. (Eds.), Measuring Capital in the New Economy. Studies in Income and Wealth, vol. 65. The University of Chicago Press, Chicago, pp. 567 - 575.

Cartwright, D. W. (1986). "Improved deflation of purchases of computers". Survey of Current Business 66(3),7 - 9(March).

Cass, D. (1965). "Optimum growth in an aggregative model of capital accumulation". Review of Economic Studies 32,233 - 240(July).

Caves, D. W. , Christensen, L. R. , Diewert, W. E. (1982a). "Multilateral comparisons of output, input, and productivity using Superlative Index Numbers". Economic Journal 92, 73 - 86(March).

Christensen, L. R. , Jorgenson, D. W. (1969). "The measurement of U. S. real capital input, 1929 - 1967". Review of Income and Wealth 15,293 - 320(December).

Christensen, L. R. , Jorgenson, D. W. (1970). "U. S. real product and real factor input, 1929 - 1969". Review of Income and Wealth 16,19 - 50(March).

Christensen, L. R. , Jorgenson, D. W. , Lau, L. J. (1973). "Transcendental logarithmic production frontiers". Review Economics and Statistics 55,28-5(February).

Cole, R. , Chen, Y. C. , Barquin-Stolleman, J. A. , Dullberger, E. , Helvacian, N. , Hodge, J. H. (1986). "Quality-Adjusted Price Indexes for computer processors and selected peripheral equipment". Survey of Current Business 66,41 - 50(January).

Corrado, C. , Hulten, C. , Sichel, D. (2005). "Measuring capital and technology: An expanded framework". In: Corrado, C. , Haltiwanger, D. , Sichel, D. (Eds.), Measuring Capital in the New Economy. Studies in Income and Wealth, vol. 65. The University of Chicago Press, Chicago, pp. 11 - 41.

Corrado, C. , Hulten, C. , Sichel, D. (2009). "Intangible capital and U. S. economic growth". Review of Income and Wealth 55(3),661 - 685(September).

Deaton, A. , Heston, A. (2008). The 2005 ICP Benchmark, PWT and some health warnings. Unpublished.

Denison, E. F. (1962). The Sources of Economic Growth in the United States and the Alternatives Before Us. Committee for Economic Development, New York.

Denison, E. F. (1972). "Some major issues in productivity analysis: An examination of the estimates by Jorgenson and Griliches". Survey of Current Business 49(5,Part II),1-27.

Diewert, W. E. (1976). "Exact and Superlative Index Numbers". Journal of Econometrics 4, 115-145.

Diewert, W. E. (1980). "Aggregation problems in the measurement of capital". In: Usher, D. (Ed.), The Measurement of Capital, National Bureau of Economic Research. Studies in Income and Wealth, Vol. 45. The University of Chicago Press, Chicago, pp. 433-528.

Diewert, W. E. (2009). "Aggregation of capital over Vintages in a model of embodied technical progress". Journal of Productivity Analysis 32,1-19.

Diewert, W. E., Fox, K. (2005). The New Economy and an Old Problem: Net versus Gross Output. Center for Applied Economic Research Working Paper 2005/02 University of New South Wales, Australia (January).

Diewert, W. E., Lawrence, D. A. (2000). "Progress in measuring the price and quantity of capital". In: Lau, L. J. (Ed.), Econometrics, Volume 2: Econometrics and the Cost of Capital: Essays in Honor of Dale W. Jorgenson. MIT Press, Cambridge, MA, pp. 273-326.

Diewert, W. E., Morrison, C. J. (1986). "Adjusting output and productivity indexes for changes in the terms of trade". The Economic Journal 96(383),659-679(September).

Divisia, F. (1925-1926). "L'indice monetaire et al theorie de la monnaie". Revue D'Economie Politique 39(4),842-864((5),980-1008; (6),1121-51; 40(1),49-81. Also separately at Paris, Societe Anonyme du Recueil Sirey).

Domar, E. D. (1961). "On the measurement of technical change". Economic Journal 71,710-729.

Fare, R., Grosskopf, S., Norris, M., Zhang, Z. (1994). "Productivity growth, technical progress, and efficiency change in industrialized countries". American Economic Review 84 (1),66-83(March).

Field, A. J. (2003). "The most technologically progressive decade of the century". American Economic Review 93(4),1399-1413(September).

Fisher, F. (1965). "Embodied technical change and the existence of an aggregate capital stock". Review of Economic Studies 32,326-388.

Fisher, F. (1969). "The existence of aggregate production functions. The Irving Fisher Lecture at the Econometric Society Meetings, Amsterdam, September 1968". Econometrica 37(4),553-577(October).

Fisher, I. (1927). The Making of Index Numbers (third ed.). Houghton Mifflin Co., Boston and New York.

Foster, L., Haltiwanger, J., Krizan, C. J. (2001). "Aggregate productivity growth, lessons from macroeconomic evidence". In: Hulten, C. R., Dean, E. R., Harper, M. J. (Eds.), New Developments in Productivity Analysis. Studies in Income and Wealth, vol. 63. The University of Chicago Press for the National Bureau of Economic Research, Chicago, pp. 303-363.

Foster, L., Haltiwanger, J., Syverson, C. (2008). "Reallocation, firm turnover, and efficiency: Selection on productivity of profitability?" American Economic Review 98(1), 342-425(March).

Fukao, K., Miyagawa, T., Mukai, K., Shinoda, Y., Tonogi, K. (2009). "Intangible Investment in Japan: Measurement and contribution to economic growth". Review of

Income and Wealth 55(3),717 - 736(September).

Gordon, R. J. (1990). The Measurement of Durable Goods Prices. The University of Chicago Press for the National Bureau of Economic Research, Chicago.

Gort, M. , Boddy, R. (1967). "Vintage effects and the time path in production relations". In: Brown, M. (Ed.), The Theory and Empirical Analysis of Production. Studies in Income and Wealth, vol. 31. The Columbia University Press for the National Bureau of Economic Research, New York and London, pp. 395 - 422.

Greenwood, J. , Jovanovic, B. (2001). "Accounting for growth". In: Hulten, C. R. , Dean, E. R. , Harper, M. J. (Eds.), New Developments in Productivity Analysis. Studies in Income and Wealth, vol. 63. The University of Chicago Press for the National Bureau of Economic Research, Chicago, pp. 179 - 222.

Greenwood, J. , Hercowitz, Z. , Krusell, P. (1997). "Long-run implications of investment-specific technical change". American Economic Review 87(3),342 - 362(June).

Griliches, Z. (1973). "Research expenditures and growth accounting". In: Science and Technology in Economic Growth. (Reprinted: Zvi Griliches, ed. , Technology, Education, and Productivity, Blackwell, 1988,249 - 267.).

Griliches, Z. (1994). "Productivity, R&D, and the data constraint". American Economic Review 84(1),1 - 23(March).

Griliches, Z. (1996). "The discovery of the residual: A historical note". Journal of Economic Literature 34,1324 - 1330(September).

Griliches, Z. (2000). R&D, Education, and Productivity, a Retrospective. Harvard University Press, Cambridge, MA.

Hall, B. (1993a). "The stock market's valuation of R&D investment during the 1980's". American Economic Review 82(2),259 - 264(May).

Hall, B. (1993b). "New Evidence on the Impacts of R&D". Brookings Papers on Economic Activity, Microeconomics.

Hall, R. E. (1968). "Technical change and capital from the point of view of the dual". Review of Economic Studies 35,34 - 46.

Hall, R. E. (1971). "The measurement of quality change from vintage price data". In: Griliches, Z. (Ed.), Price Indexes and Quality Change. Harvard University Press, Cambridge, MA, pp. 240 - 271.

Hall, R. E. (1988). "The relation between price and marginal cost in U. S. industry". Journal of Political Economy 96,921 - 947.

Hall, R. E. , Jones, C. I. (1999). "Why do some countries produce so much more output per worker than others?" The Quarterly Journal of Economics 114(1),83 - 116.

Hall, R. E. , Jorgenson, D. W. (1967). "Tax policy and investment behavior". American Economic Review 57,391 - 414.

Harper, M. J. (2007). "Technology and the theory of vintage aggregation". In: Berndt, E. R. , Hulten, C. R. (Eds.), Hard-to-Measure Goods and Services, Essays in Honor of Zvi Griliches. Studies in Income and Wealth, vol. 67. The University of Chicago Press for the National Bureau of Economic Research, Chicago, pp. 99 - 120.

Hausman, J. A. (1997). "Valuation of new goods under perfect and imperfect competition". In: Bresnahan, T. , Gordon, R. J. (Eds.), The Economics of New Goods. Studies in Income and Wealth, vol. 58. The University of Chicago Press for the National Bureau of

Economic Research, Chicago, pp. 209 - 237.

Hsieh, C. -T. (2002). "What explains the industrial revolution in East Asia? Evidence from the factor markets". American Economic Review 92(3), 502 - 526(June).

Hulten, C. R. (1973). "Divisia index numbers". Econometrica 41, 1017 - 1025(See also "The Divisia Index," in The New Palgrave: A Dictionary of Economic Theory and Doctrine, John Eatwell, Murray Milgate and Peter Newman, eds. , The Macmillan Press, London, 1987, 899 - 900. Revised for the new edition, 2007).

Hulten, C. R. (1975). "Technical change and the reproducibility of capital". American Economic Review 65(5), 956 - 965(December).

Hulten, C. R. (1978). "Growth accounting with intermediate inputs". Review of Economic Studies 45, 511 - 518(October).

Hulten, C. R. (1979). "On the 'importance' of productivity change". American Economic Review 69, 126 - 136.

Hulten, C. R. (1990). "The measurement of capital". In: Berndt, E. R. , Triplett, J. E. (Eds.), Fifty Years of Economic Measurement. Studies in Income and Wealth, vol. 54. Chicago University Press for the National Bureau of Economic Research, Chicago, pp. 119 - 152.

Hulten, C. R. (1992a). "Accounting for the wealth of nations: The net versus gross output controversy and its ramifications". Scandinavian Journal of Economics 94(Suppl.), S9 - S24.

Hulten, C. R. (1992b). "Growth accounting when technical change is embodied in capital". American Economic Review 82(4), 964 - 980(September).

Hulten, C. R. (2001). "Total factor productivity: A short biography". In: Hulten, C. R. , Dean, E. R. , Harper, M. J. (Eds.), New Developments in Productivity Analysis. Studies in Income and Wealth, vol. 63. The University of Chicago Press for the National Bureau of Economic Research, Chicago, pp. 1 - 7.

Hulten, C. R. , Isaksson, A. (2007). "Why development levels differ: The sources of differential economic growth in a panel of high and low income countries". National Bureau of Economic Research Working Paper 13469(October).

Hulten, C. R. , Schreyer, P. (2009). Welfare, productivity, and holding gains. August (unpublished).

Hulten, C. R. , Wykoff, F. C. (1981). "The estimation of economic depreciation using vintage asset prices". Journal of Econometrics 15, 367 - 396.

Johannsen, L. (1959). "Substitution versus fixed production coefficients in the theory of economic growth: A synthesis". Econometrica 27, 157 - 176(April).

Jorgenson, D. W. (1963). "Capital theory and investment behavior". American Economic Review 53(2), 247 - 259(May).

Jorgenson, D. W. (1966). "The embodiment hypothesis". Journal of Political Economy 74, 1 - 17(February).

Jorgenson, D. W. (1973). "The economic theory of replacement and depreciation". In: Sellykaerts, W. (Ed.), Econometrics and Economic Theory. MacMillan, New York.

Jorgenson, D. W. (2005). "Accounting for growth in the information age". In: Aghion, P. , Durlauf, S. N. (Eds.), Handbook of Economic Growth. Handbooks in Economics 22, vol. 1A. Elsevier/North Holland, Amsterdam, pp. 743 - 815.

Jorgenson, D. W., Fraumeni, B. M. (1989). "The accumulation of human and nonhuman capital, 1948 - 84". In: Lipsey, R. E., Tice, H. S. (Eds.), The Measurement of Saving, Investment, and Wealth. Studies in Income and Wealth Number 52 Chicago University Press for the National Bureau of Economic Research, Chicago, pp. 119 - 152.

Jorgenson, D. W., Fraumeni, B. M. (1992). "The output of the education sector". In: Griliches, Z. (Ed.), Output Measurement in the Service Sectors. Studies in Income and Wealth, Number 56Chicago University Press for the National Bureau of Economic Research, Chicago, pp. 303 - 341.

Jorgenson, D. W., Griliches, Z. (1967). "The Explanation of Productivity Change". Review of Economic Studies 34,349 - 383(July).

Jorgenson, D. W., Griliches, Z. (1972). "Issues in growth accounting: A reply to Edward F. Denison". Survey of Current Business(65 - 94).

Jorgenson, D. W., Landefeld, J. S. (2006). "Blueprint for expanded and integrated U. S. accounts". In: Jorgenson, D. W., Landefeld, J. S., Nordhaus, W. D. (Eds.), A New Architecture for the U. S. National Accounts. Studies in Income and Wealth Number 66 Chicago University Press for the National Bureau of Economic Research, Chicago, pp. 13 - 112.

Jorgenson, D. W., Nishimizu, M. (1978). "U. S. and Japanese economic growth, 1952 1974: An international comparison". Economic Journal 88,707 - 726(December).

Jorgenson, D. W., Gollop, F. M., Fraumeni, B. M. (1987). Productivity and U. S. Economic Growth. Harvard University Press, Cambridge, MA.

Jorgenson, D. W., Ho, M. S., Samuels, J. D., Stiroh, K. J. (2007). "Industry origins of the American productivity resurgence,". Economic Systems Research 19 (3), 229 - 252 (September).

Kendrick, J. W. (1961). Productivity Trends in the United States. National Bureau of Economic Research, New York.

Kendrick, J. W. (1980). "Productivity trends in the United States". In: Maital, S., Meltz, N. M. (Eds.), Lagging Productivity Growth. Ballinger Publishing Company, Cambridge, MA, pp. 9 - 31.

Kendrick, J. W. (1995). The New System of National Accounts. Kluwer Academic Publishers, Boston.

Klenow, P., Rodriguez-Clare, A. (1997). "The neoclassical revival in growth economics: Has it gone too far?" In: Bernanke, B. S., Rotemberg, J. (Eds.), National Bureau of Economic Research Macroeconomics Annual 1997. MIT Press, Cambridge, MA, pp. 73 - 103.

Kohli, U. (1990). "Growth accounting in the open economy: Parametric and nonparametric estimates". Journal of Economic and Social Measurement 16,125 - 136.

Koopmans, T. C. (1947). "Measurement without theory". Review of Economic Statistics 29 (3),161 - 172(August).

Koopmans, T. C. (1965). "On the concept of optimal economic growth". Pacifica Academia Scientiarus, Rome 276 - 279.

Landefeld, J. S., McCulla, S. H. (2000). "Accounting for nonmarket household production within a national accounts framework". Review of Income and Wealth 3.

Landes, D. S. (1998). The Wealth and Poverty of Nations: Why Some Countries are So Rich and Some So Poor. W. W. Norton & Company, New York.

Lev, B. (2001). Intangibles: Management, Measurement, and Reporting. Brookings Institution Press, Washington, DC.

Lucas, R. E. Jr., (1988). "On the mechanics of economic development". Journal of Monetary Economics 22, 3 - 42.

Maddison, A. (1987). "Growth and slowdown in advanced capitalist economies: Techniques and quantitative assessment". Journal of Economic Literature 25(2), 649 - 698(June).

Maddison, A. (1995). Monitoring the World Economy, 1820 - 1992. Development Centre Studies, The Organization for Economic Co-Operation and Development, Paris.

Mandel, M. (2006). "Why the economy is a lot stronger than you think". Business Week 13, 62 - 70(February).

Marrano, M., Haskel, J., Gavin, W. (2009). "What happened to the knowledge economy? ICT, intangible investment and Britain's productivity record revisited". Review of Income and Wealth 55(3), 686 - 716(September).

Morrison, C. J., Diewert, W. E. (1990). "Productivity growth and changes in the terms of trade in Japan and the United States". In: Hulten, C. R. (Ed.), Productivity Growth in Japan and the United States. Studies in Income and Wealth, vol. 53. The University of Chicago Press for the National Bureau of Economic Research, Chicago, pp. 201 - 227.

Nadiri, M. I. (1970). "Some approaches to the theory and measurement of total factor productivity: A survey". Journal of Economic Literature 8, 1137 - 1177(December).

Nadiri, M. I., Prucha, I. R. (2001). "Dynamic factor demand models and productivity analysis". In: Hulten, C. R., Dean, E. R., Harper, M. J. (Eds.), New Developments in Productivity Analysis. Studies in Income and Wealth, vol. 63. The University of Chicago Press for the National Bureau of Economic Research, Chicago, pp. 103 - 164.

Nakamura, L. (1999). "Intangibles: What put the new in the new economy?" Federal reserve bank of Philadelphia". Business Review 3 - 16(July/August).

Nakamura, L. (2001). "What is the US gross investment in intangibles? (At least) one trillion dollars a year!". Federal Reserve Bank of Philadelphia Working Paper No. 01 - 15.

Nelson, R. R. (1964). "Aggregate production functions and medium-range growth projections". American Economic Review 54, 575 - 606.

Nordhaus, W. D. (1997). "Do real output and real wage measures capture reality? The history of lighting suggests not". In: Bresnahan, T., Gordon, R. J. (Eds.), The Economics of New Goods. Studies in Income and Wealth, vol. 58. The University of Chicago Press for the National Bureau of Economic Research, Chicago, pp. 29 - 66.

Nordhaus, W. D. (2006). "Principles of national accounting for nonmarket accounts". In: Jorgenson, D. W., Landefeld, J. S., Nordhaus, W. D. (Eds.), A New Architecture for the U. S. National Accounts. Studies in Income and Wealth Number 66 Chicago University Press for the National Bureau of Economic Research, Chicago, pp. 143 - 160.

Oliner, S. D., Sichel, D. E. (2000). "The resurgence of growth in the late 1990s: Is information technology the story?"Journal of Economic Perspectives, Fall.

Oulton, N. (2007). "Investment-specific technological change and growth accounting". Journal of Monetary Economics 54, 1290 - 1299.

Petrin, A., Levinsohn, J. (2005). Measuring Aggregate Productivity Growth Using Plant Level Data. Working Paper 11887. National Bureau of Economic Research, Cambridge, MA

(December).

Reinsdorf, M., Slaughter, M. (Eds.), (2006). International Trade in Services. Conference on Research in Income and Wealth Proceedings.

Richter, M. K. (1966). "Invariance axioms and economic indexes". Econometrica 34, 739 - 755.

Robbins, C. A., Moylan, C. E. (2007). "Research and development satellite account update estimates for 1959 - 2004 new estimates for industry, regional, and international accounts". Survey of Current Business 49 - 92(October).

Romer, P. M. (1986). "Increasing returns and long-run growth". Journal of Political Economy 94(5), 1002 - 1037.

Rosenberg, N., Trajtenberg, M. (2004). "A general purpose technology at work: The corliss steam engine in the late 19th century US". The Journal of Economic History, Vol. 64(1), 61 - 99(March).

Rymes, T. K. (1971). On Concepts of Capital and Technical Change. Cambridge University Press, Cambridge, MA.

Salter, W. E. G. (1960). Productivity and Technical Change. Cambridge University Press, Cambridge, MA.

Samuelson, P. A., Swamy, S. (1974). "Invariant economic index numbers and canonical duality: Survey and synthesis". American Economic Review 64(4), 566 - 593(September).

Schreyer, P. (2009a). "Measuring multi-factor productivity when rates of return are exogenous". In: Diewert, W. E., Balk, B. M., Fixler, K. J., Fox, K. J., Nakamura, A. O. (Eds.), Price and Productivity Measurement, Volumes 1 and 2. Trafford Press.

Schreyer, P. (2009b). Measuring Capital — Revised OECD Manual. OECD, Paris. Available under http://www. olis. oecd. org/olis/ 2009doc. nsf/linkTo/std-nad.

Sefton, J. A., Weale, M. R. (2006). "The concept of income in a general equilibrium". Review of Economic Studies 73, 219 - 249.

Sichel, D. E. (2008). "Intangible Capital". In: Durlauf, S. N., Blame, L. E. (Eds.), The New Palgrave Dictionary of Economics, 2nd edn. Palgrave MacMillan.

Smith, A. (1963). The Wealth of Nations, (vol. 1). Richard D. Irwin, Homewood, IL.

Solow, R. M. (1956). "A contribution to the theory of economic growth". Quarterly Journal of Economics 70, 65 - 94(February).

Solow, R. M. (1957). "Technical change and the aggregate production function". Review of Economics and Statistics 39, 312 - 320(August).

Solow, R. M. (1960). "Investment and technical progress". In: Arrow, K., Karlin, S., Suppes, P. (Eds.), Mathematical Methods in the Social Sciences 1959. Stanford University Press, Stanford, CA, pp. 89 - 104.

Solow, R. M. (1988). Growth Theory: An Exposition. Oxford University Press, New York and Oxford.

Solow, R. M. (2001). "After technical progress and the aggregate production function". In: Hulten, C. R., Dean, E. R., Harper, M. J. (Eds.), New Developments in Productivity Analysis. Studies in Income and Wealth, vol. 63. The University of Chicago Press for the National Bureau of Economic Research, Chicago, pp. 173 - 178.

Solow, R. M., Tobin, J., von Weizsacker, C. C., Yaari, M. (1966). "Neoclasssical growth with fixed factor proportions". Review of Economic Studies 33(2), 79 - 115(April).

Tinbergen, J. (1942). Zur Theorie der Langfirstigen Wirtschaftsentwiicklung. Weltwirtschaftliches Archiv, North-Holland Pub-lishing Company, 1, Amsterdam, pp. 511 - 549.

Tornqvist, L. (1936). "The bank of Finland's consumption price index". Bank of Finland Monthly Bulletin 10,1 - 8.

Triplett, J. E. (1987). "Hedonic functions and hedonic indexes". In: Eatwell, J., Milgate, M., Newman, P. (Eds.), The New Palgrave Dictionary of Economics, vol. 2. The Macmillan Press Limited, New York, pp. 630 - 634.

Triplett, J. E. (1996). "Depreciation in production analysis and in income and wealth accounts: Resolution of an old debate". Economic Inquiry 34,93 - 115.

Triplett, J. E., Bosworth, B. P. (2004). Productivity in the U. S. Services Sector. Brookings Institution Press, Washington, DC.

Trivedi, P. K. (1981). "Some discrete approximations to divisia integral indices". International Economic Review 22(1), 71 - 77. United Nations. (1993). System of National Accounts 1993. Commission of the European Communities, International Monetary Fund, Organization for Economic Co-operation and Development. United Nations, and World Bank.

U. S. Department of Labor, Bureau of Labor Statistics. (1983). Trends in Multifactor Productivity, 1948 - 81, Bulletin 2178.

USGPO, Washington, DC (September). van Ark, B., O'Mahony, M., Timmer, M. P. (2008). "The productivity gap between Europe and the United States: Trends and causes". Journal of Economic Perspectives 22(1),25-4.

Weinberg, B. (2006). "New Ideas about New Ideas". NBER Reporter National Bureau of Economic Research, pp. 20 - 23(Spring). Weitzman, M. L. (1976). "On the welfare significance of National product in a dynamic economy". The Quarterly Journal of Economics 90,156 - 162.

Wolff, E. N. (1996). "The productivity slowdown: The culprit at last? Follow-up on Hulten and Wolff". American Economic Review 86(5),1239 - 1252(December).

Young, A. (1992). "A tale of two cities: Factor accumulation and technical change in Hong Kong and Singapore". In: Blanchard, O. J., Fisher, S. (Eds.), NBER Macroeconomics Annual. MIT Press, Cambridge, MA, pp. 13 - 53.

Young, A. (1995). "The Tyranny of numbers: Confronting the statistical realities of the east Asian experience". The Quarterly Journal of Economics 110(3),641 - 680(August).

第 24 章
研发回报估算

Ronwyn H. Hall [*,†], Jacques Mairesse[†,‡] 和 Pierre Mohnen[†,¶]
[*] 加州大学伯克利分校
美国，加利福尼亚州
[†] 马斯特里赫特大学
荷兰
[‡] 国家统计局经济研究所
法国，巴黎
[¶] 组织机构分析研究中心
加拿大，蒙特利尔

目录

摘要/319
关键词/319
1. 引言/320
  1.1 文献综述/321
2. 理论框架/322
  2.1 基本方法/322
  2.2 双轨方法/325
3. 估算问题/328
  3.1 生产率评估/328
    3.1.1 产出估算/329
    3.1.2 投入估算/330
    3.1.3 技术构成/331
  3.2 知识资本估算/331
    3.2.1 滞后效应/333
    3.2.2 基准存量和研发平减指数/334
  3.3 计量经济学问题/334
    3.3.1 样本概念/334
    3.3.2 研发分类/336
    3.3.3 联立性/337
4. 研发私人收益的实证估算/338
  4.1 研发弹性和回报率：基于生产函数的估算/353
  4.2 研发回报率：基于成本或利润函数的估算/355
5. 研发溢出和研发社会回报/355
  5.1 案例研究/357
  5.2 总体层面的生产率增长核算/358
  5.3 溢出估算/361
    5.3.1 行业层面溢出的实证依据/361
    5.3.2 国际溢出的实证依据/362
    5.3.3 研发溢出传输途径研究/363
6. 结论/364
参考文献/365

摘要

本文首先回顾与评估研发收益相关的经济计量学文献。简述所用理论框架后，详尽讨论了评估问题以及在估算模型过程中的计量经济学问题。之后运用一系列表格，用以概述得出主要结论，最后得出研发溢出回报的估算结果。尽管估算研发私人收益变数大且估算不甚准确，但总体而言，研发的私人收益相当可观，略高于普通资本收益，社会回报甚至更高。

关键词

模型预测　私人收益　研发　收益估算　社会回报　理论框架

1. 引言

会计师、公司经理、决策者和经济学家一般都较为关注研发和其他创新资产的投资回报。原因显而易见：研发和创新领域的投资成本高昂。投资者希望盈利，同时借此指引未来投资方向。政策制定者又为关注研发投资所产生的社会或整个经济范围内的回报。此类回报或高于或低于个人公司的私人收益。但经济学家和经理层往往更为关注私人收益，原因在于经济学家关注的是公司进行此类投资的诱因，而经理层本身就是该问题的决策者。会计师及经理层之所以关注此问题，是因为他们希望利用相关信息来指导投资决策以及衡量各种策略的成功与否。

半个世纪以来，经济学家都在研究不同模型以估算研发支出的回报率。诸多文献涵盖不同的层面，即从工厂层面一直上升至宏观经济视角，运用了较为成熟的增长核算框架，其中增添了研发投资或研发资本的变量。这种方法主要与研发中的全要素生产率(Total Factor Productivity, TFP)的提高相关。换言之，生产中的余值增长要素不包括通常的投入(劳动、资本及中间投入)，而是将其视为能够催生技术变革的研发产品。

研发支出虽类型多样，但这些支出均旨在扩充知识存量以开发新应用及发明创新。根据研究与商业应用之间的相关性，基础研究、应用研究和开发三者之间存在差异。总体而言，相关度越高，所占支出份额越大。针对发明新生产方式的研发(流程研发)与针对创造新产品或者改进产品的研发(产品研发)之间同样有所差别。但当资金来源不足(无论是私人投资还是政府出资)或者研发成果没有被企业或诸如大学和研究机构等其他组织所采用实施时，研发也可能被迫中止。最终，研发数据可按照经济部门或行业进行分类，且鉴于部分研发成果已投入研究，研发数据可细分为科学和技术领域。

研发通过提升质量或者降低现有商品的平均生产成本，或者仅通过拓宽终端产品范围或可用的中间投入提高劳动生产力。最终，将会出现利润增长、价格降低、要素重组以及公司的沉浮。此外，一个公司/行业/国家所进行的研发会对其他公司/行业/国家产生积极的溢出效应。由于提供方和接收方联系紧密，这些溢出更有可能产出并变得至关重要。当新的或改进的中间产品或投资产品出售给其他公司的价格低于其在过程中所包含的全部价值时，“罚金溢出”由此产生。与之相反，“非罚金溢出”则随着研发过程中创造的新知识对外传播且令其他公司受益而产生。

在继续探讨之前，读者应理解研发回报并不是一个固定参数，而是公司策略、对手策略以及随机宏观经济环境相互作用的结果。这一过程尤为复杂，在公司选择其研发项目时，这些因素大多不可预测。因此，事后（依靠过去经济发展形式分析的）估算在一段时间内或不同行业、不同国家之间收益这一理论毫无根据。就社会回报而言，这些估算未必会和投资成本挂钩。然而，估算对于比较不同的融资制度、不同行业以及不同国家依然有可取之处，可以用来指导制定研发政策。但记住：评估过程并非对于“科学常量”的研究。

1.1 文献综述

诸多调查文献对研发回报经济估算进行研究，部分文献已将结果进行分类，其他调查文献则讨论在该领域中分析类问题。其中首个开创性的分析调研是 Griliches 在 1979 年发表在《贝尔经济学杂志》上的一篇文章，但是该文章中所讨论的一些问题在其 1973 年所做的调查中就已提出。Griliches 在文中提出了在生产函数框架下该问题的结构，并论述了估算两大难点。当对改进质量和大量投入非市场商品研发时，如何对产出进行估算；如何对投入尤其是研发资本存量的投入进行估算。在 1996 年的“库兹涅茨讲座”的第四章中，他再次提出这些主题（身故后出版（Griliches，2000））。我们也可参见其 1998 年出版的另一本书，其中收录了库兹涅茨就此话题的全部著作。

Hall(1996)回顾了当时广为人知的研发私人回报和社会回报，并探讨估算问题。Hall(2005)就公司层面估算研发资本折旧率的问题进行详尽分析。Mairesse 和 Sassenou (1991)着重处理公司数据的计量经济学研究，Mairesse 和 Mohnen(1990，1994)将这一主题继续延伸，吸收集合层面的计量经济学研究，并将研发溢出的估算也囊括在内。Debresson(1990)，Mohnen(1990a)，以及 Griliches (1992)所做的调查重点在于研究溢出。

政府政策制定者对于研发收益估算问题的重视程度通过政府就这一主题的出版物数量就可见一斑。例如，可参见美国劳工统计局(1989)，Sveikauskas (2007)以及 OECD《科学、技术与创新检查》(*STI Review*)中的往期刊物。英国政府对此的关注可参见 Griffith 等(2003)所著报告。若要了解加拿大政府，可参见 Longo(1984)和 Mohnen(1992a)。

本章将集中讨论估算研发收益的计量经济学方法，其基于生产函数和研发成本或利润。目前为止，绝大部分的定量研究一直采用这种方法，并能够以不同方式应用于工厂、企业、产业或国家层面当中。

同时存在其他估算研发收益的计量经济学方法，其中应用做广泛的是市场价值方法或托宾 Q 方法，该方法将一个公司当前金融价值与相关资产（包括知识或研发资产）联系在一起，此方法仅适用于公司层面以及公开交易的金融市场。我们在此不再详细展开。本手册中包含 Hall (2000), Czarnitzki 等(2006)和 Grandi 等(2009)合著文献中的近期调研成果。该问题核算方法概述以及改善建议,可参见 Lev (2001)。

在接下来的内容中,笔者首先概述估算研发收益模型的总体理论框架,然后将具体讨论在实践中出现的复杂估算问题,之后将总结使用这些模型所取得的实证结果,并附有整合不同结果的图表。本文最后为实质性部分将讨论研发溢出的估算,并写到这些研发外溢在企业间以及国家间的影响结果。最后,我们简要探讨未来需研究的主题。

2. 理论框架

正上所述,无论是从微观还是宏观层面,诸多(如果不是大多数)估算研发收益的文献,都仰赖于生产函数的框架。在该框架中一个公司、一个行业或者一个实体经济的产出与其研发或知识资本相关,同时与外部研发资本和其他投入也存在潜在关联。有两种方法可以用于研究:原始方法用来估算以量作为投入的生产函数;双重方法用来估算从双重(成本函数)技术表征①推导出的一系列需求因素方程。我们将分别介绍这两种方法。

2.1 基本方法

将知识资本这一条件加入柯布-道格拉斯生产函数,其采用下式(程式化):

$$Y = AL^{\alpha}C^{\beta}[K]^{\gamma}[K^{o}]^{\varphi}e^{u} \tag{1}$$

其中,Y 表示生产量②,L 表示劳动投入量,C 表示普通(有形)资本,K 代表知识(无形)资本,K^{o} 表示外部知识资本,u 表示干扰因素。外部资本可由本行业的其他企业持有,或者就整个经济范围估算而言,也可由其他国家持有。其中 γ 系数是估算自身研发资本以及外部研发资本(专指溢出)的产出弹性。

该方程一般采用对数函数,将其转化为线性模型以便估算。列出如下方程,用 t 表示时间,i 表示企业或行业。

$$y_{it} = \eta_{i} + \lambda_{t} + \alpha l_{it} + \beta c_{it} + \gamma k_{it} + \varphi k^{o}_{it} + u_{it} \tag{2}$$

---

① 也有其他一些研究(目前为止很少)通过使用技术前沿检验出研发劳动生产率之间的关联(参见 Fecher, 1992; Fecher 和 Perelman, 1989,1992; Perelman, 1995)。此观点旨在估算前沿(最佳实践)生产函数而非普通生产函数,旨在将劳动生产率增长分解为前沿的具体步骤并向前沿发展,接着将这两种成分的估算变化回归到研发。通过成本或生产函数可实现对最佳实践技术的估算。

② 该式归纳自存在中间投入如能源或材料的情况下,因此生产应由不包括它们在内的附加值进行估量,如果投入有效,则由总产出来进行估量。

在推导该方程的过程中，假定技术进步(A)的对数函数可表示一行业或者企业特有效应 η_i 及时间效应 λ_t 的总和。根据现有数据，这种假设可能存在很多变化形式，但是并不是所有的都具识别度。往往通过一阶差分将式(2)转化为增长速度：

$$\Delta y_{it} = \lambda_t + \alpha \Delta l_{it} + \beta \Delta c_{it} + \gamma \Delta k_{it} + \varphi \Delta k_{it}^{o} + \Delta u_{it} \tag{3}$$

在这种情况下，为了表示 TFP 增长作为研发资本存量及无实体趋势的函数表达式，可以通过公式左边删去一些与其他投入有关的条件推导得出。值得注意的是行业或企业的附加效应已经消失，且此时时间效应就是增长速度效应，而非增长速度水平(即其与初期观察相关)。

根据定义，弹性 $\gamma = \rho(K/Y)$，其中 ρ 表示研发资本的边际生产率。因此此时逐渐减少外部资本项，式(3)可重新计作：

$$\Delta y_{it} = \lambda_t + \alpha \Delta l_{it} + \beta \Delta c_{it} + \rho \frac{R_{it} - \delta K_{i,\,t-1}}{Y_{it}} + \Delta u_{it} \tag{4}$$

其中，R 表示研发投资总额，δ 表示研发资本折旧率。若我们假设边际产品为常量 γ，贴现率为常量 r，增加一个无限规划周期要素，那么 ρ 则可以作为边际内部总(折旧率)回报率[①]的经济解释。通过降低研发折旧率，可得到净边际内部回报率。为与式(3)对照，式(4)直接估算研发总回报率。按照惯例，一般假定折旧率几乎为零，这样研发强度(研发产出比)的计算就会变得简洁并可应用于方程右边的计算。

在总体层面，用研发总额来估算研发强度，最终估算结果不会相差过大，但在就企业层面显然存在问题，因为多数公司的研发投资就与公司全部投资相当。[②] 这种情况下，真实净投资率要远低于根据总研发支出/销售比计算的比率。为观察此假设的结果，我们使用下述方程来表示资本化研发(之后会在本章呈现)以得出一个净研发投资的近似值：

$$\Delta k_{it} = \frac{R_{it} - \delta K_{i,\,t-1}}{K_{i,\,t-1}} \cong \frac{R_{it} - \delta R_{i,\,t-1}/(\delta_i + g_i)}{K_{i,\,t-1}}$$
$$= \frac{R_{it}}{K_{i,\,t-1}}\left[1 - \frac{\delta_i}{(1+g_i)(\delta_i + g_i)}\right]$$

---

① 内部回报率是指，未来边际劳动生产率的的价值等同于当下在研发中 1 美元的投资：$1 - \int_0^{\infty} \rho e^{-(r+\delta)} dt$. 解决整体收益：$\rho = r + \delta$。

② 设计忽略研发折旧率的偏差推导可参见 Mairesse 和 Sassenou (1991，脚注 19)。Goto and Suzuki (1989)呈现了采用净研发强度还是总研发强度所产生的巨大差异。Hall 和 Mairesse (1995)发现当使用净研发强度时，回报率上升 5%～7%。

$$\Rightarrow \hat{\rho} \lesseqqgtr \left[1-\frac{\delta_i}{(1+g_i)(\delta_i+g_i)}\right]\rho \lesseqqgtr \left[\frac{g_i}{\delta_i+g_i}\right]\rho \tag{5}$$

如式(5)所示,在研发强度公式中估算得出的总回报率低于研发增长与研发增长和折旧之和的比的实际回报率。在典型样本中,真实研发的增长中位数每年在3%～10%的范围内浮动。

若折旧率为15%,则意味着实际总回报率将是估值价值的2.5～5倍,而相关文献都没有留意到这一点。

鉴于ρ和γ仅通过K/Y之比相连,所以原则上如果估算出其中一项,就可以据此推算出另一项。然而在大多数的样本中,由于研发强度具有很强的异质性,所以通过其中一项去推导另一项会存在很大的区别。理论上而言,假定回报率ρ是不同部门间的常量而不是弹性γ(其更有可能直接随着研发资金份额本身变化而变化)更可取。但事实证明这种估算不如弹性估算更具稳定性。其原因在于研发产出的不确定性:事前预期回报率是公司投资时考虑的问题,而且很可能粗略等同于资金成本(可能存在风险调整及柠檬溢价),但是我们估算的事后收益可能存在很大变数。

使用此生产函数框架,我们可以采用另外一种方法估计这个模型。如果假定规模收益、竞争行为及生产要素的利益最大化水平均保持不变,将生产弹性替换为适当的成本分担总额。例如,劳动力方面的弹性将等同于总成本中的劳动所占份额。[①] 那么式(3)和(4)可替换为:

$$\Delta \mathrm{TFP}_{it} = \lambda_t + \gamma \Delta k_{it} + \Delta u_{it} \tag{6}$$

$$\Delta \mathrm{TFP}_{it} = \lambda_t + \rho \frac{R_{it} - \delta K_{i,\,t-1}}{Y_{it}} + \Delta u_{it} \tag{7}$$

其中,$\Delta \mathrm{TFP}_{it} = \Delta y_{it} - s_{Lit}\Delta l_{it} - s_{Cit}\Delta c_{it}$是TFP增长迪维西亚指数。[②]这种简化也可应用到式(2)中。

在这两个方程中,模型中增加有关生产者行为及市场结构的附加信息。在不完全竞争以及跨期研发投资决策的情况下,更具综合性的模型会考虑规模经济和加成定价。此模型由Klette(1994)在Hall(1988)的研究基础上开发。在这一模型中,笔者增加额外的变量因素以及需要识别的材料M_{it}。从式(3)开始,劳动和材料投入变量的产出弹性乘以μ,其中μ表示价格/边际收益(或边际成本)

---

① 根据Hall (1998), Griliches和Mairesse (1984)的观点,持续回报的假设可放宽为同质性假设,即生产系数间的比例随着其所占份额的变化而变化。此点将在本节的稍后部分讨论。

② 在离散时间里,TFP增长迪维西亚指数近似于托恩奎斯特指数,其中加权是连续两个周期成本份额的算术平均数。因此在一些情况下,当以这种方法计算TFP增长时,诸如材料等其他投入也可能包括在内。

加成率。准固定因素(实物资本)的产出弹性通过比较规模弹性及其他产出弹性的总和的差异得出：

$$\Delta y_{it} = \lambda_{+} \mu[\alpha(\Delta l_{it} - \Delta c_{it}) + \theta(\Delta m_{it} - \Delta c_{it})] + \sigma \Delta c_{it} + \gamma \Delta k_{it} + \Delta u_{it} \quad (8)$$

目前为止所述模型基本上关注的是研发过程,但在拥有行业或整个经济领域平减指数的企业层面数据的估算中,有些研发产品的收益将体现在产量中,并体现为特定公司产出的相对更高价格。也就是说,被估算的生产函数是带有方程左边相对价格倍量的收入生产函数的一种形式。但更完善的方法是实际模拟需求侧。假设我们有一个就价格和质量变动(由研发资本增长代表)需求增长的对数线性扩张函数：

$$\Delta y_{it} = \eta \Delta p_{it} + \xi \Delta k_{it} \quad (9)$$

其中,η 是需求的价格弹性,p_{it} 是相对于行业或经济体的公司产出价格,ξ 是产品质量的需求弹性变化。将销售定为 $S_{it} = P_{it} Y_{it}$,式(9) 可计作：

$$\Delta y_{it} = (1 + \eta)^{-1}(\eta \Delta s_{it} + \xi \Delta k_{it}) \quad (10)$$

如果将式(8)和(10)合并,并假设价格加价全部源于需求价格弹性,计作 $\mu = \eta (1 + \eta)^{-1}$,之后可得出：

$$\begin{aligned}\Delta s_{it} = \tilde{\lambda}_t + \alpha(\Delta l_{it} - \Delta c_{it}) + \theta(\Delta m_{it} - \Delta c_{it}) + \\ (\sigma/\mu)\Delta c_{it} + (\gamma/\mu - \xi/\eta)\Delta k_{it} + \Delta u_{it}\end{aligned} \quad (11)$$

时间变量和干扰因素的 Δ 反映出这些现在包含供应和需求的双重影响。假设允许直接估算股份,那么式(11)也可以以 TFP 增长的形式估算。它整合了研发的成本缩减和产品创新,同时也考虑到不完全竞争、规模经济及加价方面的因素。由于公司所特有的在质量方面的变化,真正的产出变量难以准确估算,因此只能估算简单的销售总额变量。如今研发弹性是产出弹性和价格弹性的结合,不能仅根据这个方程来确定,虽然若公司特定的价格明确,研发弹性亦可明确,就如其在人口普查中的情况一般。

2.2　双轨方法

双轨方法并不仅仅依赖于技术表达,同时也依靠一些关于优化行为的假设。若假设成本最小化、利润最大化或公司价值最大化,那么双重性定理可用成本函数、利润函数或价值函数来表示技术,然后通过因素需求以及(或者)产出供应方程推导出来。对于变量和准固定投入应加以区分,换言之,这些优化的准输入与由于诸如调整成本的各种原因的准投入没有达到其最佳长远价值。通过构建诸如基于跨期优化的成本调整模型等动态模型,描述调整准固定投入以期实现长远价值的方程也可推导出来。此模型应用范围可继续扩大以至将金融决策、定价策略或多种产出。进行估算时可采用多种结构,这使得大量经济效应可在统一的框架内估算并增加估算的效率(前提为假定是准确的)。技术通常通过弹性函数形式表现,该函数并不事先假定研发收益率是常量,而是随着价格、研发溢出、产出及准固定输入这些变量的变化而变化。

为解释这一方法,首先应说明的是由 Bernstein 和 Nadiri(1991)构建的一种简化模型。技术由一个可变成本函数表示:

$$C^V = C^V(w_t, Y_t, C_{t-1}, \Delta C_t, A_t) \tag{12}$$

其中 C^v 表示可变成本(仅为可变投入的成本总和),w_t 表示可变投入价格的 n 维矢量,C_{t-1} 表示准固定投入量的 m 维矢量,Y_t 表示产出水平,A_t 表示反应技术变革的移动变数,$\Delta C_t = C_t - C_{t-1}$ 表示准固定输入净投资的 m 维矢量,此过程伴随调整成本产生①。研发知识存量 K 是矢量 C 的组成部分,t 表示周期,自上一周期(C_{t-1})的最后资本存量均为相关投入。考虑到研发设备的安装成本、研发人员的调研成本、研发项目的设置成本,而且研发项目通常须耗费时间且进度缓慢,因此需调整研发成本。

在原始方法中,需求函数以及研发产品及研发过程的独特作用可以通过模型清晰地模拟出来。产品需求反函数表示为:

$$p_t = D(Y_t, K_{t-1}, z_t) \tag{13}$$

其中,p_t 是产出价格,K_{t-1} 是研发存量,z_t 是影响需求的外生变量的矢量。

生产商在计划期(为简单起见假设其是无限的)内所做的投入及产出的决策取决于资金净流入的期望现值的最大值:

$$\max_{\{Y_s, V_s, C_s\}} \sum_{s=t}^{\infty} E_t \alpha^{t,s} \begin{bmatrix} D(Y_s, K_{s-1}, z_s)Y_s - \\ C^V(w_s, Y_s, C_{s-1}, \Delta C_s, A_t) - q_s(C_s - (I_m - \delta)C_{s-1}) \end{bmatrix} \tag{14}$$

其中,E_t 表示条件期望算子,V 表示投入变量的 n 维矢量,$\alpha^{t,s}$ 表示贴现因子,q 表示准固定投入价格的行向量,I_m 表示 m 维单位矩阵,δ 表示准固定投入折旧率的 m 维对角矩阵。

弹性函数形式(例如超越对数、广义列昂惕夫模型或广义麦克法登模型)运用于需求和可变成本函数。通过这些函数可轻易推导出投入、需求以及产出供

① 为简化方程,省略公司或行业指数 i。

应函数。根据谢泼德引理，在竞争市场中的可变投入需求函数计为：

$$v_{is} = \left(\frac{\partial C^V}{\partial w_i}\right)_s, \ i = 1, \cdots, n \quad s = t, \cdots, \infty \tag{15}$$

在垄断或不完全竞争市场中，产出供应如下式：

$$p_s^Y\left[1 + \left(\frac{\partial \log D}{\partial \log Y}\right)_s\right] = \left(\frac{\partial C^V}{\partial Y}\right)_s, \quad s = t, \cdots, \infty \tag{16}$$

此方程包括对边际成本的加价，其取决于需求价格弹性函数的反函数。

研发(或其他资本)的积累呈现于以下的欧拉方程中：

$$W_{rs}^e + \left(\frac{\partial C^V}{\partial K}\right)_{s+1}^e + (1+\rho_s)\left(\frac{\partial C^V}{\partial \Delta K}\right)_s - \left(\frac{\partial C^V}{\partial \Delta K}\right)_{s+1}^e - \left(\frac{\partial D}{\partial K}\right)_{s+1}^e Y_{s+1}^e = 0, \quad s = t, \cdots, \infty \tag{17}$$

其中，$w_{rs}^e = (1+\rho_s)q_{rs} - (1-\delta_r)q_{r,\,s+1}^e$ 表示研发资本租金率，$(1+\rho_s) = \alpha^{s,\,s+1}$，指数 r 指代向量的研发分量，上标 e 指代变量的条件期望值。除了缺少需求方程的最后一个条件，类似的欧拉方程描述了其他准固定投入的累积过程。

这些描述技术的方程[式(12)]、产品需求反函数方程[式(3)]、生产要素需求[式(15)和(17)]以及产出供应或价格的方程[式(16)]之后将在一起综合估算。较严谨的模型无法说明研发的需求效应[式(13)和(16)都未估算]，也不能模拟出确切准固定投入积累。之后一个模型称为暂时性均衡模型，在这个模型中，准固定投入是固定的，其所发生变化在成本函数中并不是作为变量出现，因此不再使用欧拉方程。或者将所有的投入都视作变量(静力平衡模型)，因此上述式(15)适用于所有投入的情形。①

事前，在跨期最大化模型中，研发在计划期内赚取正常回报率，这是在决策时的预期。事后，由于这些期望可能不会物化，因此边际研发投资可能高于或低于正常回报率。如果较为关注短期增长核算，我们只需计算短期回报率，其在投资之后不久就可以收回。然而，在原始方法中，回报率是通过其边际(收益)劳动生产率估算得出的；在双重方法中，则是通过影子价格估算的，并以收购价最终确定下来。在需求效应中，影子价格包括边际成本和边际收益效应。如果再次假设研发的影子价格、研发折旧率、贴现率为常量，并假设计划期无限长，那么低于研发折旧率的影子价格可被视为净回报率。

我们从式(17)可以看出，如果长期增长停滞，就是说当 K_t 等于 K_{t-1} 时，调整成本在上述构建的模型中将会消失，研发的影子价格将等于正常收益率加上

① 甚至更一般的模型都会在研发反应函数中包括垄断投入市场和战略竞争，或者包括技术变革。

低于通货膨胀率的折旧率,换言之,研发的影子价格就是实际的正常净(折旧)收益率。[①] 然而短期来看与观测数据相符,周期 t 的影子价格等于长期收益率与两个相邻周期之间边际调整成本之间的差异之和。短期收益率因此可能高于或低于正常收益率。

在采用双重方法的研究中出现的规格差异要比采用原始方法出现的更为频繁。首先,选择用什么表示技术(总成本、可变成本、利润或价值函数)实际就暗含了一种先验假设:这个模型中哪些投入是可变的、哪些是准固定的以及哪些投入和产出是内生的或外生的。其二,选择暂时均衡模型还是动态模型也暗含选择是否增加表明准固定收入变化的方程。其三,鉴于技术进步与存量和产出变量的共线性,独立的技术进步(时间变量或时间变化趋势)指标一般不包含在内,其中亦可能隐含着一些误设。最后,选择何种函数形式又将又要在收益率常量与研发弹性常量二者进行选择。超越对数函数可以估算弹性,而二次函数形式作为解释变量水平的函数可以估算边际劳动生产率。此外,任何一种弹性函数形式(二次函数形式例外),都无法处理综合情形,也无法将微观模型适用于存在问题的宏观数据。

在阐明研发收益估算的基本框架之后,第 3 部分我们将主题转向一些估算问题。

3. 估算问题

在本节中我们将讨论在研发及劳动生产率的计量经济学研究中出现的数个技术和概念问题。总体而言,一些问题与劳动生产率分析有关,其他则仅与研发有关。在简要表述这些问题之后,总结我们理解的有关重要性和相关性的内容,笔者仅研究与研发有关的问题。多数探究测量和规格敏感度问题以及在估算过程中各种偏差问题的文献均通过采用原始方法得以完成。为使我们的叙述更具条理性,我们将其分为三大类:劳动生产率的测算、研发知识存量的测算以及外生性和异质性问题。

3.1 生产率评估

广义上而言,劳动生产率可定义为产出指数与投入指数之比。因此第一个问题是如何适当地测算产出与投入以及如何将研发效应从其他决定因素或劳动生产率中分离出来。

---

① 若调整成本一直是根据总投资计算的,那长期回报率将是正常折旧率并增加与重置投资相关的边际调整成本的表达式。

3.1.1 产出估算

产出可通过总产出、增值或销售额来测算。增值是指在利用劳动力和资本过程中获得的产出,可定义为总产出减去诸如采购材料的投入。因此,总产出是指综合利用这两种原始投入加中间投入所获得的价值。销售指总产出减去成品库存量的增加值,其通常作为衡量产出的指标。理论上来说,总产出作为一种测算方法较之增值应用更为广泛,因为其可以在材料和其他两方面投入之间置换。然而,增值亦备受青睐,尤其是在使用公司数据时。首先,材料产出比在不同公司间会存在差异,因为纵向一体化的程度不一;其二,如若对于中间投入需求的合理建模可能需要对有关材料备货的调整成本进行建模;其三,当使用基于公司公共账号的数据而非国家统计局现有的统计数据时,实际中难以接触到有关材料和增值的有效数据。在 Cunéo 及 Mairesse(1984)和 Mairesse 及 Hall(1994)就法国数据的研究中发现,从增值规格推导出的研发弹性的估值与使用不包括材料在内的销售所得出的估值相差甚远。正如在 Griliches 和 Mairesse(1984)所著图书中阐释的那样,在销售回归中去除原材料会使研发弹性的偏差走高,因为材料采购与研发息息相关。在跨行业层面上,材料与产出的比例是可控的,研发弹性中的偏差也具可预测性的,其等于研发弹性估值乘以产出中材料所占比例。而在内部层面,材料可能对于产出的变化反应具有滞后性,因此偏差就不易量化。这些预测在之前提及的 Mairesse 及其合著者的研究中已证实。

一个关于研发更具实质性的问题,是在平减价格指数中结合质量变化。新产品或改良产品的研发速度仅仅因为大幅度滞后,才挤进了价格指标(如果真存在的话)。随之而来的结论却是研发密集型产品作为产出还是投入均被低估了,而其价格却被高估。关于使用特征价格对于研发预计回报率可能造成的影响,Griliches(1994a)在书中做了精准的论述。通过对不同产业间研发强度的 TFP 增长率进行回归分析,得出 1973—1989 年间的研发预计回报率为 35.7%。计算机行业是唯一在其产出价格指数中含有质量变化的产业,当其不进行回归分析时,回报率跌至 13.4%。但当半导体及药品行业的 TFP 增长同样对产出中的质量变化做出调整,计算机行业的 TFP 增长对于半导体行业投入中的质量变化同样进行调整,估值结果再一次上升至 34.8%,尽管过程中并未将计算机行业包含在内。使用加拿大工业数据的 Hanel(1994)与使用美国公司数据的 Mairesse 和 Hall (1994)进行的研究,同样呈现了计算机行业的异常值效应的报告。

拥有面板数据,可以通过行业—时间变量获得质量差异,尽管没有商品价格,至少证明公司内部间存在差异。因此研发预算与实际之间就存在偏差,但仅限于通过行业价格或时间变量没有证明到品质差异这一情形,且后者与解释变量相互关联。请注意若投资者关注研发的私人收益,此类潜在的偏差并不是主要问题,因为相关收益源于劳动生产率的提高,或价格的上涨,抑或是相对于竞争对手的涨价。而且如果不将后者的影响考虑在内,估算结果将不甚精确。参见上述将需求方程纳入模型的讨论,将其作为找寻分别识别各类效应的方法。

3.1.2 投入估算

对于如何正确衡量劳动生产率中的投入,下面三个问题与研发密切相关:研发回报估算过程中的研发重复计算和支出偏差;估值对于劳动和资本质量差异调整的敏感性;资本利用率的敏感性。笔者将依次探讨上述三个问题。

首先,由于研发支出是由劳动、资本和材料成本构成,因此有可能会被重复计算,除非常规投入已经剔除其研发部分。此外,当计算产出依据增值时,增值需包括在产出侧的净研发,因为当后者发生支出时,增值通常不包括研发。Schankerman(1981)主张研发的重复计算使得投入量和成本份额的计算有误,由于支出所造成的偏差存在两类情况,需要根据研发强度的变化来具体判断。

Cunéo 和 Mairesse(1984)发现当投入没有对研发重复计算和支出进行调整时,研发弹性的偏差大幅降低。偏差大多出现在跨行业维度中,而非出现在时间或公司内部维度。在 Hall 和 Mairesse(1995), Harhoff (1998), 以及 Mairesse 和 Hall (1994)的著作中,偏差在两个维度中均有出现。当回报率是从变量的层面估算时,对于超额回报率的解释尽管经验上可行,但理论上还是存在问题。Schankerman(1981)著作中写道,即便使用柯布-道格拉斯函数简单形式,其结果也未必正确,真正重要的是测算误差与研发之间的关系。Cunéo 和 Mairesse (1984)认为,用线性生产函数解释超额回报率在理论上是正确的,但实证上其取决于在样本变量中哪些是变化的,哪些是相对固定的。当偏差出现在不同行业而非出现在公司内部时,更有可能将其解释为超额回报率。

理想状态是当整合多种投入后,通过采用诸如迪维西亚指数的加权,允许个人劳动生产率差异去构建 TFP 增长。Mairesse 和 Cunéo(1985), Mairesse 和 Sassenou(1989),以及 Crépon 和 Mairesse(1993)在其著作中得出,当与不同的教育背景劳动力引进到生产函数中时,研发弹性较低。在跨行业维度中,当劳动力背景这一因素进行考虑时,法国制造企业的研发弹性下降 50%。这是由于高素质的劳动力与研发之间存在正相关性导致的,表明两者之间存在互补关系。在公司内部维度内未出现现象,因为投入的质量差异在短时间内不会发生太大变化。与劳动力方式相似,材料资本存量的质量差异一直以来都是通过在回归分析中加入资本变量来模拟的。然而当这些完成后,Mairesse 和 Sassenou (1989)以及 Crépon 和 Mairesse (1993)在研发系数估算中发现一些不同之处。

最终,鉴于一阶差分决定企业间永久性差异,因此在数据中留下较多周期性噪声以及测算误差。因此在公司内部维度中,研发收益率难以估算。长差分(例如 5～10 年)可以消除周期性波动。Hall 和 Mairesse (1995)使用长差分而非一阶差分数据,证实更具意义的研发弹性(并非收益率弹性)。周期效应(非测量误差）也可以通过测量产能利用率的变量获得，参见 Mohnen (1992a)。一些采用双重方法的研究（例如 Bernstein 和 Nadiri；1991；Mohnen 等，1986）已经模拟调整成本以解释投入调整对于成本变化的滞后性。

3.1.3　技术构成

当评估研发在提高劳动生产率中所发挥的作用时，必须谨记：影响 TFP 水平和增长速度的还有其他因素，其中包括规模和技术变革的收益，这并不是研发实现的直接成果。若不将生产率的其他决定因素考虑在内，可能会使研发收益的估算出现偏差。

在基于生产函数的研究中，规模收益在跨行业维度（企业之间）往往是常量。在对公司效应（例如公司内部估计）进行控制时，当保持规模收益不变或当观测的要素取代弹性因素时，研发弹性和收益率往往更高（参见 Cunéo 和 Mairesse，1984；Griliches，1986；Griliches 和 Mairesse，1984，1990；Hall 和 Mairesse，1995）。与此结果相符，规模收益持续减少也会减少常规投入弹性（尤其是资本投入），比如测量误差等在组内维度中更影响较大，其中相关信息已被删除。基于上述事实，Griliches 和 Mairesse (1984) 对此结果进行解释。Griliches 和 Hausman (1986) 就测量误差对于估算面板数据的影响提供有效的分析方法，并应用到生产函数中。

在生产率的横截面研究中，须将经营方法、行业专属权或技术机会条件中的公司特定变化考虑在内。在面板数据中，这些因素将通过虚拟变量获得。在时间维度中也存在诸多变量，其与实际研发—生产率关系几乎不相关，例如行业或实体经济中常见的宏观经济条件、平减指数误差或整个经济范围内的其他测量误差。因此，当对工厂、公司或行业层面进行分析时，将时间变量包括在内一直都不失为最佳方法。而在宏观经济层面，由于研发与生产率之间关系的其他变化产生的混淆效应，该方法无法实施，因此不能进行有效分析。

3.2　知识资本估算

研发收益的计量经济学估算的隐性假设是：研发创造企业内部知识存量，该知识存量将在未来产生收益。从一系列研发投资中构建知识存量在某种程度上会造成过往知识存量的贬值。研发支出进出相关知识存量的速度到底如何？出发点在哪里？我们如何将这些名义上的流动变为实际的存在？现在笔者将转向这些问题。

本文中回顾的所有研究均采用包含简单折旧率的永续盘存法或余额递减法，以构建研发投资产生的知识资本。

$$K_{it} = (1-\delta)K_{i,\,t-1} + R_{it} \tag{18}$$

其中 K 是公司 i 在 t 时的知识库,R 是 t 时真实的研发投资,δ 是适当选择(私人)的折旧率。[①] 一些作者(Hall 和 Hayashi, 1989; Klette, 1996)已经提出此模型的一个简单变体,其体现了研发生产率取决于现有存量规模这一观点。

$$\log K_{it} = \sigma \log K_{i,t-1} + (1-\sigma)\log R_{it} \tag{19}$$

在上述乘法公式中,研发对于下一周期知识存量的影响取决于上一周期的存量。探索此类其他类型的影响对于未来的研究可能为一有效的手段。其他类型参见 Bitzer 和 Stephan (2007)以及 Doraszelski 和 Jaumandreu (2009)。

但估算研发存量仍需采用永续盘存法,为此必需面临折旧率选择的问题。从公司视角而言,倘若公司没有进一步的研发,折旧率就相当于以往研发投资中私人回报的下滑率。确定这个比率并非不可能,但也尤为困难,其原因有二。第一,恰当的折旧率内生于公司自身行为以及公司竞争对手的行为,并在一定程度上取决于公共研究和科学的进步。因此,无法假定折旧率在一定时间或者在不同公司间恒定不变,但其通常(不总是)在时间维度内变化缓慢;第二,折旧率的识别与研发回报不同,其需要确定产出收益时的研发滞后结构。但使用规范的生产函数、市场价值方程甚至专利生产函数(Hall 等,1986)的数年经验表明这难以实现,因为缺乏恰当的实验。换言之,实际上一段时期内研发在公司内不会有大幅波动,因此努力去识别数个研发系数会出现问题,并且将造成结果非常不稳定。Hall (2007)所使用的数据用于表示公司显著异质性的时间序列截面,其中公司内部研发增长速度的方差仅约为该层级方差的 4%。此外,正如之前作者(例如 Hall 和 Mairesse, 2005)所发现的,研发的对数函数序列走向接近随机游走行为。[②] 这些特性表明,试图在一个方程中包括不止一个研发对数序列线性函数的行为都是无用功。

尽管困难重重,相关研究人员试图直接估算私人(公司级)研发折旧率。一种方法是使用专利更新数据估算报废率;鉴于即便不需要专利保护,知识依然有用,而且这一方法仅涵盖可申请专利的特定知识,因此这显然不是最理想的方法。Bosworth (1978)估算得出报废率在 10%~15%的范围内浮动,并且在不同队列之间变化,但 Pakes 和 Schankerman (1984)却得出 25%的估值。Klette (1994)通过使用式(19)中的模型加之一个收入增长方程估算出实际研发折旧率为 20%。Bernstein 和 Mamuneas(2006)估算特定行业中的折旧率,其比值从化

① 显然,在单一事件序列关系中包含一套完整的时间变量使得无法识别研发影响。研究者过去已尽力通过仅包含一个时间趋势或时间中的二次方程来避免该问题,但该解决方案相当不尽如人意。

② 以备未来参考,请注意,假定公司级的折旧率和研发增长速度为常量,式(18)表明,"真实"研发资本 K^*(K 由正确的经济折旧率计算得出)表示为下式:$K^*_{it} = K_{it}[(\delta_i + g_i)/(\delta^0_i + g_i)]$,其中 δ^0_i 是用来构建测量值 K(通常 15%)的折旧率。

工产品的 18%到电器产品的 29%不等。Hall(2005)使用托宾 Q 市场价值方程并结合美国制造业公司在 1974—2003 年期间的大型面板数据，得出 27%的总估值，从药品的 15%到电器产品公司的 36%不等。

另一种估算知识折旧量级的方法是在构建知识存量时用不同比率进行测试。Griliches 和 Mairesse（1984），Mairesse 和 Cunéo（1985），Bernstein （1988），Bernstein 和 Nadiri(1989)，Hall 和 Mairesse(1995)，以及 Harhoff(1998)呈现了当折旧率在 8%～25%的区间波动时研发效益估算中的细微差异(如果真的存在)。鉴于上述证据，诸多研究者采用 Griliches 在之前作品中设定的 15%这一比率。

不难看出，所产生的弹性为何对所选的折旧率并不敏感。假定研发在很长一段时间内以恒速(仅限于企业)g_i 增长，且知识资本 K 以公司特定速度 δ_i 贬值。那么如下式所示：

$$K_{it} \cong \frac{R_{it}}{\delta_i + g_i} \text{ or } \log K_{it} \cong \log R_{it} - \log(\delta_i + g_i) \tag{20}$$

只要一段时期内公司内部增长速度和折旧率变化较小，二者即可包含在公司效益之中，且无论将 K 还是 R 考虑在内，其估算出的产出弹性相同，而且由 K 得出的研发弹性不受折旧率影响。但需注意的是，我们同样观察到在截面维度中对于具体折旧率反应不敏感，这一事实表明，较之研发支出水平，折旧率和增长率在企业之间变化不大，或者表明其与研发水平关联并不紧密。

然而，尽管研发的产出弹性可能与折旧率无关，但却受到弹性回报率的影响。下式，注意 K 的总回报率及净回报率为：

$$\rho^G \equiv \frac{\partial Y}{\partial K} = \gamma \frac{Y}{K^*} \text{ and } \rho = \gamma \frac{Y}{K^*} - \delta \tag{21}$$

其中，Y 是产出或增加值，K^* 是真实知识存量，ρ^G 和 ρ 分别为总回报率和净回报率。因此，估算回报的生产函数方法要求知识 δ 既要计算出 K 的准确水平，又要将总回报转化为净回报。

3.2.1 *滞后效应*

通过永续盘存法确定研发存量时采用特定的研发折旧率，这需假定一段时间内研发效应的特定分布。然而，由于研发支出以及商业化创新存在滞后性，最新研发存量不可能立即转化为生产力。由于额外的扩散滞后从而期望溢出存在更长滞后，以及由于跨度较长的发明创新滞后从而预期更长的基础研发滞后似乎合情合理。通常只有同时期的存量才会被用于估算，因为缺乏可用研发支出的时间序列。

文献中著有一些探索其他滞后分布的例证。Mansfield 等(1971)曾研究公司从研发到创新之间近 3 年的平均滞后情况。Leonard(1971)发现，研发对于平均增长的影响始于研发投资的第二年，并且在初始投入年之后的至少 9 年内其影响力均稳步提高。Ravenscraft 和 Scherer(1982)通过相关公司的反馈调查指出,45%表示从发展伊始到新产品首次引进 1～2 年内呈现出典型的时间滞后,40%表示存在 2～5 年的滞后,5%表示存在 5 年以上的滞后。

Pake 和 Schankerman(1984)采用专利更新数据进而推导出从研发支出到其初次收入存在 1.2～2.5 年的准备滞后。Ravenscraft 和 Scherer(1982)通过计量经济学分析得出,滞后结构大致呈现钟形,平均滞后介于 4～6 年之间。Seldon(1987)依托恰当的证据和 t—值对林产工业中的不同滞后加以区分。最后得出,无论是私人还是政府研发,最佳拟合滞后均为 2 年。Adams (1990)发现,就自身研发对于生产率增长的影响而言,最佳拟合滞后为 20 年;就基础研究和科学的溢出效应而言,最佳拟合滞后为 10～30 年。Ducharme 和 Mohnen (1996)采用与 Adams 相似的方法发现,自身研发滞后通常为 5～6 年,溢出滞后通常为 7～11 年。Griliches 和 Mairesse(1984)得出一些证据,即滞后影响在两年后骤降,但滞后结构对于从不同公司中得出的估算无足轻重。Hanel(1994)同样认为对于滞后到一定程度的研发得出更显著的结果。Geroski (1989)发现,创新在公司初创 3 年之后仍对生产率增长产生重要影响。

3.2.2 基准存量和研发平减指数

通过过去研发支出构建研发知识存量所使用的永续盘存法需要一个初始基准存量。通常后者由第一次观测到的研发支出除以研发折旧率与研发增长率的和来估算,如式(20)所示。估算增长速度方法多样:事后研发增长速度、产出或资本存量增长速度或仅仅是 3%或 5%的名义值。Griliches 和 Mairesse(1984)以及 Mairesse 和 Hall(1994)发现,当使用从更长研发序列构建的存量时,公司内部而非公司间的研发弹性较高,且其表明测量误差有所减少。

构建研发支出平减指数的理想方法是不同研发成分价格的迪维西亚指数,例如 Bernstein 为加拿大统计局(1986)所研究的方法。但在实践中,所选择出的研发平减指数的选择无关大局。美国劳工统计局(1989)研究表明,使用时薪指数和非金融公司的隐性产出平减指数构建的 Jaffe-Griliches 研发平减指数与 GDP 平减指数之间差别较小。研究发现 Jaffe-Griliches 指数本身与 Mansfield 等(1983)研发价格成分的拉斯拜尔斯指数非常接近。Harhoff(1998)发现,使用行业特有的投资平减指数与德国研发平减指数时仅存在微小差异。

3.3 计量经济学问题

3.3.1 样本概念

计量经济学家面临的一个问题,即如何定义可推导出其估值的样本,换言之,就是选择性偏差问题,即识别异常值数据以及不准确的数据并对异质性进行说明。

只要实施研发的公司包含在该样本中是否就会出现选择性偏差？Mairesse和Cunéo（1985），Mairesse和Sassenou(1989)及Crépon和Mairesse(1993)所做的研究以不同方式将知识存量归因于那些并未实施研发的公司，结果表明研发回报率对于实施研发和未实施研发的公司不存在本质上的差别。较之没有显著研发活动的公司，实施研发的公司拥有由更多溢出产生的更高知识存量或收益；但对于未从事研发活动的公司，知识存量亦可相当可观。

鉴于公司数据中存在极端异常值，通常情况下通过去掉那些过高或过低的不正常变量[①]将样本合理化。该估值对于减少的极端值特别敏感，以下两个事例可加以佐证。Lichtenberg和Siegel(1991)得出，当去掉具有影响力的异常值时，总研发的收益率降低3.8%；当使用稳定估计量而非最小二乘数时，收益率降低29.5%。

公司数据中巨大波动通常是由于企业并购。正如Griliches和Mairesse(1984)所述，排除这些在样本采集期间合并的公司，使得公司组内维度中而非跨公司(总的)维度中的研发弹性估值骤降。兼并的企业研发增长速率更高，而且研发活动也显著增加。Hall和Mairesse(1995)通过采用大规模的样本发现一个相似现象。Hall (1987,1999)提供了关于兼并对研发绩效产生影响的证据。

正如之前所提及，估值会随着不同公司、行业、国家以及时间周期的研发密集度的变化而变化。诸多研究表明科技(研发密集型)公司中研发弹性较高，至少在横截面维度中如此(参见Bartelsman，1990b；Cunéo和Mairesse，1984；Englander等，1988；Griliches，1980a；Griliches和Mairesse，1984；Hall，1993；Mairesse和Cunéo，1985；Odagiri(1985)，Ortega-Argiles等，2009；Sassenou，1988)。若研发取得常规回报率，就可预期研发弹性随着研发份额变化而变化。然而，在时间序列维度中研发弹性有逐渐削弱的趋势，甚至最终会无足轻重，因此两种公司类型之间的差异也会渐趋缩小(Griliches和Mairesse，1984)。Verspagen (1995)在行业数据中也发现：在组内维度中，仅得出高新技术产业具有显著研发弹性。然而，组内估算值有可能在测量误差中出现更多的向下偏差，以及在这两种情况下，当公司或产业效应属于可控时即对研发强度中的多数变异予以剔除。最终Soete和Verspagen(1993)及Coe和Helpman(1995)使用全面数据发现，研发生产率在发达国家水平较高。

研发的预计回报率在不同行业之间同样存在较大差异。Link(1981)对大型公司的回报率进行估算得出，估值从化学品的25%到运输设备的160%不等。Bernstein(1988,1989)，Bernstein和Nadiri(1988,1989,1991)以及Mohnen和

---

① 用于净化数据集的标准的例子，可参见Hall and Mairesse (1995)。

Lépine(1991)使用行业数据得出回报率中范围。此变量愈加突出了期望社会回报率。这些变量的原因可能与弹性差异的原因大有不同。正如之前讨论,我们假设事前回报率在不同行业间是均衡的,但由于研发成功与否取决很多不确定因素,因此事后进行估算时会出现很多变量。

3.3.2 研发分类

研究发现,与产品研发相比,工艺研发创造的回报率更高(Clark 和 Griliches, 1984; Griliches 和 Lichtenberg, 1984a; Hanel, 1994; Link, 1982; Scherer, 1982,1983; Terleckyj, 1980)。为何产品研发的收益较低?首先,两种研发类型的影响难以区分且在某种程度上二者具有互补性。其二,产品研发的影响难以估算,因为质量提升难以体现在价格指数上。其三,新产品意味着调整成本在短期内会降低生产率,正如 Clark 和 Griliches(1984)所述:"新产品会经历初始和调试阶段,这个阶段时间长度不一,期间会详细介绍新设备以及新任务并进行培训。"

就研发资金来源而言,诸多学者发现无论是在私人还是社会层面,公共研发产出的回报率低于(或者不显著)私人研发回报率(Bartelsman, 1990a; Griliches, 1980a, b, 1986; Griliches 和 Lichtenberg, 1984b; Hanel, 1988, 1994; Leonard, 1971; Levy 和 Terleckyj, 1989; Lichtenberg 和 Siegel, 1991; Mansfield, 1980; Nadiri 和 Mamuneas, 1994; Park, 1995; Patel 和 Soete, 1988; Soete 和 Verspagen(1993); Terleckyj, 1974)。Lichtenberg(1993)以及 Poole 和 Bernard(1992)甚至指出政府研发负贡献的实例。

尽管可能是因为私人公司在使用公共资金方面科研效率较低,实际上存在多方面原因。第一,一些研究通常仅限于制造业,而大部分政府研发则为服务业,其中由此创造出的大部分外部性(如果存在)会估算不精确,因为除质量问题之外,服务业的产出也难以估算(Griliches, 1994);第二,大一部分公共资金指定投入到风险高或者政府投资已经很活跃的领域,因为这属于公共物品问题(比如国防或医疗卫生领域);第三,公共研发可带动私人研发,因此间接作用于回报率(参见 Davidhe 和 Hall, 2000 对这一例证的混合证据);第四,Leonard(1971)在文中表明,在美国存在这样一种假说:联邦基金主要集中在诸如航空和电信等若干行业,其回报较低的原因在于其研发规模庞大。这一假说亦有实证支撑,即在这方面确实存在投资过剩现象。需注意的是,政府研发在基础研究方面可产出高回报(美国证据参见 Link, 1981),或者在拥有高研发预算和在市场中拥有较大政府份额的公司(法国参见 Cunéo, 1984; Hall 和 Mairesse, 1995)。

与实际应用或发展中研发不同,基础研发通常会有较高回报率(Griliches, 1986; Lichtenberg, 1993; Lichtenberg 和 Siegel, 1989; Link, 1981; Mansfield, 1980)。正如 Mansfield (1980)的研究结果表明,基础研发才是真正意义

上的长期研发。因此基础研发的高回报可以显著反映出与长期研发期望相关的高风险因素。因此不同研发类型的交互作用以及互补性再次变得至关重要。例如，Link 和 Rees(1990)对参与大学研究的公司进行估算得出较高的研发回报率，其对于小型公司的影响大于大型公司。

3.3.3 联立性

从生产函数中估算研发弹性或回报率偏差的另一个潜在因素是产出和投入选择的联立性(误差表达的形式推导可参见 Griliches 和 Mairesse, 1984)。在不包括价格因素数据(通常是公司数据)的情况下可估算较少的变量，其中劳动力、材料及产出通过固定资本因素和研发函数来表示。若被之外的价格因素变量与资本变量相互独立，那么就有可能得出无偏估计，至少资本和研发弹性比值的估算是无偏的。较之总维度或截面维度，该假设在组内维度中可能更具合理性。Griliches 和 Mairesse(1984)通过减少变量估计得出较高的研发资本弹性比，尤其是在公司内部。与之相反，Hall 和 Mairesse(1995)在总体和长差维度中利用简化形式得出较低的研发弹性，并且观察到其在组内维度中几乎无差别。

任一种处理联立性问题的方法均采用工具变量方法或广义矩方法(Generalized Method of Moments, GMM)，开发利用不同工具间存在的正交性(例如适当滞后解释变量以及误差)。诸多研究者均采用这一方法其中包括 Bond 等，2003；Griffith 等，2006；Hall 和 Mairesse, 995；Klette, 1992)。经验表明，仅基于差分进行的 GMM 估算可能会不精确，但采用水平方程和差分方程的 GMM 会得出更加精确的估值，其通常接近通过正常最小二乘法得出的估值(Blundell 和 Bond, 2000)。同时还有一些借助 Olley 和 Pakes(1996)方法，参见 Griffith 等(2006)及 Doraszelski 和 Jaumandreu (2009)。

通过估算一系列简化型需求因素方程，例如价格因素(在整体或行业层面易于获取)、准固定投入以及产出函数(如果框架优化部分是成本最小化而非利益最大化)，双重方法在此方向上研究更加深入。尽管如此，当整体价格因素与整体投入水平相关联且产出本身是内生时，双重方法也会受到联立性偏差的影响。鲜有系统性研究证实其重要性以及存在这些不同偏差类型的可能性。

通过从产品销售到当前投资水平中得出的反馈联立性偏差亦可以解释为何一些研究[例如，Griliches 和 Mairesse, 1984；Mairesse 和 Hall, 1994]在结束时期得出的研发弹性高于初始时期研发存量的研发弹性(尤其是在公司内部维度中)。同样可参见 Hall 等(1999)有关在产出、利润、研发和投资之间的因果关系的相关例证。

4. 研发私人收益的实证估算

自 Griliches，Mansfield 及其他作者的早期著作问世以来，估算研发的私人收益这一主题备受瞩目。解决这一问题的方法亦是层出不穷，且公司大型面板数据集使得使用计量经济学方法估算收益的方法也相应增加。在这些发展的同时，面板数据的计量经济学取得巨大进展，所以如今才会有各种各样的技术来解决这些数据固有的联立性问题及不具可控性的问题。本小节将进行文献综述并对使用上述方法和数据得出的一些结果进行探讨。

表 1 由四部分组成(即公司生产函数、行业生产函数、国家生产函数和成本或利润函数)用以涵盖自 20 世纪 60 年代以来创作的文献。显然，文献浩如烟海，难以详尽综览。因此我们根据相关标准进行筛选，比如是否发表在主流刊物中、是否使用完备的方法或者笔者对相关作品的理解程度。下面将使用一系列图表用以概述该部分的结果。然而，笔者鼓励对特定问题、方法或地理范围感兴趣的读者去参见原著，鉴于相关总结不足以展示其原著的丰富内涵，且由于篇幅有限，一些差异无法全部收录。这些未收录内容包括数据构建的细节、控制变量中的变化以及估算方法中的变量。

表 1　实证文献指南

截面或混合	时间序列	两者兼有
(A) 生产函数		
<u>公司或工厂数据</u>	Mansfield(1965)	Minasian(1969)
		Bardy(1974)
Schankerman(1981)	Mansfield(1980)	Griliches (1980a, b)
	Link(1981)	Ravenscraft 和 Scherer(1982)
	Link(1983)*	Clark 和 Griliches(1984)
	Odagiri(1985)	Cunéo(1984)
Longo(1984)	Clark 和 Griliches(1984)	Cunéo 和 Mairesse(1984)
	Jaffe(1986)*	Griliches 和 Mairesse(1984)
	Odagiri 和 Iwata(1986)	Mairesse 和 Cunéo(1985)
Levin 和 Reiss(1988)*	Jaffe(1988)*	Griliches(1986)
Mairesse 和 Sassenou(1989)*	Lichtenberg 和 Siegel(1989)	Sassenou(1988)*
	Fecher(1989)*	
	Griliches 和 Mairesse(1990)	
	Link 和 Rees(1990)	Klette(1991)
Raut(1995)		Lambert(1991)
	Klette(1992)*	Hall(1993)

（续表）

截面或混合	时间序列	两者兼有
Crépon 和 Mairesse(1993) Adams 和 Jaffe(1996)*	Antonelli(1994)* Klette(1994)*	Crott 和 Mairesse(1993) Raut(1995)* Hall 和 Mairesse(1995) Mairesse 和 Hall(1994) Bartelsman 等(1996)
Crépon 等(1998)	Capron 和 Cincera(1998)	Harhoff(1998)
Medda 等(2003)		Los 和 Verspagen(2000)
Wang 和 Tsai(2003)	Wakelin(2001)	Harhoff(2000)*
Mairesse 等(2005)		Griffithde 等(2004)
Kafouros (2005) Ortega-Argilés 等(2009) Hall 等(2009)	Doraszelski 和 Jaumandreu (2006)	Kwon 和 Inui(2003) Bond 等(2005)
行业数据		Rogers(2009)
	Raines(1968)* Leonard(1971) Globerman(1972) Griliches(1973) Terleckyj(1974)*	
Link(1978)	Majer(1978) Goldberg(1979) Mansfield(1980)* Griliches(1980b) Terleckyj(1980)* Sveikauskas(1981)* Scherer(1982)* Postner 和 Wesa (1983)* Scherer(1983)	
	Griliches 和 Lichtenberg (1984a)* Scherer(1984)*	Griliches 和 Lichtenberg(1984b)
	Odagiri(1985)* Seldon(1987)* Englander 等(1988)* Hanel(1988)* Mansfield(1988) Levy 和 Terleckyj(1989)* Fecher 和 Perelman (1989) Geroski(1989) Goto 和 Suzuki (1989)* Sterlacchini(1989)*	

(续表)

截面或混合	时间序列	两者兼有
Yamadaetal(1991)*	Adams(1990)* Bartelsman(1990) Ducharme 和 Mohnen (1996)* Vuori(1991) Fecher(1992)* Fecher 和 Perelman(1992) Poole 和 Bernard (1992) Perelman(1995) Wolff 和 Nadiri(1993)* Griliches(1994) Hanel(1994)* vanMeijl(1997)* Sveikauskas(2000) Griffith 等(2004)	Verspagen(1995)
区域或国家数据		
Griliches(1964)	Nadiri(1980a) Nadiri(1980b) Soete 和 Patel(1985)	
Jaffe(1989)*	Patel 和 Soete(1988)	
Acs 等(1992)*	Mohnen(1990) O'Sullivan 和 Roeger (1991)*	
	Nadiri 和 Prucha(1992) Capron(1992)	Lichtenberg(1992)
Joly(1993)	Guellec(1993) Soete 和 Verspagen(1993)* Coe 和 Helpman(1995)* Park(1995)* Nadiri 和 Kim(1996b)* Coe 等(1997)* Keller(1997)* Verspagen (1997) Kao 等(1999)* van Pottelsberghe 和 Lichtenberg(2001) Cameron(2003)	
(B) 成本或利润函数		
公司数据	行业数据	区域或国家数据

（续表）

截面或混合	时间序列	两者兼有
Bernstein (1988)*	Bernstein 和 Nadiri (1988)* Bernstein 和 Nadiri (1989)*	Cardani 和 Mohnen (1984) Mohnen 和 Nadiri (1985) Mohnen 等(1986)
Bernstein 和 Nadiri(1990)	Bernstein(1989)* Nadiri 和 Prucha(1990b)	Mohnen(1990)*
Nguyen 和 Kokkelenberg (1992)	Bernstein 和 Nadiri (1991)*	
Suzuki(1993)	Mohnen 和 Lépine(1991)* Mohnen 等(1996) Nadiri 和 Mamuneas (1994)* Bernstein 和 Yan(1997)* Bernstein 和 Mohnen (1998)* Bernstein(1998)	Mohnen(1992b)* Mohnen 和 Gallant(1992)* Nadiri 和 Kim(1996a) Nadiri 和 Kim(1996b)*

注：* 估算包括溢出影响。

根据下面四个标准，我们在表格中将相关实证研究进一步进行分类。

(1) 该模型为原始形式还是双轨形式(表 2、3 vs. 表 4)。

(2) 根据是否为公司、机构、行业还是总体(国家)层面的数据分类(相关图表中可能存在一些方法更适用于特定整体水平)。

(3) 这些估值是截面的、时间序列的或是两者兼备(仅表 2，其他图表仅为时间序列)。

表 2　研发产出弹性及研发回报率

研究	样本	时期	估值类型	研发弹性	研发回报率(%)
(A) 使用原始方法在公司或行业层面数据的总估值					
公司数据					
Griliches (1980a,b)	美国：883 家公司	1963	存在行业变量的 VA 生产函数	0.07 (0.01)	
Schankerman (1981)	美国：110 家公司	1963	生产函数	0.16	
Griliches 和 Mairesse(1984)	美国：133 家公司	1966—1977	生产函数	0.05	35 *

(续表)

研究	样本	时期	估值类型	研发弹性	研发回报率(%)
Cunéo 和 Mairesse(1984)	法国：182 家公司	1974—1979	VA 生产函数；为双重计算调整	0.20 (0.01)	~90 *
Mairesse 和 Cunéo(1985)	法国：390 家化工、电力、机械公司	1974—1979	VA 生产函数	0.18 (0.02)	~128* *
Griliches(1986)	美国：386 家公司	1967，1972，1977	存在行业变量的 VA 生产函数	0.09—0.17	51—76 *
Hall(1993)	美国：1 200 家公司	1964—1990	生产函数	0. 024—0.040	18—43 *
Hall 和 Mairesse (1995)	法国：197 家公司	1980—1987	VA 生产函数	0.25 (0.01)	78*
Mairesse 和 Hall(1994)	法国：1 232 家公司	1981—1989	存在行业变量的 VA 生产函数	0.176 (0.004) (矫正)	75 *
	美国：1 073 家公司	1981—1989	存在行业变量的生产函数	0.173 (0.013)	28 *
Bartelsman 等 (1996)	荷兰：200 制造公司	1985，1989，1993	生产函数 VA 生产函数	0.006—0.014(未矫正))；0. 018—0.033(矫正)	
				0.008—0.043(未矫正)；0. 046—0.099(矫正)	
Harhoff(1998)	德国：443 家制造公司	1979—1989	生产函数	0.14 (0.01) (未矫正)；0.11 (0.01) (矫正)	71 *

（续表）

研究	样本	时期	估值类型	研发弹性	研发回报率(%)
Crépon 等(1998)	法国：6 145 家公司	1990	VA 生产函数	0.12 (0.01)	
Los 和 Verspagen (2000)	美国：485 家制造公司	1974—1993	VA 生产函数，ECM	0.04—0.10	
Medda 等(2003)	意大利：1 008 家公司，689 家公司	1992—1995	治理效应	0.026，0.025	29，36
Wang 和 Tsai (2003)	中国台湾：136 家公司	1994—2000	存在随机变量的 VA 生产函数	0.20 (0.03) (矫正)	8—35 *
Bond 等(2005)	德国：234 家公司	1988—1996	常见生产函数	0.079 (0.042)	.19
	英国：239 家公司	1988—1996	要素（动态）；GMM-SYS	0.065 (0.024)	38
Kwon 和 Inui (2003)	日本：3 830 家制造公司	1995—1998	VA 生产函数	0.10 (0.002) (未矫正)；0.13 (0.002) (矫正)	
Mairesse 等 (2005)	法国：488 家公司	2000	0.043	16	
	法国：351 家公司	2000		0.028	27
Kafouros(2005)	英国：78 家制造公司	1989—2002	生产函数	0.04 (0.01)	
Griffith 等 (2006)	英国：18 家制造公司	1990—2000	VA 生产函数	0.03 (0.01)	14 *
Rogers(2009)	英国：719 家公司	1989—2000	以研发流作为投入的 VA 生产函数	0.12—0.16(制造;矫正)；0.12—0.23(非制造;矫正)	40—58 (制造)；53—108 (非制造)

(续表)

研究	样本	时期	估值类型	研发弹性	研发回报率(%)
Hall 等(2009)	美国：1513 家公司	2004—2006	生产函数	0.096	23 *
Ortega-Argiles 等(2009) Industry data	欧盟：532 家公司	2000—2005	存在行业变量的生产函数	0.10	35
Bartelsman (1990a，b)	美国：450 个行业总计 20 组	1958—1986	拥有研发存量 TFP 生产函数	0.11—0.15 (0.03) 0.12 (0.03)	
Verspagen (1995)	4 个高新科技产业 9 个 OECD 国家	1973—1988	存在行业变量的超对数生产函数	0.05—0.17(未矫正)； 0.06—0.17(矫正)	21—24 *
(B) 使用原始方法在公司或行业层面的时间序列估值					
公司数据					
Griliches 和 Mairesse(1984)	美国：133 家公司	1966—1977	公司内	0.09	64**
Mairesse 和 Cunéo(1985)	法国：390 家公司	1974—1979	增长率	0.022 (0.095)	0
Griliches(1986)	美国：652 家公司	1966—1977	增长率	0.12	
Hall(1993)	美国：1 200 家公司	1964—1990	公司内	0.06 (0.04)	22**
Hall 和 Mairesse (1995)	法国：197 家公司	1980—1987	增长率 公司内	0.05—0.17 0.069 (0.035)	23(5) 8**
Mairesse 和 Hall (1994)	法国：1 232 家公司	1981—1989	VA 生产函数；公司内 VA 生产函数；增长率	0.068 (0.014) 0.080 (0.021)	33**

（续表）

研究	样本	时期	估值类型	研发弹性	研发回报率(%)
	美国：1 073 家公司	1981—1989	存在定价平减指数的生产函数；公司内存在定价平减指数的生产函数；生产率	0.170 (0.014) 0.092 (0.026)	150**
Bartelsman 等(1996)	荷兰：200 家制造公司	1985，1989，1993	长差分 VA，长差分	0.051 (矫正) 0.104 (未矫正)	
Harhoff(1998)	德国：443 家公司	1979—1989	公司内 长差分增长率	0.09 (0.02) (矫正) 0.07 (0.02) (未矫正) 0.10 (0.03) (未矫正)	66** 86(17)
Capron 和 Cincera(1998)	多国：625 家公司	1987—1994	增长率 增长率，GMM	0.32 (0.04) 0.13 (0.05)	
Los 和 Verspagen (2 000)	美国：485 制造公司	1974—1993	VA 生产函数	0.014	
Kwon 和 Inui (2003)	Japan：3 830 家制造公司	1995—1998	公司内 增长率	0. 0—0. 03(0.01) (矫正) 0.02—0. 06(0.01) (矫正)	
Bond 等(2005)	德国：234 家公司	1988—1996	GMM-DIF 估值	0.05	43**
	英国：239 家公司	1988—1996	行业级	~0.015	20

(续表)

研究	样本	时期	估值类型	研发弹性	研发回报率(%)
Griffith 等,2006	英国:188 家制造公司	1990—2000	GMM - SYS 估值	0.024 (0.011)	11**
Doraszelski, Jaum 和 reu (2009)	西班牙:1800 家公司	1991—1999	OPVA 估值;OP 估值	0—0.018 0.017—0.075	
行业数据					
Bartelsman (1990)	美国:450 个行业总计 20 组	1958—1986	TFP 研发存量生产函数	0.10—0.12 (0.05) 0.18 (0.01)	

注:① 括号中为标准误差。
② 除非另有说明,生产函数中,销售总额为因变量。
③ 未矫正=资本和劳动力没有对重复计算的研发投入进行矫正。
④ 除非另有说明,估算是用未矫正的数据。
⑤ OP 指 Olley-Pakes 估值。
⑥ 除非另有说明,因变量为销售额的对数。
*使用变量方法或中位数计算得出。
**假定 R&D/GDP 比为 2%以及研发流/存量比为 1/7 计算得出。

(4) 溢出效应是否在考虑范围在内(表 5 vs. 表 2～表 4)

在随后表 2～表 5 中,笔者将对著作作者及研究日期、覆盖的国家(单个或多个)、截面观察的数量以及时间周期进行研究。表 2 表明使用包括研发资本存量的对数函数的原始或生产函数方法估算出的公司或企业层面的数据结果,包括两个部分:部分呈现截面和汇总结果;部分呈现时间序列或内部结果。图表中表明研发弹性的估值以及研发回报率,同样笔者将对所使用的模型进行简要说明(销量和增值作为因变量,在少数案例中,变量已对研发投入的重复计算进行了调整)。

表 3 说明的是基于生产函数回归的研发强度版本的预计回报率,表 4 体现从不同类型的双轨方法中得出的预计回报率。这些表中的所有模型基本上均是在时间序列维度中估算得出。表 3 中的回归是指增长速度回归;表 4 通常源于数据的时间序列变化。本文在表 3 和表 4 中给出估值范围,其与个体行业业或国际间的估值范围相一致。

表 3 研发回报率估算

研究	样本	时期	估值类型	研发回报率(%)
从研发强度回归增长率中得出的估值				
工厂数据				
Clark 和 Griliches(1984)	美国：924 家业务部门	1971—1980	研发强度的增长率	18 20(包括行业变量)
Lichtenberg 和 Siegel(1991)	美国：2 000 家公司	1972—1981	研发强度的 TFP	29(2.4)
Klette(1991)	挪威：200 家工厂	1978—1985	滞后研发强度的增长率	10—11(矫正)
公司数据				
Odagiri 和 Iwata (1986)	日本：150 公司	1966—1982	研发强度的增长率	17—20
Griliches 和 Mairesse (1990)	美国：525 家制造公司	1973—1980	研发强度的增长率	41(9)
	日本：406 家制造公司	1973—1980	研发强度的增长率	56(23)
Hall 和 Mairesse (1995)	法国：197 家制造公司	1980—1987	VA 增长率	27(6)(矫正)
Bartelsman 等 (1996)	荷兰：200 家制造公司	1985，1989，1993	4 年增长率 VA、4 年增长率	30(矫正) 173(矫正)
Harhoff(1998)	德国：443 家制造公司	1979—1989	长差分增长率	74(11)净； 22(4)总
Wakelin(2001)	英国：170 家公司	1988—1996	增长率、研发流强度、行业变量	29(19)
Kwon 和 Inui (2003)	日本：3 830 家制造公司	1995—1998	含有研发强度的 VA 生产函数	16 总(矫正)； 6 净(矫正)
Rogers(2009)	英国：719 家公司	1989—2000	将研发流作为投入的 VA 生产函数	40—58(制造) 53—108(非制造)

(续表)

研究	样本	时期	估值类型	研发回报率(%)
行业数据				
Sveikauskas(2000)	美国：22 种资产类别(工业行业)	1958—1983	研发强度的质量调整 TFP	72.9
Griffith 等(2004)	OECD：12 个行业和 12 个国家	1974—1990	VA 增长率	47—67

注：① 括号中为标准误差。
② 除非另有说明，折旧变量即为销售额的年增长；利率变量即为研发—销售比。
③ 未矫正＝资本和劳动力没有对重复计算的研发投入进行矫正。
④ 除非另有说明，估算是用未矫正的数据。

表 4　使用双轨方法的研发回报率估值

研究	样本	时期	模型	私人回报率估值(%)
公司数据				
Bernstein(1988)	加拿大：680 家制造公司	1978—1981	超对数成本函数和因素需求方程	12
Bernstein 和 Nadiri(1990)	美国：35 家公司	1959—1966	含有调整成本的因素需求方程；从二值函数中推导	9—20
行业数据				
Bernstein(1989)	加拿大：9 个行业	1963—1983	截短的超对数成本函数和因素需求方程	24—47
Bernstein 和 Nadiri(1989)	美国：4 个行业	1965—1978	含有调整成本的因素需求方程；从二值函数中推导	7
Mohnen 和 Lépine(1991)	加拿大：12 个制造行业	1975、1977、1979、1981—1983	截短的超对数成本函数和可变因素需求方程	56(5—275)
Bernstein 和 Yan(1997)	加拿大和日本：10 个行业	1964—1982	二次成本函数附加含有调整成本的资本因素需求方程	17.2(加拿大) 17.4(日本)

（续表）

研究	样本	时期	模型	私人回报率估值(%)
Bernstein(1998)	加拿大和美国：11 个行业	1962—1989	二次成本函数附加含有调整成本的资本因素需求方程	16.4(美国) 12.8(加拿大)
Bernstein 和 Mohnen(1998)	加拿大和日本：11 个行业	1962—1986	二次成本函数附加含有调整成本的资本因素需求方程	44(美国) 47(日本)
国家数据				
Mohnen 等(1986)	美国、日本和德国制造部门	1965—1977	从截短的二次成本函数推导出的因素需求方程；	11(美国)
			不可分的资本调整成本	15(日本) 13(德国)
Mohnen(1990)	加拿大制造部门	1965—1982	从截短的二次成本函数推导出的因素需求方程；自变量估值	20
Mohnen(1992b)	OECD：5 个国家	1964—1985	从截短的二次成本函数推导出的因素需求方程；资本调整成本；GMM 估值	6—9
Nadiri 和 Kim(1996a)	美国、日本和韩国：总制造业	1975—1990	超对数成本函数和因素需求方程	12(美国) 12(日本) 19(韩国)
Nadiri 和 Kim(1996b)	7 个国家	1964—1991	超对数成本函数和因素需求方程	14—16

注：①“截短”指一些交互作用项因无足轻重而被剔除。
② 所有给出的范围均表示跨行业间获得的价值范围。

表 5　自身研发及其他研发的弹性和回报率

研究	样本	时期	加权方式	自身研发		外部研发	
				产出弹性	回报率(%)	产出弹性	回报率(%)
工厂数据							
Adams和Jaffe(1996)	美国化工部门：21 546家工厂	1974—1988	产品研发领域的空间相关性	0.05(0.005)		0.07(0.01)	
公司数据							
Jaffe(1988)	美国：434家公司	1972—1977	专利领域的空间相关性	0.03(0.01)	27(0.8)	0.10(0.04)	
Bernstein(1988)	加拿大：680家制造公司	1978—1981	仅特定部门外部研发存量		12		22
Los和Verspagen(2000)	美国：859家公司	1977—1991	外部研发存量；由专利流以某些方式加权	0.0—0.07		0.33—0.68	
Ornaghi(2006)	西班牙：~2 000家制造公司	1990—1999	外部研发存量；由规模和行业邻近性加权	0.10(过程)0.24(产品)		0.02(过程)0.08(产品)	
行业数据							
Griliches和Lichtenberg(1984a)	美国：193个制造行业	1959—1978	专利流		11—31(8)		50—90(36)
Odagiri(1985)	日本：15个制造行业	1960—1977	行业间交易		157—315		−606—734
Sterlacchini(1989)	英国：15个制造行业	1945—1983	行业间交易；创新流		12—20		19—20 15—35
Goto和Suzuki(1989)	日本：50个制造行业	1978—1983	行业间交易		26		80

（续表）

研究	样本	时期	加权方式	自身研发		外部研发	
				产出弹性	回报率(%)	产出弹性	回报率(%)
Bernstein (1989)	加拿大：11 个制造行业	1963—1983	仅特定部门外部研发存量		24—47		29—94 (社会)
Bernstein 和 Nadiri (1989)	美国：4 个行业	1965—1978	仅特定部门外部研发存量		7		9—13
Mohnen 和 Lépine (1991)	加拿大：12 个制造行业	1975, 1977, 1979, 1981—1983	专利流		56 (5—275)		30 (2—90)
Wolff 和 Nadiri (1993)	美国：19 个制造行业	1 947, 1958, 1963, 1967, 1972, 1977,	行业间交易；投资(资本投入)		11 同上		14 0
Wolff 和 Nadiri (1993)	美 国： 50 个行业	1947, 1958, 1963, 1967, 1 972, 1 977	行业间交易 投资(资本投入)		19 同上		8 9
Verspagen (1997)	14 个国家和 22 个行业	1974—1993	专利、进口和直接进口；ECM 模型	0.10 (0.01)		0.03 (0.01) (国内)；0.05 (0.01) (国外)	
Bernstein 和 Yan (1997)	加拿大和日本：10 个行业	1964—1982	仅特定部门外部研发存量		17.2 (加拿大)；17.4 (日本)		62—183 (加拿大)；9—56 (日本)

（续表）

研究	样本	时期	加权方式	自身研发		外部研发	
				产出弹性	回报率(%)	产出弹性	回报率(%)
Bernstein (1998)	加拿大和美国：11 个制造行业（分别）	1962—1989	仅特定部门外部研发存量		16.4（美国）；12.8（加拿大）		28—167（美国）；19—145（加拿大）
Bernstein 和 Mohnen (1998)	加拿大和日本：11 个行业	1962—1986	仅特定部门外部研发存量		44（美国）；47（日本）		47（美国）；0（日本）
Griffi 等 (2004)	OECD：12 个行业，12 个国家	1974—1990	不同国家间的行业级 TFP 差距		47—67		57—105
国家数据							
Mohnen (1990b)	加拿大：制造部门	1965—1983	高新技术进口	0.01（0.10）	20	0.13（0.09）	29
Mohnen (1992b)	OECD：5 个国家	1964—1985	仅国外总研发存量		6—9		4—18
Lichtenberg (1993)	53 个国家	1960—1985	非外部是本国政府出资	0.07（0.02）总；0.07（0.03）内部			
Coe 和 Helpman (1995)	22 个国家	1971—1990	进口	0.22（G-7）；0.09（其他）	123（G-7）；85（其他）	0.06（G-7 到 ROW）	32(G-7 到 ROW)
Park (1995)	OECD：10 个国家	1973—1987	进口	0.17（0.06）		0.07（G-7 到所有发展中国家）	

（续表）

研究	样本	时期	加权方式	自身研发		外部研发	
				产出弹性	回报率(%)	产出弹性	回报率(%)
Nadiri 和 Kim (1996b)	7 个国家	1964—1991	进口		14—16		6—11
Coed 等 (1997)	北：22 个国家；南：77 个国家	1971—1990	进口；尤其是机器和设备			0.06 (0.02) (从北到南)	
Kao 等 (1999)	22 个国家	1971—1990	进口；共同整合分析	0.20 (G-7)；	120 (G-7)；	0.04 (G-7 到 ROW)	29 (G-7 到 ROW)
				ROW)	0.09 (其他)	79 (其他)	
Keller (1997b)	22 个国家	1971—1990	进口	0.13 (G-7)；		0.05 (G-7 到 ROW)	
				0.035 (其他)		0.067 (0.013)	
van Pottelsberghe 和 Lichtenberg, (2001)	13 个国家	1971—1990	进口；内向 FDI 外向 FDI	0.05 (0.02) 0.08 (0.02) 0.06 (0.02)	68(G-7)；15 (其他)	0.006 (0.004) 0.039 (0.009)	

注：①括号中为标准误差。
② G-7＝加拿大、法国、德国、意大利、日本、英国和美国
③ 所有给出的范围均表示跨行业间获得的价值范围。

4.1　研发弹性和回报率：基于生产函数的估算

表 2 表示，使用公司数据及基于伴有研发资本的柯布-道格拉斯生产函数所获得的研发弹性和回报率的估值。其中(A)和(B)分别表示基于截面维度的估

值以及利用时间维度数据得出的估值。表中结果总体看似合理,研发弹性数值从 0.01～0.25 不等,但集中在 0.08 左右。一般而言,截面估值要高于内部估值,其通常不具有统计学层面的意义。

截面估值使用变量水平的个体差异信息,而时间序列估值则依据变量演变过程中的个体差异,无关变量的水平。即截面估值以给定年份的变量水平或数年间("中间"估值)为依据。时间维度则基于变量的增长速度或基于从具体方法中得出的偏差("内部"估值)。总估值是通过截面维度和时间维度得出的合并值,但由于在公司或行业内截面变化比时间序列变化要大很多,因此其更接近"中间"估值。

需指出一些特例,当考虑行业变量时,截面估值会有所降低。对此问题相关阐释模棱两可。一方面,指标会纠正估算误差,其由与行业特征相互关联的结构变量的疏忽导致。另一方面,变量本身就是扭曲的来源,在某种程度上,部分变量反映不同行业的技术机会所产生的研究收益。后者或对解释在特定行业实施研发的趋势不可或缺。

在时间维度内估值较低且缺乏稳定性,形成这一现象的原因众多。其中最为简明且重要的原因之一与实际资本以及研究资本变量和反映自主技术变革之间的共线性有关。另一个原因在之前已提及:测量误差对于增长速度的严重影响远大于对变量水平的影响(Griliches 和 Hausman, 1986)。另外一个因素无疑是生产函数中循环变量的遗漏,例如每人每小时工作量的遗漏,而非仅仅是就业率、产能利用率或者难以确定合适的滞后规格和变量的动态演变。近期的著作如 Klette(1994),Coe 和 Helpman(1995), Kao 等(1999),Los 和 Verspagen(2000)以及 Guellec 和 Van Pottelsberghe de la Potterie (2001)等在有效时间序列方向迈进一步,在面板数据情境下进行模拟。

表 2 中的回报率估值大多基于样本中估算弹性乘以平均产出/研发资本比,且由于该变量偏斜分布,因此估值通常较高。如表 3 表现使用该模型研发弹性公式所得出的估值[式(4)或(7)将折旧率设置为零]。正如前文所述,原则上选择估算弹性还是回报率取决于两者之中哪一个更可能是常量。Griliches 和 Lichtenberg(1984b)在假定回报率为常量的情况下得出重要系数。Hall(1993)发现后相关公式对于样本之间的细微变化表现极不稳定且对异常值极其敏感。但 Crépon 和 Mairesse(1993)发现当使用超对数函数时,研发弹性存在强异质性。事实上,随着研发强度的提高,研发弹性呈上升趋势,表明回报率作为常量较为合理。将研发弹性估值与回报率估值进行对比,颇受关注,尤其对于那些需要对样本特性进行转换的研究而言。如表 3 所示,回报率的估值与从研究弹性中得出的估值是一致的。正如 Hall 和 Mairesse(1995)的研究结果显示,鉴于二者均属时间序列估值,预计回报率比预期的更接近在公司或行业内部的弹性

估值。

总体而言，尽管一些研究并不具有完全可比性，但在过去半个世纪中，发达经济体的研发回报率相当可观，甚至高达 75%左右，但亦可能在 20%～30%之间波动。根据相关研究，可以进一步证实之前得出的有关研发弹性的两个研究结论：当引进行业指标且不将规模收益限定为常量时，预计回报将会降低并且越来越无关紧要。我们发现基于行业数据的估值通常接近于从公司数据中得出的估值。最终，基于工厂或基层单位数据的研究所得结果与这些从公司数据中得出的结果相似，这一点不足为奇，因为其均因为缺乏研发的分类数据而不得不使用公司研发数据。鉴于存在公司内部溢出，所以对于这种分类是否具有用性也不甚明晰。Clark 和 Griliches (1984)的研究是唯一的例外，其拥有研发业务数据，但尽管如此，其发现回报率接近于从公司层面获得的较低回报率。

4.2 研发回报率：基于成本或利润函数的估值

从使用双重方法得出的结果发现，首先，由于主要依赖价格因素变化进行识别，因此其大部分是在行业层面或者更高的层面进行。此外，对每个行业和/或国家进行估算，这种情况下会使用不同的系数，因此将得出不同的估值范围，如表 4 所示。由于研究中存在主要差异，难以将根据不同研究得出的不同结果进行对比。例如，在 Bernstein(1988)及 Bernstein 和 Nadiri(1989)的研究中将不同行业间的回报率限定为相同，前者之所以这样做是因为研发一直被视作变量而非准固定因素，后者是因为估计率为长期回报率(忽略调整成本)。

通过观察这些估值，发现其中大多数是合理的，范围在 10%～20%之间，但 Bernstein (1989)及 Mohnen 和 Lépine(1991)使用超对数函数应用于加拿大数据的得出略高的行业间范围值。总体而言，在相关论文中，研发回报率均高于实际资本的回报率。Bernstein(1989)通过类似的方式估算两种类型的比率发现，加拿大的研发回报率是实际资本回报率的 3.5～4 倍。

总体而言，研究中所采用的双重方法其优势之一是允许对研发资本的调整成本(以及实际资本的调整成本)进行估算。例如，Bernstein 和 Mohnen(1998)发现美国研发存量调整过程相对缓慢，第一年仅为 5%，而日本则在第一年就达到 41%。Mohnen(1992b)指出，这些估值各不相同但通常接近于零。在对比 OECD 国家之后其得出，第一年结束时的研发差距量介于法国的零和日本的 30%之间。

5. 研发溢出和研发社会回报

一个公司实施的研发会影响同一行业或不同行业公司(无论是本土还是国

外)的生产率。一个公司、行业或国家的新发现可触发新的研究途径、激励新的研究项目或在其他公司、行业或国家发现全新的应用。例如,人造纤维最初是在化学工业中被开发,随后被应用在纺织业中。还有一个广为人知的例子——激光技术,其在诸多领域应用广泛。以及微处理器的发明,整个工业都是在此基础上建立起来。①

从概念上来说,区分两种类型的溢出——租金溢出和知识溢出——十分必要。租金溢出产生的条件为:由于非对称信息和交易成本、不完全专用性和仿造,或因缺乏特征价格而造成的交易真实价值的误测这些因素的影响,当公司或消费者购买包含研发的商品或服务时所支付的价格无法反映其用户价值,将造成不完全价格歧视。市场竞争越激烈,公司越无法支配其研发收益,因此就会发生更多的金钱外溢。与之相反,用于质量改进的价格调整越多,虚假研发溢出越少。

当一项研发产生的知识有益于其他公司从事自身研究时,第二种类型的溢出由此产生。知识本身具有竞争性而且仅具有部分独占性益处。由于专利保护薄弱或者不完备、无法保守创新机密以及预防逆向工程和仿造品的出现,一些从研发中产生的知识和收益无法保留在公司内部。编码知识越多,其他公司的吸收能力就越强,就会发生更多的知识溢出。知识溢出这一概念与增长和发展紧密相连,因为其为进一步的知识创造和扩散打下基础。重要的是要区分溢出和技术转移。技术转移指技术交易,当代理人以附属于交易的价格出售一项技术时,技术转移由此产生。与之相反,非金钱交易指非计划性的知识转移,其中不涉及钱财交易。

其中有必要指出研发的社会回报研发溢出密切关联。从公司的视角出发,溢出源于由以下实体所进行的研发活动:该行业其他公司;其他行业的公司;公共研发实验室和大学;甚至其他国家的公司、实验室和大学。从经济体角度而言,前三个是社会或总回报的组成部分,而第四个仍是溢出(无法估价的)。所以是否将某物列为溢出取决于其是由这些接受调查的机构所创造还是由该机构的外部实体所创造。

源于私人回报率与经济体内溢出总和的研发社会回报率有多少?该问题一直以来通过两种方式探究。第一种方式基于案例研究并与具体研发项目相关。不同类型的成本和收益、私人和社会收益、现在和未来,与特定创新或研发项目相关联,其中一些可能需要来自于消费者和生产者盈余的计量经济学评估。第二种方式是计量经济学方法,主要估计生产率和研发之间的一般关系,不考虑正

① 有意向了解历史上更多技术变革的实例,可参见 N. Rosenberg 所著系列丛书,尤其是 Rosenberg (1976,1982a,b)的著作。

在分析的特定环境。

本小节中，我们首先讨论数个说明性的案例分析，接着将说明一些总生产率—研发结果。接着会更加细致地剖析文献，通过公司、行业和国家的生产关系追踪溢出。在继续讨论之前，需指出有关研发溢出的一个重要问题是其在市区、区域或者甚至在一个国家的本地化程度。本文讨论的文献就该话题没有过多涉及，笔者向读者推荐本卷中的 Feldman 和 Kogler 以及 Autant-Bernard 等(2007)①所做的近期调查。

5.1　案例研究

案例研究方法最好的例证当属 Griliches(1958)所做关于计算杂交玉米研究中社会回报率的一篇颇具开创性的论文。作者将 1910—1955 年间的所有私人及公共研发支出加总(累计至 1955 年，使用 10%的外部利率)，并将其与这一时期的净社会回报相比较(累计至 1955 年)，加上预计未来收益，其中假设净收益与伴有价格变化调整的玉米生产的增加值相同。他得出每一美元的研发投资产出 7 美元回报的永续年金，或相当于均衡研发支出和 35%～40%净社会回报的内部回报率。

诸多有关社会回报率的文献以详细的案例研究和估计生产者及消费者受益的形式(参见 Griliches，1992；Huffman 和 Evenson，1993；Ruttan，1980 所列举的研究参考文献)对农业进行研究。多数研究均推断对社会回报率高达 100%的农业研究投资不足。同样的，Seldon(1987)计算出美国林产品行业的研发内部回报率甚至高于农业研究呈现的内部回报率。

Mansfield 等(1977)计算出 17 类行业创新的私人及社会内部回报率。通过对未成功的研发进行调整，私人收益通过以下方面估算：创新者的收益；生产、营销和开展创新的净成本；创新者本该得到的被创新取代的产品净收益。社会收益主要通过以下渠道获得：第一，所增加私人利益中消费盈余变化，主要来自于可能的价格下跌以及仿造商所得利益；第二，减少同一创新过程中的研发成本，这些成本主要来自于其他公司以及可能开支。结果表明，社会回报率通常远高于私人收益：中位社会回报率约为 56%，而中位私人回报率约为 25%。沿着同样的思路，Tewksbury 等(1980)调查了 20 项创新的回报率，得出中位社会回报率为 99%，而中位私人回报率仅 27%。

在金融服务行业中(银行、保险、经济佣金以及相关业务)，(1986)估算了从

① 研发溢出的调查，可参见 Griliches (1992，1995)，Nadiri (1993)，及 Mohnen (1990，1996)；专门国际研发溢出，可参见 Mohnen (1998)，Branstetter (1998)，以及 Cincera 和 van Pottelsberghe de la Potterie (2001)。

该行业中使用的电脑价格/性能比降低中得到的福利收益。鉴于此类服务业没有实际产出,其假设该行业扮演消费者代理人的角色。该行业中电脑价格降低的创新价值根据公司和其下游客户的购买意愿推导出来。Bresnahan 估计在1958—1972 年期间,美国金融行业中使用主机电脑产生的溢出至少是 1972 年支出的五倍。

在医学研究领域,Weisbrod(1971)运用成本—收益框架估算小儿麻痹症研究的内部回报率。将基础研究和疫苗成本与死亡率、发病率和治疗成本节省所得收益进行对比,其得出约 12%的回报率。Trajtenberg(1989)从包括特征价格的多变量估算出计算机断层扫描仪的福利效益。将其与断层扫描仪的研发支出相比,得出 270%的资本化收益/成本比值。

Bach 等(1992)并没有提供图表,但描述了多种不同方法,其中基于对合作商的面谈得出欧洲太空总署项目对社会福利有益,其表现为:新产品、新技术、改进的产品特性、新组织模式的出现以及网络的创新以及科学家、经理和员工的培训。

研发和充分社会回报之间的漫长而又可变的滞后使得实证估算难以实现,上述案例研究表明该方法价值巨大。然而,此类案例研究倾向于关注“赢家”,即成功的创新,因此有可能会未考虑部分挖掘干井(前期准备)的费用,但是其在创新产生之前必不可少。换言之,由于产出的不确定性,因此并非所有的研究项目都会取得成功,而这些成功的研究项目需要赚得很高的回报率以抵消那些失败的研究项目。因此,总体分析会占有一席之地,尽管难以将研发效益从其他因素中提取出来。

5.2 总体层面的生产率增长核算

总体而言,估算研发的总体或社会回报所采用的计量经济学方法为估算回报率提供了一种更加简易又全面的方式。其通常包括一般 TFP 增长方程中整个经济范围内的总体研发存量。很遗憾,简单的 TFP 时间序列可由其他因素驱动,而这些因素与研发本身相互关联,因此难以完全控制。最好的办法是国家统计机构现使用的增长核算方式,其仅在研发中强加资本成本以构建自身份额(例如,参见 Corrado 等,2005,2009;Hulten,本卷)。

表 5 所示的一些研究包含这一形式的回归分析,但大部分研究则通过确定溢出产生的具体途径和估算此类外部研发的回报等方法继续深入研究。在叙述用以测算溢出的方法之后再对这些结果进行探讨。

表 5 中的多数结果均通过在之前图表中使用的标准生产或成本函数中增加外部研发的估算得出。研发溢出这一变量作为从公司外部来源获得的研发存量的加权和进行测算,如下式所示:

$$S_{it} = \sum_{j \neq i} a_{ji} R_{jt} \tag{22}$$

其中，a_{ji}加权与在公司、产业、国家 i、研发溢出接受方和公司、产业、国家 j、研发溢出发出方之间的部分流动或邻近性成正相关。诸多文献使用与加权相关的不同流动方式：中间投入交易（Terleckyj，1980）、资本品投资（Sveikauskas，1981）、研发人员的聘用、工作坊、研讨会或展销会的出席人数、协作、新技术的采用、专利流动（Scherer，1984）或行业从开创至应用到市场期间所做研发（Sterlacchini，1989）以及专利引用。直观来看，j 国与 i 国贸易贸易往来越频繁、在 i 中投资越多、与 i 协作越密切，或被 i 引用的次数越多，j 国的知识就更有可能扩散至 i 国。溢出的估算也可不依赖任何经济交易，而仅依据不同类型空间内的邻近性估算。这些邻近性可能是偏相关系数，其介于专业类（Jaffe，1986）、研究领域（（Adams and Jaffe，1996）、人员资质（Adams，1990）或业务范围之间。

独立于任何经济交易的邻近性测量有可能获得纯知识溢出。与之相反，只要发生金钱交易，就有可能产生租金溢出。换言之，只要发生贸易、直接投资、技术支付、雇佣员工、合作研究和并购等活动，都有可能产生租金溢出。实际上，难以将两种类型的溢出分离，一方面是因为知识流动通常伴随着用户—生产商交易和租金获取，另一方面，获得的知识可用来产出经济租金。

以原始方法为例，除自身研发存量这一项之外，已测出的研发溢出项之后被引入柯布—道格拉斯扩充生产函数中，如下式：

$$Q_{it} = f(X_{it}, R_{it}, S_{it}, T_{it}, \varepsilon_{it}) \tag{23}$$

其中，Q_{it}是产出，X_{it}是常规投入，R_{it}指自身研发存量—知识存量指标，T_{it}是技术变革指标，ε_{it}是随机误差项。之后外部研发所得回报作为 S_{it}的边际效应估算，根据所选择的不同生产函数的函数形式，其可表示弹性或边际生产率。

这一点值得详尽说明。第一，尽管租金或知识预计可产生积极溢出，但也会产出与研发相关的消极溢出。Bach 等（2007）发现，在行业细分中存在溢出的市场“偷生意效应”，技术空间中则不出现这一情况。在公司层面，当新产品淘汰旧产品（创造性破坏）时这种情况会出现；在社会层面，当研发仅作为抢占竞争先机的策略或当专利竞争导致重复研发（Jones 和 Williams（1998）称其为“拥塞外部性”）时此类情况也会发生；第二，假定知识越易于传播，则发出方和接收方之间的关系越紧密，尽管这一假设具有合理性，但是可能引发争议：如果二者之间的认知差异越大，知识获得的是否就越多（Nooteboom 等，2007）；第三，尽管诸多研究将不同研发知识集合在一起形成某种指标，但一些作者仍使用向量化方法，该方法包括生产函数中所有作为独立参数的外部研发的具体来源（Bernstein and Nadiri, 1988)。尽管该方法未曾首先设定特别加权方式,但该方法也存在多重共线性的问题,因此难以单独识别研发不同溢出来源的贡献。

第四,研发回报率也可根据技术的双重表征中估算,例如,在可变成本函数中将其作为准固定投入(Bernstein, 1988, 1996, 1998; Bernstein 和 Nadiri, 1988, 1989; Bernstein 和 Mohnen, 1995; Bernstein 和 Yan, 1996, 1997; Mohnen, 1992a; Mohnen 和 Lépine, 1991; Nadiri 和 Kim, 1996b; Nadiri 和 Mamuneas, 1994; Nadiri 和 Prucha, 1990; Rouvinen, 2002)。如之前所述,这些模型可呈现出静态平衡,其中所有生产因素(尤其是研发)均保持在最优水平,或者模型可以模拟部分平衡(其中一些因素为准固定因素)以及通过为调整成本建模以描述达到长期平衡的动态调整过程。这些模型通常是基于技术双重表征的可变函数形式,其通过推导得出的因素需求方程的估值和交叉方程的参数限制来估算每个行业的单独回报率,并估算自身研发和研发溢出中可能出现的因素偏差。第五,研发溢出通常体现为生产率的提高,但在专利(Jaffe, 1986, 1989)、市场价值(Jaffe, 1986)或创新计数(Acs 等,1992)中也可产生研发溢出。

一直以来,溢出均在不同层面上估算——国家、行业、项目——因此是行业间、行业内和国内国际的组合。一般而言,尽管对溢出的估算研究不计其数,但均不甚准确。此外,诸多估值是通过使用不包括时间趋势或时间效应的模型得出,因此外部研发系数有可能出现向上型偏差,这是因为存在混杂因素以及这段时期发达国家经济体中研发份额的普遍增加。

将研发公司的私人回报率加入到该公司所有溢出接收方的外部研发总收益之中,可计算出社会回报率,如下式所示:

$$\frac{\partial Q_{it}}{\partial R_{it}} + \sum_{j \neq i} \alpha_{ij} \frac{\partial Q_{jt}}{\partial S_{jt}}$$

毋庸置疑,社会回报率的量级取决于溢出接收方的数量。例如,若美国研发的潜在溢出接收方遍布全球而不仅限于七国集团的国家,那么美国研发的社会回报率会更高。Coe 和 Helpman(1995)从七国集团中得出溢出估值,Coe 等(1997)从 22 个发达国家得出溢出估值,比较二者可明确这一差异的存在。

使用哪类加权矩阵更为恰当?何种程度上的加权反映研发溢出的传播渠道?哪一个渠道最为重要?Van Meijl(1997)研究结果清晰表明,使用不同的加权矩阵,预计社会回报率也会有很大差别。Kaiser(2002)对诸多将外部知识聚合成溢出构造的方法进行研究,这些方法基于以下假设:水平(行业间)溢出应与创新调查中的公司显示的水平知识来源(例如,来源于竞争对手)的高度相关联;垂直(行业内)溢出与垂直知识来源相关联(例如,来源于消费者或供应商)。行业间溢出难以估算。较之公司特性间的欧氏距离、公司间的地理距离或估算模仿危害(创新调查中显示的已被认知到的创新障碍)的方法,公司的特征或技能混合的偏相关分析对行业内溢出的预计更加精准。在《经济系统研究》(*Economic Systems Research*)专刊[卷 9(1),1997]中,相关学者在专利流、专利引用、中间投入以及资本品交易的基础上,尝试比较不同溢出类型的性能(在重要性和经济回报方面)。不同行业有不同的最优集合,且从同时使用不同溢出估算方法中识别溢出渠道将会迅速引发多重共线性问题。

为了解释英国的 TFP 增长,Crespi 等(2008)同样使用直接估算知识流的方法(如创新调查显示)。学者发现,来自竞争对手、供应商以及同类工厂的流动只能解释半数的 TFP 增长。源于竞争对手的信息被视作纯知识溢出,其与跨国公司有关。Ornaghi(2006)创建包含需求及生产的扩充模型并在论文中指出,研发的需求弹性高于生产的需求弹性,而溢出对于二者而言均至关重要。值得注意的是,为了控制内生性,该论文包含扩展的稳健性检验并使用 GMM 估算方法。

Jones 和 Williams(1998)通过内生增长模型指出,除目前已估算出的产出扩展效应之外,研发的社会回报率需包括跨期溢出效应,即知识的增加在未来可产生更多的知识和资本收益效应,其允许减少知识资本以增加未来消费。沿着平衡增长路径,笔者对研发的社会回报率进行评估,发现其超过研发的静态边际生产率的 2～4 倍。Jones 和 Williams(2000)在论文中构建了一种内生增长模型,其包含与研发投资相关的四种市场扭曲问题:独占性问题、知识溢出的存在、创造性破坏以及因研发重复形成的外部性。他们通过使用该模型指出,除非重复外部性和利率都很高,否则分散经济体将对研发投资不足,再次表明社会回报高于私人回报。

5.3　溢出估算

5.3.1　行业层面溢出的实证依据

表 5 表明从精选模型中得出的公司、行业或国家层面的估算结果。尽管外部研发弹性接近(除些许特例),一般在 0.05—0.09 之间,但由于溢出估算方法较多,因此难以比较不同的估值。正如我们前面提到,难点在于,不同于私人回报,这里没有可以为这些回报提供来源的资本成本。此外,诸多双重估值是在不包括时间效应的情况下得出,而且在某种情况下,这有可能使得外部研发系数出现向上型偏差。总体而言,采用双重方法得出的回报率均高于采用其他方法得出的回报率。

正如上文所述,基于行业数据的自身回报率估值与从公司数据得出的估值相当接近。与之相反,外部研发的估计回报率在不同的研究之间存在巨大差异,从 Goto 和 Suzuki(1989)研究得出的回报率为 80%,到 Wolff 和 Nadiri(1993)其中一个版本中的回报率在统计学意义上可忽略不计。如 Griliches 和

Lichtenberg(1984a)的研究结果所示,不同时期的外部研发回报率存在变数,而且其一般估值不如自身回报率的估值精准。然而多数情况下,这些估值意义重大并且表明一个行业与另一行业之间存在主要研究溢出。从表5可以看出,当单独计算每个行业的估值时,其范围从接近零到100%不等(在特定情况下可能更高)。

如前所述,在不同研究中溢出估值存在的差异大于其自身回报率估值。存在诸多原因:第一,研发社会回报的计算过程中涉及越多的接受方,溢出效应范围越广;第二,由于邻近性测度是根据不同空间估算得出,因此不存在先验理由指望由不同邻近性测度得出的估值可产出同样的结果。若一段时期内不同行业间的邻近性测度不断变化,相关结果甚至取决于选定的加权矩;第三,假定公司不认同溢出导致可变成本增加的新观点,有鉴于此,溢出有望减少可变成本。但出于战略和吸收力的考量,公司可能会加入研发竞争的行列并承担随之而来的研发费用。对于需求而言,依据部分基于外部研发的新产品是否与该公司产品互相代替或互补(Bernstein 和 Nadiri, 1991),研发溢出可提高或降低生产商对其产品的定价。Adams (1990) 同样提出,知识吸收中的调整成本短期内可能将对溢出变量产生反常信号的影响。鉴于此,原则上来说溢出可能是消极的。[①] 溢出回报存在很大的变数,对此的最终解释无疑是:该方法中没有任何限制它们呈现特定价值的因素,这正是因为它们是无法估价的,同时在很大程度上因为公司研发策略偶尔也会出现负面影响,甚至一些刻意披露管理信息也会时有发生。

5.3.2 国际溢出的实证依据

国际研发溢出的传播途径与技术转让相关文献中记载的途径相同,这些途径包括:最终产品、中间产品以及资本品的国际交易;外商直接投资(FDI),尤其是涉及为了操作新机器和吸收新生产技术及管理技巧的人才培训的外商直接投资;科学家、工程师以及知识分子的流动,或相关人员在工作坊、研讨会或展销会等活动的出勤率;技术期刊和科学论文中的作品发表、参考的其他出版物以及通过授予专利权和专利引用捕获的创新创意;国际研究合作或国际并购;支付国外技术,即版权和商标使用费、许可费、专利购买费用、咨询服务费以及海外研发融资。

Coe 和 Helpman(1995)有关国际研发溢出对 TFP 的影响的研究被反复引用。在该研究中,他们对22个发达国家进行调研,将来自发出国的进口份额作为加权对研发进行合计,并将这一组可能的发出国仅限于七国集团(加拿大、法

① 文献中更多消极溢出估值的例证,可参见 Jaffe(1986), Englander 等(1988), Fecher (1992), Griliches 和 Mairesse (1984), Hanel (1994),以及 Yamada 等(1991)。

国、德国、意大利、日本、英国和美国)。估算研发的自身回报率为:七国集团为123%,其他 15 个国家为 85%以及从七国集团的溢出回报为 32%,这表明七国集团中研发收益的约四分之一归功于其贸易伙伴。

研究在之后很多研究中都受到评判,同时也得到重新审视。Keller(1998)质疑 Coe 和 Helpman 对研发溢出所做的与贸易相关的阐释,并指出当溢出结构中的加权是随机加权而非基于进口份额时,可以得出显著海外研发溢出效应。该结果表明,识别变化的关键在于外部研发总量而非以贸易作为介导。Coe 和 Helpman 考量海外研发的总进口份额对海外研发存量,而 Lichtenberg 和 Van Pottelsberghe de la Potterie (1998)批判了 Coe 和 Helpman 的这一研究方法,其认为该方法对集合数据太过敏感,并提出借助发出国的 GDP 规范接收国的进口。van Pottelsberghe 和 Lichtenberg(2001)证实向外 FDI 是国际研发溢出的另一途径。Kao 等(1999)通过适合面板数据的协整测验发现,TFP 和研发变量之间存在协整关系。当使用动态普通最小二乘法(不同于普通估计法,其并非小型偏置取样)重新估算 Coe 和 Helpman 的方法时,尽管保持研发的国内影响基本不变,但是却未得出贸易相关的海外研发溢出的显著效应。

Abdelmoula(2009)在 Coe 和 Helpman 的方法中增添空间相关性(通过空间滞后模型或空间误差模型)。当存在其他空间效应时,无论空间中相关加权是否与进口或国家间地理距离的倒数成正比,海外研发溢出依然显著。为检验通过出口产生的溢出在增长中的作用,Funk(2001)和 Falvey 等(2004)使用 Coe 和 Helpman 框架发现出口溢出多于进口溢出。

国内和国外研发对 TFP 增长做出的相对重要贡献,取决于用来估算国外研发溢出的传输途径。但所有渠道组合在一起,可能出现以下情况:根据可获取知识的规模,小型研发者从国外研发中得到的收益可能相对高于大型研发者。当然这取决于接收方的知识吸收能力和对于传播途径的开放程度,因此国外研发的产出弹性或高于或低于国内研发的产出弹性(如 van Pottelsberghe 和 Lichtenberg, 2001 所示)。

5.3.3　研发溢出传输途径研究

从微观层面而言,知识管理相关文献促进一系列新的研究,这些研究更为详细地观察知识在公司间、在公共研究与公司之间(无论是在国内还是国外)的传播方式。本章不详尽阐述此类文献,但在本部分中介绍部分参考文献和评论。

首先是研发溢出的文献,该类文献将研究个体视作隐性知识的载体。对此存在两种方法:公司间或国家间的研究人员流动产生知识传播,或者研究人员不流动,但人际沟通帮助知识在不同国家扩散。Almeida 和 Kogut(1999)对该现象进行探讨并提供实证事例。对于相关文献的其他例证,可参见 Moen

(2005),Kerr (2008),及 Maliranta 等(2010)。

学术研究影响作为知识溢出的特定来源已引起诸多关注。Adams(1990)衡量每个行业的学术科学存量和知识溢出,前者是通过计算每个科学领域的产业科学家过去和现在发表的学术出版物的数量得出,后者是根据计算科学领域中就业的行业紧密度产生的其他行业知识存量得出。对美国 18 个制造业进行估算之后,作者得出行业自身的学术科学知识占 TFP 增长的 50%,其他行业的学术知识占 TFP 增长的 25%,有关 TFP 的科学出版物的滞后分别为 20 年和 30 年。Jaffe(1989)就此提供以下证据:就一个国家的公司专利授予而言,该国的大学研究同样产生溢出,其直接弹性约 0.1,但将公司研发的诱导作用考虑在内时直接弹性上升至 0.6。当创新产出由创新数量而非授予的专利数量衡量时,Acs 等(1992)估算得出存在至少两倍的溢出效应。

研究研发知识流的实证文献的动力之一是专利引文和科学论文引用数据的广泛普及。欲了解该领域的更多研究,可参见 Nagaoka 等以及 Foray 和 Lissoni (本卷)所著章节。

6. 结论

本章阐述经济研究过去 50 年的大量文献,几乎所有的文献都旨在回答一些基本的问题:什么是研发投资的私人回报率?什么是社会回报率?是否存在溢出?这些问题也许很简单,答案却很复杂。首先,研发产出的随机性意味着并不存在接近研发资本成本的简单私人回报率,这一点在此研究中已进行相关论证。其二,计算净回报率甚至是总回报率,需要计算研发折旧率或报废率的方法,尽管如果仅估算生产研发弹性并不需要这一方法,但是这种需求已经变得愈发明显。最后,很多解决遗漏变量、测量误差、调整成本等问题的相当复杂的计量经济学方法已经发展起来,以解决在上一轮估算中出现的问题。

尽管揭露了该问题的复杂性,但笔者相信读者也对研发回报率有些许了解。其在很多国家拥有可观的且通常高于普通资本的回报率,调整成本同样也高于普通资本成本。折旧率因不同行业部门而异,这或许反映出竞争的实质和独占权之间的冲突缓解。当以一阶差分的形式估算生产函数时,研发系数会出现巨大的向下型偏差,可通过加强不变收益或进行系统 GMM 估计予以调整。

至于社会回报,其估值远高于私人回报,且通常在贸易伙伴和行业间分布不均衡。此外,大部分政府出资的公共研发的估值表明,此类研发私人生产率低于私人研发,鉴于其所要达到的目标既没有体现在常规 GDP 中也不存在显著的正外部性,因此低于私人研发也在情理之中。

该研究如今该何去何从?需了解中等发展中国家中研发增加的影响,以及这些影响如何与进入这些国家的研发溢出相互作用。由于研发活动已普遍国际化，开发知识传播文献途径，重新审视一些国际溢出估值，以及了解其是否正在改变，将可能会有所裨益。

从表格中的样本可以得出，几乎所有得到的结果均为了将其运用于制造业中，而制造业在发达国家所占经济份额却越来越小。因此当下的挑战是将这些为制造业开发的方法应用于从服务业和金融业所得的数据中，这两个行业现在已拥有不计其数的研发和创新。这将需要关注这些行业中研发以及未公开的研发身后存在的问题，且需要重新思考生产的功能。

在数据及计量经济学方面，诸多行业研究是根据高度集合的部门数据完成，部分原因为因为具可用性的研发数据有限。随着此类数据在全球范围内的普及，获取更多有益的分类行业样本也成为可能。另一个开放性问题与使用最新数据对其他国家的重复研发分析有关，这些分析的依据是对研发总支出而非仅仅是对研发的社区创新调查(Mairesse 和 Mohnen，本卷)。鉴于这些支出性质不同，显然需要创建一个全新的概念框架。

最终，由于难以构建研发资本和设定恰当的折旧率，而且加性模型并不能完全描述知识生产，因此急需进一步寻求针对研发投入进行建模的最佳方法。

参考文献

Abdelmoula, M. (2009). R&D et externalites: Une comparaison europeenne. PhD dissertation, Universite Pantheon-Assas Paris II.

Acs, Z., Audretsch, D., Feldman, M. (1992). "Real effects of academic research: Comment". American Economic Review 82(1), 363 - 367.

Adams, J. D. (1990). "Fundamental stocks of knowledge and productivity growth". Journal of Political Economy 98(3), 673 - 702.

Adams, J. D., Jaffe, A. B. (1996). "Bounding the effects of R&D: An investigation using matched establishment-firm data". Rand Journal of Economics 27, 700 - 721.

Almeida, P., Kogut, B. (1999). "Localization of knowledge and the mobility of engineers in regional networks". Management Science 45(7), 905 - 917.

Antonelli, C. (1994). "Technological districts, localized spillovers and productivity growth". International Review of Applied Economics 8(1), 18 - 30.

Autant-Bernard, C., Mairesse, J., Massard, N. (2007). "Spatial knowledge diffusion through collaborative networks". Papers in Regional Science 86(3), 341 - 350.

Bach, L., Cohendet, P., Lambert, G., Ledoux, M. J. (1992). "Measuring and managing spinoffs: The case of the spinoffs generated by ESA programs". In: Greenberg, J. S., Hertzfeld, H. R. (Eds.), Space Economics. American Institute of Aeronautics and Astronautics, Washington, DC.

Bardy, R. (1974). Die Productivitaet von Forschung und Entwicklung. Meisenham-am-Glan.

Bartelsman, E. J. (1990a). Federally-sponsored R&D and productivity growth. Working paper.

Bartelsman, E. J. (1990b). R&D spending and manufacturing productivity: An empirical analysis. Federal Reserve Board of Governors Finance and Economics discussion series # 122, Washington, DC.

Bartelsman, E. J., van Leeuwen, G., Nieuwenhuijsen, H., Zeelenberg, K. (1996). "R&D and productivity growth: Evidence from firm-level data for the Netherlands". Netherlands Official Statistics 11(Autumn), 52 - 69.

Bernstein, J. I. (1988). "Costs of production, intra- and interindustry R&D spillovers: Canadian evidence". Canadian Journal of Economics XXI (2), 32-347.

Bernstein, J. I. (1989). "The structure of Canadian inter-industry R&D spillovers, and the rates of return to R&D". Journal of Industrial Economics XXXVII (3), 315 - 328.

Bernstein, J. I. (1996). "International R&D spillovers between industries in Canada and the United States". Canadian Journal of Economics 29(Special issue), 463 - 467.

Bernstein, J. I. (1998). "Factor intensities, rates of return, and international spillovers: The case of Canadian and U. S. industries". Annales d'Economie et de Statistique 49/50, 541 - 564.

Bernstein, J. I., Mamuneas, T. P. (2006). "R&D depreciation, stocks, user costs and productivity growth For US knowledge intensive industries". Structural Change and Economic Dynamics 17(1), 70 - 99.

Bernstein, J. I., Mohnen, P. (1998). "International R&D spillovers between U. S. and Japanese R&D intensive sectors". Journal of International Economics 44, 315 - 338.

Bernstein, J. I., Nadiri, M. I. (1988). "Interindustry R&D spillovers, rates of return, and production in high-tech industries". American Economic Review Papers and Proceedings 78 (2), 429 - 434.

Bernstein, J. I., Nadiri, M. I. (1989). "Research and development and intra-industry spillovers: An empirical application of dynamic duality". Review of Economic Studies 56, 249 - 269.

Bernstein, J. I., Nadiri, M. I. (1990). "Rates of return on physical and R&D capital and structure of the production process: Cross section and time series evidence". In: Raj, B. (Ed.), Advances in Econometrics and Modeling. Kluwer Academic Publishers, London.

Bernstein, J. I., Nadiri, M. I. (1991). Product Demand, Cost of Production, Spillovers, and the Social Rate of Return to R&D. NBER Working Paper No. w3625, Cambridge, MA.

Bernstein, J. I., Yan, X. (1996). "Canadian-Japanese R&D spillovers and productivity growth". Applied Economics Letters 3, 763 - 767.

Bernstein, J. I., Yan, X. (1997). "International R&D spillovers between Canadian and Japanese industries". Canadian Journal of Economics 30, 276 - 294.

Bitzer, J., Stephan, A. (2007). "A Schumpeter-inspired approach to the construction of R&D capital stocks". Applied Economics 39, 179 - 189.

Bloom, N., Schankerman, M., Van Reenen, J. (2007). Identifying Technology Spillovers and Product Market Rivalry. CEPR Discussion Paper 4912, London, UK.

Blundell, R., Bond, S. R. (2000). "GMM estimation with persistent panel data: An application to production functions". Econometric Reviews 19(3), 321 - 340.

Bond, S., Harhoff, D., Van Reenen, J. (2005). "Corporate R&D and productivity in Germany and the United Kingdom". Annales d'Economie et Statistique 79/80.

Bosworth, D. (1978). "The rate of obsolescence of technical knowledge—A note". Journal of Industrial Economics 26(3), 273 - 279.

Branstetter, L. (1998). "Looking for international knowledge spillovers: A review of the literature with suggestions for new approaches". Annales d'Economie et de Statistique 49/50, 517 - 540.

Bresnahan, T. (1986). "Measuring spillovers from 'technical advance'" American Economic Review 76, 741 - 755.

Cameron, G. (2003). "Why did U. K. manufacturing productivity growth slow down in the 1970s and speed up in the 1980s?" Economica 70, 121 - 141.

Capron, H. (1992). "The applied econometrics of R&D public funding: What's that for?" In: Capron, H. (Ed.), The Quantitative Evaluation of the Impact of R&D Programmes. Commission of the European Communities, Brussels.

Capron, H., Cincera, M. (1998). "Exploring the spillover impact on productivity of world-wide manufacturing firms". Annales d'Economie et de Statistiques 49/50, 565 - 588.

Cardani, A., Mohnen, P. (1984). "Labor productivity slowdown in a dynamic model with energy, capital, and R&D for Italian and French manufacturing". Giornale degli Economisti e Annali di Economia 43(7 - 8), 471 - 490.

Cincera, M., van Pottelsberghe de la Potterie, B. (2001). "International R&D spillovers: A survey". Cahiers Economiques de Bruxelles 169, 3 - 32.

Clark, K. B., Griliches, Z. (1984). "Productivity growth and R&D at the business level: Results from the PIMS data base". In: Griliches, Z. (Ed.), R&D, Patents and Productivity. University of Chicago Press, Chicago, IL.

Coe, D. T., Helpman, E. (1995). "International R&D spillovers". European Economic Review 39, 859 - 887.

Coe, D. T., Helpman, E., Hoffmaister, A. (1997). "North-south R&D spillovers". Economic Journal 107, 134 - 149.

Corrado, C., Hulten, C. R., Sichel, D. E. (2005). "Measuring capital and technology: an expanded framework". In: Corrado, C., Haltiwanger, J., Sichel, D. E. (Eds.), Measuring Capital in the New Economy. Studies in Income and Wealth, Vol. 65. The University of Chicago Press, Chicago, IL, pp. 11 - 41.

Corrado, C., Hulten, C. R., Sichel, D. E. (2009). "Intangible capital and economic growth". Review of Income and Wealth 55(3), 661 - 685.

Crépon, B., Mairesse, J. (1993). "Recherche et developpement, qualification et productivite des entreprises". In: Guellec, D. (Ed.), Innovations et Competivite. Economica, Paris, INSEE-Methodes Nos. 37 - 38, pp. 37 - 38.

Crépon, B., Duguet, E., Mairesse, J. (1998). "Research, innovation, and productivity: An econometric analysis at the firm level". Economics of Innovation and New Technology 7, 115 - 156.

Crespi, G., Criscuolo, C., Haskel, J., Slaughter, M. (2008). Productivity Growth, Knowledge Flows and Spillovers. NBER Working Paper 13959.

Cunéo, P. (1984). "L'impact de la recherche-developpement sur la productivite industrielle". Economie et Statistique 164, 3 - 18.

Cunéo, P., Mairesse, J. (1984). "Productivity and R&D at the firm level in French manufacturing". In: Griliches, Z. (Ed.), R&D, Patents and Productivity. University of

Chicago Press, Chicago, IL, pp. 375－392.

Czarnitzki, D., Hall, B. H., Oriani, R. (2006). "Market valuation of US and European intellectual property". In: Bosworth, D., Webster, E. (Eds.), The Management of Intellectual Property. Edward Elgar, Cheltenham, UK.

David, P. A., Hall, B. H. (2000). "Heart of darkness: Public-private interactions inside the R&D black box". Research Policy 29, 1165－1183.

Debresson, C. (1990). "Analyse inter-industrielle et le changement technologique". Revue d'Economie Politique 100(6), 833－869.

Doraszelski, U., Jaumandreu, J. (2009). R&D and Productivity: Estimating Endogenous Productivity. Harvard University, Cambridge, MA.

Ducharme, L. M., Mohnen, P. (1996). "Externalites et taux de rendement sociaux de la R&D". Economies et Societes, serie Dynamique Technologique et Organisation, Serie W 8, 189－213.

Englander, S., Evenson, R., Hanazaki, M. (1988). "Recherche-developpement, innovation et flechissement de la productivite totale des facteurs". Revue Economique de l'OCDE 11, 7－47.

Falvey, R., Foster, N., Greenaway, D. (2004). "Imports, exports, knowledge spillovers and growth". Economics Letters 85, 209－213.

Fecher, F. (1989). "Effets directs et indirects de la R-D sur la productivite: Une analyse de l'industry manufacturiere belge". Cahiers Economiques de Bruxelles 128, 459－483.

Fecher, F. (1992). "Croissance de la productivite, rattrapage et innovation: Une analyse des secteurs manufacturiers de l'OCDE". Economie et Prevision 102－103(1/2), 117－127.

Fecher, F., Perelman, S. (1989). "Productivity growth, technological progress and R&D in OECD industrial activities". In: Krause- Junk, G. (Ed.), Public Finance and Steady Economic Growth, Proceedings of the 45th Congress of the International Institute of Public Finance. Foundation Journal Public Finance, The Hague.

Fecher, F., Perelman, S. (1992). "Productivity growth and technical efficiency in OECD industrial activities". In: Caves, R. (Ed.), Industrial Efficiency in Six Nations. The MIT Press, Cambridge, MA, pp. 459－488.

Funk, M. (2001). "Trade and international R&D spillovers among OECD countries". Southern Economic Journal 67(3), 725－736.

Geroski, P. A. (1989). "Entry, innovation and productivity growth". Review of Economics and Statistics 71(4), 572－578.

Globerman, S. (1972). "The empirical relationship between R&D and industrial growth in Canada". Applied Economics 4, 181－195.

Goldberg, L. (1979). The influence of federal R&D funding on the demand for and returns to industrial R&D. Public Research Institute CRC 388.

Goto, A., Suzuki, K. (1989). "R&D capital, rate of return on R&D investment and spillover of R&D in Japanese manufacturing industries". Review of Economics and Statistics 71(4), 555－564.

Grandi, A., Hall, B. H., Oriani, R. (2009). "R&D and financial investors". In: Chiesa, V., Frattini, F. (Eds.), Evaluation and Performance Measurement of Research and Development. Edward Elgar, Cheltenham, UK, pp. 143－165.

Griffith, R., Harrison, R., Hawkins, M. (2003). Report on Estimating Private and Social

Rates of Return to R&D Using Matched ARD and BERD Micro Data. Institute for Fiscal Studies, London.

Griffith, R., Redding, S., Van Reenen, J. (2004). "Mapping the two faces of R&D: Productivity growth in a panel of OECD manufacturing industries". Review of Economics and Statistics 86(4), 883 - 895.

Griffith, R., Harrison, R., Van Reenen, J. (2006). "How special is the special relationship? Using the impact of U. S. R&D spillovers on U. K. firms as a test of technology sourcing". American Economic Review 96(5), 1859 - 1875.

Griliches, Z. (1958). "Research cost and social returns: Hybrid corn and related innovations". Journal of Political Economy 66, 419 - 431.

Griliches, Z. (1964). "Research expenditures, education and the aggregate agricultural production function". American Economic Review 54(6), 961 - 974.

Griliches, Z. (1973). "Research expenditures and growth accounting". In: Williams, R. B. (Ed.), Science and Technology in Economic Growth. John Wiley and Sons, New York.

Griliches, Z. (1979). "Issues in assessing the contribution of research and development to productivity growth". Bell Journal of Economics 10(1), 92 - 116.

Griliches, Z. (1980a). "Returns to research and development expenditures in the private sector, in new developments". In: Kendrick, J. W., Vaccara, B. N. (Eds.), Productivity Measurement and Analysis. Chicago University Press, Chicago, IL, pp. 419 - 462.

Griliches, Z. (1980b). "R&D and the productivity slowdown". American Economic Review 70(2), 343 - 348.

Griliches, Z. (1986). "Productivity, R&D, and basic research at the firm level in the 1970s". American Economic Review 76, 141 - 154.

Griliches, Z. (1992). "The search for R&D spillovers". The Scandinavian Journal of Economics 94, 29 - 47.

Griliches, Z. (1994). "Productivity, R&D and the data constraint". American Economic Review 84(1), 1 - 23.

Griliches, Z. (1995). "R&D and productivity: Econometric results and measurement issues". In: Stoneman, P. (Ed.), Handbook of the Economics of Innovation and Technical Change. Blackwell Handbooks in Economics, Oxford, UK.

Griliches, Z. (1998). R&D and Productivity: The Econometric Evidence. University of Chicago Press, Chicago, IL.

Griliches, Z. (2000). R&D, Education, and Productivity. Harvard University Press, Cambridge, MA.

Griliches, Z., Hausman, J. A. (1986). "Errors in variables in panel data". Journal of Econometrics 31(1), 93 - 118.

Griliches, Z., Lichtenberg, F. R. (1984a). "Interindustry technology flows and productivity growth: A reexamination". Review of Economics and Statistics 66, 325 - 329.

Griliches, Z., Lichtenberg, F. R. (1984b). "R&D and productivity growth at the industry level: Is there still a relationship?" In: Griliches, Z. (Ed.), R&D, Patents, and Productivity. Chicago University Press, Chicago, IL, pp. 465 - 501.

Griliches, Z., Mairesse, J. (1984). "Productivity and R&D at the firm level". In: Griliches, Z. (Ed.), R&D, Patents, and Productivity. Chicago University Press, Chicago, IL, pp. 339 - 374.

Griliches, Z. , Mairesse, J. (1990). "R&D and productivity growth: Comparing Japanese and U. S. manufacturing firms". In: Hulten, C. R. (Ed.), Productivity Growth in Japan and the United States. Chicago University Press, Chicago, IL, pp. 317 - 340.

Guellec, D. (1993). "Recherche-developpement et croissance: Une analyse macroeconomique internationale". In: Guellec, D. (Ed.), Innovation et Competitivite. Economica, Paris INSEE Methodes nos. 37 - 38.

Guellec, D. , Van Pottelsberghe de la Potterie, B. (2001). "R&D and productivity growth: Panel data analysis of 16 OECD countries". OECD Economic Studies 33,103 - 126.

Hall, B. H. (1987). "The effect of takeover activity on corporate research and development". In: Auerbach, A. (Ed.), The Economic Effects of Takeover Activity. University of Chicago Press, Chicago, IL.

Hall, R. E. (1988). "The relation between price and marginal cost in U. S. industry". Journal of Political Economy 96(5),921 - 947.

Hall, B. H. (1993). "Industrial research during the 1980s: Did the rate of return fall?" Brookings Papers on Economic Activity, Micro (2),289 - 344.

Hall, B. H. (1996). "The private and social returns to research and development". In: Smith, B. L. R. , Barfield, C. E. (Eds.), Technology, R&D, and the Economy. The Brookings Institution, Washington, DC.

Hall, B. H. (1999). "Mergers and R&D revisited." Available at http://www. econ. berkeley. edu/~bhhall/papers/BHH99%20mer- gerR&D. pdf.

Hall, B. H. (2000). "Innovation and market value". In: Barrell, R. , Mason, G. , O^ Mahoney, M. (Eds.), Productivity, Innovation, and Economic Performance. Cambridge University Press, Cambridge.

Hall, B. H. (2005). "Measuring the returns to R&D: The depreciation problem". Annales d'Economie et Statistique 79/80, NBER Working Paper No. 13473(September 2007).

Hall, B. H. , Mairesse, J. (1995). "Exploring the relationship between R&D and productivity in French manufacturing firms". Journal of Econometrics 65,263 - 293.

Hall, B. H. , Mairesse, J. (2005). "Testing for Unit Roots in Panel Data: An Exploration with Real and Simulated Data". In: Andrews, D. , Stock, J. (Eds.), Identification and Inference in Econometric Models: Essays in Honor of Thomas J. Rothenberg. Cambridge University Press, Cambrdige, UK.

Hall, B. H. , Griliches, Z. , Hausman, J. A. (1986). "Patents and R and D: Is there a lag?" International Economic Review 27(2),265 - 283.

Hall, B. H. , Branstetter, L. , Crépon, B. , Mairesse, J. (1999). "Does cash flow cause investment and R&D: An exploration using panel data for French, Japanese, and United States firms in the scientific sector". In: Audretsch, D. , Thurik, A. R. (Eds.), Innovation, Industry Evolution and Employment. Cambridge University Press, Cambridge, UK, pp. 129 - 156.

Hall, B. H. , Foray, D. , Mairesse, J. (2009). "Pitfalls in estimating the returns to corporate R&D using accounting data". Revised version of a paper presented at the First European Conference on Knowledge for Growth, October 8 - 9, 2007, Seville, Spain. Hanel, P. (1988). "L'effet des depenses en R&D sur la productivite de travail au Quebec". Actualite Economique 64(3).

Hanel, P. (1994). R&D, inter-industry and international spillovers of technology and the total factor productivity growth of manufacturing industries in Canada, 1974 - 1989. Universite de Sherbrooke, Cahier de recherche 94 - 04, Sherbrooke, Canada. Harhoff, D. (1998). "R&D and productivity in German manufacturing firms". Economics of Innovation and New Technology 6(1), 29 - 49.

Harhoff, D. (2000). "R&D spillovers, technological proximity, and productivity growth—Evidence from German manufacturing firms". Schmalenbach Business Review 52, 238 - 260.

Huffman, W. E., Evenson, R. E. (1993). Science for Agriculture. Iowa State University, Ames, IA.

Jaffe, A. B. (1986). "Technological opportunity and spillovers of R&D: Evidence from firms' patents, profits, and market value". American Economic Review 76(5), 984 - 1001.

Jaffe, A. B. (1988). "Demand and supply influences in R&D intensity and productivity growth". Review of Economics and Statistics 70(3), 431 - 437.

Jaffe, A. B. (1989). "Real effects of academic research". American Economic Review 79(5), 957 - 970.

Joly, P. (1993). "Le ralentissement de la productivite: Faits et causes". In: Guellec, D. (Ed.), Innovation et Competitivite. Economica, Paris INSEE Methodes Nos. 37 - 38.

Jones, C., Williams, J. (1998). "Measuring the social rate of return to R&D". Quarterly Journal of Economics 113(4), 119 - 135. Jones, C., Williams, J. (2000). "Too Much of a Good Thing? The Economics of Investment in R&D". Journal of Economic Growth (1), 65 - 85.

Kafouros, M. (2005). "R&D and productivity growth: Evidence from the UK". Economics of Innovation and New Technology 14(6), 479 - 497.

Kaiser, U. (2002). "Measuring knowledge in manufacturing and services: An empirical assessment of alternative approaches". Research Policy 31(1), 129 - 149.

Kao, C., Chiang, M., Chen, B. (1999). "International R&D spillovers: An application of estimation and inference in panel cointegration". Oxford Bulletin of Economics and Statistics 61, 691 - 709.

Keller, W. (1997). "Are international R&D spillovers trade-related? Analyzing spillovers among randomly matched trade partners". European Economic Review 42, 1469 - 1481.

Kerr, W. R. (2008). "Ethnic scientific communities and international technology diffusion". Review of Economics and Statistics 90(3), 518 - 537.

Klette, T. J. (1991). On the Importance of R&D and Ownership for Productivity Growth: Evidence from Norwegian Micro-Data 1976 - 1985. Central Bureau of Statistics Discussion Paper No. 60, Norway.

Klette, T. J. (1992). "On the relationship between R&D and performance when innovative opportunities differ between firms".

Paper presented at the NBER Summer Institute, Cambridge, MA.

Klette, T. J. (1994). R&D, Scope Economies, and Company Structure: A 'Not So Fixed Effect' Model of Plant Performance. Central Bureau of Statistics Discussion Paper No. 120, Norway.

Klette, T. J. (1996). The Accumulation of R&D-Capital and the Dynamic Performance of Manufacturing Firms. Central Bureau of Statistics, Oslo, Norway.

Kwon, H. U., Inui, T. (2003). "R&D and Productivity Growth in Japanese Manufacturing Firms". Economic and Social Research Institute, Cabinet Office, Discussion Paper No. 44,

Tokyo, Japan.

Leonard, W. N. (1971). "Research and development in industrial growth". Journal of Political Economy 79(2), 232 - 256.

Lev, B. (2001). Intangibles: Management, Measurement, and Reporting. Brookings Institution, Washington, DC.

Levin, R., Reiss, P. (1988). "Cost-reducing and demand-creating R&D with spillovers". Rand Journal of Economics 19(4), 538 - 556.

Levy, D., Terleckyj, N. (1989). "Problems identifying returns to R&D in an industry". Managerial and Decision Economics 1 - 2, 43 - 49.

Lichtenberg, F. R. (1993). "R&D investment and international productivity differences". In: Siebert, H. (Ed.), Economic Growth in the World Economy. J. C. B. Mohr (Paul Siebeck), Tubingen, pp. 89 - 110.

Lichtenberg, F. R., Siegel, D. S. (1991). "The impact of R&D investment on productivity-new evidence using linked R&D-LRD data". Economic Inquiry XXIX, 203 - 228.

Lichtenberg, F., Van Pottelsberghe de la Potterie, B. (1998). "International R&D spillovers: A comment". European Economic Review 42(8), 1483 - 1491.

Link, A. N. (1978). "Rates of induced technology from investment in research and development". Southern Economic Journal 370 - 379.

Link, A. N. (1981). "Basic research and productivity increase in manufacturing: Some additional evidence". American Economic Review 71(5), 1111 - 1112.

Link, A. N. (1982). "A disaggregated analysis of industrial R&D: Product versus process R&D". In: Sahal, D. (Ed.), The Transfer and Utilization of Technical Knowledge. D. C. Heath, Lexington, MA.

Link, A. N. (1983). "Inter-firm technology flows and productivity growth". Economics Letters 11, 179 - 184.

Link, A. N., Rees, J. (1990). "Firm Size, University Based Research, and the Returns to R&D". Small Business Economics 2, 25 - 31.

Longo, F. (1984). Industrial R&D and productivity in Canada. Report prepared for the Science Council of Canada.

Los, B., Verspagen, B. (2000). "R&D spillovers and productivity: Evidence from U. S. manufacturing industries". Empirical Economics 25, 127 - 148.

Mairesse, J., Cunéo, P. (1985). "Recherche-developpement et performances des entreprises: Une etude econometrique sur donnees individuelles". Revue Economique 36 (5), 1001 - 1041.

Mairesse, J., Hall, B. H. (1994). "Estimating the productivity of R&D in French and U. S. manufacturing firms: an exploration of simultaneity issues with GMM". In: Wagner, K. (Ed.), International Productivity Comparisons. Elsevier/North-Holland, Amsterdam.

Mairesse, J., Mohnen, P. (1990). "Recherche-developpement et productivity?: Un survol de la literature econometrique". Economie et Statistique 237 - 238, 99 - 108.

Mairesse, J., Mohnen, P. (1994). "R&D and Productivity Growth: What Have We Learned From Econometric Studies?" Eunetic Conference on Evolutionary Economics of Technological Change: Assessment of Results and New Frontiers, Strasbourg, pp. 817 - 888.

Mairesse, J., Sassenou, M. (1989). "Les facteurs qualitatifs de la productivite: Un essai devaluation". Economie et Prevision 91(5),35 - 42.

Mairesse, J. , Sassenou, M. (1991). "R&D and productivity: A survey of econometric studies at the firm level". STI Review, OECD 8,9 - 46.

Mairesse, J. , Mohnen, P. , Kremp, E. (2005). "The importance of R&D and innovation for productivity: A reexamination in light of the 2000 French innovation survey". Annales d'Economie et Statistique 79/80, Forthcoming.

Majer, H. (1978). Industrieforschung in der Bundesrepublik Deutschland. J. C. B. Mohr, Tubingen, Germany.

Maliranta, M. , Mohnen, P. , Rouvinen, P. (2010). "Is inter-firm labor mobility a channel of knowledge spillovers? Evidence from a linked employer-employee panel?" Industrial and Corporate Change 18(6),1161 - 1191.

Mansfield, E. (1965). "Rates of return from industrial research and development". American Economic Review 55,310 - 322.

Mansfield, E. (1980). "Basic research and productivity increase in manufacturing". American Economic Review 70,863 - 873.

Mansfield, E. (1988). "Industrial R&D in Japan and the United States: A comparative study". American Economic Review 78(2),223 - 228.

Mansfield, E. , Rapoport, J. , Schnee, J. , Wagner, S. , Hamburger, M. (1971). Research and Development in the Modern Corporation. W. W. Norton, New York.

Mansfield, E. , Rapoport, J. , Romeo, A. , Wagner, S. , Beardsley, G. (1977). "Social and private rates of return from industrial innovations". Quarterly Journal ofEconomics 77, 221 - 240.

Mansfield, E. , Romeo, A. , Switzer, L. (1983). "R&D prices indexes and real R&D expenditures in the United States". Research Policy 12,105 - 112.

Medda, G. , Piga, C. , Siegel, D. S. (2003). On the relationship between R&D and productivity: A treatment effect analysis. Fondazione Eni Enrico Mattei Nota di Lavoro 34 - 2003,Milano, Italy.

Minasian, J. R. (1969). "Research and development, production functions and rates of return". American Economic Review 59,80 - 85.

Moen, J. (2005). "Is mobility of technical personnel a source of R&D spillovers?" Journal of Labor Economics 23(1),81 - 114.

Mohnen, P. (1990). "New technologies and interindustry spillovers". OECD STI Review 7, 131 - 147.

Mohnen, P. (1992a). The Relationship Between R&D and Productivity Growth in Canada and Other Industrialized Countries. Minister of Supply and Services Canada, Ottawa.

Mohnen, P. (1992b). International R&D spillovers in selected OECD countries. UQAM dept des sciences economiques cahier de recherche no. 9208, Montreal, Quebec.

Mohnen, P. (1996). "R&D externalities and productivity growth". OECD STI Review 18, 39 - 66.

Mohnen, P. (1998). "International R&D spillovers and economic growth". In: Pohjola, M. (Ed.), Information Technology, Productivity, and Economic Growth: International Evidence and Implications for Economic Development. Oxford University Press 2001.

Mohnen, P. , Lépine, N. (1991). "R&D, R&D spillovers and payments for technology: Canadian evidence". Structural Change and Economic Dynamics 2,213 - 228.

Mohnen, P., Nadiri, M. I. (1985). "Demande de facteurs et recherche-developpement: Estimations pour les Etats-Unis, le Japon, L'Allemagne et la France". Revue Economique 36(5), 943 - 974.

Mohnen, P., Nadiri, M. I., Prucha, I. (1986). "R&D, production structure, and rate of return in the US, Japanese, and German manufacturing sectors: A nonseparable dynamic factor demand model". European Economic Review 30, 749 - 771.

Mohnen, P., Jacques, R., Gallant, J. S. (1996). "R&D and productivity growth in two Canadian forest product industries". Forest Science 42(4), 1 - 11.

Nadiri, M. I. (1980a). "Sectoral productivity slowdown". American Economic Review 70 (2), 349 - 355.

Nadiri, M. I. (1980b). "Contributions and determinants of research and development expenditures in the U. S. manufacturing industries". In: von Furstenberg, G. M. (Ed.), Capital, Efficiency, and Growth. Ballinger, Cambridge, MA, pp. 361 - 392.

Nadiri, M. I. (1993). Innovations and Technological Spillovers. NBER Working Paper 4423.

Nadiri, M. I., Kim, S. (1996a). R&D, Production Structure and Rates of Return in the U. S., Japanese and Korean Manufacturing Sectors: A Non-Sector Model. NBER Working Paper 5506.

Nadiri, M. I., Kim, S. (1996b). International R&D Spillovers, Trade and Productivity in Major OECD Countries. NBER Working Paper 5801.

Nadiri, M. I., Mamuneas, T. P. (1994). "Effects of public infrastructure and R&D capital on the cost structure and performance of US manufacturing industries". Review of Economics and Statistics 76(1), 22 - 37.

Nadiri, M. I., Prucha, I. (1990). "Comparison and analysis of productivity growth and R&D investment in the electrical machinery industries of the United States and Japan". In: Hulten, C. R. (Ed.), A Comparison of Productivity Growth in Japan and the United States. Chicago University Press, Chicago, IL.

Nguyen, S. V., Kokkelenberg, E. C. (1992). "Measuring total factor productivity, technical change and the rate of returns to research and development". Journal of Productivity Analysis 2, 269 - 282.

Nooteboom, B., Van Haverbeke, W., Duysters, G., Gilsing, V., van den Oord, A. (2007). "Optimal cognitive distance and absorptive capacity". Research Policy 36(7), 1016 - 1034.

O'Sullivan, L., Roeger, W. (1991). An Econometric Investigation of the Interrelationship Between R&D Expenditures and Technical Progress. Commission of the European Communities, Brussels.

Odagiri, H. (1985). "Research activity, output growth and productivity increase in Japanese manufacturing industries". Research Policy 14(3), 117 - 130.

Odagiri, H., Iwata, H. (1986). "The impact of R&D on productivity increase in Japanese manufacturing companies". Research Policy 15(1), 13 - 19.

Olley, G. S., Pakes, A. (1996). "The dynamics of productivity in the telecommunications equipment industry". Econometrica 64(6), 1263 - 1297.

Ornaghi, C. (2006). "Spillovers in product and process innovation: Evidence from manufacturing firms". International Journal of Industrial Organization 24, 349 - 380.

Ortega-Argiles, R., Piva, M., Potters, L., Vivarelli, M. (2009). Is corporate R&D

investment in high-tech sectors more effective? Some guidelines for European research policy. IZA DP No. 3945, Bonn, Germany.

Pakes, A., Schankerman, M. (1984). "The rate of obsolescence of patents, research gestation lags, and the private rate of return to research resources". In: Griliches, Z. (Ed.), R&D, Patents, and Productivity. Chicago University Press, Chicago, IL, pp. 73-88.

Park, W. G. (1995). "International R&D spillovers and OECD economic growth". Economic Inquiry 33, 571-591.

Patel, P., Soete, L. (1988). "L'evaluation des effets economiques de la technologie". OECD STI Review 4, 133-183.

Perelman, S. (1995). "R&D, technological progress and efficiency change in industrial activities". Review of Income and Wealth 41(3), 349-366.

Poole, E., Bernard, J.-T. (1992). "Defense innovation stock and total factor productivity growth". Canadian Journal of Economics 25(2), 438-452.

Postner, H. H., Wesa, L. (1983). Canadian productivity growth: An alternative (input-output) analysis. Report prepared for the Economic Council of Canada, Ministry of Supply and Services, Ottawa.

Raines, F. (1968). The Impact of Applied Research and Development on Productivity. Washington University Working Paper No. 6814, St Louis, MO.

Raut, L. (1995). "R&D spillover and productivity growth: Evidence from Indian private firms". Journal of Development Economics 48(1), 1-23.

Ravenscraft, D. J., Scherer, F. M. (1982). "The lag structure of returns to research and development". Applied Economics 14, 603-620.

Rogers, M. (2009). "R&D and productivity: Using UK firm-level data to inform policy". Empirica doi: 10.1007/s10663-009-9111-x.

Rosenberg, N. (1976). "The direction of technological change: Inducement mechanisms and focusing devices". In: Rosenberg, N. (Ed.), Perspectives on Technology. Cambridge University Press, Cambridge, pp. 108-125.

Rosenberg, N. (1982a). "How exogenous is science?" In: Rosenberg, N. (Ed.), Inside the Black Box. Cambridge University Press, Cambridge, pp. 141-162.

Rosenberg, N. (1982b). "Technological interdependence and the American economy". In: Rosenberg, N. (Ed.), Inside the Black Box. Cambridge University Press, Cambridge, pp. 55-80.

Rouvinen, P. (2002). "The existence of R&D spillovers: A cost function estimation with random coefficients". Economics of Innovation and New Technologies 11(6), 525-542.

Ruttan, V. (1980). "Bureaucratic productivity: The case of agricultural research". Public Choice 5, 529-547.

Sassenou, M. (1988). Recherche-Developpement et Productivite dans les Entreprises Japonaises: Une Etude Econometrique sur Donnees de Panel. These pour le doctorat de l'Ecole des Hautes Etudes en Sciences Sociales, Paris, France.

Schankerman, M. (1981). "The effect of double counting and expensing on the measured returns to R&D". Review of Economics and Statistics 63(3), 454-458.

Scherer, F. M. (1982). "Interindustry technology flows and productivity growth". Review of Economics and Statistics 64, 627-634.

Scherer, F. M. (1983). "Concentration, R&D and productivity change". Southern Economic Journal 50, 221 - 225.

Scherer, F. M. (1984). "Using linked patent and R&D data to measure interindustry technology flows". In: Griliches, Z. (Ed.), R&D, Patents, and Productivity. Chicago University Press, Chicago, IL, pp. 417 - 464.

Seldon, B. (1987). "A nonresidua006C estimation of welfare gains from research: The case of public R&D in a forest product industry". Southern Economic Journal 54(2), 64 - 80.

Soete, L., Patel, P. (1985). "Recherche-developpement, importations technologiques et croissance economique". Revue Econo- mique 36(5), 975 - 1000.

Soete, L., Verspagen, B. (1993). "Technology and growth: The complex dynamics of catching up, falling behind and taking over". In: A. Szirmai, B. van Ark and D. Pilat (Eds.), Explaining Economic Growth, Elsevier Science Publishers, Amsterdam, 101 - 127.

Statistics Canada. (1986). Price Indexes for Canadian Industrial Research and Development Expenditures. Minister of Supply and Services, Ottawa.

Sterlacchini, A. (1989). "R&D, innovations and total factor productivity growth in British manufacturing". Applied Economics 21, 1549 - 1562.

Suzuki, K. (1993). "R&D spillovers and technology transfer among and within vertical keiretsu groups: Evidence from the Japanese electrical machinery industry". International Journal of Industrial Organization 11(4), 573 - 591.

Sveikauskas, L. (1981). "Technology inputs and multifactor productivity growth". Review of Economics and Statistics 63, 275 - 282.

Sveikauskas, L. (2000). "R&D, Unmeasured quality change, and productivity growth". Paper presented at the NBER Summer Institute, Cambridge, MA.

Sveikauskas, L. (2007). R&D and Productivity Growth: A Review of the Literature. U. S. Bureau of Labor Statistics Working Paper 408, Washington, DC.

Terleckyj, N. (1974). "Effects of R&D on the productivity growth of industries: an exploratory study". National Planning Association, Washington, DC.

Terleckyj, N. (1980). "Direct and indirect effects of industrial research and development on the productivity growth of industries". In: Kendrick, J., Vaccara, B. (Eds.), New Developments in Productivity Measurement and Analysis. University of Chicago Press, Chicago, IL.

Tewksbury, J. G., Crandall, M. S., Crane, W. E. (1980). "Measuring the societal benefits of innovation". Science, 209, 658 - 662.

Trajtenberg, M. (1989). "The welfare analysis of product innovations, with an application to computed tomography scanners". Journal of Political Economy 97(2), 444 - 479.

U. S. Bureau of Labor Statistics. (1989). The Impact of Research and Development on Productivity Growth. U. S. Department of Labor, Bulletin 2331.

van Meijl, H. (1997). "Measuring intersectoral spillovers: French evidence". Economic Systems Research 9(1), 25 - 6.

van Pottelsberghe, B., Lichtenberg, F. (2001). "Does foreign direct investment transfer technology across borders?" Review of Economics and Statistics 83(3), 490 - 497.

Verspagen, B. (1995). "R&D and productivity: A broad cross-country look". Journal of Productivity Analysis 6, 117 - 135.

Verspagen, B. (1997). "Estimating international technology spillovers using technology flow matrices". Review of World Economics 133(2), 226 - 248.

Vuori, S. (1991). Returns to R&D in Nordic Manufacturing Industries, 1964 to 1983. ETLA Discussion Paper No. 357, Helsinki.

Wakelin, K. (2001). "Productivity Growth and R&D expenditure in UK Manufacturing Firms". Research Policy 30, 1079 - 1090.

Wang, J.-C., Tsai, K.-H. (2003). Productivity Growth and R&D Expenditure in Taiwan's Manufacturing Firms. National Bureau ofEconomic Research Working Paper Series No. 9724, Cambridge, MA.

Weisbrod, B. A. (1971). "Costs and benefits of medical research: A case study of polyomyelitis". Journal of Political Economy 79(3), 527 - 544.

Wolff, E. N., Nadiri, M. I. (1993). "Spillover effects, linkage structure, and research and development". Structural Change and Economic Dynamics 4(2), 315 - 331.

Yamada, T., Yamada, T., Liu, G. (1991). Labor Productivity and Market Competition in Japan. NBER Working Paper No. w3800, Cambridge, MA.

第 25 章
专利数据作为创新指标

Sadao Nagaoka[*,†], Kazuyuki Motohashi[†,‡]和 Akira Goto[§,¶]
[*]一桥大学创新研究所
日本,东京
[†]经济贸易工业研究所
日本,东京
[‡]东京大学技术管理创新部
日本,东京
[§]日本公平交易委员会
日本,东京
[¶]政策研究大学院大学(GRIPS)
日本,东京

目录

摘要/379
关键词/379
1. 引言/380
2. 专利文件中的信息/382
  2.1 专利信息范围及其与专利制度的关系/382
  2.2 世界范围的专利申请制度/387
3. 发明者与专利持有者/389
  3.1 发明者团队规模及持有者类型/389
  3.2 共同所有和研究合作/394
4. 专利族/396
  4.1 专利族数据在国际中使用情况/396
  4.2 基于先前专利申请的申请案(连续案、部分连续案和分案)/399
5. 专利数据与创新活动/400
  5.1 框架/400
  5.2 专利作为创新产出研究/402
  5.3 专利作为生产函数的知识投入研究/406
6. 专利评估/408
  6.1 专利质量指标/408
    6.1.1 向前引用/408
    6.1.2 专利更新信息/410
    6.1.3 专利族规模和其他指标/411
  6.2 专利质量指标的评估/411
7. 发明的知识溢出/413
  7.1 向后引用可否代表知识溢出研究/414
  7.2 使用专利信息测算不同组织和地域间的知识溢出/416
8. 结论/419
致谢/420
参考文献/420

摘要

本章总结专利数据作为创新指标的基本特征，并回顾一些使用专利数据所做的研究，重点关注 Griliches 自 1990 年发表的一篇著作[①]以来的重要发展情况。第一项显著的发展是可用的专利数据在全球范围内日益增多，随之使用专利数据的研究遍布全球。全球专利数据的可用性在诸多方面提升了专利信息的价值；第二项显著的发展是使用引用信息的研究大量增加，以及进一步加深了对引用信息的理解程度。尽管引用信息发现作为衡量信息流指标的反向引用存在较多争议，但是其可以为专利价值提供非常实用的信息；第三项显著发展是广泛开展公司"创新调查"和发明者调查等各类调查。这一活动使我们更深入地了解基于专利的参考文献指标的有效性和局限性；第四项显著发展是更好地理解专利制度的性质和专利数据的重组，基于优先级信息的专利族数据的发展就是这一方面最为恰当的例证。

关键词

专利　创新　发明　研发　引文　溢出

---

① Griliches，Z. 1990."专利数据作为创新指标：一项调查"，经济文献期刊(28)，1661—1707。

1. 引言

Lord Kelvin 曾写道:“当你无法计量你的知识,且又无法用数字表达时,那么你所拥有的知识既少得可怜又乏善可陈。”[①]尽管创新被视作经济增长的引擎,但衡量创新绝非易事,因此我们对于创新知识的缺乏了解。相关专家为衡量创新已经进行了很多尝试,例如请各领域的专家去识别重大创新并对其进行计算,这种方式信息量非常大同时也更加引人注目。但这种方式不仅具有主观性,而且很难以连续申请案的方式全面呈现创新。研发支出通常作为衡量创新或技术进步的指标,但研发支出是对研发进行的投入而不是研发的产出,真正的研发产出应当是创新。全要素生产率(Total Factor Productivity, TFP)也可被用于衡量创新,但同样存在问题: TFP 除了受创新影响之外还受到其他因素的影响,而且其自身存在估算问题,比如自身的顺周期性以及难以获取较好的价格指数,尤其是对于质量更新较快的商品或服务的价格指数。

近来利用专利信息不断作为分析创新和创新过程的工具,其日益成为创新的衡量标尺之一。事实上,专利一直以来都是丰富的新技术信息的唯一来源,这些信息由政府长期调用大量资源以系统的方式筛选而来。近些年专利数据的使用不断增加,存在双重原因。第一,用以分析创新的专利库得以发展。其中最具影响力的当属美国国家经济研究局(National Bureau of Economic Research, NBER)专利数据库。除此之外,OECD、欧洲专利局(European Patent Office, EPO)和日本知识产权研究所(Institute of Intellectual Property, IIP)也建立类似的数据库。专利局通过其日常运营获取专利数据和信息,公司会利用这些数据和信息监控竞争对手或其他公司的技术开发和专利申请活动。但因为这些数据和信息规模庞大且不方便存储,所以使用这些专利数据和信息进行统计分析非常困难而且耗资巨大。因此若没有这些数据库的发展,使用专利数据进行统计分析即便并非不可能,也会举步维艰。

第二个原因与第一个原因紧密相连,即高性能的计算机和软件的广泛使用。如今无论身在何方都能下载到 NBER 数据库,此外还可以利用购买的现成软件进行复杂的统计分析。

在这种背景下,经济学家、管理学者以及政策制定者对创新和技术变革的关

① Kelvin,备受欢迎的讲座和演讲(1891—1894, 3 卷) 卷 1,“电度量单位”,1883 - 05 - 03。

注与日俱增。据称使用专利统计数据的研究论文数量日益增加，其增长速度比专利本身还要快，而专利本身在过去几十年间也在迅速增长（我们看到在其他国家也同样如此）。但由于专利统计数据同样存在问题，而且也并非与创新完全对应，因此使用时需谨慎。专利受到一个国家在特定时间点特定专利制度的特定影响，而且也不太容易匹配其他经济数据。然而，若能够审慎而理性地使用专利统计数据，我们就能够为创新注入新的活力。

尽管对技术本身的详尽阐释占据了专利文献的大量篇幅，但是经济学家发现对于创新研究有用的大部分信息会涵盖在专利文件的首页，具体内容则因专利局和时间不同而异。这些信息一般包括发明者的姓名和地址、申请人（美国专利和商标局称之为受让人）和地址、日期（例如优先日期、申请日期和授权日期），以及通常根据国际专利分类（International Patent Classification, IPC）标明的技术类别。除此之外，专利或诸如学术论文等非专利参考文献也包含其中。使用此类文献目录信息，各种创新研究才成为可能。本章以下小节将对其中一些创新研究进行综述。

但仍需注意，并非所有的专利都代表创新，也并非所有的创新都可获得专利。首先，专利价值是高度扭曲的，因为仅有一小部分的专利具有较高的价值，而绝大部分的专利几乎没有价值。Scherer 和 Harhoff（2000）基于德国专利所做的调查显示，约 10％的最具价值专利占全部专利价值的 80％以上。根据日本专利局（Japan Patent Office, JPO）调查显示，60％以上的专利既没有在国内应用也没有授权给国外公司。公司获取专利通常出于战略目的，例如仅为阻止其他公司获得专利或阻碍其他公司进入。

其次，亦有发明并没有获得专利。一项发明若想获得专利，必须达到特定的标准，尤其是这项发明要具有一定的新颖性、创新性（或独创性）以及产业实用性。这些标准以及对这些标准的阐释在不同时期和不同国家间存在差异。例如，20 世纪 50 和 60 年代，化合物在很多国家尤其在欧洲国家，不能被授予专利。在发展中国家，有用的创新甚至在近些年也可能并未达到这些标准，或者由于专利权实施不尽人意，一些发明者不愿去申请专利。此外，一些公司故意不为他们的发明申请专利，因为专利制度会导致自己的发明公之于世。若公司认为可以通过诸如将其视作商业机密的方式保护自身的发明，他们也可能决定不申请专利。较之产品创新[1]，大部分流程创新没有获得专利，也许这也反映了对此的顾虑。尽管如此，专利信息仍然是最具价值的信息来源。但使用者需谨记：这并不代表专利信息不存在不同类型的噪声和误差。

---

① 对此的细节阐述可参见本章 5.2 小结。

本章旨在总结专利数据的基本特征和一些使用专利数据的研究。Griliches(1990)是该领域研究最杰出的贡献者之一,其在20年前曾就该问题写过一篇著名的论文。在该论文中,Griliches将专利统计比作卡茨基尔度假胜地的食物:“饭难吃,量还少”。本章将描述经济学家取得的进展,即自那时起我们学到如何享用这种食物。本论文结构如下:第二部分阐释专利文件中包含的信息;第三部分讨论发明者和申请人(或受让方);第四部分介绍“专利族”概念,这一概念日益被用于国际比较中以及持续应用的考虑中;第五部分评论专利信息在理解创新活动中的作用;第六部分总结对衡量专利价值所做的各种尝试;第七部分阐释专利文件中包含的引文信息,“论文追踪”如何用以追踪知识溢出;第八部分对本章进行总结并提出未来可能的研究方向。

2. 专利文件中的信息

2.1 专利信息范围及其与专利制度的关系

专利文件提供一系列丰富的创新和专利信息,其结构如下:参考文献目录信息、发明摘要、权利要求、发明描述以及附图和描述(专利文件的详尽指南可参见OECD,2008)。文献目录信息是一组有利于识别发明和专利的信息。如表1所示,为学术研究开发的专利数据库(NBER专利数据库、PATSTAT[①]、日本IIP专利数据库)主要使用文献目录信息。表1将该信息分为八类:①申请书,包括标题、摘要和技术类别;②优先权,继续申请和专利族;③公布;④审查要求;⑤授权,包括技术类别;⑥申请人和受让人;⑦发明者;⑧引文关系。

表1 从三个用于研究的数据库中获得的专利信息比较

数据库		美国NBER专利数据文件	涵盖172个专利局的PATSTAT	日本专利的IIP专利数据
(1) 申请书,包括标题、摘要和技术类别	申请编号	—	0	0
	申请日期	0	0	0
	权利要求数量	—	X	0
	IPC	—	全部	主要

① 即欧洲专利局(EPO)、全球专利统计数据库(Patent Statistical Database, PATSTAT),是当前世界收录最全的专利数据库,专门面向专利分析人员、统计决策人员和高级研究人员。——译者注。

（续表）

数据库		美国 NBER 专利数据文件	涵盖 172 个专利局的 PATSTAT	日本专利的 IIP 专利数据
	国家技术类别	—	全部	—
	其他技术类别	—	—	0
	申请权限	—	0	—
	申请标题	—	0	X
	申请摘要	—	0	X
（2）优先权，继续申请和专利族	国际申请编号	X	0	X
	优先权申请编号	X	0	X
	专利申请编号	X	0	X
	继续类型	X	0	X
	专利族信息	—	0	X
（3）公布	公布编号	—	0	X
	公布日期	—	0	X
（4）审查要求	审查要求	—	X	0
（5）授权，包括技术类别	授权编号	0	0	0
	授权日期	0	0	0
	到期日期	X	X	0
	权利要求数量	0	X	0
	IPC	主要	X	主要
	国家技术类	主要	X	—
	其他技术类别	0	—	0
（6）申请人和受让人（专利权持有者）	申请人姓名	X	0	0
	申请人姓名（规范的）	X	0	X
	申请人地址	X	0	X
	申请人国家/地区	X	0	0

(续表)

数据库		美国 NBER 专利数据文件	涵盖 172 个专利局的 PATSTAT	日本专利的 IIP 专利数据
	申请人类型	X	—	0
	受让人姓名	0	X	0
	受让人姓名(规范的)	0	X	X
	受让人地址	X	X	X
	受让人国家/地区	X	X	X
	受让人类型	0	X	X
(7) 发明者	发明者姓名	0	0	X
	发明者地址	0	0	X
	发明者居住地的国家/地区	0	0	X
(8) 引文关系	引用专利编号	0	0	0
	被引用专利编号	0	0	0
	引文类型(审查员/发明者)	X	0	0
	非专利文献引文	X	0	X
(9) 网址链接		http://www.nber.org/patents/	http://www.epo.org/patents/patentinformation/raw-data/test/product-14-24.html	http://www.iip.or.jp/

注:"—"不适用;"X"无法获取。

需要指出的是,不同国家的专利制度存在显著差异,其深刻影响生成的专利信息的范围和本质以及其与研发的关系。一个主要差别在于尽管欧洲和日本均有审查要求系统,但美国却没有这样的系统,美国国内所有的申请均需审查。这就导致在欧洲和日本一个公司可以申请专利,但需不需要专利审查依然未知。鉴于申请费用较低①,审查要求系统往往鼓励公司申请大量专利。此外,由于公

① 日本一个专利的申请费用为 150 美元,1 美元可兑换约 100 日元。在这写篇文章时(2009 年初)欧洲专利局中电子归档的费用为 100 欧元。

司在特殊时期可能会延迟专利审查要求(自申请之日起德国7年内、日本3年内,自EPO检索报告出版后6个月内),因此在该检查系统下,专利申请和授权之间可能存在很长的时滞。结果,专利授权信息对于这些国家近期的创造性活动,可能会是不良指标。

第二个主要相关差异是,所有欧洲和日本的专利申请书会主动披露,但在美国则不会(专利申请书披露自1999年引进,但仅是部分披露)。结果尽管公开的专利申请为欧洲和日本的创造性活动提供了(大量)综合信息,但其对于美国国内的创新活动没有太大的帮助。因此,作为创造性活动的指标,专利授权信息通常适用于美国,而专利申请信息则用于欧洲和日本。鉴于并非所有专利申请书都要求专利审查(2007年日本66%的申请需要审查,EPO这一比例为95%)[①]以及只有一部分最后被授予专利(日本49%,EPO 51%),需要指出在审查要求系统下,仅有一部分申请(日本仅有约三分之一)会被授予专利。

第三个主要差异在于就先前技术而言,专利文件中的披露源不同。在美国,申请人需根据《专利、商标和版权的联邦法典》(*Code of Federal Regulations on Patents, Trademarks, and Copyrights*)向专利局披露所有先前技术。若没有向专利局披露,那么将导致专利权蒙受损失。[②] 因此,美国的专利申请书上会附带申请人引用的大量文献。也有人认为申请人提供众多文献是打着自己的如意算盘。据美国专利商标局(The United States Patent and Trademark Office, USPTO)称,"例如,一些申请人提交大量参考文献给审查员,却不标明提交这些文献的原因,由此造成绝大多数的相关信息模糊不清。此外,有些申请人提交的文献特别长,但又不指出文献中的哪一部分内容与所要申请的发明专利相关。"[③]在美国,审查员将所有的参考文献加总得出,此类文献占全部引文内容的40%(更多详情可参见7.1小结)。[④]

---

① 受审率和授权率均依据《三国统计报告》(*Trilateral Statistical Report*)(2007)。受审率是"在该报告年度提出申请审查要求的时期已截至,由此需在最近年度包括该报告年度接受审查的申请所占的比例"。授权率是在报告期内授予专利的申请数量与这一时期所处理的专利申请数量之比。德国专利局的审查要求率远低于EPO(约60%)。

② §1.56(披露对专利至关重要的信息的义务)规定:"每一个与专利申请备案和起诉相关的个人均有义务向专利局坦白并且讲求诚信,其中包括有义务向专利局披露所有个人所知对于专利至关重要的信息,如本节规定的信息……若申请中存在欺骗或试图欺骗专利局的行为,或因恶意或故意违规行为违反披露的义务,此类申请将不会被授予专利。"可参见http://www.uspto.gov/web/offices/pac/mpep/documents/appxr.htm。

③ 可参见《美国专利商标局21世纪聚焦专利进程的拟议规则变化》(http://www.uspto.gov/web/offices/pac/dapp/opla/presentation/focuspp.html)。

④ 自2001年起,审查员引文由 * 标明。

就EPO而言,披露先前文献并非是强制性的[①]且审查员对文献来源有支配权。检索报告中的多数引文皆由审查员甄别确认(根据Criscuolo和erspagen,2008,发明者引文在2000年仅占9%)。日本的专利审查也与此类似,尽管近期增加[②]公民需承担披露相关专利的一般义务(专利申请第36条),[③]但是并没有明确规定如果未履行这一义务将受到怎样的惩罚。此外,不同专利局对于引文的公众披露的时间设定也存在差异。无论在日本还是美国,专利授权文献需提供引文的完整列表,而在EPO则是由检索报告提供引文列表。在日本,专利申请文件同时列出发明者披露的引文,而且专利局为了否决专利审查所需的发明的可专利性,同样披露先有技术。

考虑到这些差异,我们简单比较三种不同的数据库(见表1)。首屈一指的当属NBER专利数据库(详尽说明可参见Hall等,2002),其完全由美国的专利授权数据构成。NBER掌握美国不同专利间引文关系的大量综合信息,却没有掌握优先权和继续申请以及IPC标明的技术分类信息。此外,NBER也未包含共同所有权方面的信息,原因可能是美国公司之间的共同所有权所占份额较小(进一步讨论可参见本章第3节)。正在完善的NBER专利数据库有望解决上述存在问题。

PATSTAT由EPO开发,涵盖172个国家,因此其范围遍及全球,包括5 300多万条国家或地区专利记录以及700多万条实用新型专利记录。尽管PATSTAT基于专利申请数据,但是同样包括公布信息和授权信息。不同于NBER专利数据库,PATSTAT还包括继续申请和优先权信息、专利族数据、国家和IPC以及共同所有权信息。同时还包括申请书摘要以及作为引用文献的专利和非专利文献。另一方面,其不包括专利审查要求或权利要求[④]数量等此类信息。IIP[⑤]数据库是基于由JPO披露的专利进程文件(JPO的Seiri-Hyoujyunka数据库)。Goto和Motohashi(2007)详细说明了该数据库,其独一无二之处在于:拥有专利审查要求信息、过期(或更新)日期以及受让人(与申请人不同)信息。除此之外,IIP还掌握用日语和汉语表述的初始信息,而且现在

---

① 27条(描述的内容)(1)b仅称:"描述需指明申请人所知的背景技术,其有助于理解该发明,有助于草拟欧洲检索报告,同时有助于审查,而且最好引用反映该技术的文献。"可访问http://www.epo.org/patents/law/legal-texts/html/epc/1973/e/rciii_ii.htm

② 自2000年9月1日起生效。

③ 36条规定:"对于一项发明的细节阐释的描述,须满足以下条件:……(2)在专利申请备案时,专利授权申请人需对上述发明有关的任何发明均有一定了解,若这些发明通过出版物已为公众熟知,则描述需提供有关该发明物的信息来源,例如出版物信息及其他。"可参见http://www.cas.go.jp/jp/seisaku/hourei/data/PA.pdf。

④ 参见http://forums.epo.org/epo-worldwide-patent-statistical-database/。

⑤ 知识产权研究所(日本)欲使用该数据库可访问http://www.iip.or.jp/e/index.html。

正在修订以增添发明者信息等其他信息。

2.2　世界范围的专利申请制度

专利申请数据由世界知识产权组织刊登在《世界专利报告》①上。图 1 和图 2 显示了专利局统计的全球前 10 个顶尖国家(地区)的专利申请数量走势。2006 年 USPTO 接收的专利申请数量最多,JPO 紧随其后。JPO 连续数年保持首屈一指的领先地位,但是自 20 世纪 90 年代以来其专利申请速度开始放缓,被后来居上的 USPTO 超过。20 世纪 70 年代美国国内的专利授权增速放缓。这是否与科研生产力不断减弱有关成为关注的重点(Evenson, 1993; Griliches, 1990)。然而,专利申请数量在 20 世纪 80 年代早期开始回升。这一时期恰逢美国联邦巡回上诉法院建立(Court of Appeals of the Federal Circuit, CAFC),这是美国倾向于支持专利政策的重大事件之一。然而,Kortum 和 Lerner(1999)推断专利申请数量增加很大程度上是因为研发管理领域的变化。Hall 和 Ziedonis(2001)重新研究 Kortum 和 Lerner(1999)的调查结果,得出专利申请的增加是因为专利管理的变化而非研发管理的变化。与之相反,日本国内的专利申请自 20 世纪 90 年代开始处于停滞状态。部分原因在于 1989 年开始实施的累计申请制(Goto 和 Motohashi, 2007)。另一个原因可能是公司知识产权政策的变化,例如在决定专利申请时引进更严苛的规则和筛选条件(Motohashi, 2004)。此外,由于专利申请数量众多且审查相对滞后,因此 JPO 试图劝导行业

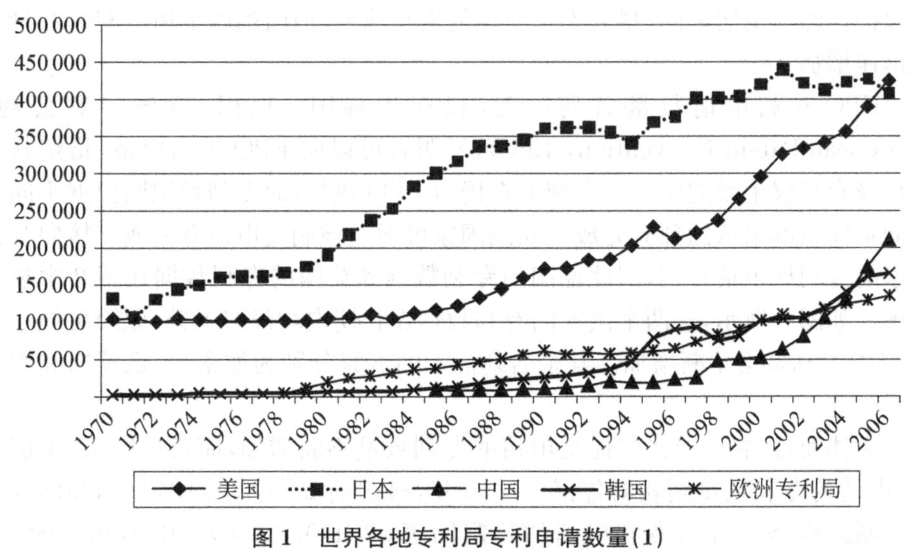

图 1　世界各地专利局专利申请数量(1)

① 世界年度专利数据可在 WIPO 网站中查询(http://www.wipo.int/ipstats/en/statistics/patents/)。

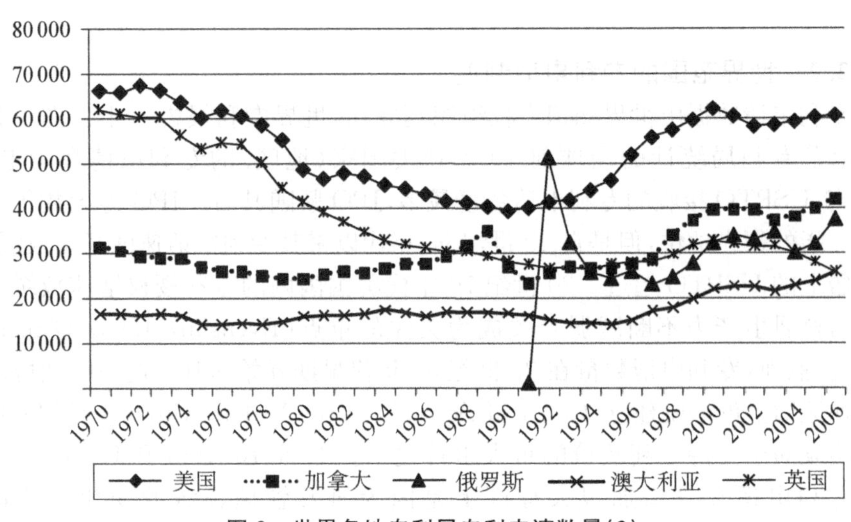

图 2 世界各地专利局专利申请数量(2)

能够更加有筛选性地应用专利。

近来,中国专利局收到的全球范围内的专利申请数量骤增,并于 2006 年跃居世界第三。中国目前的专利制度始建于 1958 年,自此之后一系列改革相继出台。尤其是为 2001 年中国加入世贸组织做准备,2000 年时中国的专利法进行第二次修正,此后无论是中国国内还是国际的发明者均开始依赖中国知识产权的保护。韩国位居第四,尽管不及中国的增长速度,但向韩国申请专利的数量也在迅速增加。

EPO 专利申请数量名列第五,仅次于韩国。根据《欧洲专利公约》(European Patent Convention, EPC),发明者可以向 EPO 提出申请,指定其希望自身专利权生效的国家。专利审查仍由 EPO 执行,而专利登记则根据不同国家的具体条例由该国独立完成。欧洲国家可通过该制度申请专利或直接向其他国家的专利局申请专利,因此德国的专利数据和英国的专利数据在图 2 中独立呈现。如图 2 所示,这两个国家的专利数据在长期内均没有上升,原因可能在于 EPO 的专利备案不断增加。其余名列前十的国家分别为加拿大、俄罗斯和澳大利亚。

大体而言,新兴经济体提交申请的专利数量不断增加,而发达国家(美国除外)申请的专利数量则相对停滞。2006 年,排名前 20 的国家中,中国和印度这两大新兴经济体成为专利申请的热门国家(WIPO, 2008)。中国和印度[①]在

① 印度 2000—2005 年的数据。

2000—2006 年的年均增长速度分别为 26.3％和 23.6％。紧随其后的是中国香港(8.6％)、韩国(8.5％)和美国(6.3％)。

随着跨国公司和本土公司专利申请活动愈演愈烈，专利活动在全球范围内不断增加。新兴经济体专利申请量的剧增很大程度上是受到发达国家跨国公司的推动，此外暂居者专利申请比例从 1995 年的 35.7％上升至 2006 的 43.6％(WIPO, 2008)。图 3 显示的是 2000 年和 2006 年本土专利申请的数量而非专利局的位置分布。日本本土申请人的专利申请数量最多，其次是美国和韩国。韩国和日本在 2000—2006 年期间专利申请数量大幅增加，因此除了跨国公司的专利申请之外，本土发明者的申请同样促进了这些国家专利申请数量的不断增加。

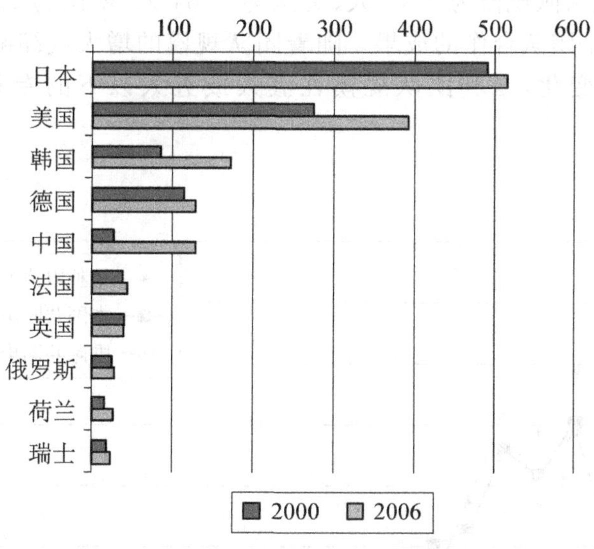

图 3　专利申请数量(按照申请人国籍分类)

3. 发明者与专利持有者

3.1　发明者团队规模及持有者类型

我们可从专利文件中得知发明者和申请人的姓名和地址，专利申请人持有该专利的合法权利。通常情况下，为实施研发项目提供资源并最终促成该项专利的人即为申请人。美国专利文件提供的是受让人信息，而不提供申请人信息。其中值得注意的是，发明者的地址通常是其办公地址，但有时也可能是家庭住址。尽管是办公地址，也有可能是公司总部地址而不是发明者所属业务部门的地址。因此,发明者的地址未必表明该发明就是在这里完成。[①] 其同样也并不能表明发明者的人事关系。

尽管上述问题依然存在,但基于专利的发明者信息可用于衡量研究团队规模和发明者所处的地理位置。根据三种不同类型的所有权结构,图 4 表示按所有者类型划分的美国、德国、日本三国从 2000—2005 年发明者团队规模的分布图。其基于美国三方同族专利的信息,这些同族专利已在美国得到授权,并已提出申请日本和 EPO 专利[②]。在这三个国家中,发明者团队规模分布接近。如果在单一国内实体持有专利的情况下,我们开始关注团队规模的分布,那么单一发明者的发明成果会频繁出现,但是仅占三国总专利数量的约三分之一(日本占 29%,美国 26%,德国 27%)。当申请人为国内单一申请人时,日本的平均团队规模为 2.78 人、美国为 2.84 人、德国为 2.93 人。因此,一项发明绝对是团队合作的成果。随着团队规模的增大或缩减,发明创新的频率也会相应变化,专利团队规模在五人或五人以下的专利占所有专利的 90%。

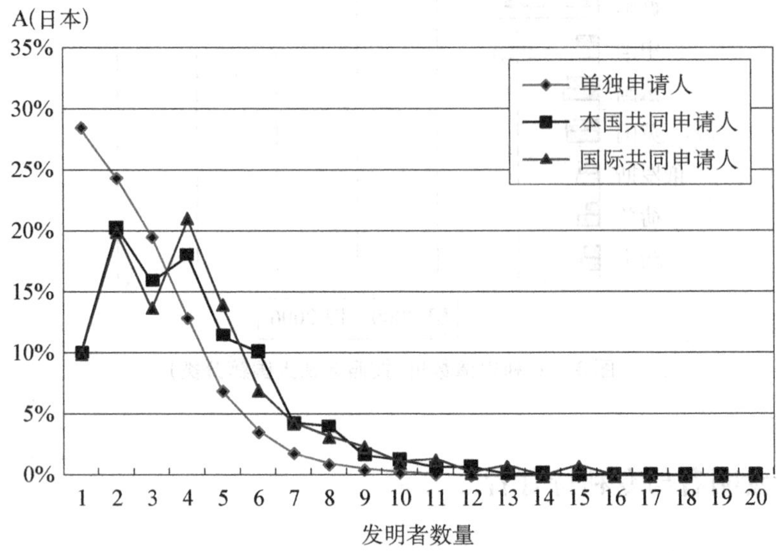

① 此外,美国专利文件不包含街道住址。

② 图 4～图 6 以及表 2 中每个国家的数据包括至少拥有一个本国发明者和至少一个本国申请人的专利。如果在一个专利族中不止一项单一美国专利,我们则选择申请最早的专利。专利族的详细信息可参见本章第 4 小节。

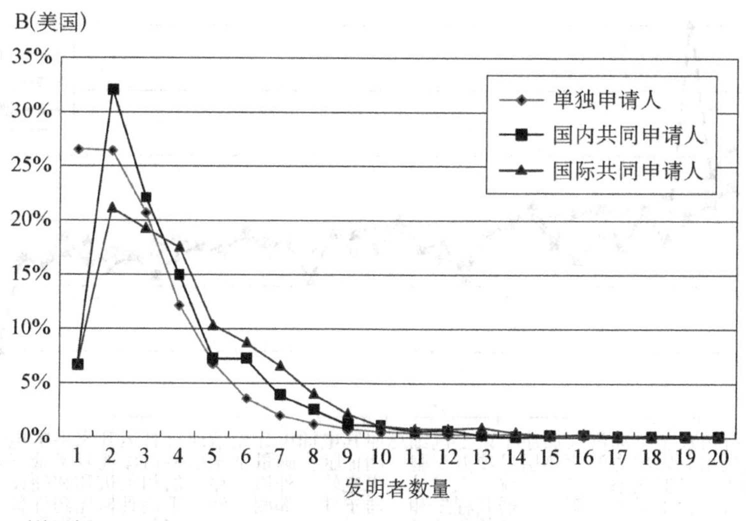

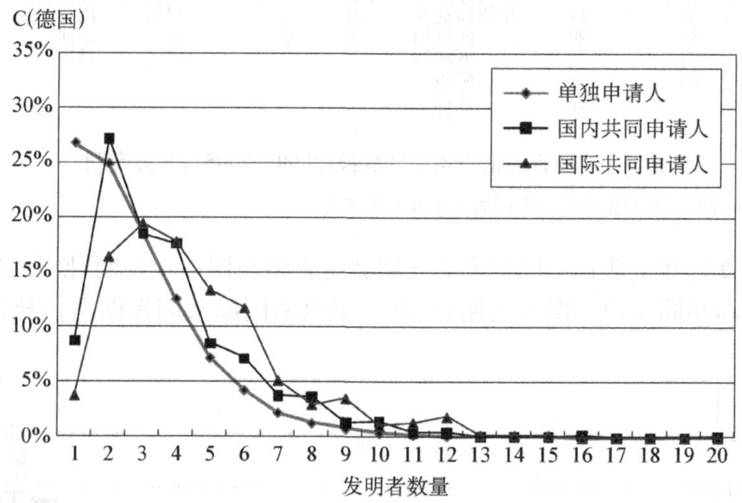

图 4　发明者分布(2000—2005 年)(日本、美国和德国),三方专利

注：A～C 中每个国家的专利至少有一个国内发明者和申请人。

正如 Jones(2009)指出,美国的团队规模不断扩大,首次发明的年龄也在增长,而过去 20～30 年间发明者在职业生涯中专业性发生变化的可能性在下降。1975 年美国平均团队规模为 1.7 人,1999 年上升至平均 2.2 人。这也许可以表明一项发明的广泛知识累计变得越来越重要。但是不同行业团队规模之间存在显著差异。如图 5 所示,平均 4～5 名发明者合作发明药物,而仅有平均不到2.5 名发明者合作发明服装和纺织品,该现象在三个国家中均有体现。在这三个国家中不同行业间的分布同样非常相似。

发明者专利信息可以帮助我们理解发明过程如何得以国际化,采用的方法

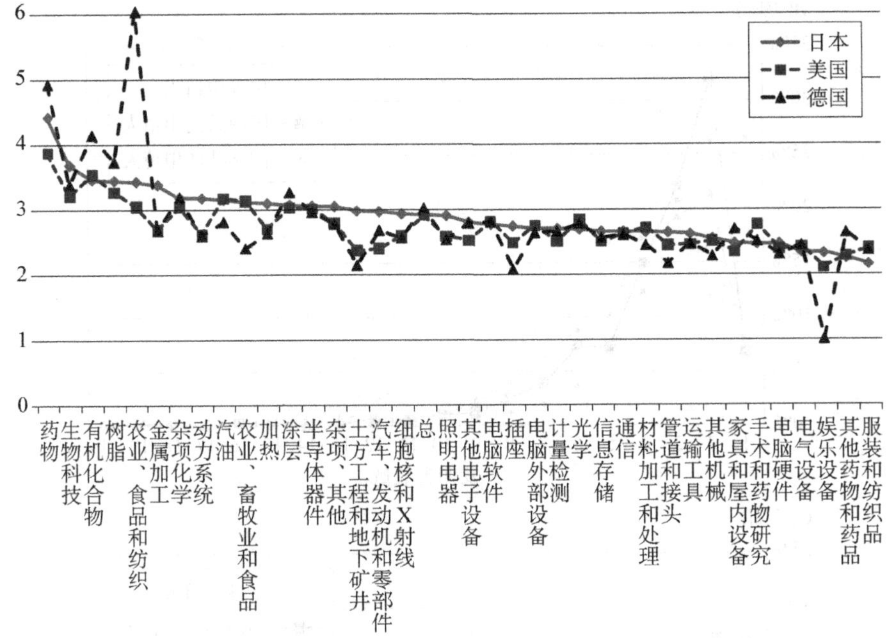

图 5　不同行业的平均团队规模(2000—2005),三方专利

注：每个国家的专利至少有一个国内发明者和申请人。

是通过审查判断生活在不同国家的发明者是否参与同一项发明,换言之,期间是否存在国际共同发明。图 6 表明自 1980 年以来国际共同发明所占比例的发展

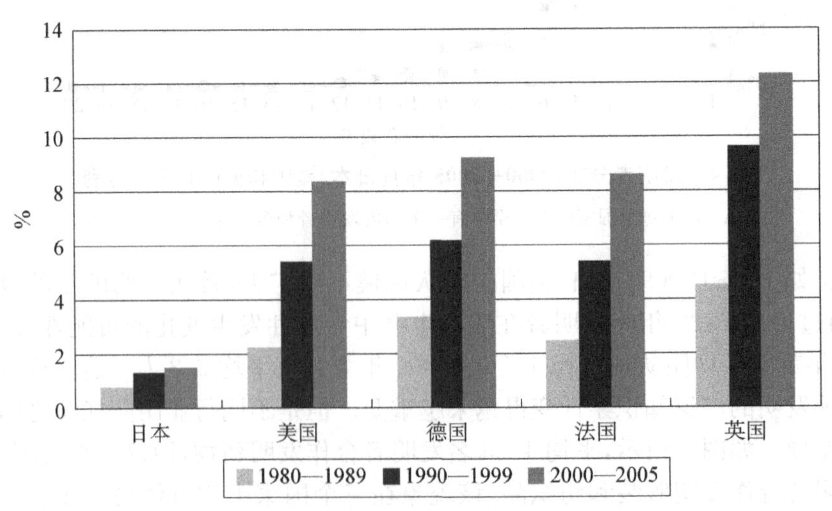

图 6　国际共同发明频率的演变

注：① 每个国家的专利至少有一个国内发明者和申请人。

② 按照申请年份分类的专利。

变化,该图基于至少拥有一个本国发明者和申请人的专利数量,其表明国内企业近些年的国际共同发明程度显著提高。20 世纪 80 年代美国涉及国际共同发明的发明成果占比约 2.2%,但在 2000 年上升至约 8.3%。这一比例在这五个国家中差别巨大。就日本而言,仅有 1.5%的创新成果涉及国际共同发明。而另一方面,英国 12%以上的发明成果涉及国际共同发明。①

尽管团队合作是主要的发明方式,但是单一所有权却是最主要的所有权结构。如表 2 最后一栏所示,90%以上的专利由单一实体持有。日本这一比例为 91%,美国为 95%,德国为 94%。因此国际共同所有权进一步受到限制,其在日本仅占 0.8%,美国 1.6%,德国 1.8%。如图 4 所示,共同所有权与较大规模的团队相关。当存在国内共同所有权时(在这种情况下,日本平均团队规模为 4.1 人,美国 3.7 人,德国 3.8 人),这三个国家的平均团队规模增加 2 人。当存在国际共同所有权时,团队规模会进一步扩大,尽管对于日本而言,这一变化并不显著(日本扩大至 4.2 人,美国 4.3,德国 4.6)。如表 2 所示,在这三个国家中,国际共同发明通常伴随国际共同所有(日本 60%属于此类情况,美国和德国 70%以上)。因此,不同组织和不同国家之间的合作似乎可以形成一个更大规模和异质性的研究团队,处理更为复杂和艰巨的研究任务。

表 2 日本、美国和德国发明者和持有人结构

	单一发明者(%)	国内共同发明(%)	国际共同发明(%)	总计(%)
日本(2000—2005)				
单一发明者	26.0	64.2	1.0	91.1
国内共同申请	0.8	7.2	0.1	8.1
国际共同申请	0.1	0.2	0.5	0.8
总计	26.9	71.6	1.5	100.0
美国(2000—2005)				
单一发明者	25.0	62.7	7.0	94.7
国内共同申请	0.2	3.3	0.2	3.7
国际共同申请	0.1	0.4	1.1	1.6
总计	25.3	66.4	8.3	100.0

① 如果我们将仅拥有国外申请人的发明包括在内,英国估计共同发明所占比例将上升至 25%以上。

(续表)

	单一发明者(%)	国内共同发明(%)	国际共同发明(%)	总计(%)
德国(2000—2005)				
单一发明者	25.2	61.4	7.6	94.2
国内共同申请	0.4	3.4	0.2	4.0
国际共同申请	0.1	0.3	1.4	1.8
总计	25.6	65.2	9.2	100.0

资料来源:根据在OECD三方专利族中拥有最早优先权日期的专利。

如果发明者本人持有一项专利,其通常被认作独立发明者。众所周知,他们是创新过程的主角,在过去尤为如此(参见 Lamoreaux 和 Sokoloff, 2005)。据 Lamoreaux 和 Sokoloff 的估算,美国1870—1871年间分配给公司的专利份额仅占18.5%。随着时间的推移,这一份额显著上升。但是随着公司承办开展的研发活动不断增加,独立发明者所占份额大幅下降(参见 Mowery 和 Rosenberg, 1991)。如表3所示,美国授予的三方专利中个人份额占4.1%。就这一点,美国、欧洲和日本存在显著差异。在三方专利①中日本的个人份额仅占1.6%,而欧洲则高达7%。

表3 根据申请人原籍划分的申请人类型占比

	个人(%)	公司(%)	公共机构(%)	大学(%)
欧洲	7.0	90.1	2.2	0.7
日本	1.6	98.0	0.2	0.2
美国	4.1	92.8	0.7	2.4

3.2 共同所有和研究合作

鉴于研发过程中越来越复杂以及越来越多的机构积极投身研发活动,因此不同组织机构之间的研究合作变得日益重要。专利文件中的文献目录信息,尤其是有关共同申请数据的公开,为我们评估组织间合作的广度提供了便利。然而,研究过程中发现此类信息不足以表示研究合作的程度,而这一程度取决于一国专利制度的共同所有权规则。我们也可能认为合作性研究通常会带来所有权的共享,因此专利的共同所有权或共同申请可以作为研究合作的一个恰当的指

① 所有专利中的个人所占份额明显较大(约是在三方专利中所占份额的三倍)。根据国家专利局的报告,2007年占日本专利申请总量的3.4%,而2008年占美国授权量的8%。

标。然而，共同所有权可能由单一公司持有，也有可能在专利应用之前转让给第三方，因此申请人或受让人的披露消息往往仅呈现在发明过程中提供资源方的部分信息之中。尽管根据 Hicks 和 Narin(2000)和 Hagedoorn 等(2003)，企业之间的联合研究与专利的共同所有权发生的频率几乎没有相关性(至少在美国是如此)。

通过直接询问发明者在发明期间是否存在属于其他组织的外部共同发明者，以及询问在专利基础研究过程中除了共同研发之外是否还存在其他正式或非正式的合作，欧洲、日本和美国近期的发明者调查(Giuri 等，2007；Walsh 和 Nagaoka，2009)直指这一问题。如表 4 所示，在三个国家和地区中 12%～15% 的专利涉及来自于不同组织机构发明者的共同发明(表 4 第二行外部共同发明)。因此在三个国家和地区中，属于外部组织的发明者参与研究的概率相近而且均较高。然而，拥有共同所有权的发生概率却大幅降低且在这些国家和地区中差异较大，通过分析部分样本发现，在美国的发生概率低于 2%，欧盟约 6%，日本约 10%(表 4 第一行)。表 4 第三行显示了与外部组织的正式或非正式研究合作的发生概率(不涉及共同发明)。若以此作为标准，合作的水平达到 20% 以上(这种情况下日本接近 30%)。因此明显可以看出，不同的国家和地区中一项专利的共同所有权远远且不同程度上低估了这些更广泛的实际研究合作程度。

表 4　共同申请发生率与研究合作发生率对比　%

	欧盟	美国	日本
基于专利文件的共同申请	6.1	1.8	10.3
外部共同发明	15	12.4	13.2
不涉及共同发明的研究合作	20.5	22.7	28.5

资料来源：Giuri 等(2007)以及 Walsh 和 Nagaoka(2009)。

上述结果可能引出以下两个问题：为何美国的共同所有权如此稀少？为何尽管三个国家程度不一但共同所有权通常会合并到单一公司手中？两者的答案似乎有关联。

美国共同所有权之所以鲜有使用，原因在于美国对于共同所有权独有的法律规定。在美国，其中一方共同受让人可将其权利转让给第三方，而不需要征求另一方的同意。因此，共同受让的专利权几乎意味着完全丧失对发明成果用途的控制，除非每一位共同受让人分别认可这些限制条件。在日本和一些主要的欧洲国家，尽管每一位共同所有者可自由使用发明，这与美国相同，但是没有征得共同受让人全体同意不得将专利许可给第三方，除非另有协定。因此，美国法律规定的共同所有权似乎无法提供高效率的标准合同,故此美国共同所有权的使用情况较少。此外,共同所有权在日本和欧洲也没有备受青睐,即使在欧洲和日本,但就共同申请所占比例也非常小这一点就足以说明。在很多情况下,造成上述情况的原因可能是共同所有权效率低下,比如丧失独家使用权、在发明的发展投资中搭便车以及在专利权执法过程中搭便车。当一项发明可由单一公司开发利用并产生最大利润时,尽管该发明是通过共同开发实现,但是却不会申请共同所有。

4. 专利族

4.1 专利族数据在国际中使用情况

根据 OECD(2008)所下定义,专利族指具有共同优先权的在不同国家或国际专利组织多次申请、多次公布或批准的内容相同或基本相同的一组专利(或申请)。OECD 中的三方专利族就是很好的例证。在一个专利族中存在两种类型的保护相同发明的专利:第一种类型包括在不同国家申请的专利;第二种类型包括基于之前申请的专利所产生的专利。二者下文将依次讨论。

如图 3 所示,日本的发明者是全球参与专利申请活动最为活跃的群体。然而正如我们在上一节所述,用专利数量代替发明数量这一方法存在局限和缺陷。在日本 1989 专利法修正案之前,一项专利申请中包含不止一项权利要求即便并非不可能,但是也非常困难。自该修正案实施以来,JPO 中每项专利的平均权利要求数量虽然一直在增加但只是渐进性地缓慢增长。2007 年,JPO 备案的申请中包含 9.8 个权利要求,EPO 的申请中包含平均 18 个,USPTO 中包含平均 2.1 个。[①] 因此,较之 USPTO 或 EPO 的平均数,JPO 的专利数量可能代表了众多创新性活动。

此外仍需指出,1999 年《美国发明家保护法令》颁布[②]之前,未授予专利之前不会公开专利申请书。在其他国家,所有的专利申请书在申报之日起 18 个月内需公开。就该方面,尽管图 1 中美国全部专利数量同样包括未公开的专利申请书,但专利申请书数量仍会低估此类与日本创新活动相关的美国创新活动。

为了控制专利制度中的这些差异,人们可能希望主要研究某一个国家的专利数据。例如,通过使用 USPTO 专利数据,可以对比不同国籍发明者的专利数量。然而显而易见的是,此类对比涉及"本国偏见"",就此而言,美国发明者具有本土优势,因此较之一组特定发明的国外申请人,他们在 USPTO 申请的专利更多。Demis 和 Khan(2004)指出,通过比较 EPO 和 USPTO 专利数据可看出这

① 《三方数据报告》(2007)。

② 需指出,并非所有的专利申请都由 AIPA 1999 公开。若专利申请人没有意愿在美国以外就同一发明申请专利,则专利信息无须公开披露(近年比例为 7%)。

些偏差，并提议使用 OECD 三方专利作为专利数据的创新性活动国际比较的一种解决方案。三方专利族数据库的另一主要优势在于，其主要关注更高品质的专利，因为在三所专利局中专利备案的成本可作为一个重要的筛选工具，而且申请人会有额外一年的时间去评估外国申请的发明质量。鉴于专利制度本身存在偏差，这一优势对于分析发明绩效至关重要。

OECD 三方专利族数据库通过使用向 EPO、JPO 和 USPTO(在美国授权)提交的国际专利申请书的先前日期信息建立。根据《巴黎公约》或《专利合作条约》(Patent Cooperation Treaty, PCT)，当发明对等时，专利申请的优先权日期(最初申请书的申请日期)可在其他国家(或地区)保留。通过将这些向 EPO、JPO 和 USPTO 申请或由三家机构授权的相同或相关专利分组构成一个家族，不同国家不同专利制度之间的差异可以在很大程度上得以控制，本国偏见这一问题因而得到不同程度缓解，而且低质量的专利会从专利族被大量剔除。

本章以下小节中，将会通过使用 OECD 三方专利族数据库与欧洲、日本和美国发明产出的水平和结构进行对比。其中使用的是 2008 年 10 月修订的拥有 738 295 个专利族计数的数据集。根据申请人的地理位置，我们使用专利族的部分纳入研究范围。图 7 描述的是优先权年份三个国家和地区的专利族计数趋势，这些数据集包括 1978—2006 年优先权的专利族信息。但需指出，该数据集存在严重的数据截断问题，因为一项专利在三个国家和地区就同一项发明进行申请(或授权)之前仍需一些时间。此外在 USPTO 数据中，从专利申请到获得授予的平均时间已延长至 35 个月，①因此图 7 中的专利计数自 20 世纪 90 年代末期呈下降趋势。

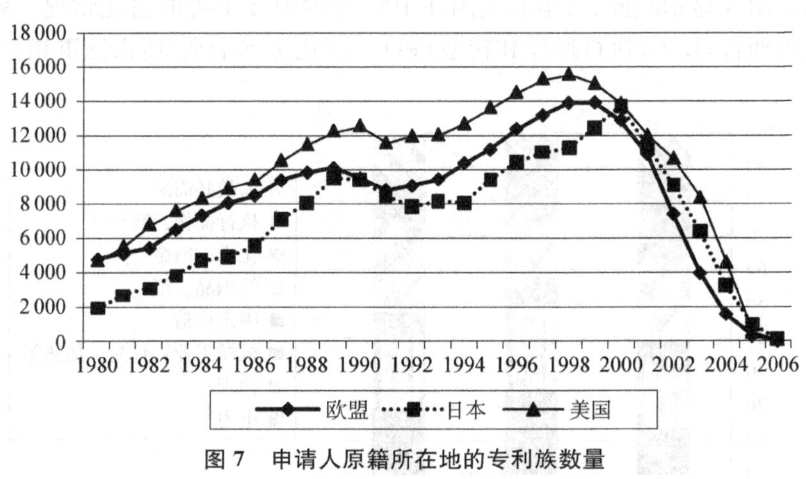

图 7　申请人原籍所在地的专利族数量

---

① OECD 提出一些估算截断数据目前趋势的方法，名曰“即时预报”。更多详情请参见 OECD(2008)。

引人注意的是,所有来自三个国家和地区的申请均呈现类似的模式。可以看出 20 世纪 90 年代早期出现细微的下滑趋势,这可能与自 20 世纪 90 年代早期泡沫经济崩盘以及严重的经济衰退之后向 JPO 申请的专利数量减少有关。就专利族计数而言,美国专利申请人通常最多,接下来当属欧洲各国和日本申请人。近来日本专利申请规模超过欧洲,但是远低于美国水平。因此根据专利族数据判断,日本的全部发明活动水平在美国之下,图 1 和图 2 中的简单专利计数呈现了由于不同国家专利制度的差异而导致的偏差现象。

笔者又进一步研究了专利族数据。首先,比较不同国家和地区申请人类型的组织构成(见表 3)。三个国家中 90%以上的申请来自企业部门。在日本,几乎所有的申请均来自企业部门;在欧洲,个人和非营利性机构所占份额分别为 7%和 2.2%,略高于其他两个国家。相比之下,美国大学所占份额相对较高。这和与之对应的国家创新体系的视角不谋而合,从该意义上而言,在日本大公司发挥着主导作用,而在美国个人和大学同样做出重要贡献(Motohashi, 2005)。但需要注意的是,申请人或受让人的信息未必能反映完成该发明的组织机构。事实上,表 3 可能低估了隶属于日本和欧洲各个大学的发明者的贡献,在这些大学中例如针对大学教授的《拜杜法案》和员工发明条例不过近来初引进。据发现,当把教授申请的个人专利考虑在内时,美国和欧洲的学术专利份额并不存在较大的差异(Lissoni 等,2008)。此外,美国和日本的发明者调查显示,三方专利中隶属于大学的发明者其发明份额在两国之间非常相近(在两国中仅超过 2%,可参见 Walsh 和 Nagaoka, 2009)。

技术领域存在差异,在该领域中每个国家和地区都积极投身专利申请和授权活动。图 8 显示欧洲、日本和美国在 IPC 分类中技术类的占比情况。就欧洲发明成果而言,B 类(执行操作和转型)和 C 类(化工和冶金)所占比重相对较大。

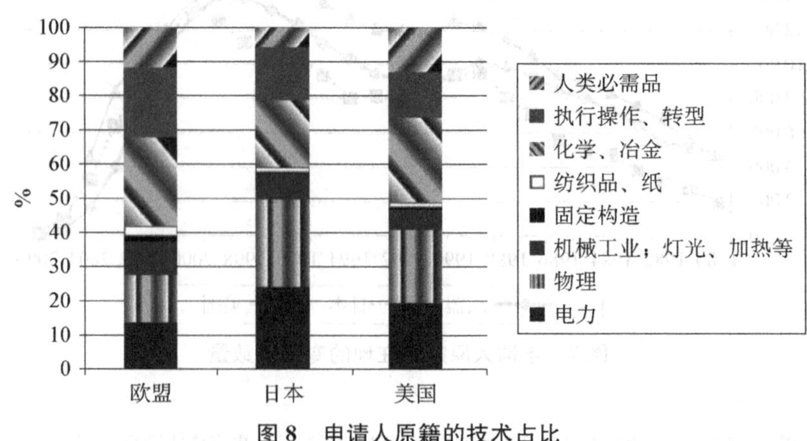

图 8　申请人原籍的技术占比

相对而言，H 类(物理)和 G 类行业(电力)在日本所占份额较大。美国发明成果的技术占比介于欧洲和日本之间。

图 9 所示与图 8 类似，但加入申请者所处行业的分类。技术类和产业类之间的转化可通过使用技术和产业对照表实现，该表是通过连接日本的专利数据和企业层面的业务范围数据组构建(东京大学，2008)。在这三个国家和地区中，绝大部分的三方同族专利来自电子行业。这种情况在日本最为明显，近 40%的专利族由该行业申请。第二大行业是化工行业(包括制药业)，该行业在欧洲和美国所占份额相对较大。同时，该图也许可以反映出这些国家和地区各自的科技竞争力。

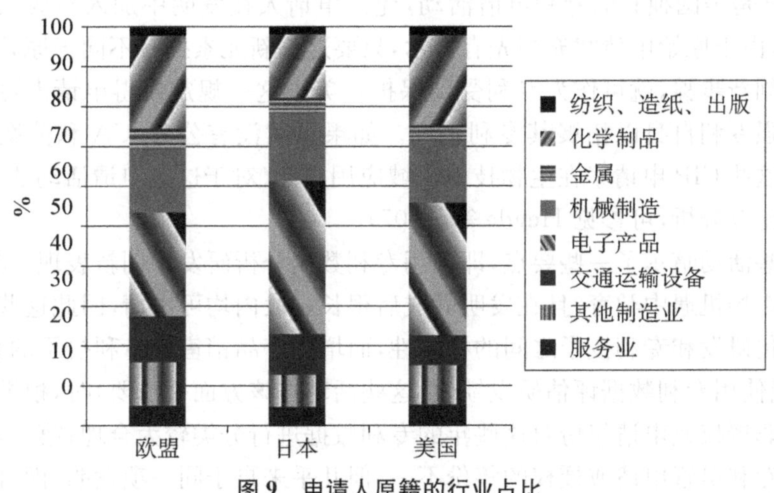

图 9　申请人原籍的行业占比

4.2　基于先前专利申请的申请案(连续案、部分连续案和分案)

尽管人们往往认为专利申请和专利授权数量可以反映近期的专利活动，但事实并非如此。初次申请一旦备案，基于同一项发明创造的一个或多个申请亦将随后备案，亦同样享有初次申请的优先权，这种做法在美国非常盛行。据 Quillen 和 Webster(2006)称，近年连续案占美国全部申请案的三分之一，而且正是由于盛行此类做法，美国有效授权率要远高于传统数据显示的比例(相对于 2005 年的 60%，现在的比例则超过 90%)。美国有三种类型的连续申请案：连续案(Continuation Applications，CA)、部分连续案(Continuation In Part，CIP)和分案。通过申请 CA 和分案，公司可获得拥有新权利要求的新专利，这些新的权利要求是基于之前提出的专利申请(最初的公开材料)，以不断适应在最初申请[①]阶段始料

① 当最初的申请包含不止一项专利时可申请分案，尽管该分案本应是为回应专利局的要求而申请的。在这种情况下，其中一项发明创新需继续审查，其他发明在新的申请中也需重新申请。

未及、瞬息万变的市场形势,这两种申请案相当于德国和日本的"分割案"。由于存在这些申请活动,在发明成果和获得专利之间存在很长的时间差。[①] CA 也可在德国和日本申请,但是条件比较苛刻。例如,这些申请在日本 JPO 实施第一次专利审查要求(由 JPO 审查员决定驳回还是授权专利)之前就可备案,没有任何限制条件,但之后却会明显受到严格的限制。其结果为,继续申请(日本"分割案")约占所有申请总数的 2.5%,该比例远低于美国。就标准而言,公司可以申请新的覆盖原有标准的专利,即使该标准规格已经设定(参见 Bessen 和 Meurer, 2008; Nagaoka 等,2009)。

CIP 是美国独有的专利申请活动,允许申请人在发明中加入新要素。在其他国家,由于原始申请案充当先有技术,只要这一新元素拥有不同于原始专利申请案的创新步骤,就可作为专利受到保护。美国这一规定使得申请人可以通过事后增强专利自身以拓展其专利范围。如果母案没有公开,CA 和分案则另当别论。这些 CIP 申请案在生物技术领域应用广泛(对于这些申请活动的全面、实证性的比较分析,可参见 Hegde 等,2007)。

这些活动暗示了一些要点,即利用专利数据分析研发和创新表现。其一,连续案在市场机遇中孕育,且在发明完成后很长一段内均可申请,因此这些活动大幅度弱化研发和专利授予之间的相关性,而增强产品销售和专利授予的相关性。因此,当使用专利数据评估研发绩效(这些活动在该方面很重要)时,根据优先权年份而非授权或申请年份对这些年的专利数据进行分类较为合理;第二,由于所有同族专利尽管申请或授权的年份不一,但几乎来自于同一项发明,而且是作为一个整体保护该发明的独占权,因此将所有 CA 专利族作为一个分析单元以分析进而研发绩效同样更加合理。例如,基于专利的分析可能导致对申请的授权率水平和研发质量的评估有误。由于不同国家允许的连续案活动存在差异,基于专利数量的授权率在不同国家之间存在显著差异,但基于专利族的连续案活动则较为相似。

5. 专利数据与创新活动

5.1 框架

创新是将技术或非技术的发明、创意和知识转化成新产品、服务和流程以产

① 下述实例可有助于我们弄清这些申请活动如何造成发明与专利之间长时间的延滞。美国一家半导体公司 1990 年 4 月申请一项美国专利(1991 年作为 PCT 申请被披露)。之后,在该专利的基础上申请了 82 个继续申请(62 个连续案,20 个分案),及至 2004 年申请到了 79 个专利。该公司使用基于 1990 年申请的专利 1997—1998 年申请的和 1999 年授予的四项专利起诉其他公司。

生经济回报的过程。专利可以是这一过程中的投入和产出。此外，专利数据为创新过程提供了一些线索，比如知识溢出和研究合作。本节将讨论专利在创新活动中的作用。在知识生产函数中，专利一直被视作产出，研发则作为投入，而且是作为用以解释公司绩效的生产函数中的投入，比如劳动生产率(Griliches, 1990)。此外，专利数量可作为知识资本的一项指标以及公司生产函数中一个投入因素(Pakes 和 Griliches, 1984)。图 10 是在 Pakes 和 Griliches(1984)所制作图表的基础上进行的改进。研发和其他创造性活动可产生专利，其可用作公司商业活动，并由诸如生产率和市场价值等绩效变量获取。[①]

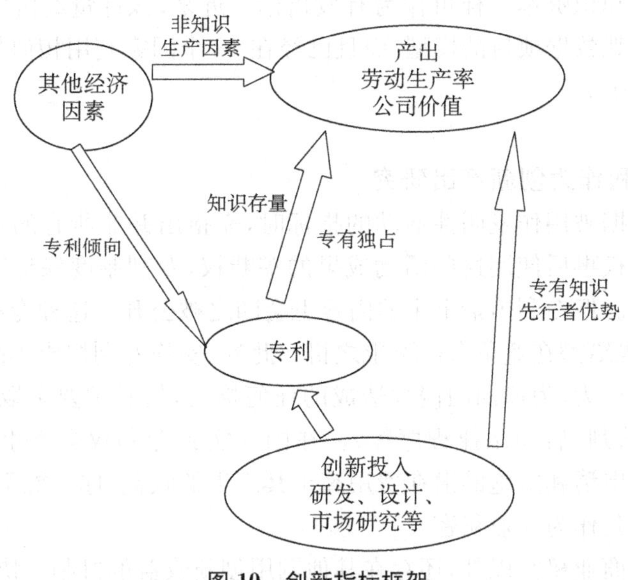

图 10　创新指标框架

由于其他方式也可调用从发明中产生的租金，比如机密性、复杂设计和快速的产品开发(Cohen 等，2002；Levin 等；1987)，这里并非所有的发明都会授予专利，因此从研发到公司绩效存在一条直接路径(技术和先驱优势路径)。同时还可以看出，并非所有的专利均被用作公司生产函数的投入部分。公司持有的专利仅有一半在内部使用或授权给他人(Gambardella 等，2007；Motohashi, 2008)。其余的一半专利则出于战略和其他原因应用于外部。例如公司可利用自身专利权以阻碍竞争对手的相关发明，或为未来就相互许可进行协商做准备。因此并非所有的专利都被视作“知识存量”，其中一些仅作为独占专利，但依然会

① 图 10 过分简化了创新活动的复杂性。例如，开发活动可能与研究活动大相径庭(Czarnitzki 等，2009)，尽管可申请专利的发明很大一部分来自于开发(可参见图 13 和相关讨论)。

影响申请和持有专利公司的产出和价值。此外,由于专利不断创造利润,公司会更加倾向于申请专利,因此专利内生于市场机遇和公司互补资产的规模。本节将讨论专利数据作为创新指标存在的局限。

需指出的是,尽管专利数据存在一些局限,但图10的框架依然可以捕捉到分析创新必要基本要素。事实上,Crepon 等(1998)运用法国的数据使用三个系统方程:①研发的决定因素;②专利生产函数(图10下半部分);③专利作为投入之一的生产函数(图10后半部分)。作为一项知识资本的数据,从法国创新调查得出的专利数量和新产品销售份额被分别使用。结果发现,所有专利和新产品销售份额与知识资本一样可作为有效指标。近来,该计量经济学模型被用为OECD创新微观数据项目的模型,而且已经在18个国家利用相似数据组进行尝试(OECD, 2009)。

5.2 专利作为创新产出研究

当专利数据被用作发明性活动的指标时,需指出并非所有的发明均可获得专利。通过授权事后使用这些活动成果的垄断权,专利制度保证事前发明性以激励发明活动。但专利申请书中的内容也会随之被公开。这种专利制度的优势显而易见,但也给潜在竞争者以可乘之机。此外,实施专利权成本高昂。当发现任何专利侵权行为,为追回因侵权造成的任何损失,就必须要采取行动(比如发警告信、协商谈判、启动法律程序等)。在国外实施专利权会产生额外的费用。如果有关专利申请和实施的潜在费用高于其产生的收益,你可能不去申请专利,而是更愿意将其作为商业秘密。

除专利和商业秘密以外,还存在其他调用创新收益的机制。快速产品开发、复杂产品设计和互补能力控制同样是至关重要的机制(Mansfield, 1986; Scherer, 1959)。1983年美国耶鲁大学就产业研发所做的调查就是为了研究这些机制(Levin 等,1987)。之后是1995年卡内基梅隆大学调查(Carnegie Mellon Survey, CMS; Cohen 等,2000)。美国国家科学研究院在日本与CMS调查进行比较调查,并对比了两国的结果(Cohen 等,2002)。欧洲的社区创新调查也包括相似的调查问卷,其为实证研究所用以分析独占专利有效性(Arundel, 2001)。①

CMS分别就产品和流程创新分别提出以下问题:过去三年间,每一个有利于保护你公司竞争优势的拥有有效独占性机制的创新所占的比例为多少?(Cohen 等,2000)。图11凸显的是美国的结果,显示的是针对产品和流程创新

① Hall (2009)简要概述了欧洲和美国的"创新调查"。

的独占机制的平均比例。如图所示，专利并不是最有效的机制，且在六种创新类型中仅排在第五位。就产品创新而言，研制周期被视作最有效的机制，机密性紧随其后；而就流程创新而言，机密性是最有效的机制，互补制造能力紧随其后，这就解释产品和流程创新的专利倾向之间的差别。根据 Goto 和 Nagata(1997)所做的调查显示，55.1%的产品创新申请专利，而仅有 29.7%的流程创新申请专利。美国相应的数据分别为 60.2%和 36.5%。

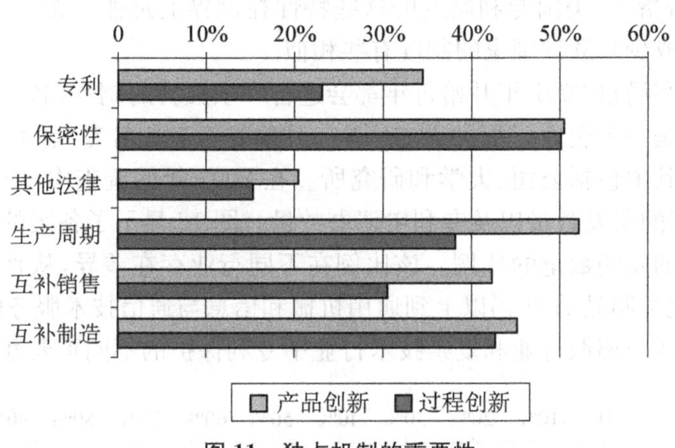

图 11　独占机制的重要性

资料来源：Cohen 等(2000)。

除此之外，CMS 非专利创新不申请专利的原因进行调查。调查问卷中有 5 个潜在原因，其中“相关发明较容易”是最重要、联系最为密切的原因。其次是“很难体现新颖性”和“专利申请书中公开的信息量较大”。这一发现解释了为何在制药行业中专利在调用创新租金方面是一个相对有效机制。药物领域中新的化学实体可以受到化合物专利的保护，进而进行相关发明活动。另一方面，就电子设备而言，数以百计的专利都围绕同一种产品，而且每一项专利都存在替代技术。在这些产品中，较之机密，专利的有效性变得有限。更普遍的现象是，相比那些复杂产品(包括众多可单独申请专利的要素)，专利对于独立或简单的技术产品更为有效(Levin 等，1987；Merges 和 Nelson，1990)。我们发现，随着公司规模的不断扩大，公司会更加倾向于申请专利，因为较大的公司可将专利申请的固定成本分摊到更多的专利中(Arundel，2001；Cohen 等，2000)。此外，小型公司由于法律费用高昂因此难以实施专利权。

需指出专利倾向因国家而异。Cohen 等(2002)将美国 CMS 数据和美国国家科学研究院针对日本的数据进行对比，发现为日本公司认为专利与其他独占机制同样有效。与之相反，美国公司则认为专利不如机密、研制周期和互补能力等机制有效。同时还发现，较之美国公司，日本公司更加坚定地将专利视作获取竞争对手研发的信息来源。造成这些差异的因素之一可能是两国专利制度的特性不同(Cohen 等,2002)。① 专利制度是建立在独占权和信息扩散两者平衡的基础之上。Ordover(1991)认为,美国专利制度着重前者而日本的制度则偏向后者(至少在过去是这种情况)。例如 1999 年之前美国专利申请书中的内容不会被公开,但根据日本专利制度,所有的专利申请书内容自申请之日起 18 个月内需公开。此外,美国专利制度依赖“率先发明”原则,但日本制度则基于“率先申请”原则。需指出,美国专利制度的这些特性在世界上是独一无二,但日本的专利制度或多或少与欧洲国家的制度有些相似。

日本专利局自 2001 年开始每年都会进行一项独特的调查,名为知识产权活动调查。这是一个企业层面的调查,调查对象是 7 500 名专利(和其他知识产权)申请人,其中包括公司、大学和研究所。在 2007 年的调查中,JPO 统计了呈报给 IP 部门的研发数量以及专利申请书数量。图 12 显示了备案的专利申请书数量与呈报的发明数量的比例。该比例在不同行业存在差异,从食品、纺织、纸浆、药品和化学制品的 90%以上到通用机械和信息与通信技术服务的 50%以下不等。该模式与离散行业和复杂技术行业中专利保护的不同重要性相一致。

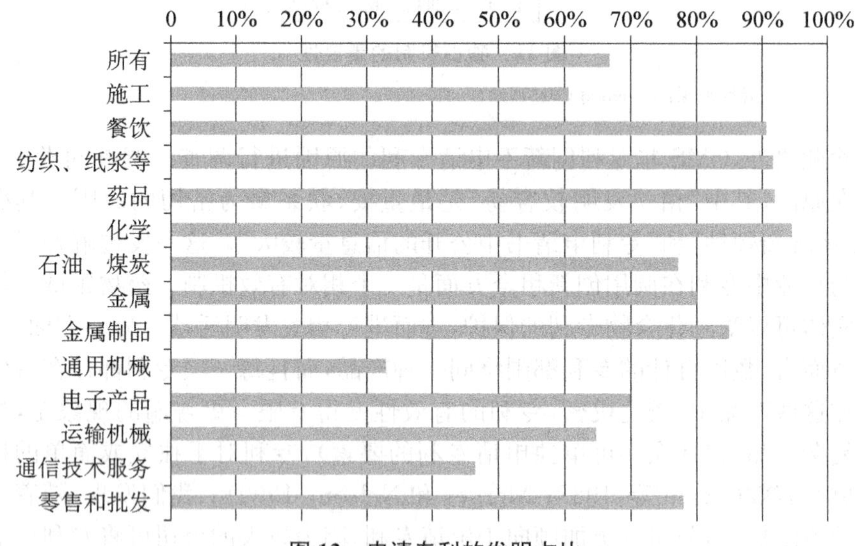

图 12 申请专利的发明占比

资料来源:知识产权活动调查(2008)(JPO)。

① 对此的一个解释是,日本发明者认为外国文献(专利和科学)比日本国内文献更为重要(参见 Walsh 和 Nagaoka, 2009)。另外一种解释是美国和日本发明者吸收能力存在差异,这是因为博士学位对于美国发明者比日本发明者更为重要。

对美国和日本发明者的调查显示的另一重要事实是，绝大部分专利是由外部研发产生。由此表明 10%以上的三方专利根本不涉及研发（Nagaoka 和 Walsh，2009）。由于该调查关注在每一个拥有共同专利权的专利族中最先申请的专利，因此该调查并不包括基于先前申请的连续专利。这些专利是作为诸如制造或设计等非研发任务的副产品产生，甚至是从知识产权部门产生。此外，另外 10%的专利只涉及研究的开发阶段。相比而言，非研发专利对于中小型企业更为关键。

由于专利适格性既要求新颖性（和发明步骤）也要求实用性，可以预料应用研究在研发的三个阶段更有可能产生专利。由于可授予专利的研发必须有特定的用途，因此基础研究也许不能（至少不能直接地）催生专利。而且开发并不能特别轻易地产生可授予专利的发明，因为其对知识生产的贡献较低且获得的知识更容易被预测到，因此不足为奇。但如图 13 所示，事实并非如此。在日本，从纯开发中得出的发明占专利数的近乎一半，而且基础研究同样衍生众多专利。如果我们用来自纯基础研究、纯应用研究和纯开发的专利数量去划分从包含两个或更多研发阶段的研究中得出的专利，则基础、应用和开发阶段分别占总专利的 13%、24%和 63%（忽略从技术服务或其他阶段产生的专利）。另一方面，在日本，研究的这三个阶段分别占行业研发总量的 6%、21%和 73%。因此，尽管就每一美元研发投入产出的专利数量而言，基础研发最多产，但相当数量的专利是在研究和开发的每一个阶段产生，大致与支出对应，这同样解释 Hall（1986）等指出的专利与研发同期运动这一现象。

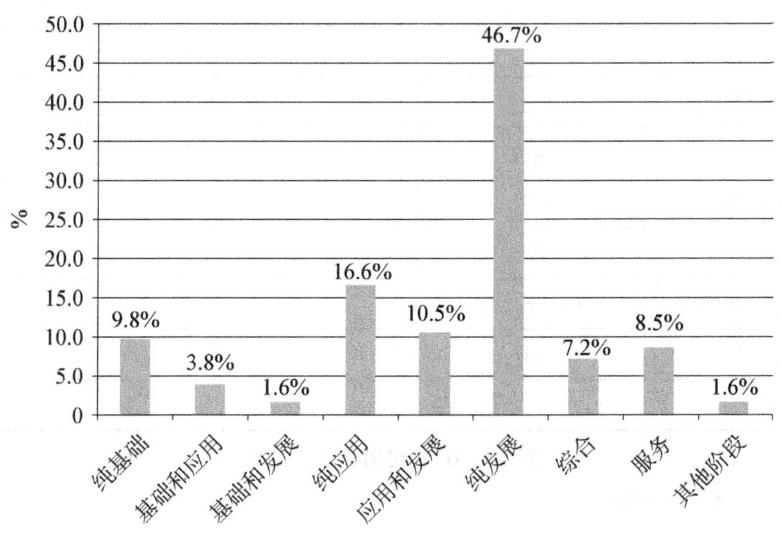

图 13　一项发明从何而来

资料来源：日本经济产业研究所（RIETI）所做的发明者调查。
注：在三方专利总样本中每个阶段的专利占比。

5.3 专利作为生产函数的知识投入研究

尽管专利数据有助于估算生产函数中的知识投入,但同样存在问题。公司申请专利的程序比仅将创新作为知识资本投入更为复杂。Motohashi(2008)使用由JPO所做的知识产权活动调查得出的数据,将专利按照不同用途进行分类,如图14所示。公司持有的每一项专利可分为:①既没有在内部使用,也没有对外许可;②仅在内部使用;③既在内部使用又外部许可;④仅对外许可。在该调查中,“阻碍性专利”的定义是:公司不使用但又不打算对外许可的专利。Motohashi(2008)依据这些数据集,构建了反映一个公司专利申请动机的五类指标,其中对于这些指标的描述性统计分析如表5所示。

使用模式			
	变量		变量
未使用	a	阻碍	a1
		非阻碍	
排他性独自使用	b		
自己使用和对外许可	c	交叉许可	cd1
		非交叉许可	cd2
仅对外许可	d		
			总
IP使用指标定义			
	定义		
未使用	a/总		
阻碍	a1/a		
(自己)使用	(b+c)/总		
许可	(c+d)/总		
交叉	(cd1+cd2)/(c+d)		

图14 IP使用指标及其定义

资料来源:Motohashi(2008).

表 5　IP 使用指标的描述性统计分析

	未使用 平均(%)	阻碍 平均(%)	使用 平均(%)	许可 平均(%)	交叉 平均(%)
食品业	51.7	64.5	43.6	4.9	0.4
纺织、纸浆、出版	46.4	80.5	48.8	2.6	1.5
化学制品(不含药品)	52.9	76.2	42.6	3.5	2.3
药品	63.7	47.0	27.8	6.7	1.0
金属和金属制品	42.9	71.0	55.5	3.9	2.9
通用机械	40.5	76.0	56.0	3.5	4.0
电子和电器	46.8	67.2	47.2	7.5	9.0
交通运输机械	58.0	64.4	38.9	3.3	5.1
精密机械	48.4	74.6	46.1	4.3	6.9
其他制造业	45.6	75.7	49.8	4.3	3.0
建造业	54.1	62.8	40.2	11.4	1.1
通信技术服务业	56.6	44.8	32.4	9.7	0.0
批发和零售	41.4	76.1	54.6	2.7	0.0
金融服务业	26.4	33.3	70.5	3.9	0.0
研发和相关服务	52.0	43.3	32.6	13.3	0.5
其他服务业	63.1	26.1	20.3	17.4	0.6

注：有关变量的定义可参见图 14。

可以看出，约一半的专利既没有在内部使用也没有对外特许给其他公司。在制药行业，这一数据高达 63%。在该行业中，新药品投入市场之前需进行长达 10～15 年的研发。因此，有相当数量的专利仍然处于研发的过程之中，并且在市场中并不是用于药物。根据图 10 的框架，表 5 中的数据意味着仅 50%的专利直接被用于内部生产和市场销售活动。公司之所以持有未使用的专利必然有其他原因。部分原因是希望可以在未来使用。一半以上的未使用专利是用作阻碍性专利，换言之，就是阻止其他公司使用该技术。其他之所以继续持有的原因是公司需要利用其进行以后的许可协商，尤其是在相互许可相对常见的电子产业(Hall 和 Ziedonis，2001)。

需指出，对外许可的一些专利同样至关重要，这些专利可能会增加许可收入，但却不利于公司自身生产。许可专利在总专利中所占的比例因不同行业而异，与其他服务行业相同，此类行业的比例特别高，包括很多研发服务公司，比如生物技术初创公司。这些公司由于缺乏供内部使用的互补资产,因此倾向于对外许可专利(Arora 和 Fosfuri, 2003)。所有上述发现表明,为将持有专利的不同动机考虑在内,需要一个更加复杂的专利活动模型。不同行业之间存在的巨大差异表明出具体行业建模的重要性。此外,还可以看出由于公司规模不同,不同指标之间同样存在巨大差异(Motohashi, 2008)。

6. 专利评估

众所周知,专利的私人价值分布极不均衡。有些专利给专利受让人带来巨大价值。例如,成功的药品专利的价值可以超过 10 亿美元。然而,此类专利只是数以百万计专利中的沧海一粟。因此,仅计算一个公司或国家的专利总数而不注重这些专利的价值,可能会产生误导性作用。专利价值由两部分组成:①发明本身的价值;②专利权的价值,即为该发明申请专利创造的增值(Hall, 2009)。然而,就实证经验而言,难以将二者分开。Arora 等(2008)单独估计后者的价值(专利溢价)是个特例。由于诸如信息公开等申请专利活动的缺点胜过发明保护的优点,研究发现专利的价值仅为发明价值的六成。因此,公司将不会为所有的发明申请专利。然而,只要将已申请专利的发明包括在内,专利溢价估计为 47%。同时还发现,专利溢价随着公司规模的扩大而增加,尤其是在医疗仪器、生物技术和药物公司专利溢价较高。

对于大多数未在许可市场交易的专利而言,专利的实际价值不能直接得出。因此不得不借助于反映专利价值的间接测算方法。其中一个常用指标是向前引用(forward citations)的数量,也就是当前讨论的专利在之后的其他专利中被引用的次数。其他指标包括专利更新、专利族规模以及异议和诉讼信息。下文将首先讨论这些专利质量指标的利弊。其次,随后的小节对研究专利质量指标和私人价值关系的实证文献进行综述。专利价值可以通过使用基于股票市场公司价值的计量经济学模型估算,也可通过问卷调查的方式估算,通常称为发明者调查。下文将对此及相关文献进行回顾。

6.1 专利质量指标

6.1.1 向前引用

向前引用的次数体现出专利的技术重要性。技术发展是一个不断累积的过程,因此发明者是站在前人的肩膀上以获得更进一步的提升。从这种意义上来说,大量的向前引用意味着专利为很多后续的发明提供了巨人的肩膀。此外由于发明在技术方面更重要且应用更为广泛,因此发明同样意味着这些专利往往会给实施发明的公司创造更多的利润。向前引用亦可以作为衡量专利社会价值的指标，原因在于后续发明成果的发明者可能通过从引用的专利中学习到技术内容，从而节省研发成本。从此意义上，被引专利具有社会价值，其相当于减少了研发重复，进而节约成本。知识的非竞争性使得这一趋势成为可能：社会福利随着这些向前引用的增多而提升。这些社会福利的提高同样可能增加专利持有者的私人收益，因为其本人可参与到一些专利许可和授权的交易之中。

当使用向前引用时，需要注意以下几点。首先，由于专利引用耗费时间，因此向前引用的一些指标存在数据截断的问题。换言之，对于年轻（最新授予的）专利仅有一小部分的引文可以发挥功效。解决该问题的一个途径是在最初约 5 年的时间内使用向前引用，因为就 USPTO 的专利而言，在一项专利的整个寿命期中，50%以上的引文出现在最初的 5 年（OECD，2008）。其次，根据专利的技术领域的不同，引文数量也会有差异。如图 15 所示，生物技术领域平均引文数量为 5.3，而在计算机软件领域为 19.9，上述数据是针对 1995—1999 年美国本土的三方专利而言（发明者和申请人均为美国人）。管理此类专利的方法之一是

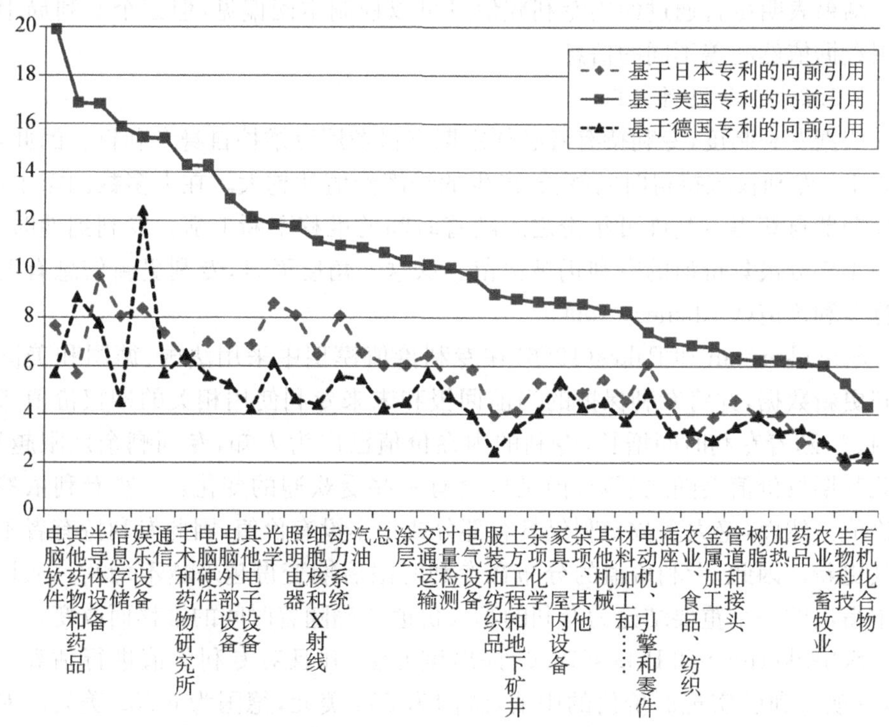

图 15　按原产地划分的 OECD 三方专利中美国专利的向前引用（优先权年份：1995—1999 年）

资料来源：PATSTAT 和 OECD 的三方专利数据库。

注：原产地在美国的专利既包括美籍发明者也包括美籍申请人。原产地在日本和德国的专利也同样定义。

使用在同一申请年度和同一技术领域内的相关向前引用计数。第三,有关引文的法律和实践因不同国家而异。正如第2小节所述,根据美国专利制度,申请人须在专利申请书扉页引用所有相关专利和非专利文献以及审查员提供的引文。与美国不同,EPO的专利引文数据在专利审查的过程中生成。在检索报告中,EPO审查员应该提供最小数目的最相关的先前技术的参考文献。日本制度与欧洲相似,引文由专利审查员提供,而不是申请人。鉴于这些差异,美国专利的引文数量远多于欧洲或日本的专利引文数量。

在专利引文数据中同样存在本国偏见。在USPTO和JPO有关PCT申请的检索报告中90%以上的参考文献引用的是本国文献(Michel和Bettels, 2001)。Goto和Motohashi(2007)通过将每一项国家专利的所有引用和被引用的数对转化成以OECD三方专利族为基础的信息,从而比较EPO、JPO和USPTO中的引文信息。该实验确定约750 000个引用和被引用的专利族对,但仅有2 609对在EPO、JPO和USPTO三个数据集中是完全相同的(见图15)。这一结果表明尽管通过使用专利族信息可以控制本国偏见,但三个专利局中的引用数据依然涵盖不同的信息。

6.1.2 专利更新信息

依据专利制度,专利持有者必须定期支付费用以维护自身专利权。因此,可以假定:专利权维持得时间越长,产生的经济价值就越大。在大多数国家中,专利续期费自获得专利许可年份之后随着时间的推移不断上涨。专利到期时,仅有一小部分极具价值的专利仍被保留。从这一角度而言,专利更新信息有助于估算专利价值(Griliches, 1990)

Schankerman和Pakes(1986)在专利价值模型中采用法国、德国和美国的专利更新数据,并将专利保护的当前回报和未来专利使用相关的期权价值考虑在内。[①] 随着专利时间增长,专利的内在价值已广为人知,专利剩余期限越短,因此其期权价值会随之下降,但是也会有一些受欢迎的变化:一些专利依然具有价值。然而,绝大多数专利仅具有部分或根本没有价值,因此专利持有者不再对其更新。因此,专利价值的分布在专利时限后期变得越来越不均衡。从该研究中得出的一个重要结论为专利的私人价值的确随着时间的推移而改变。

Schankerman和Pakes(1986)提出该方法,并且对专利价值进行估算。例如,一项专利已实现的价值的中值,法国为534美元,德国为6 252美元。专利价值的这一分布极不均衡,且四分之一的法国专利价值估值仅为75美元,甚至更少。与此同时,7%的德国专利价值为50 000美元甚至更多。德国专利价值

① 根据专利权可作为期权这一观点的理论框架可参见Pakes(1986)。

远高于法国，原因在于德国的专利审查程序较为严苛。在德国，仅有 34％的申请可获得专利，而法国却为 93％。

因此，专利更新数据是个极具价值的来源，从中我们可以获得一些有关在整个专利生命周期中专利价值的一些量化信息。但是，专利更新数据同样存在缺陷。主要的缺陷是其时效性，我们必须等在专利期结束之后，方可根据诸如 Schankerman 和 Pakes(1986)框架进行分析。使用这种方法很难衡量年轻专利的价值。另一个缺陷在于，一些最具价值的专利一直维持到最终的法定时效，这些专利存在数据截断问题。最后，产出对价值分布或潜在随机过程的假设存在很强的依赖性。当研究专利更新数据打交道时，上述要点需牢记。

6.1.3　专利族规模和其他指标

由于同一项专利可在不同国家申请或授予专利(专利族规模)，这些国家的数量也是专利质量的一项重要指标(Harhoff 等，2003a；Lanjouw 等，1998)。国际专利申请的成本要远高于国内申请。此外，一般情况下专利持有者希望在不同国家和地区受到专利保护，这就说明持有者对于从专利中获益抱有较高期望。不同于专利更新数据，专利族规模以更为及时的方式反映专利价值。根本不用等待专利最终获得授权，因为专利可在国际范围内申请这一事实就足以表明申请人对于专利的较高期待。其中应注意的是观察的时间节点。根据 PCT 实施细则，申请人在 30 个月内可将首次申请日作为优先选择的日期，由所在国决定 30 个月之后的专利授予和所需年限。

违反专利授权和专利诉讼信息的数据也可作为衡量专利质量的指标。自然这也需要成本，当事人必须看到违反专利授权的所得利益超过诉讼费(Harhoff 等，2003a；Lanjouw，1998)。但该指标同样存在一个主要问题：仅有部分的专利会遭侵权或者遭起诉。此外，时效性再一次成为棘手的问题。还有其他指标可用于衡量专利质量，比如权利要求的数量、技术类的数量以及发明者数量等。更多有关此类指标的详尽讨论，可参见 OECD(2008)。

6.2　专利质量指标的评估

最初的实证研究是计量经济学研究，采用与上市公司相匹配的专利数据集和财务会计数据。这些研究基于公司层面的市场价值函数模型(Griliches，1981)：

$$V_{it} = q_t(A_{it} + \gamma K_{it})^{\sigma}$$

V 是公司 i 在 t 时的市场价值，A 是有形资产，K 是知识(无形)资产。γ 为 K 对 A 的影子价格，σ 是总资产对于市场价格的弹性，其中 q 用以吸纳异质宏观层面存量和市场波动。该方程的对数如下：

$$\log V_{it} = \log q_t + \sigma \log A_{it} + \sigma \log(1 + \gamma(K_{it}/A_{it}))$$

当我们假设该方程中的回报率 ($\sigma = 1$) 不变时，该方程可转化为托宾 Q 方程：

$$\log Q_{it} = \log(V_{it}/A_{it}) = \log q_t + \log(1 + \gamma(K_{it}/A_{it}))$$

研发和专利存量被用作 K 即知识存量的变量(Griliches，1990)。Hall 等(2005)为测试向前引用作为专利质量指标的有效性，将加权的专利引文数量作为 K 的一个变量。研究发现一项专利每增加一次引用，公司的市场价值就会增加 3%。此外还发现这种关系并非线性关系，因为每一项专利的引用只会对那些每项专利拥有大量引文的公司产生重大的积极影响。这一发现表明，引文数量会为专利价值带来越来越多的回报。当对计算机断层扫描仪创新的社会福利指标进行研究时，发现引用带来的回报不断增加(Trajtenberg，1990)，从中发现引用加权的专利数量与产品创新中的社会价值(或对消费者的溢出)之间的紧密联系。该研究另一有趣的焦点在于探究自我引用对于专利价值的影响。自我引用是指发明者引用自己之前的发明，Hall 等(2005)指出每项专利自我引用的数量给每项专利的全部引文数量提供了公司市场价值的回报溢价率，自我引用可视作公司特定技术发明的累积，其可能会使得公司占领竞争高地。此外，可以通过自我引用这一变量知晓公司知识溢出内化的程度(Hall 等，2005)。因此，自我引用的数量可以用作衡量专利质量的单独指标。

引文数量仅是众多专利质量指标中的其中一项。所有的指标均有优缺点，通过综合这些指标我们也许能够得到一个更恰当、更优化的指标。Lanjouw 和 Schankerman(2004)依据六种技术类别提出一个单一因素模型和一项综合指标，其中包括权利要求数量、向前引用和向后引用、专利族规模以及技术领域(美国专利分类系统)数量。首先，其指出四个指标皆反映专利质量的某些信息。就对专利质量综合指标的加权而言，药品技术领域的向前引用最多，而余下的五种技术比如生物科技、其他医疗、化工、计算机、电子和机械领域中权利要求最多。同时，1985—1993 年间专利引文数量增加 84%，原因在于除了质量改进之外，计算机化亦降低了引用成本。最后，研究发现公司层面的平均质量与该公司的托宾 Q 存在正相关。

另一个评估专利质量指标的研究方法是采用通过问卷等形式调查发明者调查得到的数据。例如 Harhoff 等(1999，2003a，b)为调研专利引文的价值所做的一项调查。针对在德国专利局注册专利的德国和美国发明者的一项调查中，提出一个问题："愿意出售专利的最低金额是多少?"，并且调查显示专利价值的分布极不均衡。根据 Scherer 和 Harhoff(2000)所做基于德国专利的调查显示，约 10%的最具价值专利占全部专利价值的 80%以上。Harhoff 等(1999)同样通过回归分析显示，引文数量与专利价值存在很强的相关性，这与 Hall 等(2005)在公司层面的调查结果一致。同样对欧多国(Giuri 等，2007)日本、美国(Nagaoka 和 Walsh，2009)也做过类似的调查。

该方法的优势在于可以明确指出指标与价值在专利层面而非在公司层面的关联。此外，较之在金融市场中对于专利价值的间接观察，该方法则是以发明者的直接反应作为依据。而另一方面，这种直接反应中存在主观判断。而且一项调查只能涵盖部分专利，尤其是具有价值的专利，因此从这种调研中得出的结果一般不具有普遍性。不过从这两种不同类型的研究中所得出的结果大体一致。这表明在前一小节中提到的各种质量指标至少表明部分专利的价值。

7. 发明的知识溢出

在不同国家和地区估算知识流和溢出是一项至关重要而又颇具挑战的任务，原因在于知识的特性就是应用时的非敌对性，其中的重要暗示就是独占性、集聚性以及在经济层面不断增加的回报，因此其处于知识经济学的核心地位。知识流也是内生增长理论的核心支柱这一理论由 Romer(1990)最先提出。该理论提出，由研发投资创造的知识可以由他人随意使用以促进知识的进步。Griliches(1979)提议将研发产生的溢出分为两类：租金溢出和知识溢出。其中租金溢出在如下情况中产生：公司通过自身创新提高产品质量或增加产出，且影响到消费者(消费者剩余增加)、竞争对手(竞争对手的竞争性损失)或互补者(若其价格超过边际成本，则其利润增加)，并与付款或补偿不足相关。若需精准测算，租金溢出本不应包括接收方生产率的提高，但由于发明创新层出不穷，价格指数往往低估质量改进，因此租金溢出通常应考虑生产率这一情况。另一种知识溢出有助于提高接收企业生产或研发过程的效率，因为所获得的关于专利有用知识基本上都是免费的。

专利信息对于评估这两种类型的发明溢出至关重要。Scherer(1982)在其原创论文中指出，有关专利潜在用途的信息(无论是用于产品还是流程)有助于确定研发对下游产业的发明溢出程度。① Scherer 发现，研发提供者对使用者存在巨大的生产率溢出，可能主要源于租金溢出，但可能不仅限于此。Trajtenberg(1990)使用专利信息所做的研究一步发展租金溢出研究，该部分在上一小节已提及。

使用专利信息测算知识流有两种方法。一是在假定紧密分布在技术空间内

① 通过假定方法专利是用于原产业的专利，笔者对产品专利和方法专利加以区分。

的企业彼此之间从溢出中获益颇多,在此情况下,使用专利信息测算不同组织之间的技术差异。Jaffe (1986)的著作是该领域中具有重要创新意义的文献。其根据美国专利类中两个公司专利组合的相似性,构建测算技术差异的方法,此后该方法后来就被广泛采用。近来的实证研究主要关注作为知识溢出测算标准的引文数量,因为其测算更加直接。[①] 自20世纪90年代,使用引文的研究取得长足进展。

Jaffe等(1993)提出使用专利的向后引用或参考文献识别知识溢出这一具有创新意义的标准,并发现引用同一个国家的专利已是司空见惯,更有甚者,他们引用美国同一个州以及同一个标准大都市统计区的专利(Standard Metropolitan Statistical Area, SMSA),并将此作为知识溢出本地化的例证。而向后引用作为测算知识流的标准始终饱受争议,Griliches (1990)早在20年前就指出了这一问题(但直到目前还没有完全解决):"专利引文与常规的引用其他文献的科学引文不同,原因在于专利引文大部分是由专利审查员后来添加。从这一意义上来说,此类引文更为客观,而且可能有助于增强引文数量作为相对重要指数的有效性。但就其他意义而言,这些引文像是在编辑的坚持下增添的引文,因此对于重要渠道和知识溢出而言并非有效的指标"。笔者将在下文中将详细讨论这些问题。

7.1 向后引用可否代表知识溢出研究

在专利文件或研究报告中,将参考文献包含在内的一个主要原因是为了识别先前技术,其就新颖性和创新步骤而言,对于评估发明的专利适格性具有重要意义。因此,最终需对这一发明所参考的引文负责的是专利审查员,而非专利申请人。在EPO中有明确规定:引文信息由检索报告提供。在日本也同样如此,专利授权文件中披露的引文由审查员确定其是否作为已授权专利的相关先前技术。[②] 在美国,由于披露要求繁多且严格,因此发明者会附带大量参考文献。尽管如此,审查员必要时还是会做相应的增添。据Alcacer和Gittelman(2006)称,在2001年1月至2003年8月这段时期,平均三分之二的引文由审查员插入,全部引文的40%由审查员添加,这意味着当专利申请人或发明者没有引用任何文献或引用很少参考文献时,审查员会添加其引文。因此,当一项发明基于一项重要的先前专利或非专利文献,其很可能作为先前文献被引用。即便申请人为使自身依照创新步骤发明出的创新成果获得专利而不愿引用先前文献以增

---

① 根据生产专利和邻近公司研发的相关性识别知识溢出面临棘手内生性问题。

② 发明者为了解释自己的发明,通常在描述部分自愿增添引文。2002年修订的专利法首次规定申请人在专利申请文件中有法律义务披露先前相关文献,这可能会改变日本发明者所引用文献的本质。

加胜算，但审查员仍需指明这一情况。

因此，问题在于向后引用在多大程度上反映实际的知识流。Jaffe 等(2002)为证实美国的向后引用作为测算知识流指标的有效性，对发明者进行了一项直接调查。调查发现，约 38%的受访者称在研发自己的发明之前或期间就听说过被引发明，而约三分之一是在发明基本完成后才获悉，不到三分之一发明者称直到接受这一调查才第一次听闻。故发明者对大多数的被引发明都不甚知晓，原因在于这些引文是由发明者的专利律师或专利局审查员提供。Duguet 和 MacGarvie(2005)提供了用 EPO 专利中的引文测算知识流合法性的相关证据，将法国公司对欧盟创新调查的反馈样本与其 EPO 专利所做及接收的引文数量相匹配，最终发现公司层面的专利引用与这些公司就流入与流出本公司的技术流相互关联。最终若向后引用可以反映知识流，我们可以推断在控制其他决定因素以保持恒定的情况下，附带向后引用越多的专利，往往其所具有的价值越高。Harhoff 等(2003a)指出，专利以及非专利文献的向后引用数量均与专利价值存在很强的相关性，尽管已经控制向前引用、专利族规模以及就 IPC 种类数量的专利范围。这一做法就为向后引用能够反映知识流提供了间接佐证。

作为知识流的测算方法，专利文献和科学文献向后引用的有效性存在差异。图 16 采用李克特量表，表明专利文献和非专利文献(对数刻度)向后引用的数量与在发明设想中专利和科学文献作为知识来源的重要性之间的相关性。其基于 2007 年所做三方专利有关日本发明者的一项近期调查(Nagaoka 和 Walsh，2009)。在被调查的专利中，非专利文献的向后引用数量和科学文献作为发明设想的知识来源由发明者评估的重要性之间存在显著的正相关。非专利文献对于发明的平均向后引用为 1，因为没有使用科学文献或者其对于发明来说毫无意义，但当科学文献变得至关重要是，其平均数超过 4。另一方面，专利文献的向后引用数量与专利文献作为发明设想来源的重要性之间并不存在相关性。这些结果表明，较之对专利文献的向后引用，对科学文献的向后引用通常可以更好地预测知识流(见图 17)。原因可能是，之所以引用先前的专利，并不仅仅在于在此专利中描述的技术很重要，还存在其他如专利权利要求等诸多原因。

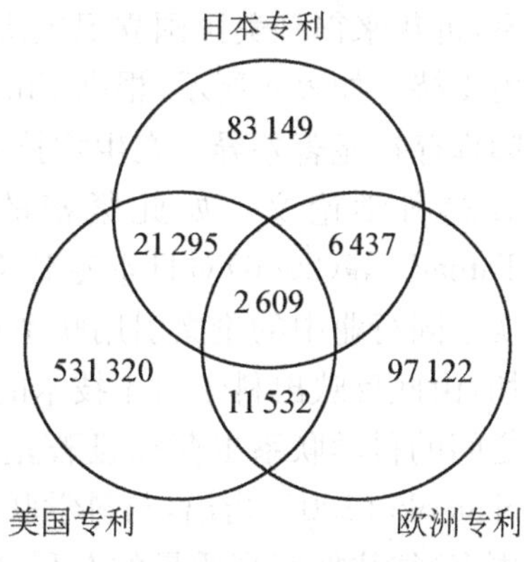

图 16　欧洲、日本和美国的专利对匹配

资料来源：Goto 和 Motohashi(2007)的数据。

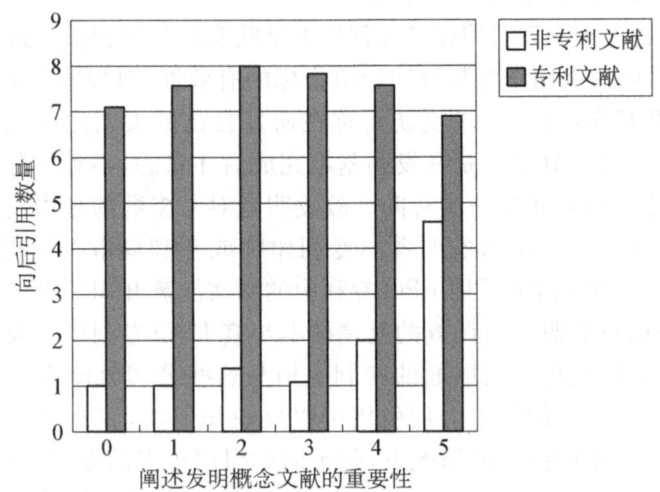

图 17　作为知识来源的专利和科学文献对于发明设想的重要性 vs. 向后引用频率

资料来源：RIETI 发明者调查。

7.2　使用专利信息测算不同组织和地域间的知识溢出

使用引文测算知识溢出的研究不胜枚举。Narin 等(1997)进行评估从科学到技术的溢出的这一具有重大意义的研究。研究发现，美国专利和科学研究论文之间的引文联系日益紧密，且美国产业专利引用的论文中 73%属于公共科学，其作者从属于学术、政府和其他公共机构。研究还发现，援引的美国论文来源于主流现代科技；而且核心期刊中作者大多从属于一流的研究性大学和实验室，近年来得到美国国立卫生研究院、美国国家科学基金会和其他公共机构的大力支持。如表 6 所示，根据 Chi Research Data，不同技术行业内科学文献的引用频率存在显著差异。在生物技术领域，一项专利在 1998—2002 年间平均引用了 21 篇科学论文。如此紧密的科学联系还可见诸药品、农业和化学领域。Tamada 等(2006)对日本专利文件中发明描述中的引用情况做了一项研究，证实不同行业中的论文引用联系存在显著差异，在生物技术领域科学联系最为密切，由此反映出科学对于技术的影响在不同行业间也存在差异。同样，不同企业之间的科学联系也存在显著差异，这也许表明公众的科学吸收能力不尽相同。Nagaoka(2007)指出，与科学联系较紧密的公司(公司每项专利引用的科学文献更多)往往拥有高质量的专利，由此通过年度固定效应以及公司固定效应掌控着技术。正如 Meyer(2000)做指出的，高度紧密的科学联系并不一定意味着从被引用的论文到引用专利之间存在一条直接的单向通道。Meyer 的案例研究表明，在某些情况下，专利代表的技术发展在研究论文论证其科学合理性之前便已存在。

表 6　科学文献的平均引文数量

	技 术 领 域	1998—2002
1	生物科技	21.0
2	制药	14.6
3	农业	8.1
4	化学	5.5
5	医疗电子	3.3
6	医疗设备	2.4
7	食品和烟草	1.8
8	塑料、聚合物和橡胶	1.3
9	计算机和外围设备	1.3
10	其他	1.3
11	半导体和电子产品	1.2
12	航天及零部件	1.1
13	金属制品	1.1
14	测量和控制设备	1.0
15	玻璃、黏土、水泥	1.0
16	工业工艺设备	0.9
17	原生金属	0.9
18	电信	0.9
19	石油和天然气，矿业	0.7
20	其他制造业	0.6
21	发电和配电	0.5
22	木材及纸	0.5
23	办公设备和数码相机	0.4
24	工业机械与工具	0.4
25	纺织品和服装	0.4
26	电器和组件	0.4

(续表)

	技 术 领 域	1998—2002
27	供暖、通风、制冷	0.3
28	其他机械	0.2
29	其他运输	0.1
30	汽车及零部件	0.1

资料来源：Chi Research Data.

Jaffe 等(1998)首次将引文信息一直以来用于评估不同组织间的技术溢出，比如这些组织联盟之间的技术溢出。案例研究发现，引文是一种有效但却杂乱的估算技术溢出的方法。具体而言，排除伪引用，美国航空航天局三分之二的引用被认作涉及溢出效应。Gomes-Casseres 等(2006)进行了最近的一项计量经济学研究，其使用专利引文作为知识溢出的一项指标并发现，在联盟公司间引用文献的可能性比在非联盟公司间的可能性更大，而较之联盟公司，公司内部的合作伙伴更有可能引用文献。研究还发现，固定效应估计值(为每一对公司设定的固定效应)极大降低联盟系数，这表明存在由于变量遗漏造成的显著内生性问题，但是该系数依然较高。Belenzon(2006)提出通过计算专利本身的间接向后引用的数量与公司专利转发引文的总量之间的比率来估算溢出的内部化程度。其指出，较高的技术内部化有助于公司独占私人租金，通用知识越多技术内部化水平越低，其为向后引用作为衡量溢出指标的有效性提供了证据。

近年来，学者们大范围地重新审视地理溢出本地化的研究。先前研究发现的本地化效应似乎很大程度上受到产业本土化而非知识溢出的驱动。据 Thompson 和 Fox-Kean(2005)称，依据先前的研究发现，若使用比 Jaffe 等(1993)提出的分类方法更细化的技术分类，并确保和初始专利至少有一个共同技术类别，在此前提下，美国国内会驳回任何本地化效应的技术支持。[①] 鉴于审查员审查专利是未考虑地理溢出，Thompson(2006)提出使用审查员引文作为对照标准。使用该对照标准，尽管已识别的本地化程度远低于 Jaffe(1993)发现的本地化程度，但是 Thompson 发现发明者引文的分布比审查员引文的分布更加

① 就国家层面本地化的发现而言，有必要指出引文可能会因为向本国引文倾斜而严重有失公平。换言之，当存在两个本国和国外先前专利文献以保护一些相似但又并非完全相同的专利时(一个本国申请人申请的国内专利，一个外国申请人申请的外国专利)，本国的专利却更有可能被引用，原因如下：其一，语言的差异使得本国专利在先前技术的检索中更易于识别。较之外国专利数据库，专利局拥有的本国专利(申请和授权)数据库更加完整，因此更加依赖对于本国专利文件的检索。其二，由于不同国家之间对于专利描述和可允许的专利权利要求的规定略有差异，因此专利局若想评估专利的发明步骤或创造性，就更有可能将本国专利作为关键的专利文献。

本地化。[1] Criscuolo 和 Verspagen(2008)采用 EPO 数据使用相同的方法发现发明者引文的本地化程度更高。专利引文信息可用作识别知识溢出的渠道,其中一个重要来源可能是发明者的流动。Kim 等(2006)根据新构建的发明者—公司匹配的面板数据发现,如果该专利的至少一个发明者有旅居其他国家的经历,该专利就非常有可能为已引用转让给该国受让人的专利。

8. 结论

近年来,使用专利信息分析创新的实践不断增多。其中重要的驱动力是:①大规模专利数据库在美国,还有欧盟、日本和其他国家的建立,以及迅速提升的计算能力的普及;②与专利局专利数据互为补充的调查的实施;③对于专利系统如何运行更透彻的了解。本章回顾自 Griliches(1990)以来的重大进展。本章据此做出简要总结,并指出相关突出问题。

第一项显著发展是专利数据在全球范围内的日益普及,以及随后使用专利数据的研究在全球范围内日益蔓延。Griliches(1990)主要关注美国专利数据的研究,鉴于获取数据的局限性,还关注使用专利更新数据的研究。全球专利数据的可用性在大幅度增加了专利信息的价值。由于在申请专利时存在本地优势,因此一个国家的专利数据无论如何包罗万象,从国际视角而言也不足以评估本国、本国公司和发明者的发明成果。从该角度来说,三方专利数据库对美国、欧洲、日本申请人和发明者的发明成果进行国际比较大有裨益。PATSTAT 在全球范围内向所有人敞开机遇之门,即可以建立自身的一套专利族。尽管不同国家专利制度的差异使得学者们需谨慎地将国家分析拓展到全球范围(例如引文在不同国家会有不同的含义),但提供处理国家数据的时间序列差异(变化、偏差)无法轻易解决的问题这一机会,比如专利制度对创新绩效的影响。

另一显著发展表现在使用引文信息的研究大量增加,以及对其本质更深刻的了解,同时引文信息为衡量专利价值提供了具有价值的信息。纵然引文的内生性受到控制,向前引用仍有利于解释 Griliches 公式中的市场价值与研发之间的关系。用来测算信息流的向后引用则更受争议,尽管最初笔者知道提供引文的并非发明者而是专利律师和审查员,但的确是近年来才开始深入探究其程度和影响。仍需加深对引文与知识流之间结构的理解,因为调查信息还表明,非专利文献的向后引用数量比专利文献的向后引用更能反映知识流。知识溢出对于

---

① 根据 Jaffe 等(1993)的发现,顶尖公司的专利中仅有 3.6%是为了掌控(1980)而被本地化,而实际的本地化比例为 8.8%。另一方面,根据 Thompson (2006)所述,以审查员引用为依据,专利(2003 项专利)的本地化比例为 8.2%。

独占性、集聚性和经济收益的增加具有重要影响。鉴于此,研究使用向后引用信息衡量知识流以及识别这些引用者的动机和局限性,这一问题始终非常重要。

第三项显著发展是调查的广泛实施,例如公司的创新调查和发明者调查。从而加深研究者基于专利数据的参考文献指标的有效性和局限性的理解。调查已明确:专利不过是若干独占性机制之一;专利的绝大部分并非来自研发任务;绝大部分的发明成果没有申请专利;很大一部分已获得专利的发明并没有在实际中被应用。所有这些比例皆与公司和行业特性存在系统的相关性。因此,研究过程中需考虑发明来源和专利倾向的差异,比如若有人有意评估公司的研发生产力。尽管之前就从专利更新研究中理解专利价值分布不均,但该调查有利于评估分布的上游部分。这些发现清楚地表明:为了加深公众对创新过程的理解,作为对专利数据的补充,调查数据居于至关重要地位。

第四项重要发展是对专利制度本质更深刻的理解以及为此对专利数据的重组。就此而言,鉴于很大比例的专利申请都以早期的发明为基础,因此基于先前信息形成的专利族数据至关重要。评估近期专利申请或授权数量是否可以作为创新活动的优质指标,或仅是作为基于早期发明的租金提高活动的良好指标,这一点至关重要。此外,所有同族专利尽管申请或授权的年份不一,但几乎来自同一项发明,而且是作为一个整体保护该发明的独占权,所以将所有 CA 的专利族作为一个单元以分析研发绩效更有意义,但是依据专利族信息分析发明过程的研究才刚刚拉开帷幕。

致谢

感谢 Bronwyn Hall 和 Dietmar Harhoff 对本章初稿提出的意见,两位学者意见使笔者及团队众人获益匪浅。同样的,十分感谢 Naotoshi Tsukada 在研究方面的鼎力协助以及经济、贸易产业研究所对本章研究的大力支持。

参考文献

Alcacer, J., Gittelman, M. (2006). "Patent citations as a measure of knowledge flows: The influence of examiner citations". Review of Economics and Statistics 88(4), 774 - 779.

Arora, A., Fosfuri, A. (2003). "Licensing the market for technology". Journal of Economic Behavior & Organization 52, 277 - 295. Arora, A., Ceccagnoli, M., Cohen, W. (2008). "R&D and the patent premium". International Journal of Industrial Organization 26, 1153 - 1179.

Arundel, A. (2001). "The relative effectiveness of patents and secrecy for appropriation". Research Policy 30, 611 - 624. Belenzon, S. (2006). "Basic research and sequential innovation". CEP Discussion Paper No. 723.

Bessen, J., Meurer, M. (2008). Patent Failure. Princeton University Press, USA.

Cohen, W., Nelson, R., Walsh, J. (2000). "Protecting Their Intellectual Assets: Appropriability Conditions and Why US Manufacturing Firms Patent (or Not)". NBER Working Paper 7552.

Cohen, W., Goto, A., Nagata, A., Nelson, R., Walsh, J. (2002). "R&D spillovers, patents and the incentives to innovate in Japan and the United States". Research Policy 31, 1349 - 1367.

Crepon, B., Duguet, E., Mairessec, J. (1998). "Research, innovation and productivity: An econometric analysis at the firm level". Economics of Innovation and New Technology 7 (2), 115 - 158.

Criscuolo, P., Verspagen, B. (2008). "Does it matter where patent citations come from? Inventor vs. examiner citations in European patents". Research Policy 37(10), 1892 - 1908.

Czarnitzki, D., Kraft, K., Thorwarth, S. (2009). "The knowledge production of R and D". Discussion Paper No. 08 - 046. Center for European Economic Research.

Demis, H., Khan, M. (2004). "Triadic Patent Families Methodology". STI Working Paper 2004/2, OECD, Paris.

Duguet, E., MacGarvie, M. (2005). "How well do patent citations measure flows of technology? Evidence from French innovation surveys". Economics of Innovation and New Technologies 14, 375 - 394.

Evenson, R. (1993). "Patents, R&D and invention potential: International evidence". American Economic Review: Papers and Proceedings 83, 463 - 468.

Gambardella, A., Giuri, P., Luzzi, A. (2007). "The market for patents in Europe". Research Policy 36, 1163 - 1183.

Giuri, P., Mariani, M., Brusoni, S., Crespi, G., Francoz, D., Gambardella, A., Garcia-Fontes, W., Geuna, A., Gonzales, R., Harhoff, D., Hoisl, K., Le Bas, C., et al. (2007). "Inventors and invention process in Europe: Results from the PatVal-EU survey". Research Policy 36, 1107 - 1127.

Gomes-Casseres, B., Hagedoorn, J., Jaffe, A. (2006). "Do alliances promote knowledge flows?" Journal of Financial Economics 80(1), 5 - 33.

Goto, A., Motohashi, K. (2007). "Construction of a Japanese patent database and a first look at Japanese patenting activities". Research Policy 36(9), 1431 - 1442.

Goto, A., Nagata, A. (1997). "Technological Opportunities and Appropriating the Returns from Innovation". National Institute of Science and Technology Policy NISTEP Report no. 48(March).

Griliches, Z. (1979). "Issues in assessing the contribution of research and development to productivity growth". Bell Journal of Economics 10, 92 - 116.

Griliches, Z. (1981). "Market value, R&D, and patents". Economics Letters, Elsevier 7 (2), 183 - 187.

Griliches, Z. (1990). "Patent statistics as economic indicators: A survey". Journal of Economic Literature 28, 1661 - 1707.

Hagedoorn, J., Kranenburg, H., Osborn, R. (2003). "Joint patenting amongst companies-exploring the effects of inter-firm R&D partnering and experience". Managerial and Decision Economics 24, 71 - 84.

Hall, B. (2009). "The use and value of IP rights". Prepared for the UK IP Ministerial Forum on the Economic Value of Intellectual Property, 10 June 2009.

Hall, B., Ziedonis, R. H. (2001). "The patent paradox revisited: An empirical study of patenting in the US semiconductor industry, 1979 - 95". RAND Journal of Economics 32 (1), 101 - 128.

Hall, B., Griliches, Z., Hausman, J. (1986). "Patents and R and D: Is there a lag?" International Economic Review 27(2), 265 - 283.

Hall, B., Jaffe, A., Trajtenberg, M. (2002). "The NBER Patent Citation Data File: Lessons, Insights and Methodological Tools". NBER Working Paper 8498.

Hall, B., Jaffe, A., Trajtenberg, M. (2005). "Market value and patent citation". Rand Journal of Economics 36, 16 - 38.

Harhoff, D., Narin, F., Scherer, M., Vopel, K. (1999). "Citation frequency and the value of patented inventions". The Review of Economics and Statistics 81(3), 511 - 515.

Harhoff, D., Scherer, F., Vopel, K. (2003a). "Citations, family size, opposition and the value of patent rights". Research Policy(8), 1343 - 1363.

Harhoff, D., Scherer, M., Vopel, K. (2003b). "Exploring the tail of patented invention value distributions". In: Granstrand, Ove (Ed.), Economics, Law and Intellectual Property: Seeking strategies for research and teaching in a developing field. Kluwer Academic Publisher, USA, pp. 279 - 309.

Hegde, D., Mowery, D., Graham, S. (2007). "Pioneers, Submariners, or Thicket-builders: Which Firms Use Continuations in Patenting?" NBER Working Paper 13153.

Hicks, D., Narin, F. (2000). "Strategic research alliances and 360 degree bibliometric indicators". Paper presented at NSF workshop on Strategic research partnerships, Washington, DC.

Jaffe, A. (1986). "Technological opportunity and spillovers of R&D: Evidence from firms' patents, profits, and market value". American Economic Review 76(5), 984 - 1001.

Jaffe, A., Trajtenberg, M., Henderson, R. (1993). "Geographic localization of knowledge spillovers as evidenced by patent citations". The Quarterly Journal of Economics 108(3), 577 - 598(August).

Jaffe, A., Fogarty, M., Banks, B. (1998). "Evidence from patents and patent citations on the impact of NASA and other federal labs on commercial innovation". The Journal of Industrial Economics 46(2), 183 - 205.

Jaffe, A., Trajtenberg, M., Fogarty, M. (2002). "The Meaning of patent citations: Report on the NBER/Case-western reserve survey of patentees". In: Jaffe, A., Trajtenberg, M. (Eds.), Patents, Citations and Innovations. The MIT Press, USA, pp. 379 - 401.

Jones, B. F. (2009). "The burden of knowledge and the "death of the renaissance man": Is innovation getting harder?" Review of Economic Studies 76, 283 - 317.

Kim, J., Lee, S., Marschke, G. (2006). "International Knowledge Flows: Evidence from an Inventor-Firm Matched Data Set". NBER Working Paper 12692.

Kortum, S., Lerner, J. (1999). "What is behind the recent surge in patenting?" Research Policy 28, 1 - 22.

Lamoreaux, N. R., Sokoloff, K. (2005). "The Decline of the Independent Inventors: A Schumpeterian Story". NBER Working Paper 11654.

Lanjouw, J. (1998). "Patent protection in the shadow of infringement: Simulation estimation of patent value". Review of Economic Studies 65,671 - 701.

Lanjouw, J., Schankerman, M. (2004). "Patent quality and research productivity: Measuring innovation with multiple indicators". Economic Journal 114,441 - 465.

Lanjouw, J. O., Pakes, A., Putnam, J. (1998). "How to count patents and value intellectual property: The uses of patent renewal and application data". The Journal of Industrial Economics 46(4),405 - 432.

Levin, R., Klevorick, A., Nelson, R., Winter, S. (1987). "Appropriating the returns from industrial research and development".

Brookings Papers on Economic Activity 783 - 820.

Lissoni, F., Llerena, P., McKelvey, M., Sanditov, B. (2008). "Academic patenting in Europe: New evidence from the KEINS database". Research Evaluation 17(2),87 - 102.

Mansfield, E. (1986). "Patents and innovation: An empirical study". Management Science 32(2),173 - 181.

Merges, R., Nelson, R. (1990). "On the complex economics of patent scope". Columbia Law Review 90,839 - 916.

Meyer, M. (2000). "Does science push technology? Patents citing scientific literature". Research Policy 29(3),409 - 434.

Michel, J., Bettels, B. (2001). "Patent citation analysis: A closer look at the basic input data from patent search report". Scientometrics 51(1),185 - 201.

Motohashi, K. (2004). "Japan's parent system and business innovation: Reassessing pro-patent policies". Patents, Innovation and Economic Performance OECD Conference Proceedings: 2004. OECD, Paris.

Motohashi, K. (2005). "University-industry collaborations in Japan: The role of new technology-based firms in transforming the national innovation system". Research Policy 34,583 - 594.

Motohashi, K. (2008). "Licensing or not licensing? An empirical analysis of the strategic use of patents by Japanese firms". Research Policy 37,1548 - 1555.

Mowery, D. C., Rosenberg, N. (1991). Technology and the Pursuit of Economic Growth. Cambridge University Press, USA. Nagaoka, S. (2007). "Assessing the R&D management of a firm in terms of speed and science linkage: Evidence from the US patents". Journal of Economics and Management Strategy 16(1),129 - 156.

Nagaoka, S., Walsh, J. (2009). "The R&D process in the U. S. and Japan: Major findings from the RIETI-Georgia Tech inventor survey". RIETI DP 09 - E - 010.

Nagaoka, S., Tsukada, N., Shimbo, T. (2009). "The structure and the evolution of essential patents for standards: Lessons from three IT standards". In: Cantner, U., Gaffard, J., Nesta, L. (Eds.), Schumpeterian Perspectives on Innovation, Competition and Growth. Springer, USA, pp. 411 - 427.

Narin, F., Hamilton, K., Olivastro, D. (1997). "The increasing linkage between U. S. technology and public science". Research Policy 197,101 - 121.

OECD. (2008). OECD Patent Statistics Manual. OECD Publishing, Paris.

OECD. (2009). "Innovation in firms: A microeconomic perspective". OECD Publishing, Paris.

Ordover, J. (1991). "A patent system for both diffusion and exclusion". Journal of Economic Perspectives 5(1),43 - 60.

Pakes, A. (1986). "Patents as options: Some estimates of the value of holding European patent stocks". Econometrica 54(4), 755 - 784.

Pakes, A., Griliches, Z. (1984). "Patents and R&D at the firm level: A first look". In: Griliches, Z. (Ed.), Research and Development, Patents and Productivity. The University of Chicago Press, USA, pp. 55 - 72.

Quillen, C., Jr., Webster, O. (2006). "Continuing patent applications and performance of the US patent office-updated". Federal Circuit Bar Journal 15(4), 635 - 677.

Romer, P. M. (1990). "Endogenous technical change". Journal of Political Economy 98, S71 - S102.

Schankerman, M., Pakes, A. (1986). "Estimates of the value of patent rights in European countries during the post-1950 period". Economic Journal 96, 1052 - 1076.

Scherer, F. (1959). Patent and the Corporation (2nd ed.). Boston Privately Published, USA.

Scherer, F. (1982). "Inter-industry Technology Flows in the United States". Research Policy 1982(1), 227 - 245.

Scherer, F. M., Harhoff, D. (2000). "Technology policy for a world of skew-distributed outcomes". Research Policy 29(4 - 5), 559 - 566(April).

Tamada, S., Naito, Y., Kodama, F., Gemba, K., Suzuki, J. (2006). "Significant difference of dependence upon scientific knowledge among different technologies". Scientometrics 68, 289 - 302.

Thompson, P. (2006). "Patent citations and the geography of knowledge spillovers: Evidence from inventor- and examiner-added citations". The Review of Economics and Statistics 88(2), 383 - 388.

Thompson, P., Fox-Kean, M. (2005). "Patent citations and the geography of knowledge spillovers: A reassessment". American Economic Review 95(1), 450 - 460.

Trajtenberg, M. (1990). "A penny for your quotes: Patent citations and the value of innovation". Rand Journal of Economics 21(1), 172 - 187.

Trilateral Statistical Report. Trilateral Statistical Report 2007, http://www.trilateral.net/statistics/tsr/2007.html.

University of Tokyo. (2008). Report of Innovation Database Research Project. University of Tokyo March 2008(in Japanese).

Walsh, J., Nagaoka, S. (2009). "How "open" is innovation in the US and Japan?: Evidence from the RIETI-Georgia Tech inventor survey". RIETI DP 09 - E - 022.

WIPO. World patent report 2007: Statistical review, http://www.wipo.int/ipstats/en/statistics/patents/.

第 26 章
基于创新调查的计量经济分析

Jacques Mairesse[*,†,‡] 和 Pierre Mohnen[*,†,§]
[*] 马斯特里赫特大学
荷兰，马斯特里赫特
[†] 联合国大学创新与技术经济研究所
荷兰，马斯特里赫特
[‡] 经济与统计研究中心和国家统计及经济研究局
法国，巴黎
[§] 校际组织研究与分析中心
加拿大，蒙特利尔

目录

摘要/425
关键词/426
1. 引言/427
2. 创新调查的结构与内容/430
3. 创新调查数据的特点/432
  3.1 定性变量/432
  3.2 变量的审查及选择/433
  3.3 主观数据/433
  3.4 变量的质量及误差/433
  3.5 横截面数据与内生性问题/434
4. 指标和记分牌/435
5. 创新的决定因素/436
6. 创新结果/440
7. 互补性和动态性/442
8. 如何实现进步？/443
  8.1 严格协调在不同国家和不同调查阶段创新调查基本问题的核心内容/444
  8.2 简化获取创新数据的途径/444
  8.3 合并创新调查数据和其他数据/445
  8.4 创建纵向数据库/445
  8.5 收集集团企业的数据，尤其是跨国企业/445
  8.6 调整调查问卷以适应发展中国家/446
  8.7 建立统计学家和经济学家的紧密合作关系/446
9. 结论/446
参考文献/447

摘要

本章介绍创新调查的历史、演变和内容，探讨了创新调查数据所包含的特征以及其对分析学家和计量经济学家所带来的挑战，证明了创新调查数据的两种用途：建立记分牌以监控创新活动及对各种与创新相关的问题进行学术分析。此外,还回顾了与创新的决定因素、效应、互补性和动态性相关的问题的研究及成果。最后就数据采集和计量经济分析方法提出改进建议。

关键词

合作　互补性　计量经济学　创新调查　劳动生产率　研究与开发

1. 引言

衡量创新的传统标准是研发支出和专利。据 2002 年由经济发展和合作组织(Organisation for Economic Cooperation and Development, OECD)出版的《弗拉斯卡蒂手册》(*Frascati Manual*)介绍,许多国家的研发支出数据自 19 世纪 50 年代始定期(通常按年)通过研发调查进行采集。专利数据采集的历史则可追溯到 19 世纪,随着知识产权的发展和国家专利局的设立,现在人们可以很容易地在线获取专利的数据。然而,尽管研发是创新过程中重要的一环,但也只是一种投入;而且在专利方面,相关部门仅为新颖的、为社会所认可的创新授予专利权,虽然这些创新可能永远无法投入市场。此时,创新调查所采集的数据成为第三种衡量创新的标准,目前已经被研究人员广泛使用。这些创新调查以创新活动及成功进入市场的创新产品为对象,提供定性和定量的数据。统计学家和政策观察者用该数据衡量和监控创新活动,经济学家和计量经济学家也利用该数据探究创新的决定因素和效应以及其他的各种相关话题。在本章中,我们主要介绍创新调查;回顾创新调查在建造基础指标和记分牌对指导创新政策制定方面的实用性,以及在创新的计量经济分析方面的推动作用,这也是本文的关注点;最后为今后如何改进创新调查、增强其实用性提出建议。

第一次创新调查发生于 19 世纪 50 年代,由英国人 Carter 和 Williams 为英国科学促进协会(British Association for the Advancement of Science)科学工业委员会开展;接下来,19 世纪 60 年代,美国人 Arthur D. Little、E. Mansfield 和 S. Myers 为美国国家科学基金会(National Science Foundation)开展创新调查;19 世纪 70 年代,英国布赖顿的科学政策研究中心(Science and Policy ResearchUnit)在 Keith Pavvit(Pavitt, 1984, Robso 等,1988)的推动下开展创新调查;19 世纪 80 年代,德国慕尼黑大学的伊弗经济研究所(Ifo Institute for Economic Research)开展创新调查。随后,加拿大、法国、德国、意大利、卢森堡、荷兰、挪威、瑞典、乌拉圭和美国相继启动试点项目。在经合组织和欧洲统计局的共同努力下,1992 年首次出版的《奥斯陆手册》(*Oslo Manual*)制定了规范化和标准化的创新调查。该手册于 1996 年和 2005 年进行了修订与再版。《奥斯陆手册》(OECD, 1992,1996,2005)所涉内容包括创新的定义、企业创新方法、根据投入和产出定量衡量创新的方法、创新的新颖度及基于创新来源、效应、阻碍和形式的问题。[①]

如今,全球大多数国家都在开展创新调查。在欧洲,创新调查被称为共同体创新调查(Community Innovation Surveys),由相关部门定期开展。截至2015年《奥斯陆手册》第三版出版,共同体创新调查每四年开展一次,也就是分别在1993年、1997年、2001年和2005年进行过四次调查,即第一次共同体创新调查(1990—1992)、第二次共同体创新调查(1994—1996)、第三次共同体创新调查(1998—2000)和第四次共同体创新调查(2002—2004)。自2007年起,共同体创新调查时间间隔改变为每隔两年开展一次,而且以开展调查的最后一年的年份命名(例如,共同体创新调查2006和共同体创新调查2008)。[②] 该调查的时间跨度仍为三年。第一次共同体创新调查主要以制造企业为调查对象,从第二次共同体创新调查起,调查范围已扩展至服务业。相关部门已经对特定行业开展专项调查,如荷兰农业经济研究所(Agricultural Economics Research Institute)负责采集农田实时水位数据(参阅 Diederen 等,2002)。加拿大统计局(Statistics Canada)特别为建筑行业组织了一次创新调查[③](参阅 Anderson, 2003),而且在1999年创新调查中还涵盖了对自然资源部门的调查。2001年,拉丁美洲出版了《波哥大手册》(*Bogota Manual*),该手册是对《奥斯陆手册》的补充,进一步强调了吸纳能力、技术能力和创新努力的作用(Jaramillo 等,2001)。目前所有欧盟成员、甚至一些区域性的地区都开展了共同体创新调查。创新调查的缩略语不仅在许多经合组织成员国中有所不同,而且在新兴国家、转型国家和发展中国家也是如此。大体而言,这些创新调查的结构和调查问题是相同的,但不同国家的创新调查在调查问题的内容、制定和顺序上会有所差异,即使是在欧盟国家中。[④,⑤]

创新调查数据应当区别于其他的专项调查,专项调查是创新调查的补充但两者仍有差异。如2007年加拿大统计局对创新的商业化调查和制造业先进技术的多次调查、法国的组织变革和知识产权调查、美国耶鲁大学的工业研

① 创新调查的历史,参阅 Mytelka 等(2004),Debresso 等(1996, pp. 8—10),Archibugi 等(1994)和 Godin (2002)。

② 德国联邦教育及研究部(Federal Ministry for Education and Research)自1993年起开展年度创新调查。该调查是共同体创新调查的一部分。荷兰中央统计局(Dutch Central Bureau of Statistics)自1999年起一年开展两次创新调查(在第二次共同体创新调查和第三次共同体创新调查之间开始)。

③ 加拿大统计局于1999年开展建筑业及相关行业的创新、先进技术的示范性调查。

④ 除欧盟27国,还包括加拿大、挪威、瑞士、俄罗斯、土耳其、澳大利亚、新西兰、阿根廷、巴西、智利、哥伦比亚、墨西哥、马来西亚、秘鲁、乌拉圭、委内瑞拉、韩国、新加坡、马来西亚、泰国、日本、中国、越南、印度尼西亚、南非和突尼斯。印度和来自非洲发展新伙伴计划(The New Partnership for African Development)的20个主要国家目前正发起创新调查。

⑤ 拉丁美洲的创新调查史,参阅 Crespi 和 Peirano(2007)。

究与发展调查，以及卡内基梅隆大学的研究与发展调查。以上调查均不是基于《奥斯陆手册》，而是关注于创新的某个具体方面。其他的专项调查，如西班牙自 1990 年起每年开展的"企业战略调查"，西班牙瓦伦西亚中小型企业组织（Valencian Institute of Medium and Small Enterprises）提供的德诺瓦（DIRNOVA）数据库，意大利中央中期信贷银行（Mediocredito Centrale）开展的关于制造企业的调查，世界银行开展的投资环境调查，中国国家统计局对大中型企业开展的年度调查，这些调查均包含创新调查相似的问题，但也包含了其他变量信息。与创新调查相关性最大的专项调查可能是 1982 年由美国小企业管理局（US Small Business Administration）开展的基于文献的创新数量调查。

本章所述的创新调查遵循《奥斯陆手册》的通用指南，回顾的以创新调查数据为基础的计量经济研究的创新调查均是那些排除了仅以研发数据、专利、文献指标、文献计量和其他创新指标为对象的专项调查，所以本文所指的创新调查均是指遵循《奥斯陆手册》基本准则或由其直接衍生出来的创新调查。这些创新调查通常由经济学家进行深入的挖掘，通常在许多国家，经济学家要必须签署一系列的保密协定[①]才可开展大范围创新调查。当然利用创新调查数据在浩如烟海的文献中对所有现存文献进行研究是不现实的，因此本章的目的不是要研究所有文献而是要证明创新调查数据有助于深化人们对创新的理解，然后对数据采集和分析方法提出改进建议。因为文献数量庞大，所以本章仅引用少量文献以证明一些观点，在引用的文献中，我们较多参考和引用自己已发表的论文，并非因为这些论文更优秀或更具代表性，而是因为我们对其更为了解。同样地，文中所引研究大多基于共同体创新调查，而是因为我们先前的大多数研究都基于此而非是因为多数研究基于此。[②]

以下部分首先介绍创新调查的大体结构和内容，评价创新调查数据的特征（第 2 节和第 3 节），然后简述创新调查的主要目的，即直接利用创新调查制订指标和记分牌（第 4 节），之后回顾利用创新调查数据进行计量经济分析的研究。进一步地分析相关研究（但不涉及研究细节），将研究内容笼统地分为三大类（不同的类别有重叠之处）：关于创新的决定因素的研究、创新的影响效应研究和关于某特定主题的研究，如创新中主要的互补性和持续性的主题研究（第 5～8 节）。在总结全文前，本章将探讨如何设计和补充创新调查，以及如何恰当运用

① 获取受保密协议保护的微数据的方法：前往统计局现场查阅数据、在安全环境下远程访问专项通道、建立保密委员会及访问微聚合数据专项通道。

② 关于创新调查数据文献的调查，参阅 Arundel 和 Bordoy（2005），关于发展中国家创新调查所做研究的回顾，参阅 Bogliacino 等（2009）。

创新调查以实现计量经济分析(第8节)。

2. 创新调查的结构与内容

因为相关部门有意为专利、文献计量指标和研发调查进行数据补充,同时也想了解企业创新过程的特征,所以《奥斯陆手册》应运而生。该手册提供以下信息:

(1) 创新产出指标,如新产品和新工艺的引进、组织变革与营销创新、企业或市场新产品占销售额的比重、不同产品在不同生命周期阶段所占的市场份额等。

(2) 比研发支出覆盖范围更广的创新支出或活动,如专利权与牌照的许可、产品设计、人员培训、产品体验和市场分析。

(3) 关于创新过程的信息,如知识、创新的动因、创新过程中的阻碍因素、不同机制的优势和研究合作伙伴。

创新调查采集创新者和非创新者的数据。"创新者"指在一段时间内,通常是在过去的三年里,引入新产品/新工艺的企业或者说至少尝试过或正在尝试创新的企业。这里的"新"是指产品上的显著改善或是一个完全不一样的产品,"新产品"是指企业的新产品,也可以指市场上的新产品。本调查要求企业提供有关创新活动的投入、产出、行为和组织方面的信息。

《奥斯陆手册》提供一系列典型的调查问题,随后由共同体创新调查进行补充(见表1)。在不同阶段的共同体创新调查中,一些问题被修订、增添或删减。这是因为"旧"的问题的相关性低且信息量不足,所以需要引入"新"问题,比如说关于不同专用性机制的相对重要性及有效性的问题首次由耶鲁大学引入,然而在第二次共同体创新调查后已经逐渐消失了。与之相反,关于环境创新的问题出现在最近的调查中;而且一些共同体创新调查中的问题在欧盟国家中也尚未达到共识①。虽然共同体创新调查的核心调查问卷在所有国家中几乎都相同,但同时每个国家的问卷也都有其独特性,表现在:有些问卷会包含有其他问题,有些会在题序上表现不同,而有些则在问题的陈述方面有差异。②

① 在欧盟国家外开展的创新调查,其调查问题的一致性更低。

② 关于共同体创新调查问卷内容差异的更多细节,参阅 Arundel 和 Bordoy(2005)。

表 1　创新调查问卷模板*

Ⅰ. 基本信息 独立公司还是集团下设子公司? 国内还是国外的集团公司? 公司所在的国家 主要行业从属关系 职员数(规模和增长率) 营业额(规模和增长率) 出口量(规模和增长率) 母公司、子公司或姐妹公司 营业额的重大变化 新成立的企业 公司合并对营业额的影响大于 10% 公司倒闭对营业额的影响大于 10% 最主要的市场：国内或国际市场、近地或远地市场 高学历职员数、女性职员数、预期增加的职员数 有形商品投资额 商品和服务的销售地市场 Ⅱ. 创新者(是/否) 过去三年内企业开发出的新产品对市场来说却不是新产品? 如果是：谁开发了新产品? 在过去三年内市场上开发出了新产品? 在过去三年内引进了新工艺? 如果是：谁创造了新工艺? 对市场而言是否为创新? 未完成或放弃创新计划? Ⅲ. 分类数据(创新者) 创新信息来源 创新目标 创新效应	技术转移方法 专用性机制效力 Ⅳ. 二分类数据(创新者) 研究与开发 不间断研发 与合作伙伴共同研发 最具价值合作伙伴 政府以多种形式进行创新支持 是否申请专利? Ⅴ. 连续数据(创新者) 研发开支(内部和外部) 研发人员 创新开支(包括子项目) 产品在不同生产周期的预估份额 企业新产品而非市场新产品占总销售额的比重 市场新品占总销售额的比重 Ⅵ. 全部企业数据(创新者或非创新者) 阻碍创新的因素 持有有效专利 如果是：有效专利数 专利保护产品的销售份额 战略和组织变革 采用多种知识产权保护方法 引入组织创新 组织创新的重要性 引入营销创新 营销创新的重要性 引入带来环境效益的创新 环境创新的决定因素 实地确定和减小环境影响的步骤

注：* 以上问题基于《奥斯陆手册》的指南，并在共同体创新调查中推行。

典型的创新调查首先要求参与调查的企业回答一般性问题(分类Ⅰ)，然后再通过其他问题确定该企业是否属于创新者(分类Ⅱ)。若相关企业能明确回答一个或以上Ⅱ类问题，那么该企业将继续完成调查问卷，提供相关创新数据并进入分类数据(Ⅲ)、二分类数据(Ⅳ)或连续数据(Ⅴ)，而且每一个参与调查的企业均需回答问卷末尾的问题(Ⅵ)。

在 2005 年的《奥斯陆手册》修订版中，将创新归为四类：产品创新(新产品、新服务或显著改良的既存产品)、流程创新(生产或交货方式的变革)、组织创新

(商业惯例、生产区域布局以及企业对外关系的改变)和营销创新(产品设计、包装、摆放、推广或价格的变化)。

《奥斯陆手册》利用主体法开展创新调查,即收集企业层面的数据——企业所有创新产出和创新活动的相关数据,也就是说,此类调查不收集关于某具体创新项目的数据。与之相反,客体法将单个创新项目作为分析对象,这与基于文献的创新统计数据相同。利用主体法开展创新调查可采集企业决策层面的全部信息,包括可与创新数据合并的会计和融资层面的数据,研究人员可将其与行业统计和国民经济核算联系起来,据此开展更为全面深入的分析,这是主体法的一个重要优势。同时,该方法涵盖创新者和非创新者、创新发明者和使用者。较之客体法,主体法虽会面临一些难题但总体而言更为简单易行,因为客体法需确定、比较、评估每一个创新项目,这会给调查造成困难。主体法也有劣势,它将企业的全部创新项目视为一个整体,这其中有些项目取得极大成功,有些较为成功,但有些则完全失败。然而只要数据有可能获得,其针对单个创新项目的分析当然非常实用有益,有助于启发和完善所有企业层面的数据分析。

3. 创新调查数据的特点

创新调查数据多为定性数据、主观数据和选择性数据。数据来源于分层样本(分层根据规模、产业、有时是区域来进行)。这些数据构成不同调查阶段的横截面数据,同一家企业在不同调查阶段不一定会在每次调查中都成为样本数据。另外在不同调查阶段和不同国家,创新调查在问卷内容、问卷回收率和样本方面有很大出入。以上数据特征为数据分析带来困难,这要求我们精心处理数据以便建立指标开展经济计量分析,进而帮助学者合理利用、解读数据。下文将逐一分析如何合理利用数据以尽可能获得满意的结果。

3.1 定性变量

表1显示创新调查数据多为定性数据,即离散数据。这类数据属于二分类数据(如二进制)、有序分类数据(如用来衡量创新阻碍因素的李克特五分量表)或无序分类数据(如来源不同的创新信息)。较之定量数据,定性数据信息量虽少,但能减小因测量误差给分析造成的影响(如新产品的销售份额是否为15%~20%,相关企业是否属于创新者)。目前,计量经济技术已能处理以下数据:二项式、多项式、定序回归模型(ordered logit/probit models),大多数计量经济教材对以上类型的数据均有介绍。有序分类变量(包括二分类变量)的参数估值取决于分布假设中的一个潜变量。更为灵活的半参数模型与之相反,其估值更难确定。

3.2　变量的审查及选择

创新调查要筛选处理许多变量，即仅采集所有样本企业中某个数据子集，如关于创新支出和创新产出的变量。创新调查问卷中的分类Ⅱ问题(见表 1)用以确定企业是否为创新企业。只有创新企业才必须回答Ⅱ类至Ⅴ类问题。在多数情况下，新产品销售份额等筛选变量的值趋近于零。在其他情况下，这些筛选变量却毫无意义，比如非合作企业的数据。为避免可能出现的选择性偏差，我们应该对此类筛选数据进行修正。我们可通过包含筛选变量回归的样本选择模型和选择方程实现筛选修正。在采取以上方法时，需注意表 1 中的调查问卷只能获取少量非创新企业的信息，所以在合并创新调查数据和其他企业数据时，我们缺少非创新企业的其他信息，故该方法不能对创新者和非创新者造成数据上的偏见，也不能大量修正潜在的选择性偏差。

3.3　主观数据

定性变量和定量变量具有主观性，很大程度上受到调查对象个人鉴赏水平和判断能力的影响。新产品销售份额是最受关注、相对而言最广泛的变量之一，该变量的值约为 10%、15%、20%等，这说明该变量为主观变量，同时也说明该变量属分类变量，故不必过多分析其连续变化。到目前为止，尚未对新产品或改良产品有明确定义，调查对象对此也没有清晰的认识。《奥斯陆手册》列举了数个或多或少有些争议的问题，这些问题不常出现在调查问卷中。[①] “企业新产品”和“市场新产品”的区别很大程度上也受调查对象主观判断的影响。只有在假设调查对象非常清楚地掌握市场情况的前提下，才能判定其对此问题的回答是正确的。

3.4　变量的质量及误差

因为调查对象的判断能力和知识水平不同，所以创新调查中主观问题的答案的质量参差不齐；而且企业核算和内部报告的信息通常不够精准，所以基于此类信息的回答也不准确。数据质量良莠不齐，因此定性变量和定量变量的分类和测量也必定存在随机误差。经验表明尽管在创新调查中新产品销售份额的值常常被四舍五入至接近 5%，但该值是相对精准的。创新调查问卷中对其精准性做出如下解释：因为许多企业确实会按产品类型追踪产品销售情况，所以在参加调查时企业能够提供该数据，至少有可能提供正确分类的“新产品或显著改

① 《奥斯陆手册》定义，若企业推出的新一季的夹克衫仅在设计上有所改变，而在质量上没有变化，那么该产品不属于创新产品。同时，若企业的夹克衫设计未能紧跟潮流，其市场竞争力势必会减弱。

良产品"的相关数据。创新支出变量是另一种受关注的定量变量,《弗拉斯卡蒂手册》将其定义为研发开支的外延。自创新调查开展起,调查对象要么拒绝回答与之相关的问题要么给出的回答质量较低,所以其精准性与新产品销售变量的精准性相差甚远。《奥斯陆手册》规定创新支出等于研发支出总额加上人工培训费、资本支出、营销费及与新流程和新产品相关的工程费用。多数企业都会上报研发支出,但是因为企业在追踪其他支出时会同时追踪新旧产品和新旧流程的支出动态,所以上报该支出是一件难事。因流程创新而相对减少的生产成本变量属于其他受关注的潜在定量变量,该变量与新产品销售份额变量相对应。但是,除德国外的其他国家均不将该变量作为共同体创新调查的参考变量,因为企业无法提供可衡量该变量的可靠标准。

3.5 横截面数据与内生性问题

创新调查数据基本上属于横截面数据。处理计量经济的内生性问题和阐述横截面数据的因果关系常常是棘手的问题。在创新调查中,许多变量与企业的战略决策相关,企业决策包括进行研发和创新、申请财政支出和知识产权保护,以及创新合作。上述决策大多同时发生,并且都依赖于第三种因素,此因素尚未为人们所知且无法观察而且我们也少有相关有效的外生变量或环境变量可对其进行衡量。如果要对创新调查数据进行合理的因果分析,我们需要设定动态结构模型,因此我们要获取面板数据。但通过合并创新调查数据以构建面板数据样本非常困难,其原因有三:首先,多数国家每四年开展一次创新调查,而少数国家则每两年开展一次创新调查;其次,创新调查采用分层抽样设计;最后,一些国家开展调查并非强制性的以致这些国家的调查反馈率较低。① 此外,在调查企业四年间的创新数据时,前三年数据多为定性变量,而最后一年数据为定量变量。比如一家企业可能称其在过去三年中向市场引入一款新产品,其成就和绩效以这三年中该新产品的销售额来衡量,但企业一般却是在最后一年才对该项进行评估。大多数计量经济模型中将企业规模和研发强度等指标来衡量创新绩效的解释变量,但只能获取最后一年的数据。如果能建立面板数据(即使是短面板),并将滞后变量作为解释变量,那么滞后变量是指四年还是两年的时间跨度完全取决于调查的频率。②

---

① 德国就是一个极端例子,该国每年都开展非强制性创新调查。共同体创新调查 2008 年在德国的反馈率为 37%(Aschhoff 等,2009)。

② 若创新调查一年开展两次,对新产品在三年间的销售份额进行统计,那么这中间存在一年的时间重合。因为缺少合适的修正方法,所以可能会过高估计其创新持续性。

4. 指标和记分牌

越来越多的国家定期开展创新调查，其主要目的和原因是要通过建立合理的指标和记分牌来帮助衡量和监控创新绩效，以便了解本国的研究和创新政策。从根本上而言，创新调查的目的是循序渐进地为政策间接地提供改进建议，而不是为创新计量经济分析和更好地理解该过程提供数据。政策制定者希望根据研发、产品创新取得的成功及合作的重要性等单项指标，简单快速地比较本国的相对创新绩效。虽然从研发支出占国内生产总值的比重看，某国的绩效可能优于他国，但其新产品所占销售份额仍然较低，这说明该国在研发投资转换为创新产品销售额这一环节中可能存在问题。也可能存在另一种情况，如果一个国家为许多企业的研发和创新提供雄厚的财政支持，却少有企业开发出销售份额可观的新产品，那么政府至少需要重新思考其资金支持的效力。创新调查中某些描述性统计数据简单汇总，能帮助政策制定者确定需要进行政策评估和介入的政策条款。当然，即使政策制定者充分认识到直接原因也不一定能揭示问题的根本原因，了解原因只是第一步，但这是最重要的一步，之后政策制定者需要找到解决问题的方法并实施。

调查中可能会出现很多单项创新指标，将这些指标视为一个整体并非易事。人们常常建立综合创新指数以减少指标数量，如欧洲创新计分牌（Eupropean Innovation Scoreboard，EIS）或全球创新指数（Global Innovation Index，GII）（参阅 Arundel 和 Hollanders，2008；Sajeva 等，2005）。① 例如 EIS 2006 包括以下指标：知识创造指标，即接受政府创新支持的企业的比重；企业家精神指标，即开展创新活动的中小企业的比重、与其他企业进行合作的中小企业的比重和创新开支占总销售额的比率；创新产出指标，即进行组织创新的中小企业的比重及企业新产品或市场新产品占总营业额的份额。以上这些所有变量均来源于创新调查。

欧盟委员会通过创新记分牌来判断欧盟与世界其他地区是否存在创新差距、欧盟新旧成员国间是否存在创新趋同以及根据里斯本战略的标准，欧洲总体创新绩效是否有所提升。例如 2005 年全球创新指数显示欧盟的综合指数为 0.5，该值低于新加坡、以色列、韩国、加拿大、日本和美国的平均创新绩效。通过比较不同时期的综合指数，我们发现自里斯本战略推行以来，欧盟国家间的创新绩效愈发接近，法国和德国等旧成员国的综合指数在下降，而许多新成员国在追

① 参阅德国经济研究所（Deutsche Institut für Wirtschaftsforschung）制定的创新指标（von Hirschhausen 和 Schmidt-Ehmcke，2009）。

赶过程中提高了创新绩效。欧盟国家的创新绩效差距可归为以下原因：创新活动缺失、创新投入与产出转换失败或者仅仅是因为产业结构差异(因为不同部门的创新强度不同)。进一步的描述性分析有助于评估以上原因的相对重要性。

通过合并不同单项指标以构建全球综合创新指标，并将其作为记分牌的一部分，这一做法效果明显但却极具争议性，在以其为标准对国家进行创新绩效排名时尤为如此。增添或删减全球综合创新指标中某些特定指标，对不同指标赋予不同的权重，这些操作或多或少有些武断，有时会导致人们在不同选择中做出微妙、具有争议的判断。事实上，综合指数中具体指标的取舍几乎由数据的可得性决定。EIS 2002 基于 17 项创新指标，而 EIS 2006 基于 26 项创新指标。每一次的共同体创新调查都会增加与创新新动向相关的问题(如第三次共同体创新调查增加了知识管理方面的问题，第四次则增加了营销创新方面的问题)。问卷中的一些指标可能相关性很大，这也许会导致创新调查过度重视某一方面，不过可以利用主成分分析法进行同类项分组解决以上问题(具体例子参阅 von Hirschhausen 和 Ehmcke-Schmidt, 2009)。各指标间的相互作用，准确地说是互补性和最佳政策组合(下文会提及)的理念常常被忽视，除非存在潜在的潜变量模型或者存在通过因素分析或主成分分析得出的隐变量，否则合并量化数据更为困难(参阅 Hollenstein, 1996)。此外比较各国创新调查也是一项艰苦卓绝的任务，因为各国的创新调查问卷在内容、题序、规划和调查对象等方面不尽相同。一些国家开展自愿性创新调查，所以调查对象倾向于以某种方式做出回答，其选择可能具有内生性。①

5. 创新的决定因素

创新调查能确定创新的决定因素、创新形态、创新效应、不同创新指标间的相互关系及创新动态要素。不同研究对创新的定义不同。《奥斯陆手册》(OECD, 2005)将创新归为四类：产品创新(新产品、新服务或显著改良的既存产品)、流程创新(生产或交货方式的变革)、组织创新(商业惯例、生产区域布局以及企业对外关系的改变)和营销创新(产品设计、包装、摆放、推广或价格的变化)。创新企业是指在规定年限内成功向市场引入以上一种创新的企业，但该定义的范围可扩展至未成功引入创新产品但曾尝试过或仍在进行创新的企业。产品创新可据其新颖度进一步划分为：企业新产品、区域首创、全国首创或全球首创产品。创新企业的衡量标准也可参考其开展创新活动的投入，如研发、获取外

① 参阅 Schibany 和 Streicher(2008)最近对 EIS 优缺点进行的评估。

部知识、开展新产品、新流程和新产品推广的培训。

一些研究人员试图通过创新的二元衡量方法以解释为什么某企业是创新企业，该二元衡量方法是与某个特定创新产出和创新活动相关或与其中一项相关的研究方法。其他研究人员进一步研究创新强度的相关因素，即创新的数量或新产品销售份额，两者可被视为创新的加权和，对产品创新或服务创新的销售份额取相同权重。根据每个创新项目的成就，研究人员在总营业额中取其权重，从某种程度而言，创新销售份额等同于该权重。有时研究人员仅计算专利产品的创新数或其加权和。长期以来，衡量创新活动的方法是研发开支，更笼统而言是创新支出，通常为其在总销售额中所占的比重来表示。

创新调查中引入的解释变量很大程度上取决于调查中包含的变量，因为大多数研究无法获得其他可与创新调查数据合并的数据。只有少数变量能够说明企业的创新偏好。我们对非创新者的了解仅限于营业额、出口量、职员数及其增长、企业所属主要行业和其潜在的从属关系(见表 1)。其他变量也可用以说明企业的创新强度，但是仅有少数与倾向于创新的变量能加入进来，用以修正选择变量所产生的误差。不过创新调查数据使研究人员得以重新讨论关于企业规模和垄断力量的熊彼特假设，探讨是需求拉动还是技术推动、外资影响和研发努力的重要性，并据此从各方面解释说明创新。①

研究普遍发现企业规模能解释企业的创新倾向，但是并不会影响或减少新产品或改良产品在总销量中的销售份额，也就是说，大型企业更可能实现创新，但是其创新产出占总销售额的比重增幅较小。几乎没有几个国家(法国除外)在创新调查问卷中清楚地表达了与需求拉动和技术推动假说相关的问题，这两个假说分别由 Schmookler 和 Schumpeter 提出。一般来说，行业虚拟变量能捕获技术机会。因为缺少直接的衡量标准，所以研究人员以增加或保持市场份额的目标代表需求拉动，以作为创新信息来源的高校和政府实验室的重要性代表技术推动。两者的边际效应均为正，但是需求拉动比技术推动更具影响力(具体例子参阅 Arvanitis，2008)。熊彼特效应有关垄断势力的证据比较复杂。Crépon 等(1996)发现，市场力对其没有明显的作用。Blundell 等(1999)通过研究创新数量数据研究英国(数据由科学政策研究所创新调查提供)，发现行业主导企业有更多的创新活动，这并不是因为其拥有更多资金可以负担创新费用，而是因为如果不创新，其将比市场新进入者蒙受更多的损失。事实上，主导企业如果不创新，将会承担失去垄断势力的风险。大多数人则指出研发支出可以被用以解释创新产出，尤其是对长期进行研发的企业。几乎在所有研究中，研发支出都是创

① 基于创新调查数据的相关论文集，参阅 Baldwin 和 Hanel(2003)，Kleinknecht 和 Mohnen(2002)及 van Beers 等(2008)。

新产出的主要的有正相关关系的变量(Brouwer 和 Kleinknecht，1996；Crépon 等,1998；Mohnen 和 Dagenais，2002；Raymond 等,2006)。

尽管创新调查数据展现了与创新产出决定因素相关的信息,但是我们对创新过程的了解仍是不够。Mairesse 和 Mohnen(2001,2002,2005 及 Mohnen 等(2006)提出一个用以比较各地区、行业或国家创新绩效的核算框架,该框架与增长核算法的生产率分解框架相似。通过使创新绩效函数线性接近某参照区域、行业或国家,我们可将创新绩效(创新倾向或创新强度)的横向差异归结于创新决定因素的差异。研究人员利用第一次共同体创新调查数据,对七个欧洲国家进行横向研究,发现无法解释的残差值,该残差值衡量了我们在创新中忽视的某些要素,且比新产品销售份额中可解释的部分大。在低科技产业中,该现象比高科技产业更甚。[①] 在所有解释变量中,研发变量说明在高科技产业中,新产品销售份额的平均预期值约为 25%,在低科技产业中该数值为 5%。Therrien 和 Mohnen(2003)及 Mohnen 和 Therrien (2003)通过比较加拿大和四个欧洲国家发现,很多创新绩效中存在的差异仍然是无法解释的,而创新绩效的相关分值可能取决于调查所采用的创新指标。

创新调查包含了企业是否获得了政府创新支持的量化信息,该信息可以使研究人员检验变量的额外性检验和挤出假说,即政府创新支持是否比公共资金更能推动创新,或者说政府的创新支持是否会使私人资金取代公共资金。获得政府创新支持的企业可能拥有某些异于其他企业的特征,所以评估政府支持效应的最优方法是将支持效应视为内生变量。另一种可能的情况则是在采样期间有些企业并没有一直获得政府的创新支持,这会导致估算结果存在向下型偏差。因此对于选择性的说明也很重要。通过对决定政府创新支持的相关因素建立模型,进行数据分析,以研究政府支持对创新的影响,更为常见的分析方法是以政府支持企业和无政府支持企业为配对对象,开展创新绩效差异研究。因为该研究对政府支持的评估结果较为敏感,所以我们必须进行充分的观察或在无政府支持的企业中找出政府支持企业的最佳匹配对象。大多数研究总结发现,政府的研发支持会带来额外的私人研发、创新开支或创新产出,但不会使挤出私人研发(Aerts 和 Schmidt，2008；Almus 和 Czarnitzki，2003；Berube 和 Mohnen，2009；Busom，2000；Czarnitzki 和 Licht，2006；Czarnitzki 等,2006；Gonzalez 等,2005；Hall 和 Maffioli，2008)。[②]

企业常常在研究与开发中寻求合作,或者更笼统而言在创新活动中寻求合

① 在跨国比较中,残差值的大小可能与创新调查的强制性和自愿性差异有关,这要求研究人员注意样本的选择,这在前文中已提及。

② 许多研究基于创新调查数据对政府的创新支持进行分析,Arundel 等(2008)总结讨论此类研究成果。

作，其目的是共享知识、减少风险、节约成本及从企业互补性中获益。政府当局促成企业与大学的合作，在不减少产品市场的竞争的前提下，政府也批准行业合作。创新调查不仅包括企业与不同创新伙伴的合作信息，还包括创新信息来源的相关信息，该信息可被视为知识的溢出。在这两种情况下，合作和溢出来源于大学、公共实验室、客户、竞争者和集团中的其他企业。

大量研究已经检验了企业开展合作的一般性决定因素和与不同合作伙伴在开展合作中的特殊性因素。企业规模、外部进入溢出和专用性等解释变量也在研究范围内。许多研究人员发现开展合作的企业在研发上投入更多（Belderbos 等，2004a；Kaiser，2002；Miotti 和 Sachwald，2003；Tether，2002）。但是 Kleinknecht 和 Reijnen（1992）研究发现小企业间的合作与大企业间的合作一样频繁。Lopez（2008）认为企业规模一旦被视为内生性变量，那么它就失去其重要性。两个研究均强调成本和风险共担在决定研发合作方面的重要性。Cassiman 和 Veugelers（2002）提出外部进入溢出可促进企业与大学的合作，但不能促进企业与供应商及客户的合作。与之相反，专用性影响纵向合作但不影响企业与非工业合作伙伴的合作。Leiponen（2002）证实了以上结果并发现创新和研发合作取决于技术体制：低专用性会减少企业与供应商的合作；需求拉动会增加企业与顾客合作的可能性；供货企业进行创新与合作的可能性较低；以科学为基础的体制与研发、创新以及大学的合作有关。Belderbos 等（2004a）总结发现因为大学外部进入溢出具有通用性，能够促进各种类型的合作，另外竞争者间的溢出对横向合作的影响极小。L'huillery 和 Pfister（2009）发现能解释说明合作成功的变量也能解释合作失败的风险。

一些研究对比不同合作伙伴之间的正式合作和知识溢出的重要性。Monjon 和 Waelbroeck（2003）发现渐进型创新者受益于与大学的紧密联系及行业间的知识溢出，而激进式创新者（即开发市场新产品的企业）与大学，甚至与国外大学合作。Belderbos 等（2004b）证实了企业与客户及供应商的合作重心在于渐进型创新，而与大学合作有益于开展激进式创新。但是 Mohnen 和 Hoareau（2003）发现激进式创新者从大学获取知识但不直接与大学开展合作。

当创新阻碍因素作为创新决定因素出现时，其边际效应通常为正。但是一旦其被视为内生性因素，其边际效应如预期所示为负（Savignac，2008；Tiwari 等，2008；在金融约束案例中所举实例[①]）。关于创新和金融的关系详见本卷第 14 章。

---

① 金融约束论就是政府通过实施一系列金融约束政策可以促进金融业更快地发展，从而推动经济快速增长，其隐含的前提是政府可以有效地管理金融业，或者说政府可以解决市场失灵问题。——译者注。

6. 创新结果

大多数有关创新效应的著作均与生产率相关(因为缺少面板数据,所以研究生产率水平而非增长速度;因为缺少资本和其他投入的数据,所以研究劳动生产率而非全要素生产率)。其他创新效应包括创新对出口、收益和就业的影响。

Crépon 等(1998)(Crépon, Duguet 和 Mairesse, CDM)提出一个包含三个方程的模型:一个用以解释研发数量的方程,一个创新产出方程(其中研发为一种投入),一个生产率方程(其中创新产出为解释变量)。[①] 该模型能修正研发和创新产出的内生性问题,同时校正在选择研发绩效或创新企业时产生的偏差。研究人员按统一标准对不同国家的数据进行估计,并据此从生产率出发比较各国的研发和创新绩效。Janz 等(2004)比较德国和瑞典,Lööf 等(2003)比较北欧国家(挪威、瑞典和芬兰),Griffith 等(2006)比较法国、德国、西班牙和英国,Raffo 等(2008)比较拉丁美洲和欧洲国家。经合组织开展了一个覆盖范围更广的项目,将跨国比较的范围扩展至 18 个经合组织成员国(OECD, 2009)。发展中国家或过渡型国家也在此范围内(Chudnovsky 等研究阿根廷,2006; Benavente 研究智利,2006; Masso 和 Vather 研究爱沙尼亚,2008)。[②]

在此框架中,研究人员根据创新调查中产出和创新形态的相关信息,重新讨论研发和生产率的关系(即研发回报率估值)。事实上研究人员能依据创新调查数据对可解释研发和生产率关系的模型进行评估。与包括研发投入的简单扩展的柯布-道格拉斯生产函数相比,该模型结构更为合理、内容更为丰富。Mairesse 等(2005)根据法国的创新调查数据发现,只要研究人员合理考虑研发和创新产出的选择性及内生性,概念数据模型即可证实 20 世纪 80~90 年代研发回报率的调查结果。该评估结果也适用于各种产品创新的衡量标准,特别是定性和定量标准,也适用于对受专利保护的创新、企业新产品和新流程以及市场新产品和新流程的衡量。但是分析显示创新产出统计比研发统计包含更多噪声数据[③](可能是因为衡量标准的主观性),研究人员需要利用其他工具修正变量误差。生产函数中的创新产出具有内生性是因为存在测量误差而非同时性偏差。

概念数据模型框架已渗入各个研究方向:使用收益率替代生产率作为经济

---

① Crépon 等(1998)首次在论文中提出概念数据模型(CDM),并分析了法国的创新调查数据,提出两个衡量创新产出的方法:创新数量和关于创新销售份额的分类数据。

② Hall 和 Mairesse(2006)就概念数据模型列举数个实例。

③ 噪声数据是指数据中存在着错误或异常(偏离期望值)的数据。——译者注。

表现的度量(Jefferson 等,2006；Lööf 和 Heshmati，2006)，使用创新支出而非限制较多的研发支出(Janz 等,2004；Lööf 和 Heshmati，2006)，在创新产出中增加需求转移效应(van Leeuwen 和 Klomp，2006)，企业创新和市场创新的差异(Duguet，2006)，不同创新产出的差异(Griffith 等，2006；Parisi 等，2006；Polder 等，2009；Roper 等，2008)，将除研发外的其他创新因素视为创新投入(Polder 等，2009，研究信息通信技术；Parisi 等，2006 和 Hall 等，2009，研究流程创新中的实体资本投资；)，以及生产率对创新的反馈效应(Klomp 和 van Leeuwen，2001)。

Duguet(2006)发现只有激进式创新才能推动全要素生产率的增长。不同国家产品创新和流程创新重要性的比较结果也不尽相同。Mairesse 等(2005)发现在法国两者都很重要。Mairesse 等(2005)发现流程创新比产品创新收益更高。事实上，虽然产品创新能够替代现有产品，增加或减少总销售额，我们也需要更多时间在生产率统计中收集产品创新数据，但是我们希望流程创新能直接影响平均生产成本。另外产品创新可能包含质量改善，但将质量改善作为产出的衡量标准是不合理的。Griffith 等(2006)开展的跨国比较研究显示其他国家的情况并非如此：在西班牙、德国和英国，流程创新无足轻重，然而产品创新对所有国家(除德国)均有重要的积极影响。Roper 等(2008)对爱尔兰企业进行研究，发现产品创新和流程创新对生产率的影响非常小。通过连续测定创新成就，他们发现产品创新甚至有负的影响。Parisi 等(2006)研究意大利企业后发现流程创新有积极影响，而产品创新没有。为了解信息通信技术发挥的作用，Crespi 等(2007)研究英国企业后发现，信息技术创新与组织创新的相互作用对企业业绩有积极影响，但是单个因素对企业影响甚微。Polder 等(2009)研究荷兰企业后发现，在服务业创新而非制造业创新中，信息通信技术间接影响生产率。在服务业和制造业中，伴随着组织创新出现的产品和流程创新才会影响生产率。

Harrison 等(2008)研究德国、法国、西班牙和英国企业时，将创新产出与生产率增长联系起来，并将就业增长部分归因于旧产品的增长，将销售额增长归因于新产品，将整体效果归因于流程创新。他们发现与产品创新相比，流程创新能更好地精简制造业而非服务业的员工数量，但是不管在何种创新中，补偿效应始终占主导地位。此外产品创新能创造工作岗位。Hall 等(2008)将该模型运用于意大利企业中，并得出相似结果。

另外两个与创新相互关联的变量是专利与出口。Duguet 和 Lelarge(2006)总结提出，专利价值的增长推动了产品创新，但是未推动流程创新。与此同时，产品创新的价值能激励人们申请专利，而流程创新则不会。Brouwer 和 Kleinknecht(1999)发现研发合作者更有可能取得专利权。Van Ophem 等(2002)通过格兰杰因果关系检验发现专利能引致研发，而研发无法引致专利。

Sterlacchini(1999)就出口和创新的关系进行了总结,认为创新影响出口业绩,而Kleinknecht 和 Oostendorp(2002)则认为出口和创新相互影响。Lachenmaier 和 WoBmann(2006)发现创新能引致出口。关于出口和创新关系的内容更详见本卷第 19 章。

7. 互补性和动态性

在外界看来创新者常常同时进行一系列战略活动——开展研发活动、购买技术、进行产品创新和流程创新、取得专利、与他人进行合作等等。多种创新战略共存的现象说明 Edgeworth 所言的各种互补性切实存在:“将一件事做全面能提高做另一件事的收益。”换句话说,当创新者同时采用两种创新战略,那么这两个战略间存在互补性。因为同时采用两种创新战略的绩效高于单独采用两种战略的绩效之和。

许多研究利用创新调查数据,检验不同创新战略间的互补性。尽管该互补性仅存在于某些经济部门,但是企业仍倾向于同时进行产品创新和流程创新(Cabagnols 和 LeBas, 2002; Martínez-Ros 和 Labeaga, 2002; Miravete 和 Pernias, 2006)。比如说 Polder 等(2009)研究荷兰企业后发现,产品创新和流程创新在制造业中存在互补性,流程创新和组织创新在服务业中存在互补性,产品创新和组织创新在两个行业中均存在互补性。因为企业要增强自身能力以吸收外部知识,所以倾向于从其他企业获取知识的同时生成属于自己的知识(Cassiman 和 Veugelers, 2006; Lokshin 等,2008; Veugelers, 1997)。尽管企业间的合作取决于合作伙伴和企业规模,但是企业更乐于同时与不同的合作伙伴合作(Belderbos 等,2006)。Leiponen(2005)发现技术技能与研发合作、产品创新及流程创新等三个方面之间存在互补性。

创新调查也能用以检验创新政策间是否存在互补性。创新阻碍因素可以反映创新政策的失败之处。如果调查对象认为某阻碍因素的不良影响很大,这意味着相对应的创新政策存在缺陷。关于创新阻碍因素中互补性的分析引发人们的思考:是否应该同时采用不同的政策以改进创新。换句话说,是否应该进行政策组合?如果两个阻碍因素具有互补性,两者共存会加大其不良影响,一个阻碍因素的消失会削弱另一因素的不良影响,然而没有充分的理由同时消除两个阻碍因素。但是如果一个阻碍因素能缓解来自另一因素的压力,那么该阻碍因素的消失会恶化另一因素的不良影响。在这种情况下,我们应同时消除两个阻碍因素。Mohnen 和 Röller(2005)的发现说明政府应采取政策组合以鼓励企业成为创新者,比如简化融资流程、允许企业进行合作以增加技术人才并减轻监管压力,但是一些个别政策更能推进企业创新。研究人员调查了加拿大(Mohnen

和 Rosa，2002)和法国(Galia 和 Legros，2004)的企业创新以研究创新阻碍因素的互补性。

在分析创新行为和互补性时，我们需要尽可能考虑未观测到的异质性。Miravete 和 Pernias(2006)利用 1988—1992 年的 DIRNOVA 面板数据发现，如果没有将未观测到的异质性纳入考虑范围，那么会就产品创新和流程创新之间的互补性得出错误结论，因为未观测到的个体异质性可能会使两种创新形式同时出现。多数基于创新调查的实证研究都会利用横截面数据。在许多国家，相关人员可以获得定期连续开展的创新调查的相关数据，另外在不同时期开展的创新调查中存在大量重复样本，因此我们也许能根据面板数据，控制个体效应并估计动态关系以解决部分调查问题，比如创新和其对生产率的影响之间的时滞、创新持续性以及创新和其他经济或创新指标间的因果关系。

最近多项研究对创新持续性假说进行了验证。成功能孕育下一个成功吗？将滞后创新作为解释变量可以验证企业是否倾向于在以往创新的基础上进行创新。许多基于专利数据的研究发现专利持续性并不存在(Geroski 等，1997；Malerba 和 Orsenigo，1999)。Cefis(2003)发现主要创新者都具有持续创新这一特征。Parisi 等(2006)发现持续性仅存在于产品创新而非流程创新中。显而易见，考虑到可能被忽视的异质性，分析该问题并非易事。以下两项研究控制与回归量平均值及初始条件相互联系的个体异质性，以便确定真实可信的创新持续性。Peters(2009)发现创新活动的持续性在于创新投入。Raymond 等(2010)发现不论是在新产品或新流程，还是在新产品的实际销售份额中，创新产出都具有持续性，但只有高科技产业企业的创新才具有该持续性。[①]

很少有研究关注于创新影响的时滞对经济表现的影响以及研究对创新的动态性的一般性研究。Huergo 和 Jaumandreu(2004)列举了一个实例，他们利用半参数方法[②]和西班牙企业的数据，估计得出流程创新对生产率的积极影响大约能持续三年。

8. 如何实现进步?

在简要回顾创新调查后，文末我们将就如何改进创新调查的质量、相关性和实用性提出建议，关注其在计量经济分析中的运用。我们提出关于一些创新调

① 分割状态依赖(过往创新能增加现有创新)与异质性(某些企业比其他企业更具创新能力)是一个复杂的计量经济学问题，与失业率相关的文献对该问题进行了广泛研究。Heckman 和 Singer(1984a，b)就此问题进行详细讨论。

② 半参数方法包含参数部分和非参数部分，降低对样本容量的要求。——译者注。

查设计与实施的建议,这些建议有助于实现创新调查的主要目标(即提供以描述性统计、指标和记分牌为形式的优质信息),也能更好地开展计量经济分析。首先,我们提倡与高校和其他组织中的经济学家进行积极的、持久的合作,利用创新调查数据进行计量经济研究;与统计学家合作开展创新调查,进行开发创新调查数据,给出关于描述性统计、指标和记分牌的一手报告。实际上,不同的探索性数据分析、描述性统计分析和计量经济调查之间不存在严格的划分标准,而两两之间可能存在更强更紧密的相互联系。经济学家和统计学家如果能够开展范围更广、更稳定的前瞻性合作,就可以提高创新调查的质量及实用性。

8.1 严格协调在不同国家和不同调查阶段创新调查基本问题的核心内容

固然特定国家的问题值得调查研究,我们也应该收集相关数据(比如创新的区域性或外商直接投资对发展中国家的重要性)对其进行研究,但是为实现跨国比较我们强烈建议不同国家要确定基本问题的核心,其定义和题序须相同。在不同阶段的创新调查中,基本问题的核心要保持不变,这样才能对创新调查的演变进行历时性的评估和分析。更确切地说,我们建议调查问卷分为以下三部分:①不变的核心部分,该部分可能相对简短但不随时间改变,在不同国家尽可能保持一致;②可协调部分,该部分在不同国家协调一致,但可能存有差异以便分析某特定方面或新方面;和③可选部分,各国(比如说发展中国家)可根据自身特有的利益关注制定该部分内容。

不同国家的抽样程序应尽可能一致。若不能保持一致,在比较不同国家创新绩效时必须对样本信息进行偏差修正。在调查反馈中,问题措辞、题序和调查对象在企业中的职位是调查对象的敏感点,所以对其进行考虑有益于创新调查的开展。以上特征的确能极大影响调查对象对某些问题的回答。[①] 更宽泛而言我们可以将内容规划和题序稍有差异的调查问卷分发给随机挑选的企业以深入研究以上问题,并从中能获得极富价值的研究结果。

8.2 简化获取创新数据的途径

如果调查者不是政府部门工作人员也不是官方统计局的数据管理人员,那么获取创新调查数据或其他个别企业数据会较为棘手。统计人员必须依法保证参与创新调查企业信息的机密性,但是研究人员又必须广泛使用创新调查数据

① 关于跨国比较和创新调查差异(关于调查问卷内容、目标群体、抽样技术、反馈率、部门涵盖范围、开展调查的机构、强制性和自愿性的调查)参阅 Archibugi 等(1994),Therrien 和 Mohnen(2003)及 Mytelka 等(2004)。

以实现其目的，特别是经济学家会利用调查数据进行计量经济分析，这两者之间的矛盾是无法调和的。相关部门改进数据访问途径，研究人员可通过授权的安全远程访问来获取数据，也可直接获取隐藏企业身份的微观聚合数据或含有噪声的数据。我们应推广此类方法以便研究人员获取不同国家的数据，开展跨国比较。数个国际统计机构开展合作以提供获取数据的途径有助于实现该目标。目前法国正在推行一个系统，该系统在有限时间内为开展研究项目的学术机构特定人员提供创新调查中个别企业的信息，这些人员需严格保密该信息。研究人员或可将该系统扩展至其他国家。须指出的是，严格创新调查的数据多为定性数据，保密性也不强，因此完全可以在数年后向社会公开（比如在开展调查的四年后）。

8.3　合并创新调查数据和其他数据

仅依靠创新调查数据是无法解释选择调查的对象是否是创新企业的，也无法修正用以说明创新强度的潜在选择性偏差，因为创新调查中鲜有适用于所有企业（包括非创新者）的变量。在创新调查中收集更多非创新者的数据是解决该问题的方法之一，另一个解决方法是合并创新调查数据与普查数据、核算数据和其他调查数据。当然该方法不仅有利于修正潜在的选择性偏差，也为修正内生性问题及测量误差提供更多选择。总体而言，该方法会增加模型中解释变量的数量，有利于提高其相关性和解释力。

8.4　创建纵向数据库

若能建立连续数年的企业面板数据，研究人员便能研究创新的动态性，即可以分析创新决定因素的时滞和创新影响的时滞，并且修正某企业的创新效应（企业中其他未观测到的异质性）。上文中已指出仅凭横截面数据对创新中的因果关系进行总结并非易事。在互补性一节中，我们也指出个别企业的异质性可能推翻某些分析结论。创建面板数据有助于解决企业在一段时间里因进退出市场所引发的难题。与此同时，企业合并、收购和合理化改革会极大改变面板数据。但是上文也指出因为创新调查每隔四年或两年才开展一次，所以基于创新调查的面板的数据分析也存在一些问题。

8.5　收集集团企业的数据，尤其是跨国企业

有人可能认为创新可能性、创新约束和创新目标是由集团企业水平决定的。若确实如此，那么集团企业水平是分析的最佳定位。尤其是在目前这种情况下，大部分研发和创新活动由跨国企业开展，但创新调查仅记录国内创新

活动和创新绩效的数据。如果企业计划在全球范围内开展研发和创新(在跨国企业中越来越常见),那么仅对国内创新调查数据进行分析可能会影响研究结果和结论。各统计机构应开展合作以收集不同国家跨国企业下属公司的数据。

8.6 调整调查问卷以适应发展中国家

为了对创新开展跨国比较,我们有必要制订一致的调查问卷。但是为了深入了解并鼓励发展中国家的创新,我们需要更加重视发展中国家更关注的创新问题,以及相应对其设立的调查问题给予更多关注。对发展中国家而言,能力建设、非正式部门、渐进式创新、技术引进和技术扩散是创新的主要方面,而率先推向市场的创新产品或知识产权的使用是次要方面。

8.7 建立统计学家和经济学家的紧密合作关系

致力于研究和创新问题的经济学家与负责创新调查的统计学家正开展积极有序的合作。若能改进并推行上述建议,两者之间的合作将更为紧密。所有国家都在开展此类合作,但参与人员在最终决定调查问卷内容和开展创新调查前才建立委员会,所以合作参与度低,形式比较随意。更紧密和更稳定的合作才会真正富有成效。在一些国家,不同机构负责开展创新调查并分析利用一手的统计结果,我们可以考虑在此经验基础上进行合作,共同承担责任。根据创新调查中三组不同的问题(上文中的第一个建议),统计部门和统计学家负责创新调查的核心部分,该部分在所有国家均为必答部分,他们也可负责各国需要协调的部分或决定长期委托某调查机构开展创新调查。第三部分是选答部分,该部分与各国的创新利益相关且常有变动,可以由调查组织负责,也可由最能胜任该任务的专业组织或私人组织负责。总体而言,负责开展调查的组织需要更有效率,减少开展和分析创新调查所需的成本,提高调查的实用性。统计学家和政府人员的首要任务是开展创新调查,为政策规划提供信息,而研究人员(多数致力于学术研究)着重理解创新的概念;两者之间开展合作、共担责任,以保证双方的需求都得到满足并做出明智决策,即使妥协不可避免。该合作有助于各方从经验中学习,避免错误的发生,比如在没有证据表明是否有利于创新调查的情况下避免改动问题规划,也可避免相关人员为引入更符合潮流的问题而删去有价值的问题。

9. 结论

因为近年来创新调查备受欢迎,且不断发展,所以除对其负责的官方统计学家外，经济学家和其他分析学家也开始利用创新调查开展研究。目前，在发达国家和发展中国家中，美国属于未按《奥斯陆手册》指南开展定期创新调查的国家之一。希望在不久的将来美国会加入其他国家，开展创新调查。

统计学家和经济学家已从创新调查数据中获取不少信息。他们从指标、交叉制表和其他描述性统计中了解创新的发生和创新的强度、企业创新的原因、创新过程中的阻碍、创新信息来源、创新合作和知识产权的重要性。通过从以下多方面对企业行为进行计量经济研究，他们已经在评估、解释和理解事实证据方面取得进展：企业行为创新对生产率和其他结果的影响，需求、技术或竞争是否为驱动创新的决定因素，创新的背景因素是否更有利于创新，等等。

当然我们应该进一步提高分析的相关性和质量，同时也希望在未来能有更多的发展。由于目前我们可获得创新的纵向数据，所以可以更好地控制未观测到的异质性。未来的创新调查可能会包含更多的内容和样本，所以分别估算不同产业模型而得出的结论会更具信服力，对小型、中型和大型企业而言也是如此。对不同规模的企业而言，创新的意义不同。在低技术产业及高技术产业或是在自然资源产业、制造业及服务业，创新形态也不尽相同。尽可能保证欧盟国家、经合组织成员国和非经合组织成员国的调查问卷内容的一致性，从某种程度而言我们便可以比较世界不同国家的创新绩效。

在特定时期，创新调查中的多数变量由其他变量共同决定，受其他变量的共同影响。除采用概念数据模型的研究外，鲜有研究会考虑相互依赖的两个因素或依赖于第三方的因素。这一方面是因为缺少长期数据，另一方面是因为与创新调查中收集到的变量相比，研究人员掌握的其他变量更少。现在研究人员能够获取更多创新调查数据，而且创新调查数据也能与其他企业数据库合并，因此，建立创新结构动力模型、评估因果关系方向、找到外生性变量以解决变量的严重误差和其他内生性问题将不再是难题。

开展创新调查的目的主要是通过衡量不同国家的创新绩效为政策规划提供信息，而不是评估和指导创新政策。未来可能会通过创新调查实现某些政策评估。当然，我们必须深刻意识到，即使创新调查数据及其分析得到进一步完善，它们与政策及政策制定者的需求之间仍会存在难以逾越的鸿沟。

参考文献

Aerts, K., Schmidt, T. (2008). “Two for the price of one? On additionality effects of R&D subsidies: A comparison between Flanders and Germany”. Research Policy 37(5), 806 - 822.

Almus, M., Czarnitzki, D. (2003). “The effects of public R&D on firm's innovation activities: The case of Eastern Germany". Journal of Business and Economic Statistics 12 (2), 226 - 236.

Anderson, F. (2003). "The flow of innovative products from manufacturing industries to construction industries". In: Gault, F. (Ed.), Understanding Innovation in Canadian Industry. School of Policy Studies, McGill-Queen's University Press, pp. 367 - 384.

Archibugi, D., Cohendet, P., Kristensen, A., Schaffer, K.-A. (1994). Evaluation of the Community Innovation Survey (CIS) Phase I. Department of Business Studies, Aalborg, Denmark EIMS Publication No. 11, IKE Group.

Arundel, A., Bordoy, C. (2005). The 4th Community Innovation Survey: Final Questionnaire, Supporting Documentation, and the State of the Art for the Design of the CIS. Final Report to Eurostat for the Project "Preparation of the Fourth Community Innovation Survey".

Arundel, A., Hollanders, H. (2008). "Innovation scoreboards: Indicators and policy use". In: Nauwelaers, C., Wintjes, R. (Eds.), Innovation Policy in Europe: Measurement and Strategy. Edward Elgar, pp. 29 - 52.

Arundel, A., Bordoy, C., Mohnen, P., Smith, K. (2008). "Innovation surveys and policy: Lessons from the CIS". In: Nauwelaers, C., Wintjes, R. (Eds.), Innovation Policy in Europe: Measurement and Strategy. Edward Elgar, Cheltenham, UK, pp. 3 - 28.

Arvanitis, S. (2008). "Explaining innovative activity in service industries: Micro data evidence for Switzerland". Economics of Innovation and New Technologies 17(3), 209 - 225.

Aschhoff, B., Doherr, T., Kohler, C., Peters, B., Rammer, C., Schubert, T., Schwiebacher, F. (2009). Innovationsverhalten der deutschen Wirtschaft: Indikatorenbericht zur Innovationserhebung von 2008. ZEW, Mannheim, Germany.

Baldwin, J. R., Hanel, P. (2003). Innovation and Knowledge Creation in an Open Economy. Cambridge University Press, Cambridge, UK.

Belderbos, R., Carree, M., Diederen, B., Lokshin, B., Veugelers, R. (2004a). "Heterogeneity in R&D Cooperation Strategies". International Journal of Industrial Organization 22, 1237 - 1263.

Belderbos, R., Carree, M., Lokshin, B. (2004b). "Cooperative R&D and firm performance". Research Policy 33(10), 1477 - 1492.

Belderbos, R., Carree, M., Lokshin, B. (2006). "Complementarities in R&D cooperation strategies". Review of Industrial Organization 28, 401 - 26.

Benavente, J. M. (2006). "The role of research and innovation in promoting productivity in Chile". Economics of Innovation and New Technology 15(4 - 5), 301 - 315.

Berube, C., Mohnen, P. (2009). "Are firms that received R&D subsidies more innovative?" Canadian Journal ofEconomics 42(1), 206 - 225.

Blundell, R., Griffith, R., van Reenen, J. (1999). "Market share, market value and innovation in a panel of British manufacturing firms". Review of Economic Studies 66, 529 - 554.

Bogliacino, F., Perani, G., Pianta, M., Supino, S. (2009). Innovation in Developing Countries. The Evidence from Innovation Surveys. Paper prepared for the FIRB conference Research and Entrepreneurship in the Knowledge-Based Economy. Universita L. Bocconi, Milano, Italy.

Brouwer, E., Kleinknecht, A. (1996). "Determinants of innovation: A micro econometric analysis of three alternative innovative output indicators". In: Kleinknecht, A. H. (Ed.), Determinants of Innovation, the Message from New Indicators. Macmillan Press, London, pp. 99 - 124.

Brouwer, E., Kleinknecht, A. (1999). "Innovative output, and a firm's propensity to patent. An exploration of CIS micro data". Research Policy 28, 615 - 624.

Busom, I. (2000). "An empirical evaluation of the effects of R&D subsidies". Economics of Innovation and New Technology 9(2), 111 - 148.

Cabagnols, A., Le Bas, C. (2002). "Differences in the determinants of product and process innovations: The French case". In: Kleinknecht, A., Mohnen, P. (Eds.), Innovation and Firm Performance: Econometric Explorations of Survey Data. Palgrave, Hampshire/New York, NY, pp. 112 - 149.

Carter, C. F., Williams, B. R. (1958). Investment in Innovation. Oxford University Press, London.

Cassiman, B., Veugelers, R. (2002). "R&D cooperation and spillovers: Some empirical evidence from Belgium". American Economic Review 92(4), 1169 - 1184.

Cassiman, B., Veugelers, R. (2006). "In search of complementarity in innovation strategy: Internal R&D and external knowledge acquisition". Management Science 52(1), 68 - 82.

Cefis, E. (2003). "Is there any persistence in innovative activities?" International Journal of Industrial Organization 21(4), 489 - 515.

Chudnovsky, D., Lopez, A., Pupato, G. (2006). "Innovation and productivity in developing countries: A study of argentine manufacturing firms behavior (1992 - 2001)". Research Policy 35, 266 - 288.

Crepon, B., Duguet, E., Kabla, I. (1996). "Schumpeterian conjectures: A moderate support from various innovation measures". In: Kleinknecht, A. (Ed.), Determinants of Innovation: The Message from New Indicators. Macmillan Press, London, pp. 63 - 98.

Crepon, B., Duguet, E., Mairesse, J. (1998). "Research, innovation and productivity: An econometric analysis at the firm level". Economics of Innovation and New Technology 7, 115 - 158.

Crespi, G., Peirano, F. (2007). Measuring Innovation in Latin America: What We Did, Where We Are and What We Want to Do. Paper prepared for the MEIDE conference, Maastricht.

Crespi, G., Criscuolo, C., Haskel, J. (2007). Information Technology, Organisational Change and Productivity Growth: Evidence from UK Firms. CEPR Discussion Paper No. 783.

Czarnitzki, D., Licht, G. (2006). "Additionality of public R&D grants in a transition economy: The case of Eastern Germany". Economics of Transition 14(1), 101 - 131.

Czarnitzki, D., Ebersberger, B., Fier, A. (2006). "The relationship between R&D collaboration, subsidies and patenting activity: Empirical evidence from Finland and Germany". Journal of Applied Econometrics 22(7), 1347 - 1366.

Debresson, C., et al. (1996). Economic Interdependence and Innovative Activity. Edward Elgar, Cheltenham, U. K.

Diederen, P., van Meijl, H., Wolters, A. (2002). "Innovation and farm performance: The case of Dutch agriculture". In: Kleinknecht, A., Mohnen, P. (Eds.), Innovation and

Firm Performance: Econometric Explorations of Survey Data. Palgrave, Hampshire/New York, NY.

Duguet, E. (2006). "Innovation height, spillovers and TFP growth at the firm level: Evidence from French manufacturing". Economics of Innovation and New Technology 15 (4-5), 415-42.

Duguet, E., Lelarge, C. (2006). Does Patenting Increase the Private Incentives to Innovate? A Microeconometric Analysis. CREST Working Paper 2006-09.

Galia, F., Legros, D. (2004). "Complementarities between obstacles to innovation: Evidence from France". Research Policy 33, 1185-1199.

Geroski, P., Van Reenen, J., Walters, C. (1997). "How persistently do firms innovate?" Research Policy 26, 33-48.

Godin, B. (2002). The Rise of Innovation Survey: Measuring a Fuzzy Concept. Canadian Science and Innovation Indicators Consortium, http://www.csiic.ca/PDF/Godin_16.pdf. Project on the History and Sociology of S&T Statistics, Paper No. 16.

Gonzalez, X., Jaumandreu, J., Pazo, C. (2005). "Barriers to innovation and subsidy effectiveness". RAND Journal of Economics 36(4), 930-950.

Griffith, R., Huergo, E., Mairesse, J., Peters, B. (2006). "Innovation and productivity across four European countries". Oxford Review of Economic Policy 22(4), 483-498.

Hall, B. H., Maffioli, A. (2008). "Evaluating the impact of technology development funds in emerging economies: Evidence from Latin America". European Journal of Development Research 20(2), 172-198.

Hall, B. H., Mairesse, J. (2006). "Empirical Studies of Innovation in the Knowledge Driven Economy". Economics of Innovation and New Technology 15(4/5), 289-299.

Hall, B. H., Lotti, F., Mairesse, J. (2008). "Employment, innovation and productivity: Evidence from Italian micro data". Industrial and Corporate Change 17(4), 813-839.

Hall, B. H., Lotti, F., Mairesse, J. (2009). "Innovation and productivity in SMEs: Empirical evidence for Italy". Small Business Economics 33, 13-33.

Harrison, R., Jaumandreu, J., Mairesse, J., Peters, B. (2008). Does Innovation Stimulate Employment? A Firm Level Analysis Using Comparable Micro Data from Four European Countries. NBER Working Paper 14206.

Heckman, J., Singer, B. (1984a). "The identifiability of the proportional hazard model". Review of Economic Studies 51(2), 231-241.

Heckman, J., Singer, B. (1984b). "Econometric duration analysis". Journal of Econometrics 24(1-2), 63-132.

Hollenstein, H. (1996). "A composite indicator of a firm's innovativeness. An empirical analysis based on survey data for Swiss manufacturing". Research Policy 25, 633-645.

Huergo, E., Jaumandreu, J. (2004). "Firms' age, process innovation and productivity growth". International Journal of Industrial Organization 22(4), 541-560.

Janz, N., Loof, H., Peters, B. (2004). "Firm level innovation and productivity-Is there a common story across countries". Problems and Perspectives in Management 2, 184-204.

Jaramillo, H., Lugones, G., Salazar, M. (2001). "Standardization of Indicators of Technological Innovation in Latin American and Carribean Countries". Bogota Manual, RICYT/OAS/CYTED/COLCIENCIAS/OCYT.

Jefferson, G., Huamao, B., Xioajing, G., Xiaoyun, Y. (2006). "R&D performance in

Chinese industry". Economics of Innovation and New Technologies 15(4/5),345 - 366.

Kaiser, U. (2002). "An empirical test of models explaining research expenditures and research cooperation: Evidence from the German service sector". International Journal of Industrial Organisation 20,747 - 774.

Kleinknecht, A., Mohnen, P. (2002). Innovation and Firm Performance: Econometric Explorations of Survey Data. Palgrave, New York, NY.

Kleinknecht, A., Oostendorp, R. (2002). "R&D and export performance". In: Kleinknecht, A., Mohnen, P. (Eds.), Innovation and Firm Performance: Econometric Explorations of Survey Data. Palgrave, New York, NY.

Kleinknecht, A., Reijnen, J. O. N. (1992). "Why do firms cooperate on R&D? An empirical study". Research Policy 21(4),347 - 360.

Klomp, L., van Leeuwen, G. (2001). "Linking innovation and firm performance: A new approach". International Journal of the Economics of Business 8(3),343 - 364.

Lachenmaier, S., WoBmann, L. (2006). "Does innovation cause exports? Evidence from exogenous innovation impulses and obstacles using German micro data". Oxford Economic Papers 58(2),317 - 335.

Leiponen, A. (2002). "Why do firms Not collaborate? The role of competencies and technological regimes". In: Kleinknecht, A., Mohnen, P. (Eds.), Innovation and Firm Performance: Econometric Explorations of Survey Data. Palgrave, New York, NY.

Leiponen, A. (2005). "Skills and innovation". International Journal of Industrial Organization 23(5 - 6),303 - 323.

L'huillery, S., Pfister, E. (2009). "R&D cooperation and failures in innovation projects: Empirical evidence from French CIS data". Research Policy 38,45 - 57.

Lokshin, B., Belderbos, R., Carree, M. (2008). "The productivity effects of internal and external R&D: Evidence from a dynamic panel data model". Oxford Bulletin ofEconomics and Statistics 70(3),399 - 413.

Loof, H., Heshmati, A. (2006). "On the relationship between innovation and performance: A sensitivity analysis". Economics of Innovation and New Technology 15(4/5),317 - 344.

Loof, H., Heshmati, A., Apslund, R., Nas, S. O. (2003). "Innovation and performance in manufacturing firms: A comparison of the Nordic countries". International Journal of Management Research 2,5 - 36.

Lopez, A. (2008). "Determinants of R&D cooperation: Evidence from Spanish manufacturing firms". International Journal of Industrial Organization 26,113 - 136.

Mairesse, J., Mohnen, P. (2001). "To be or not to be innovative: An exercise in measurement". Science, Technology Industry Review 27,103 - 127.

Mairesse, J., Mohnen, P. (2002). "Accounting for innovation and measuring innovativeness: An illustrative framework and an application". American Economic Review, Papers and Proceedings 92(2),226 - 230.

Mairesse, J., Mohnen, P. (2005). "The importance of R&D for innovation: A reassessment using French survey data". Journal of Technology Transfer 30(1 - 2),183 - 197.

Mairesse, J., Mohnen, P., Kremp, E. (2005). "The importance of R&D and innovation for productivity: A reexamination in light of the 2000 French innovation survey". Annales d'Economie et de Statistique 79(80),489 - 529.

Malerba, F., Orsenigo, L. (1999). "Technological entry, exit and survival: An empirical analysis of patent data". Research Policy 28,643 - 660.

Martinez-Ros, E., Labeaga, J. M. (2002). "Modelling innovation activities using discrete choice panel data models". In: Kleinknecht, A., Mohnen, P. (Eds.), Innovation and firm performance: Econometric explorations of survey data. Palgrave, New York, NY, pp. 150 - 171.

Masso, J., Vather, P. (2008). "Technological innovation and productivity in late-transition estonia: Econometric evidence from innovation surveys". European Journal of Development Research 20(2),240 - 261.

Miotti, L., Sachwald, F. (2003). "Cooperative R&D: Why and with whom? An integrated framework of analysis". Research Policy 32,1481 - 1499.

Miravete, E., Pernias, J. (2006). "Innovation complementarity and scale of production". Journal of Industrial Economics 54,1 - 29.

Mohnen, P., Dagenais, M. (2002). "Towards an innovation intensity index. The case of CIS-I in Denmark and Ireland". In: Kleinknecht, A., Mohnen, P. (Eds.), Innovation and Firm Performance. Econometric Explorations of Survey Data. Palgrave, New York, NY, pp. 3 - 30.

Mohnen, P., Hoareau, C. (2003). "What type of enterprise forges close links with universities and government labs? Evidence from CIS 2". Managerial and Decision Economics 24(2 - 3),133 - 145.

Mohnen, P., Roller, L.-H. (2005). "Complementarities in innovation policy". European Economic Review 49(6),1431 - 1450.

Mohnen, P., Rosa, J. (2002). "Barriers to innovation in service industries in Canada". In: Feldman, M., Massard, N. (Eds.), Institutions and Systems in the Geography of Innovation. Kluwer Academic Publishers, Boston, MA, pp. 231 - 250.

Mohnen, P., Therrien, P. (2003). "Comparing the innovation performance of manufacturing firms in Canada and in selected European countries: An econometric analysis". In: Gault, F. (Ed.), Understanding Innovation in Canadian Industry. School of Policy Studies, Queen's University, Kingston and Montreal, McGill-Queen's University Press, pp. 313 - 339.

Mohnen, P., Mairesse, J., Dagenais, M. (2006). "Innovativity: A comparison across seven European countries". Economics of Innovation and New Technologies 15(4/5),391- 13.

Monjon, S., Waelbroeck, P. (2003). "Assessing spillovers from universities to firms: Evidence from French firm-level data". International Journal of Industrial Organization 21 (9),1255 - 1270.

Mytelka, L., Goedhuys, M., Arundel, A., Gachino, G. (2004). Designing a Policy-Relevant Innovation Survey for NEPAD, A Study Prepared for The Development Bank of Southern Africa Limited. United Nations University for New Technologies (UNU-INTECH).

OECD. (1992). Oslo Manual (first ed.). OECD, Paris.

OECD. (1996). Oslo Manual (second ed.). OECD, Paris.

OECD. (2002). The Measurement of Scientific Technical Activities. Frascati Manual 2002. Proposed Standard Practice for Surveys of Research and Experimental Development. OECD, Paris.

OECD. (2005). Oslo Manual (third ed.). OECD, Paris.

OECD. (2009). Innovation in Firms. A microeconomic Perspective. OECD, Paris.

Parisi, M. L., Schiantarelli, F., Sembenelli, A. (2006). "Productivity, innovation creation and absorption, and R&D: Micro evidence for Italy". European Economic Review 50, 2037 - 2061.

Pavitt, K. (1984). "Sectoral patterns of technical change: Towards a taxonomy and a theory". Research Policy 13, 343 - 373.

Peters, B. (2009). "Persistence of innovation: Stylized facts and panel data evidence". Journal of Technology Transfer 34, 226 - 243.

Polder, M., van Leeuwen, G., Mohnen, P., Raymond, W. (2009). Productivity Effects of Innovation Modes. Amsterdam: Statistics Netherlands Working Paper 09033.

Raffo, J., L'huillery, S., Miotti, L. (2008). "Northern and Southern innovativity: A comparison across European and Latin American countries". European Journal of Development Research 20(2), 219 - 239.

Raymond, W., Mohnen, P., Palm, F., Schim van der Loeff, S. (2006). "An empirically-based taxonomy of Dutch manufacturing: Innovation policy implications". De Economist 154(1), 85 - 105.

Raymond, W., Mohnen, P., Palm, F., Schim van der Loeff, S. (2010). "Persistence of innovation in Dutch manufacturing: Is it spurious?" Review of Economics and Statistics (forthcoming).

Robson, M., Townsend, J., Pavitt, K. (1988). "Sectoral patterns of production and use of innovations in the UK: 1945 - 1983". Research Policy 17, 1 - 14.

Roper, S., Du, J., Love, J. H. (2008). "Modelling the innovation value chain". Research Policy 37, 961 - 977.

Savignac, F. (2008). "Impact of financial constraints on innovation: What can be learned from a direct measure". Economics of Innovation and New Technologies 17(6), 553 - 569.

Sajeva, M., Gatelli, D., Tarantola, S., Hollanders, H. (2005). "Methodology report on European innovation scoreboard 2005". European Commission, Brussels, EIS 2005 Thematic Paper.

Schaan, S. (2003). "An innovation system for the forest sector". In: Gault, F. (Ed.), Understanding Innovation in Canadian Industry. School of Policy Studies, McGill-Queen's University Press, London, pp. 345 - 366.

Schibany, A., Streicher, G. (2008). "The European innovation scoreboard: Drowning by numbers?" Science and Public Policy 35(10), 717 - 732.

Sterlacchini, A. (1999). "Do innovative activities matter to small firms in non-R&D-intensive industries? An application to export performance". Research Policy 28(8), 819 - 832.

Tether, B. (2002). "Who co-operates for innovation and why? An empirical analysis". Research Policy 31, 947 - 967.

Therrien, P., Mohnen, P. (2003). "How innovative are canadian firms compared to some European firms? A comparative look at innovation surveys". Technovation 23(4), 359 - 369.

Tiwari, A., Mohnen, P., Palm, F., van der Loeff, S. S. (2008). "Financial constraint and R&D investment: Evidence from CIS". In: van Beers, C., Kleinknecht, A., Ortt, R., Verburg, R. (Eds.), Determinants of Innovative Behaviour. A Firm's Internal Practices and its External Environment. Palgrave Macmillan, Hampshire, pp. 217 - 242.

van Beers, C., Kleinknecht, A., Ortt, R., Verburg, R. (2008). Determinants of Innovative Behaviour. A firm's Internal Practices and its External Environment. Palgrave, New York, NY.

van Leeuwen, G., Klomp, L. (2006). "On the Contribution of Innovation to Multi-Factor Productivity Growth". Economics of Innovation and New Technologies 15(4/5), 367 - 390.

van Ophem, H., Brouwer, E., Kleinknecht, A., Mohnen, P. (2002). "The mutual relation between patents and R&D". In: Kleinknecht, A., Mohnen, P. (Eds.), Innovation and Firm Performance. Econometric Explorations of Survey Data. Palgrave, New York, NY, pp. 56 - 72.

Veugelers, R. (1997). "Internal R&D Expenditures and External Technology Sourcing". Research Policy 26, 303 - 315.

von Hirschhausen, C., Schmidt-Ehmcke, J. (2009). The DIW Innovation Indicator: An Integrated Approach. DIW, Berlin, Germany. http://www.diw.de.

第七部分

创新政策

第 27 章
创新体系

Luc Soete*，Bart Verspagen* 和 Bas Ter Weel*†
*马斯特里赫特大学经济系，创新与技术经济研究所
荷兰，马斯特里赫特
†荷兰经济政策研究局国际经济学系
荷兰，海牙

目录

摘要/457
关键词/457
1. 引言/458
2. 国家创新体系经济学综合指南/460
 2.1 定义/461
 2.2 主要参与者/461
 2.3 观点和成果/463
  2.3.1 创新来源/464
  2.3.2 制度(和组织)/464
  2.3.3 互动式学习/465
  2.3.4 互动/465
  2.3.5 社会资本/465
3. 国家创新体系和政策/466
 3.1 国家创新体系政策/466
 3.2 国家创新体系：新产业政策的框架/467
 3.3 超越产业：更系统化的政策观点/468
4. 国家创新体系概念目前面临的政策挑战/471
 4.1 服务经济：无(产业)研究的创新/471
 4.2 从国家创新体系到国际创新体系/472
5. 结论/473
致谢/475
参考文献/475

摘要

本文将回顾国家创新体系的相关文献。首先，我们聚焦于创新体系概念的产生，回顾其历史起源以及三个主要特点(与此概念的三位创立者相关)。其次，我们讨论创新体系概念如何为创新政策奠定更广泛的基础。最后，我们总结文献中关于创新体系未来发展的一些观点。

关键词

创新政策　国家创新体系

1. 引言

正如 Joel Mokyr 在第 1 章中所述,人们从不久前才开始特别关注发明与技术变革,并将其视为促进经济发展的核心因素(Mokyr, 2010)。早期古典经济学家深知技术对经济发展的关键作用,并且通常认为资本概念中充分体现了技术进步,此观点在 20 世纪 50 年代末一直处于主导地位。当时人们认为"某些东西"伴随着 20 世纪的经济增长和战后时期的经济加速发展而产生(Solow, 1957),并可用于衡量我们的无知(Abramovitz, 1956)。因此,虽然 Adam Smith 在《国富论》中的确提到机器的改进既依靠机器制造商,又依靠"哲学家或专业人士,他们不必样样精通,但要眼观六路,耳听八方……"但他认为技术进步很大程度上仍然依赖于人们的创造力,依赖于直接参与生产过程的人们或是与生产过程紧密相关的人们:"……在劳动分工最为精细的生产中使用的大部分机器最初都是由普通工人发明。"

Adam Smith 对于技术进步的观点招致 Friedrich List 的强烈批评,他在 1841 年写道:"Adam Smith 仅仅把资本一词理解为食利者或商人在账簿或资产负债表中必须加以考虑的事物。他忘记他本人(在他对资本的定义里)也把生产者的智力和体力作为资本的一部分。他坚持错误地认为国家收入仅仅依赖于国家物质资本总量"(p. 183)。在此背景下,List 做出的贡献尤为重要,因为他是第一批认识到"系统性"互动关键作用的科学家之一,此处的系统性互动是指在国家发展过程中科学、技术以及技能间的互动。对 Smith 等古典经济学家而言,"创新"(尽管他们不使用这样的词汇)是一个由经验和机械独创性孕育的过程,经过直接观察与小规模试验后加以改善。List 认为,类似的知识积累已经成为促进国家发展的一个重要因素。"先前一代代人的发明创造,完善改进,辛苦努力不断积累,形成国家现在的状态。目前人类的智力资本就是由此积累构成,每个独立国家只要知道如何利用先辈的成就,并且通过自身能力在此成就基础上加以完善,就可以成为生产大国"(p. 113)。

毋庸置疑,List 对有形投资和无形投资间相互依赖性的认知听起来很符合时代的潮流。他很可能是第一位坚持认为行业应与正规科学教育机构相结合的经济学家。"几乎所有的制造业都与物理、机械、化学、数学、设计工艺等相关,如果科学不能改进行业加工,就无法取得进步、产生新的发明创造"(p. 162)。他所著的《政治经济学的国民体系》(*The National System of Political Economy*)一书也被称为《国家创新体系》(*The National System of Innovation*)。List 主要关注的问题是德国如何超越英国。对欠发达国家来说(比如德国相对于英国就是欠发达国家),他提倡不仅要保护新兴工业,也要保护制定的各种政策,以加速或实现工业化和经济增长。大多数政策都与学习和采用新技术有关。从此意义上而言,List 已经预先提出并且认同"国家创新体系"这一现代理论。

表 1 阐述了在 List 提出对国家创新体系的历史性解读之后,18 世纪与 19 世纪初英国国家创新体系的特征,以及 19 世纪末与 20 世纪美国国家创新体系的特征。表 1 对国家科技进步情况的最显著历史制度特点做了整体的描述性解读,其中最引人注目的是国家在调整工业和经济的长期政策中的特殊重要作用。事实上,19 世纪中期普鲁士国家在技术赶超中所起的作用与数十年后的日本、100 年后的韩国,以及现阶段的中国所发挥的作用十分相似。国家每次都扮演着至关重要的协调角色,并强调国家创新体系这一当代研究(例如,教育培训机构、高校与技术研究所、用户生产者交互学习以及知识积累)中心的诸多特征。

简而言之,创新体系方法十分清晰地表达了"系统性"互动的重要性,这种互动是不同发明要素、调查、技术变革、学习以及创新间的互动;国家创新体系突出国家作为协调方的中心角色。对政策制定者而言,创新体系最吸引人的地方在于对互补性政策需求的清晰认知,对体系缺陷的关注,并且强调大多数制度的国家背景。"国家创新体系"的概念于 20 世纪 80 年代由 Freeman(1987)、Lundvall(1992)与 Nelson(1993)正式提出,在很大程度上归功于上述种种历史见解。该概念提出了有关创新的观点,与应对传统市场失灵的研究和创新政策类似,Steinmuller(2010)所著章节对此有所阐述 (1997)。

表 1　英国和美国国家创新体系的特点

18 世纪与 19 世纪时期英国国家创新体系的特点

- 在国家与当地俱乐部的鼓励宣传下,发展科学已成为一项国家制度。
- 交通基础设施(运河、道路与铁路)管理者的大力投资。
- 组织间的合作促使发明者筹集资金并与企业家展开合作。
- 从国家与当地资本市场获得的贸易及服务利润可投资于工厂生产,尤其是纺织品工厂。
- 经济政策受到古典经济学的强烈影响,并且符合工业化的利益。
- 人们努力保护国家技术,阻止竞争对手的赶超。
- 截至 1850 年,英国人均生产力约是欧洲人均生产力的两倍。
- 减少或取消内部以及外部贸易壁垒。
- 持不同意见的学界以及一些大学提供科学教育;技工在新工业城镇接受兼职培训。

19 世纪末与 20 世纪美国国家创新体系的特点

- 贸易和投资不受封建壁垒的限制;1865 年奴隶制度取消;资本主义意识形态盛行。
- 从 19 世纪 60 年代起,铁路基础设施促进庞大国家市场的迅速发展。
- 技术工人的缺乏促进机器密集型技术与资本密集型技术的发展(McCormick Singer, Ford)。

(续表)

● 在大量投资以及大规模经济的帮助下,丰富的国家资源得以开发(铁、铜、石油)。 ● 采用美国典型的大规模生产与流水线生产技术。 ● 自 1776 年起,大力鼓励联邦与州级的科学技术教育。 ● 美国资本密集型行业公司发展壮大(通用汽车、通用电气、南方电力等),并且开始内部研发。 ● 截至 1914 年,美国生产力是欧洲的两倍。 ● 通过移民从欧洲引进重要的科学与技术。

资料来源:Freeman 和 Soete(1997)。

本章中,我们首先描述有关国家创新体系文献中的不同概念与定义(第 2 节)。在第 3 节,我们将会讨论国家创新体系备受政策制定者青睐的原因。正如上文所强调的那样,国家创新体系的起源与工业和国家扮演的核心角色紧密相连,工业在促进生产力增长、技术不断改进与创新中发挥着核心作用;国家在组织、改进以及评估不同的机构中起着核心作用,这些机构主要负责科学、技术、创新、高等教育、技能以及更广泛的学习发展。国家创新体系概念为政策制定者制定工业政策提供了备选方案。与此同时,也为公共机关为发展知识驱动型经济创造"正确"的制度条件提供强有力的支持。在第 4 节,我们对国家创新体系方法的局限性展开讨论,主要涵盖传统工业技术框架外的新创新模式(无产业研发的创新),以及全球价值和知识链的产生,质疑国家在该领域的政策重点。在本章的结论中,我们总结了国家创新体系以及其政策相关性的五大主要特征。

2. 国家创新体系经济学综合指南

总体层面而言,现代创新体系的核心理念是互动过程的结果,该过程在微观层面上涉及很多参与者,其中的很多互动活动不仅受市场力量的管制,还深受非市场制度的影响。因为从宏观层面上看,互动过程的效率取决于个体参与者的行为以及管理参与者的互动活动和协作问题的制度。研究学者主要通过历史比较分析方法,并开始采纳这样的系统性创新观点。① 研究传统创新制度的科学家(例如 Freeman, 1987; Lundvall, 1992)与研究演变理论的学者(例如 Metcalfe, 1988; Nelson and Winter, 1982)是创新体系理念最强有力的支持者,这一点不足为奇。在他们看来,创新体系是一个持续的过程,其中制度(惯例和做法)、学习、网络在促进创新与技术变革方面发挥着核心作用。

① 与"创新"联系最紧密的学者必然是 Schumpeter(1934)。Schumpeter 认为创新是新的组合以及发明的商业化,是一个区别于创新扩散的过程。国家创新体系学者则采取更加综合性的观点,包括创新体系概念中整体经济中开始的扩散与应用。

2.1　定义

国家创新体系定义众多，互有差异。Freeman（1987）指出国家创新体系是"公共部门与私人部门的制度网络，两者的活动与互动产生、引进、改进并且传播新技术"（p. 1）。Lundvall 提出广义的国家创新体系概念，即"经济结构的方方面面与影响学习、探索以及探究的各种制度"（Lundvall，1992，p. 12）。Nelson（1993，p. 4）指出创新体系是"一系列制度，而制度间的互动决定国内企业的创新绩效"，其中最重要的是支持研发的制度。Metcalfe（1995）指出国家创新体系是"一系列制度，共同或单独地促进新技术的发展与传播，并且为政府提供框架以制定并实施政策进而影响创新过程。因此，创新体系是一个相互关联的制度体系，创造、储存、转移知识、技能和人工制品等新技术。国家要素不仅仅产生于技术政策领域，也产生于共同的语言文化要素，这些语言文化要素将创新系统连成一个整体，引起国家对其他政策、法律以及规章制度这些决定创新环境的因素的关注。"Edquist（1997）则对创新体系持有更广义的理解，"所有重要的经济、社会、政治、组织、制度因素及其他影响创新发展、传播以及应用的因素"（p. 14）。

尽管以上定义对制度和互动的重要性、政府维持体系运转的协调作用的重要性，以及严肃对待历史的重要性持有同样的观点，但是对有待发展的创新体系理论却抱有不同的看法。事实上，创新体系理论不是一个单一的框架，而是具有至少三类不同的特点，这与现代先驱对这一概念的应用一致。为了突出本章讨论的重点，并引出我们对创新体系的观点，现对这三类特点作简要概述。

2.2　主要参与者

国家创新体系概念最初在 20 世纪 80 年代出现，由 Chris Freeman 提出用以描述日本社会不同制度网络的一致性，这些网络是"公共部门与私人部门的制度网络，两类部门的活动及其互动产生、引进、改进并且传播了新技术"（Freeman，1987）①。与他早期关于经济与技术发展长波理论的研究相一致，Freeman 关注的焦点在于技术、社会嵌入、经济增长以及巩固创新体系的反馈回路，强调国家创新体系（日本）的主要要素。

首先是政策的作用，尤其是日本经济产业省（Ministry of International Trade and Industry，MITI）的作用。与上文提及的 List 的观点一致，Freeman 认为日本政策制定者通过为战略性产业做出特别的选择，大大加快了日本迅速赶超其他国家的进程，因此也创造了相对优势，强劲的经济增长也正是以这种相

---

① 早在 1982 年，Freeman 在一篇名为"技术基础设施和国际竞争力"的文章中第一次为国家创新体系概念撰稿，以为 OECD 做准备，这篇论文当时未被发表。最终，这篇论文于 2004 年在 *Industrial and Corporate Change* 发表。1985 年，Lundvall 第一次撰写有关"创新体系"的文章。

对优势为基础。第二，Freeman 强调企业研发在日本实现赶超中的具体作用。这里强调的是如何利用研发引进知识(来源于国外的知识)以及创造一系列可直接在日本应用的自主技术优势。① 第三，Freeman 深受他早期对长波理论研究的影响，所以十分关注人力资本的作用以及工作组织在公司及行业中的作用。大型技术体系(或者“范式”)的实施情况依赖于贯彻实施者的能力，因此技术与组织紧密联系、协调发展。Freeman 把日本的工作组织内容、创新形式以及大型公司间相关的工作关系视为发展过程中的关键要素。最后，Freeman 十分强调日本产业的组织结构，声称由于缺乏竞争，大型公司能将供应链中与创新相关的外部性内在化。纵向的内在化有益于适当激励员工，防止消极怠工；同时也可以总览整个生产过程，从而更容易地贯彻和落实新的工作模式和制造创新中间产品。这符合生产和创新的系统性方法，其中反馈回路的效率十分重要。继 Freeman 提出上述观点一年后，Dosi(1988)编辑出版了一本著作，由三章组成，包含 Freeman、Lundvall 与 Nelson 三人对国家创新体系提出的概念。

尽管后来很多人认为 Freeman 的作品具有现代开创性的贡献，但是在很大程度上依然不受关注。国家创新体系概念在学术与政策领域的重大突破是两卷手册的编辑发行，这两卷手册聚集了一大批积极研究创新文献的学者：Lundvall (1992)与 Nelson(1993)从各自不同的观点对两卷进行整合。

Lundvall 的观点与 Freeman 有些类似，他们都强调国家创新体系包含“各类要素与关系，在经济实用的新知识的生产和传播过程中互相影响，或位于本国范围内或植根于本国”(Lundvall, 1992, p. 12)。他将重点从部分的角度明确地转移到更全面的角度，即国家制度框架，公司与其他组织在此框架下得以运营，这在总体上对创新在经济中被引进与传播的速度、程度以及成效至关重要。在研究创新体系的主要学者中，Lundvall 更加偏向理论研究，他列出一些理论建设中的障碍，这里主要归纳为三大类。

其一涉及创新来源或者可以带来创新的活动类型，这些活动是由体系中的参与者开展的。Lundvall 对学习以及搜索与探索进行了区分。学习与日常活动相关联，例如生产、分配、营销与消费。这些活动提供了带来新知识和创造的经验和见解。以上经验和观点基本可以归结为一系列规则，而这些规则可以传达至每个人，并为每个人所理解。这与干中学(Arrow, 1962)的观点相一致。学习是一种区别于研发的活动，后者属于创新的第二种来源，也就是搜索与探索。这既包括企业研发(搜索)也包括学术研发(探索)，还包括其他类别的搜索，例如

① Freeman 对此的观点大部分与 Cohen 和 Levinthal(1990)对吸收能力中研发的作用的看法相一致，这一文章两年后得到发表。

市场分析。

第二种理论建设中的障碍与创新的本质有关,尤其是与渐进式创新和突破性创新的区别相关。Lundvall 主要强调创新的渐进性与积累性的本质,它主要由几个小过程组成,这些过程来自于公司的不断学习与搜索。渐进式创新的产生过程更多是连续性的,而不是像发明、创新以及传播间的区别所表明的那样。不同参与者间的反馈也是这个过程中一个重要方面,因为每一次的渐进式创新都至少有一部分是对前一次创新的回应,而这前一次的创新是由该体系中的积极参与者完成的。

Lundvall 的国家创新体系概念理论建设中第三个,也是最后一个障碍是体系中非市场制度这个因素。这有两种主要形式。第一种形式是用户与生产者间的互动,基于 Lundvall 的早期研究(Lundvall, 1988),并且与用户与生产者之间的信息交流有关。虽然那些参与者之间存在明显的市场关系,但是这里的意思是使用及生产商品或服务时的信息交换胜过经济层面的市场交易。详尽的用户反馈促使生产者对产品进行改造(创新)。非市场因素的第二个主要形式是制度。人们将制度理解为"行为规律",在很大程度上由历史决定,并且与文化密切相关(Johnson, 1992)。这样的制度减少了体系中参与者的不确定性与变动性,并且为其提供稳定性。这个例子表明对关于非市场关系的国家创新体系文献进行强调是至关重要的。

Nelson 从经验上更加关注并且涵盖案例研究的收集,这些案例研究大多数都是由国家创新体系在某一国家的历史定义组成的。对参与者的特定安排、对他们的激励以及之间的合作模式可以解释为什么特定的国家创新体系具备竞争力(或不具备竞争力)。"Nelson 视角"中的一个重要部分就是"科学与技术的交织"。此话题将重点更加局限性地放在支持正式研发的制度上。这部分是以 Rosenberg 对于研发体系历史的研究以及大学在体系中的作用为基础的。Nelson 与 Rosenberg(1993)简单描述了"技术"(即公司相对于大学)是如何在制定研究议程中起主导作用,这同时也是针对大学研究人员与其他不在商业研发实验室中工作的科学家而言的。由此得出结论,大学体系的建立方式(即私募基金、晋升激励、质量控制体系等的相对贡献)在决定该体系运行效率的高低上起到重要作用。Nelson 主要关注支持研发的组织,观点较狭义,与 Lundvall 更广义的观点形成鲜明对比,Lundvall 则认为这些注重研发的组织是更大体系中的一部分(Edquist, 1997)。

2.3　观点和成果

鉴于 Freeman、Lundvall 与 Nelson 取得的诸多贡献,国家创新体系方法提供了一些十分实用的观念,可以将其概括为五点。①

2.3.1 创新来源

Lundvall 的国家创新体系方法强调非研发基础型创新的作用,对拓展有关创新的探讨尤其奏效,这种创新是在当时成熟研发经济学之外的创新。② 在 Lundvall 最初的贡献中,这种方法在很大程度上只局限于用户与生产者间的活动以及互动学习。回顾以往发现,强调非研发类创新来源是对古典经济学家关于技术创新的观点的延伸,备受欢迎且卓有成效。在 Pavitt(1984)对创新来源的分类中凸显了这一点,这种分类以萨塞克斯大学科学政策研究中心最初的创新数据库之一为基础,③强调了创新在行业定位——上游或下游——中的多样性。但是创新体系观点从未如此明确地被放至显著地位。

就研发而言,统计机构收集到的系统性创新数据大大推动了创新的系统化方法的发展。④ 系统性创新数据的收集带来了创新调查浪潮,这些调查在多国开展,其中最著名的是欧盟创新调查,Mairesse 与 Mohnen(2010)所著的章节对此分析更为详尽。这些连续的创新调查突出了这一事实:严格意义上讲,比起研发,大部分的创新公司更多依赖于非研发性来源(例如购买机器、培训员工或者设计等)。随后的问题成为创新计量经济学研究的重心,此研究关注的是不同创新投入和相应产出之间的关系及其与公司经济效益间的互补性。这些问题不用借助创新体系文献就可以得到分析,创新体系观点为解释公司在创新中的成败提供了一个自然的概念框架,这个框架主要研究系统性互动以及不同创新资源间的互补关系,既包括研发来源也包括非研发来源。

2.3.2 制度(和组织)

制度是国家创新体系概念的核心,因为它们通过参与者(包括组织)参与体系提供框架与见解。从广义上而言,制度即习惯、做法或者惯例(正如 Nelson 与 Winter 于 1982 年所述),决定事情完成的方式、代理商之间进行互动的方式以及创新产生并且被接受的方式。对 Edquist 而言,组织(不应与制度相混淆)是体系中有形的并且受到法律确认的部分,通过汇集参与者推动着创新过程的发展。Edquist 与 Johnson(2000, p. 50)介绍了对创新体系具有重要作用的不同制度的分类学。这种分类学对制度的特点进行了区分,例如正式与非正式(非正式制度可延伸至习俗、传统以及观念)、基本性的(例如对产权、冲突管理规则等的

---

① 最新的以美国为基础的对于国家创新体系的评论由 Hart(2009)提出。

② 在这一背景下,有趣的是在 Griliches 关于研发的 NBER 卷的引言中,专利与生产力(Griliches, 1984),这是自从 Nelson(1962)做出影响深远的贡献后的第一部 NBER 卷,他将 Freeman 及其同事称为"关于行业研发项目成功与失败的有趣文献"(Griliches, 1984, p. 2),部分创新研究文献没有涵盖在此书中。

③ 见 SPRU 创新数据库(Pavitt 等,1987)以及所谓的耶鲁创新调查(Levin 等,1984)。

④ 关于这一点的文献综述,参阅 Freeman 和 Soete(2009)。

基本安排)与赞成性的(基本制度的具体实施)、硬性(有约束力、管制力的)与软性(更加具有暗示性的),以及有意设计与无意设计。

2.3.3 *互动式学习*

正如 Lundvall 所言,创新体系是一个“由各种要素及其相互关系组成的体系,这些要素与关系在产生、传播以及使用经济实用的新知识的过程中互动”(Lundvall, 1992, p.2)。除了知识,日常学习(互动性学习)也对创新过程十分重要。这种观点认为,知识的来源包括所有这些将知识引进社会及经济变革的实体。体系的动态性需要我们不断学习以适应挑战。由于体系中引进的知识只是基础性的,个人以及组织的学习在创新过程中十分必要。学习过程包括新知识、新组合或将知识介绍给其他人。对互动性学习的强调为创新理论体系和人力资源管理概念及体系建立了联系,劳动力市场制度以及人力资源制度的特别作用在总体层面上提高了公司的学习能力,并且促进了公司的经济发展(Arundel 等,2007;Bercovitz 和 Feldmann, 2006)。这样做实际上进一步推进创新概念朝着 List 的最初想法的方向发展。

2.3.4 *互动*

所有创新体系的共同特征之一是所有公司几乎从未单独开展创新。正如创新学者多年来一直指出,创新公司与其外部环境需要不断互动与合作,这在最佳情况下会产生良性循环,即更充分地应用现有知识。正如 Nelson(1993, p.10)所言:“为了使创新卓有成效,我们需要详细地了解创新的优势和劣势,以及改进哪一环节可以收获巨大回报,而这些了解通常取决于公司及其顾客与供应商。此外,随着时间的推移,行业的发展往往很大程度上都是基于实践提高自身能力。”

正是创新的互动本质与管理互动制度的非市场本质相结合,增加了“系统性失灵”的产生概率,换言之,体系各部分间缺乏协调导致了创新绩效低下。正如 Steinmuller(2010)所述,正是国家创新体系概念的主要组成部分产生了不同于基于市场失灵的政策方法的政策。

2.3.5 *社会资本*

对创新产生重要作用的不仅仅只有正式制度,社会资本对创新的发展也具有激励作用。经济文献常常把社会资本定义为收入差异的一个重要决定因素。Knack 和 Keefer(1997),Zak 和 Knack(2001)阐释了不同国家的共同点——拥有更高信任程度的国家富裕程度更高。创新是一个重要渠道,社会资本通过创新促进收入增长。其理念是,越来越多的先进历史制度积累的社会资本存量日益增加,因为有风险的创新项目融资需要研究者与资本提供者互相信任,且社会资本反过来也会影响创新过程,所以当他们建立互相信任关系之后,可以成功开展越来越多的项目,从而凭借更多的专利促进创新发展。最后,正如 Grossman

和 Helpman(1991),Aghion 和 Howitt (1992)所述,更高的创新产出带来更高的人均收入。

Akcomak 和 ter Weel(2009)以一种简单的生产模型整合社会资本。在建立社会资本的过程中,资本的积累产生知识,这些知识有益于社会并且有助于增加收入。知识的发展得益于为研究做出的努力以及探索新发现的速度。Akcomak 与 ter Weel 介绍社会资本存量可以增加知识的积累。社会资本存量对知识的积累有积极作用,反过来又增加产出,即社会资本对创新投资有积极影响。如果研究者的生活区域拥有更大范围的社交网络以及更高的标准,那么风险资本家就有很大可能为风险项目投资。在欧盟 14 国(一段时间以来实行相似的司法以及金融经济规章制度的同类国家群体)102 个地区收集的实证应用表明,社会资本是创新的重要决定因素,解释了 1990—2002 年间欧盟 102 个地区中人均收入平均浮动约 15%的原因。

3. 国家创新体系和政策

创新体系这一概念逐渐在很多政策领域流行起来。在国家层面,创新体系概念在瑞士、芬兰、荷兰也得到运用,以及跨国性组织,例如 OECD(1997,1999)、欧盟委员会、联合国贸易和发展会议,以及世界银行和国际货币基金组织(Sharif, 2006)。在这一节,我们基于体系概念,对创新政策的主要原则展开调研,对创新体系概念与其他形式的政策(例如行业与区域政策)之间的关系进行探索,并且我们探究政策制定者认为创新体系概念如此具有吸引力的原因。

3.1 国家创新体系政策

从政策的角度来看,与传统的基于市场失灵的政策角度相比,国家创新体系的概念提供了一个更广阔的政策基础。从基于市场失灵的角度,每一项政策措施必须以这两方面为支撑:其一是市场失灵的具体形式;其二是解释政策如何令体系接近最佳状态。政府失灵导致的后果也许比市场失灵更加严重,因此不是所有的市场失灵都值得政府进行干预。

从创新的系统观点来看,在使体系达到最佳状态中市场并没有发挥首要作用。相反,非市场型制度是"宏观"创新成果中的重要因素。由于这些制度的多样性以及创新的多方面特点,创新体系方法反对如下观点:政策要取得的目标是令体系达到最佳状态。正如创新一样,创新政策不断向前发展。这种宽泛的、近乎哲学性的政策观点对于奠定实际政策措施的基础有两大主要作用。

第一,相对于传统的基于市场失灵的政策,使用政策手段有更多的理由支撑。例如,在基于市场失灵的方法中,研发补贴与私人层面(公司)缺乏激励有关。补贴手段的目标是降低私人成本，从而提高投资水平，使得社会成本等同于社会收益。在系统方法中，补贴的目的更为全面，包括影响公司内知识库的本质，以及提高知识吸收能力(Bach 和 Matt，2005；David 和 Hall，2000)。同样，在基于市场失灵的方法中，通过将外部性内在化，可以促进旨在激励合作的政策发展，例如大学与产业间的合作，而在系统方法中，这样的政策旨在影响知识的分配，实现协调统一(非市场提供)，或者提高公司的认知能力。

第二种作用是使政府或政策制定机构成为体系自身的一部分，并且有其自身的目的与内在目标。因此，政策制定者必须在体系内部行使职责，并且对体系进行约束。作为体系中的一名参与者，政策制定者不能以自上而下的方式设计体系。在基于市场失灵的方法中，这是一种“政策失灵”，也就是无法通过解决市场失灵获得最佳的福利方案。从系统的角度出发，政策必然具有适应性与渐进性。在很多情况下，政策只针对于设置这一政策的体系，而在其他环境下则不起作用。政策的影响力在于其在整个体系中产生的间接效应，但是这种效应很难进行精准的预测，因此政策在本质上必须是以实验为基础的(Metcalfe，2005)。

创新体系政策的一系列手段不仅仅来自于传统的科学技术政策领域，也来自于教育政策领域。此外，产业政策与区域政策是创新体系政策的重要组成部分。我们将在此章节的剩余部分对国家创新体系概念中更广泛的经济政策方面进行论述。

3.2　国家创新体系：新产业政策的框架

鉴于自身的历史起源，国家创新体系方法有着悠久的产业政策传统，这一点不足为奇。20 世纪 70 年代传统产业政策的受欢迎程度下降，这与其相关的负面新闻报道联系紧密，这些负面报道聚焦政策失灵，例如无法成功调整如采煤、钢铁重工业部门结构，也无法使政策支持援助计划取得进展。第二，受欢迎度的下降还与失业工人的强烈抗议有关，这是实施产业结构调整政策带来的直接后果。也正是在此时，Ronald Reagan 和 Margaret Thatcher 开始他们各自作为国家领导人的任期，并重点强调供给学派经济学，以及减少政府干预。

这一政治意识必然是受日本的启发，20 世纪 70 年代尤其是 80 年代，日本成功实现产业部门的迅速赶超，从汽车业到半导体业，将消极且降低就业的产业政策转变为更具活力、蓬勃向上的产业政策。在政治层面上，美日半导体贸易协定为美国产业提供了发展空间，成为战略性产业或贸易政策的最鲜明范例之一，并且从长期角度表明了美国半导体产业的竞争力。欧洲也同样利用了产业政策的战略性本质。

有关 20 世纪 80 年代战略性产业与贸易政策的争论重点是，相比之前的文献，一旦将技术变革的连续性本质考虑在内，各个产业部门就会产生多样的动态收益递增与累积性特征(Dosi 等,1990)。公司、区域或者国家的实际生产过程与其技术能力紧密相关,这种技术能力带来生产专业化,这种生产过程同时还有显著的动态对应物,能带来技术技能与能力方面的专业化。换言之,动态技术专业化的潜力在技术与产业领域大不相同。正如 Pavitt(1984)所强调的那样,这最终很大程度上依赖于技术与产业之间的互动,以及 20 世纪 70 年代晚期和 80 年代早期的第一批基于产业的创新证据研究。战略性技术或者产业的认同与支持尽管在静态分配效率的基础上是不合理的,但是从动态的创新体系角度来看,其在长期产出与生产率增长方面是有理有据的。

3.3 超越产业:更系统化的政策观点

在 20 世纪 80 年代晚期与 90 年代早期,国家创新体系概念出现之时,其概念正如在第 2 节的概括总结,很好地满足了阐释角度转变的需求,不再只是单纯基于产业的阐释,因为这不仅仅是对技术推动的阐释也是对需求拉动类别的阐释,同时也满足了国家的经济增长需求。政策制定者,尤其是 OECD 等国际性组织对阐释国家竞争力的兴趣促进了此概念的发展。Freeman 与 Lundvall 的咨询工作也增加了 OECD 的兴趣。这为国家创新体系的引入提供了一个良好的机会,以将政策关注点拓展到更广泛的“知识与创新体系”,其表现取决于所有参与者的行为方式,而不仅仅限于美国及英国政府强调的古典经济学家。

各国的国家创新体系与各自的生产专业化道路相关,并存在显著差异,这一事实同时也蕴含着明显的政策含义。政策干预确实值得甚至有必要实施,但是现在必须要受到当地条件的影响,并且要以创新过程、组织、制度及三者之间在相对较长一段时间内的互动研究为基础。辨别体系中哪些要素缺乏活力是至关重要的,以克服体系中的特定缺陷。国家创新体系传统文献的作者开始提及“知识、创新、组织与制度的动态共同演变”。从系统化的角度出发,可以说这种演变是最薄弱的环节,但却是经济发展中至关重要的一环,因而对政策干预也是如此。

我们对如下观点并不陌生:从更先进经济体中的制度安排和其他政策中可以学到很多经验知识,例如后来欧洲关注其自身与美国的知识差距,这种系统性的比较研究是十分有用的方法。Alexander Gerschenkron 在 20 世纪 50 年代开创了这种比较性的国家研究。他指出,尽管领先国家与落后国家间的差距对落后国家意味着“很大的希望”(模仿领先技术可能会带来高增长),但还是会有各种各样的问题出现,使得落后国家无法充分受益。实际上 Gerschenkron 指出如果一个国家成功走上创新驱动型发展道路,那么其他国家就越来越难对其进行赶超。他最喜欢 100 年前德国尝试赶超英国这个例子。随着英国实现工业化,技术就向劳动密集型与小规模方向转变。然而,随着时间的推移,技术向资本密集型与规模密集型转变，因此德国进行赶超时，情况已大不相同。正因如此，Gerschenkron 说道，德国必须创造新的制度手段以克服这些障碍，首先在金融业中，"在已建立的工业国家中几乎很少有或者没有与之相媲美的制度手段"(Gerschenkron，1962)。他认为这些经历对其他技术落后的国家也同样有效。制度因素在知识创新发展中发挥作用的另一个例子就是知识产权在产业发展中的作用，尽管二者的历史背景不同。中国台湾、韩国与其他亚洲四小龙国家进行赶超之时，知识产权国际保护远远没有今天这么有力(例如本卷中 Fagerberg 等，2010)。

在此背景下，Abramovitz(1986)介绍了技术一致性与社会能力的概念，借此探讨赶超国家的"吸收能力"，如后文所介绍的那样，这种"吸收能力"与创新体系视角密切相关。技术一致性概念指的是领先国家与赶超国家在市场规模与要素供应上特点一致的程度。社会能力概念指的是落后国家为实现赶超做出的不同努力以及拥有的不同能力，例如提高教育、基础设施以及技术能力(例如研发设施)。Abramovitz 可被称为继 List 之后的另一位创新体系思维的先驱者，他认为战后时期西欧对美国的成功赶超得益于技术一致性的增长与社会能力的提高。作为对这一观点的举例，他清楚地提到欧洲经济一体化如何扩大欧洲市场、提高市场同质化程度，从而促进规模集约化技术转让，这一技术最初适用于美国的经济情况。另一方面，其他因素也反映了社会能力的提高，例如教育水平的普遍提高、公共与私人部门研发资源的增加以及金融系统在资源配置方面取得的成功。同样的，很多发展中国家未能成功利用相同的机会，通常是由于他们缺少技术一致性并且缺失社会能力(例如缺乏完善的金融系统，教育水平极度低下，或者教育分配不均)。

这里的核心点是，例如"技术一致性"和"社会能力"等概念是重要的政策理念，在应对科学、技术与创新政策的系统性"成功"或"失灵"中或许有用。从这个角度出发，以下四个因素如今对国家创新体系的运作十分必要。首先，人们认为国家对社会和人力资本的投资是一种黏合剂，将知识与创新体系结合在一起。国家对一系列公共知识创造机构进行投资，同时也对私人部门进行投资，例如大学、技术学院以及其他技能培训学校。Nelson 最支持这一观点。结合劳动力流动率低等情况，这也解释了为什么在欧洲国家或区域背景下，在有组织的教育体系中，仍然没有产生欧洲创新体系(Caracostas 和 Soete，1997)。随着经济文献中新增长模型的发展，在过去的几十年内，教育与学习在不断产生、更新、培养新技术与创新中发挥了作用，并且日益受到重视。前期的初始人力资本存量很有可能带来创新增长和生产力效应，无论是在其上游还是下游都存在溢出效应和正外部性(例如 Lucas，1988 以及 Jones 和 Romer 的概述，2009)。高等教育对不断支撑基础和应用研究有至关重要的作用。很多新的增长模型尝试采用一种更复杂的方式来涵盖这种影响,不仅仅首要重视教育本身,同时也重视其副产品,例如研究与创新。

因此,不足为奇,创新体系的第二个核心节点是国家(或者地区)的研究能力及其与国家高等教育体系紧密联系的方式。从典型的国家创新体系角度出发,如此紧密的互动十分重要;从国际角度出发,创新体系与高等教育体系之间的联系已经变得较为松散,因为大学与研究机构有能力吸引来自世界各地的人才。在大多数技术增长模型中,高等教育与研究这前两种节点会产生必要的"发电机效应"(例如 Dosi, 1988;Soete 与 Turner, 1984),或者"酵母效应"与"蘑菇效应"(例如 Harberger, 1998),这些效应隐含在技术变革概念之中。积累的知识与人力资本像"发电机"一样提高生产效率,而技术突破或发现如"蘑菇"一般突然迅速增长,显著提高生产效率,这在一些公司或行业尤为明显。

国家创新体系框架内第三个连接知识的"节点"是地理邻近性,这或许非常出乎意料。产业活动的区域集聚是以供应商与用户间的紧密活动为基础的,涉及公司间以及公共与私人参与者间的不同类型的学习网络,正如 Lundvall 在国家创新体系方法中所强调的,与局限在单一公司范围内的学习活动组织相比,它代表了一种更加灵活动态的组织机构。区域学习网络允许更密集的信息流动、相互学习以及公司、私人与公共知识机构、教育机构等的规模经济。在一个著名的研究中,Putnam(2000)比较了美国硅谷与 128 号公路高科技带不同的影响。他指出硅谷位于加利福尼亚州,当地企业家群体受到当地大学的研究工作的帮助,促进了这一世界先进技术中心的发展。正如他所说:"硅谷的成功很大程度上得益于正式与非正式合作的横向网络,这一网络在此区域内的初创公司中得到发展"(Putnam, 2000)。现在尽管因特网已经出现,情况仍然如此。[①]

除了人力资本、研究以及相关的局域网络现象,尤其是企业间的网络现象,创新体系方法第四个也是最后一个重要的概念类似于 Abramovitz 的"吸收能力"概念,并且包括需求因素,这些因素影响创新的吸纳率,因此也影响创新者的盈利能力。消费者以及更广泛而言的国家公民也许或多或少地接纳新的设计、产品和想法,促进它们迅速普及,又或者对变革持保守观点与抵制态度,对新奇事物表示怀疑。国家与地区(甚至郊区)的需求因素差异很大,这些因素很可能影响公司学习与接纳创新的能力。

上述四个主要要素可以被认为是虚拟创新体系的要素。理想情况下,每个要素之间相互促进,为国家或地区提高竞争力与走可持续发展道路带来积极影响。相比之下,在以上四个要素之间的相互影响和相互作用中最容易识别系统

① 我们需要面对面的交流和"会面"来确保跨站贴文。一个不错的例子是社交网络公司例如 Facebook 一旦开始盈利,就会迁移到硅谷,并且第二代互联网社区总体上都集中在旧金山周围。

性失灵。为了阐述这一点,人们或许会想到拉丁美洲的例子。拉丁美洲的一些大国拥有优质的高等教育与研究,但是过去的毕业生往往愿意在政府或者实验室内工作,他们认为这样的工作很稳定,这表明产业与公共研究之间的联系很松散。研究很少在私人部门开展,但是相反却更多地针对世界研究社区。

简而言之,国家创新体系文献拓展了创新政策的范围与基本原理,从具体的政策领域与目标,例如高等教育、研究和创新等,扩展到以上领域之间的相互作用和影响。具有针对性的增加研发投资是一个比较普遍的政策目标:人们或许会想到欧洲所称的3%巴塞罗那目标。研究人才的供应问题还没有解决,或许会变得更严重,例如欧洲很有可能由于人口老龄化趋势而衰落,不大可能取得预计的成果。解决此问题的一个直接的并且可能的方案是鼓励高学历人才移民(提供蓝卡),美国也实施这一方案(提供绿卡)。

4. 国家创新体系概念目前面临的政策挑战

国家创新体系概念本身在两方面面临着衰落。首先,多种多样的新知识"服务"活动的出现使创新无需科学与技术领域中的特别突破,这种创新被称为"无研究创新"(Cowan 和 Van de Paal, 2000,p. 3)。虽然在很多方面不是什么新鲜事,联想起 Smith 将创新者称为"哲学家……他们不必样样精通,但要眼观六路、耳听八方",正如上文所述,创新现在与典型制造业的前向关联及后向关联之间的联系并不那么紧密了,但是可以说,互联网与宽带以及更开放的信息流动推动了创新的进展,这些信息流动必然引起很多信息搜索问题,正如现在访问现有信息存量就面临着因知识产权法律而引起的障碍。第二点也是与之密切相关的一点,鉴于全球化趋势,以及在日益无边界的区域内国家决策的固有限制,国家角度的创新体系方法面临着重重压力。

4.1　服务经济:无(产业)研究的创新

随着服务活动的增加,主要基于产业研究的创新政策方法体系概念日益受到质疑(Freeman 和 Soete, 2009)。很多作者在 20 世纪 90 年代就已经强调创新过程自身的变化本质。[①] 据 David 和 Foray(1995)所述,人们越来越不认为创新能力是发现新技术原理的能力,而更多的是系统利用影响力的能力,这种影响力源自于现有知识库中不同要素的新组合和应用。新模型与多种多样的新知识"服务"活动的出现越来越紧密相关,这一点不足为奇。相比 Frascati 对研发的

---

① 人们可能会想到 Gibbons 等(1994), David (1998), Lundvall 和 Johnson (1994), Foray(1998),和 Edquist (1997),可能会有遗漏。

强调,这在某种程度上意味着对技术基础更常规的应用,允许创新并不需要科学与技术领域中的特别突破,早在21世纪一些产业研究所和经济史学家就已经发现此现象。这一观点引发了关于科学与技术服务活动特殊重要性的争论,原因在于目前各界更重视获取最先进的技术。然而,基于David和Foray(1995,p. 32)"对已知做法的重新结合与再应用"的论述,知识创造模式引发了更广泛的信息搜索问题,正如访问现有信息存量时面临的因知识产权法律而引起的种种障碍。

在组织层面,创新过程本质的转变也意味着知识生产的传统轨迹的转变,尤其是专业研发实验室。过去的体系以相对简单的二分法为基础。一方面,专业研发实验室、工程、设计活动中都存在知识创造与学习活动,其中只有专业研发实验室是通过《弗拉斯卡蒂手册》(*Frascati Manual*)对研发的定义予以评估;另一方面,在生产与分配活动中,基本的经济原则尊崇投入成本最小化与销售最大化。这种典型的、基于产业的创新体系角度在很多产业部门都占据主导地位,从化学到机动车辆、半导体、电子消费品。以知识创造为目标的技术进步直到今天仍然不断发展,并且以明确公认的标准以及持续的能力评估发展。工程研发的最主要构成要素是"固定就位"的能力,即在更大的产业范围内复制并模仿研究实验室环境内开展实验的能力。

与服务活动相联系的技术进步的最新模型一直不断尝试提高以下领域的基于信息与通信技术的效率:金融和保险、批发和零售、健康、教育、政府服务、商业管理、行政管理。这些模型自身在复制成功实践方面面临越来越多的内在困难。学习之前的经验或者向其他行业学习并非易事,有时甚至具有误导性。由于不断变化的外部环境——随着时间的推移,行业内发生变化,地点也发生变化,评估因此变得复杂。通常不可能从真正的原因和影响中分离出特定的背景变量。系统性视角呈现越来越弱的直接相关性:技术进步和创新更多基于"反复试验",通常无法提供可以经过科学分析和解读的"硬"数据。随之造成的结果是,创新过程的成果比较难以预测,更多地与企业的风险承担与当地背景条件相关。

一些创新体系概念,例如最初由创新学者Lundvall及其在奥尔堡的团队于20世纪70年代末提出的用户驱动型创新(Lundvall, 1985),据Von Hippel(2004,2010)所言,或许变得日益重要——很多用户和生产者贡献各自的设想并且付诸实施时,技术发明不成功面临的风险随之分化降低。换言之,创新概念更具"系统性",但是目前除了形成网络以外,消费者、用户与生产者之间的关系也催生了其他协作创新的新形式。

4.2 从国家创新体系到国际创新体系

第二个对创新体系概念不断提出挑战的特征当然是国际研究的迅速发展与

知识流动。自从 20 世纪 90 年代后，世界经济发展的最重要的一部分与技术变革的加速扩散以及知识的全球获取相关，而不是与单个国家在研究与知识积累上做出的努力相关。在过去的 10—15 年内，大多数的发展迹象表明了国际层面的知识积累在促进经济增长方面的特殊重要性。欧盟《里斯本议程》特别重视欧洲的知识积累，并且随后在巴塞罗那 3%研发目标①中更明确表示其重视程度，这一点或许出人意料。毫无疑问，正如 David 与 Foray 所强调的那样，数字技术的出现，尤其是便捷价廉的宽带接入，世界范围内互联网与移动通信的普及有助于催生扩散速度更快的最佳实践技术，尤其是更多的资本与组织嵌入式技术转移，例如许可和外商直接投资，以及其他正式和非正式的知识扩散形式。

在全球化程度更高的世界中，国家创新体系政策框架在多大程度上仍然有效呢？在很多(小)国家，上述的全球化趋势或许削弱了国家创新政策的相关性与系统性。更糟的是，或许有人认为国家系统性创新政策往往错过了国际新趋势，认为只有在本国环境范围内才能克服国家弱点。由此可以得出如下结论：在国家创新体系文献政策影响最显著的欧洲，在围绕创建欧洲研究与创新机构(例如欧洲研究区、欧洲研究委员会或欧洲创新技术研究所)的讨论中，国家创新体系文献几乎没有任何贡献。因此，关于欧洲政策讨论的一大特点就是围绕欧洲研究和创新政策的“基本原理”持续争论，这些创新政策类似于个别国家的国家创新政策体系。②

因此从此意义而言，知识流动的全球化主要在国家背景下发展，且为创新政策体系带来了真正的挑战。

5. 结论

我们将以上讨论总结为五个主要观点。第一点是创新体系概念在当代经济发展中发挥着关键的历史作用，并且植根于创新能力。个体参与者(公司，也包括其他组织)的创新能力受一系列广泛制度与互动模式的影响，这些制度与互动模式因其产生的历史背景的不同而不同。与此紧密相关的观点是：创新体系无法利用传统的均衡概念进行有效评估，后者意味着最优化与福利最大化。创新体系之间存在着差异，这些差异是造成总体和微观经济学效益中差异的根源，然

① 2002 年欧盟根据“里斯本十年目标”，在巴塞罗那决定将国家研发经费从当时占 GDP 的 2%提高到 2010 年的 3%。——译者注。

② 随着欧洲研究区域概念的形成，为里斯本 2000 峰会议程添上了最成功的一笔，这一概念是以关于欧洲一体化的规模的争论为基础的，这一概念重要性逐渐下降。20 世纪 90 年代，国际知识扩散和世界范围内研究人员的流动在很多科学领域中非常普遍。见知识经济中共同体政策研究专家组(European Commission，2009)。

而,在解释这些差异方面,创新体系方法认为相比经济理论,历史分析(从广义上而言)起着更重要的作用。

第二,尽管人们就此观点以及其他广泛问题的创新体系文献上达成了广泛共识,但不同学者在创新体系概念的应用方法方面彼此存在很大的差异。我们指出了创新体系分析的三个主要特点,与 Freeman, Lundvall 以及 Nelson 最有影响力的三个早期观点相关。这些特点在目前的研究文献中仍然居于主导地位。此外,国家、区域以及产业体系之间的差异也增加了文献的多样性。

第三种观点比第一种观点更具体,创新体系文献产生了五种主要见解:比单一研发更广泛的一系列创新投入的重要性、制度与组织的重要性、产生动态视角而非静态视角的互动学习的作用、各机构之间互动的作用,以及社会资本的作用。以上每项特定观点都建立了文献与方法之间的联系,而这些联系在(主流)经济学中并不常见。换言之,创新体系文献涵盖多种学科。

第四,国家创新体系文献主要旨在分析政策,并且相应地在很多情况下成功探索了政策的影响力。正如我们所述,创新体系概念为重新诠释和认知现有的备选政策创造了可能性,例如产业政策与贸易政策。创新体系概念为政策制定者提供了一种框架,其特点并不在于一系列不同的政策措施,而在于更广泛的一系列政策理由以及政策目标。创新体系为政策制定者提供了一种工具,用于分析并影响创新过程,不受创新政策对市场失灵的严格限制,而后者恰恰是主流方法的特点。这不仅提供了机会也带来了许多威胁。这些机会与创新体系方法中更广泛的过程相关,而且从创新体系方法中产生了更多影响创新能力的途径。政策制定者对创新体系的实际运行方式可能存在错误的认识。此外,在广泛创新体系方法的保护伞下,政策制定者的政治倾向及主张可能得以实现。以上这些因素都会带来一定的威胁。

最后,创新体系方法已经在文献和政策领域占据重要地位,但是创新体系方法的未来取决于其倡导者如何进一步发展此方法。人们最常使用定性方法或者指标记分牌方法分析创新体系。尽管通过此方法在得出上述结论方面非常有效,但是我们也很清楚这种方法在总结特定结论和政策建议方面有其自身的局限性。得出制度重要性这一结论是一回事,但具体评估制度影响创新能力的方式和程度又是另一回事。创新体系方法需要解决具体的问题才能保持其影响力。可以说,在某种程度上,这一点已在 Nelson 对创新体系传统的论述中,尤其是关于大学与产业互动以及大学专利的作用的文献中有所体现(例如 Cohen 等,1998;Mowery 和 Sampat, 2001)。此类以经验为导向解决具体问题的方法或许也是创新体系中"欧洲传统"的发展之道。

致谢

我们感谢 Lina Sonne 提供的研究协助，以及 Bronwyn Halld 针对早期版本提出的有益见解。本文仅代表个人观点，不代表所在机构的立场。

参考文献

"Resource and output trends in the United States since 1870". American Economic Review 46 (2), 5 - 23. Abramovitz, M. (1986). "Catching up, forging ahead, and falling behind". Journal of Economic History 46, 386 - 406.

Aghion, P., Howitt, P. (1992). "A model of growth through creative destruction". Econometrica 60, 323 - 351.

Akcomak, S., ter Weel, B. (2009). "Social capital, innovation and growth: Evidence from Europe". European Economic Review 53(5), 544 - 567.

Arrow, K. J. (1962). "The economic implications of learning by doing". The Review ofEconomic Studies 29 (3), 155 - 173. Arundel, A., Lorenz, E., Lundvall, B.-A., Valeyre, A. (2007). "How Europe's economies learn: A comparison of work organiza-tion and innovation mode for the EU-15". Industrial and Corporate Change 16 (6), 1175 - 1210.

Bach, L., Matt, M. (2005). "From economic foundations to S&T policy tools". In: Llenera, P., Matt, M., Avadikya, M. (Eds.), Innovation Policy in a Knowledge-Based Economy: Theory and Practice. Springer-Verlag, Berlin, pp. 17 - 46.

Bercovitz, J., Feldmann, M. (2006). "Entrepreneurial universities and technology transfer: A conceptual framework for under-standing knowledge-based economic development". Journal of Technology Transfer 31(1), 175 - 188.

Caracostas, P., Soete, L. (1997). "The building of cross-border institutions in Europe: Towards a European system of innovation?" In: Edquist, C. (Ed.), Systems of Innovation, Technologies, Institutions and Organizations. Pinter, London, pp. 395 - 419. Cohen, W. M., Levinthal, D. A. (1990). "Absorptive capacity: A new perspective on learning and innovation". Administrative Science Quarterly 35, 128 - 152.

Cohen, R., Florida, R., Randazzese, L., Walsh, J. (1998). "Industry and the academy: Uneasy partners in the cause of technological advance". In: Noll, R. (Ed.), Challenge to the Research University. Brookings Institution, Washington, DC, pp. 171 - 200. Cowan, R., van de Paal, G. (2000). European Innovation Policy in the Knowledge-Based Economy. European Commission Directorate General, DG Enterprise, Brussels.

David, P. A., Foray, D. (1995). "Accessing and expanding the science and technology knowledge base". STI Review 16, 16 - 38. David, P. A. (1998). "Common Agency Contracting and the Emergence of "Open Science" Institutions". American Economic Review 88(2), 15 - 21.

David, P. A., Foray, D. (2002). "An introduction to economy of the knowledge society". International Social Science Journal 54(171), 9 - 23.

David, P. A., Hall, B. H. (2000). "Heart of darkness: Public-private interactions inside the R&D black box". Research Policy 29, 1165 - 1183.

Dosi, G. (1988). "Sources, procedures, and microeconomic effects of innovation". Journal ofEconomic Literature 26, 1120 - 1171. Dosi, G., Pavitt, K., Soete, L. (1990). The Economics of Technological Change and international trade. Harvester Wheatsheaf, New York.

Edquist, C. (1997). Systems of Innovation: Technologies, Institutions and Organizations. Pinter, London.

Edquist, C., Johnson, B. (2000). "Institutions and organisations in systems of innovation". In: Edquist, C., McKelvey, M. (Eds.), Systems of Innovation: Technologies, Institutions and Organizations. London, Pinter, pp. 165 - 187.

European Commission. (2009). The Role of Community Research in the Knowledge Based Economy, Report of an Expert Group. DG Research, Brussels.

Fagerberg, J., Srholec, M., Verspagen, B. (2010). "Innovation and economic development". In: Hall, B. H., Rosenberg, N. (Eds.), The Economics of Innovation. North-Holland, Amsterdam.

Foray, D. (1998). "Errors and mistakes in technological systems: From potential regret to path-dependent inefficiency". In: Lesourne, J., Orleans, A. (Eds.), Advances in Self-Organization and Evolutionary Economics. Economica, London, pp. 217 - 239.

Freeman, C. (1987). Technology Policy and Economic Performance: Lessons from Japan. Pinter, London.

Freeman, C., Soete, L. (1997). The Economics of Industrial Innovation. Pinter, London.

Freeman, C., Soete, L. (2009). "Developing science, technology and innovation indicators: What we can learn from the past". Research Policy 38, 583 - 589.

Freeman, C., Clark, J., Soete, L. (1982). Unemployment and Technical Innovation: A study of long waves and economic development. Pinter, London.

Gerschenkron, A. (1962). Economic Backwardness in Historical Perspective. The Belknap Press, Cambridge, MA.

Gibbons, M., Limoges, C., Nowotny, H., Schwartzman, S., Scott, P., Trow, M. (1994). The New Production of Knowledge: The Dynamics of Science and Research in Contemporary Societies. Sage, London.

Griliches, Z. (1984). R&D, Patents, and Productivity. University of Chicago Press, for the National Bureau of Economic Research, 1984, Chicago.

Grossman, G. M., Helpman, E. (1991). Innovation and Growth in the Global Economy. MIT Press, Cambridge, MA.

Harberger, A. (1998). "A vision of the growth process". American Economic Review 88(1), 1 - 32.

Hart, D. (2009). "Accounting for change in national systems of innovation: A friendly critique based on the U. S. case". Research Policy 38, 647 - 654.

Johnson, B. (1992). "Institutional learning". In: Lundvall, B.-A. (Ed.), National Innovation Systems: Towards a Theory of Innovation and Interactive Learning. Pinter, London.

Jones, C. I., Romer, P. M. (2009). "The New Kaldor Facts: Ideas, Institutions, Population, and Human Capital". NBER Working Paper 15094.

Knack, S. , Keefer, P. (1997). "Does social capital have an economic payoff?. A cross-country investigation". The Quarterly Journal of Economics 112(4), 1251 - 1288.

Levin, R. , Klevorick, A. , Nelson, R. , Winter, S. (1984). Survey Research on Appropriability and Technological Opportunity. Yale University, New Haven Working Paper.

List, F. (1841). Das Nationale System der Politischen Okonomie: Basel: Kyklos. The National System of Political Economy' by Longmans, Green and Co. , London.

Lucas, R. E. (1988). "On the mechanics of economic development". Journal of Monetary Economics 22(1), 3 - 42.

Lundvall, B. -A. (1985). Product Innovation and User-Producer Interaction. Aalborg University Press, Aalborg.

Lundvall, B. -A. (1988). "Innovation as an interactive process: From user-producer interaction to the National Innovation Systems". In: Dosi, G. , Freeman, C. , Nelson, R. R. , Silverberg, G. , Soete, L. (Eds.), Technology and Economic Theory. Pinter, London, pp. 349 - 369.

Lundvall, B. A. (Ed.), (1992). National Systems of Innovation: Towards a Theory of Innovation and Interactive Learning. Pinter, London.

Lundvall, B. -A. , Johnson, B. (1994). "The learning economy". Journal of Industry Studies 1(2), 23 - 22.

Mairesse, J. , Mohnen, P. (2010). This volume.

Metcalfe, S. (1988). "The diffusion of innovations: An interpretative survey". In: Dosi, G. , Freeman, C. , Nelson, R. R. , Silverberg, L. , Soete, L. (Eds.), Technology and economic theory. Pinter, London, pp. 560 - 589.

Metcalfe, S. (1995). "Technology systems and technology policy in an evolutionary framework". Cambridge Journal of Economics 19, 25 - 46.

Metcalfe, S. (2005). "Systems failure and the case of innovation policy". In: Llenera, P. , Matt, M. , Avadikya, M. (Eds.), Innovation Policy in a Knowledge-Based Economy: Theory and Practice. Springer-Verlag, Berlin.

Mokyr, J. (2010). "The contribution of economic history to the study of innovation and technical change: 1750 - 1914". In: Hall, B. H. , Rosenberg, N. (Eds.), The Economics of Innovation. North-Holland, Amsterdam.

Mowery, D. C. , Sampat, B. N. (2001). "University patents and patent policy debates in the USA 1925 - 1980". Industrial and Corporate Change 10(3), 781 - 814.

Nelson, R. (Ed.), (1962). The Rate and Direction of Inventive Activity: Economic and Social Factors. Princeton University Press, Princeton, Universities-NBER Conference Series no. 13.

Nelson, R. (1993). National Innovation Systems: A Comparative Analysis. Oxford University Press, New York.

Nelson, R. , Rosenberg, N. (1993). "Technical innovation and national systems". In: Nelson, R. (Ed.), National Innovation Systems: A Comparative Analysis. Oxford University Press, New York.

Nelson, R. , Winter, G. W. (1982). An Evolutionary Theory of Economic Change. Harvard University Press, Cambridge, MA. OECD. (1997). National Innovation Systems. OECD, Paris.

OECD. (1999). Managing National Innovation Systems. OECD, Paris.

Pavitt, K. (1984). "Sectoral patterns of technical change: Towards a taxonomy and a theory". Research Policy 13(6), 343 - 373. Pavitt, K., Robson, M., Townsend, J. (1987). "The size distribution of innovating firms in the UK: 1945 - 1983". Journal of Industrial Economics 35(3), 297 - 316.

Putnam, R. D. (2000). Bowling Alone. The Collapse and Revival of American Community. Simon and Schuster, New York. Rosenberg, N. (1976). Perspectives on Technology. Cambridge University Press, Cambridge.

Rosenberg, N. (1982). Inside the Black Box: Technology and Economics. Cambridge University Press, Cambridge.

Schumpeter, J. A. (1934). The Theory of Economic Development. Harvard University Press, Cambridge Oxford University Press, New York, 1961.

Sharif, N. (2006). "Emergence and development of the national innovation systems approach". Research Policy 35(5), 745 - 766. Smith, A. (1776). An enquiry into the Nature and Causes of the Wealth of Nations. Whitestone, Dublin.

Soete, L., Turner, R. (1984). "Technology diffusion and the rate of technical change". Economic Journal 94(375), 612 - 623. Solow, R. M. (1957). "Technical change and the aggregate production function". Review of Economics and Statistics 39, 312 - 320. Steinmuller, E. (2010). "Economics of technology policy". In: Hall, B. H., Rosenberg, N. (Eds.), The Economics of Innovation.

North-Holland, Amsterdam.

Von Hippel, E. (2004). Democratizing Innovation. MIT Press, Stanford.

Von Hippel, E. (2010). Open User Innovation, this volume.

Zak, P. J., Knack, S. (2001). "Trust and growth". Economic Journal 111(470), 295 - 321.

第 28 章
技术政策经济学

W. Edward Steinmueller
萨塞克斯大学科学与技术政策研究中心
英国，东萨塞克斯郡，布赖顿法尔默

目录

摘要/479
关键词/480
1. 引言/481
2. 技术政策理论与实践：传统基准/482
  2.1 技术政策的经济基准/482
  2.2 政策先于理论/485
  2.3 一个更为复杂的故事：技术变革的内生和本地化/487
3. 技术政策设计/490
  3.1 供给侧设计/490
    3.1.1 水平补贴/491
    3.1.2 专项资金/492
    3.1.3 信号策略/493
    3.1.4 保护主义措施/494
    3.1.5 金融措施/495
    3.1.6 供给侧政策讨论/496
  3.2 互补因素供给设计/496
    3.2.1 创新和劳动力供给/497
    3.2.2 技术引进政策/497
  3.3 需求侧设计/498
    3.3.1 采用补贴/499
    3.3.2 增进认知和其他信息扩散政策/499
  3.4 制度变革政策/500
    3.4.1 向公共机构分配新任务/501
    3.4.2 创建辅助机构/502
    3.4.3 技术作为准公共物品/503
4. 规划、执行和评估/504
5. 结论/510
参考文献/511

摘要

政府技术政策的主要经济学原理是依据 Arrow 和 Nelson 对市场失灵的解读。然而，遗憾的是这一基本原理并没有为一些领域提供特定的指导，这些领域不可能通过更广泛的产权分配或执行来弥补技术产生和分布方面的市场失灵，而且这种做法也不可取。因此政府在制定有关创新与新技术的政策时，经常要脱离传统的经济框架。上述现象为经济理论的发展带来了积极影响，具体包括：学界更慎重地探究技术作为内生因素，是如何影响经济体系运行的方式，又如何影响知识创造和分配在不同制度间的系统性关系。大多数技术政策围绕以下四类主题：影响技术供给的政策、影响互补性要素供应的政策、影响需求的政策以及影响制度设计变革的政策。源于以上四类主题的 12 种政策设计依据以下几个方面进行审查：试图解决的目标、赞助者和实施者应具备的能力、政策控制以及评估的可用机制。相关研究有两大主要发现：一是新政策的发展在设计与评估方面面临着更严峻的挑战，二是亟须改善政策制定的理论框架。

关键词

技术政策　创新体系　政策设计

1. 引言

技术政策经济学融合了市场经济分析、公共行政与管理问题。本章从其他相关学科的经济学角度出发，重点关注政策制定与实施的基本原理。本文重点探讨经济学旨在突出业内有关技术政策的观点，业内人士往往并不信赖技术政策的作用，有时甚至嗤之以鼻。笔者探索经济学家对技术政策持保留意见的根源与本质，进而制定基准用以研究其观点不断演化的历程。通过与政策制定者沟通借鉴，学术界关于技术政策的经济学观点也会随之改变。政策制定者虽然与学术界进行交流学习，但是对技术政策的可行性与价值的看法却与学术界莫衷一是。

本章的第 2 节以政府干预的基本依据作为开端，并作为理解技术政策经济学思考的起点与基准，正如经济学文献对其所论述的那样。第 2 节的后半部分改变策略，研究政策制定者对技术政策的效果持不同预期。从此类研究中得出的主要经验是：技术政策的基本经济理论仅仅在表面上与技术政策措施的发展相关，而在公共行政与管理实践在技术政策与项目[①]的设计与实施中却占据主导地位。我们从以下经济学三方面的发展（Mytelka 和 Smith，2002）研究政策和经济理论的共同演变：生产率对长期经济增长的作用、新增长理论或内生增长理论；日益关注信息在经济学中的作用；以及新经济地理学。经济学的以上发展为经济理论和技术政策之间的相互对应及相互影响提供了新的可能。

本文第 3 节介绍了 12 种政策设计模式，并介绍不同的政策和方案设计。本文既从经济学理论早期或传统基本原理的视角解读相关问题，也从其他较新的视角进行解读。关于技术政策最新的经济学观点重新审视了知识创造与分配的过程，在此过程中发现以下要素相互影响并相互作用：信息与知识的关系、参与者之间非市场关系的重要性、预期的作用、参与者之间信息的不对称以及知识的局限性。上述因素均可成为采用全新方法制定政策的出发点。

本文第 4 节阐述技术政策的规划、实施与评估，所述技术政策是采用上述设计方案而制定。特别需要指出的是，第 4 节对实施第 3 节提及的各项政策需要具备的能力进行探讨。同时，第 4 节还考虑了技术政策“趋同”的必然性及其造成的危害，所谓的技术政策“趋同”是指工业化国家采用相同的政策设计模式和

① 本章中，我们将研究政策评估问题而不是项目评估问题。Georghiou 和 Roessner（2000）为研究项目评估创造了良好的开端。

日趋相同的发展议程。

第5节指出本文未详明探究的问题,但这些问题对特定部门和国家环境而言却至关重要。此外,笔者还指出一些特定的领域,对其中进行进一步研究可以为政策设计和实施奠定更坚实的基础。

2. 技术政策理论与实践:传统基准

本小节提出技术政策的经济学理论基础与技术政策实践之间的二分法(Mowery, 1995),后者与政治条件和经济利益密切相关。政策很少仅仅由经济分析或理论决定,却往往反映出与经济学分析或理论相反的假设。经济学的重点通常只局限于将市场作为协调集体行动的机制的作用,而忽视了公共部门或非营利组织各方达成共识和采取行动的可能性。这一重点更偏向于将经济学作为一门学科,而不是一成不变的经济学思想范畴。在本节的开始部分,我们研究如何构建技术政策的经济学原理才能缩小技术政策范围。我们在本节第2部分指出,在制定技术政策的实践中已经解决或规避这一困难。

2.1 技术政策的经济基准

制定技术政策的基本前提是政府政策通过影响技术变革的速度与方向进而可能改善社会福利。经济分析的传统切入点为寻找政府政策影响优于普通市场竞争结果的先决条件。这些先决条件反过来会为进一步研究政府干预的可行性和途径提供指导,包括政府是否有必要对改善社会福利方面实施干预。简单而言,从社会福利的角度出发,如果营利性参与主体在技术知识生产或交换过程中表现欠佳或出现过失,那么就有必要实施政府干预。在什么情况下会出现这样的结果呢?

Arrow(1962)和 Nelson(1959)提出的科学研究私人绩效欠佳的案例是论证知识生产绩效欠佳的经典案例。以上两位作者认为从社会福利的角度出发,导致私人参与者投资不足(从而绩效不佳)的根源是,无法从投资新知识中获取全部的经济回报流。一些新知识未被其创造者充分利用,却被其他人攫取以谋求利益。此类知识可以通过增加生产者与消费者剩余而改善社会福利,即产生更多的溢出效应并提高知识占有或分布比例。然而,因为这些溢出效应没有为知识创造者带来利益,所以知识创造者和初始投资者并没有从中获得回报。两位作者指出这是无定价的外部性产生的后果——尽管增加投资用以创造和传播知识是可取的做法[①],但是市场并没有为此类投资提供相应的激励。Arrow(1962,

① 关于知识创造与分布平衡的详细观点,请参见 David 与 Foray(1995)。

P. 616—617)明确地指出这一矛盾,“任何研究信息……从福利的角度出发,应该是免费的(除了传输信息的成本)。”接下来 Arrow 指出“这确保信息得以最优利用,但是这显然没有为研究投资提供激励”(Arrow, 1962, p. 617)。更令人沮丧的是,剽窃研究信息的潜在低成本意味着竞争对手可能对知识创始者的投资坐享其成(Mansfield, 1966)。

由外部性引发的绩效欠佳以及“搭便车”的约束因素可能来源于数个方面。Nelson 建立了一系列预计是否会出现绩效欠佳的基准,有助于研究这些来源,“一定程度上而言,应用研究的成果具有可预测性,且仅仅与特定公司的特定发明相关。此外,公司在一定程度上可以通过市场获取发明的全部社会价值,由此从应用研究中获取私人利润的机会恰好和应用研究的社会效益相匹配,进而得出最佳数量的社会资源。”(Nelson, 1959, P. 300)。若与上述情况相背离,知识生产的私人动机与社会期望之间可能会出现分歧。这种分歧的程度代表着仅依靠市场机制的造成机会成本,而该机会成本应该与政府干预的成本相当①。

概括而言,无定价的外部性使得知识创造者仅获取全部收益的部分,并且在面临竞争对手的时候,竞争对手可以坐享其成,损害知识创造者的利益,因而可能会出现抑制研究的因素。一旦存在“搭便车”现象或者其他限制获得研究收益的情形,例如价格管制,创新者就无法获取创新的全部价值。

Nelson 指出的这些情形中可能有一个或一个以上不会发生,这似乎为市场干预提供了相当大的余地。然而实际上我们常常认为:在技术知识和科学知识是两个不同概念的情况下,这一推断和论据存在一定的局限性,原因在于知识产权体系所发挥的作用,即为创造者提供使用技术知识特定形式的专有权。②

由于本卷第15章笔者详尽描述了知识产权,此处仅简要概述知识产权的局限性及其对社会福利形成的其他难题。专利法、其他知识产权法以及司法判例对原创性的要求进行规定,并且限制了专有权的范围,从而影响投资创造技术知识的积极性。以上规定可能会导致无法达到 Nelson 提出的基准和标准,进而导致企业无法从创造的新知识中获取全部的社会价值。例如,一方面,如果竞争者在专利申请和授权所要求的信息披露的帮助下成功制定出非侵权的替代方案,那么“搭便车”现象就可能依然存在。另一方面,当专利独占性程度较高时,相互竞争的企业为获取独占权而参与“赢家通吃”的竞争,这种情况下会出现知识产

① 一旦认识到社会认可的风险和公司愿意承担的风险存在差异,这一分析方法也存在风险。

② 区分科学知识与技术知识本身就是一种尝试。其中一类有用的研究方法是基于对创造知识的制度体系的思考(David 和 Hall, 2006)。科学知识是在公开披露的社会规范下产生的知识,其目的是得到科学创始人的认可(科学优先权),而创造技术知识的目的是获得使用技术知识的专有权(既包括知识产权体系也包括保密的可能性)。

权的重复投资,造成社会资源的浪费(从社会福利的角度而言)(Barzel, 1968; Boldrin 和 Levine, 2002; Dasgupta, 1988)。最后,只有在专利独占性带来市场力量的情况下,创造专有知识的激励机制才有意义。市场力量给社会造成的无谓损失可能会通过如下方式而抵消:鼓励他人资助相关研究,寻求非侵权的替代方案或其他(无关的)创新。

简而言之,知识产权提供了一种市场激励机制,进而解决所周知的"独占性"引发的问题(Arrow, 1962;Teece, 1986)——无定价的外部性与"搭便车"问题的综合效应——增加了经济和技术政策面临的复杂性。知识产权的存在可能会大幅减少进一步实施市场干预的合理性,因为市场干预旨在解决独占性问题,或者至少需要证据证明知识产权体系在供不应求的特定领域存在缺陷。鉴于知识产权可能带来的问题,政策需修改专有权授予方法,以减少市场力量导致的静态损失或者寻求独占性引起的过度投资。为达到该目的,可以采取以下两种做法:在富有竞争力的替代方案未实现的情况下,可以通过放宽知识产权的独占性限制来鼓励进入;或者在"赢家通吃"竞赛导致过度投资的情况下,鼓励提高市场集中度。尽管使用分析法识别出应采取的举措非常简单直白,但实际上却可能很难实施该措施,部分是由于知识产权的管理通常由司法部门进行管理,而产业政策决策通常是由政府的行政或执政部门负责。

近年来,无定价外部性的本质和存在的大小程度一直遭受质疑。如果没有大力度吸引投资能力,他人可能不会应用新知识(Cohen 和 Levinthal, 1990);如果没有知识创造者的协助,新知识可能无法重现(Callon, 1994; Collins, 1974)。尽管该领域的贡献或是推测或是传言,但是从社会福利角度出发,此观点的严格逻辑含义应为:最理想的情况是知识创造者充分利用其创造的知识。更为可信的说法是该论点仅仅说明模仿的成本过高。无论在哪种情况下,知识产权保护作为解决"搭便车"问题的措施,其合理性程度被降低,而支持新技术扩散的政策依据却得到巩固和强化。

正如之前所指出的,从社会福利的角度出发,技术政策传统观点的第二层含义是市场机制可能误导技术知识的创造和传播。以下两种因素将限制传统的经济学假设误导知识创造与分配的可能性:一是社会贴现率与私人贴现率的差异,二是将社会偏好转变为市场需求的市场的缺失。[①] 如果技术知识对当代人以及子孙后代有益,那么以上两方面均非常重要。例如,我们的子孙后代可能需要更多的石油储备以及更低的大气中二氧化碳含量,如果当代人在替代能源使用和能源节约上进行更多的技术投资,那么就很有可能实现该目标。然而,为实

① "社会偏好"引发的困难增加了此限制因素的复杂度,见 Sen(1995)。

现这些技术投资，当代人可能不得不抑制经济增长所需的资源，甚至降低当前的资源消耗水平。由于缺乏可以对该投资进行补偿的市场，后代人需要依赖当代人为其提供资源，并且这种资源只能在政府的干预下才能获取。①

同样的理由亦可解释可能存在的其他干预，其中很多干预都会影响收入分配。例如，目前对提高薯类的谷物蛋白质含量进行投资，贫困地区未来的几代人患上类似蛋白质缺乏症疾病的概率会因此而降低。② 这一例子说明的是社会中缺乏将社会偏好转变为市场需求的能力，因为亟须新发明的人，其支付能力却最低。

除了与代内公平和与收入分配相关的市场失灵，公共物品以及主要面向公共部门的物品也存在将社会偏好如何转化为市场需求的难题，其中最突出的是防御物资。国家政府是战略防御系统和很多其他大型防御系统及武器的唯一消费群体。③ 尽管显然国防承包商会对研究投入资金，在一定程度上会易于与政府达成合同，但是会认为这一层次的研究满足不了防御能力长期发展的需求，或者上述投资可以真正构成投资的主要份额(Rogerson, 1994)。公共部门亦是卫生保健服务的主要购买者、交通基础设施的主要投资者以及教育服务的主要参与者。在这些领域中，发达国家的公共部门与私人部门都存在不同程度的合作。在所有领域中，无论是以支持公共部门研究机构的形式，还是以赞助私人或非盈利部门研究的形式，政府都会大力投资以创造知识。

2.2　政策先于理论

上述理论构成传统经济学理论的主要部分，对进一步探究技术政策的基本原理大有裨益。这清楚地表明我们需要制定相关政策，以适应技术变革加快的情形，大多数政策都意味着增加研究的私人收益与投资(研发)。例如，政策可能以补贴的形式直接补偿创造者(创新者)，以防止出现 Nelson 和 Arrow 所提出的市场缺陷，或者通过提供更强有力的知识产权规则增加新知识的收益(以及“赢家通吃”竞争中的投资)，这些新知识的独占性应用可能会带来市场力量，并且抵消社会福利的损失。④ 除此之外，确保有足够的激励开展相关研究(和公共

---

① 在围绕这些资源的政治辩论中，当代人也许会指出在过去两个世纪内经济持续增长，并且未来的几代人不需要做出这些牺牲。

② 在这种情况下收入分配十分重要，因为在较为富裕的人群中不会出现蛋白质缺乏这种问题，由于肉类、乳制品和其他蛋白质来源存在著名的正值的收入弹性。因此，这个例子涉及缺乏将社会偏好转变为市场需求的能力，尝试解决这一社会问题的国际组织已认识到这一缺口。

③ 据估计，在全球范围内每 9 人就拥有一件武器，越来越小型的武器是这种公民武器所有权的另一个问题(小型武器调查报告，2007，P. 39)。

④ Nelson(2006)指出了对知识产权保护措施延伸的进一步担忧。

物品相关)符合政府的利益,因为政府是公共物品的主要消费者。在这些领域中,政府扮演着重要的角色,"激进式"的客户——以长期伙伴关系的视角与供应商进行合作,供应商应做的是提供创新的资源而不是将商品和服务的短期价格降到最低。上述基本方案被删减的可能性较小,或被称为"创新环境政策"。关于这条基准,需要另外的论点和假设为干预提供依据,以证实更大程度和不同类型干预的合理性。然而,在先进工业国家的实践中,在很大程度上却忽视了该基准。这表明技术政策具有政治特点,其政治特点导致经济核算失效,或者需要改变经济核算的基础。

自第二次世界大战后,国家在分配知识生产与交换的资源过程中的作用显著增强,并且在20世纪后期进一步发展(Mowery和Rosenberg, 1989)。技术政策并不是解决市场弊病方案,而是社会集体意志的体现。最初,技术政策主要关注在拥有核武器装备的国家中如何重建国家安全,其目的或许是降低这一任务的难度,并促进和平使用科学技术。国家在其能力范围内集合技术变革的力量,这在政治论述中必然引人注目,同时也是Bush(1945)提出的对政府作用的乐观评估的核心,Wilson之后也提出了这一点,其观点如下:[①]

> "……我们计划调动科学家和技术人员的天赋,此举是重振英国经济的关键,我们需要将科学家和技术人员从导弹和弹头研究中调出来,并从事民事研究和发展,从而产生新方法和新工具,以促进英国经济进步,并且消除英联邦国家及其他欠发达地区的贫困。"[②]

随着国家的作用逐渐增强,国家参与制定技术政策的范围也越来越广泛。在相关学者提出的理论依据中,Vannevar Bush提出政府有责任响应"社会需求"并制定"基于使命"的政策,推前沿进科学和技术的进步。在大多数情况下,国家在满足社会需求和制定任务型政策中的参与度逐渐提高,而任务型政策仅与经济合理性略相关。也就是,在20世纪60年代的美国这一历史背景下,Arrow和Nelson观点的重要性在很大程度上远远低于我们现在所称的庞大的技术体系(例如早期的预警系统)或基础设施(例如乡村电气化和电信网络的扩展)。国家介入的很多领域都是在市场范围之外,例如,最初发展核能是为了用于核潜艇或太空探索。在其他领域,例如农业研究和农业推广服务,其中分散的小型主体(例如农民)的信息需求受市场失灵的制约。而国家干预、政策及规划的依据则是农村的发展和农业生产实践的"升级"。从第二次世界大战后期的扩

① Hart(1988)则对这些发展持有另类史观,强调实际紧急事件的中心性包括军队中紧急事件的作用。

② Wilson (1964, P. 215—216),被Edgerton引用 (1996)。

张一直到20世纪70年代，这些政策较大程度上满足了OECD成员国的需求，使其顺利渡过世界能源市场供应中断的危机，并且促进完成与能源供应相关的任务。

然而到1980年，经济情况开始每况愈下。19世纪70年代出现石油危机，1980—1983年间美国、欧洲和日本遭遇大范围的经济衰退。此后，随着国际贸易的高度自由化，战后经济出现长期增长，随后又出现一段充满不确定性的时期（Artis等，1997）。尤其在美国，这一时期出现了自经济大萧条后最严重的经济衰退。这些事件重新燃起了人们对技术变革对于促进增长以及增加就业的经济潜力的热情。

当时的讨论特别强调了新兴"朝阳"产业的潜力，而不是早期大规模集约化时期的"夕阳"产业（Thurow，1980）。关于哪个国家或哪些国家在发展"朝阳"产业中居于领先地位的讨论得以进一步开展与深入。其他国家与一些国家（尤其是美国或日本）的技术差距被认为是一种进步，却损害了其他国家的利益。技术差距要求各国完成新任务以实现技术进步或者组织变革[①]。尽管很多经济学家对国家在技术政策上的广泛目标持怀疑态度，但是20世纪20年代早期的经济状况使得他们重新关注实行国家干预的可能性，通过干预举措推动技术变革，进而实现经济目标。他们认为政府干预可以改善经济增长和就业情况。[②]

2.3　一个更为复杂的故事：技术变革的内生和本地化

关于前文所述的理论和政策的讨论，我们此处进行简要总结。一方面，在20世纪60年代及70年代，政府支持科学研究有充分的经济依据，而政府干预技术的经济依据则非常不足。另一方面，政策制定者受多种因素的驱动实施广泛的技术政策，这一趋势在20世纪80年代发展强劲。在此期间，大多数经济学家都认为科学（也就是知识产权赋予的专用知识）是经济体系的外在因素，但在如下情况下除外：其作为公共物品，也是政府财政政策的一部分。此外，大多数经济学家都认为技术变革也是外生性的，并认为知识产权制度、公共物品采购和特定的公共任务[③]也会对技术变革的速度和方向产生重要影响。然而，在20世纪80年代，鉴于几乎每个国家都接受这样的"竞争性挑战"，改变这些观点则要面临诸多挑战。

---

① 重商主义被理解为惧怕其他国家技术实力的早期实例，Servan-Schreiber（1967）是再一次引发这场辩论的人之一。后来的Vogel（1979）是支持这一观点的典型代表。

② Cohen和Noll（1991）对受到潜在商业利益鼓励和认可的项目作出了经济学批判。

③ 这通常与公共采购有关，例如国防和健康研发。在美国，甚至退伍军人和服役老兵的大型公共卫生服务系统将健康与采购相联系。美国一个明显的例外情况是农业推广服务，之后被视作导向型技术政策扩散的典范。

在“寻找有效创新理论”的过程中,新古典综合派主要提出的三种经济学观点和数个思想学派开始受到政界关注。[①] 第一,反思经济增长以后,Solow(1957)和 Abramovitz(1956)提出:古典经济学将投资和劳动力增长描述为经济增长的主要动力是错误的做法。相反,生产率变革往往与技术变革相关联,在现代经济增长中在数量上占优势。约 20 年来,尽管这些成果对经济学家的现代经济增长这一概念影响深远,但是并没有很大的现实意义。这是因为即使生产率提高是经济增长的主要动力,人们对提高总生产率的增长速度仍旧束手无策。Solow 将技术知识作为全球公共物品的阐释强化了这一论点。

到 20 世纪 70 年代中期,其他学者诸如 Denison (1962),尤其是 Kendrick (1961)的早期作品揭示了在产业层面上,生产率增长分布十分不均衡,并认为这一现象与设计创新政策的“有效”理论相关。Thurow 等政策分析家就“朝阳产业”可能做出的贡献以及钢铁、电子消费品和汽车等领域面临的具体结构性挑战提出了补充性观点,并获得广泛关注。人们逐渐开始重视有针对性的(而不是横向的)产业促进政策,这一经济分析领域的改变与正在发展中的种种政策遥相呼应。

新增长理论进一步促进了政策的发展,其旨在寻求相关的理论和证据证明生产率增长具有内生性,而非外生性(Krugman, 1979, 1986; Romer, 1986)。关于生产率增长与投入或经验变革之间的关系,寻求新增长理论的学者对此提出了不同的猜想。诸多猜想[②]的政策含义尚不明确。但是,总而言之,这些猜想再次表明:锁定需要或者应该更大幅度提高生产率的产业是可取的做法。

第二类发展是催生制定技术政策的新方法,这是对“完全信息”这一传统假设的重新审视。[③] 在此类发展中,所有经济主体同步了解技术或者“生产的可能性”。此类知识广泛传播的假设也可以转述为,知识是全球的公共物品。这表明由于知识产权的存在,一些知识为私人所占有,因此他人无法使用,但是原则上所有主体都可以获取所有知识。Fagerberg 和 Verspagen(2002, p. 1292)对技术知识的分配问题进行了回顾:

---

① 这一短语是 Nelson 和 Winter(1977)一书中的一个标题,其中的这篇文章包含下一段中讨论的部门层面上存在差异的生产性能问题。

② 新增长理论应被视为一种分析方法而不是一个明确的理论。旧增长理论得出了积累的“黄金法则”这一重要结论,与旧增长理论不同,新增长理论仍在发展,对早期方法进行驳斥旨在巩固自身的多样性(例如 Aghion 和 Howitt, 1998 或 Lipseyet 等,2005)。

③ 完全信息的假设是标准经济分析之一,并在其他条件不变的推理的作用下作为一种可行的假设。换言之,若信息分布不再是分析的重点,那么就假定经济主体知道所有可利用的机会。Rosenberg(1976)和其他对技术变革经济学感兴趣的经济学家对质疑这一假设做出了巨大的贡献。

> “由于常规的增长理论没有认识到创新和技术扩散在全球经济增长中所起的作用，所以才会出现这种问题。这些理论并未完全忽视创新和扩散，只是假定技术是在经济领域之外创造的全球公共物品，因而可以(应该)被经济学家忽视。然而，对于很多研究长期增长的学者而言，很明显构建此理论的基础视角对理解实际增长过程毫无帮助。技术不是一种对所有人免费开放的全球公共物品，人们能清楚地观察到贫穷国家与发达国家之间存在很大的技术差距，进行技术赶超(缩小技术差距)或许是贫穷国家获得长期增长的最有希望的途径。然而技术不是全球公共物品这一事实(如不易缩小上述技术差距)，意味着即使技术赶超前景可观，但在技术和制度方面充满挑战(Gerschenkron，1962)。”

在市场激励的作用下，技术知识不完全分布或扩散的假设为政府干预提供了可能性，使政府在改善与其他国家的贸易条款中发挥积极作用。[①]

第三类发展是经济地理学领域的复兴与延伸为制定技术政策提供新途径，这一发展利用了新增长理论以及备受重视的集聚或托管的技术资源。[②] 经济学中，对经济地理学的再次关注通常与 Paul Krugman[③] 的贡献密切相关，同时也反映出地理和经济学中实证研究的复苏。[④] 这一领域的研究重新引发人们对集聚源头或创新活动集聚的兴趣，并激发激烈的讨论，例如国内的地区差异可能由集聚造成。例如，政府政策何种程度可以引发或者促进集聚增长或加强集聚(Feldman and Kelley，2006)。本文献也认识到集聚的局限性可能来自于集聚过程本身(例如拥挤效应；Folta 等 2006)，也可能来源于不同地区中的资源分配。[⑤] 在每一领域中都有可能制定政策。按照这一思路，站在旁观者的角度，总结有关新兴产业、进口替代或者其他保护主义措施的早期主张和政策，不难发现特别令人担忧的问题是何种程度的集聚可以鼓励制定旨在支持本地发展的政策。[⑥]

---

① 相比于先前关于市场失灵的论断，关于不完全信息的假设的影响范围更广泛，市场失灵的论断与分散的小规模主体有关，这些主体在向农民提供信息的过程中实施干预。

② 见 Feldman 和 Kogler，第 8 章对这些发展进行了进一步的探讨。

③ Krugman(1991a，b)将早期 Dixit 和 Stiglitz 的建模方法与早期的经济地理学文献相结合，例如 von Thunen (1966)和 Pred (1966)。

④ Cantwell (1989)，Cantwell 和 Iammarino(2003)，Feldman(1994)，Cooke 和 Morgan(1998)，和 Gertler (1995)。

⑤ 德国采用区域竞争作为其技术政策的一项重要手段，概述见 Eickelpasch 和 Fritsch(2005)，具体情况见 Dohse(2000)，内容评论见 Blind 和 Grupp(1999)。

⑥ List(1856)为探索新兴产业的合理性提供了基本的出发点，而 Hirschman(1968)为进口替代政策的起源和结果进行了评价。保护主义措施在产业发展中发挥了重要作用，关税与贸易总协定的修订以及由世界贸易组织对其的实施却都杜绝了这一措施。

本节简要介绍了在理解生产、技术转让和本地发展方面取得的进展,进而阐释了"证据基础"和政策之间关系的三个特征。第一,每一项理论的发展都扩大了政策干预潜在的范围,这种干预与上述创新环境相关。第二,新理论常常为政策行动提供通行证,但是政策的理论含义在学术界仍然不一。新增长理论为干预提供了进一步的理论支撑,例如研发税收抵免、减少资本收益所得税,尽管在内生增长模型中,无形和有形资产投资对生产率增长的贡献尚不确定。[①] 第三,经济研究的日程和方向表明,关于技术与经济关系的理论反过来会受政策措施的影响。[②]

3. 技术政策设计

显然,从政策角度出发,前一节所提问题在制度细节上还很不完善。例如,在研发能够提高生产率的前提下,提高研发水平的方法繁多。本节对技术政策制定的基本结构设计展开研究。所有这些设计都涉及前文提及的发展理论,尽管在一些情况下,建立两者间的联系需要进一步考虑技术变革的本质或者组织、市场以及技术变革之间的联系。[③]

这 12 种设计被划分为四个主题:供给侧、互补因素、需求侧和制度变革政策。尽管上述 12 种设计未能涵盖所有可能的设计方案,但却包括在不断探寻有效技术政策的进程中已经付诸实施的一系列政策。第 4 节对这些设计进行总结,并继续研究规划与实施问题。

3.1 供给侧设计

通常认为直接方法,即对新技术的潜在供应方加以重视并激励,可以最有效地影响技术变革的速度和方向。相应的,在上述 12 种政策设计中,供给侧设计占了近半成——水平补贴、专项资金、信号策略、保护主义措施以及金融措施。以上所列政策的份额自然是分类产生的随意结果。然而,在"线性模式"(技术是线性模式的终端,而科学进步则是线性模式的开端)的持续影响下,供给侧政策

① 例如,相比其他形式的有形或无形的资本,人力资本的增长在生产率的提高中有可能发挥同样或者更大的作用。下文描述得更为详细,税收抵免和资本利得救济是技术政策的水平实施方案,同样可以得到市场失灵论断的认证。

② 一个更加强有力的观点是经济学中控制显著性和声誉的选择过程与当代的政治危机紧密相关,Galbrait 和 Mirowski 都支持这一观点。

③ 过去,其他作者也尝试以分类方式列举政策设计(尤其是 Ergas, 1987; Mowery, 1995; Pavitt 和 Walker, 1976),早期成果和当前成就之间的比较也为政策和实践的共同发展提供了一些观点,这一共同发展反映出学习过程。

日趋多样，其中增加“上游”供给意味着加强市场在“下游”创新商业化过程的主导作用。①

表 1　4 种主题和 12 种政策设计

主题	政策设计	主题	政策设计
供给侧政策	1. 横向措施	需求侧设计	7. 技术引进政策
	2. 专项资金		8. 采用补贴
	3. 信号策略	制度变革设计	9. 信息扩散政策
	4. 保护主义措施		10. 公共机构的新任务
互补因素供给的设计	5. 金融措施		11. 辅助机构
	6. 劳动力供给		12. 准公共物品设计

3.1.1　水平补贴

横向政策形式最直接，其适用于经济体中的所有公司，为技术变革注入投资，从而提高生产率。然而，更为常见的是，横向政策寻找符合条件的公司并为特定的支出类型提供补贴，支出的目的是提高生产率或者形成有益的社会福利效应。横向技术政策的主要优点是具有合理性，一旦予以合适政策选择，就会利用市场机制激励参与者自发开启优胜劣汰的选择过程，无法有效利用补贴的参与者将遭到淘汰。市场参与者的自我选择使财政当局无需评估公司的潜在贡献或某个提议的可行性，提议指是公司提出的有关补贴如何使用的建议。另一方面，横向补贴受到机会主义行为双重影响，而且一旦得到广泛应用，就会失去一些关于行业、区域或技术机会的潜在有用信息，而这些信息有助于缩小具备资格公司的范围。

作为解决“投资不足”问题的措施，横向政策经常以税收抵免的形式应用于公司总研发预算或者公司支出的增加额。② 因为“投资不足”意味着在研发上需要投入额外的成本，所以增量资金通常也被纳入政策设计之中，尽管这对之前致力于高水平研发的公司显然不公平。

上述存在一个明显的道德风险问题，即一些公司可能把本要开展或一直在开展的活动称作一项研发支出。若要规避这种风险，则需要审计研发活动和活

① 除了线性模式以外，还有很多其他模型，例如被广泛讨论的是“环形链接”模式，这种模式描述从应用领域到科学的反向流动(Kline 和 Rosenberg，1986)；以及 von Hippel(1988)在其文章中总结的用户—生产商之间的相互作用。

② 实际上，将补贴作为拨款发放和允许税收抵免似乎没有区别，正如 Hall 和 VanReenen(2000)得出的结论：研发税收抵免直接通过研发支出反映出来。实际上，管理补助支出的额外成本，包括遵守公共资本支出通常很复杂的规定的成本必须与监管或忽视机会主义行为的可能成本进行比较，以应对税收减免的标准。这仅仅是涉及的复杂性的一个开端，有关更多详细信息，请参见 Klette 等(2000)。

动执行。然而,其他形式的机会主义行为可能更不容易察觉。

由于资助计划的目的是激励公司自身进行优胜劣汰的选择,所以控制支出在不同企业间的分配并不合适,相反免除研发支出的税收则是更为恰当的举措。然而,研发支出的目标可能与计划目标毫不相关,例如提高生产率。从公共福利的角度出发,其中一些目的是可取的,例如,开展污染治理研究以减轻潜在处罚。其他目的存在一些不确定性,例如,生产同一产品的不同系列以增加对手的成本,或者增加竞争对手开展研究的难度,使竞争对手评估实际上未利用的技术,其实这些技术并未被用来降低被取代的风险。此外,在使用公共资源的目的方面也依然存在一些问题。例如,公司群体使用补贴参与"赢家通吃"的竞赛,例如专利竞赛。[①] 总体而言,这些问题会演变为潜在的漏洞或者使得资助"功亏一篑"。

应用广泛的横向设计成本高昂,并且由于存在漏洞,可能无法产生理想效果。正如之前所述,这些政策设计忽视了有关针对性强的计划的信息。时有言论称这些政策几乎是在"不负责任"地使用过去的税收收入。生产率提高的预期目标与投资或公司的其他活动的相关性更强,而不是在符合规定的支出范围之内的活动。上述保留意见表明至少应该缩小符合规定的支出范围。[②] 然而,随着合格范围进一步缩小,本满足条件的支出可能会被认为是专项补贴,而这与国际贸易协定不符,并且可能涉及条约执行或贸易报复,两种情况都会进一步增加这种政策设计的潜在成本。以上问题促使政府将专项资金定义为横向补贴的替代方案。

3.1.2 专项资金

专项资金是一系列方案的统称,这一系列方案都有预先设定的主题,具备资格公司针对这些主题提出具体的研究方案。专项资金的主要优势是具有针对性,因此可以充分利用行业、地区以及技术机会。专项设计包含的自我选择过程稍有不同——申请公司必须投入资源以了解如何满足申请要求,以及如何令符合监管合同执行的政府官员要求。专项资金也提供了一种传统问责制的方式,提议申请公司签订合同和撰写报告,并且明确在完成既定目标的过程中应取得的进步。然而,和横向补贴一样,依据政府官员监督合同的知识与能力,专项资金设计也有存在漏洞。例如,无论是方案评估者还是政府合同制定者,都很难区

① 如果试验失败,投入试验的公共支出蒙受损失,即使完成工作获得的社会福利收益也未必足够弥补这些损失。

② 自相矛盾的是,正如我们下一节将要继续研究的,美国最大的水平补贴研究计划是小企业创新研究计划(SBIR),该计划为很多企业发放资金,然而,这些企业难以将补贴转变为生产率的提高,是漏洞最大的公司。

分旨在增加竞争成本的研究项目和旨在提高生产效率的研究项目。

限制行业专项补贴的国际贸易协定将专项设计的范围局限在“竞争前”研究，这一术语在偏基础性研究、申请未知或不可直接辨别的研究以及开发研究之间创造了灰色地带，其中发展研究的目的是为生产产品或服务的模型或具体的实施方案做前期工作。“竞争前”研究和最终的开发还有很大的距离，并且我们可以认为存在投资不足问题是因为政府和公司没有清楚地了解研究工作最终可以产出什么样的产品和服务。[①] 当然，这使得方案评估变得更加复杂，因为这加大了评估潜在经济效应或投资项目利润的难度。

专项资金可用于研究持有不同目的的技术，这些技术除了以提高生产力为目标还有其他多种用途，例如解决社会需求以改善社会福利。这一政策设计的难点在于详细说明方案内容的能力。若专项资金定义广泛，则需要较少的专业知识撰写方案邀请书或者“请求”，但是需要更多的专业知识评估已被接受的方案。解决问题的方式之一是提交方案后进行同行评审，其目的在于建立具备足够专业知识的同行评审小组。若主题定义狭隘，则不仅仅需要更多的专业知识，可能还需要通过“精细化”方案筛选出真正新颖的创新方法。专项资金是供给侧措施的一项主要计划，其他更为具体的计划还包括信号策略、保护主义策略以及影响创新投资融资的措施。

3.1.3 信号策略

技术政策还会影响私人部门决策者的期望，这一点不易察觉。标准经济理论的假设不允许这种可能性存在，原因在于其不认同非对称信息的。然而，如果生产者之间信息分布不均衡(在单独考虑需求侧的情况下)，那么信息传播策略或许是恰当的选择。大规模的教育和培训方案成本最高，其旨在使一大批决策者意识到技术机会或者商业应用的特别技术价值。这样的方案相对较少，不仅仅因为成本高昂，还因为没有必要充分告知众多参与者。如果少数参与者意识到技术变革的有利可图的可能性，并且根据这一信息采取行动，其他参与者就会积极找出优势的来源并且模仿。最初的信息传播可能会涉及教育和培训活动或者其他形式的推广活动，市场信号是最强有力的手段，其将信息传播给其他参与者。

然而，与市场信号相结合的信息传播在一些情况下可能是无效的，例如最初的信息接收者不愿花费成本并且承担风险采取行动。在这些情况下，参与者不采取上述措施的做法是正确的，因为政府政策制定者通常在评估商业机会的盈

---

① 令人吃惊的是，关于定义竞赛前研究的界限没有太多的争议，由于没有明确的界限将其与“竞争的增加”或者旨在产生商业化产品和服务的研究进行区分。欧洲委托管理计划的惯例为要求多个国家的多个组织参与，或许有助于解决这一问题，至少在问题的理解上达成统一。

利潜力方面能力有限。然而,同时主要的技术变革最初也遭到反对,仅因为技术变革会破坏过去努力创造的一切。鼓励技术变革的地区或国家可能会获得先发优势,并且这些优势可能会为政府干预提供理论支持。在这些情况下,示范项目可能会被纳入考虑范围内。

示范项目存在的主要问题是几乎不可能为实施项目提供正确的激励机制(Cohen 和 Noll, 1991)。一方面,使项目实现最初的"工作"目标是十分必要的,即将潜在的技术转变为实际的作业设备或体系。另一方面,若要使发明兼具可用性和商业前景,就要承担更大的风险,并且可能需要扩大投资,但又不可能预先估计这些投资的规模。在市场经济中,公司通常从很多单个的失败尝试中总结教训,每一次失败都使投资者蒙受损失。然而,示范项目的本质是单一主体负责实施,但是,这种结构并不利于成功的商业创新。

"竞赛"或"挑战"都是示范项目需要的激励方式,通常同时提出项目的要求规范和实质性奖励。[①] 获得奖励的可能性连同获胜的宣传价值可能会刺激对合规的开发工作的投资。与挑战相比,竞赛更接近市场,因为竞赛涉及自我选择,并且需要参与者而不是赞助者承担风险。然而,正如专利竞赛一样,这亦是一种"赢家通吃"的竞赛。为了弥补出现损失的可能性,奖励需要具备实质性并且不受限制,因为此类限制可能会干扰商业开发,例如,任何被创造的知识产权都应保证竞争者的产权。[②] 换言之,具备以上特征的专利竞赛鼓励潜在的垄断社会福利成本支出。此外,专利竞赛的技术要求甚至比创造有限的投标申请更严格,因为技术要求的漏洞可能导致各方争相宣布获胜并起诉他方。

最终的信号策略包括传递特别的组织形式信息而不是具体的技术信息。例如,研究表明企业间的技术交流和战略伙伴关系都是重要的创新来源(Hagedoorn 等,2000),并且涉及可扩展的关系形成过程(Nooteboom, 1999)。对这些结论进行肯定后,Link 等(2002)发现"传递"的可取性政策,如支持美国先进技术项目中的研究伙伴关系,可能会刺激产生额外的研究伙伴关系(私人资助的)。然而,也有人质疑支持伙伴关系能否挑选出在交易成本管理方面更高效的公司,进而对其筛选产生的作用表示怀疑。由于上述交易成本被用于建立和维护伙伴关系,因而拒绝其他某些公司参与其中。

3.1.4 保护主义措施

近来,保护主义措施旨在促进新兴产业,为进口国际贸易协定已经规定的替代品提供激励。尽管人们普遍认为国家为支持鼓励国内产业,试图通过保护国

---

① 实证检验请参见 Davis 和 Davis(2006),理论观点请参见 Wright(1983)。

② 这些复杂性使得指定公开资助的竞赛更为困难,因为这些竞赛公开要求接受的公共资金要被用于资助创造市场力量。

内产业免受国内进口竞争或为其与国外公司竞争提供资金，但是由于这一方式不符合自由贸易的一般原则，因而受到禁止。即使支持新兴产业具备某些方面的优势，正如很多国家过去所做的那样，通过保护主义措施来实现对其支持会模糊重商主义和促进产业升级的界限，从而使得贸易治理变得更加复杂。

不可能所有人都认同这一观点。在此背景下，本章争议围绕下述假设展开：受到禁止的行为对其他政策而言要么是无效的，要么就是多余的，因为这些政策将是有效的。知识是全球公共物品，知识产生与分配的应用过程不会违反协定（例如专项资金），并且足以允许进入任何生产或商业活动的新领域，在这一层面，前面的假设得以成立。若上述条件不存在，这一假设则是矛盾的。尽管国家进军新兴产业的例子比比皆是，但这与关于新兴产业的强有力这一论据互相矛盾。虽然这一论据是几乎不可能的，但是也可能存在：禁止保护主义措施阻碍了进军“重要”产业（广义的反事实）或削弱了参与者的实力（诸多原因导致这一点）。

上述问题适用于历史案例分析，据称保护主义措施对支持国内技术发展至关重要。尽管这些措施是无可争议的，但是关于缺少这些措施的后果的论断还是与事实相反，并且在很大程度上具有投机性。例如，就美国而言，19 世纪内战前期，国内生铁生产能力在贸易保护主义措施的帮助下取得了极大的提高。然而，无论在哪一时期，若不实行关税，生铁产业就很有可能消失（Davis 和 Irwin，2009；Irwin，2000）。19 世纪后半期，即美国工业化最为活跃的时期，钢铁制造业的国际劳动分工可能脱离实际（缺少贸易保护主义措施），因此也是一次纯粹的投机行为。

3.1.5　金融措施

尽管之前所有的供给侧政策都涉及金融方面，对于与金融相关的技术政策的讨论最常涉及一些旨在改善供应风险和资本市场中的风险投资或变革措施，这些都有可能提高估值，或增加无形资产（知识相关）的流动性。与金融相关的技术政策前提是私人金融市场太过保守，或者风险投资制度发展尚不健全，尤其是在国家背景下。

上述结论通常是与美国市场进行比较得出的，美国市场中风险投资组织规模最大，并且高度发达。遗憾的是，旨在为创新风险提供更多资金的政策却经常忽视制度与市场的关键特征，例如美国的政策。① 这些特征包括风险资本家在多个方面发挥的积极作用，包括：选择管理团队和监督公司活动；投资银行为有望公开上市的企业所提供的中间或者夹层资金；规模不一的公司竞相销售的活

① 请参见本卷中第 14 章（Hall 和 Lerner）。

跃市场;以及针对一系列初创公司的IPO成熟制度。换言之,这其中涉及的是一个大型复杂的体系而不是单一的制度或资金渠道。

金融相关的技术政策措施通常以下述观点为基础:从社会福利的角度出发,私人部门对创新投资的估值低于适当值。一般来说,这一观点不可能得到证实。然而,简而言之,某个特定的行业或活动没有得到私人部门的重视。这可能涉及代际公平问题,例如,替代能源技术、健康安全、造福少数或贫穷人群的药物发展、公共采购以及教育技术。在这些情况下,为私人金融投资提供激励可能会通过信号传递效应或直接改变创新投资水平,消除投资者的抵触心理。

金融政策经常与特定行业的特点紧密相关。例如,新的技术型公司可能被认为在经济上处于劣势,是由于在创新发展的筹备期内,无法获得常规资产来担保贷款或给予投资者利润。① 旨在解决这类问题的政策在水平补贴(拥有这些政策的自我选择优势的)和专项资金(伴随不精准市场定位的风险的)之间充当了媒介。就不精准市场定位的风险而言,如果金融政策条件有限,主张行业补贴就在所难免。更广泛的标准可能会导致对活动的重新定义,这蕴含着风险,但是在获得财政支持的方式上并不特别具有创新意义。

3.1.6 供给侧政策讨论

近期,供给侧政策受到国际贸易协定以及公共管理基本原则的强烈影响,阻碍了直接的行业补贴。针对新兴、战略、动态甚至落后以及失败的行业补贴有很可能会被视为特定行业的补贴。这使得以下政策成为供给侧技术政策的普遍形式:政策旨在支持与创新相关存在风险的活动,旨在为创新科学技术知识奠定更坚实的基础,以及旨在尝试传播新技术或者研究性创新的价值。

这一节讨论的供给侧政策与创新执行者直接相关,公司被视为执行者,因此与技术政策的传统基本原理直接相关,假定追求利润的公司得出这一结论,政策应该提供激励并支持有关创新的更高水平的投资与活动。就与信号相关的政策而言,非对称信息理论巩固了传统的假设——具有价值的想法或许鲜无人知,因此需要将其传递或展示给潜在用户。

3.2 互补因素供给设计

技术政策设计试图影响创新所需的供给因素,与供给侧政策紧密相关。这些技术政策设计的基本目标是预防瓶颈的产生,减少创新或大规模商业化所需的支出。此外,这些政策设计也旨在增加创新活动中利用的资源或者基础设施的数量。另一方面,这些政策与支持创新的基础设施或创新体系中的制度变革

---

① 即使知识或人力资源的价值得到认可,也不具完全可靠性,因为个人可以自由选择其他工作。

设计有关。需要指出的是，下一节会涉及商业咨询或者其他支持服务，同时也会涉及其他制度改革。这里提到了两种类型的政策。第一类政策尝试通过教育和培训政策，提高技术熟练度或者高素质工人的数量。第二类政策与改善信息与知识的获取途径有关，日本对知识产权许可证的管理就是历史上一个重要的案例。

3.2.1　创新和劳动力供给

通常，现代创新涉及多种创新技术与能力，其可能会受到技术熟练的劳动力的规模和类型影响。劳动力的规模通常以每1 000人中科学家与工程师的数量来进行测量。然而这一测量方式只能大概反映劳动力质量，因为不同国家间科学与工程教育的本质差异显著。

这些差异显得尤为重要。过度关注理论和学科的界限似乎使得能够缩小学科间差距或者缩小理论和实践间差距的人才越来越稀缺。在追求科学与工程学科高学历的过程中体现出的高原创性，或许会培养出越来越多的能够创造独立研究方向或者创新实践的人才。参与世界领先的实验研究能提供教育和培训的独特特质，同时，这样的研究需要发明，可以产生可能产生创新的见解。

这些种类的差异全部准确定性，并且很难与其他制度或者环境影响区分开来。例如，在学位研究中追求高原创性，并且要求参与世界领先的研究，这一点很可能与高度支持以高校为基础的研究相关。不过，历史上不重视高校研究的国家，例如日本，似乎能够在接受足够科学工程训练的未从业人才的协助下，通过其他途径建立创新所需的技术基地。

面对这些不确定因素，国家普遍认为如果能够提高与其他高校研究相关的科学工程专业的本科生录取比例是最好不过的。但是，落实这一期望的机制发展仍比较薄弱。历史上，为影响科学与工程劳动力规模付出的最大努力是1958年美国颁布的《国防教育法》(National Defense Education Act, NDEA)，这是应对对前一年苏联发射人造卫星引发的担忧。NEDA反映解决"任务蠕升"的措施的一个普遍问题。艾森豪威尔总统提出NEDA作为一项临时法案，旨在扩大受过科学、工程以及现代外语教育的人才数量以支持国防。同时，1973年众多的法律规定得到实施，覆盖的研究领域也随着时间的推移逐渐扩大。

也许因为将高等教育的重心维持在对利益攸关产业的支持上面临困难，所以针对其他问题做出相应努力，例如跨学科培训，或许对上述提到的几种缩小差距的方式(Frost和Jean, 2003)，抑或在某一新生产业发展竞争中十分有用，新生产业的特定教育和培训需求(Barrow, 1996)已经成为高等教育政策最近的焦点。

3.2.2　技术引进政策

相对而言，为支持创新政府很少对知识产权的市场并购进行直接干预。原则上而言,这是技术政策改变创新的速度和方向的第二个重要途径。实施这一政策的典例是日本政府代表国内公司为规范国外技术许可所做的历史性努力。这一努力包含创造特定的记账单位,从而监管技术许可的贸易差额。这一政策的要点是协助协商许可(Lynn, 1998)。

3.3 需求侧设计

如前面两节所述,创新活动的直接和间接的供给侧支持基于下述假设:市场需求已做足准备等待创新。在某些情况下,这一假设很有可能是正确的。由于生产成本的减少,或者在相应成本没有增加的情况下质量得到提高,创新导致实际价格降低。随着创新带来产品质量或者提供服务的变化,这些服务包括与现有产品无关的产品或服务,市场可能无法立即予以接受。人们普遍都能立即接受这一观点,但其实际上与微观经济理论的传统假设不相一致。传统的理论假定个人都有完整的偏好排序,意味着与现有的选择相比,提供的任一新产品或服务都会被排在优先地位。基于这一假设,人们会立即按照出价购买或者立即拒绝具备基本的新特征、质量或者功能的创新。若背离这一假设,经济均衡理论则会面临相当严重的后果。然而,正如我们在本章中所述,是共同的智慧而不是传统的经济分析为技术政策提供指导。

人们普遍认为创新会招致怀疑、抵制以及警惕。因此,引进创新后要经历很长一段延期创新吸收速率才会加快。这些看法与决策采用的时间路径的经验观察相一致,这一时间的路径经常被称之为扩散过程,与基本或传统的经济理论在数个方面达成一致,所有这些看法都"歪曲"了标准的假设。潜在的决策者在采取决策的时间顺序方面存在本质的不同,这一假设为最贴近标准的假设。例如,从创新提供的改进中获益最多的潜在决策者将是第一个采取决定的,而那些获益较少的决策者将是推迟采取决策的。还存在一假设,即潜在的决策者对于采取决策产生的收益有着不同的认知,这一假设更加背离完美信息这一标准假设。在这种情况下,采取决策的速度将会与信息扩散过程的速度相似,并且存在多种可能的模型用于描述这一信息扩散过程(Geroski, 2000; Stoneman, 1987)。[①]

技术政策旨在影响扩散速度,原因如下。第一,如果我们假定技术是积累产出的结果,快速采取决策将会提高成本降低的速度,从而增加社会福利。[②] 第二,正在扩散的技术可以使得用户或者经济的其他方面提高生产效率。在这种

① 本章中第 22 章 Stoneman 和 Battisti 对此进行了进一步讨论。

② 即使在垄断情况下,垄断者的利润最大化的决定将会增加产出,略微降低社会净损失,增加生产者和消费者剩余,同时垄断者的成本也会降低。

情况下,更为快速的扩散将会加速经济发展与社会福利的提高。[①] 第三,如果未来出现替代方案和更加有效的技术,降低技术扩散的速率或许更为可取。例如,使用加剧固体废物管理问题的材料新包装技术可能不受赞成,因为环境友好型的技术在未来前景更加广阔。这一原因和第二个原因相一致,除了这一原因采取决策的外部性是消极的而不是积极的。

扩散政策基本上分为两类,第一类为决策者提供一些类型的补贴,第二类为潜在的决策者提供信息,使得他们更快采取决策或者增加采取决策可能性。促进决策的基本目标当然可以通过已经审查实施过的政策实现。寻求扩散的降低产品或服务价格的供应政策与采用补贴相一致。提供相关信息也可以被理解为供应互补商品,在这一情况下,可以对市场的需求侧而不是市场的供给侧产生作用。

3.3.1　采用补贴

基本的经济理论意味着为决策者提供补贴等同于降低已被接受的商品的价格。然而,这种补贴也被视为影响潜在决策者的期望和知识的"信号"。如果这一信号对采取行动有积极影响,那么采取的速度将会提高,上述提到的采取这一行为也会产生积极的影响。然而,我们必须知道快速的采取行为不一定就能获得最高的社会福利。若存在先进的技术,但是这种技术遭到忽视或者没有引进,在这种情况下,快速采用原有技术可能会减少社会福利——原有技术的扩散速度减慢或为更优方案,从而增加社会福利。[②]

历史上,需求侧政策存在很多案例,从为使用替代能源技术提供补贴到为采购国内生产资本设备提供有利融资(通过需求管理实施保护主义政策的一个实例)。这些政策的一个共同问题是难以强制要求补贴必须具备"合格的目的"。简而言之,采用补贴会产生严重的道德风险问题。

3.3.2　增进认知和其他信息扩散政策

提供有关潜在价值的信息可以避免需求补贴的道德风险问题。政策旨在增进潜在采用者对于未来福利的认识并且就这一福利对他们进行教育,或对他人已经拥有的福利提供特定的信息,这种政策可以加快新技术采用的速度,扩大新技术采用的范围,带来上述提到的影响。这些政策的影响可能小于采用补贴的影响,鉴于选择某一特定技术进行推广所面临的风险,这些政策是可

---

① 造福采用者的生产率提高和造福其他参与者的生产率提高存在重要差异。就前者而言,有必要假定信息分布存在缺陷,否则决策的采纳就会受个人利益所支配。就后者而言,潜在的受益者可能无力补偿导致市场失灵的采纳——一个更清晰的干预案例。然而,避免这种市场失灵有树种方式,包括潜在受益者做出的各种形式的集体行动以补偿采用者,这一方式可能比国家干预更为有效。

② Paul A. David 在本卷的第 23 章中对这些可能性进行更为详细的思考。

取的。

3.4 制度变革政策

上述所有的技术政策方法都是基于促进创新的产生与扩散,偶有涉及管理控制个体创新。这些方法都共有一个设想:创新是有意识活动的结果,必须努力争取。创新往往是火苗,需要在适当的条件下精心培育才能成为火焰。总体而言,独创性是创新的基本设想。此为 Joseph Schumpeter 对于创新的设定。Schumpete 对于创新的设想深深地受到他对企业家本质看法的影响,和他的同僚不同,Schumpete 把企业家塑造成一位局外人和革新者的形象。Schumpeter 对于创造性破坏的设想忠于普罗米修斯神话的完整周期——无论创新者取得如何辉煌的成就,终将遭受毁灭。尽管抱有这些看法,Schumpeter 依然承认创新可能存在不同的理念——作为大型组织的另一种惯例,创新的常规化与物流、资金或营销差异较小。

如果人们一开始对创新就有上述制度设想,那么应会提问道:什么样的制度架构可以为创新的产生提供最好的条件。回答这一问题与创新起源于制度和集体而不是个人这一观点无关。从这一角度出发,补充性收入的供给,尤其是对精英进行思想和行动的独立性教育,可以有力地促进创新者的出现,无论他们是独创性的企业家还是由现有大型公司雇佣并协调的研发团队的成员。同理,剩下的每一项讨论过的可能措施都有略微不同的解释——供给侧措施更容易受到有序创新方式的影响,除非其与公司的制度重点相一致,否则就不会产生任何效果。信号需求侧政策和供给侧政策可能会产生更大范围的影响——更有可能催生创新(Ruttan, 2001)或者为重新调整制度架构提供协调机制(Freeman, 1987)。

此外,相比创新型公司,政策制度的作用重点更明确。参与者网络(必须受到公司采用以实现发展创新)不仅仅可以作为新想法的来源,还可以合作与协调发展知识,用于商业或者其他用途。这一观点在有关"创新体系"(Edquist, 1997)、"技术经济网络"(Callon 等, 1992)和技术基础设施政策(Justman 与 Teubal, 1986)的学术文献中得到发展。

上述文献可进一步分为几种不同的层次或者系统界限,其中每一项都表明了各自的政策干预机遇与风险。国家政策和常规社会制度的重点促进了国家创新文献体系的产生。认为特定产业更加具有影响力的学者提出了"行业创新体系"的观点(Malerba, 2004)。然而,另一组学者重点关注知识转移这一难题以及地理邻近性而非认知邻近性的作用,并且创造出"区域创新体系"的方法(Cooke, 2001)。这些方法都拥有一致的观点:创新的很多方面都是系统性的——涉及多个参与者,公共机构以及私人机构的支持,超越价格与市场机制范围的协调要素。

"创新体系"这一观点在政策的实际制定过程中影响力越来越大。究其原因有很多，其中包括之前提出的关于国家技术竞争力的长期争论，这一争论关注国家政策间的区别，使得人们关注对于高校为科学主导型产业（例如生物技术产业）做出的特定贡献，并且扩大了特定区域日益突出的影响力，例如美国的硅谷、英国的剑桥大学与牛津大学以及德国的巴登符腾堡州立大学。

就其本质而言，技术政策的创新体系方法在其基本原理和实施上十分复杂。然而，总体而言，往往在认识到现有体系出现失灵之后（如缺乏从公共机构到私人部门的明显技术转移）或者对相对业绩产生疑问之后（如属于我们的硅谷在哪里？我们发展前沿技术的成效如何?），政府才考虑进行干预。

从某种重要意义上而言，创新体系方法也代表着一种技术管理的方法。[①]与创新体系研究相联系的比较性和前瞻性分析，其为之前讨论过的政策实施提供了指导。创新体系方法在表明研究优先权和项目管理的变化中具有特殊价值。同时也对几类政策措施起到了促进作用：公共机构的新任务分配；新中介组织的创建；支持涉及技术产生、引进或使用的横向合作的产业措施。

3.4.1　向公共机构分配新任务

创新体系分析有两个显著成果，其中之一是识别出现有体系中的功能失调或者缺失的环节。向公共机构分配新任务是对功能失调做出的常规应对措施，在本节中有所讨论，下一小节将对解决缺失环节的问题进行论述。原则上，任何创新体系要素都会出现功能失调，并且为体系运转造成瓶颈或阻碍。例如，公司在面临技术出现的重大变革时，可能重点关注短期股东利益的最大化，而不留意自身不明朗的前景。即使假定其他参与者（政府、顾客或者供给商）对这些发展有更为准确的理解，可能也难以进行干预。[②]

干预方式之一便是使得大学和公共研究实验室增加对新技术的了解，以此给顽固的公司传播新技术的价值，或者为公司的竞争对手（包括目前还不存在的竞争对手）提供这一价值。[③] 通过利用上述已分析过的供给侧政策，提高大学或产学研联盟的资格标准，或者可以依据大学所做社会贡献规定对大学进行管理和提供融资过程的特定措施，从而实现这一干预方式。

为服务于新兴的技术政策议程而改变公共机构任务的方向，这一方法本身不存在问题。毕竟，公共机构公开问责并且得到公共基金支持，因此其目的与任

---

① 在欧洲背景下，日益复杂的多层次治理使得治理问题更加复杂（Kuhlmann，2001）。

② 一些人或许认为这是金融市场应该解决的问题，单个公司成功的不确定性、所需投资的长期本质，以及收购行为的中断部分对这一乐观的看法进行解释。

③ 将机构的演变考虑在内十分重要，例如公共研究实验室，请参见 Crow 和 Bozeman（1987）。

务也受制于政治决策。问题在于,难以在分配给机构的任务之间进行取舍,或者很难权衡承担新任务的成本。[①] 新任务可能与旧任务之间产生矛盾,并且新任务取代旧任务后产生的效果可能未受到充分重视。这种“调整”或“校准”问题通常是由于制度层面干预,并且因公共研究机构的复杂性变得更加复杂。

3.4.2 创建辅助机构

随着技术创新过程被视为一种兼具权威性与创造性的体系,其中的参与者关联紧密,可能会挖掘出发展尚不充分或者甚至已经消失的功能或能力。在技术知识的完全信息或完全市场的理论模型中,未考虑这一可能性。然而,在其他环境中,如市场不完全,知识分布不完善,高价值知识可能在特定组织中“面临困境”。当然,这些理论是否贴近实际情况还有待实证。技术市场当然存在,并且知识和信息通过市场交易得到分配。然而,信息不对称问题普遍存在,关键问题不仅出现在安排现有技术交流方面,也会出现在潜在应用的识别和潜在需要的表达方面。

上述推理方法为取得特别关注的创新体系提供部分架构。例如,正如我们所知,在以众多中小型参与者为特征的市场中,信息不对称问题通常尤为严重,组织文化间的区别阻碍交流,组织外部的理念常常受到“非我发明症”的限制(Cohen 和 Levinthal, 1990)。[②]

上述系统性失灵可以通过设计合理的组织进行解决。可在高度分散的市场中建立致力于产生、促进并获取技术变革的组织或结构,负责协调各行业的工作,同时设立一个特定的“外联部门”。历史上,此类计划的成效良莠不齐,统一大型集权组织的首要任务与其客户制定的首要任务依旧存在难题。鉴于组织文化的区别,设计“中间组织”,其具体任务在于将直接价值研究应用于提供相关的咨询服务,或者应用于申述信息传播问题。在产业研究背景下,德国的Fraunho-fer-Gesellschaft 是运用互补性制度的典型人物。“中间组织”旨在开展关于“直接利用公共和私人企业”的研究”(Fraunhofer-Gesellschaft, 2003, p. 5)。

最具洞察力的组织受到“非我发明症”的影响后处境更为困难。然而,使这些组织参与用户指定的合作也是具可能性。这些组织无需完全由公共资助,并且建议进行第三方干预,如下所述的“俱乐部”或者产业关联方法。

过去的美国农业技术推广组织为一个具备研究能力的公共机构的范例,这

---

① 典型案例为美国的《拜杜法案》,在欧洲也得到效仿,该法案将知识产权转让给大学(其中大学是主要法案的主要订约方),知识产权源于公共资助的研究。这一法案产生一些难以预料的影响(Mowery 等,2001)。

② 这一特征对小企业本身不公平,Oakey(1984)对此主题进行了更加深入的研究。

一机构为农业部门的客户提供咨询服务。就研究而言，农业试验站接受来自联邦和各州的资源资助，进而促进开展与美国不同气候和土壤相关的研究。为提供咨询服务，美国农业技术推广组织与农民协会、个体农民、青年组织（例如 4H 俱乐部）及美国未来农民协会进行合作。尽管在过去的一个世纪里美国农业经历了翻天覆地的变化，但具有当地代表性的"行业体系"机构仍不断发展壮大。①

信息传播活动常与其他政策措施相结合。因此，美国农业技术推广组织也充当着信息传播者这一角色。最近几年，越来越多的信息传播活动通过互联网组织得以开展，例如 Business. Gov（英国、美国和澳大利亚的组织名称），这一组织主要针对中小型企业，为其提供有关设立新企业、资金来源以及不同业务的服务建议。②

上述三段中所描述的组织在创立时就具备明确的创新体系观点，这一说法是不正确的。相反，创新体系观点为阐释公共机构提供的服务提供了方式，并且为比较服务的表现提供了途径。这些方案形式多样，规模不一，所有国家的政府机构似乎都无法对本国的所有方案进行系统性分析，那么进行国际比较分析的可能性微乎其微。③ 但是，建立这样的清单是发展协调政策必不可少的第一步，或许可以说公共行政管理的创新体系方法仍处于萌芽阶段。

3.4.3　技术作为准公共物品

根据标准经济分析，如果技术未外生于经济体系，就会被视为一种商品，其生产和销售与其他商品一样遵循同样的供需原则。正如我们在本章中所提及的，这种方法忽视技术知识的信息内容，并且为商品创造人为的稀缺性，此类商品的再生产边际成本或许可以忽略不计，并且必然低于生产的原始成本。然而这一悖论的另一面是如果不能赚取租金（在其他风险较小的活动中利润大于租金），私人部门可能不为生产新技术投入资金。即使为公共部门的行政人员提供与私人部门相似的激励，由于公共部门中频繁的失败是不可避免的，部门为技术知识创造提供的资金在政治上也存在问题。

鼓励私人部门建立俱乐部作为走出这一困境的途径日益受到关注，其从事技术发现和技术开发。为努力降低交易成本并传递合作研究的认知价值，提供共同资金十分必要。与共同资金要求中供给侧的资金规定相似，这类政策明确将创新的系统性本质进行考虑。例如，创新为潜在用户与生产者之间搭建了桥梁，与公共研究组织或大学相联系，同时考虑到不同部门之间的纵向关系。

比利时微电子研究中心（Interuniversitair Micro-Elektronica Centrum,

---

① Feller 等（1987）对此体系中出现的紧张局势进行了探究。

② Alic（2001）指出发达国家服务业优势需要对这些政策的优先事项做出根本性变革。

③ von Tunzelmann（2004）指出欧洲为研究这些政策的宏观经济效应进行部分尝试。

IMEC)为此类俱乐部中的典型范例,其主要进行集成电路、纳米技术和相关研究。IMEC 建于 1984 年,为非营利组织,部分资金源于比利时的佛兰德当局,IMEC 目前有低于 20%的预算来源于政府。[①] IMEC 旨在开展领先于产业需求 3～10 年的相关研究,并且基于合作公司提供资金的等级和及时性,提供获取产业成果的“分层”接入结构。在美国,半导体制造技术战略联盟与科学研究委员会扮演着相同的角色(Grindley, 1994)。这样的努力并不能保证长期的成功——微电子和计算机技术公司(Microelectronics and Computer Consortium, MCC)为开发先进计算机做出了努力,但由于无法在研究项目上与合作伙伴达成一致意见,运营 20 年后最终解散(Gibson 和 Rogers, 1994)。

4. 规划、执行和评估

显而易见,世界上并不存在万能钥匙,其可以解决技术政策的所有问题。所有已知的设计都存在潜在的缺陷或局限性。最常见的错误是政策偏离方向——没有达到预期的目标,因此,与其他政府支出比较可能会遭到反对。虽然近几年,决策者仍对于在发达国家发起新倡议热情高涨,但这还是引发了他们的担忧:是否可以借鉴技术政策规划与实施的经验,其中包括也许会带来进步或提高的设计选择。

在评估潜力之前,思考规划技术政策项目存在的问题及其不确定性十分必要。集成电路的发明便是一典例,美国国防部认识到对包含不同电子元件的集成电子模块的需求,并为多项致力于设备生产的专题研究项目提供资金(Kraus, 1973)。可以说,这些项目对于目标的定义过于“狭隘”,在定义上述专题研究项目上面临着一定的风险。然而,这些关于集成电路项目的实际创新者 Jack Kilby 和 Robert Noyce 表明:市场上存在对电子元件集成设备的需求。正如 Braun 和 Macdonald(1982)所言,“一块”硅晶片上可以集成一些晶体管和电阻器,对此当前电子行业的优秀员工却完全没有感到震惊。

因此,尽管专题项目没有达到目标,但是正因为其存在,集成电路的潜在价值才得以传递给领先用户(军队),尽管目前电子行业的从业人员对此表示怀疑。从这一角度出发,美国国防部项目作为专项研究效果不佳,而作为信号装置则大获成功。然而,没有证据表明信号传递被作为或视为项目目标,基于项目的责任范围,项目评估得出结论:信号传递一直成效不佳。

上述例子强调了技术政策“达到目标”的困难性,这既是已知不确定性的直

① http://www.imec.be(最后访问时间 2008 年 6 月 21 日)。

接后果，又是上一节中简述的不同政策设计出现重叠的可能性的直接后果。这个例子也表明了有必要对技术政策的目的进行重新审视。虽然技术规划和实施过程经常提及目的、里程碑及相似的术语，但是用“目标”做比喻或许并不恰当。

到目前为止，我们考虑了技术政策的两个基本目标。第一，技术政策旨在扩大或加速技术变革的速度，从而提高生产率，进而提高社会福利。第二，技术朝着社会需求的方向发展，例如国防、教育、健康或者环境。

此时，介绍技术政策的第三个目标是可能十分有用的，即仅仅是改进技术生产、扩散以及利用的过程。在现代语言的本质中，总会发现前一句话不完整，它引出这一问题“为了什么”，答案可能是——为了其本身。在没有具体“目标”的情况下，从事某项活动(作为一项人类创造和制度)是可以接受的，当技术进步为了达到其他目的时，它不仅仅是一种“工具”，而如同艺术、乐曲或宗教仪式一样，以其本身为目的。对于那些支持这一观点的人而言，技术所有有用的和有益于社会的特征都是追求和运用知识的间接收益和副产品，即 Feynmann 所说的“发现事物的快乐”(Feynman, 2007)。增加这一类目标是恰当的，因为将其省略仅仅只能达到如下目的：减少人类在追求科学技术中的意义，这一意义对经济分析产生重要影响，其不仅仅通过我们已经阐述的两种可能性，也通过个人对生活工作的选择以及关于社会共同目的的选择。思考这一问题亦丰富了对于政策设计的重新解读。

技术政策规划过程涉及目标的思考、赞助商能力、执行者能力以及控制结构。为了限制上一节所述的机会主义行为，并为政策实施中期和后期提供政策指导，控制结构是必要的。控制结构也创造评估所需的信息——确保问责制并记录从经验中取得的教训。上一节叙述的每种政策设计都说明这些组成部分的不同配置。表 2 表明所需配置的多样性。

表 2　技术政策的规划组成部分

	组成部分			
政策设计 横向措施	目标 主要为③	赞助商能力 一般	执行者能力 符合条件的自我选择	控制(超出使用资金的责任) 产业影响的研究
专项资金	主要为①或②	成熟	通过选择申请和能够/愿意承担行政责任，而进行选择或自我选择	全周期项目监控
信号策略	主要为②	非常成熟	用于示范项目，与专项资金相同，用于信号接收者的自我选择	用于“示范”项目，全周期项目监控加上采纳或扩散的分析

(续表)

	组成部分			
保护主义措施	主要为③	一般	不确定的	监控“诱导”活动和国际标准之间的差距
金融措施	所有	成熟	通过选择申请和能够/愿意承担行政责任,而进行选择或自我选择	监督机会主义行为和产业影响的研究
劳动力供应	主要为③	一般	拥有扩展能力的培训和教育体系	产业影响的研究
技术引进政策	主要为②或①	非常成熟	评估需求和可用性的能力	确定重点和研究产业影响
采用补贴	主要为①	成熟	能够/愿意承担行政责任	产业影响的研究
扩散政策	主要为①	成熟	自我选择	产业影响的研究
公共机构的新任务	主要为③	成熟	灵活性	替代效应的评价和收益
辅助机构	主要为③	非常成熟	灵活性和能够/愿意共同投资	功能性和功能失常的评价
准公共物品设计	主要为①或②	成熟	自我选择——所需利益的临界值	产业影响的研究

注:对于“目标”和“赞助商能力”的定义,请参见文章。

表 2 中,“赞助商能力”一栏的条目反映所需能力的最低值——具备十分成熟的能力很有可能进一步增加效益。“十分成熟”一栏意味着赞助商必须对行业历史和行业动态具备实际的了解,这包括对现有参与者的能力和局限性、准入潜力(包括国际竞争的可能性)以及对技术机会和交易的全面了解。俱佳的行业分析能力在政府内部相当罕见,只有某些国家,例如日本,曾经从这些能力的系统化发展中受益。即使政府在某些方面具备这些能力,亦需赞助商采用这些能力,赞助商通常是政府内部某一特殊机构,其可能具备也可能不具备这些能力。

典型的方法是为提高成熟度水平临时“聘请”行业专家,但这一方法存在两个问题。第一,如果对这些问题缺乏深刻的见解,那么很难吸引或质疑这些专家,或者甚至难以为这些服务写出恰当的要求和规范说明。第二,通过为行业中现有的大型参与者提供咨询服务，产生现有的行业专家，因此也会反映出对主要的专家客户的偏见。这两个问题相互作用，为避免第二个问题，专家小组得以构建。反过来，专家小组常出现意见分歧，这在原则上对成熟的赞助商非常有用。实际上，对于明确建议的偏好往往会导致报告意见一致，千篇一律，缺乏多样性，这是由审议过程或者完全僵硬的结果以及充满陈词滥调的报告造成的。① 即使对于成熟的赞助商而言，因为对于政策的复杂性的现有理解可能不够充分，因此监控评估和政策效应十分重要。

使用“成熟”一词来描述赞助商能力，与产业分析能力相关，产业分析能力用以评价产业结构与竞争动态中的变化，这一变化可能是实施特定政策引发的。成熟的能力无需对技术机遇或者局限性做出独立评价，或者对于参与者的优势和劣势做出完整评价。政策设计与成熟能力相关，很可能会产生复杂且预期之外的效应，这一效应在政策实施之前难以识别。在这种情况下，监控政策实施和政策效应十分重要，但是受到更多关注应为应对非预期效应采取纠正措施，而不是增加赞助商的知识或专业技能。

政府项目管理普遍需要的是一般能力。这一能力不涉及具体的产业或技术发展的知识，因为该需求水平的三种政策设计针对性广泛且广泛通用。监控政策实施和效应，主要旨在衡量与这些措施的成本相比而产生的效益。

表 2 中的“目标”一栏指的是：①为促进技术变革的社会福利的具体目标；②为影响技术变革的方向做出的努力，该技术变革在取得预期成果方面存在很大的不确定性；③为促进技术发展并加强技术联系做出的努力，该技术发展和联系缺乏具体的目标或方向，常基于如下观点：通过采用预先指定的方式，如此可以产生显著的积极社会福利效应。

表 2 中参与者能力的一栏对前一节关于政策设计的讨论进行了总结。为了从项目中获益，在包含选择过程的政策设计中，其直接考察申请者的资质。涉及自我选择的政策设计需要政策受益者共同投资。据预计，理性决策可以确保参与者是净收益者，至少是在参与者期望的层面上。

表 2 中强调的技术政策配置规划的关键因素是控制策略（尽职使用公共资金），控制策略由政府制定或由参与者制定，参与者为其提供公共资金。该设计若要得到有效的实施，表中列出的控制因素为最低要求。例如，采用补贴可能需要全周期的项目监控，对表 2 中列出的项目效应进行监督，而不是简单研究。据预计，更加严格的控制会导致很多潜在的申请者只能参选而不是参与，这一结果对政策执行具有消极作用。

① 拥有发达的中介机构的政府，例如 Ergas(1987)描述为具有“扩散导向型”特征（见以下讨论）的政府可能成熟度更高。

具体项目的“参数定义”在表 2 中未提及。例如,如果选择了研发税收抵免(横向补贴),合格的补贴对象会是谁(对现有的研发还是对增量研发等进行补贴)?补贴率为多少?任一政策设计都拥有大量的参数,其中一些参数可能会改变某项政策设计,使之趋向于另一项设计,例如,拥有广泛的传播需求的专项资金。

关于此类学说的一个广泛的疑惑:是否所有国家都可以平等利用所有的政策设计。某些学者已经提出各个国家为提高复杂的分析能力,做出系统性努力可能高低不齐,这暗示着在一个还不具备“十分成熟”等级的赞助商能力的国家,采取需要这一政策很有可能产生不尽如人意的结果。然而,除了这种区别,国家是否在实施不同政策设计的能力上有系统的差异?

Ergas(1987)提出的比较研究影响深远,并且源于技术政策的两个基本类型学,正如在国家实践中所体现的——任务导向型和扩散研究。上述类型学对于思考政策规划的本质十分有用,并且比上一节考虑的设计模型更加抽象。Ergas 认为相比设计而言,技术政策更多反映的是不同国家实践的发展,这是由历史事件、政府结构以及技术专业化固定模式间的互动产生的。Ergas 称之为任务导向型的国家(如美国、英国及法国)在争取国际战略领导权的背景下,寻求有关“重大问题”(如国防、健康和教育)的技术政策。据 Ergas 研究,扩散导向型国家——德国、瑞士和瑞典,旨在在现有的专业化模型中充分利用技术,从而使得本国公司具备国际竞争力。

在 Ergas 发表文章后的数年后,由于应对新技术范例(例如生物技术)和政治变革做出的努力,这些类型学的界限在某种程度上逐渐变得模糊。对于扩散导向型国家而言,从强调愈加广泛的新兴领域以及社会需求的第一框架计划(1984—1987)开始,欧盟研究与技术开发框架计划也同样促进了对新兴技术和技术范式转变的日益关注。[①] 相应的,任务导向型国家也愈加重视技术基础设施政策的问题(Justman 和 Teubal, 1995; Tassey, 1992)。

然而,从另一角度出发,Ergas(1987)为比较近年来技术政策规划过程的成果提供了出发点。基本上所有国家都采取了扩散政策和基础设施政策,并且混合采用大多数技术政策设计模型,因此技术政策的结构差异无法解释绩效差异。在时代背景下,更具体的策略和在选择发展的目标区域时的机遇更有可能导致绩效差异。这意味着我们应该意识到技术政策项目中不同技术领域的相对重要性的显著差异。大多数中等收入国家存在明显的特殊情况(例如马来西亚的多

---

① 研究与技术开发框架计划自成立欧盟的《马斯特里赫特条约》(1992)生效前开始执行,并自此之后并入欧盟委员会的业务中。瑞士从一开始作为非成员国加入该框架计划,在国家基础上为参与提供资金(Reger 等,1998)。

媒体超级走廊)，这些国家拥有独特的专业化模式，与产业专业化的历史模式差异显著。例如，尽管德法两国都在积极推动生物技术研究，但是德国机床制造行业的政策、制度以及公司的集中化程度高于法国，。

从全球角度出发，缺乏专业化的趋势使得致力于新兴技术的大型项目的高度重叠，在这一意义上，缺乏专业化的趋势可能会令发展存在问题(Lepori 等，2007)，如果一国选择更高程度的专业化和承担风险，新兴技术对全球社会福利做出的边际贡献就会更小。实际上，在个别国家中，专利竞赛会减少社会福利，如果所有国家都有能力加入新技术的竞赛并且继续参与所有竞赛，社会福利减少在全球范围内可能会再次出现。这一批判视角受到了下述观点的影响：参与特定研究不仅仅是为了取得关键突破从而稳步发展，同时也是为了发展吸收能力从而可以更快实现利用其他领域取得的进展。① 即使在政策层面上，"跟随战略"是十分必要的，其有助于思考如何吸引科技界修改政策以反映能力和理解力(Rip 和 Nederhof，1986)，并且有助于愈加注重相对于知识创造的知识分配问题(David 和 Foray，1995)。

与特定项目评估相反，技术政策评价十分罕见。② 1985—1995 年，美国电子和汽车行业前景堪忧，促使美国深陷国际竞争力的争论。部分争论涉及：是否美国科学技术在诸多领域契合"目标"的评价(Shapley 和 Roy，1985)。美国传统优势行业的国际市场份额的流失尤其令人担忧，例如机床(Holland，1989)和半导体行业(Howell 等，1988)。争论中发表的几项研究特地考察了科技政策的作用，观察到协调度的缺失以及大学与行业研究的差距。③ 围绕竞争力的争论将技术政策的公众关注度提高到前所未有的水平，克林顿执政初期，总统和副总统发表了联合声明(Clinton 和 Gore，1993)，并为建立政治言论与实际行动之间的联系做出了大量努力(Ham 和 Mowery，1995)。然而在布什总统执政期间，技术政策问题受到较少的关注，并且高度分散的关于技术政策的历史模式盛行。

相关人员缺少对技术政策关键评估的持续关注，这一情况并不仅为美国所特有。在很多国家，开展"特殊"评估并不罕见，例如英国的"技术政策的战略决策"(科学技术委员会，2007)。然而，实施这份报告的以下建议还是罕见的：政府应当每隔适当时间就制定机制以重复评估过程，约为每三年一次。技术政策的重点决定将会以这些定期更新的评估为基础(科学技术委员会，2007，p. 8)。这一声明的第二句上明显存在问题，这句话可能被理解为对过多的部门和政府

---

① Lepori 等(2007)也观察到研究项目的组织存在大量差异。

② Georghiou 和 Roessner(2000)对特定项目的评估方法提供了有益的概述。

③ 此段中，Shapley 和 Roy(1985)以及 Howell 等(1988)对科学和技术政策进行了最详尽的报道。此外，政府报告，例如国防科学委员会(1987)，为了竞争的目的对科学技术政策的充分性提出质疑。

机构的控制和措施的威胁,这些部门和政府机构将正在支持或准备支持的技术视为"战略性"技术。尽管这一特别研究采取自下向上的方法,这份报告经 17 人签署,但其中很少有人直接承担政策实施的责任。虽然采纳这样的建议是可行的,但是"部长政治"使之变得不可能。然而,这样的努力可能有助于在政府内部表明优先选择特定区域的需要,并且使得转变投资重点。这样的目的和结果与报告标题承诺的略有差异,并且毫无疑问是报告的创造者预料之中的。

实施协调性或战略性技术政策的困难似乎是由政府和社会中普遍存在的科技问题造成的。在这一方面,无论是制定系统性社会政策、住房政策或健康政策,抑或是建立系统性技术政策,似乎都难以实现。领域范围过大并且涉及的利益太过广泛,难以予以系统的治理或监管。更为透明和完善的技术措施的相关信息在未来备受期待。如果政府内部和外部评估评价更加系统有序,那么就有机会去学习经验并且发表更多的文献作为未来规划、执行以及政策评估的参考。

这一节的讨论为技术政策的制定提供了一些实践指导建议,这些技术政策与赞助方和参与方的能力、不确定性问题以及不确定性如何影响技术政治政策相关,并且也在国家层面上提出了关于技术政策管理的问题。所有这些领域都受到经济理论的影响,但同时也包含政治和行政问题——与对本章开头将技术政策描述为交叉学科相呼应。

5. 结论

本章重点关注技术政策的经济基础,这一主题必然涉及对其他领域进行探讨,包括公共部门和私人部门的管理问题以及除经济学以外的公共选择问题。首先,构建以 Arrow 和 Nelson 观点为基础的"基准"理论,Arrow 和 Nelson 认为市场在为新知识提供足够的投资方面可能表现欠佳。在修改这一框架以解决技术知识问题而非科学知识问题的过程中,发现了知识产权的中心作用和专属权问题。尽管技术政策管理中经常采用这一基础的变量,仍有人认为技术政策的政治显著性导致了政策脱离理论。在不同部门生产率提高的不均衡、信息不对称的影响、知识创造和分配中本地化的作用等方面,上述方面的经济理论发展为政策和理论之间重新建立联系提供了新机遇。

对上述理论发展和实践经验的反思为发展技术政策设计的"分类学"奠定了基础。采用该分类学用以整理大量具体的分析结论,这些结论的主题是技术政策实践和技术政策理论基础之间的关联。第 4 节分别从规划、执行以及评估三个角度探究各类政策设计方案。此节的主要发现是评估赞助商和参与者的能力对有效政策规划至关重要。在执行政策的过程中,可以发现通过同时进行或者高度重叠的设计,专利竞赛的特征就存在被复制的可能性,这种可能性表明需要进一步考虑技术政策的策略。然而，设计技术政策策略仍然是棘手的任务，很大程度上是由于政府中普遍存在的技术问题，以及随之而来的为争夺政策优先权而展开的利益的过度竞争。更为系统地阐述采取什么样的政策措施，并拓展关于这些措施的国际比较文献，将促进目前的趋势朝着特别政策规划的方向发展。

本章并未涉及大范围的方案评估方法和经验。系统分析以及方案和项目评估的发展历史使本章探讨的经济学理论各要素之间如何更好地彼此融合。选择"基准"与备选政策间的二分法为本章内容的组织形式，在某种程度上弱化了演化经济学和制度经济学的作用。以上两种经济学都在知识本地化和信息不对称问题方面做出了突出贡献。市场均衡的传统经济学假设广泛并长期存在，演化经济学对这一假设进行批判，诸多关于创新体系的发展都直接源自于该批判观点。演化经济学的学者也直接抨击知识是全球公共物品这一传统假设，并指出在信息和知识之间的转换存在困难。演化经济学也促使人们重新关注多样化创造问题和选择过程问题，这些问题与路径依赖问题、收益递增问题以及不同社会和市场范例间的转换问题密切相关。

鉴于先前为建立经济理论与技术政策之间联系所做的贡献，本章的主要目的是系统地探索经济学家质疑技术政策理论和实践的动机，并且论证这些理论和实践是如何随着时间的推移而不断发展的。在公共讨论和治理新措施中，仍然常常应用"基准"理论。新方法和新举措不仅拓宽了干预的范围，还表明相关人员需增强规划和评估能力，从而增加政策措施取得成功的可能性。从规范的角度而言，技术政策应当建立在更坚实的理论和实证基础上，而不应当依赖临时特设的专家小组或者政治预测。构建理论和实证基础仍为未来几年内该领域面临的主要挑战。

参考文献

Abramovitz, M. (1956). "Resource and output trends in the United States since 1870". The American Economic Review 46(2), 5 - 23(May).

Aghion, P., Howitt, P. (1998). Endogenous Growth Theory. MIT Press, Cambridge, MA.

Alic, J. A. (2001). "Postindustrial technology policy". Research Policy 30(6), 873 - 889.

Arora, A., Fosfuri, A., Gambardella, A. (2006). "Markets for technology". In: Antonelli, C., Foray, D., Hall, B. H., Steinmueller, W. E. (Eds.), New Frontiers in the Economics of Innovation and New Technology. Edward Elgar, Cheltenham, pp. 323 - 360.

Arrow, K. J. (1962). "Economic welfare and the allocation of resources for invention". The Rate and Direction of Inventive Activity. National Bureau of Economic Research, Princeton University Press, Princeton, pp. 609 - 625.

Artis, M. J., Kontolemis, Z. G., Osborn, D. R. (1997). "Business cycles for G7 and

European countries". The Journal of Business 70(2),249 - 279(April).

Barrow, C. W. (1996). "The strategy of selective excellence: Redesigning higher education for global competition in a postindus-trial society". Higher Education 31(4),447 - 469.

Barzel, Y. (1968). "Optimal timing of innovations". The Review of Economics and Statistics 50(3),348 - 355.

Blind, K., Grupp, H. (1999). "Interdependencies between the science and technology infrastructure and innovation activities in German regions: Empirical findings and policy consequences". Research Policy 28(5),451 - 468.

Boldrin, M., Levine, D. (2002). "The case against intellectual property". The American Economic Review 92(2),209 - 212.

Bowman, W. S. (1973). Patent and Antitrust Law: A Legal and Economic Appraisal. University of Chicago Press, Chicago.

Braun, E., Macdonald, S. (1982). Revolution in Miniature: The History and Impact of Semiconductor Electronics (2nd edn). Cambridge University Press, Cambridge.

Bush, V. (1945). Science: The Endless Frontier: A Report to the President on a Program for Postwar Scientific Research. United States Office of Scientific Research and Development (1945), Washington DC National Science Foundation (reprint 1960).

Callon, M. (1994). "Is Science a Public Good?" Science, Technology and Human Values 19, 395-24, Fifth Mullins Lecture, Virginia Polytechnic Institute, 23 March 1993.

Callon, M., Laredo, P., Rabeharisoa, V., et al. (1992). "The management and evaluation of technological programs and the dynamics of techno-economic networks: The case of the AFME". Research Policy 21(3),215 - 236.

Cantwell, J. A. (1989). Technological Innovation and Multinational Corporations. Basil Blackwell, Oxford.

Cantwell, J., Iammarino, S. (2003). Multinational Corporations and European Regional Systems of Innovation. Routledge, London.

Clinton, W. J., Gore, A. Jr., (1993). Technology for America's Economic Growth: A New Direction to Build Economic Strength. US Government Printing Office, Washington, DC.

Cohen, W., Levinthal, D. A. (1990). "Absorptive capacity: A new perspective on learning and innovation". Administrative Science Quarterly 35(1),128 - 152.

Cohen, L. R., Noll, R. G. (1991). The Technology Pork Barrel. The Brookings Institution, Washington DC.

Collins, H. M. (1974). "The TEA set: Tacit knowledge and scientific networks". Science Studies 4,165 - 186.

Cooke, P. (2001). "Regional innovation systems, clusters and the knowledge economy". Industrial and Corporate Change 10(4),945 - 974.

Cooke, P., Morgan, K. (1998). The Associational Economy: Firms, Regions and Innovation. Oxford University Press, Oxford.

Council for Science and Technology. (2007). Strategic Decision Making for Technology Policy. Council for Science and Technology, London.

Crow, M., Bozeman, B. (1987). "R&D laboratory classification and public policy: The effects of environmental context on laboratory behavior". Research Policy 16(5),229 - 258.

Dalpe, R., DeBresson, C., Hu, X. (1992). "The public sector as first user of innovations". Research Policy 21(3),251 - 263.

Dasgupta，P. (1988). “Patents，priority and imitation or，the economics of races and waiting games”. The Economic Journal 98(389),66 - 80.

David，P. A.，Foray，D. (1995). “Accessing and expanding the science and technology knowledge base”. STI Review 16,13 - 68.

David，P. A.，Hall，B. (2006). “Property and the pursuit of knowledge：IPR issues affecting scientific research”. Research Policy 35(6),767 - 771.

Davis，L.，Davis，J. (2006). “Prizes as incentives：Evidence from three 20th century contests”. In：Davis，J.，Sundbo，J.，Serin，G.，Gallina，A. (Eds.)，Contemporary Management of Innovation：Are We Asking the Right Questions?. Palgrave MacMillan，Houndmills，Basinstoke，pp. 230 - 247.

Davis，J. H.，Irwin，D. A. (2009). “The antebellum U. S. iron industry：Domestic production and foreign competition”. Explorations in Economic History，in press，corrected proof.

Defense Science Board. (1987). Report of the Task Force on Defense Semiconductor Dependency. US Department of Defense，Defense Science Board，Washington，DC.

Denison，E. F. (1962). The Sources of Economic Growth in the United States and the Alternatives Before US. Committee for Economic Development，New York.

Dixit，A. K.，Stiglitz，J. E. (1977). “Monopolistic competition and optimum product diversity”. American Economic Review 67(3),297 - 308(June).

Dohse，D. (2000). “Technology policy and the regions—The case of the BioRegio contest”. Research Policy 29(9),1111 - 1133. Dore，R. (1986). Flexible Rigidities：Industrial Policy and Structural Adjustment in the Japanese Economy—1970 - 80. Stanford University Press，Stanford，CA.

Edgerton，D. (1996). “The ‘White Heat’ revisited：The British government and technology in the 1960s”. Twentieth Century British History 7(1),53 - 82.

Edquist，C. (Ed.)，(1997). Systems of Innovation：Technologies，Institutions and Organizations. Pinter，London.

Eickelpasch，A.，Fritsch，M. (2005). “Contests for cooperation—A new approach in German innovation policy”. Research Policy 34(8),1269 - 1282.

Ergas，H. (1987). “The importance of technology policy”. In：Dasgupta，P.，Stoneman，P. (Eds.)，Economic Policy and Techno-logical Performance. Cambridge University Press，Cambridge，pp. 51 - 96.

Etzkowitz，H.，Leydesdorff，L. (1998). “The endless transition：A ‘Triple Helix’ of university-industry-government relations”. Minerva 36,203 - 208.

Fagerberg，J. (1994). “Technology and international differences in growth rates”. Journal of Economic Literature 32,1147 - 1175. Fagerberg，J.，Verspagen，B. (2002). “Technology-gaps，innovation-diffusion and transformation：An evolutionary approach”. Research Policy 31,1291 - 1304.

Feldman，M. P. (1994). The Geography of Innovation. Dordrecht，New York，Springer.

Feldman，M. P.，Kelley，M. R. (2006). “The ex ante assessment of knowledge spillovers：Government R&D policy，economic incentives and private firm behavior”. Research Policy 35(10),1509 - 1521.

Feller，I.，Madden，P.，Kaltreider，L.，et al. (1987). “The new agricultural research and technology transfer policy agenda”. Research Policy 16(6),315 - 325.

Feynman, R. (2007). The Pleasure of Finding Things Out. Penguin Books, London.

Flattau, P. E., Bracken, J., Atta, R. V., et al. (2006). The National Defense Education Act of 1958: Selected Outcomes. Institute for Defense Analysis (IDA), Washington, DC.

Folta, T. B., Cooper, A. C., Baik, T. S. (2006). "geographic cluster size and firm performance". Journal of Business Venturing 21(2), 217 - 242.

Fraunhofer-Gesellschaft, (2003). "Guiding Principles of the Fraunhofer-Gesellschaft". Munich.

Freeman, C. (1987). Technology and Economic Performance: Lessons from Japan. Pinter, London.

Frost, S. H., Jean, P. M. (2003). "Bridging the disciplines: Interdisciplinary discourse and faculty scholarship". The Journal of Higher Education 74(2), 119 - 149.

Georghiou, L., Roessner, D. (2000). "Evaluating technology programs: Tools and methods". Research Policy 29(4 - 5), 657 - 678. Geroski, P. (2000). "Models of technology diffusion". Research Policy 29, 603 - 625.

Gerschenkron, A. (1962). Economic Backwardness in Historical Perspective. Belknap Press, Cambridge, MA.

Gertler, M. S. (1995). ""Being there": Proximity, organization, and culture in the development and adoption of advanced manufacturing technologies". Economic Geography 71(1), 1 - 26(January).

Gibson, D. V., Rogers, E. M. (1994). R&D Collaboration on Trial: The Microelectornics and Computer Technology Corporation. Harvard Business School Press, Boston.

Graham, O. L. Jr., (1992). Losing Time: The Industrial Policy Debate. Harvard University Press (Twentieth Century Fund), Cambridge, MA.

Grindley, P., Mowery, D. C., Silverman, B. (1994). "The lessons of SEMATECH: Implications for the design of high-technology research consortia". Journal of Policy Analysis and Management 13(4), 723 - 758.

Hagedoorn, J., Link, A. N., Vonortas, N. S. (2000). "Research partnerships". Research Policy 29(4 - 5), 567 - 586.

Hall, B., Van Reenen, J. (2000). "How effective are fiscal incentives for R&D? A review of the evidence". Research Policy 29(4 - 5), 449 - 469.

Ham, R. M., Mowery, D. C. (1995). "Enduring dilemmas in US technology policy". California Management Review 37(4), 89 - 107(Summer).

Hart, D. M. (1988). Forged Consensus: Science, Technology and Economic Policy in the United States, 1921 - 1953. Princeton University Press, Princeton, NJ.

Hirschman, A. O. (1968). "The political economy of import-substituting industrialization in Latin America". The Quarterly Journal ofEconomics 82(1), 1 - 32(February).

Holland, M. (1989). When the Machine Stopped: A Cautionary Tale from Industrial America. Harvard Business School Press, Boston.

Howell, T. R., Noellert, W. A., MacLaughlin, J. H., et al. (1988). The Microelectronics Race: The Impact of Government Policy on International Competition. Westview Press, Boulder, CO.

Huffman, W. E., Evenson, R. E. (2006). Science for Agriculture: A Long-term Perspective (2nd edn). Blackwell Publishing Professional, Ames, IW.

Irwin, D. A. (2000). "Could the United States iron industry have survived free trade after the civil war?" Explorations in Economic History 37(3), 278 - 299.

Justman, M., Teubal, M. (1986). "Innovation policy in an open economy: A normative framework for strategic and tactical issues". Research Policy 15(3), 121 - 138.

Justman, M., Teubal, M. (1995). "Technological infrastructure policy (TIP): Creating capabilities and building markets". Research Policy 24(2), 259 - 281.

Kendrick, J. W. (1961). Productivity Trends in the United States. Princeton University Press, Princeton.

Klette, T. J., Moen, J., Griliches, Z. (2000). "Do subsidies to commercial R&D reduce market failures? Microeconometric evaluation studies". Research Policy 29(4 - 5), 471 - 495.

Kline, S. J., Rosenberg, N. (1986). "An overview of innovation". In: Landau, R., Rosenberg, N. (Eds.), The Positive Sum Strategy: Harnessing Technology for Economic Growth. National Academic Press, Washington, DC, pp. 275 - 305.

Kraus, J. (1973). An economic study of the US semiconductor industry. PhD dissertation, Department ofEconomics, New School for Social Research, New York.

Krugman, P. (1979). "A model of innovation, technology transfer, and the world distribution of income". The Journal of Political Economy 87(2), 253 - 266.

Krugman, P. (Ed.), (1986). Strategic Trade Policy and the New International Economics. MIT Press, Cambridge, MA.

Krugman, P. (1991a). Geography and Trade. MIT Press, Cambridge, MA.

Krugman, P. (1991b). "Increasing returns and economic geography". Journal of Political Economy 99(3), 483 - 499.

Kuhlmann, S. (2001). "Future governance of innovation policy in Europe—Three scenarios". Research Policy 30(6), 953 - 976.

Lepori, B., Besselaar, P. v. d., Dinges, M., et al. (2007). "Comparing the evolution of national research policies: What patterns of change?" Science and Public Policy 34(6), 372 - 388.

Link, A. N., Paton, D., Siegel, D. S. (2002). "An analysis of policy initiatives to promote strategic research partnerships". Research Policy 31(8 - 9), 1459 - 1466.

Lipsey, R. G., Carlaw, K. I., Bekar, C. T. (2005). Economic Tranformations: General Purpose Technologies and Long Term Economic Growth. Oxford University Press, Oxford.

List, F. (1856). National System of Political Economy. J. B. Lippincott & Co., Philadelphia, PA.

Lundvall, B.-A. (Ed.), (1992). National Systems of Innovation: Towards a Theory of Innovation and Interactive Learning. Pinter, London.

Lynn, L. H. (1998). "Japan's technology-import policies in the 1950s and 1960s: Did they increase industrial competitiveness?" International Journal of Technology Management 15 (6 - 7), 556 - 567.

Malerba, F. (Ed.), (2004). Sectoral Systems of Innovation. Cambridge University Press, Cambridge.

Mansfield, E. (1966). "National Science Policy: Issues and Problems". The American Economic Review 56(1/2), 476 - 488.

Mazzoleni, R., Nelson, R. R. (1998). "The benefits and costs of strong patent protection: A

contribution to the current debate". Research Policy 27(3),273 - 284.
McCraw, T. K. (2007). Prophet of Innovation: Joseph Schumpeter and Creative Destruction. Belknap Press, Cambridge, MA.
Mowery, D. C. (1995). "The practice of technology policy". In: Stoneman, P. (Ed.), Handbookof the Economics ofInnovation and Technological Change. Blackwell, Oxford, pp. 513 - 557.
Mowery, D. C., Rosenberg, N. (1989). Technology and the Pursuit of Economic Growth. Cambridge University Press, Cambridge.
Mowery, D., Nelson, R. R., Sampat, B. N., et al. (2001). "The growth of patenting and licensing by U. S. universities: An assessment of the effects of the Bayh-Dole act of 1980". Research Policy 30(1),99 - 119(January).
Mytelka, L. K., Smith, K. (2002). "Policy learning and innovation theory: An interactive and co-evolving process". Research Policy 31(8 - 9),1467 - 1479.
Nelson, R. R. (1959). "The simple economics of basic scientific research". Journal of Political Economy 297 - 306(June).
Nelson, R. H. (1987). "The economics profession and the making of public policy". Journal of Economic Literature 25(1),49 - 91.
Nelson, R. (Ed.), (1993). National Innovation Systems: A Comparative Analysis. Oxford University Press, Oxford.
Nelson, R. R. (2006). "Reflections of David Teece's "Profiting from technological innovation.. Research Policy 35(8),1107 - 1109.
Nelson, R. R., Winter, S. G. (1977). "In search of useful theory of innovation". Research Policy 6(1),36 - 76.
Nooteboom, B. (1999). "Innovation and inter-firm linkages: New implications for policy". Research Policy 28(8),793 - 805.
Oakey, R. P. (1984). High Technology Small Firms: Regional Development in Britain and the United States. St. Martins Press, New York.
Pavitt, K., Walker, W. (1976). "Government policies towards industrial innovation: A Review". Research Policy 5(1),11 - 97.
Pred, A. R. (1966). The Spatial Dynamics of U. S. Urban-Industrial Growth, 1800 - 1914: Interpretive and Theoretical Essays. MIT Press, Cambridge, MA.
Reger, G., Balthasar, A., Buhrer, S., et al. (1998). "Switzerland's participation in the European RTD framework programmes: A win-win game?" Technovation 18(6 - 7),425 - 438.
Rip, A., Nederhof, A. J. (1986). "Between dirigism and laissez-faire: Effects of implementing the science policy priority for biotechnology in the Netherlands". Research Policy 15(5),253 - 268.
Rogers, E. (2003). Diffusion of Innovations (5th edition). Free Press, New York.
Rogerson, W. P. (1994). "Economic incentives and the defense procurement process". The Journal of Economic Perspectives 8(4),65 - 90.
Romer, P. M. (1986). "Increasing returns and long-run growth". Journal of Political Economy 94(5),1002 - 1037(October).
Romer, P. M. (1994). "The origins of endogenous growth". The Journal of Economic Perspectives 8(1),3 - 22(Winter).

Romer, P. M. , Griliches, Z. (1993). “Implementing a national technology strategy with self-organizing industry investment boards”. Brookings Papers on Economic Activity: Microeconomics 1993(2),345 - 399.

Rosenberg, N. (1976). Factors Affecting the Diffusion of Technology. Perspectives on Technology. Cambridge University Press, Cambridgy pp. 189 - 210.

Rosenberg, N. (2000). Schumpeter and the Endogeneity of Technology. Routledge, London.

Ruttan, V. W. (2001). Technology Growth and Development: An Induced Innovation Perspective. Oxford University Press, Oxford.

Sen, A. (1995). “Rationality and social choice”. The American Economic Review 85(1),1 - 24(March).

Servan-Schreiber, J. -J. (1967). Le defi americain (The American Challenge). Denoel, Paris.

Shapley, D. , Roy, R. (1985). Lost at the Frontier: U. S. Science and Technology Policy Adrift. ISI Press, Philadelphia, PA.

Small Arms Survey Project Geneva. (2007). Small Arms Survey 2007: Guns and the City. Cambridge University Press, Cambridge.

Solow, R. M. (1957). “Technical change and the aggregate production function”. Review of Economics and Statistics 39(3),312 - 320(August).

Stoneman, P. (1987). The Economic Analysis of Technology Policy. Clarendon Press, Oxford.

Tassey, G. (1992). Technology Infrastructure and Competitive Position. Springer, New York.

Teece, D. J. (1986). “Profiting from technological innovation: Implications for integration, collaboration, licensing and public policy”. Research Policy 15,285 - 305.

Thurow, L. C. (1980). The Zero-Sum Society: Distribution and the Possibilities for Economic Change. Basic Books, New York.

Vogel, E. F. (1979). Japan as Number One: Lessons for America. Harvard University Press, Cambridge MA.

von Hippel, E. (1988). The Sources of Innovation. Oxford University Press, Oxford.

von Thunen, J. H. (1966). The Isolated State (originally published 1826 by Perthes, Hamburg). Pergamon, Oxford.

von Tunzelmann, N. (2004). “Integrating economic policy and technology policy in the EU”. Revue d'Economie Industrielle 105,85 - 104.

Wilson, H. (1964). Purpose in Politics. Weidenfeld and Nicolson, London.

Wright, B. D. (1983). “The economics of invention incentives: Patents, prizes, and research contracts”. The American Economic Review 73(4),691 - 707.

第 29 章
军事研发与创新

David C. Mowery[*†]
[*] 加利福尼亚大学哈斯商学院
美国,加利福尼亚州,伯克利
[†]美国国家经济研究所
美国,马萨诸塞州,剑桥

目录

摘要/518
关键词/519
1. 引言/520
 1.1 政府资助的“任务导向型研发”和研发福利经济学/520
2. 军事对创新的推进作用在何时期更为显著——战争时期还是和平时期?/523
3. 历史背景:有组织的军事创新的崛起/524
 3.1 OECD 中经济大国的国防研发开支/526
  3.1.1 美国/527
  3.1.2 法国和英国/530
4. 国防研发、采购和国家创新绩效/532
 4.1 军事研发的非市场环境/533
 4.2 一个简单概念框架,军事研发和采购如何影响创新?/533
  4.2.1 军事研发影响的批判性评价/535
  4.2.2 军事研发影响的定量研究/536
  4.2.3 “挤出效应”的定性证据/540
5. 关于美国战后经济中国防研发、采购和民用创新的案例研究/541
 5.1 机床/541
 5.2 商用飞机/543
 5.3 信息技术/544
  5.3.1 半导体/544
  5.3.2 电子计算机/545
  5.3.3 互联网/547
 5.4 核能:联邦政府失败的军转民“副产品”推广/548
 5.5 案例研究结论/549
6. 结论/550
参考文献/551

摘要

长期以来,多数工业国家的政府军事机构对技术变革具有重大影响。尽管数个世纪以来,军事活动(发动战争、获取武器及培训人员)对技术变革的影响无处不在,但是军事活动对创新的影响途径已发生重大变化。国家军事机构的结构和规模及其所属的工业社会也已发生巨变。与军事对技术变革影响相关的大量文献着眼于 20 世纪下半叶。在此和平时期,工业国家和中央计划经济国家的政府在军事研发和采购方面投入大量资金。本章主要探讨战后时期，并关注该时期美国的军事研发项目。其他北大西洋公约国家的政府也支持军事研发项目的创新，但是目前鲜有关于其影响的比较研究，这引发了关于美国经验缺乏普遍性这一根本问题，该问题即为本次调查研究的基础。军事研发和创新的相关研究文献浩如烟海，而屈指可数的比较研究是该研究领域有待填补的空白之一。

关键词

飞机　政府政策　信息技术　创新　互联网　机床　军事预算　军事研发　核能　半导体

1. 引言

本章研究军事研发对创新的作用。长期以来,多数工业国家的政府军事机构对技术变革具有重大影响。事实上许多学者认为自古军事就会影响创新。尽管数个世纪以来军事活动(发动战争、获取武器及培训人员)对技术变革的影响无处不在,但是军事活动对创新的影响途径已发生重大变化。国家军事机构的结构和规模及其所属的工业社会也已发生巨变。

长期以来,人们通过国家资助和融资开展有组织的暴力行动,但直到工业革命后,工业化军事机构才开始系统性的投资创新。19 世纪中期新兴工业国家的军事机构首次部署各类武器,当时武器的技术复杂性和成本激增,国有和私人的武器供应商数量不断增加,以上种种使军事和民用创新之间的联系更为紧密。

与军事对技术变革影响相关的大量文献着眼于 20 世纪下半叶。在此和平时期,工业国家和中央计划经济国家的政府在军事研发和采购方面投入大量资金。本章主要探讨战后时期并关注该时期内美国的军事研发项目。其他北大西洋公约国家的政府也支持军事研发项目的创新,但是目前鲜有(或缺乏)关于其影响的比较研究,这引发了关于美国经验普遍性缺乏这一根本问题,该问题即为本次调查研究的基础。军事研发和创新的相关研究文献浩如烟海,而屈指可数的比较研究是该研究领域有待填补的空白之一。

战后军事机构为"组织化创新"进行大规模公共资助,随后出现大量国防研发经济学的相关文献,这是个有趣但少有人关注的现象。在复杂的体系中,经济学家和其他社会科学家在美国国防部的支持下进行创新过程和管理领域的开拓性研究。20 世纪 50 年代和 60 年代,美国军事部门直接为研究提供资助,推动"研发经济学"取得早期开创性研究成果。其中包括 Arrow、Nelson、Scherer 和其他学者的重要研究。本手册中的多数研究均以此为基础。

国防研发指公共机构为支持自身活动而资助的研发活动,是任务导向型研发的一种。国防研发在 OECD 所有成员国的中央政府研发开支中意义重大,但是国防研发常在研发福利经济学中被忽视。参与军事研发项目的学者是发展壮大研发福利经济学的主力军,推动军事研发项目或资助其早期研究。据此笔者首先将简要讨论包含国防研发在内的一系列任务导向型研发项目,随后展开国防研发调查。

1.1 政府资助的"任务导向型研发"和研发福利经济学

Nelson(1959)和 Arrow(1962)的开创性成果制定了关于公共研发资助的经

济学原理，至今该原理大体上未有任何变化。Nelson 和 Arrow 隶属于兰德公司(RAND Corporation)，该公司是一家研究机构，在战后时期由美国空军进行资助。两位学者均认为因为私人企业难以享有研究和创新投资的收益，所以对此类活动投资不足，由此产生的市场失灵可通过公共研发投资等方式解决。该理论依据在许多方面与 Vannevar Bush(1945)在其开创性报告《Science: The Endless Frontier》中提出的政策论证相呼应。市场失灵的缘由仍是科技政策经济分析的核心。

尽管市场失灵的缘由在证明公共投资对研发项目的必要性时具有深刻影响，但是因果论及经验主义表明其对公共投资的影响十分有限。国防、农业、卫生、能源和其他活动的项目在多数 OECD 成员国的研发投资预算中占主导地位[①]，这些项目服务于特定的政府使命。在大多数 OECD 成员国，50%以下的公共研发开支基于市场失灵理论。

我们要谨记各机构任务的相似之处可能会模糊研发项目结构的巨大差异。通过比较 OECD 成员国政府的研发开支数据，我们发现任务导向型项目占支配地位。图 1 和图 2 显示 2003—2004 年间，六个工业国家和一个中等收入工业化

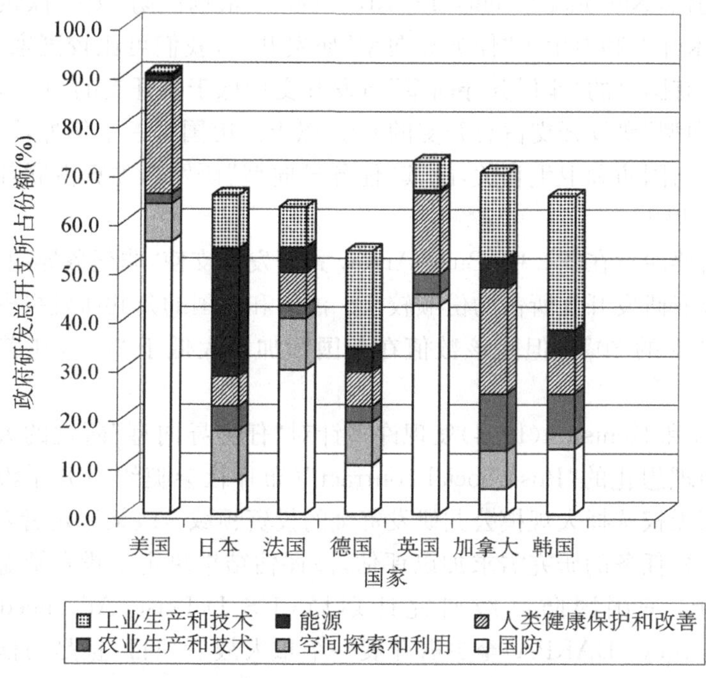

图 1　根据“社会经济目标”制定的政府研发开支(2003—2004 年)

① 根据美国国家科学基金会的概述，以上规范化数据不包括中央政府对高校的资助。此类资助是政府研发开支的一种，在德国、加拿大、日本和法国的政府研发预算中占较大份额。在上述国家中，个别针对高校的中央政府开支可能包括“非任务导向型”研发项目。

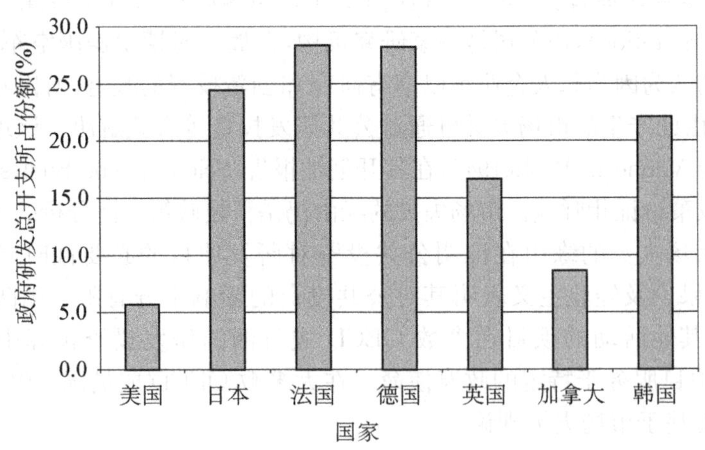

图 2 “非任务导向型”研发的政府开支(2003—2004 年)

国家(韩国)的“任务导向型”和“非任务导向型”研发开支,该数据由美国国家科学基金会提供(National Science Board, 2006)。根据国防、太空探索、能源、农业、工业技术开发和卫生等“任务导向型”研发开支,我们可比较国家各项报告。图 1 显示所有国家的“非任务导向型”研发开支均低于总开支的 50%,多数国家的“任务导向型”研发开支占总开支的 60%以上。美国是一个例外,因为美国的研发项目多与国防和卫生相关,故其“任务导向型”研发总预算占联邦政府研发开支的 90%以上。

我们需要注意在图 2 中,Bush-Arrow 式研发开支使“非任务导向型”研发开支在中央政府研发开支所占的份额较小。法国和德国的公共研发投资约占中央政府研发开支的 30%,但是该数值在英国和加拿大低于 20%,在美国则略超过 5%。

Guston 和 Keniston(1994)发现许多针对“任务导向型”研发的大规模公共投资管理与理想化的“Bush social contract”(布什社会契约)①几乎没有相似之处。科学家无权选择大规模公共研发资金的投资领域。政策制定者对国防和农业等领域机构任务的研究需求加以评估,该评估结果决定了投资资金的分配决策。事实上,美国国防高级研究计划局(US Defense Advanced Research Projects Agency, DARPA)至少需开展一个重大战后项目,且是与国防相关的

① Martin(2003, p. 9)强调“……布什社会契约的数个重要特征。首先,布什社会契约隐含高度科学自治性;其次,应该由科学家决定公共研发资金投资的科学领域。因此制度化的同行评审系统应被用以分配资源,第二次世界大战前期私募基金会便运用该系统支持研究。最后,此社会契约的前提条件为高校(而非政府或企业实验室)是开展基础研究的最佳选择”。

研发投资项目。该计划局进行项目投资，旨在于计算机科学的萌芽领域建立学术“卓越中心”，而同行审查在此过程中发挥的作用极小（参见 Langlois 和 Mowery，1996）。新型公共资助研发（模式 2）是一个跨学科、由社会需求驱动且受制于公共资助机构问责制的模式。尽管 Gibbons 等（1994）强调该模式正在崛起，但是它与 20 世纪 50 年代以来在大多数 OECD 成员国政府研发预算中占主导地位的任务导向型研发相似。令人惊讶的是，关于“新时期”科学技术政策的学术分析否认任务导向型研发项目的主导地位，认为此类研发项目与理想化的“布什社会契约”几乎互不相干。

在各机构任务项目中，军事研发项目数量居多，政府的战后研发预算大多投入于此。这给为公共研发开支正名的福利经济学带来巨大挑战。关于科技政策的诸多文献承认各机构任务研发开支的重要性，但是无法就大规模公共资助投资的原因或就项目设计和影响的比较及评估建立研究框架。在理想情况下，《创新经济学手册》有专门介绍任务导向型研发的章节，但是任务导向型研发项目数量庞大、形式多样，这意味着一本手册仅能用一章分别对农业、太空探索等领域的研发项目展开粗略的介绍。本章探究军事研发，并强调我们应进一步观察和比较不同政府间任务导向型研发的某些重要特征。

2. 军事对创新的推进作用在何时期更为显著——战争时期还是和平时期?

McNeill（1982）等学者指出欧洲和其他地区的国家、城邦及政治组织一直影响着技术创新。但是战争对技术创新的影响极具争议，一些历史学家认为其对创新有积极影响（Kaempffert，1941），而其他一些历史学家则对这一观点持怀疑态度（Milward，977；Nef，1950）。[①] 尽管有不少例外（Ruttan，2006），但是大多数经济史学家认为战争对科技创新有巨大的消极影响。

然而，战争对技术变革的影响有限，其主要原因之一是军事部门为开展敌对行动对技术管理采取更为保守的战略方法。Milward（1977）等学者指出（实际上 Ruttan 已在论述中多次认可此观点），至少从 19 世纪中期起战时动员便会掀起大浪。人们在战乱时期极度需要现有武器及其系统，同时战争动员与已有战略和策略相辅相成。在对敌开展行动前，军事部门负责设计和开发大部

① Milward 就第二次世界大战中的技术遗产展开深刻的讨论，强调战时研发努力偏重于快速开发而非探索基础科学。事实上基础科学能产出更广泛的长期成果。他指出和平时期不过分偏重于短期开发的研发预算具有可比性，其潜在成果可用以评估大规模战时研发开支的影响。

分武器。[①] 因此大规模生产武器能推动战争动员。在战争动员时期,军事部门的研发及相关投资的重点在于武器研发,目的是提升既有武器系统的可靠性和性能,而新技术开发并非重心。战争将军事部门的重点推向研发和创新,除该影响外,Mokyr 强调对多数现代及后现代国家而言,战争的附带损害也会阻碍创新。[②]

区分"战争对创新的影响"和"军事研发对创新的影响"十分关键。本章主要探讨军事研发对创新的影响。其他论述可能会将两者相结合进行讨论进而造成困惑,本章会尽力避免该问题。

3. 历史背景:有组织的军事创新的崛起

19 世纪中期以前,军事对创新的影响主要体现在两个方面。其一是军事活动对武器需求的影响(如在 16 世纪亨利八世要求构建英国大炮制造军事力量,Lundvall 和 Borras(2004)对其展开讨论;18 世纪英国政府对武器制造用铁的需求);其二是政府资助的大规模武器生产,相关武器的设计在数十年间未有变动(如 15 世纪的威尼斯兵工厂,参见 Lane, 1973)。[③] 英国人 Wilkinson 发明的镗床原先被用于大炮制造,后来在瓦特蒸汽机中被用于为汽缸镗孔。尽管在 18 世纪后期和 19 世纪前期,欧洲的主要军事力量进行大规模军队调动,军事活动规模不断扩大,但是以军事活动为基础的技术并未经历巨大变革,甚至许多领域的军事技术落后于民用技术。

直到 19 世纪下半叶,更为官方的机构才开始进行"管理创新"以支持军事武器开发,这说明相似的武器开发项目促成了组织有序的研发项目的崛起。[④] 推进力、盔甲和武器的新技术提高了武器生产成本和技术复杂性,以上新技术的影

---

① "几乎所有在第二次世界大战时期服役的美国飞机都是在战争前设计的。直到战争结束后的十年,人们才解决阻碍军用和商用喷气式飞机发展的科学和设计问题。"(Ruttan, 2006, p. 46)。

② "在法国大革命时期和拿破仑时期的战争中,法国炼铁工业须满足社会对铁的巨大需求,但是最近有学者证实该时期法国对新型冶金技术的采用率在下降……与之相似,美国内战时期鲜少出现显著的民用技术知识溢出。尽管 Mumford 将战争描述为'机械化的中介',但是 1914 年前战争的技术效益一般。另外,战争对科技变革的净效应应考虑成本:毫无疑问此时收益为负……战争可带来科技副产品,因此从某种意义而言战争可推动经济发展的言论是以欧洲国家为主要对象的奇怪概念。于世界其他国家而言,战争是无法磨灭的灾难"(Mokyr, 1990, p. 185)。

③ 欧洲军事机构制定详细政策以获取重要自然资源。1914 年英国政府购入英伊石油公司(现隶属于英国石油公司)51%的股份,这与 18 世纪英国和法国海军制定政策以保证制造战船的木料供应的行为相似(参见 Albion, 1926; Bamford, 1956; Ferrier, 1982)。

④ "自 19 世纪中期起,现代科技的社会框架很大程度上意味着一个产品需在科技社会史上至少经历两个划时代阶段。其一是 19 世纪下半叶开始的科技专业化,其二是第一次世界大战结束后开始的战时动员。"(Matsumoto, 2006, p. xi)。

响在最为复杂的武器上最先体现，也更为明显，这些武器属于国家政府，并被运用于海军战舰。19 世纪晚期和 20 世纪初期英德海军军备竞赛促使各国投资海军技术开发，改变了两国私人企业、军方客户和国有生产工厂之间的关系。虽然 19 世纪中期工业国家的出口武器主要流入公共兵工厂和造船厂，但是海军军备竞赛增强了私人企业在供应先进部件和武器中的作用。[①] 在军用市场和民用市场均具有重要地位的科技领域，涡轮推进等重大创新须在民用领域成功实践后才会被英国海军所采用（参见 McBride，2000）。[②]

第一次世界大战期间人们使用飞机和潜水艇等新型杀伤性武器，并以前所未有的规模调动国民经济以开展敌对活动，改变工业国家军事机构的技术基础，但是因为军事研发投资的水平较低且结构不合理，大规模军事研发投资产生的成果不尽如人意。例如，第一次世界大战期间美国和英国私人部门研发的重要性位居第二。国有兵工厂仍是重要的武器供应商，且美国战时研发开支受军警部门控制，规模有限，主要用于军用兵工厂和实验室。[③] 由于缺乏光学器件和化学品，英国建立国有公司，如英国染料公司（于 1926 年与卜内门合并建立帝国化学工业集团）及数个航空相关的政府研究机构（皇家航空研究院），其中部分机构在原有机构基础上扩建而成。1919 年后各国遣散军队，所以 19 世纪 20 年代英国和美国军事研发和采购的开支大幅下降。20 世纪 30 年代英国重整军备项目

---

① Trebilcock(1969,1973)，McNeill(1982)和 Cooling(1979)均强调德国、英国和美国军事机构签署采购合同对推进技术进步的作用，该时期少有研发项目由私人企业开展、由军事机构资助且以合同为基础。Weir(1991)指出“位于德国基尔港口的弗里德里希·克虏伯日耳曼尼亚船厂是威廉二世时期海军潜水艇的主要设计者和制造商”。德国皇家海军亲自参与位于但泽的帝国海军船厂的一个边缘研发项目，这只是因为 Admiralvon Tirpitz 对该类军舰的研发持消极态度。因此德国海军并未成功挑战弗里德里希·克虏伯日耳曼尼亚船厂的主导地位。”(p. 7)。

② 英国船用轮机推进技术开发商 Charles Parsons 于 1894 年建立帕森斯航海用蒸汽涡轮公司，但是直到该公司建造的透平尼亚号（Turbinia）在女王面前向公众展现其卓越的技术后，才接到来自皇家海军的订单。McBride(2000)指出“Parsons 在向商业海运市场推销轮机方面更为成功。1903 年，克莱德河上的两艘客轮以及多佛尔至加来和纽黑文至迪耶普航线上的游轮采用帕森斯蒸汽轮机……（尾注 15，p. 271）”。McBride 写道：“1901 年海军部同意在鱼雷驱逐舰“眼镜蛇号”和“蝮蛇号”上安装帕森斯轮机…两艘驱逐舰成功完成试验，在试验过程中其航速比配有往复式发动机的驱逐舰快，这说明配备轮机的驱逐舰比现有驱逐舰更具战略优势。但是直到 1905 年帕森斯航海用蒸汽涡轮公司才接到皇家海军的另一笔订单。”(pp. 93—94)。关于该时期美国海军抵制创新的经典研究，参见 Morison(1966)。”

③ 第一次世界大战期间美国海军研究办公室全权负责美国军事研发，Sapolsky 如此描述该历史：“……一开始军方拒绝承认需要借助外部力量协助武器设计工作。美军刚参战时在匆忙中开展科研工作，且军方坚持主导此工作。科学家希望进行武器研究为战争贡献力量，而军方要求几乎所有人都接受军事指挥程序。军方决定研究的优先级且忽视武器开发与操作经验之间的关系。尽管军方在武器开发方面取得重大进步，但是与战争导致的大规模伤亡相比，武器对战争结果的影响微不足道(Sapolsky，1990，p. 13)。Dupree(1985)在 16 章中有相似的说法，他认为 20 世纪 20 年代的战时经验促进私人部门对产业研发的投资，这为贯穿第二次世界大战的政府与产业的关系奠定了基础。

的重点在于提高以武器系统(特别是飞机)设计为基础的生产能力,政府实验室全权负责其设计。此时军事研发合同数量仍较少(相对于采购经费)。

20 世纪 30 年代美国军事研发开支总体低迷。[①] 到 1940 年联邦总开支中的研发开支达 8 320 万美元(以 1930 年的美元为基准),其中 39%属于农业部门。联邦研发预算中的军事相关份额,即战后美国国防部下属所有机构的研发开支达 2 960 万美元,占总预算额的 35%。但是到 1945 年美国军事研发开支已升至 13 余亿美元。曼哈顿计划是一个复杂的、规模空前的工程计划,为联邦政府资助的实验室建立了一个完整的研发基础设施,其中许多实验室由美国高校或企业负责。曼哈顿计划的预算超过 1944—1945 年美国国防部所有下属机构的研发总预算。

曼哈顿计划以及其他大规模战时研发活动中核心项目的研发合同本身即为重大创新,此类创新对战后民用和军事研发结构具有深远影响。美国科学研究与发展局(Office of Scientific Research and Development)是一个民间机构,局长是 Vannevar Bush,其主要职责是起草和监督用以管理曼哈顿计划和其他大规模战时研发项目的研发合同。尽管该机构可使用联邦基金,但是该机构为了保障研发绩效而与企业、高校和其他实体机构签署合同,允许对包括日常费用在内的所有研发成本进行全额报销。第二次世界大战时期战时研发的多数合同安排与第一次世界大战时期的研发结构形成鲜明对比,该对比所反映的结果之一即自 1919 年以来的数十年内,美国私人部门研发能力的显著提高。

科学研究与发展局在第二次世界大战时期制定的合同安排允许政府利用更多私人部门和高校的科学工程研发能力,该能力在两次战争之间已大幅提升。科学界不仅在开展研发时发挥重大作用,在组织研发计划和制定优先级方面也是如此。与其他工业国家相比,美国对军事研发合同的依赖表明战后军事研发开支更多流向非政府实体。尽管在第二次世界大战前后政府实验室在美国军事研发中发挥重要作用,但是与法国或英国相比,其重要性相对较弱。笔者将在下节中详述此差异。

3.1 OECD 中经济大国的国防研发开支

研究人员无法根据公共资源数据详尽比较各个工业国的国防研发开支。图 3 数据源于 OECD“主要科技指标”数据库,该数据库涵盖 1981—2005 年 OECD 主要成员国的中央政府研发开支中国防开支所占比重。图中有数个值得注意的数据特征。第一是数据质量差,主要体现在多年数据缺失及上报数据不精准(可

① 此论述及以下三个段落均引自 Mowery 和 Rosenberg(1989)。

能是瑞典)。第二个数据特征是国防研发开支份额具有相对纵向稳定性,如图 3 所示。尽管在此 25 年中多数国家的国防研发开支份额有所下滑,但是以国防研发开支占政府研发开支的份额为标准的国家排名却少有变化,同时在此期间份额数值也少有浮动。以上数据也表明不同经济体间国防研发开支份额存有巨大差异。在此期间,与日本、德国或加拿大等其他大国相比,美国、英国、法国和瑞典(非北约成员国)在国防领域投入更多中央政府研发预算。各国国防研发开支的差异长期存在,这表明各国创新系统的深层结构相异。

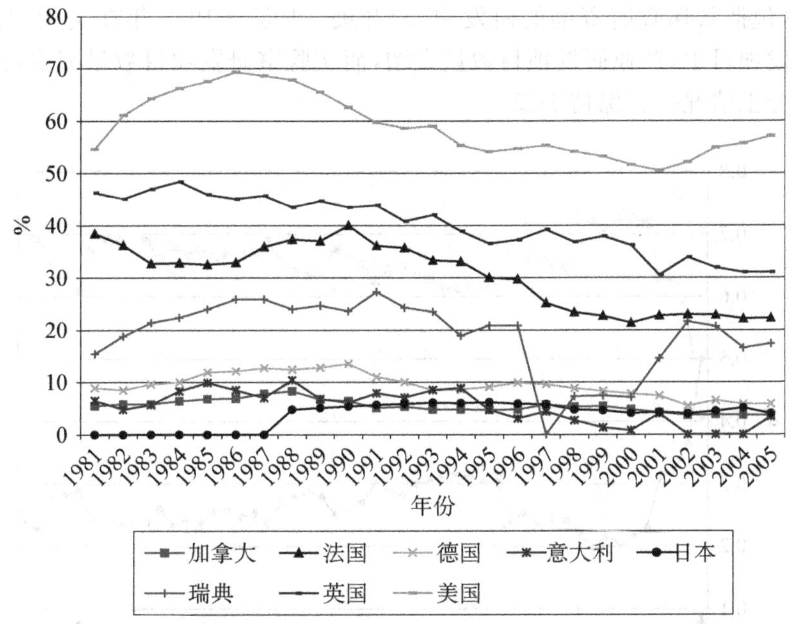

图 3　国防研发在中央政府研发开支中所占份额,部分经合组织成员国(1981—2005 年)

尽管该差异表明国防开支在各国公共研发总预算发挥不同作用,但是根据图 3 的数据我们无法获知国防开支以何种途径影响图中各国的创新活动。国防研发可分为基础活动、应用活动和开发活动,国防研发份额以各国不同研发机构呈现,然而大多经济体缺乏具体数据。但是我们获取了国防研发开支占公共研发预算份额最高的三个国家的数据(美国、法国和英国),笔者会在下文中总结以上数据。

3.1.1　美国

第二次世界大战以后联邦政府及全美研发开支大量投入美国国防部。20 世纪 50 年代国防研发开支占联邦研发总开支的 80%以上,1949—2005 年该数值极少份额降至50%以下。因为1953—1978年间联邦研发开支占国家研发总开支的50%以上，仅在1991年降至40%以下，所以联邦政府对国防研发投资的重要性显而易见。第二次世界大战后的数年间(如20世纪50年代后期及60年代早期)，联邦国防研发投资约占美国研发总开支的50%。如图4所示，联邦研发开支重点支持产业和高校的研发活动而非联邦政府实验室。在过去的半个世纪里，美国国防部资助的研发项目中有60%～70%由产业开展(国防研发的定义中不含核武器研发，核武器研发由美国原子能委员会和能源部等继任机构开展)，20%～30%由政府实验室(不包括由承包商负责的实验室)开展，3%～5%由高校(包括联邦政府资助的研发中心)开展。1955—1959年在美国国防部资助的研发项目中，产业研发项目数量大增，而实验室研发项目数量减少，此后40余年此分工情况一直保持平稳。

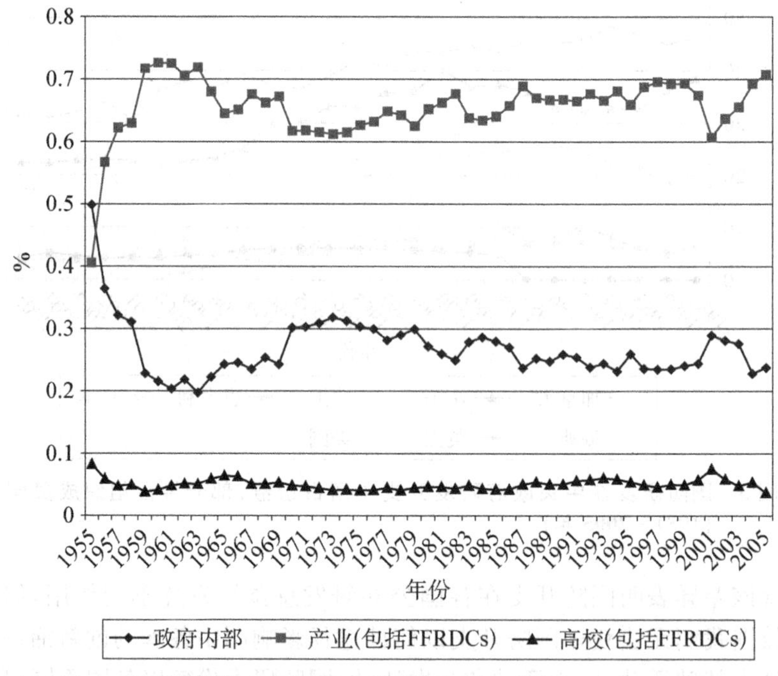

图4　不同研发者在美国国防部研发中所占份额(1955—2005年)

私人企业也负责由美国国防部资助的研发项目，相关数据弱化了研发项目的意义，同时数据显示美国国防部研发项目中产业研发项目的份额也有所减少，这是因为美国国防部开展“自主研发”项目达数十年(参见Lichtenberg，1986，1988；Reppy，1977)。“自主研发”项目使美国国防承包商获得研发经费，此费用作为管理费从美国国防部执行的采购合同中收取。该研发经费也包含在美国国防部采购开支(而非研发开支)中，国防承包商将其作为自筹研发经费上报至相关部门，同时该经费也说明防务承包商的研发开支在总开支中占极大份额。Lichtenberg(1988)根据美国国家科学基金会的年度统计数据发现，自主研发支出占产业资助研发支出的比重近 10%，尽管自主研发在承包商的研发项目和美国国防部的"实际"研发开支中具有重大意义，但是因为缺乏以上开支的详细报告，研究人员无法将其一一分开进行实证研究，以调查国防研发总开支对生产力或其他创新绩效指标的影响。①

如图 5 所示，第二次世界大战后"开发"开支在美国国防研发开支中占支配地位。1956—2005 年"开发"开支在美国国防部研发开支中所占份额极少低于 80%，而"基础研究"开支在美国国防部研发开支中所占份额低于 5%。尽管相较而言我们只能获取少数其他经济体的分类数据(见下文与其相似的英国国防研发开支数据)，此类数据可能表明开发开支在不同国家研发开支中均占支配地位。与基础研究或应用研究的开发开支相比，以特定武器系统为重点的开发开支仅会产生极少量知识溢出(下文会对其做进一步讨论)。美国国防研发的开发

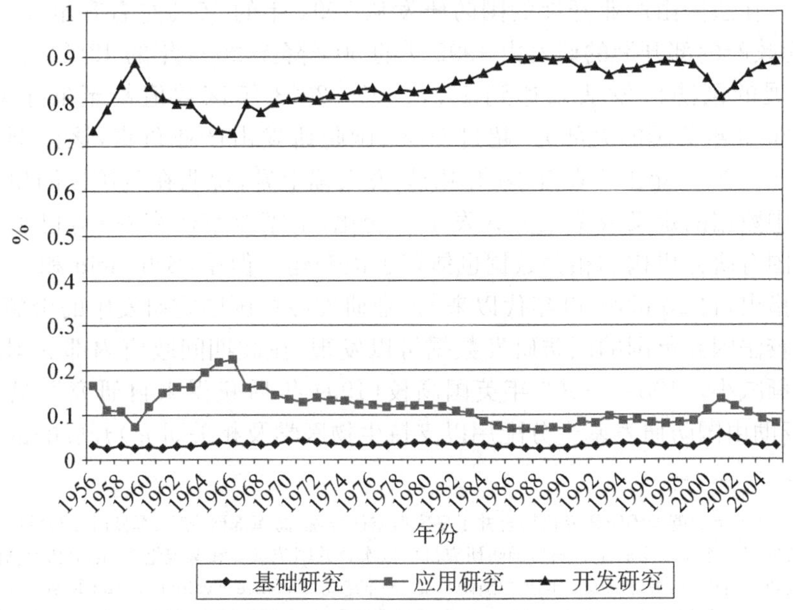

图 5　研究性质，美国国防部资助的研发(1956—2005 年)

① 尽管 Lichtenberg 是为数不多说明自主研发意义的学者之一，但是仍无法在关于国防承包商研发投资行为的实证分析中单独分析此类研发的资助来源。他指出自主研发及其研发报告中的非常规惯例表明，此类研发项目使美国国防部采购开支与国防承包商上报的自筹研发开支具有紧密联系。

项目大多通过签订合同而非科研补助获取资助,这说明开发项目重点突出、目标明确。以上特征对实证评估国防研发开支的经济效应具有重大意义(下文会对其做进一步讨论)。

尽管图 5 显示"9·11"恐怖袭击事件后研发开支份额有所增长,但是无法从图 5 的数据获知美国研发开支变化的明显趋势。近期研发开支在美国国防部研发总预算中的份额有所上升,说明美国在阿富汗和伊朗进行的大规模海外战争部署影响了美国国防部的研发开支,这与战争等研发开支关注短期目标这一事实相吻合。

美国国防研发在产业间的分布高度集中。据美国国家科学基金会数据表明,1971—2001 年间在由联邦政府资助、产业负责开展的国防研发中,仅飞机和电气设备的研发即占 75%以上。如果我们能获取其他 OECD 成员国的国防研发数据,其数据肯定会出现相似的分布情况。

3.1.2 法国和英国

法国和英国的国防研发数据几乎涵盖整个后冷战时期。图 6 显示了 1992—2003 年法国的国防研发趋势。图 7 显示了 1989—2003 年英国的国防研发趋势。在法国由产业开展的国防研发从 1992 年的 50%左右升至 2003 年的 57%,而政府内部开展的研发由 1992 年的 50%降至 2003 年的 42%。在此期间高校开展的国防研发从未达到 1%,2000—2003 年该数值甚至低于 0.3%。1989—2003 年英国的大部分(超过 60%)国防研发由产业负责,该比例高于法国。2000—2003 年由产业开展的国防研发大幅上升,说明在英国国防研发的公共统计中数据的定义或采集方式发生了变化,皇家航空研究院[①]等已私有化的大型原国有研究机构的相关数据也体现了该变化。但是,Schofield 和 Gummett (1991)指出,自 20 世纪 50 年代以来[②]产业研发在英国国防研发中的份额显著增加。比较法国和英国的国防研发数据可以发现,在此期间政府内部的国防研发所占份额减小。1989—2003 年英国高校(1994 年后获得来自研究委员会的资助,该资助由国防研发基金分配用以支持生物医学及相关研究)开展的国防研发

---

① 建立于 1991 年的英国国防研究机构合并了皇家航空研究院、海军部研究所、军械研究与发展研究所和皇家信号与雷达军工实验室。随后国防研究机构依次合并国防试验和鉴定组织、化学和生物国防研究所和国防分析中心,并于 1995 年建立国防评估与研究局(Defence Evaluation and Research Agency, DERA)。2001 年 DERA 分为两个组织,一个是私人研发机构奎奈蒂克,另一个则是国防科学技术实验室(Defense Science and Technology Laboratory, DSTL)。后者仍为政府研究所。在其重组期间,三分之一以上 DSTL 的研究员隶属于 DERA。与英国国防研发机构的大规模私有化相反,核武器研发仍主要由政府研究机构负责。

② "在过去数十年里负责设计和开发工作的产业和国防研究所的分工发生了重大变化……除了船舶设计、传统炸药和军用车辆研究的相关领域,几乎所有非核军事设计和开发的最后阶段均由产业负责。"(Schofield 和 Gummett, 1991, pp. 79—81)。

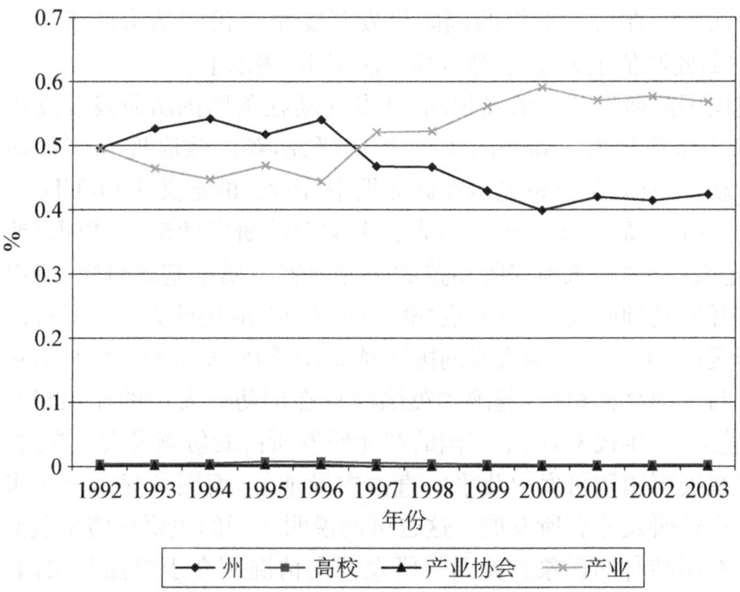

图 6 不同研发者在法国国防研发中所占份额(1992—2003 年)

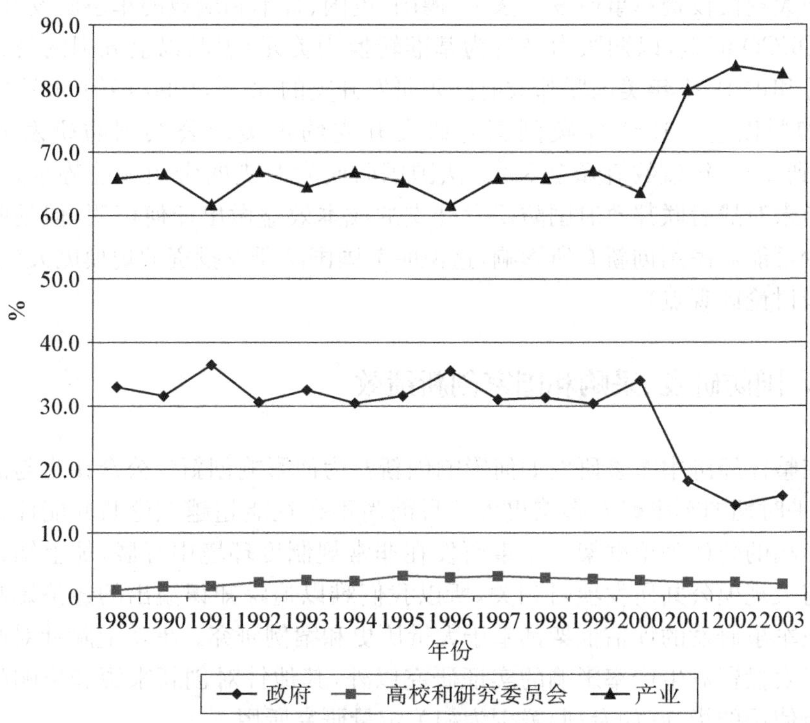

图 7 不同研发者在英国国防研发中所占份额(1989—2003 年)

份额高于法国。在所有上报的国防研发开支中该份额从未低于1%。20世纪90年代中期此数值上升至近3%,高于法国10倍以上。

与美国国防研发开支情况相同,开发活动在英国国防研发开支中占主导地位。根据Schofield和Gummett(1991)的研究,英国政府近80%的研发开支用于开发活动(尽管其他分析显示在此数据中"研发"的定义比OECD《弗拉斯卡蒂手册》(*Frascati Manual*, 2002)包含更多类型的研发活动)。根据《弗拉斯卡蒂手册》的定义,英国国防预算所涵盖的研究内容不属于基础研究,所以英国国防部否认其开展基础研究,称其开展'战略研究'和'应用研究'……"(p. 83)。

根据美国、英国和法国政府的国防预算,不同研发负责者的相对重要性无明显差异。与法国高校相比,美国和英国高校在国防研发中的作用相对更大。但是到20世纪90年代末,以上三国的产业研发所占的份额最大。在过去50年里产业研发在美国国防研发中几乎一直占主导地位,而图6显示近年来法国国防研发中的产业研发才有所发展。这也可能说明法国的主要国防承包商中存在国有制和私有制结合的现象。英国的研发开支情况则介于美国和法国之间,因为在战后初期,国家在国防研发中发挥更多作用。

上文已提及美国和其他OECD成员国在国防研发项目上的一大差异,即战后美国大规模投资军事研发。法国、德国、英国、日本和瑞典的军事研发开支(数据由OECD汇编,以购买力平价为基准转换为美元)表明以上五国的公共研发开支总和占1981年美国联邦政府国防研发开支的38%,1990年的30%及2000年的21%以上。1981年英国国防研发开支约占美国公共国防研发开支的18%,到2000年该数值降至8%。法国国防研发开支的份额和趋势也是如此。美国尚未对战后联邦政府国防研发开支的成本效益做出任何声明,但是此项开支至少可能对民用创新有所影响,这说明美国国防研发投资的规模庞大(下节将进一步讨论此观点)。

4. 国防研发、采购和国家创新绩效

在整体经济中军事研发如何影响创新?为何影响创新?公众认为与战时相比,和平时期的军事研发影响更大。目前尚不存在能超越该论断并能评估军事研发影响的公认理论框架。军事研发在非常规制度环境中开展,加上知识溢出常常与大规模公共研发项目相关,所以我们难以追踪知识溢出的经济影响。以下多数军事研发的评估框架都基于大量历史和案例研究。事实上除针对政府和军事研发投资对生产率影响的实证研究以外,其他针对创新来源和影响的实证研究所使用的指标(如专利)鲜少为相关定量研究所用。

4.1 军事研发的非市场环境

上文已提及研究军事研发对创新的影响会面临另一分析难题，即军事研发的非常规制度环境及采购等相关活动。众多学者指出(包括 Peck 和 Scherer，1962)研究人员极少将军事研发和采购描述为基于市场的活动或将其作为基于市场的活动进行分析。自主客户或公司的独立购买决定会影响价格、收益、进入退出市场、军事研发，相关交易涉及少数针对单一用户的公司(通常为超大型公司)间的有限竞争，而不是服务于自主客户或公司市场的彼此相互竞争的公司。该领域的竞争力量由买方操控。

尽管研发开支大幅上涨及相关活动的确能提高收入和就业率，但是军方所购产品极少未经改动便投入民用经济，因此无法直接提高经济生产效率。运用军事研发资金开发的民用知识或技术与间接效益相关，而间接效益又会最终决定军事研发和采购对民用创新的影响。因为间接效益难以衡量，其重要性取决于开展研发和采购项目的军事机构采取的政策，所以间接效益的程度仍具争议。

另外，效益的间接性意味着此类军事研发和采购项目的潜在机会成本虽高但难以衡量，尤其是难以建立反事实案例。例如，我们是否应该比较同一技术领域中不同研发者或研发活动的开支分配，据此得出假设性结论，进而比较某特定技术领域中国防研发和采购的影响？在反事实案例中我们是否应该比较不同技术领域研发投入及相关活动的资源，并考虑其可能带来的结果？或者我们是否应该将其他活动中相似公共资助开支的效益与军事研发及采购的效益进行比较？

Griliches(1979)指出在分析军事研发和采购项目对创新和生产率增长的影响时，该类项目的非市场特征具有另一深层含义。国民收入是“产出”的传统衡量标准，仅用以衡量项目投入，然而军事研发和采购项目的“产出”并不以其为标准(公共开支及相关就业影响已在上文提及)。由于国防部门的产出(如国家安全)不计入经济统计，所以源于创新或其他来源的劳动生产率提高或国防部门绩效提升均未纳入衡量范围。Griliches 指出衡量难点常常出现在国防部门，同时也出现在许多受公共资助的任务导向型研发领域。空间探索和卫生领域的研发开支也面临诸多相同的问题。金融溢出效应与民用经济中的创新相关，换言之，产品质量的改进和/或质量稳定产品的成本削减无法为生产者提供效益。显然任何部门都无法衡量此效益。

4.2 一个简单概念框架，军事研发和采购如何影响创新？

下文展示的概念框架用于研究军事研发对创新的影响。该框架主要基于战后涌现的大量历史文献和案例研究,其中许多文献均关注美国的军事研发。国防研发和采购的相关投资通过特定渠道影响着整体经济或某产业的民用创新。1945 年后美国国防部的独特规模和框架影响该渠道的运作。另外,即使是在美国,战后时期通过军事项目实现的效益程度及效益成本(如先前其他形式的投资、研发投资或其他公共项目投资)也极具争议。

国防研发投资协助创新的机制之一是,为支持军事创新和民用创新的科学或工程新知识体系提供军事资助。该投资可能也能够支持国家创新体系中大学等重要机构,而这些机构可以开展研究并提供训练有素的科学家及工程师。该交互渠道或许能从基础研究和应用研究的国防投资中实现收益最大化,而开发研究无法实现该目标。

国防研发投资影响民用创新绩效的第二个重要渠道是最为典型的"副产品",国防研发项目能通过该渠道开发出适用于军事应用和民用的技术。此交互渠道受益于技术开发和技术研究的国防投资。但是在新技术开发早期,与国防开发投资相关的民用"副产品"意义重大,因为该时期国防和非国防应用常常出现大规模重合。随着技术逐渐成熟,军事和民用的要求常常出现分歧,所以"副产品"的民用效益逐渐减弱。

第三个重要渠道是采购,新技术的国防开支能通过该渠道促进民用。与其他领域的任务导向型研发相同,国防研发投资常常与新技术的大量采购互补。采购可能直接影响国防企业的研发开支(参见下文关于 Lichtenberg 研究的讨论,1984),国防采购可能影响新技术的开发。1945 年后美国军事机构作为"高级采购员"大量订购早期新技术,其采购要求强调绩效高于其他一切(包括成本),所以影响甚大。采购订单促使晶体管和集成电路等供货商降低产品价格,提升产品的可靠性和功能性。[①] 从历史角度而言,政府采购扩大了早期技术的生产规模,使创新者从学习中获益。

笔者已在上文指出国防研发中"纯知识"效益的范围仅限于多数国家的国防研发项目,且开发开支在项目中占主导地位。但是某些领域的美国国防"研究"投资(包括美国国防部定义的基础和应用研究活动)在联邦研发开支中占极大份额。比如在 2001 财政年度计算机科学占 35%,工程则占 30%以上(所有数据来源于美国科学促进会,2002)。战后时期国防研究开支促成以美国高校为基地的"研究基础设施"的建立,对民用创新、新兴公司以及训练有素的科学家和工程师而言这是非常重要的创新来源。事实上 20 世纪 30～50 年代美国创新体系的重

① 新技术漫长的"调试"过程提高了其性能性和可靠性并降低了成本,同时技术的用户和生产者能够增进对技术应用和维护的了解(Mowery 和 Rosenberg, 1999)。渐进性改良的速度和模式会影响技术采用的速度,而技术采用的速度会反过来影响创新开发。

建扩大和提升了高校研究的规模和重要性，同时联邦政府在科学和工程的基础和应用领域投入了大规模研究预算，“冷战大学”由此建立（Leslie，1993；Lowen，1997）。①

战后美国国防研发开支衍生的“副产品”不可计数，其中包括改变战后美国商用飞机产业的喷气式发动机和后掠翼机体（进一步分析参见下文）。计算机网络和计算机存储技术源于国防研发项目，两者的重大进步在军事和民用项目中均得到快速应用。与之相比，一开始为军事应用开发的轻水核反应堆技术则不适于民用领域（Cowan，1990）。国防采购在战后美国的信息产业中极为重要。但是在数控机床等其他领域，应用新兴技术的国防需求不利于美国供货商和美国机床产业的商业财富积累（Mazzoleni，1999；Stowsky，1992；进一步讨论参见下文）。

当军事和民用领域对新技术的需求大规模重合，抑或是当国防需求在新技术需求中占极大比例时，“副产品”和“采购”两个交互渠道至关重要。因此随着技术或供货商产业逐渐成熟，某技术领域的国防研发和采购对创新的影响常常会减弱。另外，在信息技术等产业，国防应用不仅对技术发展的总体态势影响甚微，甚至可能落后于民事应用，这说明国防需求和研发投资对私人企业创新活动的影响减弱。该现象在美国信息技术行业非常明显。数位学者（Alic 等，1992；Samuels，1994；Stowsky，1992）认为军事机构需要改革研发和采购项目以便快速利用民用中取得的进步。

如上文所述，国防研发通过种种渠道影响着整体经济中的创新，对上述渠道的说明全部基于案例研究。尽管我们需要运用统计方法对以上描述中产生的经验影响进行实证研究，但是公众无法获取相关数据以建立国防研发中某技术成果的衡量方法，也无法获知技术进步在合并军事和民用产品时对两者绩效的影响以及国防部门以外衍生效益的时机和特征，以上种种原因均会阻碍试验的开展。

4.2.1　军事研发影响的批判性评价

上节已提及创新收益的重要性及成本与国防研发开支相关，但该说法极具

---

① 国防研发的相关知识溢出源于兰德公司对研发经济学的研究，该研究由美国空军资助，部分独立于高校。兰德公司成立于 1946 年，隶属于道格拉斯飞行器公司。1948 年兰德公司脱离道格拉斯飞行器公司，成为一个独立的非营利机构。因为美国空军担心企业无法管理一系列复杂的开发项目，所以 Armen Alchian，Kenneth Arrow，Burton Klein，Andrew Marshall，Thomas Marschak，Richard Nelson 和 Sidney Winter 等杰出经济学家参与国防研发研究工作并发表大量论文，为技术创新经济学的现代研究奠基，包括 Nelson（1959，1961），Arrow（1961），Marschak 等（1967），Marshall 和 Meckling（1962）及其他经济学家。上文已提及该研究原由兰德公司负责，但是渐渐美国顶尖高校的经济学系也参与其中。Hounshell（2000）介绍了兰德公司对研发经济学的早期研究。

争议。许多关于该影响的批判性评价强调(尽管相关证据有限)单一产业中研发和采购的大规模公共投资具有潜在机会成本。在其他情况下批判性描述会引述军事项目的具体特征,这些特征会减少公共投资在整体经济创新绩效中的潜在效益。

多数批判性研究关注美国和英国军事研发的影响,强调军事项目的发展趋势会曲解私人企业的创新努力,导致其不惜以可靠性、成本效益或低成本生产技术为代价换取技术性能(相关批判性评价重点参见 Best 和 Forrant, 1996; Dertouzos 等,1989, Walker, 1993)。事实上这一评价认为军事研发和采购项目的特定要求降低了军事研发的经济效益。笔者在上文中已提到某些定性证据表明由于军事和民用需求的分歧不断加大,所以随着技术的成熟,衍生效益缩水,但是仍难以找到定量数据证明这些观点。

20 世纪 80～90 年代早期,美国军事研发和采购项目深刻影响了半导体或计算机等行业,所以另一评价认为较小型企业因财政资源和生产能力有限,无法在民用市场与日韩大型企业相抗衡,而军事研发和采购项目则能推动此类企业群聚的产业进一步发展(Borrus, 1988; Dertouzos 等,1989; Florida 和 Kenney, 1990)。评判性评价与上段中出现的"曲解"论述相似,均暗中迎合一个反事实的论述,但是这个反事实世界的种种细节尚未成型。大多数论述无法证明在某一历史时期,高科技产业中的高水平军事研发和竞争问题无关。我们无法否认上述两种评价,但是我们不知道消极影响产生的原因,也不知道美国和其他国家的军事研发项目中结构特征的关系(如果存在)以及衡量两者消极结果性质的具体标准。

一个关于军事研发对创新绩效影响的评价认为,军事研发开支的增长(Walker, 1993)对私人资助的纯民用技术具有"挤出效应"。如果军事研发项目的规模与国家中训练有素的科学家和工程师的数量紧密相关,而且如果科学家和工程师的供应无法及时对新的就业机会进行反馈,那么由军事研发开支增长引发的"需求冲击"会使军事和非军事供货商均察觉价格的上涨。但是"需求冲击"的影响及许多更为宽泛的临界情况均以各种假设为前提。此类假设包括国防和非国防研发投入和产出的可替代性以及在国防和非国防部门的创新活动中科学家和工程师劳动力市场的运作。下节将回顾相关实证研究文献中的典型案例。

4.2.2 军事研发影响的定量研究

诸多关于该问题的研究关注历史文献和案例研究。许多统计调查也能得出相关结论,但多数结论仅仅是建议性结论而非决定性结论。相关实证文献解决了两大问题:国防资助的研发成果是否可以替代其他形式公共资助或私人资助的研发成果?公共投资的国防研发能减少或增加私人资助研发到何种程度?第二个问题是第一个问题的从属问题，因为如果国防研发成果可完美替代其他资助的研发，那么受公共资助的军事研发和其他类型研发的可替代性和互补性将不言而喻。多数实证研究(极少有例外)均从公司和产业两个角度分析此关系，而不是调查造成此类影响的企业或产业现象。

在理想情况下，第一个问题的实证分析会比较国防研发和其他形式研发的产出。① 因为缺少产出指标，所以学者转而关注定量研究中的研发投入，运用 Griliches 创造的“创新生产函数”方法比较公共和私人资助研发对生产率的影响。尽管在某些情况下政府资助的合同研发(多数为国防研发)与其他形式的公共研发彼此独立，但是鲜有研究将国防公共研发开支与公共研发总开支分开。

Levy 和 Terleckyj(1983)以及 Griliches 和 Lichtenberg(1984)从产业角度分析了 1949—1981 年和 1959—1976 年美国公共和私人资助研发对生产率的影响。两项研究均发现联邦政府资助的研发对生产率增长(在两项研究中分别为劳动生产率增长和全要素生产率增长)的影响极小，常常趋近于零。尽管 Levy 和 Terleckyj(1983)将合同研发与其他形式的联邦政府研发开支区别开来，并发现合同研发对经测量的生产率增长影响极大，而非合同研发的影响趋近于零，但是两项调查均未区分国防研发开支和非国防研发开支。Levy 和 Terleckyj 的研究显示开发资助在国防研发中占主导地位，而且大部分开发研究受合同研发的资助。以上研究发现国防研发开支占主导地位的一类公共研发投资对生产率具有积极影响，其他同类研究少有这一发现。此项研究还发现联邦合同研发对劳动生产率增长的影响弱于私人资助研发。与多数定量分析不同，Levy 和 Terleckyj 衡量“自主研发”后发现，“自主研发对劳动生产率增长的影响是微不足道的”。

其他研究在对战后经济效益和产业资助的研发开展跨国分析时，区分国防领域和非国防领域中的政府资助研发。Guellec 和 van Pottelsberghe(2001)以 16 个工业国家(包括美国、英国和法国)为对象，对 1980—1998 年间公共和私人研发开支对全要素生产率增长的影响开展实证分析。在该分析中国防研发在公共研发开支中所占份额受控。他们发现国防相关的政府研发开支对生产率增长

① Poole 和 Bernard(1992)衡量了与国防研发相关的“创新产出”，为加拿大国防生产(航天业、造船业、通信业、电子技术和化学行业)中的四大产业计算一个“军事创新库”。军事生产可带来潜在的可应用创新或知识，“创新库”是关于以上创新和知识的折旧库(利用一个三年制的线性折旧细则)。尽管“创新库”系数的统计意义极小，但是“军事创新库”在折旧过程中的变化可衡量四个产业中的全要素生产率。该实证策略解决数个关于国防研发的经济影响估算的问题，但是此策略忽略其他因素。另外，尽管先前已证明战时动员时期的生产多为既有武器的生产而非新颖设计和产品的生产，但是该方法会导致“创新库”的估值在战时动员时期变大。

有消极影响,而非国防相关的政府研发开支对生产率增长有些许积极影响。随后他们对17个(包括上述三个国家)OECD成员国开展另一项研究(2003),比较政府研发开支对受政府研发资助(区别于国防研发开支)的产业研发、免税额度和国家内部研发绩效的影响。该项研究结果与2001年的研究结果相吻合,笔者发现国防相关的政府研发开支和政府内部研发(本研究中指在公共实验室和高校开展的国防研发)相同,均会减少产业研发。

此类实证分析就政府资助的研发、政府资助的国防研发、生产率增长和产业研发投资间的关系得出各种结论。美国的非常规情况也影响美国生产率增长的纵向研究和国家层面的横截面研究。该阶段(许多研究就该阶段进行调查)美国国防研发在政府研发中所占份额至少为50%,某些年份这一比例可达70%。David等(2000)指出与其他国家的研究相比,1945年后关于美国的实证分析显示,美国公共和私人研发的可替代性更为稳定。在对公共研发和私人研发的关系或公共研发和经济绩效的关系进行跨国研究时,是否将美国纳入跨国研究范围会影响研究结果。美国对研究结果的影响反过来说明美国政府的国防研发开支影响力之大。上文提及的军事研发项目的非市场特征使研究结果的解读更为复杂,国防研发投资产出的经济效益通常是间接的,也就是说我们难以在"知识生产"中衡量其经济效益。

许多关于"挤出效应"的定性讨论均强调国防研发在提高私人企业和国防承包商研发活动成本中的潜在影响,先前提及的关于战后英国的研究尤为如此。"挤出效应"最重要的运作机制之一即为科学家和工程师市场。Goolsbee(1998)研究1968—1994年联邦研发的影响发现,联邦研发开支增加了科学家和工程师的收入。尽管他未将国防研发开支对科学家和工程师需求的影响进行区分,但是研究结果表明国防研发开支对收入的影响在工程领域最为显著,而国防开支恰恰对工程领域影响甚大(如电气工程师和航空工程师)。Goolsbee的研究数据显示联邦研发开支在国家研发开支中所占份额由1968年的60%以上降至1994年的40%以下,而国防研发开支在联邦研发开支中所占份额由52%升至57%。国家研发开支中联邦研发总开支和国防研发开支的份额均有所下滑,表明Goolsbee的分析低估了联邦研发开支对收入的影响或者某些未涉及的因素提高了收入。Goolsbee也没有证明科学家和工程师的收入增长导致生产率或非军事研发投资的产出下降,但"挤出效应"对此有所暗示。

Goolsbee的分析强调了军事研发影响分析中具体说明反事实案例的难点。军事研发对投入成本的影响在英国等其他国家影响更大,这些国家的科学家和工程师劳动力相比全国劳动力来说较少。该说法看似合理,但是目前尚未有研究人员开展比较研究,分析比较在军事研发开支相对较高的其他OECD成员国中军事研发对投入成本的影响。

许多关于国防研发对整体经济影响的实证文献均依赖于简化型回归模型，但是简化型回归模型使许多重要问题模糊化。比如企业中公共和私人研发的互补性可能反映出企业间的未知差异，也可能反映出与特定研发领域中已知的技术多产性变化相关的广泛系统性“冲击”(David 等，2000)。政府国防研发开支和私人研发投资在企业层面的关系具有多种特征，此文献即以该论述为基础完成。Lichtenberg(1984，1986，1987，1988)研究了公共研发、私人研发和联邦采购合同三者间的关系，为此文献提供了重要支持。

Lichtenberg 认为国防领域的公共资助研发合同“……不会如天赐之物般突然降临到企业头上……”，但是它会对研发资助(部分投资受益于美国国防部的“自主研发”补贴)中国防承包商的投资做出回应。尽管他未将国防相关的联邦合同研发加以区别，但是正如先前所言这可能是因为 Lichtenberg 的数据中存在大量与国防相关的合同研发资助数据。Lichtenberg 通过实证分析发现，企业可能提高其私人筹集的研发开支以提高在采购竞争中的胜算。考虑到针对联邦客户的企业销售份额，Lichtenberg(1987)发现联邦研发开支对企业研发开支的影响无足轻重。因此无法割裂联邦采购开支和联邦研发开支的影响，且当相关研究分析未对合同研发和采购竞争的内生性加以控制，公共研发开支对长期私人研发投资的“真实”影响就会被夸大。另外，如果研究人员在研究联邦和产业资助研发投资的关系时未控制“自主研发”补贴的数额，那么私人研发投资对联邦研发合同的反应可能被进一步夸大。事实上 Lichtenberg 发现，成功利用私人研发增长赢取采购合同的企业可能在成功后降低研发开支。[①]

Lichtenberg 在合并项目结构细节后，可控制签订联邦研发合同的企业间存在的未知差异。尽管 Lichtenberg 的研究仅涵盖美国企业，但是该研究强调公共研发资助、私人研发资助和采购合同三者间的关系，这也许能够运用于其他具有大规模国防研发预算的国家，同时其研究也表明“挤出效应”可能会成为现实。

---

① “因为最初接到关于武器系统竞争性合同的公司随后必定会接到一连串非竞争性合同，所以与私人采购相关的私人研发投资额与竞争性合同的价值紧密相关。竞争性采购中 1 美元的增长可带来约 54 美分的额外研发投资。

非竞争性研发采购对私人研发投资有“挤出效应”。获取非竞争性研发合同标志着设计和技术竞争的终结。在采购周期阶段，某些激励因素会促使公司减少私人研发。竞争中的失败者会因为价格已摆脱风险而减少开支，而竞争中的获胜者也会因为政府开始愿意通过合同直接资助研发工作而减少开支。非竞争性研发采购中 1 美元的增长至少可使私人研发减少 2 美元。”(Lichtenberg，1988，p. 557)。David 等(2000)在其他案例中发现，某特定技术领域的国防研发开支对行业公司而言可能意味着额外的研发或采购合同，因此会吸引私人研发投资和寻求提供军事服务机会的企业(可能)进入。

近期研究人员用实证分析方法研究国家创新绩效的跨国决定因素。学界对国防研发开支是否会影响国家创新绩效持怀疑态度，而该分析进一步证实怀疑的合理性。Furman 等(2002)发现在解释专利授予的跨国差异时，国家研发总开支中产业资助的研发及高校负责的国家研发至关重要。专利授予的跨国差异是衡量国家创新绩效的重要标准。虽然该标准仍有待批评指正，但是此标准下的跨国分析具有相对可比性。以上比较研究结果之所以与此讨论相关是因为国家研发开支的两大特征均可能与高水平的国防研发投资无关。事实上研究人员通过比较 OECD 成员国发现，国防研发中公共投资的规模与产业资助的国家研发投资呈负相关。[①]

4.2.3 "挤出效应"的定性证据

市场力量对国防承包的作用有限，但可能会以其他方式影响"挤出效应"。历史上在许多欧洲国家的军事装备市场及美国军事供应行业的某些领域，少数既定供应商面临较小的竞争压力，因此其创新压力也小。20 世纪 60～70 年代，英国和法国(参见 Chesnais, 1993; Kolodziej, 1987)发起"国家冠军"运动，即在国家支持下合并创建的大型企业享有特权，能够同时为合同研发和武器系统供货。Walker(1993)认为许多本可在民用市场成为活跃创新者的大型英国企业，因为非竞争性国防合同的吸引而致力于国防领域，这实为另一种"挤出效应"。美国在信息技术等领域开展大规模军事研发和采购项目，加剧了研发和采购合同相关的企业竞争。但是在海军武器或飞机等其他领域，竞争者数量较少且在数十年间不断下降，行业竞争压力较小。

另一种经济效益批评从国防研发开支的角度出发，认为此类形式的研发投资会使企业忽视流程创新而强调产品创新(参见 Cowan 和 Foray, 1995)。[②] 其他批评则认为由于国防承包商无法采用民用领域中先进的产品技术及工艺技术，所以军转民科技溢出方向的逆转会降低军事系统的绩效(Samuels, 1994)。20 世纪 90 年代以来，信息技术的蓬勃发展推动生产率迅速提高，这与 20 世纪 90 年代末出现的"新经济"相关。但是在此情况下，多数与国防研发责任相关的批评销声匿迹。

与其他基于案例研究的定性分析相同，此类"挤出效应"批评中的证据难以

---

① 六个 OECD 成员国(美国、英国、法国、德国、加拿大和日本)中，中央政府研发开支中的国防研发份额与产业在国家研发投资中所占份额的相关系数低于 1，此结果基于 OECD 编撰的《主要科学技术指标：2002》中 1998—1999 年的数据。

② 有趣的是，Cowan 和 Foray 在论文中认为国防研发往往以流程创新为代价开展产品创新。此观点忽视了 19 世纪时期美国军事需求对重大流程创新的深刻影响，也忽视了制造业中可互换配件的发展(Howard, 1978; Smith, 1977)。Cowan 和 Foray 对战后美国的机床行业展开评论。笔者会在下文简要阐述该案例研究。

令人信服。更为严谨的试验能使论点更为明确，提高其可信度，然而批评的中心论点表明军事研发项目的结构和规模能够调节其对经济创新绩效的影响，而我们缺乏相应的数据和有力的实证证据证明这一点。

5. 关于美国战后经济中国防研发、采购和民用创新的案例研究

本节将以机床、商用飞机、信息技术及民用核能为对象，呈现美国战后经济四大产业部门中国防研发、采购和创新的案例研究。讨论着重强调公共研发投资与采购需求结合后的广泛影响，同时也强调各个部门对国防研发中民用创新的精力投入有所不同。国防部门自身即为一个独特的“创新体系部门”，但是国防研发和采购对单个产业的影响不同，说明产业结构和技术差异以及民用创新和军事创新在功能和性能方面的要求有所重合。本文所呈现的案例研究总结各部门的历史文献和案例研究，虽然这些文献和研究尚未被归纳成可用于实证研究的假说，但是定性结论能激励研究者探求新数据和新方法，以验证案例研究中不明确的假说。案例研究还能提供丰富的素材，以便研究人员了解某部门中国防研发和采购对创新的影响与技术成熟度的相关性。技术成熟度的发展依赖于国防开支。

在所有案例研究中，会存在各种“选择性偏差”，研究人员在解读和总结研究成果时应记住相关研究的“选择性偏差”。笔者在前文中已提及，鲜有研究关注美国战后军事研发项目和其他国家大型军事研发项目间的差异，这在一定程度上是因为缺乏具有可比性的详细数据。例如，国防研发项目的结构(如产业、政府和高校研发者之间的平衡或产业中新旧企业的共存)可能会影响“副产品”的数量和属性，但是鲜有具有可比性的详尽案例研究能说明此问题。另外，案例研究往往关注成功案例，极少关注失败案例，这导致学者夸大军事研发项目的积极影响而低估其消极影响。本节选取的案例研究包括成功和失败的研发项目(项目成功与否取决于定性判断而非定量数据)，但是我们无法平衡失败项目与成功项目的经济意义或福利影响。最后如笔者先前所述，若没有完备的反事实案例，我们难以评估并理解案例研究中的证据。

5.1 机床

19 世纪中期，美国战争部因生产可互换配件的枪支而盈利颇丰，推动了美国机床行业的崛起。Howard(1978)指出在引入可互换配件技术后的数十年间，由于枪支生产组织成本高昂，所以该枪支生产技术的使用仅限于军事武器。自 1945 年起，军事机构愿为引入能提高武器性能的工艺技术支付

额外费用。[①] 尽管从技术角度而言这很重要,但是19世纪后半叶美国大规模生产行业的崛起势头盖过了这一激励的经济效应。在19世纪后期和20世纪前期,美国制造企业采用大规模生产技术,创建了一个由美国企业主宰的大型国内机床市场。

第二次世界大战后,数控机床的出现为机床设计带来新的可能性。1949—1959年美国空军投资6 200万美元用于研发数控机床技术,其中部分资金用来资助麻省理工学院的伺服机构实验室(Servomechanisms Laboratory)开展大型研发项目。项目成功研发出一套灵活度高、适应性强的数控机床软件,该软件被称为自动编程工具(Automatically Programmable Tools, APT)。航天项目的主要承包商得到美国空军的资金支持,采购先进的数控机床,使此精密仪器的供货商受益颇多。但是美国空军对这项新技术的软硬件要求远超大多数民用机床。为美国空军提供先进数控机床的供货商及承包商发现在航空领域以外,数控机床市场极其有限(参见Mazzoleni, 1999; Stowsky, 1992)。

美国企业采用为数控机床量身定做的APT技术,但是日本公司开发出一款更为简单易懂的数控技术,能满足大范围的民用需求。到20世纪80年代,美国机床企业由于未能开发出适应性强、操作更为简便的数控机床技术,而饱受来自日本低成本数控机床供货商的压力。

数控机床的案例表明国防市场的供应商可通过两种方式获益,一为适用于民用领域的基础科学知识,二为衍生效益,但是通过以上两种方式数控机床行业的国防研发和采购需求获益极少。数控机床行业的失败原因有二,其一,美国非军事机床市场的客户要求和"吸收能力"[②]较低,且异于美国空军及其航空承包商对机床性能的要求;其二,在信息技术部门,其他军事技术进步均能降低成本、提高用户体验,但是植根于计算机软件的军事数控技术的成本从未下降,使用体验从未改进。数控机床在民用领域缺乏渐进式改进,这限制了美国国防科研和采购项目中机床行业的收益。

我们也无法获悉如果没有空军研发和采购项目,美国机床行业本会如何发展。但是我们至少可以讨论国防项目对行业竞争力下降的延缓作用。在理想情况下国防研发和采购会适度影响美国机床行业,然而在最坏情况下会削弱行业

① Howard(1978)认为"1860年军用步枪的可互换性很难实现。因为军用步枪的精准度中等,而且基本上无资源限制,所以政府对其的需求不断增加。左轮手枪及精密的后膛装弹武器的精准度要求高,相关市场更注重成本节约,所以可互换性未能在内战时期实现"(pp. 633—634)。Howard也指出"军事市场与民用市场截然不同:军事市场不受成本限制,极少关注产品改良,且武器设计理念注重坚固性而非精准性或火力强弱"(p. 646)。

② "吸收能力"一词由Cohen和Levinthal(1990)提出,指追求先进技术的潜在接收者或客户对内部知识和相关能力的需要,其目的是利用和应用技术进步。

竞争力。

按照 Cowan 和 Foray(1995)的说法,机床属于"流程相关"的国防技术,此流程技术的民用技术溢出及经济效益如此之低,令人咋舌。Cowan 和 Foray 的讨论中关于流程创新和产品创新的差异并不可靠。特别是如果将此差异与该部门的其他案例进行比较,我们会发现与以产品为导向的技术相比,机床行业中的国防研发和创新表明支持流程创新的国防研发较少出现溢出现象,衍生产出也少,所以影响军事研发和采购投资的民用效益的因素不仅仅是产品/流程差异。

5.2 商用飞机

战后军方为美国商用飞机行业的研发提供了大量投资资金。Mowery 和 Rosenberg(1989)发现,1945—1982 年间军方研发资助占研发总投资的 74%,1985—2000 年间联邦资助在该行业的年研发投资中所占份额未低于 60%(国家科学委员会,2006)。尽管军事研发投资倾向于支持军事技术而非商用飞机技术进步,但是其衍生效益对商用飞机技术至关重要。从 1925 年普惠发动机公司(Pratt and Whitney)生产的"大黄蜂"发动机至 20 世纪 80 年代的高涵道比涡扇发动机,商用飞机发动机技术的发展受益于军事采购和军方支持的研发。C-5A 型大型运输飞机发动机的国防研发影响了高涵道比涡扇发动机的发展,数代空中客车和波音公司的商用飞机均配备该发动机(飞机型号分别为 A300、310 和 320 及 737-300、747、757 和 767)。发动机燃料控制、航班管理和导航技术等航空电子技术也从军转民副产品中获益。

机身技术衍生效益的重要性随时间变化不断波动。第二次世界大战后喷气式战略轰炸机和空中加油机不断发展,机身生产商可借鉴军事项目的研发成果,将其应用于商业飞机机身设计、装饰及生产。比如波音 707 的设计借鉴了波音公司军用空中加油机 KC-135 的设计,以便战略轰炸机在飞行过程中添加燃料。波音 707 的开发成本因 KC-135 项目而大幅降低,这帮助波音公司在引进美国第一家喷气式商用客机的竞争中战胜道格拉斯飞行器公司(DC-8 型喷气式客机的开发商):

> "1959 年和 1960 年两年间道格拉斯飞行器公司共损失 1.09 亿美元,到 1960 年底开发成本和生产损失累计达 2.98 亿美元,而波音公司的损失并未如此惨重。截至 1960 年底,波音公司在波音 707 项目上花费 1.65 亿美元。该公司的空中加油机项目分摊了部分开发费用,同时为大型客机的建造提供数个工具……(Miller 和 Sawers, 1968,pp. 193—194)。"

尽管衍生效益在航空电子技术和推进力技术领域仍占重要地位,但是 20 世纪50年代以来,民用和军事飞机的技术和要求差异不断扩大,军转民技术的机身"副产品"数量减少,重要性减弱。事实上目前美国空军在役的军用加油机即基于道格拉斯商用飞机DC-10的设计,这表明与KC-135空中加油机和波音707客机的开发过程相反,目前的设计及相关机身技术正从民用领域渗入军事领域。另外,近期美国空军的新型空中加油机方案要求波音公司改造其767商用飞机以实现新加油机的应用。因此美国商用飞机开发商在开发新产品时需承担更高风险,这使洛克希德公司和道格拉斯飞行器公司(20世纪90年代后为麦克唐纳-道格拉斯飞行器公司)被迫退出商用飞机市场(当然,道格拉斯飞行器公司只因与波音公司合并而退出市场)。目前全球两大商用飞机制造商(波音公司和空中客车)与世界供应商及承包商之间存在复杂的联盟关系和风险共担的合作关系,该行业新产品的开发项目结构取决于以上关系(Mowery, 1987)。

5.3 信息技术

电子计算机和半导体是信息技术行业的核心技术,其发展由国防研发和采购政策决定。在两大技术发展初期,美国国防部的研发和采购对两者发展的直接影响最为深刻。当时国防开支在全行业研发开支和需求中占主导地位。目前信息技术在国防领域以外拥有众多市场和应用,在以上所涉的行业需求和应用中,军事市场所占份额极小。曾经国防技术"副产品"被运用于民用领域,然而如今多数民用技术"副产品"也渗透至国防领域。国防部政策制定者决定技术变革方向的影响力已大幅减弱。但是国防部项目在上述行业发展初期的确发挥重要作用,这表明项目对知识产权政策、企业进入和行业总体结构的影响在行业发展初期后不断减小。事实上信息技术的相关案例分析说明国防研发和采购影响广泛,上至新公司成立下至公司间的技术扩散均受其影响。

5.3.1 半导体

晶体管和计算机两大关键创新催生了半导体和计算机行业的电子革命。两者出现于20世纪40年代,冷战时期国家安全的需求推动了两项技术的应用。晶体管在军事电子学和计算机系统中的应用潜力巨大。联邦政府的资助资金多数来自美国国防部、美国陆军电子司令部(Army Electronics Command, AEC)及其他国防机构。20世纪50年代后期,政府资助约占产业研发总开支的近25%。20世纪50年代大规模国防研发开支被用于建立电子元件制造企业。在半导体技术中,此类制造企业并非创新引进的先驱者。未签订军事研发合同的企业领导了多数半导体的早期关键性创新,该类企业依赖于采购合同实现创新

(Kleinman，1966，pp. 173—174)。[①]

集成电路是早期半导体行业的重要技术之一，德州仪器负责研发工作。德州仪器是一家晶体管生产商，美国国防部对其的研发资助金额极少，有时甚至无资金支持。大量的潜在采购合同促使该公司开发集成电路，而研发资助没有任何激励效果。尽管在20世纪60年代集成电路在总需求中的所占份额快速下滑，但是军事需求推动产量增长，同时集成电路的商业需求因价格下跌而不断扩大，这与数控机床所面临的情况截然相反。军事采购政策加剧了行业竞争，推动了行业间技术知识的扩散，进而影响行业结构。与西欧国家的国防部不同，美国军方将大量采购合同交予德州仪器等少有或没有军方供应经验的新公司。[②] 相关政策规定供应商需要为产品开发"第二来源"，所以美国军方愿从毫无经验的供应商处采购产品。此政策为避免供应中断，要求国内生产商制造出功能相同的电子产品。若企业遵循"第二来源"要求，则必须交换产品设计和工艺知识以保证"第二来源"所产元件与原产品一致。因此"第二来源"政策促成供应商之间的大规模知识和技术转移，其中许多是新进入半导体行业的供应商。

在行业需求中，半导体元件的非国防需求逐渐占主导地位，军转民技术"溢出"急剧下降，"溢出"方向逆转。到20世纪70年代后期，尽管军用元件能在高温或震动等更为严酷的环境下运作，但是军用半导体元件在技术性能方面落后于商业半导体元件。美国国防政策制定者出于对此"技术鸿沟"的担忧于1980年开展超高速集成电路项目，旨在推动军事半导体技术的快速进步。国防部预计项目将持续6年，预算为2亿多美元，而事实上项目持续了10年，花费近9亿美元。但是项目并未能实现既定目标，这说明在20世纪80年代联邦政府对美国半导体市场的作用有限，商业应用和产品才是市场主流。

5.3.2　电子计算机

第二次世界大战期间美国军方发起一系列项目，其中包括开发高速计算

---

① Malerba关于西欧及美国半导体行业发展的论述强调美国大规模军事研发和采购项目的重要性，也强调产业研发是国防研发的侧重点。"……总体而言美国的研发支持规模远大于英国或欧洲，特别是在20世纪50年代。第二，政策推行的时机不同：美国在20世纪50年代后期/60年代早期推进导弹与空间项目，而英国则逐渐脱离此类项目。第三，美国的政策比英国更为灵活，能迅速响应各类变化。最后，美国的研发合同更关注开发而非研究，但是英国及其他欧洲国家的研发合同更关注研究，同时更多资金按比例流向政府和高校实验室。最后两个原因表明英国和欧洲的多数研发项目与研发成果的商业应用无关。"(1985，p. 82)。

② "20世纪50年代欧洲政府仅提供有限资金支持电子元件和计算机技术的发展，且政府不愿采购未经试验的新技术以运用在军事及其他系统中。同时欧洲政府重点支持国防导向的工程和电子企业，而美国则支持行业和商业设备企业开展的军事技术项目。此类企业主要关注商业市场，认为军事业务是技术开发的一个载体，最终技术会被加以改进并在公开市场上销售。"(Flamm，1988，p. 134)。

器以计算轨迹和编制射表[①]。电子数字积分计算机(Electronic Numerical Integrator And Computer, ENIAC)诞生于1945年,被公认为美国第一台电子数字计算机,美国陆军军械部出于上述原因出资支持其研发工作。计算机在军事方面的应用迅速扩展至核武器设计、密码学和战略国防等领域。20世纪40~50年代期间,军方资助开发的计算机大量涌现。美国武装部队不仅大力支持早期计算机技术开发,也支持技术信息的大规模扩散。美国军方对此的态度与英国和苏联军方截然不同,可能是因为担心计算机技术的开发利用需要大规模产业研究基础设施。[②]

与半导体技术相同,联邦研发资助由军事系统的采购开支补足。如上文所述,军事采购的需求吸引新企业进入半导体行业,20世纪50~60年代同样有许多企业进入美国新兴的计算机行业。

国防研发和采购项目也影响美国计算机软件行业的发展。美国国防部致力于开发一种标准编程语言,于是广泛使用的COBOL(common business-oriented language)应运而生。美国国防部要求军方采购的计算机支持COBOL,国防项目中的商业应用要以COBOL编写。美国国防部在定制软件中所占市场份额极大,所以该采购要求推动了COBOL的发展和扩散(Flamm 1987, p. 76)。

1969—1980年多数定制软件公司迅猛发展,说明联邦政府的需求扩大。过去美国国防部的需求在此行业占主导地位。目前无法确定美国国防部的软件采购开支是否在一定时间序列中对软件采用一致定义。但是现有数据表明假设美元价值不变,国防部软件开支在1964—1990年间增长30余倍(Langlois和Mowery, 1996)。在此期间定制软件在国防部软件需求中占主导地位,并且国防部在美国软件行业的总收入中占极大份额。与计算机硬件和半导体行业如出一辙,软件行业的商业需求已超出国防需求。20世纪30年代早期,国防需求在美国软件行业收入中所占份额持续下滑。

1984年美国国防部的通用软件语言Ada诞生,其错综复杂的历史表明联邦

---

① 射表是为枪、炮、火箭武器等特定的发射装置连同配用的弹种及其装药号专门编制的,载有射角与射程以及其他弹道诸元对应关系的表册。——译者注。

② 由宾夕法尼亚大学的陆军弹道研究实验室赞助的战时项目,成功研制出埃克特—莫契利计算机。Herman Goldstine是项目领导人之一,他指出"1945年秋陆军弹道研究实验室召开会议,探讨'根据实验室的战后研究项目',实验室对计算机的需求程度。会议记录显示当时的项目领导人热切希望工作成果为公众所享。于是会议提出一旦ENIAC成功运行,研究人员会将该机器的逻辑特征和运行特性完全公布于众。所有对它感兴趣的人可知道一切细节。"(1993, p. 217)。Goldstine引述"会议记录:弹道研究实验室关于计算方法和设备的会议",1945年10月15日。在20世纪40年代末和50年代初,数位国防研发项目管理者逐渐认可建立强有力的民用导向型行业的重要性。该行业可用以支持军事应用在信息技术领域的进步。此发展方向的提出时间先于Alic等(1992)或Stowsky(1992)研究分析中的建议。

采购对飞速发展的软件行业的影响力不断减弱。国防系统中软件语言繁多，导致系统维护和软件开发等相关问题出现。Ada 语言以适用于所有国防应用的"标准"软件语言为设计理念，旨在解决该问题。

Ada 软件语言的支持者认为建立军事应用软件标准能吸引商业开发者。虽然此类开发者对服务于军事市场兴趣寥寥，但是 Ada 软件语言的出现促使其开发适用于军事和民用领域的软件。由于将 Ada"植入"数以千计国防软件的"安装基础"是无法克服的难题，所以该语言未能成功引起商业开发者的注意。Ada 软件语言的失败与 COBOL 在军事和商业应用中的成功快速扩散形成鲜明对比，这强调了先前所论述的发展趋势，即商业市场的扩大减弱了国防研发和采购需求的影响。

5.3.3 互联网

尽管其他工业国家(特别是法国和英国)的科学家和工程师在 20 世纪 70 年代为计算机网络技术做出了重要贡献，"万维网"创建背后的主要技术进步也由欧洲核子研究中心实现，但是美国是互联网发明和商业化的主力军。美国企业及企业家将以上创新变革引入国家和全球的网间网之中，同时早早采用了新应用(该论述借鉴于 Mowery 和 Simcoe，2002)。

美国国防部在资助早期技术开发和扩散中发挥了重大作用。20 世纪 60 年代，麻省理工学院的 Leonard Kleinrock 和兰德公司的 Paul Baran 等数位研究员开发多方面的分组交换理论。[①] Baran，Kleinrock 等研究员的研究成果促成美国国防部高级研究计划局(Department of Defense Advanced Research Projects Agency, DARPA)[②]资助建立原型网络。人们广泛认为阿帕网(ARPANET)是互联网的雏形(美国国家科学研究委员会，1999，第 7 章)。1975 年美国高校及其他主要国防研究站联网，此时阿帕网已有百余个节点。

Robert Kahn 和 Vinton Cerf 两位工程师在 DARPA 的资助下，于 1974 年发布首个 TCP/IP 协议族[③]。该协议族允许不同物理网络作为"点"互相连接，并通过名为网关的特殊硬件交换数据包。TCP/IP 源于联邦资助的研究项目(在

① 分组交换网络将信息划分为一系列独立"数据包"，进行单个传输，在接收端将其重组为一条完整数据。单条线路可传输多个连接中的数据包。单次通信过程中数据包可能通过不同路径到达目的地。

② 美国国防部高级研究计划局于 1958 年建立，隶属于国防部。该机构的建立是对苏联成功发射人造卫星"伴侣号"的回应。1958—1972 年间，该机构名为"高级研究计划局"。1972 年，该机构更名为"国防部高级研究计划局"。1993 年，该机构再次更名为"高级研究计划局"，作为克林顿政府"技术再投资计划"的下属机构，利用国防研发实现民用目标以及利用民用研发实现国防目标是该计划的目标之一。1996 年共和党重新执掌美国国会，该机构又更名为"国防部高级研究计划局"(关于该历史的完整叙述详见 www.darpa.mil/gov/body/arpa_darpa.html；2006 年 8 月 4 日收录)。为避免混淆，本章中不论在何历史时期该机构均为"国防部高级研究计划局"。

③ "传输控制协议(TCP)"(RFC 0675, 1974)。

其开发时期联邦资助的研究成果极少获得专利权)。该协议具有开放、非专有性的特点,以其为基础的互联网取得的最终胜利与以上特点息息相关。互联网核心技术创新的大范围扩散降低了该行业的门槛,主营硬件、软件和服务的网络企业涌现。

美国在计算机网络的主导地位并非因为其在该领域的先发优势或分组交换网络的早期开发。在此期间法国和英国计算机科学家也为推动分组交换技术、计算机网络技术和协议的技术进步做出卓越贡献。20 世纪 70 年代早期法国和英国建立公共支持的原型计算机网络。但是阿帕网规模庞大,下属机构繁多,推动了支持技术和应用的开发,而英国和法国的计算机网络则相去甚远。

联邦研发投资不仅规模大而且结构合理,提高了投资的利用效力。DARPA 致力于鼓励探索针对研究重点的多种技术方法,也常常资助高校和私人研发实验室的小型项目。另外,美国国防部的采购政策为 DARPA 大范围的研发资助提供补助。与半导体行业相同,DARPA 与 BBN 科技公司等小型企业签订开发和采购合同,此举激励新公司进入新兴互联网行业,加大行业竞争,推动创新。

5.4 核能:联邦政府失败的军转民"副产品"推广

尽管军事研发和采购推动了为民用核能和电子技术奠定基础的早期技术开发,但是电子技术中军事"副产品"的成功未能在能源生产领域促成民用核能的应用。冷战早期,地缘政治不断发展(1949 年苏联核弹爆炸),促使美国原子能委员会采取"政治动员"以迅速开展民用核能发电技术(Cowan, 1990)。美国军方未支持更适于民用的核能发电技术的长期研发项目,转而支持政治动员下的"应急计划"。该计划关注美国海军为军事应用而开发的旧技术(潜艇推进技术),同时也支持利用浓缩铀的加压轻水反应堆。[①] 考虑到当时最先进的工艺水平,其他反应堆因过于笨重无法置入潜艇艇体,所以轻水反应堆是潜艇推动技术的唯一选择。[②]

美国原子能委员会于 1946 年成立并致力于核武器领域,推动了民用核能的发展。委员会曾支持多种研发组合以探索一系列动力堆配置形式,此项工作本可能为轻水设计提供多个具有吸引力的替代选择。[③] 但是苏联成功爆破核弹加

---

① "美国国家安全委员会认为强有力的民用反应堆项目对国家利益至关重要,1949 年苏联核试验成功后此项目的推行刻不容缓……只要反应堆安全可靠,任何类型的反应堆项目均可接受。由于轻水反应堆的相关操作经验最为丰富,所以显然轻水反应堆是最佳选择。"(Cowan, 1990, p. 563)。但是压水反应堆技术的操作经验仅涉及军事应用,而在民用核能发电方面则是一片空白。

② 尽管于公共事业公司而言,核电站规模小并非特别优势,但是除 20 世纪 70 年代建立的唯一高温冷器堆外,美国所有商业规模的核电站均配备轻水反应堆。

③ 参见 Hewlett(1984), pp. 193—202。

剧了全球政治环境的紧张局势，促使美国原子能委员会推进民用发电技术，而委员会在此应用领域尚未有任何运营经验。核能与本节其他案例研究中的军转民技术溢出不同，此案例研究中军转民技术转移包括应用的变化。另外，在此期间美国原子委员会负责核武器的开发和生产，支持高能物理学的基础研究工作和民用核能法规的宣传工作，为采用加压轻水反应堆技术的美国公用事业公司提供补助，并且通过欧洲原子能共同体和“和平利用原子能”项目鼓励外国公司采用该技术。1957 年一家民用示范核电站在宾夕法尼亚州的希平波特落成，该电厂由 Admiral Hyman G. Rickover 负责的海军反应堆项目监督建成，随后公共事业公司争先恐后订购轻水核电站。①

联邦补助激励美国电力企业采用压水反应堆技术。② 海军电厂的规模远小于任何早期电厂，因而加大了军事应用技术“副产品”的开发难度。施工进度延长（有时甚至长达数年），成本上涨，各地生产成本相异。最好的核电站可与化石燃料发电厂相媲美，而最差的核电站则糟糕透顶。1979 年三里岛事故发生前核电站之梦便已开始幻灭。五年前一家美国公共事业公司订购了反应堆并且没有取消订单，其后便再无相关订单。

5.5　案例研究结论

以上案例研究详尽阐述了国防研发和民用创新间的交互关系，进一步证实笔者先前的观点，即技术愈发成熟，军转民技术的“副产品”会随之越少。案例研究强调研发和采购项目的互补性会影响某技术的创新方向。针对战后美国军事研发项目的案例研究也强调项目结构和设计的重要性。例如，美国于 1945 年后开展了大规模研发项目，因此与许多西欧军事研发项目的成果相比，其生产的民用副产品往往具有重大经济影响。此类项目不仅影响美国公司的战略和投资决策，也使研究人员可在某些项目中探索多种技术替代法（核能可能是项目风险过于关注的问题）。美国信息技术部门军事研发项目大力支持新公司进入行业及公司间的知识流动，推动高竞争性行业结构的发展，此发展趋势恰恰证明了项目结构的重要性。尽管以上案例研究并非基于战后美国全部的代表性军事研发项目，但是至少表明军事研发支持流程创新。这与 Cowan 和 Foray（1995）所言的国防研发中“产品导向”这一特点相异。

---

① Rickover 供职于美国原子能委员会，同时负责海军项目。美国原子能委员会接受希平波特核电站的标书，并安心将反应堆的相关工作交由 Rickover 负责。参见 Hewlett 和 Duncan (1974)，pp. 196—204 和 225—254。

② 美国电力公司在 1966—1967 年两年期间订购 60 余座核电站。美国能源部估计 1950—1980 年间，研发和核燃料的直接联邦补贴达 370 亿美元（Hirsh，1989，pp. 116—241）。1957 年颁布的《普莱斯-安德森法》可视为最重要的间接补贴，因为其保证私人企业不对反应堆事故负承担主要责任。

案例研究所列的证据存在选择性偏差且缺乏(潜在)普遍性。最重要的是,以上局限性说明案例研究无法预测未来国防研发项目的可能影响(如近期大规模启动的生物医学反恐研发)或调查公共资助的非军事技术(如民用新能源)研发项目的影响。但是上述案例研究确为未来实证研究学家提供了数个重要研究现象,激励他们探求更为正式、严谨的假设检验。

6. 结论

国防研发和创新是历代创新学家一直以来关注的重点。大量现存文献都归功于他们所做的种种努力。笔者先前已提及,20 世纪 50 年代一批国防研发先驱的卓越贡献影响了技术变革经济学领域的发展。鉴于早期及长期以来的学术活动,我们惊讶地发现近年来关于军事研发经济学的实证研究并未与创新研究紧密结合。创新研究常常由公司策略和行业组织的相关学者开展。行业组织学者利用调查数据、专利数据及文献计量学方法以探究企业和行业角度的问题。与此同时,大量国防研发和创新经济学的相关文献存有分歧。研究人员开展一系列实证研究调查了军事研发和国家经济表现的关系,也以国防部门中单一技术或行业的历史研究和定性研究(包括案例研究)为基础撰写了许多文献。上述实证研究和文献便是分歧所在。案例研究多以美国为主,表明美国战后军事技术研发规模庞大,但也说明案例分析的普遍性值得推敲。Lichtenberg 的研究成果将项目细节与解集数据及统计方法相结合,借此从企业角度研究国防行业中政府资助和行业资助的研发项目的关系。虽然此项研究因其研究特点深受重视,但是与其他研究割裂。

研究人员开展跨国实证研究调查国防研发的经济影响并得出多种结论,这反映出案例研究所探讨的此阶段美国超大规模项目在国防研发领域的影响。但是大多数研究均以此问题为研究对象,这说明我们并不理解实证研究结果的因果关系,无法详尽阐明该关系,所以我们无法更好理解公共和私人资助的研发与创新的总体关系(更详尽的讨论,请参见 David 和 Hall,2000;David 等,2000)。尽管这是一个极端例子(特别是在 1945 年后的美国),但是国防部门是唯一在部门范围内开展"任务导向型研发"重点项目的部门。此类项目在多数工业国家的公共研发开支中占主导地位,然而在说明和评估公共研发投资的理论经济框架时被严重忽略。因此更为坚实的国防研发和创新的实证基础既有助于理解大部分公共资助研发,也能在更大范围内推进研发项目的分析,其中国防研发分析为重中之重。

国防研发及其对创新的影响有重大研究潜力。我们不缺少相关假设,甚至可以说,该领域的定性研究结论过多,缺乏普遍性,而且结论不相吻合。然而学者正在积极从企业和行业的角度开展非军事创新的实证研究，如果该领域的研究人员能与学者进行广泛而富有成效的交流，定会获益颇多。对研究军事研发的学者而言，能否从致力于非军事研发和创新的学者处获取更为详尽而富有成果的数据库决定着交流的最终结果。

参考文献

Albion, R. G. (1926). Forests and Sea Power: The Timber Problem of the Royal Navy, 1652 - 1862. Harvard University Press, Cambridge, MA.

Alic, J. A., Branscomb, L., Brooks, H., Carter, A., Epstein, G. L. (1992). Beyond Spinoff. Harvard Business School Press, Boston. American Association for the Advancement of Science. (2002). Research and Development in the FY2003 Budget. American Association for the Advancement of Science, Washington, DC.

Arrow, K. J. (1962). "Economic welfare and the allocation of resources for R&D". In: Nelson, R. R. (Ed.), The Rate & Direction of Inventive Activity. Princeton University Press, Princeton, NJ.

Bamford, P. W. (1956). Forests and French Sea Power, 1660 - 1789. University of Toronto Press, Toronto.

Best, M. H., Forrant, R. (1996). "Creating industrial capacity: Pentagon-led versus production-led industrial policies". In: Michie, J., Smith, J. G. (Eds.), Creating Industrial Capacity. Oxford University Press, Oxford.

Borrus, M. (1988). Competing for Control. Ballinger, Boston.

Bush, V. (1945). Science: The Endless Frontier. U. S. Government Printing Office, Washington, DC.

Chesnais, F. (1993). "The French national system of innovation". In: Nelson, R. R. (Ed.), National Innovation Systems. Oxford University Press, New York.

Cohen, W. M., Levinthal, D. (1990). "Absorptive capacity: A new perspective on learning and innovation". Administrative Science Quarterly 35, 128 - 152.

Cooling, B. G. (1979). Grey Steel and Blue-Water Navy. Archon Books, Hamden, CT.

Cowan, R. (1990). "Nuclear power reactors: A study in technological lock-in". Journal of Economic History 50, 541 - 567.

Cowan, R., Foray, D. (1995). "Quandaries in the economics of dual technologies and spillovers from military to civilian research and development". Research Policy 24, 851 - 868.

David, P. A., Hall, B. H. (2000). "Heart of Darkness: Modeling Public-Private Funding Interactions inside the R&D Black Box". Research Policy 29, 1165 - 1183.

David, P. A., Hall, B. H., Toole, A. A. (2000). "Is Public R&D a Complement or a Substitute for Private R&D? A Review of the Econometric Evidence". Research Policy 29, 497 - 529.

Dertouzos, M., Lester, R., Solow, R. (1989). Made in America. MIT Press, Cambridge, MA.

Dupree, A. H. (1985). Science in the Federal Government (second ed.). Johns Hopkins

University Press, Baltimore, MD.

Ferrier, R. W. (1982). The History of the British Petroleum Company, vol. 1, The Developing Years, 1901 - 1932. Cambridge University Press, Cambridge.

Flamm, K. (1987). Targeting the Computer. The Brookings Institution, Washington, DC.

Flamm, K. J. (1988). Creating the Computer. The Brookings Institution, Washington, DC.

Florida, R., Kenney, M. (1990). The Breakthrough Illusion. Basic Books, New York.

Furman, J., Porter, M. E., Stern, S. (2002). "The determinants of national innovative capacity". Research Policy 31,899 - 933.

Gibbons, M., Limoges, C., Nowotny, H., Schwartzman, S., Scott, P., Trow, M. (1994). The New Production of Knowledge. Sage, New York.

Goldstine, H. H. (1993). The Computer from Pascal to Von Neumann (second ed.). Princeton University Press, Princeton, NJ.

Goolsbee, A. (1998). "Does Government R&D Policy Mainly Benefit Scientists and Engineers". NBER working paper #6352.

Griliches, Z. (1979). "Issues in assessing the contribution of R&D to productivity growth". Bell Journal of Economics 10,92 - 116.

Griliches, Z., Lichtenberg, F. R. (1984). "R&D and productivity growth at the industry level: Is there still a relationship". In: Griliches, Z. (Ed.), R&D, Patents and Productivity. University of Chicago Press, Chicago.

Guellec, D., van Pottelsberghe, B. (2001). "R&D and productivity growth: Panel data analysis of 16 countries". OECD Economic Studies 33,103 - 126.

Guston, D. H., Keniston, K. (1994). "Introduction". In: Guston, D. H., Keniston, K. (Eds.), The Fragile Contract. MIT Press, Cambridge.

Hewlett, R. G. (1984). "Science and engineering in the development of nuclear power in the United States". In: Latimer, M., Hindle, M., Kranzberg, M. (Eds.), Bridge to the Future: A Centennial Celebration of the Brooklyn Bridge. New York Academy of Sciences, New York.

Hewlett, R. G., Duncan, F. (1974). Nuclear Navy, 1946 - 1962. University of Chicago Press, Chicago.

Hirsh, R. F. (1989). Technology and Transformation in the American Electric Utility Industry. Cambridge University Press, Cambridge, UK.

Hounshell, D. A. (2000). "The medium is the message, or how context matters: The RAND corporation builds an economics of innovation, 1946 - 62". In: Hughes, T. P., Hughes, A. (Eds.), Systems, Experts, and Computers. MIT Press, Cambridge, MA.

Howard, R. A. (1978). "Interchangeable Parts Reexamined: The Private Sector of the American Arms Industry on the Eve of the Civil War". Technology and Culture 19,633 - 649.

Kaempffert, W. (1941). "War and technology". American Journal of Sociology 46,431 - 444.

Kleinman, H. (1966). "The integrated circuit industry: A case study of product innovation in the electronics industry". Unpublished D. B. A. dissertation, George Washington University.

Kolodziej, E. A. (1987). Making and Marketing Arms. Princeton University Press, Princeton, NJ.

Lane, F. C. (1973). Venice: A Maritime Republic. Johns Hopkins University Press, Baltimore, MD.

Langlois, R. N. , Mowery, D. C. (1996). "The federal government role in the development of the U. S. software industry". In: Mowery, D. C. (Ed.), The International Computer Software Industry: A Comparative Study of Industry Evolution and Structure. Oxford University Press, New York.

Leslie, S. W. (1993). The Cold War and American Science. Columbia University Press, New York.

Levy, D. M. , Terleckyj, N. (1983). "Effects of Government R&D on Private R&D Investment and Productivity: A Macroeconomic Analysis". Bell Journal ofEconomics 14, 551-561.

Lichtenberg, F. R. (1984). "The relationship between federal contract R&D and company R&D". American Economic Review: Papers & Proceedings of the Annual Meeting of the American Economic Association 74,73-78.

Lichtenberg, F. R. (1986). "The Duration and Intensity ofInvestment in IndependentResearch and DevelopmentProjects". Journal ofEconomic and Social Measurement 14,207-218.

Lichtenberg, F. R. (1987). "The effect of government funding on private industrial research and development: A re-assessment". Journal of Industrial Economics 36,97-104.

Lichtenberg, F. R. (1988). "The private R&D investment response to federal design and technical competitions". American Economic Review 78,550-559.

Lowen, R. S. (1997). Creating the Cold War University. University of California Press, Berkeley, CA.

Lundvall, B.-A. , Borras, S. (2004). "Science, technology, and innovation policy". In: Fagerberg, J. , Mowery, D. C. , Nelson, R. R. (Eds.), The Oxford Handbook of Innovation. Oxford University Press, Oxford, UK.

Marschak, T. A. , Glennan, T. K. , Summers, R. (1967). Strategy for R&D. Springer, New York.

Marshall, A. W. , Meckling, W. H. (1962). "Predictability of the costs, time, and success in development". In: Nelson, R. R. (Ed.), The Rate and Direction of Inventive Activity. Princeton University Press, Princeton, NJ.

Martin, B. R. (2003). "The changing social contract for science and the evolution of the university". In: Geuna, A. , Salter, A. J. , Steinmueller, W. E. (Eds.), Science and Innovation: Rethinking the Rationales for Funding and Governance. Elgar, Cheltenham.

Matsumoto, M. (2006). Technology Gatekeepers for War and Peace. Palgrave Macmillan, Basingstoke.

Mazzoleni, R. (1999). "Innovation in the machine tool industry: A historical perspective on the dynamics of comparative advantage". In: Mowery, D. C. , Nelson, R. R. (Eds.), The Sources of Industrial Leadership. Cambridge University Press, New York.

McBride, W. M. (2000). Technological Change and the United States Navy. Johns Hopkins University Press, Baltimore, MD.

McNeill, W. H. (1982). The Pursuit of Power. University of Chicago Press, Chicago.

Miller, R. , Sawers, D. (1968). The Technical Development of Modern Aviation. Routledge and Kegan Paul, London.

Milward, A. S. (1977). War, Economy, and Society. University of California Press, Berkeley, CA.
Mokyr, J. (1990). The Lever of Riches. Oxford University Press, New York.
Morison, E. (1966). Men, Machines, and Modern Times. MIT Press, Cambridge, MA.
Mowery, D. C. (1987). Alliance Politics and Economics. Ballinger, Cambridge, MA.
Mowery, D. C., Rosenberg, N. (1989). Technology and the Pursuit ofEconomic Growth. Oxford University Press, New York.
Mowery, D. C., Rosenberg, N. (1999). Paths of Innovation. Oxford University Press, New York.
Mowery, D. C., Simcoe, T. (2002). "The history and evolution of the Internet". In: Steil, B., Nelson, R., Victor, D. (Eds.), Technological Innovation and Economic Performance. Princeton University Press, Princeton, NJ.
National Research Council. (1999). Funding a Revolution: Government Support for Computing Research. National Academy Press, Washington, DC.
National Science Board. (2006). Science and Engineering Indicators: 2006. National Science Board, Washington, DC.
Nef, J. U. (1950). War and Human Progress. Harvard University Press, Cambridge, MA.
Nelson, R. R. (1959). "The simple economics of basic research". Journal of Political Economy.
Nelson, R. R. (1961). "Uncertainty, learning, and the economics of parallel research and development efforts". Review of Economics and Statistics 43,351 - 364.
OECD. (2002). Frascati Manual: Proposed Standard Practice for Surveys on Research and Experimental Development. OECD, Paris.
Peck, M. J., Scherer, F. M. (1962). The Weapons Acquisition Process: An Economic Analysis. Harvard University Press, Cambridge, MA.
Poole, E., Bernard, J.-T. (1992). "Defence innovation stock and total factor productivity". Canadian Journal of Economics 25,438 - 452.
Reppy, J. (1977). "Defense Department Payments for 'Company-Financed' R&D". Research Policy 6,396 - 410.
Ruttan, V. (2006). Is War Necessary for Economic Growth? Oxford University Press, New York.
Samuels, R. J. (1994). Rich Nation, Strong Army: National Security and the Technological Transformation of Japan. Cornell University Press, Ithaca, NY.
Sapolsky, H. M. (1990). Science and the Navy. Princeton University Press, Princeton, NJ.
Schofield, S., Gummett, P. (1991). "Defence". In: Nicholson, R., Cunningham, C. M., Gummett, P. (Eds.), Science and Technology in the United Kingdom. Longman, London.
Smith, M. R. (1977). Harpers Ferry Armory and the New Technology: The Challenge of Change. Cornell University Press, Ithaca, NY.
Stowsky, J. (1992). "From Spin-off to Spin-on: Redefining the military's role in American technology development". In: Sandholtz, W., Borrus, M., Zysman, J., Conca, K., Stowsky, J., Vogel, S., Weber, S. (Eds.), The Highest Stakes. Oxford University Press, New York.
Trebilcock, C. (1969). "'Spin-Off' in British economic history: Armaments and industry,

1760 - 1914". Economic History Review 22,474-90.

Trebilcock, C. (1973). "British armaments and European industrialization, 1890 - 1914". Economic History Review 26,254 - 272.

Walker, W. (1993). "National innovation systems: Britain". In: Nelson, R. R. (Ed.), National Innovation Systems. Oxford University Press, New York.

Weir, G. E. (1991). Building American Submarines 1914 - 1940. Naval Institute Press, Annapolis, MD

译后记

上下两卷的《创新经济学手册》集合了全球创新经济学研究领域杰出学者的重要成果，清晰描绘出了创新经济学全貌，可谓该领域研究的集大成之作。

上海市科学学研究所策划、翻译、出版这两册巨著，既向经典致敬，希望将系统的创新经济学研究引入中国，促进国内外学者在更深层次、更广范围、更多领域开展卓有成效的交流与合作；也期待中国的创新实践得以汲取更多的理论养分，从而加速创新经济学研究与中国创新驱动发展之路互相融合、相互促进。

译稿今日付梓，是许多人共同努力的结果。本书由朱学彦博士精心组织、策划，王嘉钰、田劲、乐嘉昂、巩利、曲洁、巫英、沈淼、张仁开、张宓之、金爱民、周小玲、贺琳（以姓氏笔画为序）等科研人员投入大量精力完成了全文的翻译校核工作，所有参译人员竭力使译文做到忠于原文、文辞畅达、文采典雅。

译著的审校工作得到了上海交通大学安泰经济与管理学院罗守贵教授无私的支持，在此表示由衷感谢！

此外，本译著的顺利出版亦要感谢上海交通大学出版社富有成效的工作。译者们在翻译过程中也汲取了诸多学术前辈、同仁的精辟见解，在此也深表敬意与感谢。

译者多为年轻的科研人员，完成这项艰巨的翻译工作仍显稚嫩，译文错漏之处敬请专家、读者多多包涵、不吝赐教。

上海市科学学研究所所长　骆大进

2017 年 5 月